U0446982

当代齐鲁文库·山东社会科学院文库

THE LIBRARY OF CONTEMPORARY SHANDONG

SELECTED WORKS OF SHANDONG ACADEMY OF SOCIAL SCIENCES

山东社会科学院◎编纂

科学社会主义通论（卷四）

宋士昌◎主编

中国社会科学出版社

目 录

第四卷 中国特色社会主义的成功探索与社会主义模式多样化时期的世界社会主义运动

导论 邓小平理论的形成、发展及其历史地位 …………… （1）

上篇 中国特色社会主义理论的基本内容和科学体系

第一章 解放思想、实事求是、与时俱进 …………………… （25）
 第一节 思想路线的重新确立 ………………………………… （25）
 第二节 解放思想、实事求是是邓小平理论的精髓 ………… （33）
 第三节 与时俱进是思想路线的基本要求 ………………… （38）
 第四节 思想路线对社会主义理论和实践双重探索的
     指导意义 ……………………………………………… （43）

第二章 社会主义的发展道路 ……………………………… （48）
 第一节 以马克思主义为指导，但不把书本当教条 ………… （48）
 第二节 借鉴别国经验，但不照搬别国模式 ………………… （53）
 第三节 走自己的路，建设中国特色社会主义 ……………… （59）

第三章 社会主义本质 ……………………………………… （68）
 第一节 社会主义本质的时代概括 …………………………… （68）
 第二节 社会主义本质论的丰富内涵 ………………………… （74）
 第三节 社会主义本质论的重大意义 ………………………… （83）

第四章 社会主义初级阶段 ………………………………… （88）
 第一节 社会主义初级阶段理论的提出和形成 ……………… （88）
 第二节 社会主义初级阶段理论的基本内容 ………………… （96）

第三节　社会主义初级阶段理论的意义 …………………… (101)

第五章　社会主义初级阶段的基本路线和纲领 …………………… (105)
第一节　社会主义初级阶段基本路线的提出 …………………… (105)
第二节　坚持党的基本路线一百年不动摇 …………………… (113)
第三节　党在社会主义初级阶段的基本纲领 …………………… (122)

第六章　社会主义发展战略 …………………………………… (130)
第一节　社会主义发展战略思想 ……………………………… (130)
第二节　社会主义发展战略的主要内容 ……………………… (135)
第三节　社会主义发展战略实施 ……………………………… (142)
第四节　社会主义发展战略的重大意义 ……………………… (147)

第七章　社会主义改革开放 …………………………………… (150)
第一节　改革是社会主义发展的直接动力 …………………… (150)
第二节　对外开放是中国的一项基本国策 …………………… (160)
第三节　深化改革，扩大开放，促进中国的现代化进程 …… (165)

第八章　社会主义政治保证 …………………………………… (172)
第一节　四项基本原则的提出 ………………………………… (172)
第二节　四项基本原则是立国之本 …………………………… (176)
第三节　四项基本原则从改革开放和现代化建设中获得
　　　　新的时代内容 ………………………………………… (185)

第九章　社会主义依靠力量 …………………………………… (192)
第一节　社会主义是人民群众的事业 ………………………… (192)
第二节　社会主义依靠力量的主体 …………………………… (198)
第三节　在社会主义建设中发挥人民群众的积极性和创造性 … (207)

第十章　"一国两制"与祖国统一 …………………………… (212)
第一节　"一国两制"理论的提出和形成 …………………… (212)
第二节　"一国两制"构想及其实践 ………………………… (217)
第三节　"一国两制"与台湾问题 …………………………… (223)
第四节　"一国两制"构想的意义 …………………………… (228)

第十一章　执政党的建设 ……………………………………… (233)
第一节　办好中国的事情关键在党 …………………………… (233)
第二节　坚持和加强党的领导必须改善党的领导 …………… (239)

第三节　邓小平执政党建设理论的价值和现实意义 …………（249）

第十二章　讲学习、讲政治、讲正气 ………………………………（254）
第一节　开展"三讲"教育的必要性 ………………………………（254）
第二节　讲学习、讲政治、讲正气的科学内涵 …………………（259）
第三节　"三讲"教育是新时期加强党的建设的重大举措 ……（271）

第十三章　按照"三个代表"的要求，全面推进党的建设新的伟大工程 ………………………………………………（276）
第一节　"三个代表"重要思想的理论基础、现实依据和时代特色 ……………………………………………（276）
第二节　"三个代表"重要思想的科学内涵及根本要求 ………（283）
第三节　按照"三个代表"的要求加强党的建设 ………………（289）

第十四章　时代主题与国际战略 …………………………………（298）
第一节　时代主题及对国际局势的基本判断 ……………………（298）
第二节　立足现实、面对未来的国际战略思想 …………………（305）
第三节　把握历史机遇，发展社会主义 …………………………（315）

中篇　中国特色社会主义的实践探索

第十五章　中国改革开放的历史进程 ……………………………（323）
第一节　改革开放的历史必然性 …………………………………（323）
第二节　中国改革开放的步骤 ……………………………………（328）
第三节　改革开放的伟大成就及经验总结 ………………………（334）

第十六章　中国特色社会主义经济制度 …………………………（341）
第一节　社会主义经济制度探索 …………………………………（341）
第二节　建立和完善公有制为主体多种经济成分共同发展的所有制结构 ……………………………………………（347）
第三节　建立和完善以按劳分配为主体多种分配方式并存的分配制度 ……………………………………………（352）
第四节　社会主义经济制度的创新意义 …………………………（355）

第十七章　中国特色社会主义政治制度 …………………………（360）
第一节　没有民主就没有社会主义 ………………………………（360）
第二节　中国特色社会主义政治制度的内容和特征 ……………（364）

第三节　按照中国实际建设社会主义政治制度 …………… (373)
第四节　积极推进政治体制改革 ……………………………… (377)

第十八章　中国特色社会主义法律制度 …………………… (385)
第一节　建设社会主义法制的重大意义 ……………………… (385)
第二节　社会主义法律制度的基本原则和内容 …………… (391)
第三节　依法治国与以德治国 ………………………………… (401)

第十九章　中国特色社会主义文化建设 …………………… (406)
第一节　中国特色社会主义文化建设的重要地位和作用 … (406)
第二节　中国特色社会主义文化建设的根本目标和任务 … (413)
第三节　中国特色社会主义文化建设的方针与原则 ……… (421)

第二十章　中国特色社会主义政党制度 …………………… (428)
第一节　中国特色社会主义政党制度的形成 ……………… (428)
第二节　中国特色社会主义政党制度的发展与完善 ……… (433)
第三节　中国特色社会主义政党制度的创新意义 ………… (440)

第二十一章　中国特色社会主义市场经济体制 …………… (446)
第一节　社会主义也可以搞市场经济 ………………………… (446)
第二节　建立社会主义市场经济体制是我国经济体制
　　　　改革的目标 …………………………………………… (452)
第三节　建立社会主义市场经济体制是中国共产党对社会主义
　　　　经济理论的一个创新性发展 ………………………… (460)

第二十二章　中国特色社会主义民族、宗教政策 ………… (467)
第一节　民族、宗教问题是事关社会稳定的大问题 ……… (467)
第二节　民族问题与民族政策 ………………………………… (472)
第三节　宗教问题与宗教政策 ………………………………… (482)

第二十三章　中国特色社会主义的对外政策 ……………… (490)
第一节　国内外形势的变化与我国对外政策的调整 ……… (490)
第二节　中国特色社会主义外交政策的内容 ……………… (496)
第三节　中国特色社会主义外交政策的成效 ……………… (504)

第二十四章　中国特色社会主义与"苏联模式" …………… (510)
第一节　"苏联社会主义模式"的演变及其与中国社会主义的
　　　　历史渊源 ………………………………………………… (510)

第二节　两种发展道路的不同结局 …………………………（517）
　　第三节　社会主义发展道路探索的新飞跃 …………………（522）

下篇　社会主义模式多样化时期的世界社会主义运动

第二十五章　苏联、东欧的社会主义改革 ………………………（533）
　　第一节　苏联、东欧社会主义改革的起因 …………………（534）
　　第二节　苏联、东欧社会主义改革的进程 …………………（545）
　　第三节　苏联、东欧社会主义改革的特点与复杂性 ………（551）

第二十六章　苏联、东欧剧变及其教训 ……………………………（556）
　　第一节　苏联、东欧剧变的过程及特点 ……………………（556）
　　第二节　苏联、东欧剧变的多重性原因、深刻教训与
　　　　　　历史启示 ……………………………………………（561）
　　第三节　苏联、东欧剧变的评价 ……………………………（567）

第二十七章　越南、老挝建设社会主义的新探索 …………………（572）
　　第一节　越南建设社会主义的新探索 ………………………（572）
　　第二节　老挝建设社会主义的新探索 ………………………（583）
　　第三节　越南、老挝对社会主义的新认识 …………………（587）

第二十八章　古巴建设社会主义的理论与实践 ……………………（592）
　　第一节　古巴建设社会主义的过程 …………………………（592）
　　第二节　古巴建设社会主义的理论探索 ……………………（598）
　　第三节　古巴建设社会主义的新实践 ………………………（603）

第二十九章　朝鲜坚持社会主义的理论与实践 ……………………（611）
　　第一节　朝鲜社会主义发展的历史与现状 …………………（611）
　　第二节　朝鲜社会主义的理论探索 …………………………（615）

第三十章　20世纪70年代后发达资本主义国家共产党对
　　　　　社会主义的新探索 …………………………………（622）
　　第一节　发达资本主义国家共产党的现状 …………………（622）
　　第二节　苏东剧变对发达国家共产党社会主义观念的影响 …（629）
　　第三节　发达资本主义国家共产党对社会主义的新理解 …（640）

第三十一章　20世纪70年代后发展中国家共产党对社会
　　　　　　主义的新探索 ………………………………………（646）

第一节 发展中国家各国共产党的发展状况 …………………（646）
第二节 发展中国家共产党对社会主义的理论和实践探索 ……（650）
第三节 苏东剧变冲击下的发展中国家共产党及其政策调整 …（660）

主要参考文献 ……………………………………………………（667）
后记 ………………………………………………………………（671）

第四卷

中国特色社会主义的成功探索与社会主义模式多样化时期的世界社会主义运动

导论　邓小平理论的形成、发展及其历史地位

邓小平理论，即以邓小平为主要创立者，以建设中国特色社会主义为主题的理论。邓小平理论是马克思列宁主义同当代中国实际和时代特征相结合的产物，是毛泽东思想在新的历史条件下的继承和发展，是全党全国人民集体智慧的结晶。作为指导中国人民在改革开放中胜利实现社会主义现代化的正确理论，它是马克思主义在中国发展的新阶段，是当代中国的马克思主义。江泽民指出："在社会主义改革开放和现代化建设的新时期，在跨世纪的征途上，一定要高举邓小平理论的伟大旗帜，用邓小平理论来指导我们整个事业和各项工作。这是党从历史和现实中得出的不可动摇的结论。"① 在当代中国，只有把马克思主义同当代中国实践和时代特征结合起来的邓小平理论，而没有别的理论能够解决社会主义的前途和命运问题。

江泽民认为："坚持邓小平理论，在实践中继续丰富和创造性地发展这个理论，这是党的领导集体和全党同志的庄严历史责任。"② 结合形势的变化而在理论上作出新概括，并用以指导党和社会主义事业的发展，这是取得革命和建设胜利的历史经验和根本保证。以江泽民为核心的中共第三代领导集体，立足于国内外形势的发展和中国特色社会主义实践的实际，在理论和实践的基础上形成了巨大的创新，提出了"三个代表"重要思想，从而对邓小平理论形成了重大发展。

恩格斯曾经深刻指出，思想不是从天上掉下来的而是生活本身所产生

---

① 《中国共产党第十五次全国代表大会文件汇编》，人民出版社1997年版，第9页。
② 同上书，第5页。

的。作为科学思想体系的邓小平理论的形成和发展，决不是偶然的，而是有着深厚的客观基础与主观条件。邓小平理论从其产生到完成，经历了一个与时俱进的过程。

（一）邓小平理论形成的时代背景、历史基础与思想渊源

江泽民在中国共产党第十五次全国代表大会的报告中对邓小平理论形成的时代背景、历史基础、现实根据、思想渊源、客观条件以及主观条件，进行了全面阐释。他认为：邓小平理论，"是在和平与发展成为时代主题的历史条件下，在我国改革开放和社会主义现代化建设的实践中，在总结我国社会主义胜利和挫折的历史经验并借鉴其他国家社会主义兴衰成败的历史经验的基础上，逐步形成和发展起来的。"[①]。

1. 邓小平理论形成的时代背景

任何一个伟大思想体系的产生，都有着特定的时代背景，都体现着产生这一理论的那个时代。与任何一个伟大思想体系的产生一样，邓小平理论的形成也有着自己特定的时代背景。

20世纪80年代开始，国际形势发生了巨大变化，世界进入了一个不同于战争与革命时期的新的历史进程，和平与发展成为时代主题和基本特征。具体表现在：一是第二次世界大战后40年来，西方国家之间无战争，世界范围内保持了相对和平；二是战后形成的资本主义与社会主义两大力量长期竞争共存，在世界范围内已不存在资本主义消灭社会主义的条件，也不存在无产阶级直接革命的形势；三是国际竞争的重点日益从军事转向经济、科技领域，竞争越来越激烈；四是维护世界和平、谋求经济发展成为世界的主潮流。在这种历史条件下，世界范围内的众多矛盾，都是围绕和平与发展这个主题而展开的。邓小平正是从这种世界格局的变化出发，以求实的科学态度，对当代世界的矛盾和问题做了冷静深刻的分析和研究，提出了和平与发展是当代世界两大主题的著名论断，认为现在的世界是开放的世界，中国的发展离不开世界，世界的发展也离不开中国，二者逐渐呈现出一种良性的互动关系。邓小平正是以此为立论的基础，以世界历史眼光思考中国和世界的关系以及中国的发展问题，从而形成一系列新的思想观点。可以说，对世界历史主题变化的深刻把握和准确判断是邓小

---

① 《中国共产党第十五次全国代表大会文件汇编》，人民出版社1997年版，第12页。

平理论得以形成的时代根据，也是邓小平理论具有鲜明时代特色的原因之一。

时代主题的转换及变化，必然会在一个国家的发展中加以体现。中共十一届三中全会以来，中国共产党结合时代特征，实现了向经济建设这一中心的转移。中共坚持解放思想、实事求是的思想路线，对中国特色社会主义进行艰辛探索的过程中，有一系列的新问题、新矛盾需要从理论上回答和阐明。这些问题归结起来，就是"什么是社会主义，怎样建设社会主义"。这不仅是中国共产党领导层迫切需要解决的问题，也是广大共产党员和人民群众迫切需要解决的理论问题。在这样的历史背景下，邓小平理论的形成和发展，最大限度地满足了历史向前发展的需要。马克思认为："理论在一个国家实现的程度，总是决定于理论满足这个国家的需要的程度。"① 邓小平理论正是在新的时代背景中，在满足中国社会主义实践和人民群众理论需要的前提下，应运而生的。

2. 邓小平理论形成的历史基础

邓小平理论既是对中国社会主义建设历史经验进行科学总结的成果，也是在借鉴世界上其他社会主义国家兴衰成败的历史经验基础上创立的。对正反两方面历史经验的总结，是邓小平理论形成的历史基础。中国社会主义胜利和挫折的历史经验，其他国家社会主义兴衰成败的历史经验都表明：要使社会主义充满生机和活力，使社会主义制度的优越性和生命力得以发挥，就必须把马克思主义基本理论同各国的具体实际相结合，走自己的路，建设有各国特色的社会主义。在新中国成立以后的头30年间，社会主义建设事业虽然取得辉煌成就，但也遭受过严重的挫折，甚至出现过"文化大革命"那样的严重失误。20世纪世界社会主义发展也曾出现过问题，到了80年代，社会主义国家的深层矛盾已经暴露，并逐步转化为危机。社会主义所形成的困境，究其原因，从根本上看，就是并没有完全搞懂"什么是社会主义，怎样建设社会主义"这个首要的基本的理论问题。新中国成立以来，特别是1956年以后中国共产党和毛泽东对中国社会主义建设道路的探索所取得的一切积极理论成果和实践经验，为邓小平理论的形成提供了正面的历史经验。而对国内外社会主义探索中的错误及其教

---

① 《马克思恩格斯选集》第1卷，人民出版社1995年版，第11页。

训的深刻反思，构成了邓小平理论形成的重要契机。正是在总结中国和其他国家社会主义建设经验教训的基础上，邓小平对中国社会主义发展的道路、阶段、方式等形成了新构想。

3. 邓小平理论形成的思想渊源

任何新的学说和理论创造，"必须首先从已有的思想材料出发，虽然它的根子深深扎在经济的事实中"①。邓小平理论亦是如此。邓小平理论的思想渊源即是马列主义、毛泽东思想。在当代中国，马克思列宁主义、毛泽东思想、邓小平理论是一脉相承的统一的科学体系。马列主义关于社会主义的一系列理论，特别是其中所蕴含的认识社会主义的方法，都对邓小平的当代思考以深刻的启示，都是邓小平理论形成的思想理论和方法论根据。如东方社会发展理论是马克思恩格斯对社会历史发展的一种可能性假设，但在当代中国社会主义发展中却变成了现实。邓小平正是抓住了马克思恩格斯东方社会发展理论关于吸收资本主义一切文明成果以发展经济文化落后国家的社会主义这一关键问题，结合时代主题与中国国情，形成了独具特色的理论体系。再如，列宁的新经济政策是经济文化落后国家建设社会主义的一个创新性思路，邓小平对此十分重视。他曾明确指出："社会主义究竟是个什么样子，苏联搞了很多年，也并没有完全搞清楚。可能列宁的思路比较好，搞了个新经济政策，但是后来苏联的模式僵化了。"②邓小平理论的形成，显然受到列宁新经济政策的深刻启发。毛泽东在领导中国人民探索社会主义建设道路的过程中，提出了一系列新的思想和主张，这些思想火花，都为邓小平理论的形成与发展照亮了前进的道路。邓小平始终强调，在理论和实践的探索中，决不能丢掉老祖宗，同时必须摆脱教条主义的束缚。正是立足于时代、立足于实践，在用新的思想、观点去丰富和发展马列主义、毛泽东思想的过程，邓小平理论才得以创立。

（二）邓小平理论形成和发展的历史进程

邓小平理论的形成和发展，是与中国特色社会主义实践相互作用的一个过程。中国特色社会主义实践是邓小平理论形成和发展的客观基础；而

---

① 《马克思恩格斯选集》第3卷，人民出版社1995年版，第355页。
② 《邓小平文选》第3卷，人民出版社1993年版，第139页。

形成和发展中的邓小平理论则推动中国特色社会主义向纵深发展，二者相得益彰，构成一个理论与实践相互作用的光辉范例。

邓小平理论的形成和发展大体上经历了以下几个阶段：

1978—1982 年，是邓小平理论起点和主题的形成阶段。

邓小平理论的形成和发展，以中共十一届三中全会为历史起点。这是因为，这一标志是新时期伟大历史转折的开始，也是中共领导改革开放和集中力量进行社会主义现代化建设的开始，更是邓小平作为中共第二代领导集体的核心在探索中国特色社会主义过程中发挥重要作用的开始，因而，也是反映这个历史过程并指导这个历史过程的邓小平理论形成和发展的开始。

1978 年 12 月召开的中共十一届三中全会，结束了"文化大革命"后的多年徘徊，拉开了全局性的拨乱反正的序幕，并在原则上提出了改革开放的历史任务。在会议前夕，邓小平发表了《解放思想，实事求是，团结一致向前看》的重要讲话。这一讲话，是在"文革"结束以后，中国面临向何处去的重大历史关头，冲破"两个凡是"的束缚，开辟新时期、新道路，开创建设中国特色社会主义新理论的宣言书。这次会议，确定把党和国家工作的中心转移到社会主义现代化建设上来，作出了实行改革开放的战略决策。在不久后中央召开的理论务虚会上，邓小平又发表了《坚持四项基本原则》的重要讲话。这两篇讲话和中共十一届三中全会公报所阐述的重要思想标志着新时期"一个中心、两个基本点"的基本路线已初具雏形。邓小平在历史的推进中，比较全面地阐述了关于以经济建设为中心，关于坚持四项基本原则，关于要走中国式现代化道路，关于两个文明建设并重的观点。1982 年 9 月，在中共十二大上，邓小平在大会开幕词中首次明确提出了"建设有中国特色的社会主义"这一崭新命题。这既是中国社会主义实践进程中的主题，也是邓小平理论的主题。这一主题的明晰化，标志着邓小平理论的开始形成。

1982—1987 年，是邓小平理论初显轮廓的阶段。

中共十二大后，改革开放逐步全面展开并向纵深推进。改革开放的新形势要求思想解放的深入和理论思考的深入。邓小平基于改革开放和现代化建设发展的需要，开始从规律的角度把握改革进程，从理论上概括和总结改革开放的经验，揭示中国特色社会主义发展道路。1984 年 10 月，中共十二届三中全会通过了《中共中央关于经济体制改革的决定》，这个被邓小平称为"马克思主义基本原则和中国社会主义实践相结合的政治经济学"的重要文件，其突出的理论贡献，就是开始突破把计划经济与商品经济对立起来的传统观念，提出了中国社会主义经济是公有制基础上的有计划的商品经济的观点，这是后来社会主义市场经济理论的先导。1986年9月，中共十二届六中全会通过的《关于社会主义精神文明建设指导方针的决议》，提出了中国社会主义现代化建设的总体布局，阐明了精神文明建设的战略地位和指导思想，为邓小平理论体系充实了新的内容。在此基础上，1987年10月，中共十三大深入研究了中国的国情，明确提出和阐明了社会主义初级阶段理论，并以此为依据阐述了"一个中心，两个基本点"的基本路线，系统地分析和提出了社会主义初级阶段的经济发展战略和经济体制、政治体制改革的目标，构建了中国特色社会主义理论的轮廓，并指出，这是马克思主义与中国实践相结合的过程中，继找到中国新民主主义新道路，实现第一次历史性飞跃之后的第二次历史性飞跃。中共十三大标志着邓小平理论的基本形成。

1987年10月到1992年10月，是邓小平理论走向成熟并形成体系的阶段。

中共十三大以后，邓小平进一步总结中国和世界社会主义运动的历史经验，总结中国改革开放和现代化建设的创新性经验，对中国特色社会主义理论充实了许多重要观点。这一时期在实践中出现了一些问题，包括1989年春夏之交的政治风波，这是中国面临向何处去的严峻考验的又一个重大历史关头。邓小平在国内风波平息之后就斩钉截铁地说，我们提出的"一个中心，两个基本点"没有错，我们"三步走"的发展战略没有错，我们的路线方针政策不能变。江泽民在中共十三届四中全会上当选为总书记，在会上郑重声明：中共十一届三中全会以来的路线和基本政策，必须坚定不移，毫不动摇，全面执行，一以贯之。在国际局势剧变中，中共中央按照"冷静观察，沉着应付"的方针，坚持把注意力集中在办好我们自己的事情上。以江泽民为核心的第三代中共领导集体，结合中国特色社会主义的实际，相继作出关于加强廉政建设，关于进一步治理整顿、深化改革，关于加强同人民群众联系，关于开发上海浦东，关于搞好大中型企业，关于进一步加强农业和农村工作等一系列重要决定。这些正确的重大决策保证了中国现代化事业的顺利发展。1992年初，邓小平发表南方谈话。这个谈话在总结和分析国内外形势发展以及面临机遇和挑战的基础上，对中共十一届三中全会以来，特别是十三大以来，围绕改革开放过程中姓"社"姓"资"等问题所展开的思考和探讨，从理论和实践的结合上做了新的深刻的概括和总结，提出了社会主义本质、"三个有利于"标准、改革也是解放生产力、计划经济不等于社会主义和市场经济不等于资本主义、台阶式发展战略、中国要警惕右但主要是防止"左"等一系列具有划时代意义的创新性观点，围绕"什么是社会主义，怎样建设社会主义"这个根本问题，从理论上做了新回答。南方谈话是代表邓小平理论走向成熟的集大成之作，是邓小平理论的新内容，是对马克思主义的新发展。1992年10月中共十四大召开。大会依据邓小平南方谈话精神，首次明确提出了社会主义市场经济理论，确立了建设社会主义市场经济体制的总体目标，并对邓小平理论体系做了高度的概括。江泽民代表中共中央明确提出，要毫不动摇地坚持党的基本路线；明确提出用建设有中国特色社会主义理论武装全党。这对于统一全党与全国人民的认识，深化改革，扩大开放，加快发展，保持稳定，具有深远的意义，对于推进邓小平理论在实践中的进一步发展具有重要的作用。

1992年10月到1997年9月，是邓小平理论得到进一步发展的时期。

邓小平南方谈话和中共十四大把改革开放的伟大实践推进到新的历史阶段。在改革开放的整体推进过程中，一系列新情况、新问题、新矛盾不断涌现，各种矛盾相互交织，形成极其复杂的社会矛盾复合体。以江泽民为核心的中共中央第三代领导集体，创造性地运用邓小平理论观察形势，分析矛盾，审时度势，显示出卓越的驾驭全局的领导能力和理论分析能力，在新的实践中丰富、发展了邓小平理论。中共十五大不仅郑重地作出高举邓小平理论伟大旗帜的历史性决策，并就中国特色社会主义如何推向新的世纪进行了实践和制度方面的安排。中国特色社会主义的理论和实践，又开始了向新境界、新高度的迈进与跨越。

（三）邓小平理论的特点

一个科学理论体系的特点，既要从这一成熟的理论体系中去审视，更要从其产生与发展过程中去把握。邓小平理论，是在启动并开辟新时期改革开放的崭新实践中形成的，既坚持了以马克思主义为指导，坚持了社会主义方向和道路,又勇于创新,积极开拓。在这一过程,形成了一系列新特点。

1. 理论创新的实践性

邓小平兼具革命家和理论家的双重品格。这一品格决定了邓小平理论的实践性特征。邓小平理论,不是书斋中苦思冥想的结果,也不是对马克思主义词句的机械套用,而是在中国特色社会主义实践中产生,并在与这一伟大实践相互作用中形成重大发展。实践性特征,赋予邓小平理论以源头活水和强盛的生命力,而这一理论体系又推动着中国社会实践探索的蓬勃发展。

邓小平理论坚持了实践第一的观点。建设中国特色社会主义是一项前无古人的崭新事业,马克思没有讲过,前人没有做过。要走出一条具有特色的道路,只有通过实践探索。邓小平认为:要靠实践,在实践中大胆地试,大胆地闯。"实践是检验真理的唯一标准,实践是检验路线、方针、政策是否正确的唯一标准。"[①] 一条思路、一个观点、一个办法,是否正确,要由实践做结论。邓小平坚持"三个有利于"的实践判断标准,破除了抽象谈论社会主义的历史唯心主义观念。

理论与实践本身具有互动的性质。一般来说,实践发展的规律性及经验的总结,总会上升为理论,因而,理论的问题也就是实践的问题。邓小平理论就具有这一特点。中国社会主义实践推进过程,新问题新矛盾大量涌现,"什么是社会主义,怎样建设社会主义"这一根本问题,即是在中国社会的转折时期向全党提出来的。邓小平以敏锐的思维关注和思考着这一问题,因而形成了许多具有创新性的观点和理论。实践的无止境性和超越性,使其在不同的时期和阶段提出许多新的问题,邓小平在关注解决这些问题的过程中,推动了邓小平理论的发展。社会主义初级阶段论,社会主义本质论,改革开放论,社会主义发展战略论,等等,都是从实践中创造、概括和归纳出来的。

邓小平理论的实践性特点,还表现在对中国特色社会主义实践的巨大指导价值上。推动中国社会主义事业的前进,实现中华民族的伟大历史复兴,始终是邓小平理论所具有的庄严使命和巨大责任。在中国特色社会主

---

① 《邓小平文选》第3卷,人民出版社1993年版,第28页。

义实践的推进过程中，每当中国共产党和社会主义面临巨大历史关头的考验时，是邓小平理论为中国共产党跨过历史关头、经受严峻考验、找准发展方向提供了精神动力；当社会主义面临新情况新问题时，是邓小平理论以其理论的科学性、前瞻性、创新性，指导全党寻找解决问题的方法。在邓小平理论的指导下，中国特色社会主义实践在复杂的形势中稳妥而积极地发展。

2. 理论价值取向的人民性

恩格斯指出："在社会历史领域内进行活动的，是具有意识的、经过思虑或凭激情行动的、追求某种目的的人；任何事情的发生都不是没有自觉的意图，没有预期的目的的。"① 社会历史的规律存在于人的活动中，因此，社会发展也就同时具有了两个向度，即历史的发展与人的发展。关于社会发展的理论，也必须反映这两者的统一，在反映历史发展规律的同时，反映人的价值追求。邓小平理论正是如此。它克服了离开历史规律、离开生产力基础而张扬社会主义理想价值的倾向，又克服了技术实用主义倾向。邓小平理论由于始终立足于社会主义发展规律基础上，因而具有巨大的科学性，又由于始终满足人民的需要，因而又具有丰富的价值性。邓小平理论体现了真理性与价值性的完美统一。

邓小平理论的价值取向，体现的是人民性，邓小平理论的价值观在本质上是人民价值观。他把社会主义的价值紧紧与人民的利益统一起来，坚持以人民为本位的价值主体取向。他把人民看成是历史的动力，认为："其实很多事是别人发明的，群众发明的，我只不过把它们概括起来，提出了方针政策。"② 同时，邓小平理论以满足人民利益为最高价值目标取向，力主在大力发展生产力的前提下给人民以实惠。邓小平把人民拥护不拥护、赞成不赞成、高兴不高兴、答应不答应作为制定多项方针政策的出发点和归宿。更重要的，邓小平在中国特色社会主义实践进程中，把坚持生产力标准与人民利益有机统一起来，从而形成了"三个有利于"标准，对于推动中国改革开放的发展产生了极大的作用。

正是因为邓小平理论所具有的价值取向的人民性特点，才使邓小平理

---

① 《马克思恩格斯选集》第 4 卷，人民出版社 1995 年版，第 247 页。
② 《邓小平文选》第 3 卷，人民出版社 1993 年版，第 272 页。

论与人民之间产生了强烈的相互吸引和亲和力。一方面，邓小平以极大的热情关注和支持人民群众的试验、探索和首创精神，善于集中群众的智慧和经验，并以人民的利益需求作为自己思考和实践的重心；另一方面，邓小平理论得到广大人民群众的拥护、赞成和积极实践。这是中国特色社会主义健康发展的原因之一。

3. 理论体系的开放性

邓小平理论的形成不是在封闭书斋运思的结果，而是在实践和时代的开放性条件中形成的科学体系。从理论渊源关系上，邓小平理论的开放性特点体现在：邓小平在新的历史条件下，把继承、坚持同发展、创新辩证统一起来，使马克思主义在当代中国进入新境界，达到了新高度。邓小平理论也是对中国传统文化的批判、继承和发展。邓小平的运思方式、思想的表述、理论的风格，都具有中国特色和中国气魄。同时，邓小平从中国的国情出发，大胆地吸收和借鉴人类社会发展的文明成果，注意批判吸取西方现代化理论成果等，使邓小平理论具有海纳百川的宽阔文化胸襟。在世界的开放性基础上，邓小平以世界性眼光，关注时代发展特征和世界上不同国家的发展经验，并在世界与中国的互动中通过思考和提炼，从而形成了邓小平理论的时代特征。邓小平理论是反映时代、体现时代、具有时代性的科学理论，其形成和发展，不但具有中国历史和现实的依据，还有时代和世界的依据。在实践的开放性上，邓小平理论始终向实践敞开，注意从中国特色社会主义实践中吸收、总结、概括新经验，从而使这一理论在与实践的相互作用中不断丰富和发展。

邓小平理论体系开放性特征，更深刻之处在于，它向实践开放的同时，还具有向未来开放的特点。邓小平从来不把自己的理论看作静止物，从不认为自己的理论达到完美无缺到无需发展的地步。他历来认为："决不能要求马克思为解决他去世之后上百年、几百年所产生的问题提供现成答案的任务。列宁同样也不能承担为他去世以后50年、100年所产生的问题提供现成答案的任务。真正的马克思列宁主义者必须根据现在的情况，认识、继承和发展马克思列宁主义。"① 当代世界的变化之大之快，是前人所没有经历的；中国特色社会主义发展的深度和广度也是马克思主

---

① 《邓小平文选》第3卷，人民出版社1993年版，第291页。

义经典作家所没有面对的；世界和中国发展中的新矛盾、新问题，以及解决这些矛盾和问题所需要的方式和方法，也是前人不能提供给我们的，因此，随着实践的发展，理论的发展也是一个无止境的过程。同样，邓小平之后的真正的马克思主义者，决不能要求邓小平为他去世后所产生的问题提供现成的答案，也必须根据变化发展的新情况，去认识、继承和发展邓小平理论。这是邓小平理论的必然要求，是邓小平理论体系开放性品格的鲜明体现。邓小平理论开放性特点的真正价值，在于为后人的理论创造和创新留下了广阔的空间。

对于邓小平理论的地位，中国共产党从不同的角度，结合不同的参照系曾经作出评价。这就在广阔的背景下揭示出其独特的价值和意义，阐发其特殊作用和贡献，明确了其未来的发展和前途。对邓小平理论的历史地位，可以从中国20世纪的社会变革、马克思主义发展过程、中国特色社会主义实践三个角度加以认识。

其一，邓小平理论是20世纪中国第三次历史巨变的产物。

20世纪是中国社会发生大动荡、大变革的世纪。在百年之内，中国历经了封建王朝、半殖民地半封建社会、社会主义社会三种社会形态，其变化之速，变革之剧，是历史上任何世纪都不曾出现过的。江泽民在中共十五大报告中指出："一个世纪以来，中国人民在前进道路上经历了三次历史性的巨大变化，产生了三位站在时代前列的伟大人物：孙中山、毛泽东、邓小平。"[①] 中国共产党从中华民族在20世纪的三次巨大变化和建党以来的奋斗历史角度，认识邓小平理论的历史由来和历史地位，体现出历史的厚重感。

20世纪中国的第一次历史性巨变，是孙中山领导的推翻中国两千多年封建帝制、建立共和政体的辛亥革命。孙中山是中国旧式的资产阶级民主主义革命最后的、最主要的、最有成就的一位代表人物。他首先喊出"振兴中华"的口号，开创了实质意义上的近代民族主义革命。在中国革命进入新式的资产阶级民主主义革命阶段之后，他又随着时代的前进而前进，走上同中国共产党合作的道路，成为第一位、也是最重要的一位参加了新式的民主主义革命的资产阶级代表人物。辛亥革命未能改变旧中国的

[①] 《中国共产党第十五次全国代表大会文件汇编》，人民出版社1997年版，第2页。

社会性质和人民的悲惨境遇，但为中国的进步打开闸门，使反动统治秩序再也无法稳定下来。

20世纪中国的第二次历史性巨大变化，是中国共产党及其领袖毛泽东领导的中华人民共和国的成立和社会主义制度的建立。中国共产党是五四运动这场思想解放运动之后，随着马克思列宁主义的传播而成立的。毛泽东是中国共产党人中把马克思列宁主义同中国革命实践结合起来的最杰出代表。经过大革命胜利又失败，土地革命胜利又失败的反复比较，在1935年1月遵义会议上，毛泽东的正确理论和毛泽东的领导地位在中共中央领导层得到认同。经过延安整风这场思想解放运动，在中共七大上确立毛泽东思想为党的指导思想，中国革命走上了胜利发展的坦途，在1949年取得了全国的胜利。中华人民共和国的成立，标志着中国的历史从此开辟了一个新时代。毛泽东是中华人民共和国的主要缔造者，在建国以后又是中国走向和建设社会主义道路的主要探索者。社会主义制度的基本建立和社会主义建设的基本成就，为中国以后的进步和发展奠定了基础。

20世纪中国的第三次历史性巨变，是改革开放、为社会主义现代化而奋斗。这是在以邓小平为核心的中共第二代领导集体的领导下开始的新的革命。邓小平是毛泽东领导的革命和建设事业的参加者，在毛泽东逝世后成为中国改革开放的总设计师，是建设中国特色社会主义新道路的主要开拓者。邓小平理论是在"文化大革命"使中国社会主义陷入困境的背景下适应历史的需要而产生的。"文革"结束后，以真理标准问题的讨论为契机，展开了继五四运动和延安整风之后的第三次思想解放运动。这次思想解放的成果，就是中共十一届三中全会的召开，就是伟大的历史转折，就是拨乱反正和全面改革，就是邓小平理论的形成和发展。中国共产党在新中国成立以来革命和建设成就的基础上，在总结历史经验教训的基础上，成功地走出了一条建设中国特色社会主义的新道路。

邓小平作为历史巨人的历史地位，是在历史新时期形成的。在这个新时期中，邓小平成为中国共产党中央领导集体的核心。新时期建设中国特色社会主义新道路的开辟，这条道路上改革开放和现代化建设新成就的取得，指导取得这些成就的新理论——邓小平理论的创立，使邓小平赢得了中共重要领袖人物的历史地位，使后来者能够也应该把邓小平的历史地位同毛泽东的历史地位做大跨度的历史比拟，把这两位伟大人物相提并论。

邓小平的历史地位与邓小平理论的历史地位是同时形成的。在邓小平逝世的时候，江泽民代表中共中央在悼词中对此进行了评价。他认为："在中国共产党的历史上，党领导中国人民进行了一场把半殖民地半封建的旧中国变成社会主义新中国的伟大革命，十一届三中全会以来又领导人民开始了一场新的革命，要把中国由不发达的社会主义国家变成富强民主文明的社会主义现代化国家。在这两次伟大革命的进程中，实现了马克思主义同中国实际相结合的两次历史性飞跃，形成了两大理论成果，这就是毛泽东思想和邓小平建设有中国特色社会主义理论。"① 没有邓小平，没有邓小平理论，中国人民就不可能有今天的新生活，中国就不可能有今天改革开放的新局面和社会主义现代化的光明前景。正因为如此，江泽民在中共十五大报告中郑重提出："在社会主义改革开放和现代化建设的新时期，在跨世纪的征途上，一定要高举邓小平理论的伟大旗帜，用邓小平理论来指导我们整个事业和各项工作。这是党从历史和现实中得出的不可动摇的结论。"② 并在十五大党章和新修改的宪法中写上邓小平理论，与马列主义、毛泽东思想一起，成为中国共产党的指导思想和社会主义建设的指导思想。

其二，在马克思主义发展史上，邓小平理论是马克思主义在中国发展的新阶段。

从科学理论发展的角度讲，马克思主义本身就是与时俱进的科学。因此，马列主义必定随着时代、实践和科学的发展而不断发展。与时俱进，是马克思主义的理论品质。马克思主义创立后，并没有被定格于产生它的那个时代和历史背景，而是随着历史的发展而发展，随着社会的前进而前进。这是马克思主义优越于其他理论学说的一个主要方面，是马克思主义科学性的一个主要体现，也是马克思主义在现实生活中有着巨大的历史价值和指导意义的根本原因。

作为革命家和理论家双重身份的邓小平，非常明了马克思主义需要发展创新，十分清楚发展创新马克思主义的重要意义。中国特色社会主义实

---

① 江泽民：《在邓小平同志追悼会上的讲话》，《敬爱的邓小平同志永远活在我们心中》，人民出版社1997年版，第15页。

② 《中国共产党第十五次全国代表大会文件汇编》，人民出版社1997年版，第9页。

践所处的时代，所要解决的矛盾与问题，与马克思主义经典作家所经历的已经大不一样。为了指导中国的前进和社会主义的发展，邓小平把发展马克思主义作为一项重大任务提了出来，把发展马克思主义看作是马克思主义者的责任，看作是中国共产党的责任，看作是自己的责任。他认为："不以新的思想、观点去继承、发展马克思主义，不是真正的马克思主义者。"① 正如江泽民所提出的，马克思主义是科学，它始终严格地以客观事实为根据。而实际生活是在不停地变动中，这种变动的剧烈和深刻，近一百多年达到了前人难以想象的程度。因此，马克思主义者必定随着时代、实践和科学的发展而不断发展，不可能一成不变。对待马克思主义，有个学风问题：究竟是从本本出发，还是用马克思主义的立场、观点、方法来研究和解决中国的现实问题。脱离实际和时代发展来谈马克思主义没有意义。静止地孤立地研究马克思主义，把马克思主义同它在现实生活中的生动发展割裂开来、对立起来，没有出路。邓小平理论是在指导中国特色社会主义实践中，是在回答中国社会主义道路和方向，解决中国社会现实生活中的基本问题中而形成与发展的，因而是活生生的马克思主义。江泽民指出：实践证明，作为毛泽东思想的继承和发展的邓小平理论，是指导中国人民在改革开放中胜利实现社会主义现代化的正确理论。在当代中国，只有把马克思主义同当代中国实践和时代特征相结合的邓小平理论，而没有别的理论能够解决社会主义的前途和命运问题。邓小平理论是当代中国的马克思主义，是马克思主义在中国发展的新阶段。

邓小平理论之所以能够成为马克思主义在中国发展的新阶段，是因为：第一，邓小平理论坚持解放思想，实事求是，在新的实践基础上，继承前人又突破陈规，开拓了马克思主义的新境界。实事求是是马克思列宁主义的精髓，是毛泽东思想的精髓，也是邓小平理论的精髓。1978年邓小平《解放思想，实事求是，团结一致向前看》这篇讲话，是在"文化大革命"结束以后，中国面临向何处去的重大历史关头，冲破"两个凡是"的禁锢，开辟新时期新道路，开辟建设有中国特色社会主义新理论的宣言书。1992年，邓小平南方谈话，是在国际国内政治风波严峻考验的重大历史关头，坚持十一届三中全会以来的理论和路线，深刻回答长期

---

① 《邓小平文选》第3卷，人民出版社1993年版，第292页。

束缚人们思想的许多重大认识问题,把改革开放和现代化建设推进到新阶段的又一个解放思想实事求是的宣言书。在社会主义现代化建设的征途上,邓小平正是以中国共产党的思想路线为指导,为发展马克思主义的理论,为进一步实践中国特色社会主义,作出了一系列新贡献。第二,邓小平理论坚持科学社会主义理论和实践的基本成果,抓住"什么是社会主义,怎样建设社会主义"这个根本问题,深刻地揭示了社会主义的本质,把对社会主义的认识提高到新的科学水平。新时期的思想解放,关键就是在这个问题上的思想解放。中国社会主义在改革开放中所经历的曲折和失误,改革开放以来在前进中遇到的一些困惑,归根到底都在于对这个问题没有完全搞清楚,20年的历史性转变,就是逐渐搞清楚这个根本问题的进程。邓小平理论,正是认识和解决这一根本问题的结晶。第三,邓小平理论坚持用马克思主义的宽广眼光观察世界,对当今时代特征和总体国际形势,对世界上其他社会主义国家的成败,发展中国家谋求发展的得失,发达国家发展的态势和矛盾,进行正确分析,作出了新的科学判断。世界变化很大很快,特别是日新月异的科学技术进步深刻地改变了并将继续改变现代经济生活和世界面貌,任何国家的马克思主义者都不能不认真对待。邓小平理论正是根据这种形势研究中共的路线和国际战略,要求用新的观点来认识、继承和发展马克思主义。强调只有这样才是真正的马克思主义,墨守成规只能导致落后甚至失败。这是邓小平理论鲜明的时代精神。第四,邓小平理论形成了新的建设有中国特色社会主义理论的科学体系。它是在和平与发展成为时代主题的历史条件下,在中国改革开放和现代化建设的实践中,在总结中国社会主义胜利和挫折的历史经验并借鉴其他社会主义国家兴衰成败历史经验的基础上,逐步形成和发展起来的。它第一次比较系统地初步回答了中国社会主义发展所要解决的一系列问题,是一个贯通多领域、多方面的比较完备的科学体系,又是需要从多方面进一步丰富发展的科学体系。

在新的时代,新的条件下,人们应如何科学地对待马克思主义,如何使马克思主义在本国的实际经验中得以推动理论和实践的双重发展,邓小平理论都给人们以深刻的启迪。邓小平理论为马克思主义宝库增添了崭新的内容,是对马克思主义的最大贡献,也是邓小平留下的珍贵遗产。

其三,邓小平理论是中国特色社会主义建设事业的行动指南。

中国改革开放和现代化建设的实践证明，邓小平理论是指导中国人民在改革开放中胜利实现社会主义现代化的正确理论。在当代中国，只有邓小平理论，而没有别的理论能够解决社会主义的前途和命运问题。20年改革开放的伟大胜利，也是邓小平理论的伟大胜利。邓小平理论不仅是以往更是现实与未来中国特色社会主义推进中的一面伟大旗帜。

邓小平理论的形成与发展过程，也是世界上社会主义正在经历动荡的时期。20世纪80—90年代，世界社会主义运动遭受挫折。一些社会主义国家的执政党，面对时代主题的变化，面对世界经济、政治、文化发展的新形势，茫然失措，难以应对。在对马克思主义、社会主义的理解上，陷入混乱之中，结果由于不能在历史的新变化中发展社会主义，使社会主义出现了一系列苦难和挫折，从而激化了社会矛盾，形成了社会中不同力量的对立与冲突。在这一过程中，有许多执政党丧失了执政地位，许多社会主义国家改变了社会制度和性质，使世界社会主义跌入了低谷。正是在这一背景中，邓小平通过总结一些执政党和社会主义发展的历史、现实的深刻教训，立足于时代背景和国际形势的变化，立足于中国的特有国情清醒而理智地探索自己的发展方式，从而形成了中国特色社会主义理论和道路。邓小平理论对于社会主义在世界发展过程中的稳定和巩固，对于坚守社会主义阵地，起到了巨大的历史作用。

从中国自身角度而言，走上社会主义道路之后，怎样认识社会主义，怎样建设社会主义，这是摆在中国共产党人面前的一个崭新的课题。在解决这一课题的过程中，既有成功的经验，也有深刻的教训。"文革"严重挫折之后的严峻形势迫使中共思考中国社会主义的发展，并对社会主义发展的任务、方向等作出新的选择。邓小平带领全党，把马克思主义普遍真理与中国具体实际相结合，围绕什么是社会主义，怎样建设社会主义这个主题，解放思想，实事求是，走自己的路，第一次比较系统地回答了在中国这样一个经济文化比较落后的国家，如何建设、巩固和发展社会主义的一系列基本问题。正因为有了邓小平理论，才使中国的改革开放和社会主义现代化建设事业显示了蓬勃生机和活力，为全世界所瞩目。没有邓小平理论，就没有中国特色社会主义事业的繁荣现实和美好前景，就没有国家的光明和人民的安康。在某种意义上可以说，作为中共集体智慧结晶的邓小平理论，拯救了中国的社会主义，激活了中国的社会主义，发展了中国的社会主义，尤其是结合世界社会主义运动的大动荡来看，邓小平理论的这一历史地位更加鲜明而突出。

邓小平理论的历史地位，还在于它是中国特色社会主义事业今后发展的行动指南。新的世纪，中国面临着全面建设小康社会，大力推进社会主义现代化、实现中华民族伟大复兴的重任。在实现这一目标的发展过程中，将面临一系列新矛盾、新问题。在解决矛盾与问题中推进中国特色社会主义，就必须坚持邓小平理论的指导。正如江泽民所说："努力学习和掌握建设有中国特色的社会主义理论，坚持用这一理论指导我们的思想和各项工作，必须贯穿于社会主义现代化建设的全过程，这是关系我们党的前途和命运，关系我们国家的繁荣富强和长治久安的大事。"[1] 在新世纪，只有高举邓小平理论旗帜，才能按照正确的方向解决中国社会主义建设面临的各种问题，找到解决各种具体问题的方法，从而把改革开放引向深入，胜利实现已经确定的发展目标，为未来的发展奠定基础；只有高举这面旗帜，才能进一步增强党的团结和统一，使中国共产党无论在任何复杂的情况下，都能够做到统一思想，统一意志，统一步伐，提高执政水平和领导水平，在中国特色社会主义的推进中充分发挥领导核心的作用；只有高举这面旗帜，才能进一步增强中华民族的凝聚力，把中国人民团结在一起，充分调动社会上的一切积极因素，同心协力、共同奋斗，努力实现社会主义现代化和小康社会的建设目标。

江泽民指出："我们正在进行的建设有中国特色的社会主义的伟大实践，必将不断地产生丰富的新鲜经验。我们不仅要在实践中善于坚持和创造性地运用邓小平理论，而且要善于通过总结从中提炼出来的规律性的认识和经验，继续丰富和发展邓小平理论。这是全党同志的庄严历史责任。"[2] 学习邓小平理论，又要通过实践使它不断丰富和发展，这是马克思主义的科学态度，是我们事业发展的根本保证，也是我们对邓小平理论指导地位的最好承诺。以江泽民为核心的中共第三代领导集体，在领导社会主义现代化和改革开放的13年中，结合中国实践的新变化，在许多方面发展了邓小平理论。尤其是"三个代表"重要思想的提出，更是把对

---

[1] 《江泽民论有中国特色社会主义（专题摘编）》，中央文献出版社2002年版，第10页。
[2] 同上书，第24页。

邓小平理论的发展推进到一个更高的阶段和更新的境界。

首先，对建设中国特色社会主义主题的深化。

1989年6月，中共十三届四中全会召开，在这次会议上，江泽民当选为中共中央总书记。自1989年至2002年的13年时间内，江泽民运用马克思主义基本原理，集中全党和全国人民的智慧，科学分析国际国内形势发生的重大变化，深刻总结党和人民在推进改革开放和现代化建设中的丰富经验，正确回答了建设中国特色社会主义实践中迫切需要解答的重大问题，从而形成了一系列的创新性成果。江泽民对邓小平理论的丰富和发展，首先表现在主题的深化上。

"什么是社会主义，怎样建设社会主义"，一直是邓小平理论所关注和解决的问题。邓小平抓住这一问题，深刻揭示了社会主义的本质，把对社会主义的认识提高到新的水平。江泽民继承了邓小平理论，又丰富和发展了邓小平理论，进一步对"什么是社会主义，怎样建设社会主义"做了时代性的回答。特别是对"什么是初级阶段的社会主义和在初级阶段怎样建设社会主义"的基本问题，结合形势的新发展和党对社会主义的新认识，作了全面的阐述。在中共十五大上，江泽民阐发了社会主义初级阶段理论，指出：我们讲一切从实际出发，最大的实际就是中国现在处于并将长期处于社会主义初级阶段，我们讲搞清楚什么是社会主义，怎样建设社会主义，是要搞清楚什么是初级阶段的社会主义和在初级阶段怎样建设社会主义；面对改革开放和开创新局面的艰巨任务，我们解决种种矛盾，澄清种种疑惑，认识为什么必须实行现在这样的路线和政策，而不能实行别样的路线和政策，关键就在于对所处社会主义初级阶段的基本国情要有清醒认识和准确把握。由此出发，江泽民对社会主义的根本任务，关于社会主义领导力量，社会主义的发展目标、措施、保证，都围绕基本问题作出了回答。

科学回答了面向新世纪的中国共产党"建设一个什么样的党，怎样建设党"的问题。无产阶级政党学说是科学社会主义的重要内容。共产党是社会主义事业的领导核心。理论和实践都充分说明，正确回答"什么是社会主义，怎样建设社会主义"的问题，必须牢牢把握执政党的建设这个重点，深入回答"建设一个什么样的党，怎样建设党"的问题。江泽民对此作出了重大发展，是对邓小平关于"什么是社会主义，怎样建设社会主义"这一根本问题的丰富、深化和创新。保持先进性，是共产党的内在要求。江泽民所提出的"三个代表"重要思想，主要目的即是解决党的先进性这个核心问题。党的先进性问题，是党的建设理论和实践的一个根本性问题，决定着党的兴衰成败。面对新的世纪，作为执政党的中国共产党要保持先进性，就必须体现中国与世界发展变化的要求，必须使全党保持与时俱进的精神状态，不断开拓马克思主义理论发展的新境界；必须把发展作为党执政兴国的第一要务，不断开创现代化建设的新局面；必须最广泛地调动一切积极因素，不断为中华民族的伟大复兴增添新力量；必须以改革的精神推进党的建设，不断为党的肌体注入新活力。党保持先进性，目的是使党在世界形势深刻变化的历史进程中始终走在时代前列，在应对国内外各种风险考验的历史进程中始终成为全国人民的主心骨，在建设中国特色社会主义的历史进程中始终成为坚强的领导核心。按照"三个代表"要求确定的目标加强党的建设，必将大大增强党的自我更新能力，极大地激发党的创造力，使中国共产党在新世纪焕发出更加旺盛的生命力，保证领导中国人民完成伟大的历史使命。

科学回答了"什么是马克思主义，怎样发展马克思主义"的问题。中国特色社会主义，是在马克思主义指导下的伟大实践进程。回答"什么是社会主义，怎样建设社会主义"，就必须正确回答"什么是马克思主义，怎样发展马克思主义"的问题。江泽民反复教育全党，坚持马克思主义，决不能采取教条主义、本本主义的态度，而是要用马克思主义的科学态度对待马克思主义。江泽民认为，一方面，"马克思列宁主义、毛泽东思想一定不能丢，丢了就丧失根本。"[①] 另一方面，"离开本国实际和时代发展来谈马克思主义，没有意义。"[②] 创新就是要解放思想、实事求是、与时俱进。实践没有止境，创新也没有止境，对马克思主义的发展也没有止境。我们要突破前人，后人也必然会突破我们。这是社会前进的必然规律。要适应实践的发展，以实践来检验一切，使党的思想认识从那些不合时宜的观念、做法和体制的束缚中解放出来，从对马克思主义的错误的和教条式的理解中解放出来，从主观主义和形而上学的桎梏中解放出来。要

---

① 《中国共产党第十五次全国代表大会文件汇编》，人民出版社1997年版，第13页。
② 同上书，第14页。

坚持马克思主义基本原理，又要谱写新的理论篇章，要发扬革命传统，又要创造新鲜经验。善于在解放思想中统一思想，用发展着的马克思主义指导新的实践。

其次，形成了中国特色社会主义全面发展的理论体系。

在新的历史条件下，江泽民继承发展邓小平理论，在此基础上形成了富有特色的、系统的建设中国特色社会主义全面发展的理论体系。这一理论体系，以"中国特色社会主义"为主题，紧紧围绕"什么是社会主义，怎样建设社会主义"和"建设一个什么样的党，怎样建设党"的重大课题，提出并阐明了一系列新的思想和观点，丰富和发展了建设中国特色社会主义理论体系，标志着中共对执政规律和社会主义建设规律以及人类社会发展规律认识的深化。

江泽民关于中国特色社会主义全面发展的理论体系，主要包括：第一，坚持以邓小平理论为指导，不断推进理论创新。江泽民揭示了邓小平理论的实践基础，概括了邓小平理论的科学价值，提出了用邓小平理论武装全党的战略任务，并将邓小平理论作为党的指导思想写进党章。对思想路线的认识有了拓展，要求全党解放思想、实事求是、与时俱进，认为这是中共在长期执政条件下保持先进性和创造力的决定性因素。党是否始终做到这一点，决定着中国的前途和命运。第二，坚持以经济建设为中心，用发展的办法解决前进中的问题。发展是硬道理，必须抓住一切机遇加快发展。发展要有新思路。坚持扩大内需的方针，实施科教兴国和可持续发展战略，实施速度和结构、质量、效益相统一，经济发展和人口、资源、环境相协调。在经济发展的基础上，促进社会全面进步，不断提高人民生活水平，保证人民共享发展成果。第三，坚持改革开放，不断完善社会主义市场经济体制。改革开放是强国之路。必须坚定不移地推进各方面改革。改革要从实际出发，整体推进，重点突破，循序渐进，注重制度建设和创新。坚持社会主义市场经济的改革方向，使市场在国家宏观调控下对资源配置起基础性作用。坚持"引进来"和"走出去"相结合，积极参与国际经济技术合作和竞争，不断提高对外开放水平。第四，坚持四项基本原则，发展社会主义民主。四项基本原则是立国之本。坚持中国共产党的领导，巩固和完善人民民主专政的国体和人民代表大会制度的政体，坚持和完善共产党领导的多党合作制度和政治协商制度以及民族区域自治制度。推进政治体制改革，加强政治文明建设，发展民主，健全法制，依法治国，建设社会主义法治国家，保证人民行使当家作主的权利。第五，坚持物质文明和精神文明两手抓，实行依法治国和以德治国相结合。社会主义精神文明是中国特色社会主义的重要保证。必须立足于中国现实，继承全人类优秀传统，吸收外国文化有益成果，建设社会主义精神文明，不断提高全民族的思想道德素质和科学文化素质，为现代化建设提供强大的精神动力和智力支持。第六，坚持稳定压倒一切的方针，正确处理改革发展稳定的关系。稳定是改革和发展的前提。要把改革的力度、发展的速度和社会可承受的程度统一起来，把不断改善人民生活作为处理改革发展稳定关系的重要结合点，在社会稳定中推进改革发展，通过改革发展促进社会稳定。第七，坚持党对军队的绝对领导，走中国特色的强兵之路。第八，坚持团结一切可以团结的力量，不断增强中华民族的凝聚力。第九，坚持独立自主的和平外交政策，维护世界和平与促进共同发展。第十，坚持加强和改善党的领导，全面推进党的建设新的伟大工程。治国必先治党，治党务必从严。坚持党的性质和宗旨，以改革的精神加强和改进党的建设，不断提高党的领导水平和执政水平，提高拒腐防变和抵御风险的能力，坚持不懈地开展反腐败斗争，保持党同人民群众的血肉联系，保持党的先进性、纯洁性和团结统一。

上述十个方面，是马克思主义与中国建设初级阶段社会主义新实践相结合的产物，是适应当今世界格局多极化、经济全球化两大趋势的新成果，是指引中国特色社会主义经济政治文化在新的历史条件下全面发展的新理念，是对马列主义、毛泽东思想、邓小平理论的继承和发展，是马克思主义与中国实际相结合的历史性新飞跃，是新世纪指导中国共产党的事业发展的新思想。

这个重大理论创新，归结起来就是，中国共产党必须始终代表中国先进生产力的发展要求，代表中国先进文化的前进方向，代表中国最广大人民的根本利益。这是坚持和发展社会主义的必然要求，是中国共产党艰辛探索和实践的必然结论。

再次，"三个代表"重要思想是江泽民在理论上的重大发展。

在刚刚进入新世纪的时候，江泽民指出："我们党必须始终代表中国先进生产力的发展要求，代表中国先进文化的前进方向，代表中国最广大人民的根本利益。"并认为,"三个代表"是"我们党的立党之本、执政之基、力量之源。"①"三个代表"重要思想,是在新的历史条件下马克思主义中国化的又一丰碑,是中国共产党与时俱进的产物。

"三个代表"重要思想是对马克思列宁主义、毛泽东思想和邓小平理论的继承和发展,反映了当代世界和中国的发展变化对党和国家工作的新要求,是加强和改进党的建设、推进中国社会主义自我完善和发展的强大理论武器,是中共集体智慧的结晶,是党必须长期坚持的指导思想。

"三个代表"重要思想,内容博大精深,在一系列重大问题上深化了对"什么是社会主义、怎样建设社会主义","建设一个什么样的党、怎样建设党"这两大问题的认识,全面体现了中国共产党的基本理论、基本路线、基本纲领,涵盖了经济、政治、文化等多个领域,是运用马克思主义解决中国改革开放和现代化建设实际问题的新创造,是加强和改进党的建设,推动中国特色社会主义事业胜利前进的强大思想武器,是新世纪中国共产党继往开来、与时俱进的新的理论指导。在新的历史条件下,坚持马列主义、毛泽东思想、邓小平理论就必须坚持"三个代表"重要思想。把"三个代表"重要思想确定为中国共产党必须长期坚持的指导思想,正是基于马克思主义是发展的学说,基于"三个代表"重要思想坚持、继承、丰富、发展了马列主义、毛泽东思想、邓小平理论,是马克思主义中国化的最新成果。在新的世纪,中国共产党要解决好社会主义现代化建设和党的建设遇到的新问题、新矛盾,团结和带领全国各族人民实现全面建设小康社会的奋斗目标,开创中国特色社会主义事业的新局面,就必须坚持以"三个代表"重要思想为指导。

---

① 《江泽民论有中国特色社会主义(专题摘编)》,中央文献出版社2002年版,第579页。

上 篇

中国特色社会主义理论的基本内容和科学体系

第一章 解放思想、实事求是、与时俱进

解放思想、实事求是、与时俱进，是马克思主义世界观和方法论的科学结晶，是马克思列宁主义、毛泽东思想的精髓。邓小平理论，是马克思主义与当代中国实践相结合的产物，是当代中国的马克思主义，解放思想、实事求是、与时俱进也是邓小平理论的精髓。它贯穿于邓小平理论形成和发展的全过程，贯穿于邓小平理论的各个方面。只有深刻理解这个"精髓"，才能深刻理解邓小平理论的科学体系及其基本观点，才能深刻理解马克思主义、毛泽东思想和邓小平理论是一脉相承的统一的科学体系。

第一节 思想路线的重新确立

"文化大革命"结束以后，中国面临向何处去的重大历史关头。人们面对社会主义曲折发展的历程，进行着深刻的反思：中国共产党作为执政党在指导方针上有什么经验教训可进行总结？在时代特征和中国实际面临新形势的条件下应如何对待马克思主义和社会主义？以邓小平为代表的中国共产党人，冲破"两个凡是"的禁锢，发动了以真理标准问题大讨论为先导的思想解放运动，促进了思想路线、政治路线、组织路线的拨乱反正，实现了中共工作中心的历史性转折，开创了中国社会主义事业发展的新时期。

一 思想路线与历史经验的总结

无产阶级政党的显著特点之一，就是始终坚持以马克思主义的思想路线为指导。恩格斯指出，"我们党有个很大的优点，就是有一个新的科学

的观点作为理论的基础。"① 这个新的科学的观点,就是马克思主义哲学,即辩证唯物主义和历史唯物主义,它也是中国共产党思想路线的理论来源。思想路线为无产阶级政党提供了观察和处理问题的唯一正确的立场、观点和方法,是指引无产阶级政党认识世界、改造世界的思想武器。

中国共产党从诞生之日起,就面对着坚持什么样的思想路线,怎样坚持科学的思想路线的问题。一个党的思想路线及其实质,是一个党用什么样的世界观、方法论去认识世界、改造世界。根据辩证唯物主义和历史唯物主义这一世界观和方法论,中国共产党在领导革命的过程中形成了实事求是的思想路线。中国革命和建设的历史证明,只有坚持正确的思想路线,才能制定和贯彻正确的政治路线和组织路线、正确的战略和策略、正确的方针和政策;才能在历史转折的重大关头,经受住挑战和考验,排除各种错误思想的影响和干扰,保持正确的政治方向,引导革命和建设事业走向胜利。

建立社会主义,是前无古人的事业,没有现成的经验可循。中国进入社会主义以后,面临着在经济文化落后的条件下建设社会主义这样一个特殊而又困难的历史课题。为了找到一条符合中国实际的建设社会主义的道路,中国共产党和毛泽东领导全国人民进行了艰苦的实践探索。新中国成立以后,毛泽东把马克思主义关于过渡时期的理论同中国具体实践相结合,创造性地确定了适合中国实际的社会主义改造道路,并且制定了整套的具体方针政策,领导和团结全国各族人民在不太长的时间内,顺利地完成生产资料私有制的社会主义改造,确立了社会主义制度。在社会主义建设时期,毛泽东发表《论十大关系》,初步总结了中国社会主义建设的经验,强调不要照搬外国的经验,而要从自己农业大国的实际出发,正确处理各种矛盾关系。中共八大正确分析了中国社会主义改造基本完成以后的政治经济形势,指出社会主义制度已经基本上建立起来,国内的主要矛盾已经不再是无产阶级同资产阶级的矛盾,而是人民对经济文化迅速发展的需求同当时经济文化不能满足人民需要的状况之间的矛盾。在《关于正确处理人民内部矛盾的问题》的讲话中,毛泽东阐明了社会主义社会的基本矛盾,正确地提出了必须不断调整、改革和完善同生产力的迅速发展

---

① 《马克思恩格斯选集》第2卷,人民出版社1995年版,第39~40页。

不相适应的生产关系和上层建筑，走出一条适合国情的中国工业化道路；并提出要正确划分和处理两类不同性质的矛盾，把正确处理人民内部矛盾作为国家政治生活的主题。但是由于缺少经验，对什么是社会主义、怎样建设社会主义等问题没有完全搞清楚，在实践中出现了许多失误。特别是10年"文化大革命"，造成中国全国性内乱，导致唯心主义泛滥、形而上学猖獗。实践告诉人们，搞革命要坚持解放思想、实事求是，搞建设同样要坚持解放思想、实事求是。坚持了这条路线，中国共产党所领导的事业就会兴旺发达，从胜利走向胜利。否则，就会损害事业，贻误发展。

1976年粉碎"四人帮"，中共从危难中挽救了党和国家。但是"文化大革命"遗留下来的政治、思想、组织和经济上的混乱还极其严重。要摆脱困境，打开局面，需要解放思想、拨乱反正。因此，思想路线的恢复和确立就成了摆在中国共产党人面前的一项重要任务。因为，在关于中国社会主义向何处发展这一历史性问题的探索中，如果不确立正确的思想路线，就难以摆脱"左"的缠绕，就难以对什么是马克思主义，什么是社会主义等前提性问题找到合理的答案。在事关社会主义前途和命运的历史关头，作为一个伟大的马克思主义理论家，邓小平挺身而出，率领中共为正确思想路线的确立而探索、而斗争，终于拉开历史新时期的帷幕。

二 两条思想路线的交锋与历史的转折

思想路线的恢复与确立，事关中国社会主义发展的前途和命运，意义十分重大。但是，对于这一任务的实现，当时却经历了一场严峻的斗争。

"文革"结束后，中国社会主义事业百废待举。在经历了一场思想和实践浩劫之后，中国共产党、中国人民期待着历史的转折，期待着中国社会主义走上合理的发展之路。但是，在这一历史有待扭转的关口上，当时的中共中央主要负责人却提出了"两个凡是"的口号，即"凡是毛主席作出的决策，我们都坚决拥护；凡是毛主席的批示，我们都始终不渝地遵循"。"两个凡是"的实质，就是继续坚持毛泽东晚年的错误，坚持以阶级斗争为纲的指导思想。按照"两个凡是"去做，就无法拨乱反正，中国的社会主义现代化就没有希望，在中国持续了20年的"左"的思想和实践还会延续下去，饱经沧桑的中国将进一步陷入困境。问题尖锐地摆在人们的面前，是按"两个凡是"继续坚持错误，还是解放思想、实事求是，在实践中探索中国社会主义的道路？两条对立的思想路线，将引导着中国走向不同的方向和结局。一切关心中国前途和命运、关心社会主义现实与未来的人，一切不愿回到以往错误路线上的人，理所当然地要对"两个凡是"的观点进行批判和斗争。于是，一场轰轰烈烈的两条思想路线的交锋，在事关中国向何处去的严峻关头不可避免地展开。

1977年4月10日，即提出"两个凡是"的文章《学好文件抓住纲》发表不到两个月，尚未恢复工作的邓小平给华国锋、叶剑英和中共中央写信提出："我们必须世世代代地用准确的完整的毛泽东思想来指导我们全党、全军和全国人民，把党和社会主义的事业，把国际共产主义运动的事业，胜利地推向前进"。① 这是针对"两个凡是"的观点提出的。后来，邓小平又明确指出，"两个凡是"不符合马克思主义。"怎么样高举毛泽东思想旗帜，是个大问题。现在党内外、国内外很多人都赞成高举毛泽东思想旗帜。什么叫高举？怎么样高举？大家知道，有一种议论，叫做'两个凡是'，不是很出名吗？凡是毛泽东同志圈阅的文件都不能动，凡是毛泽东同志做过的、说过的都不能动，这是不是叫高举毛泽东思想的旗帜呢？不是！这样搞下去，要损害毛泽东思想。"② 邓小平以马克思主义为指导，深入地剖析了"两个凡是"的错误。

首先，共产党人作为彻底的唯物主义者，必须反对个人迷信。任何人，都有自身的认识局限性，当面对复杂的客观世界时，都难以避免失误和错误。邓小平指出："毛泽东同志自己多次说过，他有些话讲错了。他说，一个人只要做工作，没有不犯错误的。又说，马恩列斯都犯过错误，如果不犯错误，为什么他们的手稿常常改了又改呢？改了又改就是因为原来有些观点不完全正确，不那么完备、准确嘛。"③ 所以，不论什么人，包括毛泽东在内，讲过的话，做过的事，对与不对，都要在实践中加以检验。对领袖人物的话采取实事求是的态度，还是采取"两个凡是"的态度，这不是一个小问题，而是一个重要的理论问题，也是一个是否坚持历史唯物主义的问题。邓小平强调，在这个问题上，必须像毛泽东那样，做

---

① 《邓小平思想年谱》（1975－1997），中央文献出版社1998年版，第26页。
② 《邓小平文选》第2卷，人民出版社1994年版，第126页。
③ 同上书，第38页。

一个彻底的唯物主义者。他用大量事实说明，不破除个人迷信和个人崇拜，不破除"两个凡是"的思想禁锢，就不能纠正"左"的错误，中国共产党和社会主义建设事业就一步也难以进行。

其次，对于毛泽东思想，决不能把其教条化，而要在实践中坚持和发展。任何真理的适用范围都是具体的。超出了其适用的范围与条件，真理就有可能向谬误转化。由此，对于正确的理论，也不能机械、盲目照搬，不能不顾条件的变化而搞"两个凡是"。邓小平说："把毛泽东同志在这个问题上讲的移到另外的问题上，在这个地点讲的移到另外的地点，在这个时间讲的移到另外的时间，在这个条件下讲的移到另外的条件下，这样做，不行嘛！"[①] 对毛泽东思想采取"背警句"、"走捷径"、"活学活用、立竿见影"那一套，完全是形式主义、实用主义的东西，完全违背了马克思主义具体问题、具体分析的活的灵魂。对毛泽东思想，必须在实践中坚持，在实践中发展。要研究新情况，总结新经验，创造新理论。"如果我们只把过去的一些文件逐字逐句照抄一通，那就不能解决任何问题，更谈不到正确地解决什么问题。"[②] 当今时代的条件、形势、环境，都具有新的特点。在实现四个现代化的过程中，必然会出现许多人们不熟悉的、预想不到的新情况和新问题。如果书本上、文件上没写过的，领导人没讲过的，就不敢多说一句话，多做一件事，一切照搬照转，那就什么事情也做不成，社会主义事业和发展目标就要落空。

最后，毛泽东思想是个科学体系，必须把它作为一个整体来把握。毛泽东思想无论就总体来说还是就某一领域来说，其中各个观点、原理之间都有内在的联系。毛泽东思想的科学性，就体现在各原理、观点的联系中，体现在科学体系的整体性之内。如果破坏了这种联系，抓住一两句话断章取义，任意加以割裂和歪曲，这不但不是坚持毛泽东思想，反而是对毛泽东思想科学性的败坏和葬送。"两个凡是"恰恰犯了这个错误，由此，邓小平强调，要完整、准确地理解毛泽东思想，用毛泽东思想体系指导中共全党和全军、全国的工作。这对于如何理解马列主义、毛泽东思想，提出了一个科学的方法论原则。

---

① 《邓小平文选》第2卷，人民出版社1994年版，第38页。

② 同上书，第119页。

邓小平对"两个凡是"的批判，坚持了辩证唯物主义和历史唯物主义即科学的世界观和方法论，同时也是对中国共产党的解放思想、实事求是思想路线的深刻阐述和发挥。

三　真理标准问题的讨论和思想路线的重新确立

马克思说过："理论在一个国家的实现程度，总是决定于理论满足这个国家的需要的程度"。① 真理标准问题讨论决不是一场学理之争，它的意义远远超出了学术理论的范围。这个大讨论是拨乱反正解决历史遗留问题的需要；是总结经验，探索中国式道路的需要；是推倒"两个凡是"，打碎精神枷锁、解放思想的需要。一句话，粉碎"四人帮"以后，中国广大的干部和人民群众，迫切需要纠正"左"的错误，集中力量建设四个现代化。中国的历史发展已经具备了结束过去、开辟新阶段的基本条件。人民的需要，历史发展的趋势，是出现真理标准问题大讨论的最基本的条件和原因。

这场讨论的导火索，是南京大学哲学系教师胡福明以特约评论员名义、在《光明日报》公开发表的《实践是检验真理的唯一标准》。文章认为，检验真理的标准只有一个，就是千百万群众的社会实践。实践是检验真理的唯一标准，也是检验路线正确与否的唯一标准。马克思主义之所以被称为真理，正是千百万群众长期实践证实的结果。文章指出，理论与实践的统一，是马克思主义的一个基本原则。坚持实践是检验真理的唯一标准，就是坚持马克思主义。革命导师作出了用实践去检验一切理论，包括自己所提出理论的光辉榜样。文章内容旗帜鲜明，直指"两个凡是"，发表后立即引起各方面的强烈反响，中国许多报刊加以转载，被认为是一篇坚持马克思主义、毛泽东思想的好文章。它提出了一个牵一发而动全身的大问题，而对这一问题的解决，恰恰是中国共产党所领导的社会主义事业向前推进的症结所在。但是，这篇文章被一些人认为"犯了方向性的错误"，"政治上是要砍倒毛泽东思想这面红旗"。两条思想路线的对立，又一次体现出来。

邓小平以政治家的气魄与敏感，看到了真理标准问题讨论的实践意义

---

① 《马克思恩格斯选集》第 1 卷，人民出版社 1995 年版，第 11 页。

与历史价值,给予了坚决支持和大力推进。邓小平坚定地重申,实践是检验真理的唯一标准的观点,是一个马克思主义观点。他批评一些人天天讲毛泽东思想,却往往忘记、抛弃甚至反对毛泽东的实事求是、一切从实际出发、理论与实践相结合这样一个马克思主义的根本观点、根本方法。1978年7月22日,邓小平在一次谈话中说:"《实践是检验真理的唯一标准》这篇文章,是马克思主义的。争论不可避免,争得好,根源就是'两个凡是'。"① 他深刻指出,对理论要通过实践来检验这个问题还要引起争论,可见思想僵化,根本问题是"违反毛泽东同志实事求是的思想,违反辩证唯物主义的原理,实际上是唯心主义和形而上学的反映"。这种所谓高举毛泽东思想旗帜是"形而上学的高举,是假的高举"。邓小平一针见血地指出:真理标准问题的讨论,"实质就在于是不是坚持马列主义、毛泽东思想。"②

在邓小平的正确引导和有力支持下,真理标准问题的讨论进一步引向深入,形成了中共全党和全国大讨论的局面。这场大讨论是继延安整风之后的又一次思想解放运动,为中共十一届三中全会的召开作了充分的思想理论准备。在十一届三中全会之前召开的中共中央工作会议上,与会者突破了原定的讨论经济问题的议题,批评了"两个凡是",依据实践标准提出和审议了一系列重大政治问题,并取得了共识。在这次会议的闭幕式上,邓小平作了题为《解放思想、实事求是,团结一致向前看》的重要讲话。他有针对性地指出:"在我们的干部特别是领导干部中间,解放思想这个问题并没有完全解决。不少同志的思想还很不解放,脑筋还没有开动起来,也可以说,还处在僵化或半僵化的状态。"③ 邓小平充分肯定了真理标准讨论的重大意义,认为"关于真理标准问题的争论,的确是个思想路线问题,是个政治问题,是个关系到党和国家命运的问题。"并精辟阐明了思想路线的极端重要性,指出:"一个党,一个国家,一个民族,如果一切从本本出发,思想僵化,迷信盛行,那它就不能前进,它的生机就停止了,就要亡党亡国。"④ 邓小平的这篇讲话,是开辟新时期新

---

① 《邓小平思想年谱》(1975—1997),中央文献出版社1998年版,第72~73页。
② 《邓小平文选》第2卷,人民出版社1994年版,第191页。
③ 同上书,第141页。
④ 《邓小平文选》第2卷,人民出版社1994年版,第143页。

道路的宣言书，实际上是随后召开的十一届三中全会的主题报告。1978年12月，中国共产党召开了具有历史意义的十一届三中全会。这次全会彻底否定了"两个凡是"的方针，充分肯定必须完整、准确地掌握毛泽东思想的科学体系；高度评价了实践是检验真理的唯一标准问题的讨论，认为这场讨论对于促进全党和全国人民解放思想，端正思想路线，具有深远的历史意义，从而重新确立了马克思主义的思想路线。

真理标准问题讨论，对中国共产党实事求是思想路线的理论内容作了进一步的丰富和发展。

首先，科学地概括了"实事求是"在整个马克思主义、毛泽东思想体系中的重要地位。辩证唯物主义和历史唯物主义，是整个马克思主义理论的哲学基础。马克思、恩格斯正是以这个科学的世界观和方法论为指导，具体分析了资本主义生产方式及其基本矛盾，在此基础上创立了剩余价值学说，进而创立了科学社会主义。不懂得马克思主义哲学就不能理解整个马克思主义；学习马克思主义首先应当掌握这个根本观点、根本方法。邓小平指出，马克思、恩格斯创立了辩证唯物主义的思想路线，毛泽东用中国语言概括为"实事求是"四个大字。实事求是，一切从实际出发，理论联系实际，坚持实践是检验真理的标准，这就是中国共产党的思想路线。实事求是是马克思主义的思想基础，是马克思主义的精髓，是毛泽东思想的精髓。在博大精深的马列主义、毛泽东思想体系中，邓小平明确指出实事求是是它的基础和精髓，这就抓住了问题的根本，对于怎样学习和运用马列主义、毛泽东思想具有极为重要的指导意义。

其次，科学地阐述了实事求是与解放思想的一致性。在延安整风运动中，毛泽东在强调实事求是的时候指出："我们要在党内发动一个启蒙运动，使我们同志的精神从主观主义、教条主义的蒙蔽中间解放出来。"[①]延安整风运动，本身就是一次伟大的思想解放运动。但是，把"解放思想"和"实事求是"连在一起，作为党的思想路线加以概括，这是邓小平的贡献。邓小平对解放思想的内涵作了科学的阐述："我们讲解放思想，是指在马克思主义指导下打破习惯势力和主观偏见的束缚，研究新情

---

① 《毛泽东选集》第3卷，人民出版社1991年版，第827页。

况，解决新问题。"① 解放思想与实事求是在本质上是一致的。"解放思想，就是使思想和实际相符合，使主观和客观相符合，就是实事求是。今后，在一切工作中要真正坚持实事求是，就必须继续解放思想。认为解放思想已经到头了，甚至过头了，显然是不对的。"② 实事求是的主旨即要求从客观实际出发，遵循事物发展的客观规律，形成新认识、新规律，破除不合乎现实的陈旧观念。实事求是就要求解放思想；解放思想就要破除旧观念，确立新思想。思想认识的陈旧或新颖，区别的标准就在于是否符合现实的实践需要。因此，解放思想也是实事求是。

最后，深刻地阐述了坚持解放思想、实事求是思想路线对于制定和坚持正确路线、方针、政策的重大意义。邓小平认为："思想路线问题，是个政治问题，是个关系到党和国家的前途和命运的问题。"③ 思想路线是确立政治路线的基础，正确的政治路线能否贯彻实行，关键取决于思想路线的正确与否。不解决思想路线问题，不解放思想，正确的政治路线就制定不出来，制定了也贯彻不下去。正是实事求是思想路线的重新确立，中共才有可能在理论和实践上真正纠正过去"以阶级斗争为纲"的"左"倾错误，把工作中心转移到经济建设上来；正是这条思想路线的深入贯彻，中共才能不断提出一系列改革开放的新政策，逐步形成"一个中心、两个基本点"的基本路线。从思想路线上解决问题，才能真正坚持马克思主义普遍真理同中国实际相结合，才能从根子上杜绝割裂这个结合的右的和"左"的错误。

第二节 解放思想、实事求是是
邓小平理论的精髓

解放思想、实事求是思想路线的重新确立，具有极其重大的现实意义和深远的历史价值。在这条正确思想路线的指引下，邓小平领导中共和全国人民，在理论和实践两个方面进行了可贵探索。在纠正"文化大革命"

---

① 《邓小平文选》第2卷，人民出版社1994年版，第279页。
② 同上书，第364页。
③ 同上书，第143页。

"左"的错误的同时,随着拨乱反正的深入开展和对新中国成立以来历史经验的总结,以及对世界社会主义历史经验教训的思考,着眼于对时代形势发展的新认识,邓小平进一步提出了以实践标准对社会主义进行再认识的任务:"中国搞社会主义走了相当曲折的道路。二十年的历史教训告诉我们一条最重要的原则:搞社会主义一定要遵循马克思主义的辩证唯物主义和历史唯物主义,也就是毛泽东同志概括的实事求是,或者说一切从实际出发。"① 新时期的解放思想,关键是在"什么是社会主义、怎样建设社会主义"这个问题上解放思想。邓小平理论是在新的历史条件下解放思想、实事求是的伟大理论成果。解放思想、实事求是,是贯穿于邓小平理论的一根红线,是邓小平理论的精髓。

一 邓小平理论形成和发展的思想基础

邓小平理论的首要的基本的问题是搞清楚"什么是社会主义、怎样建设社会主义"。这个问题的实质是个世界观和思想路线问题。总结社会主义建设的历史经验,开辟未来的发展道路,正确认识和把握中国社会主义建设的客观规律,都需要端正思想路线。在改革开放和社会主义建设过程中逐步形成和发展起来的邓小平理论,既不是凭主观臆想出来的,也不是从马克思主义书本上照抄来的,更不是从外国模式照搬来的。它的每一个理论观点、理论原则,都是坚持解放思想、实事求是,研究新情况,解决新问题,大胆探索前进的结晶。

在中国二十几年的改革开放进程中,曾经出现过三次思想解放的高潮。每一次思想解放,都推动了改革开放的向前发展和深化,都进一步地拓展了中国特色社会主义建设道路,使中国共产党人加深了对中国社会主义建设规律的认识,并进一步推动了邓小平理论的创新和发展。

1978 年前后开始的第一次思想解放高潮,冲破了那种从本本出发、在马克思主义书本中寻求社会主义建设道路的"两个凡是"的思想束缚,破除了僵化的社会主义模式观念,坚持并发展了从中国实际出发、在自己具体实践中寻求社会主义建设道路的解放思想、实事求是的思想路线。在国际共产主义运动中,长期以来形成一种僵化的模式,苏联在 20 世纪 30

---

① 《邓小平文选》第 3 卷,人民出版社 1993 年版,第 118 页。

年代建立的社会主义体制被凝固化、神圣化，认为坚持它就是坚持社会主义。毛泽东对此早有觉察，曾经提出对苏联的教训要引以为戒，并为探索中国自己的社会主义道路作出巨大的努力。但由于各方面条件的限制，效果并不理想。随着第一次思想解放高潮的兴起，如何寻求中国社会主义建设道路的问题又成了摆在中国共产党人面前的重要课题。在新的历史条件下，邓小平重新提出并解决了这一问题。他指出，革命和建设都要走自己的路。我们"原来的政治体制都是从苏联模式来的。看来这个模式在苏联也不是很成功的。即使在苏联是百分之百的成功，但是它能够符合中国的实际情况吗？"[①] 他强调，各国必须把握自己的条件建设社会主义，固定的模式是没有的。在中共十二大开幕词中邓小平明确提出了"建设有中国特色的社会主义"这一崭新概念，这是社会主义观念上的一个带动全局的重大突破。中国对建设中国特色社会主义发展道路的选择，是共产主义运动史上的一个伟大创举，标志着中国共产党人经过思想解放运动的第一个高潮，在社会主义发展道路上，开始进入了清醒的认识、实践阶段。

1992年春天邓小平南方谈话和中共十四大，推动了第二次思想解放高潮。20世纪80年代末90年代初，随着苏东剧变，世界社会主义运动进入低潮，反华势力借机对中国施压，试图通过西化、分化以改变中国社会主义的性质。面对严峻的形势，中国社会主义如何前进，中国的改革开放步伐是放缓、停止还是加速？邓小平对此作出了回答："思想更解放一点，改革开放的胆子更大一点，建设的步子更快一点，千万不可丧失时机。"[②] "改革开放胆子要大一些，敢于试验，不能像小脚女人一样。"并认为，有人之所以在改革开放方面迈不开步子，不敢闯，要害是姓"资"还是姓"社"的问题。[③] 邓小平南方谈话和中共十四大，在关键时刻再次推动了思想解放，掀起了新一轮改革、发展热潮。这次思想解放的实质，仍然是为了进一步从过时的社会主义陈旧观念之中解放出来，使对社会主义的认识产生新飞跃。南方谈话对中共十三大以来围绕改革开放姓"资"

---

① 《邓小平文选》第3卷，人民出版社1993年版，第292页。
② 《十四大以来重要文献选编》上，人民出版社1996年版，第9页。
③ 《邓小平文选》第3卷，人民出版社1993年版，第372页。

姓"社"、解放思想和加快发展、实践标准和生产力标准、计划经济和市场经济、物质文明和精神文明等问题所展开的思考和探讨，从理论上作了创造性的深刻概括和阐述，使邓小平理论走向成熟。中共十四大报告以邓小平谈话为指导，对建设有中国特色社会主义理论的主要内容作了新的科学概括，使之构成比较完整的科学体系，并明确把社会主义市场经济体制确定为中国经济体制改革的目标。这是一个重大的理论突破。社会主义市场经济理论的提出，破除了计划经济就是社会主义、市场经济就是资本主义的陈旧观念，为进一步深化经济体制改革指明了方向。

中共十五大以后，开始了第三次思想解放的高潮。这次思想解放的任务是坚持从社会主义初级阶段的实际出发，以"三个有利于"为标准大胆探索公有制的实现形式，并对"怎样建设党、建设一个什么样的党"的重大问题进行探索。中共十五大报告指出，公有制为主体、多种所有制经济共同发展，是中国社会主义初级阶段的基本经济制度。从而对非公有制经济的合法地位，实现了由"对立论"、"补充论"向"共同发展论"的转变。同时，在公有制实现形式方面提出可以而且应当多样化，一切反映社会化生产规律的经营方式和组织形式都可以大胆利用。这些重要理论论断，是中国共产党在十四大提出建立社会主义市场经济体制以后的又一次重大理论突破，是对邓小平理论的重大发展。

实践证明，中国改革开放和社会主义现代化建设的每一项重大成就，建设中国特色社会主义道路的每一步拓展，邓小平理论的每一次重大突破，都是在解放思想、实事求是思想路线指导下实现的。

二 贯穿于邓小平理论始终的基本立场、观点和方法

任何一种科学理论都有自己贯穿始终的基本立场、观点和方法，并以此为基础来构建自己的理论体系。解放思想、实事求是，就是贯穿于邓小平理论的每一科学思想内容始终的基本立场、观点和方法。只有把握解放思想、实事求是这条红线，才能认识邓小平理论这一科学体系内在的逻辑联系及其创新结论，才能使邓小平理论在实践中得以全面贯彻执行。

在社会主义发展阶段问题上，邓小平理论作出了中国还处于社会主义初级阶段的科学论断，强调这是一个至少上百年的很长的历史阶段，制定一切方针、政策都必须以这个基本国情为依据，不能脱离实际、超越阶

段。这一论断坚持了社会主义方向,又克服了那些超越历史阶段的错误观念。这是邓小平坚持解放思想、实事求是,把马克思主义基本原理与中国具体实际相结合,正确认识中国基本国情的重大成果。

搞清楚什么是社会主义、怎样建设社会主义,关键是要在坚持社会主义基本制度的基础上进一步认清社会主义的本质。邓小平根据马克思主义的基本理论和社会主义的实践经验,对这个问题进行了不懈的探索,作出了科学的回答:"社会主义的本质,是解放生产力,发展生产力,消灭剥削,消除两极分化,最终达到共同富裕。"[①] 这一概括,既继承了科学社会主义的基本原则,又突破了传统的认识局限,结合当今时代特点和中国发展实际,是在探索中国特色社会主义发展道路过程中所形成的最重大理论成果之一,是对马克思主义的重大发展。

关于社会主义发展道路的选择,邓小平把马克思主义与中国实际相结合,提出了"走自己的路,建设有中国特色的社会主义"的正确论断。中国社会主义的发展,借鉴但不固守别人经验,坚持但不封闭社会主义的原则,依靠自己的探索、改革、创新,走出具有自己特色的道路。解放思想与实事求是在这里达到了高度统一。

对于社会主义经济体制,针对社会主义可不可以搞市场经济的争论,邓小平明确提出,计划经济不等于社会主义,资本主义也有计划;市场经济不等于资本主义,社会主义也有市场。这从根本上解除了把计划经济和市场经济看作属于社会基本制度范畴的思想束缚。

在社会主义发展道路、社会主义根本任务、社会主义民主政治建设、社会主义发展动力、社会主义发展条件等诸多重大问题的探索中,邓小平理论无不渗透着对解放思想、实事求是的基本立场、观点和方法的具体运用,并成为其集中体现。

邓小平理论作为一个完整的科学体系,它所包含的观点,不是从主观愿望出发,不是从某种外国模式出发,也不是从对经典作家个别论断教条式的理解以及附加到马克思主义名下的某些观点出发的产物,而是立足世界和中国实际,经过解放思想、探索创新而形成的理论结晶。

---

① 《邓小平文选》第 3 卷,人民出版社 1993 年版,第 373 页。

第三节 与时俱进是思想路线的基本要求

解放思想、实事求是是引导社会前进的巨大力量；与时俱进是马克思主义的理论品质。人类社会的实践是不断向前发展的，中国共产党领导人民所从事的社会主义现代化建设事业是不断向前推进的。马克思主义诞生一个多世纪以来世界形势发生了巨大变化，新中国成立特别是改革开放以来中国的社会主义也发生了重大变化，这对中国共产党的执政提出了严峻的挑战和新的课题。新的实践需要新的理论指导并为新的理论的形成提供了客观条件。中国共产党以江泽民为核心的第三代中央领导集体坚持解放思想、实事求是的思想路线，并把它发展到解放思想、实事求是、与时俱进的新阶段，突出强调理论创新对于党和国家的事业的巨大指导作用，指出要使党和国家的事业不停顿，首先理论上不能停顿。明确要求，要正确理解和处理继承发展和创新的关系，既要继承、坚持马克思主义的基本立场、观点和方法，不丢老祖宗；又要勇于进行理论创新，要适应实践的不断发展，以实践来检验一切，用发展着的马克思主义指导新的实践。

一 解放思想、实事求是、与时俱进，是保持党的先进性和创造力的决定性因素

江泽民指出，贯彻"三个代表"要求，关键在坚持与时俱进。弘扬与时俱进的精神是中国共产党在长期执政条件下保持先进性和创造力的决定性因素。中共能否始终做到这一点，决定着中国的发展和命运。[①]

时代潮流，浩浩荡荡，顺之则存，逆之则亡。人类发展的历史表明，一个阶级，一个政党，一个集团，能否始终保持自己的生命活力，成为时代的先驱者，成为推进历史发展的进步力量，归根到底，在于能否与时代发展的方向和趋势相吻合，始终走在时代潮流的前列。坚持与时代同行，就能够朝气蓬勃，兴旺发达；如果落后于时代，停滞僵化，迟早会被历史所淘汰。中国共产党在80多年的奋斗历程中，之所以能创造辉煌的业绩，之所以能够成为中华民族伟大复兴的中流砥柱，经受住各种考验，归根到

---

① 《人民日报》2002年6月1日。

底，就在于能够走在时代的前列，保持自己先进的性质、地位和作用。因此，与时俱进，开拓创新，紧跟世界进步潮流，走在时代前列，这是作为执政党的中国共产党推进中国社会主义现代化进程的关键。

坚持解放思想、实事求是、与时俱进，是中国共产党加强全党理论武装和理论创新的必由之路。客观实际是不断变化的，作为客观实际之反映的人们的思想观念也必须随之变化。无论是先进的生产力和先进的文化，还是广大人民的根本利益，都是动态的和不断变化的。因此，中国共产党作为工人阶级的先锋队，要永葆其先进性，就必须不断解放思想，不断地使自己的指导思想、路线纲领、方针政策与不断变化的先进生产力的发展要求、先进文化的前进方向和最广大人民的根本利益相符合。中国共产党的先进性，取决于理论和思想的先进性；而理论与思想的创新，有利于中国共产党始终坚持与时俱进，立足于时代潮流，概括和总结新的实践经验。中国共产党人坚持既不丢掉老祖宗，又坚定不移地坚持马克思主义的基本原理，从不断变化的客观实际出发，开拓马克思主义理论发展的新境界。"三个代表"重要思想就是解放思想、实事求是、与时俱进的最新成果和最新要求。

坚持解放思想、实事求是、与时俱进，是中国共产党团结和带领人民不断夺取建设有中国特色社会主义事业新胜利的前提条件。建设中国特色社会主义是一项伟大的事业。没有现成的答案，也不能照搬照抄别人的。只有弘扬与时俱进思想，才能在实践中开拓前进。当今世界正在发生着深刻的变化，复杂多变的国际国内形势，要求中国共产党人的思想必须与时俱进，只有如此，才能使全党对于在改革开放和现代化建设过程中所形成的新观点、新决策达成共识，才能促进改革开放和现代化建设的顺利发展。

坚持解放思想、实事求是、与时俱进，是中国共产党永葆先进性和创造力的可靠保证。始终保持党的先进性，是党长期执政的根本。中国共产党作为一个长期执政的工人阶级政党，要使自己永葆生机活力，永远得到人民群众的拥护，就必须解放思想、实事求是、与时俱进，必须根据新的条件、新的时代和新的实践不断丰富和发展马克思主义，并且用发展着的马克思主义指导新的实践。在时代面前缺乏应变能力，在理论和实践上不能与时俱进，这样的党将成为时代的落伍者，将被生动而具体的社会所淘汰。苏联东欧的社会主义之所以发生剧变，原因在于党在指导思想上教条主义盛行，在社会主义建设实践上不能跟踪时代发展所呈现出的新特点而求新求变，在体制上充满了僵化色彩，因而最终丧失了党的执政地位，使社会主义事业夭折。

二 坚持思想路线，结合时代变化深化对"三个规律"的认识

中国共产党是一个极为重视理论建设的党，是一个以马克思主义理论为指导的党。能不能使全党坚持与时俱进的精神状态，不断开拓马克思主义发展的新境界，是关系到党能否坚持解放思想、实事求是、与时俱进的思想路线，关系党的事业兴衰成败的重大问题。为此，江泽民强调，根据现实生活的重大变化，要深化对"三个规律"即共产党执政规律、社会主义建设规律、人类社会发展规律的认识与研究，以新的规律性认识和结论把握、指导新的实践。"三个代表"重要思想，即是对"三个规律"认识的结晶。

深化对"三个规律"的认识，是坚持马克思主义的内在要求。马克思主义认识论，从根本说，就是以对于客观事物及其规律的正确认识，来发展理论和指导实践。坚持解放思想、实事求是、与时俱进，就必须通过深化对"三个规律"的认识，以指导社会主义现代化建设的实践。深化对"三个规律"的认识，是推动中国共产党所领导的建设事业不断发展的要求，也是在新实践中丰富和发展马克思主义的需要。江泽民不仅提出了不断深化对"三个规律"认识的要求，而且提出了一系列新思想、新观点、新论断，作为理论创新的崭新成果，把对"三个规律"的认识提高到了新的水平。

首先，把对共产党执政规律的认识提高到了新的水平。江泽民在总结世界上一些马克思主义执政党失去政权的深刻教训，总结中国共产党80年发展尤其是50年执政的历史经验基础上，精辟阐述了"三个代表"重要思想的深刻内涵，丰富和发展了马克思主义的党建理论，深化了对共产党执政规律的认识。在中国共产党的执政指导思想上，强调要坚持和巩固马列主义、毛泽东思想、邓小平理论的指导地位，在实践中不断丰富和发展马克思主义。共产党人必须解放思想、实事求是、与时俱进，立足新的实践把握时代特点，运用马克思主义基本理论研究现实中的重大问题。在保持党的先进性问题上，指出要始终坚持"三个代表"，忠实履行"三个代表"，这是中国共产党的立党之本、执政之基、力量之源。中国共产党是中国工人阶级的先锋队，也是中国人民和中华民族的先锋队。要不断增强党的阶级基础和扩大党的群众基础，不断提高影响力，在面对国内外各种风险考验的历史进程中始终成为全国人民的主心骨，在建设中国特色社会主义的历史进程中始终成为坚强的领导核心。在党的建设问题上，指出必须始终自觉地加强和改进党的建设，不断增强党的创造力、凝聚力和战斗力，永葆生机和活力。在党的纲领问题上，指出要坚持最低纲领和最高纲领的统一。在革命建设和改革的各个历史阶段中，中国共产党既有每个阶段的基本纲领即最低纲领，也有确定长远奋斗目标的最高纲领。全党既要时刻牢记共产主义的远大理想，更要脚踏实地地为实现现阶段的基本纲领而奋斗。

其次，把对社会主义建设规律的认识提高到了新的水平。江泽民深刻总结中国20多年改革开放和社会主义现代化建设的成功经验，科学分析了社会主义的基本矛盾和主要矛盾，系统阐述了社会主义政治、经济、文化发展的规律和基本特征，使中国共产党对社会主义建设规律的认识更加全面、深刻。在社会主义发展道路问题上，提出要坚持马克思主义基本原理同中国实际相结合，坚持科学理论的指导，积极探索符合中国实际的中国特色社会主义道路。在社会主义发展阶段问题上，指出共产主义只有在社会主义社会充分发展和高度发达的基础上才能实现，实现共产主义是一个非常漫长的历史过程。中国正处在社会主义初级阶段，这是整个建设中国特色社会主义的很长历史过程中的初始阶段。在社会主义发展的目标追求问题上，指出社会主义建设的根本目的是实现人民群众的经济、政治、文化利益，包括知识分子在内的工人阶级是社会主义建设的基本力量，农民阶级和其他劳动群众同工人阶级紧密团结，是社会主义建设的主要力量，在改革开放中出现的新的社会阶层的广大人员也是中国特色社会主义的建设者。在社会主义发展特征问题上，指出社会主义是全面发展、全面进步的社会，一切工作既要着眼于人民现实的物质文化需要，同时又要着眼于促进人民素质的提高，也就是要努力促进人的全面发展。

最后，把对人类社会发展规律的认识提高到了新的水平。以江泽民为核心的中共第三代领导集体以深邃的历史眼光和宽广的世界眼光观察当今世界经济、政治和文化发展趋势，特别是科学技术发展趋势给人类社会带来的深刻影响，用马克思主义的世界观和方法论观察、分析人类社会发展问题，使中国共产党对人类社会发展规律有了更深刻、更具时代特点的认识。在人类社会发展的本质和动力问题上，指出人类社会的发展就是先进生产力不断取代落后生产力的过程，科学技术是现代社会的第一生产力，而且是先进生产力的集中体现和根本标志。生产活动是人类社会的最基本活动，生产力是最活跃最革命的因素，是社会发展的最终决定力量；人民群众是历史的创造者，是先进生产力的创造主体，也是实现自身利益的根本力量。在人类与自然的关系问题上，指出要促进人和自然的协调与和谐，建设生态文明。在个人与社会的关系问题上，社会的全面发展与人的全面发展是辩证统一的历史过程，推进人的全面发展，同推进经济、文化的发展和改善人民群众物质文化生活是互为前提和基础的，社会的发展和人的发展都是永无止境的历史过程。这两个历史过程应相互结合，相互促进。在人类文明的多样性问题上，指出各国文明的多样性是人类社会的基本特征和人类文明进步的动力。世界是丰富多彩的，应尊重各国历史文化、社会制度和发展模式，承认世界多样性的现实。在人类社会发展方向上，人类社会必然走向共产主义。对社会未来发展方向可以作科学的预见，但不可能也不必要去对遥远的未来作具体的设想和描绘，以免陷于不切实际的空想。

江泽民提出的不断深化对"三个规律"认识的论断，具有深刻的理论内涵、鲜明的时代特点以及重大的理论意义与实践意义。共产党执政的规律，是从执政党的地位和作用揭示无产阶级政党的运动和建设的规律；社会主义建设的规律是在总结世界社会主义运动正反方面的历史经验，尤其是在总结中国社会主义建设经验的基础上揭示社会主义的运行规律；人类社会发展的规律则是从人类社会发展的历史、现实和未来这样的时空中揭示社会发展的普遍规律和趋势。这三个规律涵盖了与中国共产党的理论与实践相关联的个别、特殊和一般三个层面的规律。能否认识和把握这些规律，关系到中国共产党能否坚持与时俱进，关系到党所领导的建设事业的兴衰成败，关系到中华民族乃至整个人类的前途和命运。

第四节 思想路线对社会主义理论和实践
双重探索的指导意义

历史经验表明,解放思想、实事求是、与时俱进的思想路线,始终是保证共产党永葆生机和活力的法宝,是社会主义现代化建设的科学依据。其意义是多重的。就人类活动而言,既有认识世界的活动,又有改造世界的活动。认识世界活动的结晶物表现为理论,改造世界活动的过程即人类实践。思想路线对于社会主义理论和实践的双重探索,具有重要的指导意义。

一 社会主义理论探索的灵魂

江泽民指出:创新是一个民族进步的灵魂,是一个国家兴旺发达的不竭动力,也是一个政党永葆生机的源泉。他要求中国共产党要不断研究新情况,解决新问题,形成新认识,开辟新境界。这是对中共思想路线的创造性运用和发展。

创新,当然包括理论创新。人类的活动与动物活动的一个根本性区别,表现为人的活动是在意识指导下而展开的。社会主义建设实践不是盲目自发的活动,而是具有理性特点的伟大实践活动。因此,它更需要科学理论的指导。伟大实践需要科学理论的指导,同时又孕育并创造出伟大的理论。邓小平理论和"三个代表"重要思想,是马克思主义发展史上的创新性成果,是中国当代的马克思主义。在人类文明发展的当代社会,任何理论的创新,都不可能脱离人类文明发展的大道;任何理论的创新,都要运用一定的哲学思维建构自己的理论体系。邓小平理论和"三个代表"重要思想以马克思列宁主义、毛泽东思想为思想基础,以科学理论为前提,因而能够正确概括实践经验,回答时代课题。

理论的创新需要借助人类文明成果,但又要具有敢于超越前人的勇气。如果只是照抄前人的理论,就不可能推动理论的发展。邓小平理论的创新意义,在于遵循马克思主义的立场、观点、方法,并以其指导自己的理论与实践活动,但又不拘泥于前人的结论,而是结合时代特点与中国实践,注意了对新经验的概括,对新理论的提炼,从而把马克思列宁主义、毛泽东思想推向了新高度、新境界。这充分说明，理论创新，既需要解放思想的勇气和魄力，又需要实事求是的科学精神，更需要与时俱进的自觉态度。正如江泽民所说："邓小平理论坚持解放思想、实事求是，在新的实践基础上继承前人，又突破陈规，开拓了马克思主义的新境界。实事求是是马克思列宁主义的精髓，是毛泽东思想的精髓，也是邓小平理论的精髓。"① "三个代表"重要思想也是这样。

以思想路线指导理论创新，还有一个正确对待马克思主义的问题。邓小平理论是创新性成果。高举邓小平理论伟大旗帜，首先应当学习邓小平对马克思主义的科学态度和创新精神。江泽民指出："马克思主义是我们立党立国的根本指导思想，是全国各族人民团结奋斗的共同理论基础。马克思主义的基本原理，在任何时候都要坚持，否则我们的事业就会因为没有正确的理论基础和思想灵魂而迷失方向，就会归于失败。这就是我们为什么必须始终坚持马克思主义基本原理的道理所在。马克思主义具有与时俱进的理论品质。如果不顾历史条件和现实情况的变化，拘泥于马克思主义经典作家在特定历史条件下、针对具体情况作出的某些个别论断和具体行动纲领，我们就会因为思想脱离实际而不能顺利前进，甚至发生失误。这就是我们为什么必须始终反对以教条主义的态度对待马克思主义理论的道理所在。"② 正确对待马克思主义，核心是解放思想、开拓创新，尊重实践的权威，坚持实践第一的观点，不能用本本去框实践，而是用实践去发展本本。

客观事物的发展和实践的发展是没有止境的，人们对于客观事物的认识及理论的发展也是没有止境的。面对新的世纪，新矛盾、新问题层出不穷，社会的发展有着新的情况和特点。江泽民认为："邓小平同志为我们指明了前进的方向，奠定了发展的基础，但是今后的路具体怎么走，要靠我们自己在邓小平理论的指导下，在实践中不断探索，不断开拓，总结新的经验，形成新的认识。只有这样做，才能创造性地继承邓小平同志开创的建设有中国特色社会主义事业，也才能创造性地发展邓小平理论。这是

---

① 《人民日报》1997年9月22日。
② 江泽民：《在庆祝中国共产党成立八十周年大会上的讲话》，人民出版社2001年版，第26页。

对待邓小平理论的正确态度，也是邓小平同志期望于我们的。"① 江泽民所提出的"三个代表"重要思想，是对邓小平理论的创新发展，解放思想、实事求是、与时俱进是"三个代表"的精髓。

二 社会主义实践发展的精神动力

新时期中国社会主义改革开放和现代化实践，是世界社会主义发展史上一种崭新实践。这种实践的新颖性，既表现为与以前的社会主义建设实践有着根本的不同，又表现为与之有着千丝万缕的联系。这种崭新的实践，以此前的实践为基础但又超越了此前的实践。这种实践的推进与超越，完全是在中国共产党思想路线的指导下实现的。

在实行改革开放前的相当长时期内，中国社会主义经历了曲折的发展历程。由于主客观因素的影响和制约，面对社会主义这一新生事物，20世纪50年代后半期，"左"倾思潮有所抬头，致使中国的经济体制与政治体制呈现出僵化色彩。从思想路线的高度审视，即是思想不够解放，对社会主义的理解脱离了中国的具体国情。在社会主义制度的运行及其实践操作方面，中国的社会主义基本上照搬了"两个模式"：一是从马克思主义的本本出发，把马克思恩格斯的某些结论作为实践的直接目的。从书本出发，从理想出发，误把书本替代了实践，把理想当作现实，在社会主义实践中，出现了现实与理想、生产力与生产关系的严重错位；二是从苏联的模式出发，忽略了中国的国情与中国社会主义形成的固有基础，对苏联的体制简单模仿。以两种模式为背景理解社会主义，不但在实践中引发了混乱，且将这种理解转化为人们的思维定式。20世纪70年代末80年代初，中国共产党在反思社会主义的历史教训中，把住了传统理解的弊端，果断地在社会主义任务、道路等方面进行了战略转移。没有解放思想的勇气，没有实事求是的科学精神，这些都是不可能的。

改革开放的进程，实质上就是一个不断创新的过程。邓小平指出："改革是中国的第二次革命。"② 改革之所以是一场革命，是因为中国的社

---

① 江泽民：《深入学习邓小平理论——纪念邓小平同志逝世一周年》，《求是》1998年第4期。

② 《邓小平文选》第3卷，人民出版社1993年版，第113页。

会主义改革同新民主主义革命一样,是为了扫除生产力发展中的种种障碍;因为中国的改革不是对原有体制作细枝末节的修修补补,而是从根本上改变旧体制,重新建构新体制;因为中国的改革,是涉及经济、政治、文化等领域的全面改革。况且在改革中,一方面面临着旧观念、旧体制的阻力;另一方面又面临着外在压力以及各种右的思潮的挑战。改革进程中新问题、新矛盾的涌现,更使改革呈现出一种复杂态势。正是由于正确思想路线的确立及其对改革实践的指导,中国的社会主义现代化建设才能又稳又快地推进。经过二十几年的改革,中国社会主义取得了巨大的成就,综合国力得以提高,人民生活得以改善,生产力得以充分发展,经济、政治、文化诸领域都有明显进步。

中国 20 多年的改革开放历程,是波澜壮阔的社会主义建设实践不断丰富和发展的过程,是一个不断解放思想、实事求是、与时俱进的过程。中国特色社会主义的每一个进步,都是解放思想、实事求是、与时俱进的结果。

三 思想路线与双重探索的统一

理论和实践在社会发展中的作用,决不是孤立体现的。只有理论和实践相结合,才能推动社会的进步。这是因为,理论来源于实践,又具有指导、服务于实践的功能;离开活生生的社会实践,理论就失去了生命力。理论与实际脱节、照本宣科、做表面文章,搞形式主义,甚至言行不一,都是不良学风的表现,害人害己,误党误国。另一方面,实践脱离理论则变成盲目的、自发的活动,这样的实践,只能阻碍社会主义的发展。解放思想、实事求是、与时俱进的思想路线,本身即含有理论与实际相结合的要求。思想路线的真正价值,即表现为理论与实践的共同发展,这是思想路线的真正闪光点。

以科学的理论指导实践探索,从新的实践中随时概括、总结新的理论,这是邓小平一直坚持的原则。邓小平指出:"实践是检验真理的唯一标准,实践是检验路线、方针、政策是否正确的唯一标准。"① 一条思路、一个观点、一种办法,只能来源于实践,其是否正确,要由实践作结论。

---

① 《邓小平文选》第 3 卷,人民出版社 1993 年版,第 28 页。

尊重实践，在实践中探索，在实践中把握真理，在实践中总结经验，这是邓小平提倡的工作方法，也是邓小平理论形成的基本途径。尊重实践，主要是尊重群众的实践。邓小平总是以极大的热情关注和支持人民群众的实践、探索和首创精神，总是十分重视并善于集中群众的经验和智慧。他反复强调，自己做了一点事，但不能说都是他发明的，其实很多事都是别人发明的，群众发明的，他只不过是把它们概括出来，提出了方针政策。正是这种尊重实践、尊重群众的科学态度，使邓小平理论有了取之不尽、用之不竭的源头活水，始终保持蓬勃的生机和创造活力。同时，邓小平也非常注意对实践的理论探索，力戒克服实践的盲目性、自发性。他强调，要发挥马克思列宁主义、毛泽东思想的指导作用，同时，又要讲新话，要研究和回答、解决新问题。他认为，不以新的思想、观点去继承、发展马克思主义，不用发展的马克思主义指导新的实践，就不是马克思主义者。中国的社会主义实践之所以取得巨大成就，关键在于创新；而实践的创新，关键的就在于邓小平理论发挥出巨大的指导性价值。在思想路线的引导下，理论与实践的交汇，邓小平理论与中国社会主义实践的互动，这是中国特色社会主义建设取得伟大成就的"奥秘"所在。

坚持解放思想、实事求是、与时俱进的思想路线，必须始终遵循实践——认识——再实践——再认识的认识规律，始终坚持主观认识与客观实际相结合的原则，从而使理论随着实践的发展和时代的前进而发展，使实践在科学理论的指导下而进步。这是中国共产党创造的一条根本经验。

第二章　社会主义的发展道路

无产阶级如何进行社会主义革命夺取政权，建立社会主义制度，100多年来各国共产党已经找到了许多成功的道路。但是，在社会主义革命胜利以后如何建设社会主义问题上，各国共产党人虽然进行了长时期的艰苦探索，也取得了很大的成就，但总的来说是挫折多于成功，相当一些社会主义国家在探索中倒下去了。中国伟大的马克思主义者邓小平，在总结世界和中国社会主义建设经验教训的基础上，把马克思主义普遍原理同中国具体实际相结合，坚持走自己的道路，找到了一条中国特色社会主义的发展道路，为世界社会主义的振兴和发展作出了重要的历史贡献。

第一节　以马克思主义为指导，但不把书本当教条

中国共产党是以马克思主义为指导，有着崇高的共产主义理想，坚决走社会主义道路的党。中国共产党在长期、艰苦、曲折的斗争中深刻地认识到，马克思主义不是教条，而是行动的指南。只有既坚持以马克思主义为指导，又不把书本当教条，才能为探索社会主义革命和建设道路确立科学的指导思想。

一　社会主义事业必须以马克思主义为指导

马克思主义是彻底而严整的科学理论体系，是无产阶级及其政党的共产主义世界观最完整的理论形态。它阐明了自然界、人类社会和思维发展的普遍规律，对各国社会主义事业具有普遍的指导意义。

马克思主义揭示了人类社会发展的客观规律。19世纪40年代，马克

思和恩格斯适应无产阶级革命斗争的需要,在总结工人运动经验,吸收前人优秀思想成果的基础上,进行了大量的科学研究,创立了马克思主义。马克思主义从分析资本主义社会的细胞——商品入手,揭示了资本主义生产方式的固有矛盾和资本主义社会的特殊运动规律,阐明了社会主义必然代替资本主义的历史发展总趋势,论述了无产阶级革命和社会主义建设的一般原理,成为各国无产阶级和被压迫人民、被压迫民族的战斗旗帜和行动指南。在20世纪,欧美及亚洲各国无产阶级政党在马克思主义指导下,开展了无产阶级反对资产阶级的革命斗争,使社会主义由理论变成现实,并从一国胜利发展到多国胜利。从20世纪70年代末开始,马克思主义又指导中国人民取得了建设中国特色社会主义的新胜利。社会主义运动的历史证明,无论是无产阶级革命,还是社会主义建设,只有坚持以马克思主义为指导,才能不断取得新发展、新胜利。

马克思恩格斯根据当时资本主义发展所提供的现实条件,对未来社会进行了概括性研究,科学预见了未来新社会的发展阶段和基本特征。马克思在《哥达纲领批判》中,把未来共产主义社会的第一阶段即社会主义社会的基本特征概括为:生产资料归全社会直接公开占有;社会生产有计划按比例地进行;个人消费品实行按劳分配的原则;消灭商品和货币;消灭一切阶级对立和阶级差别;国家自行消亡,其政治职能逐渐由对生产管理的职能所代替。在社会主义根本任务问题上,马克思恩格斯指出,无产阶级夺取国家政权并把生产资料转归社会所有之后,要"尽可能快地增加生产力的总量"。他们还论述了建设社会主义精神文明以及社会主义社会要进行改革的思想等。由于受历史条件的局限,尽管他们对未来社会的某些预见并不完全符合实践中的社会主义实际,但蕴含其中的革命原则和基本精神,对后来者探索社会主义发展道路,建设和发展社会主义,具有重要的指导意义。

坚持以马克思主义为指导,更重要的是坚持马克思主义关于研究新社会制度的科学方法。马克思恩格斯研究问题,不是从抽象的原则出发,而是从客观事实出发。他们认为,对未来新社会的设想是不断发展的,没有一成不变的现成方案。恩格斯对此明确指出:"我们不打算把什么最终规律强加给人类。关于未来社会组织方面的详细情况的预定看法吗?您在我们这里连它们的影子也找不到。"① 马克思也说："在将来某个特定的时刻应该做些什么，应该马上做些什么，这当然完全取决于人们将不得不在其中活动的那个特定的历史环境。"② 马克思恩格斯对未来新社会的设想所采取的科学态度和研究新社会制度所运用的思想方法，对在21世纪新的社会历史条件下探索社会主义的发展规律，仍然具有十分重要的指导作用。

当代中国的马克思主义者邓小平在中国的社会主义改革实践中强调指出："坚持马克思主义对中国十分重要，坚持社会主义对中国也十分重要。"③"坦率地说，中国不但要坚持马克思主义，而且，如果没有对马克思主义的充分信仰，中国革命也搞不成功。这种信仰是一种动力。新中国成立以后，如果我们不搞社会主义，而走资本主义道路，中国的混乱状态就不能结束，通货膨胀、物价极不稳定、到处贫困落后的状态就不能改变。……中国搞资本主义不行，必须搞社会主义"。④ 尽管历史在前进，时代在发展，但马克思主义的基本原理仍然适用，马克思主义的世界观和方法论仍然适用。中国社会主义事业发展的历史证明，离开了马克思主义的基本原理，离开社会主义道路，中国的现代化就不能实现。

二 坚持马克思主义，必须以当时当地的历史条件为转移

马克思主义对各国进行社会主义革命和社会主义建设具有普遍的指导作用。但是，具体运用马克思主义基本原理，必须与各国的客观实际相结合。马克思主义不是教条而是行动的指南，这是中国共产党在长期、艰苦、曲折的斗争中获得的深刻认识。理论联系实际是马克思主义的内在要求，也是马克思主义发展的必然途径。共产党人坚持马克思主义，一定要把马克思主义同本国的具体实际相结合；建设社会主义，一定要符合本国的具体国情，建设有本国特色的社会主义。恩格斯曾明确指出，不管世界历史发生了多大变化，《共产党宣言》所阐述的一般原理整个说来是完全正确的。但是，对于基本原理的实际运用，"随时随地都要以当时的历史

---

① 《马克思恩格斯全集》第22卷，人民出版社1965年版，第628~629页。
② 《马克思恩格斯全集》第35卷，人民出版社1965年版，第154页。
③ 《邓小平文选》第3卷，人民出版社1993年版，第62页。
④ 同上书，第63页。

条件为转移"。① 列宁在领导俄国革命的实践中也多次强调，马克思主义所提供的只是一般的指导原理，而这些原理的应用，具体地说，在英国不同于法国，在法国不同于德国，在德国不同于俄国。各国的国情不同，而且情况是在不断地变化，因此，马克思主义基本原理在不同时间、不同国度的实际运用，当然会有不同。实践证明，只有从当时当地的客观实际出发，创造性地运用马克思主义，制定适合本国国情的路线、方针、政策，才能引导革命和建设不断取得胜利。否则，只会遭受挫折和失败。对此，邓小平深刻指出："我们多次重申，要坚持马克思主义，坚持走社会主义道路。但是，马克思主义必须是同中国实际相结合的马克思主义，社会主义必须是切合中国实际的有中国特色的社会主义。"② 这是总结中国革命和建设长期历史经验得出的科学结论。

把马克思主义和中国具体实际相结合的重要原则是中国共产党在民主革命时期经历"左"的和右的错误教训之后，通过不断的理论总结而提炼出来的。毛泽东领导中国共产党深刻总结中国革命的经验教训，克服了党内曾经盛行的把马克思主义教条化、把共产国际决议和苏联经验神圣化的错误倾向，在全党确立了实事求是的思想路线，提出了"将马克思列宁主义的理论和中国革命的实践相结合"的命题，这是中国共产党把马克思主义适用于中国革命实践得出的基本结论。正是在这样的正确认识的基础上，中国共产党实现了把马克思主义基本原理同中国具体实际相结合的第一次飞跃，形成了毛泽东思想。在毛泽东的领导和毛泽东思想的指引下，中国共产党开创了一条前人没有走过的中国自己的革命道路，最终取得了全国的胜利。

在社会主义建设时期，同样需要强调把马克思主义同本国社会主义建设的具体实际相结合。这一结论也是在经历了 20 年社会主义建设的曲折发展，特别是总结了"文化大革命"的经验教训之后，以邓小平为核心的第二代中央领导集体鲜明地提出来的。粉碎"四人帮"以后，邓小平以马克思主义者的非凡胆略和科学态度，号召全党解放思想、实事求是，纠正了"文化大革命"及其以前"左"的错误，果断地把工作中

---

① 《马克思恩格斯选集》第 1 卷，人民出版社 1995 年版，第 248 页。
② 《邓小平文选》第 3 卷，1993 年版，第 63 页。

心转移到经济建设上来,实行了改革开放的政策。这样,就实现了马克思主义基本原理和中国具体实际相结合的第二次历史性飞跃,形成了当代中国的马克思主义——邓小平理论,开创了中国特色社会主义建设的新道路。

三 坚信马克思主义,但不把书本当教条

坚持以马克思主义为指导,一个基本前提,就是必须确立对待马克思主义的正确态度和科学方法。

一方面,必须坚信马克思主义。中国共产党人探索建设中国特色社会主义的道路,是以信仰马克思主义为基本前提的。邓小平郑重地声明:"我是一个马克思主义者。我一直遵循马克思主义的基本原则。"① 他指出:"我坚信,世界上赞成马克思主义的人会多起来的,因为马克思主义是科学。""马克思主义的真理颠扑不破。"② 针对一些社会主义国家出现的严重曲折,邓小平说:"不要惊慌失措,不要认为马克思主义就消失了,没用了,失败了。哪有这回事!"③ 坚信马克思主义,是共产党人对待马克思主义的应有态度,只有坚信,才能在任何时候任何情况下都毫不动摇地自觉坚持。邓小平在总结中国改革开放和社会主义现代化建设的成功经验时指出:"我们搞改革开放,把工作重心放在经济建设上,没有丢马克思,没有丢列宁,也没有丢毛泽东。老祖宗不能丢啊!"④

另一方面,不能把书本当教条。共产党人坚信马克思主义,但不迷信马克思主义。坚信马克思主义,是坚信和信仰它的科学性和真理性,这就必须坚决反对对待马克思主义的迷信和僵化的态度。在对待马克思主义态度的问题上,能否做到坚信而不迷信,直接关系到党和国家的生死存亡。正如邓小平所说:"一个党,一个国家,一个民族,如果一切从本本出发,思想僵化,迷信盛行,那它就不能前进,它的生机就停止了,就要亡党亡国。"⑤ "马克思主义从来不是教条,而是行动的指南。它要求人们根

---

① 《邓小平文选》第 3 卷,人民出版社 1993 年版,第 173 页。
② 同上书,第 382 页。
③ 同上书,第 383 页。
④ 同上书,第 369 页。
⑤ 《邓小平文选》第 2 卷,人民出版社 1994 年版,第 143 页。

据它的基本原则和基本方法，不断结合变化着的实际，探索解决新问题的答案，从而也发展马克思主义理论本身。"① 事实上，中国共产党以马克思主义为指导，探索中国特色社会主义建设道路的过程，既是坚持和继承马克思主义的过程，也是丰富和发展马克思主义的过程。中国共产党在开拓了社会主义发展新道路的同时，也开辟了马克思主义的新境界。

第二节 借鉴别国经验，但不照搬别国模式

建设社会主义，需要吸收和借鉴他国经验，但又不能照搬别国模式。社会主义本来就不存在一个固定不变的模式，照搬别国模式从来不能得到成功，这方面的经验教训是深刻的。

一 建设社会主义不存在固定的模式

依人类社会发展的基本规律，各国都要走向社会主义。但是，由于各国的国情不同和走向社会主义的时代不同，各国实现社会主义的道路和发展社会主义的模式又是具有多样性的。列宁说过："一切民族都将走向社会主义，这是不可避免的，但是，一切民族的走法却不完全一样，在民主的这种或那种形态上，在无产阶级专政的这种或那种形态上，在社会生活各方面的社会主义改造的速度上，每个民族都会有自己的特点。"② 对所有社会主义国家来说，社会主义的基本制度具有同一性，否则，就不能区分社会主义国家。社会主义基本制度具有同一性，但是具体制度却具有多样性，作为基本制度和具体制度相统一的社会主义发展模式必然随着时代的发展和环境的变化而发展变化，由此呈现出不同国家和不同发展阶段各国社会主义的不同特色。列宁指出："世界历史发展的一般规律，不仅丝毫不排斥个别发展阶段在发展的形式上或顺序上表现出的特性，反而是以此为前提的。"③ 从国际共产主义运动的发展过程来看，并不存在抽象的、一般的、固定不变的社会主义发展模式。实现社会主义的道路和社会主义

---

① 《邓小平文选》第3卷，人民出版社1993年版，第146页。
② 《列宁全集》第28卷，人民出版社1990年版，第163页。
③ 《列宁选集》第4卷，人民出版社1995年版，第776页。

发展模式，应该是也一定会是多种多样的。

在社会主义发展史上，一种僵化的社会主义模式长期束缚着人们的思想。苏联在20世纪30年代建立起来的那种权力过分集中的社会主义体制被神圣化、凝固化，把这种模式与社会主义画等号，不仅严重影响了社会主义的发展，而且也败坏了社会主义的名声。邓小平客观分析了世界社会主义事业发展的历史和现状，明确指出："固定的模式是没有的，也不可能有"。① 他冲破传统的社会主义观念，把社会主义的基本制度同具体制度区别开来，深刻指出，"社会主义制度并不等于建设社会主义的具体做法"。② 这是对马克思主义的直接继承和发挥。这就告诉人们，坚持社会主义，不等于坚持某种社会主义模式；改革或抛弃某种社会主义模式，不等于改掉或抛弃社会主义；某种社会主义模式的失败，也不等于社会主义的失败。如果说，列宁继承马克思恩格斯的基本思想，正视和解决了社会主义统一性和多样性的关系，那么，邓小平则使人们在探索建设社会主义的道路上，进一步获得思想上的解放和行动上的自由。

邓小平把社会主义的基本制度和具体制度区分开来，正确解决二者的关系，是中国共产党人探索中国社会主义发展特殊规律的直接理论基础。在这一思想的指导下，中国共产党在处理社会主义基本制度的同一性与社会主义发展道路的多样性、社会主义基本原理的普遍性与中国具体国情的特殊性的相互关系问题上，取得了重大突破，开创了一条充满生机和活力的中国特色社会主义的发展道路。

二 建设社会主义需要借鉴别国经验

社会主义事业是一项异常伟大而艰巨的事业，也是一项前无古人的创造性事业。无产阶级及其政党取得政权建立社会主义制度以后，如何继续推进社会主义事业，特别是像中国这样经济文化比较落后的国家，如何建设、巩固和发展社会主义，这是社会主义运动在发展中提出的一个新的历史课题。对此，马克思和恩格斯的书本里没有提供现成答案，世界社会主义运动中也没有现成经验。这就需要社会主义国家的执政党立足于本国的

---

① 《邓小平文选》第3卷，人民出版社1993年版，第292页。
② 《邓小平文选》第2卷，人民出版社1994年版，第250页。

实际，勇于实践，独立探索本国的发展道路，同时需要打开国门积极学习和借鉴别国的经验，其中包括资本主义国家创造的一切积极的文明成果。

新中国成立初期，曾学习借鉴过苏联的经验。苏联是列宁缔造的世界上第一个社会主义国家。十月革命胜利以后，列宁在领导社会主义建设的实践中，对在俄国这样一个经济文化比较落后的国家建设社会主义进行了开创性的探索，取得了丰硕的成果，为后来经济文化比较落后的国家如何进行社会主义建设提供了宝贵的经验。列宁的探索主要集中在以下几点：第一，在小农经济占优势的国家建设社会主义，既不能剥夺小农经济，也不能强迫农民直接组织为集体经济，而要在其自愿的前提下引导农民组织合作制形式的集体所有制经济，逐步走向社会主义。这里，列宁的探索突破了社会主义只能建立在单一的全民所有制基础上的观点。第二，建设社会主义，不能单纯地依靠计划经济。在社会生产组织中，完整的、无所不包的真正计划，等于官僚主义的空想。这里，列宁的探索突破了社会主义生产只能是计划生产的观点。第三，在建设社会主义的时期，还应保留商品生产、货币交换和自由贸易，并通过传统的商品生产，流转、市场、流通等环节作为联系农业的纽带。在这里，列宁突破了社会主义社会没有商品生产和货币交换的观点。第四，社会主义时期仍然有物质利益原则。进行经济建设不能单纯依靠政治热情。要在借助于伟大革命所产生的激情的同时，依靠个人利益，依靠实惠，依靠同个人利益的结合，依靠经济核算和加强管理。第五，社会主义国家可以而且应该利用资本主义的先进管理经验、人才、资金和技术进行经济建设。在这方面，列宁首次提出了无产阶级专政条件下，利用资本主义的基本原则。第六，在文化基础落后的国家，建设社会主义必须重视文化教育，提高人民的文化素质和管理能力。第七，不同的国家在走向共同的社会主义目标时，可以有不同的形式。列宁的这些探索成果，是建立在实践的基础之上的，不仅在俄国产生了明显的社会效果，而且在诸多方面突破了马克思恩格斯的预见，发展了科学社会主义理论，为后来的经济文化比较落后的国家建设社会主义提供了宝贵的经验和思想遗产。

列宁逝世后，斯大林在领导苏联人民继续进行社会主义建设的实践中，逐渐形成了一套高度集中的经济、政治、文化体制，即通常所说的社会主义传统模式或斯大林模式。这种模式在特殊的历史条件下，对于集中有限的资源进行有计划的重点建设,在较短的时期内实现工业化,武装起来抵御外敌入侵和巩固社会主义制度,曾起过巨大的历史作用。在资本主义和社会主义对峙时期,这种模式对于新独立的社会主义国家也是适用的,各社会主义国家学习和借鉴苏联的经验,在社会主义建设中也曾取得巨大的成就。

社会主义社会应该是开放的社会,在闭关锁国的孤立状态下,不可能建成社会主义。社会主义国家吸取、借鉴他国经验,当然不仅仅限于社会主义国家的经验,还必须大胆学习、利用资本主义对社会主义有用的东西。马克思、恩格斯、列宁对此都有深刻的论述。马克思恩格斯曾指出,社会主义不仅需要继承资本主义所创造的先进的物质条件,还要借鉴资本主义国家科学的政治管理形式和一切进步的文化成果。列宁也曾指出,要进行社会主义建设,必须充分利用科学、技术和资本主义俄国遗留下来的一切东西。还以无产阶级革命家的大无畏气概,响亮地提出了向资产阶级学习的口号。列宁认为资产阶级虽然已经被推翻,但是还是要向他们学习,因为无产阶级的知识和经验不够。哪怕他是个大骗子,只要他组织过托拉斯,只要他这个商人曾经搞过千百万人的生产和分配,只要他有经验,无产阶级就应该向他学习。列宁还曾说过:"社会主义实现得如何,取决于我们苏维埃政权和苏维埃管理机构同资本主义最新的进步的东西结合的好坏"。[①] 在新的历史条件下,邓小平明确提出并深刻阐明了继承和学习资本主义先进文明成果的问题,指出:"社会主义要赢得与资本主义相比较的优势,就必须大胆吸收和借鉴人类社会创造的一切文明成果,吸收和借鉴当今世界各国包括资本主义发达国家的一切反映现代化生产规律的先进经营方式、管理方法。"[②] 这些重要思想,对中国共产党人探索社会主义发展道路,建设中国特色社会主义发挥了重要指导作用。

三 照搬别国模式从来不能成功

建设社会主义必须借鉴别国的经验,但绝不能照抄照搬别国的模式。这是世界社会主义发展史上的一条重要经验和教训。应当肯定,苏联模式

---

① 《列宁选集》第 3 卷,人民出版社 1995 年版,第 492 页。
② 《邓小平文选》第 3 卷,人民出版社 1993 年版,第 373 页。

是适应当时社会发展的需要而产生的，有其历史存在价值，不能一概否定。新中国成立之初，在没有建设社会主义新社会经验的情况下，学习借鉴苏联经验是必要的。但是也必须看到，这种模式是在战争年代形成的，它显然不适用于和平发展时期。而且，苏联模式又是同斯大林的社会主义思想分不开的。在斯大林的社会主义思想中，既有坚持马克思恩格斯关于未来新社会设想并有所发展的一面，也有教条式地照搬，不尊重客观规律的一面，因此，苏联模式存在着很大的局限性和弊端。主要表现在：在经济上，实行单一的公有制结构，过早地消灭私人经济，超越了落后国家生产力发展的水平；实行优先发展重工业的战略，忽视农业和轻工业，长期影响到人民生活水平的提高；社会生产中实行单一的指令性计划，否认和限制商品货币关系造成忽视价值规律和资源配置不合理；产品分配中存在平均主义、吃大锅饭现象，直接影响生产者的积极性。在政治上，忽视社会主义民主和法制建设，个人崇拜严重；机构臃肿，官僚主义盛行；混淆两类不同性质的矛盾，使阶级斗争扩大化。在文化领域，混淆学术问题和政治问题，影响科学进步和文化繁荣。问题不仅在于苏联体制存在着上述弊端，更重要的还在于，中国共产党人没有搞清中国国情同苏联国情的根本区别，不加分析地照抄照搬。尽管在20世纪50年代末，毛泽东就发现苏联体制的种种弊端并试图加以避免，但始终没有获得突破性的成功。从70年代起，苏联体制已不能再实行下去，中国和东欧一些社会主义国家开始全面改革。80年代中期，苏联也开始全面改革，但它的改革从否定体制开始，到全盘否定社会主义制度，最终导致了苏联解体和东欧剧变。这一历史过程说明，如果不彻底改革这种僵化的社会主义模式，不把马克思主义与具体实际结合起来走出一条适合本国国情的社会主义建设道路，社会主义就会不战自败。苏联的解体和东欧的剧变，是僵化的苏联模式即斯大林模式的失败。在世界社会主义运动走向低潮的国际环境中，中国的社会主义事业却站稳了脚跟并显示了勃勃生机，这完全归功于邓小平建设中国特色社会主义的理论。邓小平带领中国共产党和全国人民，突破了传统的僵化的社会主义模式，创造了适合于自己国情的社会主义发展模式，成功地走出了一条建设中国特色社会主义的道路。邓小平所开辟的社会主义建设道路丰富和发展了马克思列宁主义、毛泽东思想，对于各国如何建设社会主义具有启发性的借鉴意义。

社会主义现代化建设不能照搬苏联模式，但能不能照搬西方资本主义国家的模式呢？回答也是否定的。在这方面，东欧剧变、苏联解体已经作出了结论。在改革开放过程中，中国国内确有一些人盲目崇拜西方国家的经济制度和政治制度，如私有制、议会制、多党竞选制，等等，企图让中国的改革全盘西化，这也是十分错误和有害的。正确的做法是，在坚持社会主义基本制度的前提下，吸收和利用资本主义所创造的一切积极的成果，吸收和借鉴一切对社会主义有用的东西。对资本主义腐朽的东西和糟粕的一面，要坚决抵制不能动摇。毛泽东曾指出：中国应大量吸收外国的进步的东西，"但是一切外国的东西，如同我们对于食物一样，必须经过自己的口腔咀嚼和肠胃运动，送进唾液胃液肠液，把它分解为精华和糟粕两部分，然后排泄其糟粕，吸收其精华，才能对我们的身体有益，决不能生吞活剥地毫无批判的吸收。所谓'全盘西化'的主张，乃是一种错误的观点。形式主义地吸收外国的东西，在中国过去是吃过大亏的。"① 邓小平指出，我们要实现现代化，就要善于学习，大量取得国际上的帮助。要引进国际上的先进技术、先进设备，作为自己发展的起点。但是，中国不能照搬西方的制度，走资本主义道路。"道理很简单，中国十亿人口，现在还处于落后状态，如果走资本主义道路，可能在某些局部地区少数人更快地富起来，形成一个新的资产阶级，产生一批百万富翁，但顶多也不会达到人口的百分之一，而大量的人仍摆脱不了贫穷，甚至连温饱问题都不可能解决。"② 邓小平还说，中国不能照搬西方资本主义国家的民主制度，不能搞多党竞选、三权鼎立那一套。如果搞那一套，中国一定会出现"文化大革命"那样"全面内战"的混乱局面，对中国的发展很不利。

学习、借鉴外国经验，要抓住实质，取其精华去其糟粕，吸收那些有益的东西，而不能流于形式，生吞活剥、死搬硬套；既要破除一些旧的思想框框，又要防止从一个极端走到另一个极端；特别要正确处理借鉴别国经验与独立探索本国道路的关系。要立足于本国国情，使借鉴别国经验为独立探索本国道路服务。邓小平在总结中国和世界社会主义历史经验时指

---

① 《毛泽东著作选读》上册，人民出版社1986年版，第397~398页。
② 《邓小平文选》第3卷，人民出版社1993年版。第207~208页。

出:"中国有自己的特点,所以我们只能按中国的实际办事,别人的经验可以借鉴,但不能照搬。"①"照抄照搬别国经验、别国模式,从来不能得到成功。这方面我们有过不少教训。"②"坦率地说,我们过去照搬苏联搞社会主义的模式,带来很多问题。"③ 许多社会主义国家,也因照搬苏联模式而陷于困境。苏联和东欧一些国家从否定体制开始,全面否定社会主义制度,转而照搬西方国家模式,最终导致东欧剧变、苏联解体。而中国在邓小平理论指导下,正确对待历史形成的模式,既否定苏联模式,又不照搬资本主义模式,通过改革,创造适合本国国情的新模式和新体制,不仅在风云变幻的国内外环境中站稳了脚跟,而且把中国特色社会主义事业不断推向前进。国际国内正反两方面的经验表明,能否正确对待别国模式,直接关系到社会主义事业兴衰成败。

第三节 走自己的路,建设中国特色社会主义

搞社会主义建设,是从客观实际出发,还是从抽象的原则出发,这是一个根本性的问题。十一届三中全会以后,中国共产党在马克思主义指引下,坚持从本国实际出发,走自己的路,使社会主义发展道路越走越宽广。

一 从本国实际出发,走自己的路

从实际出发,走自己的路,是马克思主义的一条基本原则。马克思主义经典作家历来反对从抽象的原则出发,而一贯主张从客观存在的事实出发,以现有的社会状况和历史条件为发展的前提,从批判旧世界中去发现新世界。这就是实事求是的原则。马克思恩格斯曾指出:"共产主义对我们来说不是应当确立的状况,不是现实应当与之相适应的理想。我们称之为共产主义的是那种消灭现存状况的现实的运动。这个运动的条件是由现有的前提产生的。"④ 这就是说,无论是搞社会主义革命,还是搞社会主

---

① 《邓小平文选》第3卷,人民出版社1993年版。第229页。
② 同上书,第2~3页。
③ 同上书,第261、63页。
④ 《马克思恩格斯选集》第1卷,人民出版社1995年版,第87页。

义建设，都必须以客观实际为基础。马克思主义之所以是科学，也正是因为它始终严格地以事实作为自己的根据。邓小平在总结中国革命和建设的经验时指出："中国革命的成功，是毛泽东同志把马克思列宁主义同中国的实际相结合，走自己的路。现在中国搞建设，也要把马克思列宁主义同中国的实际相结合，走自己的路。"① 所以，从本国实际出发，走自己的路，是探索、开拓社会主义发展道路必须遵循的一条基本原则。

从实际出发，走自己的路，是社会主义历史经验的总结。在社会主义革命和建设的实践中，在是否坚持从实际出发、走自己的路的问题上，既有成功的经验，也有深刻的教训。列宁在领导俄国人民的革命斗争中，不是从抽象的原则出发，不是在书本里找现成的答案，而是坚持马克思主义基本原理，从实际出发寻找俄国革命的道路，所以，才提出了社会主义革命可以在一国首先胜利的科学论断，在一个军事封建帝国主义国家成功地进行了十月革命，建立了世界上第一个社会主义国家。十月革命胜利后，列宁曾经深刻地指出，按照书本争论社会主义的时代已经结束。当他在实践中发现，采用战时共产主义政策"直接过渡"的办法，不能适应变化了的客观环境和社会主义建设的需要时，便果断地决定放弃"直接过渡"，转而实行新经济政策，采取了迂回的间接的途径向社会主义迈进。列宁从俄国的基本国情出发，坚持马克思主义基本原理与俄国的具体实际相结合，在如何建设社会主义的问题上进行开拓性的大胆探索，在一系列问题上突破了马克思恩格斯当初的预想，虽然只有短短的两三年的时间，却在实践的基础上取得了丰硕的理论成果。毛泽东在领导中国人民的革命斗争中，从中国半殖民地、半封建社会的具体国情出发，敢于和善于走自己的路，开创了农村包围城市、武装夺取政权的具有中国特色的革命道路，终于取得了新民主主义革命的胜利。新中国成立后，毛泽东又在马克思主义指导下，从中国具体实际出发，探索找到了一条适合中国国情的社会主义改造道路，在中国建立了社会主义制度。俄国和中国革命的胜利和成功，是从实际出发、走自己的路的马克思主义基本原则的胜利和成功。在改革开放的新的历史时期，邓小平以开拓马克思主义新境界的巨大政治勇气和理论勇气，继承前人又突破陈规，从中国的实际出发，在实践中破

---

① 《邓小平文选》第3卷，人民出版社1993年版，第95页。

除了对马克思主义的教条式理解和强加在马克思主义名下的错误观点，抛弃了前人不符合当今实际的个别论断，纠正了毛泽东的晚年错误，终于找到了中国特色社会主义发展道路。在这一重大问题上，国际国内的历史经验给人们以深刻启示。邓小平在中共十二大开幕词中对此作了非常精辟、非常科学的概括："我们的现代化建设，必须从中国的实际出发。……把马克思主义的普遍真理同我国的具体实际结合起来，走自己的道路，建设有中国特色的社会主义，这就是我们总结长期历史经验得出的基本结论。"①

从实际出发，走自己的路，是对社会主义再认识的重大成果。"什么是社会主义、怎样建设社会主义"是社会主义国家的执政党和当代马克思主义者面临的一个根本问题。对这一根本问题，不仅要从马克思主义理论上进行科学的阐述，更重要的是要在社会主义实践中作出正确的回答。对于什么是社会主义、怎样建设社会主义，中国共产党一直进行着艰苦的探索。20世纪50年代中期，苏联权力过于集中的管理体制的弊端开始暴露出来，这在客观上要求中国共产党走出一条适合中国国情的社会主义发展道路。毛泽东等中共中央领导人敏锐地觉察到这个问题，开始了从"走俄国人的路"到"走自己的路"的艰苦探索。毛泽东强调，要把马克思列宁主义的普遍真理同中国社会主义建设的具体实际尽可能好地结合起来。在深入细致调查研究的基础上，毛泽东发表了《论十大关系》等一系列重要著作，提出了许多有创见的新观点。但是，由于后来背离了实事求是的思想路线，毛泽东在对社会主义再认识的问题上，没有取得新的突破，并在社会主义建设实践探索中出现了失误。中国共产党的十一届三中全会重新确立了解放思想、实事求是的思想路线，以邓小平为代表的中国共产党人，把毛泽东提出却未完成的探索我国社会主义发展道路的任务，再次提上了工作日程。邓小平坚持实事求是的马克思主义的精髓，从我国的基本国情出发，围绕"什么是社会主义、怎样建设社会主义"这一根本问题，揭示了社会主义的本质，使我们从对马克思主义的某些原则、某些本本的教条式理解中解放出来，从对社会主义的一些不科学的甚至是扭曲的认识中解放出来，进一步深化了对社会主义的认识。实践证明，不坚

---

① 《邓小平文选》第3卷，人民出版社1993年版，第2~3页。

持从实际出发、走自己的路,就不会有对社会主义再认识的重大成果。

二 勇于实践和探索,建设中国特色社会主义

开拓社会主义的发展道路,建设中国特色社会主义,必须勇于实践、勇于探索,以实践作为检验真理的唯一标准,解放思想、实事求是,尊重群众的首创精神。

勇于实践,勇于探索。要真正做到勇于实践、勇于探索,前提条件是尊重实践,重视实践在开创社会主义发展道路中的作用。马克思主义的实践观认为,实践是主体有目的地、能动地改造客体的活动;在理论与实践的相互关系上,理论来源于实践,为实践服务,接受实践的检验,并随着实践的发展而发展。实践的观点是马克思主义认识论的首要的和基本的观点。

中国特色社会主义事业,是一项史无前例的崭新事业,也是一项伟大的社会实践活动。只有在实践中探索,才能开拓社会主义的发展道路。正如邓小平所指出的:"我们现在所干的事业是一项新事业,马克思没有讲过,我们的前人没有做过,其他社会主义国家也没有干过,所以,没有现成的经验可学。我们只能在干中学,在实践中摸索。"[1] 邓小平作为中国改革开放的总设计师非常重视实践的作用,始终坚持实践第一的观点,遵循实践优先的原则,带领人民在实践中不断开辟社会主义发展的新道路。

要真正做到勇于实践、勇于探索,不仅要尊重实践,而且要有一种敢试、敢闯、敢"冒"的大无畏精神。在中国这样一个经济文化比较落后的东方大国建设社会主义,任务非常艰巨,客观环境异常复杂,决不会一帆风顺、一蹴而就,必然会遇到许多困难,甚至遭受挫折。没有一种一往无前、百折不挠的大无畏精神,是一定不能干、也一定干不好这一事业的。邓小平一贯满腔热忱地鼓励和支持人民群众的探索性的实践活动。他说:"看准了,就大胆地试,大胆地闯。……没有一点闯的精神,没有一点'冒'的精神,没有一股子气呀、劲呀,就走不出一条好路,走不出一条新路,就干不出新的事业。"[2] 无论是中国的农村改革,还是城市改

---

[1] 《邓小平文选》第3卷,人民出版社1993年版,第258~259页。

[2] 同上书,第372页。

革，都是在邓小平这种勇于实践、勇于探索的思想指引下打开局面并取得成功的。

尊重实践必然要尊重群众，因为，一切真理性认识都是从实践中来的，而且，归根结底又都是实践主体——人民群众智慧的结晶。在这一点上，以实践为基础的马克思主义认识论与承认人民群众创造历史的唯物史观是统一的，尊重实践与尊重群众也是统一的。尊重群众，就是要坚持历史唯物主义的群众观点，坚持党的群众路线；就是要一切从人民群众的利益和愿望出发，相信群众，依靠群众，尊重群众的首创精神。中国特色社会主义事业，是党和人民群众的共同事业，生气勃勃的创造性的社会主义是由人民群众自己创立的。中共十一届三中全会以后，在改革开放中涌现出来的新生事物，都是广大人民群众自己创造出来的；中国共产党的一些方针、政策，邓小平理论的一些主要内容和基本观点，许多也是由群众创造、由中共加以提倡并概括总结而形成的。正如邓小平所说："农村搞家庭联产承包，这个发明权是农民的。农村改革中的好多东西，都是基层创造出来，我们把它拿来加工提高作为全国的指导。"[①] "农村改革中，我们完全没有预料到的最大的收获，就是乡镇企业发展起来了，突然冒出搞多种行业，搞商品经济，搞各种小型企业，异军突起。这不是我们中央的功绩。"[②] 正因为尊重人民群众的实践，尊重群众的首创精神，善于总结和概括群众的创造和经验，才使中国共产党有了取之不尽用之不竭的力量源泉，使邓小平理论充满生机和活力，从而保证探索中国特色社会主义道路不断取得新成果。

十一届三中全会以后，中国共产党在邓小平理论的指引下，在探索中国特色社会主义道路问题上义无反顾、一往无前，终于取得了丰硕的成果。中共根据对什么是社会主义的思考和当代中国国情的研究，比较系统地初步回答了中国这样的经济文化比较落后的国家如何建设社会主义、如何巩固和发展社会主义的一系列基本问题，形成了在整个社会主义初级阶段建设中国特色社会主义的基本路线。这条基本路线，体现了社会主义本质的要求，反映了社会主义发展的根本规律，指明了中国特色社会主义的

---

① 《邓小平文选》第3卷，人民出版社1993年版，第382页。
② 同上书，第238页。

发展道路。中共十四大报告对这条道路作了科学的概括，即：在社会主义发展道路问题上，强调走自己的路，不把书本当教条，不照搬外国模式，以马克思主义为指导，以实践作为检验真理的唯一标准，解放思想，实事求是，尊重群众的首创精神，建设中国特色社会主义。中国共产党在马克思主义指引下独立开创的中国特色社会主义发展道路，是对科学社会主义理论的新发展，是对马克思主义的新贡献，它对于巩固和发展中国的社会主义制度、解决当代社会主义的前途和命运问题，无疑都有着重大意义和深远影响。

三　中共第三代领导集体对中国特色社会主义的发展

十三届四中全会以后，以江泽民为核心的中共第三代中央领导集体，高举邓小平理论旗帜，坚持解放思想、实事求是的思想路线，弘扬与时俱进、开拓创新的精神，正确回答了建设中国特色社会主义实践中迫切需要解决的一系列重大问题，形成了新的理论成果，对于中国在新世纪全面建设小康社会、加快推进社会主义现代化，在建设中国特色社会主义道路上实现中华民族的伟大复兴，具有十分重要的指导意义。

一是准确把握社会主义初级阶段的基本国情，坚持中共在社会主义初级阶段的基本路线不动摇，提出了中国社会主义经济体制改革的目标模式。社会主义改革事业的一个核心问题，就是要从根本上改变束缚生产力发展的原有经济体制，建立充满生机和活力的新经济体制。中国过去长期实行的是高度集中的计划经济体制。这种经济体制虽然曾经起过重要作用，但由于存在权力过分集中的弊端，存在忽视甚至排斥商品经济、忽视甚至排斥市场作用的弊端等等，越来越不适应现代化生产发展的要求，严重束缚生产力的发展，使整个经济失去生机与活力。所以，对这种高度集中的计划经济体制进行根本性的改革势在必行。

中国经济体制改革确定什么样的目标模式，是关系到整个社会主义现代化建设全局的一个重大问题。这个问题的核心，是正确认识和处理计划与市场的关系。传统的观念认为，市场经济是资本主义特有的东西，计划经济才是社会主义经济的基本特征。十一届三中全会以来，在邓小平理论指导下，在改革的实践中，中共逐步摆脱了旧的观念，形成新的认识，对改革和发展起了重要的作用。但是，经济体制改革的具体目标模式到底是什么，并没得到最后解决。中共十二大提出计划经济为主，市场调节为辅；十二届三中全会指出商品经济是社会经济发展不可逾越的阶段，中国社会主义经济是公有制基础上的有计划商品经济；十三大提出社会主义有计划商品经济的体制应该是计划与市场内在统一的体制；十三届四中全会以后，提出建立适应有计划商品经济发展的计划经济与市场调节相结合的经济体制和运行机制。随着改革开放的不断推进，市场范围逐步扩大，计划直接管理的领域显著缩小，市场对经济活动的调节作用大大增强。中国经济要优化结构，提高效益，加快发展，参与国际竞争，就必须继续强化市场机制的作用。尤其是邓小平在理论认识上为中共廓清了计划和市场都是经济手段、并不代表社会主义和资本主义的本质属性以后，以江泽民为核心的第三代中央领导集体在中共十四大上明确提出了中国经济体制改革的目标是建立社会主义市场经济体制。

社会主义市场经济体制，就是在国家宏观调控下让市场在资源配置方面起基础性的作用，它是与社会主义基本经济制度结合在一起的。在中国建立社会主义市场经济体制，是总结国内外社会主义建设的经验教训，经过艰辛探索而取得的一个极为重要的改革成果，也是中共对马克思主义社会主义经济理论的一个创造性发展。

二是准确把握国情，在坚持党的基本路线的基础上，提出了党在社会主义初级阶段的基本纲领。为了坚持党在社会主义初级阶段的基本路线不动摇，实现建设富强、民主、文明的社会主义现代化国家的目标，中共第三代中央领导集体进一步提出了党在社会主义初级阶段的基本纲领。它由中国特色社会主义的经济、政治和文化三方面所构成。

——建设中国特色社会主义的经济，就是在社会主义条件下发展市场经济，不断解放和发展生产力。这就要坚持和完善社会主义公有制为主体、多种所有制经济共同发展的基本经济制度；坚持和完善社会主义市场经济体制，使市场在国家宏观调控下对资源配置起基础性作用；坚持和完善按劳分配为主体的多种分配方式，允许一部分地区一部分人先富起来，带动和帮助后富，逐步走向共同富裕；坚持和完善对外开放，积极参与国际经济合作和竞争。保证国民经济持续快速发展，人民共享经济繁荣成果。

——建设中国特色社会主义的政治，就是在中国共产党领导下，在人民当家作主的基础上，依法治国，发展社会主义民主政治。这就要坚持和完善工人阶级领导的、以工农联盟为基础的人民民主专政；坚持和完善人民代表大会制度和共产党领导的多党合作、政治协商制度以及民族区域自治制度；发展民主，健全法制，建设社会主义法治国家。实现社会安定，政府廉洁高效，全国人民团结和睦，生动活泼的政治局面。

——建设中国特色社会主义的文化，就是以马克思主义为指导，以培育有理想、有道德、有文化、有纪律的公民为目标，发展面向现代化、面向世界、面向未来的，民族的科学的大众的社会主义文化。这就要坚持用邓小平理论武装全党，教育人民；努力提高全民族的思想道德素质和教育科学文化水平；坚持为人民服务、为社会主义服务的方向和百花齐放、百家争鸣的方针，重在建设，繁荣学术和文艺。建立立足中国现实、继承历史文化优秀传统、吸取外国文化有益成果的社会主义精神文明。

上述建设中国特色社会主义的经济、政治、文化的基本目标和基本政策，有机统一，不可分割，构成中共在社会主义初级阶段的基本纲领。这个纲领，是邓小平理论的重要内容，是党的基本路线在经济、政治、文化等方面的展开，是中共第三代中央领导集体的最主要的经验总结。

三是发展了公有制为主体、多种所有制共同发展并存的中国特色社会主义经济思想。中共十五大把公有制为主体、多种所有制经济共同发展，确定为中国社会主义初级阶段的一项基本经济制度，并以宪法的形式固定下来，对公有制的含义和实现形式的多样化作了科学的论述。它指出，公有制经济不仅包括国有经济和集体经济，还包括混合所有制经济中的国有成分和集体成分。公有制的主体地位主要体现在：公有资产在社会总资产中占优势；国有经济控制国民经济命脉，对经济发展起主导作用。这是就全国而言，有的地方、有的产业可以有所差别。公有资产占优势，要有量的优势，更要注重质的提高。国有经济起主导作用，主要体现在控制力上。与此同时，中共十五大还明确提出非公有制经济是中国社会主义市场经济的重要组成部分。这在理论上有新的发展。

江泽民指出，公有制实现形式可以而且应当多样化。一切反映社会化生产规律的经营方式和组织形式都可以大胆利用。要努力寻找能够极大促进生产力发展的公有制实现形式。股份制是现代企业的一种资本组织形式，有利于所有权和经营权的分离，有利于提高企业和资本的运作效率，资本主义可以用，社会主义也可以用。公有制实现形式可以而且应当多样化的观点，也是中共第三代中央领导集体对中国特色社会主义建设道路理论的一个新发展。

所有这些探索，对于巩固和发展中国的社会主义制度、解决当代社会主义前途和命运问题，无疑都有着重大意义和深远影响。

第三章 社会主义本质

社会主义本质问题，既是科学社会主义的一个重要理论问题，也是社会主义建设中的一个重大实践问题。抽象地讲，社会主义本质就是指社会主义本身所固有的，决定社会主义性质、面貌和发展的根本属性。但对这一问题的具体理解，则是一个与时俱进的探索过程。邓小平的社会主义本质论，从根本上回答了"什么是社会主义、怎样建设社会主义"的问题，确立了它在中国特色社会主义理论体系中的核心和主体地位。社会主义本质论既对中国特色社会主义发展具有根本指导作用，对世界社会主义的发展也具有重大启发意义。

第一节 社会主义本质的时代概括

社会主义从空想变为科学以后，马克思、恩格斯以及各国马克思主义者都在根据所处的社会历史条件，试图从各个方面、各个角度揭示社会主义的本质。

马克思、恩格斯作为科学社会主义的创始人，没有明确提出社会主义本质的概念，而主要是在论述社会主义基本特征中揭示社会主义本质的。他们认为，科学社会主义与空想社会主义最根本的区别在于：它不是从抽象的理性原则出发，而是从客观的经济事实出发，认为生产力是社会发展的最终决定力量，生产力和生产关系的矛盾运动是推动人类社会发展的根本动力。从而科学地论证了社会主义是现代生产力发展的本质要求，是资本主义生产方式内在矛盾运动的必然产物，奠定了概括社会主义本质的基本思想。在《共产主义原理》、《共产党宣言》、《资本论》、《哥达纲领批判》、《反杜林论》、《社会主义从空想到科学的发展》等著作中，马克思、恩格斯对社会主义基本特征从不同角度作过很多论述，概括起来主要有：一是全社会共同占有生产资料，实行单一的全民所有制；二是个人消费品的分配实行按劳分配原则；三是没有商品、货币；四是资本主义生产的无政府状态将被有计划、有组织的社会生产所代替；五是消灭了阶级和阶级差别，无产阶级专政的国家正在消亡，等等。但是，由于他们面临的主要任务是揭示资本主义产生、发展及其灭亡的规律，为无产阶级革命斗争提供正确的理论和策略；由于他们是立足于对资本主义进行批判的基点上，对未来社会进行探索；由于他们设想的社会主义是以在几个发达资本主义国家内同时取得胜利为前提条件的，所以，他们对未来社会构想时，比较侧重于从生产关系方面去揭示社会主义的本质。

列宁也没有提出社会主义本质的概念，但在俄国无产阶级革命和实践曲折的历程中，加深了对社会主义本质内涵的认识。在十月革命前，列宁把社会主义社会描述为"全民的、国家的'辛迪加'"，全体人民都是国家辛迪加的"雇员"，"他们在正确遵守工作标准的条件下同等地工作，并同等地领取报酬"，"整个社会将成为一个管理处，成为一个劳动平等的工厂。"① 这种设想是以马克思关于共产主义社会第一阶段的论述为基础，而由列宁进一步具体化，把工人阶级的政权、公有制、按劳分配三大要素结合起来构成的。十月革命胜利后，由于帝国主义干涉和国内战争，更由于俄国落后的经济基础，使列宁的这一设想未能实现。在国内战争期间，由于战事紧迫，物资极端匮乏而实施了战时共产主义政策，战争的要求与列宁对社会主义的认识相结合，导致高度集中的政治经济体制的建立。在经济运行机制上，实行国家的高度垄断，企图通过行政手段建立排斥市场的产品交换制度，直接按共产主义原则进行生产和分配。实施的结果是，作为保卫新生政权的应急措施，战时共产主义政策取得了巨大成功，完成了紧迫的军事和政治任务；而作为社会主义建设的道路和经济模式及运行机制，则阻碍了社会生产力的发展，并在1921年春引发了遍及全国的政治、经济危机。因此，列宁果断地改行新经济政策。他指出，直接建立纯粹的社会主义经济形式和纯粹的社会分配是当时的苏维埃政权力所不及的，在一个小农国家里，实行社会主义革命必须通过一系列特殊的

---

① 《列宁选集》第3卷，人民出版社1995年版，第258页。

过渡办法。"对俄国来说，根据书本争论社会主义纲领的时代也已经过去了。我深信已经一去不复返了。今天只能根据经验来谈论社会主义。"① 他认为，在经济文化落后的俄国建立起来的社会主义与马克思、恩格斯所设想的社会主义有很大的不同，特别表现在生产力发展水平上存在很大差距。因此，反复强调："随着剥夺剥夺者及镇压他们反抗的任务大体上和基本上解决，必然要把创造高于资本主义社会的社会经济制度的根本任务，提到首要地位；这个根本任务就是提高劳动生产率。"② 列宁提出了"共产主义＝苏维埃政权＋全国电气化"的公式，并且在对社会主义特征问题的回答上采取比较慎重的态度："我们还不能阐述社会主义的特征；社会主义将来是个什么样子，什么时候达到完备的形式——这些我们不知道，也不能说。""我们现在还不知道完全的社会主义将是个什么样子。""因为还没有材料用来说明社会主义的特征。建设社会主义的砖头现在还没有造好。"③ 1923年又说："随着社会主义的发展，我们不得不承认我们对社会主义的整个看法根本改变了"。④ 在领导俄国向社会主义过渡的过程中，列宁还是从以下几个方面概括了社会主义特征：一是集体所有制的合作经济；二是存在商品生产和商品交换；三是高度发达的生产力和比资本主义更高的劳动生产率；四是工人阶级和劳动人民的政权及其民主制度，等等。从列宁对社会主义特征的认识及从战时共产主义政策向新经济政策的转变上，可以看出他对社会主义本质的认识在加深，对社会主义本质的认识比马克思、恩格斯更接近现实。这是因为，俄国十月革命的胜利，使社会主义从理论变为现实。俄国的社会主义实践迫切要求列宁从实际出发，对什么是社会主义、怎样建设社会主义的问题作出新的回答。但由于列宁逝世过早，他的思想未能充分展开。纵观列宁关于社会主义本质的思想，较多的是从优越性方面去认识社会主义的。后来，斯大林搬用了马克思、恩格斯对未来社会的某些设想，没有沿着列宁的思想进一步发展，相反，把社会主义本质、特征、体制看成是一个东西即苏联模式，并把对其弊端的任何改革都视为对社会主义制度的动摇，从而给社会主义建

---

① 《列宁全集》第27卷，人民出版社1990年版，第480页。
② 《列宁选集》第3卷，人民出版社1995年版，第509页。
③ 《列宁全集》第27卷，人民出版社1990年版，第134～135页。
④ 《列宁选集》第4卷，人民出版社1995年版，第687页。

设带来了深刻的教训。

以毛泽东为代表的中国共产党人,从20世纪50年代中期开始探索中国式的社会主义道路。毛泽东在探索中国社会主义建设道路的过程中,对社会主义本质的认识的根本观点是清晰的。他对苏联模式的弊端已有所察觉,同时也意识到在中国这样一个经济文化更加落后且人口众多的国家搞社会主义应该有自己的做法,因而很早就提出要走中国式的工业化之路。在十几年间,毛泽东在大量调查研究的基础上,对社会主义的认识有了新的进展,提出了许多有价值的正确的理论观点,他关于社会主义社会要发展商品生产、尊重价值规律的观点,关于要同时发挥中央和地方两个积极性的观点,等等,丰富和发展了马克思主义的社会主义观。但是,由于在对社会主义本质的认识上没有突破,加上历史条件的制约,没有能够彻底打破苏联模式的基本框架。毛泽东在《关于正确处理人民内部矛盾的问题》中指出:社会主义的根本任务已由解放生产力变为在新的生产关系下保护和发展生产力,"所谓社会主义生产关系比较旧时代生产关系更能够适合生产力发展的性质,就是指能够容许生产力以旧社会所没有的速度迅速发展,因而生产不断扩大,因而使人民不断增长的需要能够逐步得到满足的这样一种情况。"[①] 不难看出,这还是注重从生产关系上去考察社会主义的本质。也正是因为如此,再加上中国是在半殖民地、半封建社会这样的历史条件下建立了社会主义制度,所以在20多年的时间里,中共对社会主义本质的认识发生过极大的偏差和失误,在理论上主要表现是:忽视生产力的发展,把社会主义片面理解为生产资料单一的公有制和单一的计划经济;分配制度只是纯而又纯的按劳分配;管理体制上高度集中;政治领域强调"以阶级斗争为纲"。在实践中一味追求"一大二公",用群众运动形式抓经济发展、开展党内思想斗争。"文化大革命"中这种偏差和失误发展到登峰造极的地步,不仅在生产领域一律实行生产资料公有制,而且在消费品分配上也要彻底消灭所谓"资产阶级特权","割资本主义尾巴",搞平均主义,"吃大锅饭"。

纵观中共十一届三中全会以前的中国社会主义革命和实践,可谓得失成败交织,经验教训并存。但在艰辛开拓和探索前进的曲折历程中,即使

---

① 《毛泽东著作选读》下册,人民出版社1986年版,第767页。

在最严峻、最艰难的时候,毛泽东和他的战友们也没有放弃把马克思主义基本原理与中国实际相结合的努力,没有放弃社会主义前途的选择和对科学社会主义原则的坚持,从而为中国特色社会主义道路的开创及其理论的形成奠定了基础。同时,战后社会主义从一国实践变为多国实践,而各社会主义国家也迫切要求对社会主义的本质、社会主义国家应当建立什么样的具体体制和通过什么具体途径使社会主义本质逐步体现出来等一系列问题作出正确回答。但是,在相当长的时间里,几乎所有的社会主义国家都未能正确认识和解决社会主义本质这一重要问题,在理论上将社会主义教条化,在实践中都程度不同地把社会主义模式单一化,从而对社会主义发展造成严重阻碍,直至苏联解体、东欧剧变。

社会主义实践需要马克思主义的发展,呼唤着新的理论的诞生。中共十一届三中全会以后,以邓小平为代表的中国共产党人,解放思想、实事求是,把马克思主义与中国社会主义建设实践相结合,创立了中国特色社会主义理论——邓小平理论,创造性地丰富了马克思主义关于社会主义本质的理论。

邓小平对社会主义本质的探索,可以追溯到 20 世纪 60 年代初期。

1956 年中国社会主义改造基本完成后,迫切要求人们深化对社会主义的认识。但是,当时在"一大二公"等"左"的指导思想下,绝大多数人仍简单地仅从公有制角度来理解社会主义。特别在 1958 年中国全国基本实现人民公社化之后,安徽等广大地区的农村干部和农民抵制人民公社体制、自发搞起"包产到户"等形式。对"包产到户"究竟是社会主义性质还是资本主义性质的这个问题,从基层到高层展开了争论。1962 年 7 月 7 日,邓小平明确提出:"生产关系究竟以什么形式为最好,恐怕要采取这样一种态度,就是哪种形式在哪个地方能够比较容易比较快地恢复和发展农业生产,就采取哪种形式;群众愿意采取哪种形式,就应该采取哪种形式,不合法的使它合法起来。"① 虽然邓小平这里讲的是当时最紧迫的农业生产问题,但实际上阐述了自己对社会主义的理解,就是把生产关系与生产力联系起来,着重从发展生产力的角度来理解社会主义。这同仅仅从生产关系"一大二公"理解社会主义的思路相对照,是一条新

---

① 《邓小平文选》第 1 卷,人民出版社 1994 年版,第 323 页。

思路。

1974年至1975年，邓小平在主持中央日常工作期间，就社会主义应当是穷的还是富的这个重大问题，同"四人帮"进行了激烈的论争，指出，没有穷的社会主义，"社会主义时期的主要任务是发展生产力，使社会物质财富不断增长，人民生活一天天好起来，为进入共产主义创造物质条件"。①

粉碎"四人帮"后，为了澄清人们对社会主义的模糊认识，邓小平尖锐地提出了"什么是社会主义优越性"的问题："我们是社会主义国家，社会主义制度优越性的根本表现，就是能够允许社会生产力以旧社会所没有的速度迅速发展，使人民不断增长的物质文化生活需要能够逐步得到满足。按照历史唯物主义的观点来讲，正确的政治领导的成果，归根结底要表现在社会生产力的发展上，人民物质文化生活的改善上。"②他反复强调，建设社会主义，应该充分发挥和体现社会主义制度的优越性。这就进一步推进了人们对社会主义认识的深化。

20世纪80年代初期和中期，邓小平逐步揭示社会主义本质概念。1980年，邓小平首次提出社会主义本质这个概念，指出："社会主义是一个很好的名词，但是如果搞不好，不能正确理解，不能采取正确的政策，那就体现不出社会主义的本质。"③1985年，他再次使用了这个概念，指出："我们的经济改革，概括一点说，就是对内搞活，对外开放。……对内搞活经济，是活了社会主义，没有伤害社会主义的本质。"④随着实践的发展和认识的深化，到了20世纪90年代，论述社会主义本质的条件成熟了。1990年12月，邓小平在同中共中央几位负责人的谈话中，首次说明什么是社会主义本质："社会主义不是少数人富起来、大多数人穷，不是那个样子。社会主义最大的优越性就是共同富裕，这是体现社会主义本质的一个东西。"⑤1992年春，邓小平在南方谈话中对社会主义本质进行了全面、深刻、精辟的概括："社会主义的本质，是解放生产力，发展生

---

① 《邓小平文选》第3卷，人民出版社1993年版，第171页。
② 《邓小平文选》第2卷，人民出版社1994年版，第128页。
③ 同上书，第313页。
④ 《邓小平文选》，第3卷，人民出版社1993年版，第135页。
⑤ 同上书，第364页。

产力，消灭剥削，消除两极分化，最终达到共同富裕。"①

第二节　社会主义本质论的丰富内涵

社会主义本质论，是邓小平理论的主要组成部分，具有极为丰富的内涵。世纪之交，江泽民对社会主义本质论又有进一步丰富和发展。

一　邓小平对社会主义本质内涵的揭示

邓小平对社会主义本质内涵的揭示主要体现在三个方面：一是"解放生产力，发展生产力"，这是从生产力的角度说明社会主义的本质；二是"消灭剥削，消除两极分化"，这是从生产关系的角度说明社会主义的本质；三是"最终达到共同富裕"，这是从生产目的的角度来说明社会主义本质。

第一，"解放生产力，发展生产力"是社会主义本质的核心。解放和发展生产力是社会主义的本质要求。马克思主义认为，生产力是一切社会存在和发展的基础，是推动人类社会历史发展的决定性力量。按照列宁的观点，原来经济文化比较落后的国家，由于不具备实现社会主义的物质前提即高度发达的生产力，无产阶级及其政党可以利用已经成熟的革命形势和主观条件，首先夺取国家政权，然后在建立国家政权的基础上创造社会主义的物质基础，这是社会主义的本质和根本任务的要求。因为社会主义不能建立在空地上，如果不能尽快创造与之相适应的物质基础，社会主义就不能巩固和发展，更谈不上比资本主义有优越性。

在新的历史时期，邓小平反复强调解放和发展生产力，明确提出解放和发展生产力是社会主义的本质，并把它放在首位，把它看作是核心内容。他一再指出，马克思主义最注重发展生产力。中国共产党人进行革命，建立社会主义社会，根本目的就是为了发展生产力。"社会主义阶段的最根本任务就是发展生产力，社会主义的优越性归根到底要体现在它的生产力比资本主义发展得更快一些、更高一些，并且在发展生产力

---

① 《邓小平文选》第3卷，人民出版社1993年版，第373页。

的基础上不断改善人民的物质文化生活。"① "讲社会主义,首先就要使生产力发展,这是主要的。只有这样,才能表明社会主义的优越性。社会主义经济政策对不对,归根到底要看生产力是否发展,人民收入是否增加。这是压倒一切的标准。"② 建设社会主义,应当把发展生产力放在首要的地位。

邓小平讲社会主义要重视发展生产力,决不是一般地讲基本原理,而是总结了历史经验,反映了现实的要求。邓小平在1980年初的一次报告中说:"近三十年来,经过几次波折,始终没有把我们的工作着重点转到社会主义建设这方面来,所以,社会主义优越性发挥得太少,社会生产力的发展不快、不稳、不协调,人民的生活没有得到多大的改善。十年的'文化大革命',更使我们吃了很大的苦头,造成很大的灾难。"③ 邓小平尖锐地指出:"宁肯要穷的社会主义,不要富的资本主义。其本质就是说,社会主义就是穷的。"④ 社会主义是穷的还是富的,这是问题的本质所在。邓小平正是从论证社会主义究竟应当是穷的还是富的这个命题入手,逐步深化,将发展生产力升华到社会主义本质的理论高度。

邓小平指出解放和发展生产力是社会主义的本质,也是适应了和平与发展成为当今时代主题的历史要求。世界各国都在致力于自己的社会发展,发达的资本主义国家凭借先发优势在加快发展,不少新兴的国家的发展势头强劲。这种形势使党和国家面临巨大的压力和挑战,唯一可行的选择,就是努力发展生产力。在这种国际大局面前,明确提出解放和发展生产力是社会主义的本质,具有鲜明的时代精神。

特别是,邓小平把解放生产力和发展生产力联系在一起,作为社会主义的本质来对待,表明了对社会主义的新认识。在1992年初的南方谈话中,邓小平深刻阐明:"社会主义基本制度确立以后,还要从根本上改变束缚生产力发展的经济体制,建立起充满生机和活力的社会主义经济体制,促进生产力的发展,这是改革,所以改革也是解放生产力。过去,只讲在社会主义条件下发展生产力,没有讲还要通过改革解放生产力,不完

---

① 《邓小平文选》第3卷,人民出版社1993年版,第63页。
② 《邓小平文选》,第2卷,人民出版社1994年版,第314页。
③ 同上书,第249页。
④ 同上书,第312页。

全。应该把解放生产力和发展生产力两个讲全了。"① 社会主义的基本制度是在消灭了剥削制度基础上建立起来的，具有适合生产力发展的性质，是个好制度，应当坚持。但是实践表明，过去建立的体制（主要是经济体制）还存在严重的弊端。这些弊端又束缚了生产力的发展，必须在坚持社会主义基本制度的前提下进行改革，通过改革解放生产力。这样，才能使社会主义制度的优越性充分发挥出来。这就是说，在社会主义条件下，发展生产力与解放生产力是统一的，都属于社会主义本质的范畴。两者统一，才能充分体现社会主义的本质。

第二，"消灭剥削，消除两极分化"是一个渐进的历史过程。消灭剥削制度，消除两极分化，是社会主义革命的直接要求。它紧密地联系着生产力的解放和发展，是一个问题的两个方面。

根据历史唯物主义的观点，从本质上看，剥削作为一种经济现象，是在社会生产力发展的一定阶段上出现的，又只有在社会生产力充分发展的基础上才能够消灭。因此，首先要从经济角度去科学地理解和解释剥削现象，如果仅仅从道义角度加以谴责，是不可能得出正确的结论的。封建社会代替奴隶社会，资本主义代替封建主义，都是以一种较为先进的生产方式代替另一种生产方式，相应地，也是以一种使劳动者处境相对改善的剥削制度取代先前的剥削制度。恩格斯说："当一种生产方式处在自身发展的上升阶段的时候，甚至在和这种生产方式相适应的分配方式下吃了亏的那些人也会欢迎这种生产方式。"② 所谓"在和这种生产方式相适应的分配方式下吃了亏"，就是指"被剥削"。这就要求，在中国社会主义条件下，也应当以历史眼光具体分析剥削现象。

所谓两极分化，是同剥削制度相联系的一种社会现象。中国古代历史文献中有"富者田连阡陌，贫者无立锥之地"的记载，这是对中国封建社会两极分化现象的生动描述。马克思在《资本论》中指出，在资本主义社会，资本家一极是财富的积累，无产阶级一极是贫困、劳动折磨、奴役、无知、粗野和道德堕落的积累。这就是资本主义社会的两极分化。邓小平也是在这样的意义上讲两极分化的："我们的政策是不使社会导致两

---

① 《邓小平文选》第3卷，人民出版社1993年版，第370页。
② 《马克思恩格斯选集》第3卷，人民出版社1995年版，第491页。

极分化,就是说,不会导致富的越富,贫的越贫。坦率地说,我们不会容许产生新的资产阶级。"① 他说:"只要我国经济中公有制占主体地位,就可以避免两极分化。"② 中国实行改革开放以后,打破了"大锅饭",初步克服了分配上的平均主义,这是一种进步。当然,人们的收入差距确实拉大了,也有某些不尽合理的现象,但是不能把这些现象笼统地说成是两极分化。

经过新民主主义革命和社会主义改造,在中国消灭了剥削制度,这就消除了两极分化的经济基础。但是,在社会主义初级阶段,剥削现象还不能完全消灭,贫富差别也不会完全消除,其根本原因在于中国生产力水平还很落后。也就是说,中国生产力的发展水平,还不能提供消灭剥削现象和消除贫富差别的物质基础。因此,在一定时期和一定范围内,存在剥削现象和贫富差别又是不可避免的。如果不顾历史条件和生产力发展水平人为地消灭剥削现象和贫富差别,其结果只能导致贫困和落后。所以,消灭剥削现象,消除贫富差别,这是一个动态的概念,是一个渐进的历史过程。

第三,"最终达到共同富裕"是社会主义的发展目标。社会主义不是贫穷,而是富裕。邓小平认为,贫穷不是社会主义,因为贫穷不符合社会主义的要求。如果不能使人民过上富裕的生活,就不能体现社会主义的优越性,更谈不上为实现共产主义准备条件。他说:"没有贫穷的社会主义。社会主义的特点不是穷,而是富","坚持社会主义的发展方向,就要肯定社会主义的根本任务是发展生产力,逐步摆脱贫穷,使国家富强起来,使人民生活得到改善。"③ 社会主义的富裕是人民共同富裕。邓小平指出:"社会主义发展生产力,成果是属于人民的。就是说,在我们的发展过程中不会产生资产阶级,因为我们的分配原则是按劳分配。当然分配中还会有差别,但我们的目的是共同富裕。"④ "社会主义财富属于人民,社会主义致富是全民共同致富。"⑤ 由此可见,不但贫穷不是社会主义,

---

① 《邓小平文选》第 3 卷,人民出版社 1993 年版,第 172 页。
② 同上书,第 149 页。
③ 《邓小平文选》第 3 卷,人民出版社 1993 年版,第 264~265 页。
④ 同上书,第 255 页。
⑤ 同上书,第 172 页。

而且少数人富裕也不是社会主义，只有人民共同富裕才是社会主义。

邓小平特别重视共同富裕问题，在这个问题上澄清了许多模糊认识。一方面，他重申了按劳分配的性质是社会主义的，肯定了物质利益原则，支持了对平均主义的批判。特别是在中共全党工作重心转移到社会主义现代化建设上来后，邓小平进一步提出，要允许一部分地区、一部分企业、一部分工人农民，由于辛勤努力成绩大而收入先多一些，生活先好起来，起示范作用，从而使全国各族人民都能比较快地富裕起来。另一方面，邓小平从不同的角度强调富裕是共同富裕。他说："社会主义的目的就是要全国人民共同富裕，不是两极分化。"① "我们坚持走社会主义道路，根本目标是实现共同富裕。"② 在邓小平看来，共同富裕是社会主义的根本目标，也是社会主义的最大优越性。他着重指出，实现共同富裕，防止两极分化，这才是社会主义。这也就是说，社会主义不仅强调要解放和发展生产力，而且强调人民创造的财富属于人民，能够实现共同富裕。所以邓小平说："社会主义与资本主义不同的特点就是共同富裕，不搞两极分化。"③ 怎样才能最终达到共同富裕？首先，不能把共同富裕理解为同步富裕、同时富裕或平均富裕。如果作这样的理解，就是歪曲中共的政策，就会陷入平均主义，重新回到普遍贫穷的老路上去。其次，要允许一部分地区和一部分人先富起来，这是一个大政策。再次，对先富起来的一些人，要采取一些必要限制，譬如征收所得税和个人收入调节税。对于非法经营、非法暴富的，要采取坚决有效的措施，运用法律和法规严厉制裁。最后，先富带后富，最终达到共同富裕。对于先富起来的一些地区和一些人，有责任也有义务帮助落后地区和贫困人口，这种责任不能逃避，也不容推卸。

二 江泽民对社会主义本质内涵的丰富和发展

世纪之交，在关于社会主义本质的内涵问题上，中国共产党人继续进行着不懈的探索。以江泽民为代表的中国共产党人，科学地总结中国共产

---

① 《邓小平文选》第3卷，人民出版社1993年版，第110～111页。

② 同上书，第155页。

③ 同上书，第123页。

党领导全国人民进行社会主义革命与建设的经验,对社会主义本质进行了丰富和发展。

为社会主义本质提供了理论基础。江泽民指出:"社会主义社会是全面发展、全面进步的社会。"① 在这里,江泽民从一个新的角度、以一个新的标准,给社会主义下了一个新的定义。他把社会主义定义为"全面发展、全面进步的社会",而"全面发展、全面进步"是社会主义制度的基本要求。但是,要实现社会主义制度的这一基本要求,不仅要大力解放生产力,发展生产力,加强物质文明建设,同时,还要求加强政治文明和精神文明建设。当然,社会主义的全面发展、全面进步,还体现在广大人民群众在政治、经济生活中,获得广泛的民主。这样,江泽民把社会主义规定为"全面发展、全面进步的社会",就为社会主义本质进一步提供了理论依据。

进一步提出和规定了社会主义本质的核心和最终目标。江泽民指出:"我们要在发展社会主义社会物质文明和精神文明的基础上,不断推进人的全面发展。"② 江泽民把"人的全面发展"提升到社会主义本质的高度,强调指出:"我们建设有中国特色社会主义的各项事业,我们进行的一切工作,既要着眼于人民现实的物质文化生活需要,同时又要着眼于促进人民素质的提高,也就是要努力促进人的全面发展。这是马克思主义关于建设社会主义新社会的本质要求。"③ 这样,江泽民就把邓小平所说的社会主义本质,也就是"解放生产力,发展生产力,消灭剥削,消除两极分化,最终达到共同富裕",以及精神文明和政治民主这一切的核心与最终目的归结为"人的全面发展"。应当说,这是江泽民对邓小平社会主义本质理论的升华、丰富和发展。

为社会主义本质提出了具体条件和道路。江泽民指出,社会主义现代化事业是物质文明与精神文明相辅相成、协调发展的事业,"推进人的全面发展,同推进经济、文化的发展和改善人民物质文化生活,是互为前提

---

① 江泽民:《在庆祝中国共产党成立八十周年大会上的讲话》,人民出版社2001年版,第18页。
② 同上书,第43页。
③ 同上书,第42~43页。

和基础的"。① 在这里，江泽民根据马克思主义唯物史观科学地指出和规定了物质文明和精神文明、"人的全面发展"与"经济、文化的发展"之间的本质关系和联系，是"相辅相成，协调发展"，"互为前提和基础"。由此可见，精神文明建设，"人的全面发展"既是目的，又是手段与条件。江泽民要求在社会主义现代化建设中，正确地处理它们之间的辩证关系，把目的与手段在实现"人的全面发展"精神文明建设上面统一起来。这实际上是在邓小平理论的基础上，进一步回答了怎样建设社会主义这个重大的时代课题。

对于实现"人的全面发展"，江泽民指出："加强有说服力的思想政治工作，发展教育科技事业，繁荣社会主义文化，使人人都享有受教育的机会和享受文化成果的充分权利，使人们的精神世界更加充实、文化生活更加丰富多彩"，从而"实现人们思想和精神生活的全面发展"。② 对如何实现和扩大社会民主，江泽民提出，要积极稳妥地推进政治体制改革，进一步扩大社会主义民主，依法治国，建设社会主义法治国家。并进一步指出："继续推进政治体制改革，发展社会主义民主政治，健全社会主义法制，保证人民充分行使民主选举、民主决策、民主管理、民主监督的权利。"③ 这不但使实行社会主义民主条件和举措更加明了，而且明确了社会主义民主的主要内容。

以上这一切，都是江泽民对邓小平社会主义本质论做出的具有重要意义的丰富与发展，对于全面深入地认识和掌握邓小平的社会主义本质理论，无疑有着重要作用。社会主义本质的内涵是一个严密的统一的整体，必须正确理解和把握。首先，必须从整体和内在联系上理解和把握社会主义本质。社会主义本质内涵的三个方面是一个相互联系、相互制约、相辅相成的统一整体。如果把这三个方面任意割裂开来，片面地强调某一方面，就会出现种种不正确的认识。其次，社会主义本质含义的三个方面是一个辩证的统一体。"解放生产力，发展生产力"是社会主义本质的核心，"消灭剥削，消除两极分化"是一个渐进的历史过程，"最终达到共

---

① 江泽民：《在庆祝中国共产党成立八十周年大会上的讲话》，人民出版社2001年版，第44页。
② 同上书，第43~44页。
③ 同上书，第43页。

同富裕"是社会主义的根本目的。只有这样来认识问题，才能正确理解和把握社会主义的本质。最后，社会主义本质与社会主义基本制度是两个层面的问题，两者联系紧密，共同回答了"什么是社会主义"。同时，社会主义本质比社会主义基本制度更为深刻地回答了"什么是社会主义"的问题，从而也为"怎样建设社会主义"指出了更为明确的方向。第四，邓小平讲的社会主义的本质是一种动态的发展过程。"解放"、"发展"、"消灭"、"消除"、"最终达到"等概念都表明了这个含义。从中国现实社会主义的实践来看，社会主义的本质已经有所体现，但从总的方面来看，还是初级阶段的社会主义。"现在虽说我们也在搞社会主义，但事实上不够格。"[①] 显然，充分体现社会主义的本质，需要一个坚持不懈地艰苦奋斗、开拓前进的长期过程。

三 把握社会主义本质应正确处理几对关系

全面把握社会主义本质论，应在理论上加深对以下几对关系的认识：

第一，社会主义本质与社会主义所有制的关系。过去中共在社会主义本质的认识上的最大误区是，脱离生产力的发展片面追求公有制的纯而又纯。其实，社会主义所有制与社会主义本质不是一个层次的关系。就是说，所有制是为实现社会的本质服务的，是实现本质的手段。从最终的意义上讲，人们建立某种所有制形式，是为了适应生产力的发展要求和统治阶级的意志。在中国建立生产资料的公有制，是为了解放和发展被资本主义私有制所禁锢和阻碍了的生产力，是为了消除由于私有制而产生的剥削和两极分化。可见，社会主义本质论中没有直接谈公有制的概念而使用了建立公有制的目的，这是更高层次的抽象。也正是由于确立了这样的关系，才逐步打破了在所有制方面的禁区，探讨在现实生产力条件下最有利于实现社会主义本质的所有制结构和公有制的实现形式。中共十五大确定了这样的原则：其一，中国是社会主义国家，必须坚持公有制作为社会主义经济制度的基础；其二，中国处在社会主义初级阶段，需要在公有制为主体的条件下发展多种所有制经济；其三，一切符合"三个有利于"的所有制形式都可以而且应该用来为社会主义服务。这是在理论上的重大突

[①] 《邓小平文选》第3卷，人民出版社1993年版，第225页。

破。中共十六大进一步确定了如下原则：必须毫不动摇地巩固和发展公有制经济；必须毫不动摇地鼓励、支持和引导非公有制经济发展；坚持公有制为主体，促进非公有制经济发展，将两者统一于社会主义现代化建设的进程中，不能把这两者对立起来。这是在理论上的重大发展。

第二，社会主义本质与社会主义特征的关系。中国共产党人在马克思主义创始人探索社会主义特征的基础上，在总结几十年社会主义实践经验的过程中，对社会主义特征的认识不断深化、丰富。主要特征表现为：一是公有制为主体、多种所有制经济共同发展的基本经济制度和按劳分配为主体、多种分配方式并存的分配制度；二是建立在社会主义公有制基础上的社会主义市场经济体制。这是中国社会主义公有制条件下的经济运行方式；三是劳动人民当家作主的国家政权即人民民主专政，同时不断发展社会主义民主；四是社会主义的精神文明。

社会主义本质和社会主义特征都是对社会主义内在属性的认识，回答的都是"什么是社会主义"的问题，所以，二者是相统一的。但是，本质和特征从理论上看又是两个不同层次的概念，二者是有区别的。社会主义本质作为社会主义自身固有的内在联系和必然要求，是社会主义观念的主体和最深刻、最稳定的部分，因而是对社会主义最高层次的抽象。社会主义特征是社会主义本质在各方面的具体体现，它的存在和变化归根到底应该从属于社会主义本质，因而属于第二个层次。从认识论角度看，从对社会主义直观性特征的认识到社会主义本质的概括，是思维抽象的过程，从社会主义本质再到社会主义特征的认识，是思维从抽象上升到具体的过程。正确地理解与区分社会主义的本质和特征，把握它们的联系和区别，有利于加深对社会主义基本问题的全面掌握，避免产生认识上的片面性和绝对性。

第三，社会主义本质与社会主义根本任务的关系。马克思主义认为，物质资料的生产是一切社会生存和发展的基础，社会主义的根本任务是发展生产力。人们要生活和工作，首先必须解决衣、食、住、行的问题。为此，就必须发展生产，社会主义也不例外。在中国的社会主义初级阶段，发展生产力具有特殊重要的意义。只有大力发展生产力，才能迅速摆脱贫困，提高人民的生活水平，巩固社会主义制度，充分发挥社会主义制度的优越性；只有大力发展生产力，才能解决社会主义社会的主要矛盾，即人民日益增长的物质文化生活需要同落后的社会生产之间的矛盾，别无出路；只有大力发展生产力，才能为向更成熟、更发达的社会主义并最终过渡到共产主义创造条件。正是基于这样的认识，十一届三中全会以后，中共明确地提出社会主义的根本任务是发展生产力，并以此为根据实现了党和国家工作重心的转移，在党的新时期基本路线中，也把发展生产力摆在首要的位置。

从社会主义本质内容看，社会主义的根本任务是社会主义本质的首要的内容，因为社会主义本质论第一个层次的内容就是解放生产力和发展生产力；同时，社会主义的根本任务又是社会主义本质的内在要求和全面实现社会主义本质的根本途径。消灭剥削，消除两极分化，最终达到共同富裕，说到底要靠生产力的巨大发展，因为社会主义生产关系的完善，必须以一定的生产力水平为基础。没有这个基础，只靠改变生产关系来消灭剥削、消除两极分化，其结果只能是贫困的普遍化，共同富裕更是句空话。

总之，必须从社会主义本质与特征相统一的角度，从社会主义本质与根本任务的相统一的角度，才能搞清楚什么是社会主义，以及怎样建设社会主义。

第三节　社会主义本质论的重大意义

以邓小平为代表的中国共产党人，坚持科学社会主义理论和实践的基本成果，抓住了"什么是社会主义、怎样建设社会主义"的根本问题，深刻地揭示社会主义的本质，把对社会主义的认识提高到新的科学水平。新时期的思想解放，关键就是在这个问题上的思想解放。中国社会主义在改革开放前所经历的曲折和失误，改革开放以来在前进中遇到的一些困惑，归根到底都在于对这个问题没有完全搞清楚。拨乱反正，全面改革，20多年的历史性转变，就是逐渐搞清楚这个根本问题的进程。

一　有利于弄清楚"什么是社会主义、怎样建设社会主义"这个根本问题

社会主义本质论，从理论与实践两个方面致力于探索社会主义发展，目的是为了弄清楚"什么是社会主义、怎样建设社会主义"这个根本问

题。要否定"宁要社会主义的草,不要资本主义的苗"的假社会主义,坚持真正的社会主义,澄清人们对社会主义认识上的一些错误观念,走出社会主义的理论误区,必须从社会主义本质这个角度去认识、观察、规定和评判社会主义。就是说,只有那些能够较好地体现社会主义本质的制度、理论、路线、方针、政策和办法,才是真正的社会主义的,如果它们"体现不出社会主义本质",就不能说是社会主义的。因此,社会主义本质论实际上是支持一种崭新的"本质社会主义观"。这种"本质社会主义观"发展了传统的"制度社会主义观"。制度社会主义观只是单纯地站在制度的角度认识、规定和评判社会主义。其典型表现是把计划经济体制等同于社会主义,而不管它是否能够很好地体现社会主义的本质,是否有利于生产力的发展。显然,这种社会主义观不利于全面弄清楚"什么是社会主义、怎样建设社会主义"这个根本问题。邓小平曾断然指出:"经济长期处于停滞状态总不能叫社会主义。人民生活长期停止在很低的水平总不能叫社会主义。"① 不言而喻,这种令人振聋发聩的论断,无疑是以本质社会主义观为指导得出来的。

以本质社会主义观为指导去认识、规定和评判社会主义,必须首先全面准确地认识和把握社会主义本质的内容,及其在社会主义社会各个方面的表现形式,也就是不仅要看到社会主义本质在经济领域各方面的内容和表现形式,同时,还要把握它在政治生活和精神文明领域中的内容与表现形式。具体来说,就是要把高度的政治文明与精神文明作为社会主义本质的重要组成部分。只有这样,才能科学地回答"什么是社会主义、怎样建设社会主义"的问题,避免对社会主义的认识存在片面性。而这才可以说,真正弄清楚了社会主义的问题。

改革开放以来,邓小平一再强调,必须坚持四项基本原则,而首要是坚持社会主义。但邓小平又强调说:"问题是怎样坚持。"② 对此,他提出了自己的基本思路和战略举措,这就是充分发挥社会主义制度应有的优越性。邓小平明确指出:"我们在国际阶级斗争中要坚持马克思主义,坚持社会主义,就表现出马克思主义的思想优越于其他的思想,社会主义制度

---

① 《邓小平文选》第 2 卷,人民出版社 1994 年版,第 312 页。
② 《邓小平文选》第 3 卷,人民出版社 1993 年版,第 134 页。

优越于资本主义制度。"① 邓小平之所以十分重视发挥社会主义优越性，这是因为他从国内外社会主义建设正反两个方面的经验中深刻地认识到这个道理："空讲社会主义不行，人民不相信。"② 社会主义要给人民群众带来实际利益，否则，它就得不到广大人民发自内心的拥护与支持，就失去群众基础。而这样社会主义也就不可能发展和坚持下去。邓小平洞若观火："社会主义如果老是穷的，它就站不住。"③ 而社会主义如果没有高度的政治与经济民主，也同样"站不住"。这是因为社会主义国家的广大人民群众充分享受政治民主，这是在人民当家作主的国家里应当拥有的权利；并且随着物质需要的逐步满足，他们对政治生活中的民主权利的要求也日益迫切。因此，要注意满足人民群众对于政治民主这方面的要求。

至于高度的精神文明，同样是社会主义优越性的重要表现形式，从而也是巩固和坚持社会主义的重要条件。邓小平在1985年9月的一次讲话中强调说："我们为社会主义奋斗，不但是因为社会主义有条件比资本主义更快地发展生产力，而且因为只有社会主义才能消除资本主义和其他剥削制度所必然产生的种种贪婪、腐败和不公正现象。"④ 在这里，邓小平把高度的精神文明与更快地发展生产力，同时作为社会主义的两大优越性。针对当时精神文明建设方面出现的问题，邓小平郑重指出："这几年生产是上去了，但是资本主义和封建主义的流毒还没有减少到可能的最低限度，甚至解放后绝迹已久的一些坏事也在复活。我们再不下决心迅速改变这种情况，社会主义的优越性怎么能全面地发挥出来？"⑤ 在这里，邓小平明确提出要"全面地发挥"社会主义的优越性，而这包括要搞好精神文明建设。邓小平之所以强调发扬社会主义在精神文明方面的优越性，这是因为"光靠物质条件，我们的革命与建设都不可能胜利"。⑥ 这就是说，如果在进行物质文明建设的同时，不注意抓精神文明建设，就不可能巩固和坚持社会主义。

---

① 《邓小平文选》第3卷，人民出版社1993年版，第191页。
② 同上书，第314页。
③ 同上书，第191页。
④ 同上书，第143页。
⑤ 同上书，第143~144页。
⑥ 同上书，第144页。

二　为坚持、完善、发展社会主义所有制和经济体制指出了明确的方向

邓小平指出："在改革中，我们始终坚持两条根本原则，一是以社会主义公有制经济为主体，一是共同富裕。"① 毫不动摇地坚持公有制和按劳分配，维护公有制和按劳分配的主体地位，是体现社会主义本质的前提，是任何时候都必须坚持的。当然，在改革中，公有制的具体实现形式和以公有制为主体的所有制结构，要根据生产力解放和发展的实际要求，根据逐步实现共同富裕的实际进程来确定。但是，决不能以公有制具体实现形式和所有制的变化来否定公有制和按劳分配的主体地位。

社会主义本质论的科学概括，突破了把计划经济当作社会主义本质特征的传统观念，明确了社会主义经济体制改革的目标。长期以来，中共在理论上一直把计划经济等同于社会主义，把市场经济等同于资本主义，认为经济体制改革市场取向是改变社会主义的发展方向，是转向资本主义。针对这种思维模式，邓小平指出："计划多一点还是市场多一点，不是社会主义与资本主义的本质区别。计划经济不等于社会主义，资本主义也有计划；市场经济不等于资本主义，社会主义也有市场。计划和市场都是经济手段。"② 这突破了长期以来把计划经济当作社会主义本质特征的传统观念，并且把计划经济从社会主义本质范畴中剔除出去。这就从根本上解除了把市场经济当作资本主义本质特征的束缚，明确了社会主义经济体制改革的目标。

三　有利于推动改革开放的深入发展

自《共产党宣言》问世以来，科学社会主义经历了从学说到运动再到社会制度的推进过程，也经历了从胜利到遭受严重挫折的曲折发展过程。特别是苏联解体、东欧剧变以后，有的人对社会主义产生了一些疑问，对社会主义的前途和命运存有忧虑。毫无疑问，僵化的、不思改革的传统社会主义体制是没有前途的。历史证明了科学社会主义的真理价值，

---

① 《邓小平文选》第 3 卷，人民出版社 1993 年版，第 142 页。
② 同上书，第 373 页。

也提出了一系列必须回答的严峻课题。总结历史经验，共产党人过去在社会主义实践中出现的失误、遭受的挫折，并不是科学社会主义的理论和追求错了，而是对社会主义的一些理解、做法和采取的政策没有能够体现社会主义的本质。以邓小平为代表的中国共产党人在马克思主义发展史上，第一次科学、深刻、精辟地揭示出"社会主义的本质是解放生产力，发展生产力，消灭剥削，消除两极分化，最终达到共同富裕"，使人们对于科学社会主义的认识达到了前所未有的高度。一个能够解放生产力，发展生产力，消灭剥削，消除两极分化，使人民走向共同富裕的社会主义，是任何社会、任何国家的人民都向往的。这样的社会主义前途是光明的，它必然具有强大的生命力、吸引力和凝聚力，鼓舞广大劳动人民积极投身于建设中国特色社会主义宏伟事业。

对社会主义本质的探索，是伴随着改革开放的逐步深化而进行的。改革开放的实践及其出现的问题激励着中共全党和邓小平、江泽民等中共领导对社会主义根本问题的思考，也为这种思考提供着新的、丰富的实践材料。而不断思考得出的结论，又推动着改革开放向纵深发展，为改革开放提供强大的动力。从以阶级斗争为纲到实现党和国家工作重心的转移，确定以经济建设为中心；从封闭半封闭到全面改革开放；从计划经济到市场经济等一系列实践中的重大转变，可以说都离不开对社会主义本质认识的深化。社会主义本质论的提出，表明中国共产党人对"什么是社会主义、怎样建设社会主义"的根本问题的认识达到了新的水平，但这个认识的过程并没有完结，正如江泽民在中共十五大报告中所指出的："这个进程，还将在今后的实践中进行下去。"①

---

① 《中国共产党第十五次全国代表大会文件汇编》，人民出版社1997年版，第11页。

第四章 社会主义初级阶段

社会主义社会的发展,跟其他任何社会一样,客观地分成若干个程度不同的发展阶段。把握了社会所处的发展阶段,就是把握了基本的国情。中国仍然处于并将长期处于社会主义的初级阶段,这是中共运用马克思列宁主义分析国情,总结国际共产主义运动历史经验教训得出的科学结论。社会主义初级阶段理论的形成,既是对中国特色社会主义发展进程的科学认识和把握,也是中国共产党人对社会主义建设规律探索取得重大进展的一个标志。

第一节 社会主义初级阶段理论的提出和形成

社会主义初级阶段理论并非一开始就是一个完整的理论,而有一个提出和形成的逐步发展过程。马克思主义经典作家都对社会主义发展阶段问题进行过程度不同的探索。中国共产党人对社会主义初级阶段理论的形成作出了创造性贡献。

一 马克思主义经典作家关于社会主义发展阶段的理论

社会历史分成若干个发展阶段,是一个不依人的主观意志为转移的客观存在。马克思、恩格斯在创立科学社会主义学说的过程中,就对社会发展阶段提出了设想。列宁在创建世界上第一个社会主义国家的实践中,对社会主义发展阶段问题进行了更为深入的理论思考。

早在1844年,马克思在《经济学哲学手稿》中就探讨了未来共产主义社会的发展阶段问题。并随着对问题探讨的深入,这方面的思想也日臻完善。1875年,马克思在《哥达纲领批判》一书中,全面系统地阐述了共产主义社会发展阶段的理论，第一次明确地把共产主义社会分为低级阶段和高级阶段，并分析了两个阶段的区别和联系。马克思指出：共产主义社会的第一阶段，"不是在它自身基础上已经发展了的，恰恰相反，是刚刚从资本主义社会中产生出来的，因此它在各方面，在经济、道德和精神方面都还带着脱胎出来的那个旧社会的痕迹。"还有像权利"是一种不平等的权利"等弊病，而所有这些又是"不可避免的"。① 在共产主义社会的高级阶段上，情况就大不一样了。第一，迫使人们奴隶般地服从社会分工的情况"已经消失"，从而脑力劳动和体力劳动的对立"也随之消失了"；第二，劳动已经不是谋生的手段，而成为"生活的第一需要"；第三，随着个人的全面发展，生产力也发展起来了，随着生产力的发展，"集体财富的一切源泉都充分涌流出来"，社会财富极大丰富了；第四，在分配上，由于生产力的高度发达和人们觉悟的普遍提高，实行"各尽所能，按需分配"② 的原则。恩格斯没有具体论述过共产主义社会应该划分为几个阶段的问题，但他的思想和马克思是一致的。并且，由于实践的发展，恩格斯对问题的考虑和思索更加深刻，留给了后人以更大的探索和发展空间。1882年9月12日，恩格斯在致卡·考茨基的信中说："只要欧洲和北美一实行改造，就会产生巨大的力量和作出好的榜样，使各个半文明国家自动地跟着我们走，单是经济上的需要就会促成这一点，至于这些国家要经过哪些社会和政治发展阶段才能同样达到社会主义的组织，我认为我们今天只能做一些相当空泛的假设。"③ 因为，"我们的理论不是教条，而是对包含着一连串互相衔接的阶段的那种发展过程的阐明。"④ 恩格斯也不想教条式地预料未来，而只是希望在批判旧世界中发现新世界。

列宁亲手创建了世界上第一个社会主义国家，经历了社会主义的具体实践，因而对社会主义社会发展阶段的划分和论述，也比马克思、恩格斯更具体和切合实际。1904年12月22日，在《专制制度和无产阶级》中，列宁就指出："对无产者来说，资产阶级社会里的争取政治自由和民主共和制的斗争，只是为推翻资产阶级制度而进行的社会革命斗争的必要阶段

---

① 《马克思恩格斯选集》第3卷，人民出版社1995年版，第304～305页。
② 同上书，第305页。
③ 《马克思恩格斯全集》第35卷，人民出版社1971年版，第353页。
④ 《马克思恩格斯选集》第4卷，人民出版社1995年版，第680页。

之一。严格地区别本质不同的各个阶段,冷静地探讨这些阶段到来的条件,这决不等于把最终目的束之高阁,决不等于提前放慢脚步。恰恰相反,正是为了加快步伐,正是为了尽可能迅速而稳妥地实现最终目的。"①1914 年列宁在《卡尔·马克思》一文中又指出:在考察社会发展的客观阶段时,"不应当看作是处于不动的状态,而应当看作是处于运动中"。②1917 年,在《国家与革命》一书中,列宁把无产阶级夺取政权以后的社会发展明确地分为三个阶段:一是从资本主义向社会主义的过渡;二是社会主义社会;三是共产主义社会。特别值得注意的是,列宁在 1920 年完成的《共产主义运动中的"左派"幼稚病》一书中,已明确将共产主义社会划分为低级、中级和高级三个阶段,被后人称为"新三段论"。列宁指出:"从共产主义的观点看来,否认党性就意味着不是从资本主义崩溃的前夜(在德国)跃进到共产主义的低级阶段,跃进到中级阶段,而是跃进到共产主义的最高阶段。"③ 这段话虽然意在批判"左派"的错误观点,不在探讨共产主义的发展阶段问题,但从中却不难发现列宁关于社会发展阶段的思想的成熟和自觉。在这里,列宁明确地把社会主义分为低级、中级(对共产主义是中级、对社会主义是高级)两个发展阶段。

马克思主义经典作家的论述表明,社会发展的阶段性是一个客观的过程,不以人们的主观意志为转移,决不可不顾客观规律的制约而盲目超越阶段。否则,就一定会付出代价,从而阻碍社会的发展。

二 苏联和东欧国家在社会主义发展阶段问题上认识和实践的经验教训

当年,苏联和东欧等社会主义国家建立后,所面临的第一个重要而基本的问题,就是确定自己的历史方位和经济文化建设的历史起点,这是选择自己发展方向和道路的基本条件与前提。但是由于种种原因,这些国家都没有很好地解决这一问题,并留下了深刻的经验和教训。

苏联是人类历史上第一个社会主义国家,在社会主义发展阶段问题的

---

① 《列宁全集》第 9 卷,人民出版社 1987 年版,第 112 页。
② 《列宁全集》第 26 卷,人民出版社 1988 年版,第 78 页。
③ 《列宁选集》第 4 卷,人民出版社 1995 年版,第 154 页。

认识和实践方面经历了一个曲折的探索过程。其基本轨迹是："两次升格"，"三次降调"，历经50余年，才作出了较为符合实际的判断和结论。而这又是以错过了若干发展机遇为代价的。

斯大林没有坚持列宁的正确思想，提出了急于求成的"超越阶段"向共产主义过渡的理论。在1936年11月25日全苏维埃第十一次非常代表大会上的报告中，斯大林说：苏联"基本上实现了社会主义，建立了社会主义制度，即实现了马克思主义又称为共产主义第一阶段或低级阶段的制度。这就是说，我们已经基本实现了共产主义第一阶段，即社会主义。"今后要把"实现共产主义高级阶段作为自己的目的"。① 1939年3月10日，他在党的第十八次代表大会上关于联共（布）中央工作的总结报告中又讲：苏联从消灭城乡资本主义分子起，"社会主义经济制度完全胜利了"，因而，"我国现在是一个全新的社会主义国家，是历史上从未有过的国家，并且按其形式职能来说是和第一阶段的社会主义国家大不相同的"，"我们还要前进，向共产主义前进。"② 赫鲁晓夫执政后，不但没有吸取斯大林的教训，反而把斯大林急于向共产主义过渡的思想推向了极端，在1959年召开的苏共二十一大上公然宣布：苏联进入了全面展开共产主义社会建设的时期。在1961年召开的苏共二十二大上，他又公开宣告：在20年内苏联将基本上建成共产主义社会。赫鲁晓夫规划的20年进程是：前10年，按人口平均计算的产量方面超过最发达的资本主义国家美国；后10年结束时将建立起共产主义的物质技术基础，并保证全体居民得到社会的物质和文化财富，从按劳分配的社会主义原则逐步过渡到按需分配的共产主义原则。二十二大通过的苏共新纲领说："我们这一代人将在共产主义制度下生活。"

斯大林和赫鲁晓夫的理论，给苏联社会和经济的发展带来严重消极影响。因而，从勃列日涅夫到戈尔巴乔夫的历届苏共领导人，在苏联社会所处发展阶段问题上，逐渐"降温"，接近实际。

勃列日涅夫执政后，批评了赫鲁晓夫的"主观主义和唯意志论的错误"，提出"要实事求是地、科学地估量社会主义建设的问题和前景"，

---

① 《斯大林选集》上卷，人民出版社1979年版，第399页。
② 同上书，第255、256页。

并于1967年放弃了赫鲁晓夫"向共产主义过渡"的提法，提出苏联是处在"建成发达社会主义"时期。1982年11月安德罗波夫执政后，又对勃列日涅夫的"发达社会主义理论"作了修正，将"建成论"改为"起点论"。他在纪念列宁逝世58周年的报告中提出，苏联社会现在还只是处在"发达社会主义这一漫长历史阶段的起点"，面临的现实任务是"完善发达的社会主义。"1985年戈尔巴乔夫担任苏共中央总书记以后，又用"完善社会主义"代替了安德罗波夫的"完善发达的社会主义"，后来又提出了"发展中的社会主义"的新概念，并认为，发展中的社会主义，就是不轻松的有时是极其费力的新与旧的斗争，这就是克服停滞时期，代之以加速运动和上升到进步的更高阶段。但是，由于长期受"超阶段"思想的影响，到戈尔巴乔夫时代，苏联已积弊很深，再加上戈氏推行所谓的"新思维"，到20世纪80年代末，庞大的苏联肌体已极其虚弱，气力衰竭。虽然也曾有坚定的共产党人作出过极大努力，试图继续坚持社会主义的制度，但为时已晚。在内外交困中70余年的社会主义大国，几乎在一夜之间便轰然倒塌。

东欧社会主义国家由于受"急于过渡"思想的影响，普遍地接受了"发达社会主义的理论"，有的还把这一理论写进自己的党章和宪法，以此作为本国社会主义发展的具体目标和任务。例如，匈牙利社会主义工人党在1975年的第十一次代表大会的报告中说，匈牙利正在建设发达的社会主义社会，将为过渡到实现最终目标——建成共产主义而建立技术和经济基础。进入20世纪80年代后，匈牙利社会主义工人党开始不再提发达社会主义的口号，并认为社会主义社会的发展是要经过相当长的历史阶段。保加利亚共产党在1971年的第十次代表大会通过的纲领中指出，建设发达社会主义是党的一项重要的直接的历史任务。在1976年召开的保共十一大上，便把建设发达社会主义的任务加以具体化，重申党的直接历史任务是建成发达的社会主义社会。在1986年召开的党代会上，提出了建设成熟的社会主义理论。波兰统一工人党在1975年召开的第七次代表大会上宣告：人民波兰正在进入建设发达社会主义阶段。进入20世纪80年代，调子开始下降。在1986年波党十大制定的党纲中规定说："波兰正处在从资本主义向社会主义过渡时期的最后阶段。"罗马尼亚共产党在1969年第十次代表大会上提出建设全面发达的社会主义；在党的十一大上，提出要用20年至25年的时间，建设成为全面发展的社会主义国家；在1984年党的第十三次代表大会上，提出了"向发达社会主义国家阶段过渡"的理论。

苏联和东欧社会主义国家在社会主义发展阶段认识和实践上的教训是深刻的。其基本特点是完全超越了各自国情，在教条主义地对待马克思主义、社会主义的前提下，实施了不切合实际的路线、方针、政策，因而使社会主义步入泥潭。对社会主义阶段的过高估计，使这些社会主义国家丧失了跟踪、适应世界经济发展特征的历史机遇，难以在科技革命的浪潮中自我奋起，从而导致社会主义制度的优越性不能发挥，最终使社会主义遭受夭折。

三 中国社会主义初级阶段理论的形成及其客观依据

中国共产党和苏联、东欧社会主义国家共产党一样，在社会主义发展阶段问题的认识和实践上，也经历了一个曲折的过程。

1956年第八次全国代表大会以前，中共的思想认识是比较符合实际的。"八大"指出：社会主义改造的基本胜利和社会主义制度的建立，表明中国无产阶级和资产阶级之间的矛盾已经基本解决。今后，虽然还必须为解放台湾，为彻底完成社会主义改造，最后消灭剥削制度，为继续肃清反革命残余势力而斗争，但是，国内的主要矛盾，已经是人民对于建立先进工业国的要求同落后的农业国的现实之间的矛盾，已经是人民对于经济文化迅速发展的需要同经济文化不能满足人民需要状况之间的矛盾。大会确定中共在此后的主要任务，就是集中力量解决这个矛盾，把中国尽快地从落后农业国变为先进的工业国。从1957年下半年开始，由于"左"的错误思想的发展，整个形势发生了出人意料的逆转。1958年5月召开的中共八届二次会议，改变了"八大"的正确路线，认为中国社会的主要矛盾仍然是无产阶级同资产阶级、社会主义道路同资本主义道路的矛盾。并号召全党和全国人民认真贯彻执行社会主义建设总路线，争取在15年或者在更短的时间内赶上或超过英国，宣称共产主义在中国的实现已经不是什么遥远将来的事情了，随之并轻率地发动了"大跃进"和农村人民公社化运动。到了1958年底，中共中央和毛泽东对上述错误有所察觉，在八届六中全会上通过的《关于人民公社若干问题的决议》中指出，混淆集体所有制与全民所有制界限、社会主义与共产主义界限，急于向全民所有制过渡和向共产主义过渡，都是错误的。强调实现由社会主义的集体所有制向社会主义的全民所有制过渡，实现由社会主义向共产主义的过渡，都必须以一定程度的生产力发展为基础，不能超越阶段。1959年12月至1960年2月，毛泽东在论及苏联《政治经济学（教科书）》的谈话中认为，社会主义这个阶段，还可以分为两个阶段，第一个阶段是不发达的社会主义，第二个阶段是比较发达的社会主义。后一个阶段可能比前一个阶段需要更长的时间。经过后一阶段，到了物质产品、精神财富都极为丰富和人们的共产主义觉悟极大提高的时候，就可以进入共产主义社会了。

但是，由于国际国内形势变化等复杂原因，到20世纪60年代初，中共对中国社会发展阶段问题的认识又发生了反复。1962年9月召开的中共八届十中全会公报提出："在无产阶级革命和无产阶级专政的整个历史时期，在由资本主义过渡到共产主义的整个历史时期，存在着无产阶级和资产阶级之间的阶级斗争，存在着社会主义和资本主义这两条道路的斗争。"并强调"阶级斗争要年年讲，月月讲，天天讲。"这种认识一直延续到"文化大革命"结束、拨乱反正以后，给中国党和国家造成深重的灾难。

中共对中国社会发展所处阶段真正有科学的认识并坚持下来，是十一届三中全会以后。1979年9月29日，全国人大常委会委员长叶剑英在庆祝建国30周年大会上的讲话中，使用了中国"社会主义制度还处在幼年时期"、"我国现在还是发展中的社会主义国家"的概念。1981年6月召开的中共十一届六中全会通过的《关于建国以来党的若干历史问题的决议》中，第一次使用了社会主义"初级阶段"的概念，作出了中国还处在社会主义初级阶段的论断。《决议》指出："尽管我们的社会主义制度还是处于初级的阶段，但是毫无疑问，我们已经建立了社会主义制度，进入了社会主义社会，任何否认这个基本事实的观点都是错误的。"[①] 1982年9月，中共十二大报告和1986年9月十二届六中全会通过的《关于社会主义精神文明建设指导方针的决议》，再次阐述了这个问题。《决议》

[①] 《关于建国以来党的若干历史问题的决议》，人民出版社1981年版，第53页。

指出:"我国还处在社会主义初级阶段,不但必须实行按劳分配,发展社会主义的商品经济和竞争,而且在相当长的历史时期内还要在公有制为主体的前提下发展多种经济成分,在共同富裕的目标下鼓励一部分人先富裕起来。"① 1987年10月召开的第十三次全国代表大会,标志着中共对中国社会主义社会所处发展阶段问题的认识已趋于成熟。中共十三大报告不仅系统地阐述了社会主义初级阶段理论,科学地分析了它的含义和特征,论证了中国社会主义初级阶段的主要矛盾和任务,而且明确提出了党在社会主义初级阶段的基本路线,为中国在整个社会主义初级阶段的发展指明了方向,铺平了道路。邓小平指出,中共十三大的一个重要特点,"是阐述了中国社会主义初级阶段的理论,在这个理论指导下,坚定地贯彻党的十一届三中全会以来的路线、方针和政策。"②

中国共产党关于社会主义初级阶段理论的提出和形成,决不是凭空想象的产物,也不是基于历史深刻教训而产生的激情,而是对中国国情的具体分析得出的必然结论,具有客观的历史和现实依据。从历史前提看,中国的社会主义社会,不是脱胎于资本主义社会,而是脱胎于半殖民地半封建社会。外国帝国主义列强的侵略,封建专制势力和官僚资本主义的压榨,以及民族资产阶级的软弱,决定了中国不可能像西方多数国家那样,走上独立的资本主义发展道路。同时,由于中国的新民主主义革命又是在俄国十月社会主义革命胜利后发生的,并成为世界无产阶级社会主义革命的一部分,因而,中国革命的前途只能是社会主义。这样的历史条件,就使中国在进入社会主义社会的时候,越过了资本主义充分发展的历史阶段,经过新民主主义直接向社会主义过渡。这就决定了中国进入社会主义后,必须经历一个初级阶段,去实现许多国家在资本主义条件下实现的工业化和生产的商品化、社会化、现代化。从现实情况看,旧中国留下来的是"一穷二白"的烂摊子,经济萧条,文化落后,基础薄弱,百业待兴。虽然经过几十年的建设和发展,情况已有很大改观,但是,国家仍未摆脱落后状态,生产社会化程度很低,商品经济和国内市场很不发达,自然经

---

① 《中共中央关于社会主义精神文明建设指导方针的决议》,人民出版社1986年版,第11页。

② 《邓小平文选》第3卷,人民出版社1993年版,第258页。

济半自然经济仍占很大比重。生产力的落后，决定了生产关系的不成熟和上层建筑的不完善，决定了建设高度社会主义民主政治和社会主义精神文明所必需的基本条件很不充分。这一切都说明，中国只能处于社会主义初级阶段。

第二节 社会主义初级阶段理论的基本内容

社会主义初级阶段具有丰富的内容，全面、系统地理清这些内容，是准确理解和把握社会主义初级阶段理论的重要前提。

一 社会主义初级阶段的科学内涵

社会主义初级阶段是一个具有特定内涵的科学概念。中共十三大报告明确指出，社会主义初级阶段的论断包括两层含义：第一，中国已经进入社会主义社会；第二，中国的社会主义社会还处在不发达的阶段。已经进入社会主义社会，是对中国现阶段社会制度基本性质的总概括和总规定，即中国是社会主义社会，不是向社会主义的过渡时期，也不是共产主义社会的高级阶段。社会主义社会的基本含义是：中国已经建立了以公有制为基础、实行按劳分配原则的社会主义基本经济制度；已经建立起共产党领导的人民当家作主、实行人民民主专政的基本政治制度；已经建立起以马克思主义为指导的百花齐放、百家争鸣的文化制度。这是中国社会进步发展的基础和前提，必须坚持而不能离开社会主义。邓小平指出："我们必须坚持社会主义道路。现在一些人散布所谓社会主义不如资本主义的言论，一定要彻底驳倒它。"因为，"只有社会主义才能够救中国，这是中国人民从'五四'运动到现在六十年来的切身体验中得出的不可动摇的历史结论。"[①] 社会主义的中国在经济、技术、文化等方面现在还不如发达的资本主义国家，这是事实，但是这不是社会主义制度造成的，从根本上说，是解放以前的历史造成的，是帝国主义和封建主义造成的。相反，社会主义制度的建立已使中国在各方面大大缩短了同发达资本主义国家的差距，这已被世人所公认。同时，也证明了一个真理：中国只能走社会主

---

① 《邓小平文选》第3卷，人民出版社1993年版，第166页。

义道路，这既是历史的选择，也是人民的要求和根本利益所在。

中国的社会主义还处在不发达的阶段，是对中国社会主义社会发展程度、发展水平的总认识和总判断。这是因为，中国进入社会主义的时候，就生产力发展水平来说，还远远落后于发达国家。这就决定了必须在社会主义条件下经历一个相当长的初级阶段，去实现工业化和经济的社会化、市场化、现代化。这是一个不可逾越的阶段。虽然从20世纪50年代中期进入社会主义以后，尤其是经过改革开放20余年的大规模建设，中国社会生产力得到前所未有的发展，取得了举世瞩目的成就。但是，必须清醒地认识到，从总体上说，中国仍然处于社会主义的初级阶段，一切工作都必须从这个实际出发，而不能超越这个阶段。江泽民在中共十五大报告中指出："从五十年代中期我国进入社会主义初级阶段开始到现在，经过四十多年特别是近二十年的发展，我国生产力有了很大提高，各项事业有了很大进步。""然而总的说来，人口多，底子薄，地区发展不平衡，生产力不发达的状况没有根本改变；社会主义制度还不完善，社会主义市场经济体制还不成熟，社会主义民主法制还不够健全，封建主义、资本主义腐朽思想和小生产习惯势力在社会上还有广泛影响。我国社会主义社会仍然处在初级阶段。"[①] 因为中国生产力和科技、教育还比较落后，实现工业化和现代化还有很长的路要走；城乡二元经济结构还没有改变，地区差距扩大的趋势尚未扭转，贫困人口还为数不少；人口总量还继续增加，老龄人口比重上升，就业和社会保障压力增大；生态环境、自然资源和经济社会发展的矛盾日益突出；中国仍然面临发达国家在经济科技等方面占优势的压力；经济体制和其他方面的管理体制还不完善；民主法制建设和思想道德建设等方面还存在一些不容忽视的问题。

生产力的不发达是中国将长期处于社会主义初级阶段的最主要最根本的原因。马克思主义认为，人类社会历史的发展是一个自然过程，而推动这一自然过程演变的根本因素是生产力的发展。马克思指出："人们为了能够创造历史，必须能够生活。但是为了生活，首先就需要衣、食、住以及其他东西。因此，第一个历史活动就是生产满足这些需要的资料，即生

[①] 《中共十五大文件汇编》，人民出版社1997年版，第17页。

产物质生活本身。"① 而生产的变化和发展始终是从生产力的变化和发展，首先是从生产工具的变化和发展开始的。所以，生产力是生产中最活跃、最基本的因素，以生产工具为代表的生产力是社会所处形态及阶段的重要标志。手推磨产生的是封建主为首的社会，蒸汽磨产生的是工业资本家为首的社会。中国社会主义制度的诞生，是生产力发展的结果；中国长期处于社会主义初级阶段，仍然是生产力发展但又发展不足的结果。

应当承认，在特定条件下，一国的社会形态可以跨越某个较低级阶段而直接进入高一级阶段，但社会生产力的发展阶段却是既不能选择、也是无法跨越的，只有付出艰苦的努力，才能一步步走向彼岸，到达新的境界。

二 社会主义初级阶段的基本特征

社会主义初级阶段的基本特征，是社会主义本质在初级阶段的外化和表现。中国社会主义初级阶段主要有以下特征。

第一，生产力不发达。初级阶段的社会主义，是建立在不发达生产力基础之上的社会主义，这是社会主义初级阶段最重要的标志。诚然，决定社会性质的是生产关系，但在同一社会形态内部划分不同的发展阶段，则主要依据生产力发展水平。中国现阶段的生产力水平，不仅在整体上呈现相对落后性，13亿多人口9亿在农村，人均国内生产总值不仅远远落后于发达国家，而且低于世界平均水平；在内部结构上，又呈多层次性和不平衡性，一部分现代化工业同大量落后于现代水平几十年甚至上百年的工业同时存在，少量具有世界先进水平的科学技术同普遍的科技水平不高、文盲半文盲还占人口近1/4的状况同时存在。生产力不发达，是中国还处于社会主义初级阶段的根本原因。

第二，生产关系不成熟。在社会主义初级阶段，社会主义生产关系在整个社会经济生活中占据了主体地位，成为整个社会决定性的生产关系，这是确定中国社会已经是社会主义社会的主要根据，也是社会主义初级阶段与过渡时期的一个根本区别。但是，建立在不发达的生产力基础之上的生产关系，必然是一种不成熟的生产关系。其主要表现是：社会主义公有

---

① 《马克思恩格斯全集》第3卷，人民出版社1960年版，第31页。

制尚未在一切生产领域中占主导地位，非公有制经济是社会主义市场经济的重要组成部分，实行公有制为主体、多种所有制经济共同发展的基本经济制度；社会主义公有制的实现形式还有许多不确定的因素，还需要在实践中不断探索、完善，并使其多样化；与经济成分的多元化相适应，在分配上坚持按劳分配为主体、多种分配方式并存的制度，实行按劳分配与按生产要素分配相结合，坚持效率优先、兼顾公平。同时，作为主体的按劳分配制度自身也还不完善、不充分。

第三，上层建筑不完善。生产力不发达，生产关系不成熟，决定了社会主义初级阶段的上层建筑也不完善。人民民主专政的国家制度已经建立，劳动人民已经成为国家和社会的主人；马克思主义在意识形态领域的指导地位已经确立，社会主义精神文明建设取得很大成就。但是，由于缺少民主和法制传统，以及经济文化条件的制约，社会主义民主政治的发展程度还比较低，社会主义民主很不完备，社会主义法制很不健全，中共和国家机关中的官僚主义和腐败现象还存在，有些还比较严重；中国社会的主要矛盾已经不是阶级斗争，但是，阶级斗争还将在一定范围内长期存在，再加上国际上还存在着敌视中国社会主义事业的势力，所以，还需要坚持无产阶级专政或人民民主专政；在意识形态领域，剥削阶级的腐朽思想和旧的习惯势力的影响还广泛存在，加强社会主义精神文明建设，不断提高人们的思想道德素质和科学文化素质，将是一项十分艰巨而长期的历史任务。

社会主义初级阶段是一个发展的过程，对社会主义初级阶段基本特征的认识和概括，也不应停滞，也要与时俱进。江泽民在中共十五大报告中指出，决不可把社会主义初级阶段当成一个静止不变的东西，而应当看作一个不断变化发展的动态过程。只有充分认识它的动态性、变化性，才能抓住发展机遇，及时调整政策，适应新的形势，推动历史发展。

三　江泽民对社会主义初级阶段理论的新发展

中共十三大以后，国际国内形势经历了一个很不平静的时期。面对错综复杂的国际国内形势，中共以江泽民为核心的第三代中央领导集体，既坚定不移地坚持了十一届三中全会以来的路线、方针、政策，又审时度势，进行新的理论发现和创造，在《在庆祝中国共产党成立七十周年大会上的讲话》、《在中国共产党第十四次全国代表大会上的报告》、《在中国共产党第十五次全国代表大会上的报告》、《在庆祝中国共产党成立八十周年大会上的讲话》、《论"三个代表"》等著作中,从多个方面进一步丰富发展了社会主义初级阶段的理论。

在新的历史条件下科学揭示了社会主义初级阶段的特点。江泽民认为,社会主义初级阶段,是逐步摆脱不发达状态,基本实现社会主义现代化的历史阶段;是由农业人口占很大比重、主要依靠手工劳动的农业国,逐步转变为非农业人口占多数、包含现代农业和现代服务业的工业化国家的历史阶段;是由自然经济半自然经济占很大比重,逐步转变为经济市场化程度较高的历史阶段;是由文盲半文盲人口占很大比重、科技教育文化落后,逐步转变为科技教育文化比较发达的历史阶段;是由贫困人口占很大比重、人民生活水平比较低,逐步转变为全体人民比较富裕的历史阶段;是由地区经济文化很不平衡,通过有先有后的发展,逐步缩小差距的历史阶段;是通过改革和探索,建立和完善比较成熟的充满活力的社会主义市场经济体制、社会主义民主政治体制和其他方面体制的历史阶段;是广大人民牢固树立建设中国特色社会主义共同理想,自强不息,锐意进取,艰苦奋斗,勤俭建国,在建设物质文明的同时努力建设政治文明、精神文明的历史阶段;是逐步缩小同世界先进水平的差距,在社会主义基础上实现中华民族伟大复兴的历史阶段。

突出强调了社会主义初级阶段的长期性。江泽民指出:"中国走的是社会主义道路,这是国情;中国社会主义正处于并将长期处于初级阶段,这也是国情。必须把社会主义和初级阶段这八个字统一起来认识和把握。"[①] "十一届三中全会以来,党正确分析国情,作出我国还处于社会主义初级阶段的科学论断。我们讲一切从实际出发,最大的实际就是中国现在处于并将长期处于社会主义的初级阶段。""社会主义是共产主义的初级阶段,而中国又处在社会主义的初级阶段,就是不发达的阶段。"[②] 这样的历史进程,至少需要一百年时间。至于巩固和发展社会主义制度,那还需要更长得多的时间,需要几代人、十几代人、甚至几十代人坚持不懈地努力奋斗。

---

① 《江泽民论有中国特色社会主义(专题摘编)》,中央文献出版社2002年版,第29页。
② 同上书,第27页。

更深刻地指出了社会主义初级阶段也要经历若干个具体的发展阶段，把社会主义初级阶段当作一个动态发展过程。江泽民指出：在社会主义初级阶段"这个长过程中，我们已经历了若干个具体的发展阶段，还要继续经历若干个具体的发展阶段。"① 这一点对于从各个具体发展阶段的实际出发，制定正确的发展战略，并实现各个具体发展阶段的科学衔接，相互推动，具有十分重要的意义。

对在社会主义初级阶段如何建设社会主义的问题进行了理论探索。江泽民指出，在社会主义初级阶段，要把集中发展社会生产力摆在首要的位置；要围绕发展社会主义生产力这个根本任务把改革作为推进建设中国特色社会主义事业各项工作的动力；要正确处理改革、发展同稳定的关系，保持稳定的政治环境和社会秩序。特别是 1997 年召开的中共第十五次全国代表大会，第一次制定了社会主义初级阶段中国特色社会主义的经济、政治和文化基本纲领，并进行了全面系统论述，不仅进一步丰富和发展了社会主义初级阶段理论，而且使人们对社会主义初级阶段的社会主义建设问题有了更确切的认识和把握。

第三节　社会主义初级阶段理论的意义

社会主义初级阶段理论，是中共总结国际共产主义运动的历史经验，正确分析中国国情作出的科学论断。它不仅在马克思主义理论体系中占有重要地位，是对马克思主义的重大发展，而且在邓小平理论体系中也占有十分重要的地位，对中国改革开放和社会主义现代化建设具有重大指导意义。

一　社会主义初级阶段理论是马克思主义关于社会阶段划分理论的丰富和发展

由于受历史条件的限制，马克思主义经典作家虽然提出了未来社会发展阶段的一些重要思想，但是，没有也不可能回答社会主义社会阶段划分的问题。苏联、东欧等社会主义国家，在探索社会主义社会发展阶段的实

---

① 江泽民：《论"三个代表"》，中央文献出版社 2001 年版，第 29 页。

践中陷于困境而不能自拔，不仅没能正确解决这一问题，反而使社会主义国家演变和解体。解决社会主义发展阶段的这一重大历史性课题的任务，历史地落到了中国共产党人肩上。十一届三中全会以后，中共在马克思主义思想路线的指引下，认真总结吸取国内外社会主义的历史经验，经过大胆实践和不懈探索，在马克思主义发展史上，第一次提出了社会主义初级阶段理论，把马克思主义关于社会阶段划分理论提高到一个新的水平，并为进一步科学区分社会主义社会的不同发展阶段，探索社会主义社会各个发展阶段的联系、区别及基本特征，从而为掌握社会主义社会发展的客观规律奠定了坚实的理论基础。社会主义发展阶段论不仅对中国的社会主义事业有着重要的指导作用，对其他社会主义国家、特别是国情与中国相近的国家探索本国的社会主义发展阶段，也具有一定的借鉴意义。

二 社会主义初级阶段理论是邓小平理论的重要基石

邓小平理论是马克思列宁主义基本原理与中国社会主义现代化建设的具体实际相结合的产物，它贯通哲学、政治经济学、科学社会主义等领域，有着深厚的理论基础。解放思想、实事求是，是其哲学认识论方面的基础；社会主义市场经济理论，是其政治经济学方面的基础；社会主义初级阶段理论，则是其国情判断基础。邓小平理论是立足于中国的基本国情、以社会主义初级阶段作为现实依据而创立起来的；邓小平理论在哲学、政治经济学和科学社会主义方面的特色和创造，无论是解放思想、实事求是思想路线的拓展，还是社会主义市场经济理论、社会主义本质理论的提出，归根结底，都要立足于并落实到中国国情判断基础之上。具体说，在邓小平理论的体系中的一系列的思想观点，如关于把党和国家的工作重点转移到经济建设上来，集中力量发展社会生产力；关于走中国特色社会主义现代化道路；关于把中国建设成为富强、民主、文明的社会主义现代化国家的战略目标和分"三步走"的社会主义发展战略；关于社会主义也可以搞市场经济；关于坚持四项基本原则，加强社会主义精神文明建设和实行"一个国家，两种制度"的祖国统一理论等，都是从社会主义初级阶段的实际出发的，都是以社会主义初级阶段理论为依据的，都是社会主义初级阶段理论的具体展开和逻辑深化。中国特色社会主义之所以能够在国内政治风波的猛烈冲击中、在世界各种思潮的相互激荡中站稳脚跟并蓬勃发展，越来越显示出其巨大的优越性和强大的生命力，就在于它不是"空中楼阁"，而是牢牢扎根于中国的现实基础之上。正因为如此，社会主义初级阶段理论，不仅是邓小平理论的主要内容和重要组成部分，而且在其整个理论体系中居于特别重要的地位。

三 社会主义初级阶段论是中国共产党制定路线、方针、政策的基本依据

正确的路线、方针和政策的制定，首先在于对国情的正确判断。历史经验表明，什么时候从国情出发，执政党制定的路线、方针、政策就是正确的，就能得到群众的拥护，生产力就会较快发展，各项事业的发展就顺利。反之，如果离开国情，执政党制定的路线、方针、政策就是错误的，就会受到群众的抵制。毛泽东指出："认清中国的国情，乃是认清一切革命问题的基本的根据。"[①] 邓小平也指出："要坚持马克思主义，坚持走社会主义道路。但是，马克思主义必须是同中国实际相结合的马克思主义，社会主义必须是切合中国实际的有中国特色的社会主义。"[②] 正确的路线、方针、政策的制定，首先取决于对国情的正确判断。解放思想，实事求是，从实际出发建设社会主义，最大的实际，就是中国的基本国情，就是中国还将长期处于社会主义初级阶段。社会主义初级阶段，是建设中国特色社会主义的基本出发点，也是中共制定一切路线、方针、政策的基本依据。正因为贯穿中国社会主义初级阶段的整个过程和社会生活各个方面的主要矛盾，是人民日益增长的物质文化需要同落后的社会生产力之间的矛盾，这就决定了必须把经济建设作为工作中心，把发展社会生产力作为社会主义初级阶段的根本任务；正因为现阶段生产力不发达，生产关系和上层建筑不成熟、不完善，这就决定了既要坚持改革开放，又要坚持四项基本原则。中共在社会主义初级阶段"一个中心，两个基本点"的基本路线、基本纲领和一系列方针、政策，就是依据现阶段的基本国情制定出来的。由于这些路线、方针、政策符合中国社会主义初级阶段的客观实际，所以，在改革开放和社会主义现代化建设实践中，发挥了巨大威力，取得了辉煌的成就。

---

① 《毛泽东选集》第2卷，人民出版社1991年版，第633页。
② 《邓小平文选》第3卷，人民出版社1993年版，第63页。

社会主义初级阶段理论，不仅是中共制定路线、方针、政策的依据，也是贯彻执行现行政策的依据。江泽民在中共十五大报告中强调指出："面对改革攻坚和开创新局面的艰巨任务，我们解决种种矛盾，澄清种种疑惑，认识为什么必须实行现在这样的路线和政策而不能实行别样的路线和政策，关键还在于对所处社会主义初级阶段的基本国情要有统一认识和准确把握。"① 可见，认真学习、深刻理解社会主义初级阶段理论，准确地把握中国的基本国情，对于更好地贯彻执行中共现行政策，全面落实十五大提出的改革开放和建设任务，具有重要的现实意义。

四 社会主义初级阶段理论是中国共产党反"左"防右的思想武器

在如何对待中国社会发展阶段的问题上，有两种值得注意和必须克服的错误倾向：一是在中国的具体历史条件下，不承认中国人民可以不经过资本主义充分发展阶段而走上社会主义道路，这是革命发展问题上的机械论，是右倾错误的重要认识根源；二是认为不经过生产力的巨大发展就可以越过社会主义初级阶段，这是革命发展问题上的空想论，是"左"倾错误的重要认识根源。"左"倾错误的实质是否定社会主义的初级阶段，右倾错误的实质是否定初级阶段的社会主义，二者都根源于对社会主义发展阶段的错误判断。

社会主义初级阶段论，基于对中国国情的科学判断，正确阐明了中国社会所处历史阶段的性质和基本特征，这就不仅同"左"右两种错误倾向划清了是非界限，而且从根本上消除了产生"左"右错误倾向的认识根源，从而成为中共反"左"防右的思想武器。

社会主义初级阶段理论，也是中共同"左"右错误倾向斗争历史经验的科学总结。中共十一届三中全会以前的 20 年，中国社会主义建设所以走弯路、犯错误，一个根本原因就在于，背离了国情，超越了社会主义初级阶段；改革开放以来的 20 多年，中国特色社会主义事业所以比较顺利地发展，并取得前所未有的巨大成就，一个重要原因就在于逐步认清了社会主义初级阶段这一基本国情。历史经验表明，只有正确理解和把握社会主义初级阶段理论，才能在今后的社会主义实践中避免再犯"左"或右的错误，使中国特色社会主义事业继续健康向前发展。

---

① 《人民日报》1997 年 9 月 22 日。

第五章　社会主义初级阶段的基本路线和纲领

中共十三大在正确认识了中国正处在社会主义初级阶段及社会主义初级阶段主要矛盾和基本任务的基础上,制定了中国共产党在社会主义初级阶段的基本路线,这就是:"领导和团结全国各族人民,以经济建设为中心,坚持四项基本原则,坚持改革开放,自力更生,艰苦创业,为把我国建设成为富强、民主、文明的社会主义现代化国家而奋斗。"这条基本路线被简明地概括为"一个中心,两个基本点"。中共在社会主义初级阶段的基本路线,反映了中国社会主义现代化建设的基本规律和客观要求,集中体现了中国各族人民的根本利益。它是建设中国特色社会主义的总路线、总方针和总政策,是中国特色社会主义事业能够经受风险和考验,顺利实现建设社会主义现代化强国目标的可靠保证。

第一节　社会主义初级阶段基本路线的提出

党的基本路线,也称党的总路线、总政策或总任务。它是中国共产党在一定历史时期或历史阶段全部工作的总纲,为党的政治行为规定目标,指明方向和道路,是统一中共全党思想的政治基础,也是中共制定各项具体方针政策的根本依据。

一　社会主义初级阶段基本路线的形成过程

中共在社会主义初级阶段的基本路线是在经历了长期的曲折过程,付出了重大代价的基础上形成的。早在1956年召开的中共八大,曾经正确分析了国际形势和中国国内主要矛盾的变化,提出了中共在今后的根本任务。八大认为：在社会主义基本制度确立之后，"我们国内的主要矛盾，已经是人民对于建立先进的工业国的要求同落后的农业国的现实之间的矛盾，已经是人民对于经济文化迅速发展的需要同当前经济文化不能满足人民需要的状况之间的矛盾。这一矛盾的实质，在我国社会主义制度已经建立的情况下，也是先进的社会主义制度同落后的社会生产力之间的矛盾。党和全国人民当前的主要矛盾，就是要集中力量来解决这个矛盾，把我国尽快地从落后的农业国变为先进的工业国"。[①] 这一分析突出了中国生产力落后的现实，强调了社会主义三大改造完成之后中共的主要任务是发展生产力。八大政治路线的出发点和立足点都是正确的。

但是，1957年以后，由于国际上波匈事件以及国内反右斗争的发生，导致中共动摇以至放弃了八大对社会主义的主要矛盾和主要任务的正确判断。1958年，毛泽东在中共八届二中全会上重提两个阶级和两条道路的矛盾是社会主义阶段的主要矛盾。八届二中全会还提出了"鼓足干劲，力争上游，多快好省地建设社会主义"的总路线。这条总路线，就其强调工作重心转向社会主义建设这一点是完全正确的，也反映了中国广大人民群众迫切要求改变国家经济文化落后状况的普遍愿望。但"多快好省"则是矛盾的。尤其是这条总路线与"大跃进"和"人民公社化"运动相联系，号称"三面红旗"，则忽视了客观经济规律，以为单凭主观愿望，依靠群众运动和热情，就可以使生产力急剧提高；以为社会主义所有制越大越公越好，从而成为一种错误的空想。当时，在总的指导思想上存在一个深刻的矛盾，就是一方面强调经济建设是工作重心；另一方面又认为主要矛盾仍然是两个阶级、两条道路的斗争。这样就造成了中心任务的确定和主要矛盾的判断不一致，工作重心实际上不可能真正转移到经济建设上来。

1962年，毛泽东在中共八届十中全会上重提阶级斗争是我国社会的主要矛盾，并把"整个过渡时期"引申为"整个社会主义历史阶段"，形成了以阶级斗争为纲的指导思想。在八届十中全会上，毛泽东讲到，社会主义是一个相当长的历史阶段，在社会主义这个历史阶段中，还存在着阶级、阶级矛盾和阶级斗争，存在着社会主义同资本主义两条道路的斗争，

[①] 胡绳主编：《中国共产党的七十年》，中共党史出版社1991年版，第334页。

存在着资本主义复辟的危险性。要提高警惕。要进行社会主义教育，要正确理解和处理阶级矛盾和阶级斗争，正确区别和处理敌我矛盾和人民内部矛盾。不然的话，中国这样的国家，就会走向反面，就会变质，就会出现复辟。从现在起，必须年年讲，月月讲，天天讲，使大家对这个问题有比较清醒的认识，有一条马克思列宁主义的路线。这段话在1969年中共九大上被称为党在整个社会主义历史阶段的基本路线。这条基本路线把阶级斗争提到至高无上的地位，而只字不提发展生产力，不提经济建设。这是一条在极"左"思想指导下形成的错误路线，给中国人民和中国的社会主义事业带来了巨大的灾难。

1978年12月，中国共产党召开了具有伟大历史意义的十一届三中全会，果断地停止使用"阶级斗争为纲"的口号，决定实现党的工作重心的转移，开始了政治路线的拨乱反正。从此，中国社会走进了历史的新时期。在把党的工作重心转移到经济建设上来的同时，确定了对经济管理体制和经营管理方法以及经济政策的改革。邓小平尖锐地指出，如果现在不进行改革，中国的现代化和社会主义事业就会被断送。随后，邓小平又提出，社会主义改革必须坚持四项基本原则，为新时期中共基本路线的形成奠定了基础。

1981年，中共十一届六中全会作出的《关于建国以来党的若干历史问题的决议》，正确阐明了中国社会的主要矛盾，提出中国社会处于社会主义初级阶段，指出了中共在新的历史时期的总任务、总目标，即要把中国逐步建设成为具有现代农业、现代工业、现代国防和现代科学技术的，具有高度民主和高度文明的社会主义强国。十一届六中全会对中共在社会主义初级阶段基本路线的形成作出了重要贡献。

1982年9月，中共十二大明确提出了建设有中国特色社会主义的命题，指出："中国共产党在新的历史时期的总任务是：团结全国各族人民，自力更生、艰苦奋斗，逐步实现工业、农业、国防和科学技术现代化，把我国建设成为高度文明、高度民主的社会主义国家。"[①] 在强调继续坚定不移地贯彻执行改革方针的同时，明确提出对外开放的方针，指出：实行对外开放，按照平等互利原则扩大对外经济技术交流，是中国坚

---

① 《十二大以来重要文献选编》上，人民出版社1988年版，第13页。

定不移的方针。这是中共在社会主义初级阶段的基本路线形成的一个重要阶段。

1986年9月，中共十二届六中全会通过的《关于社会主义精神文明建设指导方针的决议》，提出了中国社会主义现代化建设的总体布局。《决议》指出，中国社会主义现代化建设的总体布局是：以经济建设为中心，坚定不移地进行经济体制改革，坚定不移地进行政治体制改革，坚定不移地加强精神文明建设，并且使这几个方面互相配合，互相促进。这又在原有的基础上进一步深化了中共对社会主义初级阶段基本路线主要内容的认识。其中"三个坚定不移"基本上接近了后来概括的"两个基本点"的含义。随后，中共中央发出《关于当前反对资产阶级自由化若干问题的通知》，强调指出，党的十一届三中全会以来的路线有两个基本点，一是坚持四项基本原则，一是坚持改革、开放、搞活，两者相互联系，缺一不可。这是中共中央对"两个基本点"所作出的第一次明确概括。1987年1月29日，中共中央在春节团拜会上提出，三中全会以来的路线，就是从中国的实际出发，建设有中国特色的社会主义。这条路线的基本点是两条，一条是坚持四项基本原则，一条是坚持改革、开放、搞活的方针，两者相互联系，缺一不可。随后，邓小平肯定了两个基本点的提法，并指出这两个基本点是相互依存的。这样，"一个中心、两个基本点"的提法都已正式形成，其间的关系也已有明确的认识，中共基本路线正式形成的条件已经完全成熟。

1987年10月，中共十三大比较系统地论述了社会主义初级阶段理论，并在此基础上明确概括和全面阐发了中共在社会主义初级阶段的基本路线，提出，在社会主义初级阶段，中共建设有中国特色的社会主义的基本路线是，领导和团结全国各族人民，以经济建设为中心，坚持四项基本原则，坚持改革开放，自力更生、艰苦创业，为把中国建设成为富强、民主、文明的社会主义现代化国家而奋斗。这一概括，是中共十一届三中全会以来路线方针政策的总结与升华。至此，中共在社会主义初级阶段建设有中国特色社会主义的基本路线正式形成和确立。

1992年10月，中共十四大在总结新的实践经验的基础上，根据邓小平建设有中国特色社会主义理论和南方谈话精神，郑重指出，中国共产党十四年伟大实践的经验，集中到一点，就是毫不动摇地坚持以建设有中国特色社会主义理论为指导的党的基本路线。中共十四大强调，坚持党在社会主义初级阶段基本路线，至少在上百年的时间内不动摇，并通过党章修正草案，把党的基本路线写进党章的总纲，表明坚持党的基本路线已成为中共全党的共识。中共十五大再次强调了社会主义初级阶段理论和坚持党的基本路线不动摇，并将党的基本路线展开，制定了中共在社会主义初级阶段的基本纲领。

二 党的基本路线的客观依据和实践依据

中共在社会主义初级阶段基本路线的提出，是以中国社会主义初级阶段的国情为客观依据的。毛泽东曾指出，确定党的基本路线的根据，不是别的，只能是客观的国情，认清中国的国情，乃是认清一切革命问题的基本的依据。中国最大的国情，就是中国处于并将长期处于社会主义初级阶段。社会主义初级阶段的主要矛盾，是人民群众日益增长的物质文化需要同落后的社会生产之间的矛盾。由社会主义初级阶段的国情及其主要矛盾决定，第一，必须以经济建设为中心，发展社会生产力，这样才能改变落后的社会生产以满足人民群众日益增长的物质文化需要。第二，必须改革落后的生产方式和各方面的体制，改革一切束缚生产力发展的生产关系，改革上层建筑中一切不适应生产力发展的东西，才能解放生产力和发展生产力；同时必须对外开放，学习国外一切现代化的技术和管理经验、管理制度，吸收全人类创造的一切有利于生产力发展的优秀成果，才能促进生产力的发展和提高。第三，必须坚持四项基本原则，即坚持社会主义道路、坚持人民民主专政、坚持共产党的领导、坚持马列主义毛泽东思想，才能保证社会主义改革沿着正确的道路前进，才能保证在满足人民群众物质文化需要的同时，实现共同富裕的社会主义目标，防止两极分化的出现。

中共在社会主义初级阶段基本路线的提出，是以深刻的历史教训和实践为依据的。首先，中共十一届三中全会以前的历史经验和教训为制定党在社会主义初级阶段的基本路线提供了历史的鉴戒。在历史上，先后提出过几条基本路线，它们是：新民主主义革命总路线、过渡时期总路线、八大路线、社会主义建设总路线、党在整个社会主义历史阶段的基本路线，以及党在社会主义初级阶段的基本路线。其中新民主主义革命总路线和过渡时期总路线，由于抓住了当时社会的主要矛盾，符合中国国情，得到了人民的拥护和响应，因而取得了新民主主义革命和社会主义改造的伟大胜利。八大路线虽然提出的中国社会的主要矛盾和主要任务的论断是正确的，但是，由于国际国内政治形势的影响，没有得到坚持，产生了"左"倾错误。社会主义建设总路线以"大跃进"和"人民公社化"为核心，总起来说是违背客观经济规律的，结果是国民经济遭受重大挫折。党在整个社会主义历史阶段的基本路线"以阶级斗争为纲"，给中国社会带来长时期的更大的灾难，使社会主义事业遭受了更大的危害。历史经验和教训表明，执政党的路线能否反映一定的历史阶段的主要矛盾和根本任务，事关革命和建设的成败。中共正是在总结和吸取了这些经验和教训之后，才正确认识了中国当前所处历史阶段的主要矛盾，制定了党在社会主义初级阶段的基本路线。其次，改革开放以来现代化建设的实践为党的基本路线的形成提供了现实依据。从一定意义上说，中共在社会主义初级阶段的基本路线是科学总结中国改革开放新时期的新鲜经验的结果。改革开放之初，中共就受到"左"的保守思想和右的资产阶级自由化思想的干扰，改革面临极大的阻力和风险。中共在社会主义初级阶段基本路线的形成是既反"左"又反右的结果，是在实践中总结反对资产阶级自由化的右倾思想和僵化保守的"左"倾思想的经验教训的结果。正是从群众的成功经验和某些失误中，邓小平和我们党揭示了社会主义现代化建设的规律，并以此作为新的实践依据制定了党的基本路线。

三　党的基本路线的基本内容

中共在社会主义初级阶段的基本路线，科学规定了它在社会主义初级阶段的中心任务，即以经济建设为中心，大力解放和发展生产力。这是这条基本路线的主要内容。中国只有坚持以经济建设为中心，大力发展生产力，才能不断增强综合国力，才能使人民富裕起来，解决中国社会主义初级阶段的主要矛盾。只有以经济建设为中心，大力发展生产力，才能为建设高度民主和文明的社会主义现代化国家提供充分的物质条件，才能使社会主义制度得以巩固和发展，更加显示出其优越性，挫败国外敌对势力和平演变的图谋。只有以经济建设为中心，大力发展生产力，才能缩小中国同世界发达国家的差距，实现中华民族的伟大复兴，从而为世界和平与人类进步事业作出应有贡献。如果动摇了这个中心，就会改变党的基本路线。

以经济建设为中心，与"两个基本点"是相辅相成的关系。"两个基本点"要紧紧围绕"一个中心"，为"一个中心"服务。为了达到"一个中心"的预期目的，就必须不断改革生产关系和上层建筑中阻碍生产力发展的方面，以解放和促进生产力的发展。改革开放是解放生产力和发展生产力的必要条件，是实现社会主义现代化国家的必由之路。四项基本原则，是中国的立国之本，是改革开放和社会主义现代化建设顺利进行的政治保证，坚持四项基本原则就是要促进社会生产力的发展，而决不能是去影响或束缚经济建设这个中心。总之，绝不能把"两个基本点"与"一个中心"并列起来，而是以经济建设为中心去坚持"两个基本点"，"两个基本点"服务于"一个中心"。以经济建设为中心，要求党和国家各项工作都要围绕经济建设这个中心来进行，不单是经济部门要坚持这个中心，而且非经济部门的各行各业、各条战线、各类工作都要围绕这个中心，并为这个中心服务，切实把全党和全国人民的注意力引导到集中精力进行社会主义现代化建设上来。

奋斗目标。中共在社会主义初级阶段的基本路线，科学地规定了它在社会主义初级阶段奋斗的宏伟目标，即建设富强、民主、文明的社会主义现代化国家。社会主义社会是一个全面发展的社会。它首先要求高度发展的现代化生产力，增加物质生活资料和社会财富；同时，它还要求建设保障人民群众当家作主的社会主义民主政治、建设高度的社会主义精神文明。这一道理既是马克思主义经典作家在科学研究人类社会诸形态特别是资本主义社会的根本弊病之后提出的，又是中共在总结中外社会主义建设的历史经验的基础上认识到的。党的基本路线所规定的奋斗目标，是一个全面的奋斗目标。富强、民主、文明，实际上包括了经济、政治、思想文化三个方面的要求，这三个方面三位一体，不可分割，体现了社会主义社会的全面发展战略。其中富强是社会经济领域的目标，是物质文明的要求。社会主义社会必须是富强的，而不能是贫穷的。贫穷不是社会主义。民主是社会政治领域的目标，是政治文明的要求。社会主义民主在本质上必须高于资本主义民主。社会主义民主要求广大人民群众参加国家和社会管理，真正做到当家作主。文明是社会思想文化领域的目标，是精神文明的要求。社会主义精神文明是社会主义的一个重要特征。建设社会主义，必须消灭旧社会遗留下来的种种愚昧和不发达状况。社会主义的物质文明、政治文明和精神文明三者之间彼此相互制约，互相促进，辩证统一。建设富强、民主、文明的社会主义现代化国家这一战略目标，符合中国的国情，充分反映了全国各族人民的根本利益和共同愿望，将对中国社会主义现代化建设的全面发展起到重要的促进作用。

领导力量和依靠力量。实现中共提出的中心任务和奋斗目标的领导力量和依靠力量，就是在中国共产党的领导下，团结全国各族人民来完成建设中国特色社会主义的伟大任务。中国共产党的领导地位，是在长期的革命和建设中形成和确立的。经过80多年中国革命和建设的考验，中国共产党是一个成熟的坚强的党，只有中国共产党才能领导中国人民取得一个又一个胜利，才能找到建设中国特色社会主义的正确道路，担负起社会主义现代化建设的领导重任。在改革开放的实践中，只有中国共产党的领导，才能保持稳定的大局，才能坚持社会主义方向，才能实现富强、民主、文明的社会主义现代化目标。社会主义事业又是人民的事业，只有团结和依靠全国各族人民的共同奋斗才能实现。全国各族人民，包括工人阶级、农民阶级、知识分子以及各民主党派和广大爱国民主人士结成的爱国统一战线，是党实现战略目标必须紧紧依靠的力量。这关系到党的基本路线能否得到有效的贯彻执行。邓小平指出："党只有紧紧地依靠群众，密切地联系群众，随时听取群众的呼声，了解群众的情绪，代表群众的利益，才能形成强大的力量，顺利完成自己的各项任务。"①

根本手段和政治保证。中共在社会主义初级阶段的基本路线，科学地规定了实现社会主义初级阶段中心任务和奋斗目标的根本手段和政治保证，即坚持改革开放和坚持四项基本原则。邓小平指出，初级阶段基本路线的"两个基本点"概括得好。"搞社会主义现代化建设是基本路线。要搞现代化建设使中国兴旺发达起来，第一，必须实行改革、开放政策；第二，必须坚持四项基本原则，主要是坚持党的领导，坚持社会主义道路，反对资产阶级自由化，反对走资本主义道路。"② 因为只有通过改革，才

---

① 《邓小平文选》第2卷，人民出版社1994年版，第342页。
② 《邓小平文选》第3卷，人民出版社1993年版，第248页。

能根本改变束缚中国生产力发展的旧的经济体制，建立新的、充满生机与活力的社会主义市场经济体制，才能与之相应地改革政治体制和其他方面体制中的不适应生产力发展的环节，从而解放和发展生产力，并建设高度的民主和精神文明。只有开放，才能吸取世界各国包括发达资本主义国家的一切先进的文明成果为社会主义建设服务，才能迅速缩小中国与世界发达国家的差距。要解放和发展生产力，使改革开放顺利进行，又必然要坚持四项基本原则。只有坚持四项基本原则，改革开放才会不断获得新的动力，才会坚持正确的方向。坚持四项基本原则，是实现党的中心任务和奋斗目标的政治保证。坚持改革开放和坚持四项基本原则是相互依存的关系。如果把二者割裂、甚至对立起来，或者只讲一点，不讲另一点，或者一点讲得多一些，另一点讲得少一些，都是对党的基本路线的曲解，都会给社会主义事业造成危害。一方面，中国特色社会主义之所以具有蓬勃的生命力，因为它是实行改革开放的社会主义。另一方面，改革开放之所以能够顺利进行并取得巨大成功，因为它是坚持四项基本原则基础上的改革开放。二者离开了哪一点，都必然会断送社会主义。

基本方针。中共的基本路线还正确地规定了实现它在社会主义初级阶段奋斗目标的基本方针，即"自力更生，艰苦创业"。虽然中共强调必须开放，强调必须利用外援和外部条件，但从根本上讲，实现富强、民主、文明的社会主义现代化国家的战略目标应立足于自己的力量，走自己的路。自力更生任何时候都被中共作为立足点和出发点。正如邓小平所说，独立自主，自力更生，无论现在、过去和将来，都是中国共产党的立足点。党的基本路线还要全党和全国人民艰苦创业，这不仅是中共的优良传统，而且还因为中国人口基数大、家底薄，与发达国家差距相当大，只有艰苦奋斗，反对腐败和浪费，才能实现经济的加速发展，实现社会主义现代化。

第二节　坚持党的基本路线一百年不动摇

"基本路线要管一百年，动摇不得"。邓小平曾多次强调坚持党的基本路线不动摇的思想，认为这是关系党和国家兴衰存亡的大问题。中共十五大和十六大都郑重强调了高举邓小平理论的伟大旗帜，排除各种干扰，坚持党的基本路线不动摇。

一　必须坚持党的基本路线不动摇

中共在社会主义初级阶段的基本路线来之不易，它是中国社会主义建设经过了长期挫折和坎坷之后逐渐形成的，中国人民为此付出了沉重的代价。从1956年社会主义改造的基本完成，到中共十一届三中全会，中国的社会主义建设经过了20多年的困惑和迷失。20世纪50年代中期，中国已经进入全面建设社会主义的时期，当时的国际国内环境都对中国有利，中国面临着经济巨大增长、拉近与发达资本主义国家差距的大好机遇。一方面，和平与发展的世界大势已在孕育和形成之中，同时，国际范围内第三次科技革命的浪潮给世界各国经济带来了加速发展的良机。另一方面，国内社会主义改造的基本完成、社会主义公有制经济绝对优势地位的确立、国家政权的稳定与巩固，以及人民对建设社会主义现代化国家的企盼，等等，都给饱受百年凌辱的中华民族的振兴和加速发展造就了空前难得的机遇。尤其是中共八大制定了正确的政治路线，实现了工作重心的转移并取得了较好的效果。但是，由于受"左"倾错误的影响，中国的发展偏离了经济建设这个重心，转向了以阶级斗争为纲的政治斗争漩涡，从而没能吸收、借鉴现代市场经济这一人类社会经济发展的当代文明，没能利用国内良好的政治环境，与能大大促进现代化建设进程的新科技革命的快车失之交臂，痛失良机，造成了长时期难以弥补的损失。粉碎"四人帮"和实现拨乱反正以后，党的基本路线的形成也并非一帆风顺。它是在冲破"两个凡是"等"左"倾僵化思想的束缚，同精神污染、资产阶级自由化等右倾思想斗争中形成的。这充分表明，中共在社会主义初级阶段的基本路线来之不易；还表明，不仅制定一条正确的政治路线不容易，很好地坚持一条正确路线也不容易。中共八大路线就曾被错误地抛弃。中共正是吸取了历史和中外的经验教训，才坚定地保持了十一届三中全会以来的路线、方针和政策的贯彻执行。

中共之所以要坚定不移地坚持它在社会主义初级阶段的基本路线不动摇，根本原因在于这条基本路线的科学性、正确性。

中共的这条基本路线集中体现了中国各族人民的根本利益和要求。实现国家的独立与统一，民主与富强，是近代以来中国人民前赴后继、英勇奋斗所追求的目标。新中国的成立实现了中华民族的独立和空前统一，劳动人民成为国家的主人，经过几十年的建设，初步实现了国家的繁荣昌盛。但由于中国本来的生产力基础太落后，加上建设过程中又出现了种种失误，延误了发展时机，中国社会生产力水平和人民的物质文化生活水平较之西方发达国家有着很大差距。一句话，中国近代以来孜孜追求的富强与民主的伟大目标，还远远没有达到。在当今国际国内形势下，能否迅速地解放和发展生产力，增强综合国力，提高人民群众的物质生活水平，是关系到中华民族生死存亡和社会主义事业前途命运的大问题。党的基本路线提出在社会主义初级阶段以经济建设为中心，领导和团结各族人民一心一意把经济搞上去，实现中国经济发展三步走的伟大战略，这是中华民族的根本利益所在。在坚持改革开放，把经济搞上去的同时，必须坚持四项基本原则，这也是中国人民的根本利益所在。

中共的这条基本路线来源于实践，是在总结历史实践经验教训的基础上，对改革开放和社会主义现代化建设实践的科学概括的结果。早在1980年中共中央决定对当时的经济发展进行调整时，邓小平就指出："我们必须坚定不移地继续执行三中全会以来的一切行之有效的方针、政策、措施。"[1] 1984年10月，邓小平在解释实现现代化的宏伟目标和根本政策时说，要实现中共确定的宏伟目标，必须要有"对内经济搞活、对外经济开放的政策"，"对内经济搞活，对外经济开放，这不是短期的政策，最少五十年到七十年不会变。"[2] 同年，邓小平又指出："我们要向世界说明，我们现在制定的这些方针、政策、战略，谁也改变不了，为什么？实践证明它是正确的，改变了，国家要受损失，人民要受损失，所以人民不会赞成。"[3] 1987年3月，邓小平在会见外宾时说："总的讲，我们有四个不变：坚持四项基本原则不变，一心一意搞四个现代化建设不变，两个开放政策不变，进行经济体制改革和政治体制改革的方针不变。"[4] 1992年，邓小平在南方谈话中的要点，就是强调坚持党的基本路线不动摇，指出不坚持社会主义，不改革开放，不发展经济，不改善人民生活，只能是死路

---

[1] 《邓小平文选》第2卷，人民出版社1994年版，第358页。
[2] 《邓小平文选》第3卷，人民出版社1993年版，第79页。
[3] 同上书，第83页。
[4] 同上书，第211页。

一条。以江泽民为核心的中共第三代中央领导集体,多次强调坚持党的基本路线连续性和长期性。中共十四大、十五大、十六大都重申了这一立场。江泽民指出:"在把我们的事业全面推向二十一世纪的历史时刻,必须郑重指出:全党要毫不动摇地坚持党在社会主义初级阶段的基本路线,把以经济建设为中心同四项基本原则、改革开放这两个基本点统一于建设有中国特色社会主义的伟大实践。这是近二十年来我们党最可宝贵的经验,是我们事业胜利前进最可靠的保证。"① 2000年6月,江泽民说:"这些年来,我们积累了一条重要经验:形势越复杂,任务越繁重,斗争越尖锐,我们就越要坚持邓小平理论和党的基本路线、基本方针、基本纲领,坚定不移地集中精力把经济建设搞上去,坚定不移地为实现党在社会主义初级阶段的总目标和总任务而不懈奋斗。不论发生什么事情,这些基本的东西都不能变。这就是我们的主心骨。有了这个主心骨,我们就能任凭风浪起,稳坐钓鱼船,真正做到抓住机遇而不丧失机遇,开拓进取而不因循守旧。"② 这充分表明了中共坚持这条基本路线的决心和信念。

中共十一届三中全会以来中国社会主义建设的成就证明了中共在社会主义初级阶段基本路线的正确性。在这条路线的指引下,中国的国民生产总值、工业总产值、农业总产值有很大增长,科技文化事业进一步发展,国防实力进一步增强,整个社会面貌发生了深刻的变化。尤其是经济体制改革,从根本上抛弃了传统的僵化保守的计划经济体制,社会主义市场经济体制得以确立,促进了国民经济的快速和可持续发展。中国的综合国力有了较大上升,国际影响日益扩大。全国人民的温饱问题已经得到解决,正全面进入小康社会。因而,这条基本路线得到了人民的拥护。在实践面前,这条基本路线获得的评价,按邓小平的话说,就是"人民高兴,世界瞩目"。20世纪末,东欧剧变,苏联解体,世界社会主义运动走向低谷,而中共却保持了国内稳定,并使社会主义事业有所发展,根本原因,就是制定并坚持了一条正确的基本路线。邓小平说:"只有坚持这条路线,人们才会相信你,拥护你。谁要改变三中全会以来的路线、方针、政

---

① 《十五大以来重要文献选编》上,人民出版社2000年版,第18页。
② 《论"三个代表"》,中央文献出版社2001年版,第33~34页。

策，老百姓不答应，谁就会被打倒。"①

二 基本路线要管一百年

"基本路线要管一百年，动摇不得"。这是由中国社会主义初级阶段的长期性及其历史任务的艰巨性决定的。社会主义初级阶段指的是中国从20世纪50年代中期社会主义改造基本完成、在中国确立社会主义制度，到在中国基本实现社会主义现代化的阶段，这个阶段大体需要上百年的时间。"党的基本路线要管一百年"，意在强调在中国基本实现现代化以前，都必须始终坚持"以经济建设为中心"的基本路线不动摇，基本路线将贯穿于社会主义初级阶段整个过程，而并不是说100年之后立即就要放弃这条基本路线。只要这条基本路线仍然反映中国人民的根本利益和要求，100年以后也改变不了。

实现社会主义现代化，是中共在社会主义初级阶段的战略目标，也是它一项艰巨的历史任务。社会主义现代化是一个整体概念，它不单是指经济的现代化，而且还包括政治制度的现代化和思想文化的现代化，它是集物质文明、政治文明和精神文明于一体的社会全面进步的现代化。在社会主义条件下，用100年的时间实现现代化是中国的雄心壮志，这一过程，西方发达资本主义国家大约用了150—200年的时间。而中国则要求在100年内在社会主义条件下完成这一过程，不能不说这是一个伟大的目标。况且，中国社会主义社会的前身基本上是一个农业社会，是在工业化滞后的基础上建立社会主义制度的，直到进入21世纪还没实现由农业国到工业国的转变。因此，在社会主义初级阶段，中共肩负着完成工业化和实现现代化双重历史任务。完成这双重的历史任务，至少需要上百年的时间。如果从20世纪50年代中期算起，上百年时间的社会主义初级阶段已走过了一半，前20多年，由于工作失误，中国耽误了一些时间，改革开放以后，中国社会有了前所未有的长足发展，但总的说来，人口多、底子薄，生产力落后的状况还没有根本改变。整体看来，中国经济发展的商品化、社会化、现代化的水平还不高，政治上民主化、法制化、国民的整体素质远还不适应现代化的要求，离现代化的要求还有很大的距离。

---

① 《邓小平文选》第3卷，人民出版社1993年版，第371页。

坚持基本路线不动摇，关键是坚持以经济建设为中心不动摇。社会主义的根本任务是发展社会生产力。在生产力不发达的社会主义初级阶段，更要把集中力量发展社会生产力摆在首要地位。一切有利于生产力发展的东西，都是符合人民根本利益的，因而是社会主义所要求或允许的；一切不利于生产力发展的东西，都是违反人民根本利益的，因而是社会主义所不允许的。在整个社会主义初级阶段，都要大力发展社会生产力，抓住经济建设这个中心不放。正如邓小平所说，现代化建设的任务是多方面的，多个方面需要综合平衡，不能单打一。但是说到最后，还是要把经济建设当作中心。离开了经济建设这个中心，就有丧失物质基础的危险。其他一切任务都要服从这个中心，围绕这个中心，决不能干扰它，冲击它。

坚持改革开放，就是为了从根本上改变过去那种束缚生产力发展的旧体制，建立有利于解放和发展社会生产力的新体制，使社会主义的优越性充分显示和发挥出来。离开了经济建设这个中心，改革开放就失去了意义。坚持四项基本原则，就是为了给经济建设和改革开放提供可靠的政治保证。同时，只有坚持以经济建设为中心，通过改革开放，解放和发展生产力，才能真正赋予四项基本原则以新的时代内容，否则，四项基本原则就失去了物质基础。

经济基础决定上层建筑。要把中国建设成为富强、民主、文明的社会主义现代化国家，有赖于经济的发展，坚持以经济建设为中心，经济发展了国家才能富强，民主政治建设水平才能提高，文化才能发展，社会才能全面进步。总之，发展是硬道理，中国解决所有问题的关键在于依靠自己的发展，特别是经济的发展。

三 必须把一个中心、两个基本点统一于建设中国特色社会主义的伟大实践

江泽民指出，必须深刻领会和全面执行党的"一个中心，两个基本点"的基本路线。中心只有一个，就是以经济建设为中心。在坚持经济建设这个中心的同时，必须坚持四项基本原则、坚持改革开放这样"两个基本点"，两个基本点都非常重要，缺一不可，二者是紧密结合、相互促进的，都是为促进经济的发展提供保证和服务的。坚持党的基本路线不动摇，必须把改革开放同四项基本原则统一起来。中国特色社会主义所以

具有蓬勃的生命力,就在于它是实行改革开放的社会主义。中国的改革开放所以能够健康发展,就在于它是有利于巩固和发展社会主义的改革开放。把以经济建设为中心同四项基本原则、改革开放这两个基本点统一于建设中国特色社会主义的伟大实践,是 20 多年来中共最可宝贵的经验,是中国特色社会主义事业胜利前进的最可靠的保证。

中共在社会主义初级阶段基本路线的主要内容是"一个中心,两个基本点",经济建设是重中之重,处于主导地位。这条基本路线不管怎样表述,实质就是搞四个现代化,发展国民经济,发展社会生产力。集中精力把经济搞上去,实现中国的现代化,是当代中国最大的政治。离开了经济建设这个中心,就会从根本上背离党的基本路线,也谈不上坚持"两个基本点"。改革开放是以经济建设为中心的内在要求,目的在于解放和发展生产力。

把改革开放和四项基本原则统一于建设中国特色社会主义的实践中,是由党的基本路线确立的实现社会主义现代化战略目标的内在规定性决定的。就其政治规定性来说,中国要搞的现代化是社会主义的现代化,不是资本主义的现代化,因此必须坚持四项基本原则,这是社会主义现代化的政治保证。就其经济规定性来说,社会主义现代化必然以生产力的大发展为前提,这就要求必须改革不适应甚至阻碍生产力发展的政治、经济、文化体制,实行对外开放,借鉴和利用世界各国的先进科学技术、管理经验、管理方法和资金。这两种规定性是相互依存、相互促进的,同时也是相互渗透相互贯通、彼此包容的。

改革和开放也是内在统一的。改革必须开放,开放也是改革。改革是开放的前提,开放反过来促进改革。没有对传统社会主义模式及其政治、经济、文化等方面体制的改革,就不可能打破传统社会主义模式的封闭保守,就不可能有对包括西方资本主义国家的全方位的开放,更谈不上积极利用和吸收西方资本主义所创造的优秀文明成果。改革还是扩大开放的动力,只有进行全面的改革并不断深化改革,才能促进和扩大对外开放。另一方面,开放也为深化改革提供外部条件和动力。正是因为对外开放,才促使中国共产党人认识到不改革就没有出路。从一定意义上讲,中国由传统社会主义计划经济体制向社会主义市场经济体制转轨的改革就是对外开放的结果。随着开放的扩大和深入,必然带来改革的深化。因此,必须使改革和开放交相促进，协调发展，有机统一于建设中国特色社会主义的实践。

四 必须注意处理改革、发展、稳定的关系

中共认为，毫不动摇地坚持它在社会主义初级阶段的基本路线，必须始终注意处理好改革、发展、稳定的关系。它们之间的关系是：改革是发展的动力，发展是改革的目的，稳定是发展和改革的前提。要在社会政治稳定中推进改革和发展，在改革和发展中实现社会政治稳定。

在中国社会主义现代化建设过程中，稳定是关系事业兴衰成败的重要前提条件。由于在复杂的国际条件下，存在着敌对势力对中国进行"西化"、"分化"的渗透、颠覆活动；由于国内在经济体制转轨时期，各种社会矛盾错综复杂，在某些领域或某些时候这些矛盾可能比较突出，因此，在坚持改革和发展的同时，必须始终注意保持稳定的政治环境和社会秩序。治则兴，乱则衰。没有稳定的政治环境和社会秩序，中共路线、方针和政策就不可能顺利贯彻，改革开放、经济建设和其他各项事业就不可能正常进行，国家就不可能富强，人民生活就不可能改善。中共坚持四项基本原则，坚决排除一切导致中国动乱的因素；坚持两手抓、两手都要硬的方针，加强社会主义精神文明建设；深入开展反腐败斗争，切实抓好党风和廉政建设；加强社会治安综合治理，巩固和发展安定团结的政治局面，以为改革和发展提供良好的社会环境。

稳定的目的是保证改革的顺利进行，通过改革求得高速发展。不能为了稳定而稳定，发展是目的，发展才是硬道理。发展是永恒的，稳定是相对的，只有发展，才能有真正的社会稳定。如果没有发展，稳定最终是不能巩固的。改革促进发展，发展有赖于改革。经济发展了，增加了各方面对改革的承受力，为改革提供了相对宽松的经济环境，才有利于改革的顺利进行。要深化改革，就存在一定风险。因此，中共从全国工作大局出发，坚持一手抓改革发展，一手抓团结稳定，妥善处理改革、发展和稳定的关系，把改革的力度、发展的速度和社会可以承受的程度统一起来，实现三者相互协调，相互促进，以保证国家长治久安，人民富裕幸福。

五　必须注意排除各种错误倾向的干扰

中共长期的革命和建设的历史经验表明，在它正确路线的形成、发展和贯彻的过程中，常常伴随着各种错误倾向的干扰和它同错误倾向的斗争。正确路线的形成、发展和贯彻过程，同时也是同各种错误倾向作斗争的过程。在改革开放和现代化建设的进程中，乃至整个社会主义初级阶段，存在着右和"左"两个方面的干扰。右的表现主要是否定四项基本原则，搞资产阶级自由化，全盘西化，甚至制造政治动乱。"左"的倾向的主要表现是否定改革开放，认为和平演变的主要危险来自经济领域，甚至用"阶级斗争为纲"的思想影响和冲击经济建设这个中心。右和"左"的错误倾向都反对中共在社会主义初级阶段的基本路线。在实践中应当根据实际情况，有右反右，有"左"反"左"。在反对一种错误倾向时要注意防止出现另一种错误倾向。邓小平在1992年南方谈话中指出："现在，有右的东西影响我们，也有'左'的东西影响我们，但根深蒂固的还是'左'的东西。""'左'的东西在我们党的历史上可怕呀！一个好好的东西，一下子被他搞掉了。右可以葬送社会主义，'左'也可以葬送社会主义。中国要警惕右，但主要是防止'左'。"① 这是邓小平总结历史和现实的经验教训，根据改革开放和现代化建设的历史任务提出来的重要思想和科学判断。中共第三代领导集体在十四大、十五大、十六大上也都对此进行了重申和强调。

右和"左"都是对中共基本路线的干扰，都可以葬送社会主义，但从总体上看，坚持这条基本路线，应在警惕右的同时，主要反对和防止"左"。因为"左"的思想根深蒂固。这种"左"的东西，带有革命色彩，使人们往往以为越"左"越革命，"左"比右好。邓小平提出要警惕右，但主要是防止"左"，还有深刻的社会历史根源。在革命和建设的过程中，"左"倾错误给中国社会主义事业带来的危害更大、次数更多、持续时间更长。尤其是新中国成立后，从社会主义三大改造基本完成到中共十一届三中全会以前的20多年间，就发生了1957年的反右斗争扩大化运动、1958年的"大跃进"和"人民公社化"运动、1959年的反右倾等

---

① 《邓小平文选》第3卷，人民出版社1993年版，第375页。

"左"倾错误,最后导致了 10 年"文化大革命"运动,反复留下了惨痛的历史教训。在十一届三中全会以后的改革开放实践中,中共也遇到了"左"的种种阻力障碍,一些人抱着旧观念,从维护旧体制的动机出发阻碍改革的进行;还有一些人,传统社会主义的观念在短时期内难以消除,而且对什么是社会主义,怎样建设社会主义等基本问题,还有待于提高和深化认识,因而,在很长一段历史时期内,阻碍改革的僵化保守思想,成为中共主要反对的错误倾向。

毫不动摇地坚持中共的基本路线,反对"左"和右两种错误倾向,必须具体问题具体分析。决不能因为"左"是要防止和反对的主要错误倾向,就忽略右的错误倾向。实际上,右的倾向在一定时期一定范围内,也有可能成为主要倾向,需要加以注意和防止,尤其是对青年人这方面更值得警惕,因为他们不知道什么是资本主义,什么是社会主义,对中国共产党为社会主义奋斗的历史体会不深,因此要对他们进行社会主义教育,反对资产阶级自由化倾向。另一方面,必须密切结合当前实际,对思想认识问题和工作中的不同意见以至偏差,要实事求是地具体分析,不要随意说成是政治倾向上的右或"左"。

第三节 党在社会主义初级阶段的基本纲领

中共十五大根据邓小平理论和党的基本路线,围绕建设富强、民主、文明的社会主义现代化国家的目标,提出了党在社会主义初级阶段的基本纲领。基本纲领进一步明确了什么是社会主义初级阶段中国特色社会主义的经济、政治和文化,规定了怎样建设中国特色社会主义的经济、政治、文化的基本目标和基本政策。这对于明确中共在社会主义初级阶段的历史任务和方针政策,统一全党思想,团结全国各族人民为建设中国特色社会主义事业而奋斗,具有重要意义。

一 中国特色社会主义的经济

建设中国特色社会主义的经济,就是在社会主义条件下发展市场经济,不断解放和发展生产力。这就要坚持和完善社会主义公有制为主体、多种所有制经济共同发展的基本经济制度;坚持和完善社会主义市场经济体制，使市场在国家宏观调控下对资源配置起基础性作用；坚持和完善按劳分配为主体的多种分配方式，允许一部分地区一部分人先富起来，带动和帮助后富，逐步走向共同富裕；坚持和完善对外开放，积极参与国际经济合作和竞争。保证国民经济持续快速健康发展，人民共享经济繁荣成果。这就是社会主义初级阶段建设中国特色社会主义的经济纲领。

生产力是社会发展的基础和决定性因素，社会主义革命就是为了解放和发展生产力。社会主义制度建立以后，为了巩固和发展社会主义，最终战胜资本主义，并为将来进入共产主义创造物质基础，还必须进一步解放生产力，发展生产力。社会主义的根本任务是发展生产力，处在社会主义初级阶段的中国，发展生产力的任务更为突出。

在社会主义初级阶段，为了解放和发展生产力，必须坚持和完善社会主义公有制为主体、多种所有制经济共同发展的基本经济制度。坚持公有制为主体是社会主义的一个根本原则，中国特色社会主义的经济首先是坚持这一根本原则的经济。因为，社会主义的本质是解放生产力，发展生产力，消灭剥削，消除两极分化，最终达到共同富裕。社会主义本质要求坚持公有制经济为主体，这是消灭剥削，消除两极分化，最终达到共同富裕的根本前提，也是社会主义优越性的集中表现。坚持公有制为主体，又是社会主义国家政权的本质要求。社会主义国家是劳动人民当家作主的国家，只有坚持公有制为主体，才能保证劳动人民在经济上和政治上的主人翁地位，形成在根本上一致的社会利益和进步的意识形态，保持强大的社会凝聚力，使国家掌握日益巨大的物质财富，从而达到巩固社会主义国家政权的目的。坚持公有制为主体，还是发展社会主义市场经济的本质要求。市场经济是多元主体竞争的经济，企业生产经营的直接目的和动机是获取利润，因而往往产生忽视社会效益的行为无序竞争的现象。同时，在依靠市场配置社会资源的过程中，一些投资大、利润低的产业部门往往发展困难，而且一些受自然条件限制的基础产业部门又容易产生不合理的垄断现象。在这种情况下，坚持以公有制为主体，国家就能够对整个国民经济的运行进行有效的宏观调控，合理地调节各种利益和矛盾，最大限度地克服各种消极因素，保证市场经济沿着社会主义方向健康地发展。

坚持公有制为主体，就要全面认识公有制经济的含义，科学理解公有制为主体。公有制主体不仅包括国有经济和集体经济，还包括混合所有制经济中的国有成分。公有制的主体地位主要体现在：公有资产在社会总资产中占优势；国有经济控制国民经济命脉，对经济发展起主导作用。这是就全国而言，有的地方、有的产业可以有所差别。就是说，公有制占主体并不是在所有部门、所有地区都一律占主体地位，而是说在国民经济总体上居主体地位的情况下，各地区之间、部门之间和行业之间，由于发展的背景和条件的差异可以有所不同，特别是对于一般性的产业部门，应更多鼓励多种所有制经济的参与和发展。中国是社会主义国家，必须坚持公有制为主体。同时，必须坚持多种所有制经济共同发展，积极鼓励和引导非公有制经济健康发展。不能只强调前者而不讲后者，也不能只强调后者而不讲前者，否则都会脱离社会主义初级阶段的实际，都不利于生产力的发展。公有制是中国社会主义经济制度的基础，非公有制经济是中国社会主义市场经济的重要组成部分。离开公有制为主体，就不成其为社会主义经济。发展充满活力的社会主义市场经济，既要努力增强公有制经济的实力，又要充分发挥非公有制经济的积极作用。

坚持公有制为主体、多种所有制经济共同发展的社会主义基本经济制度，还要努力寻找能够极大促进生产力发展的公有制实现形式。公有制的实现形式可以而且应当多样化，一切反映社会化生产规律的经营方式和组织方式都可以大胆利用。只有这样，才能适应社会主义市场经济的要求，才能达到解放和发展生产力的目的。股份制是现代企业的一种资本组织形式，有利于所有权和经营权的分离，有利于提高企业和资本的运作效率，资本主义可以用，社会主义也可以用。不能笼统地说股份制是公有还是私有，关键看控股权掌握在谁手中。国家和集体控股，具有明显的公有性，有利于扩大资本的支配范围，增强公有制的主体作用。在城市大量出现的多种多样的股份合作制经济，是改革中的新事物，要支持和引导，不断总结经验，使之逐步完善。劳动者的劳动联合和劳动者的资本联合为主的集体经济，尤其要提倡和鼓励。要通过所有制实现形式的改革，使公有制经济形成新的发展优势，提高公有制经济的影响力和带动力。

在社会主义初级阶段，为了解放和发展生产力，必须坚持和完善按劳分配为主体、多种分配方式并存的分配制度，实行按劳分配与按生产要素分配相结合的方针，体现效率优先、兼顾公平的原则，允许一部分地区、一部分人先富起来，带动和帮助后富，逐步走向共同富裕。与中国公有制占主体、多种所有制经济共同发展的所有制结构相联系，中国现阶段的个人收入分配，必须实行以按劳分配为主体、多种分配方式并存的分配制度。邓小平指出："社会主义是共产主义第一阶段，这是一个很长的历史阶段，必须实行按劳分配，必须把国家、集体和个人利益结合起来，才能调动积极性，才能发展社会主义的生产。"[①] 在中国社会主义初级阶段，生产力在总体上比较落后，而且发展不平衡，在生产资料所有制结构中，公有制经济占主体，同时还存在非公有制经济成分；在经营方式方面，也是多种多样的。这些决定了中国现阶段个人消费品的分配，只能实行按劳分配为主体的多种分配方式。在社会主义初级阶段，要把按劳分配、劳动所得，同允许和鼓励资本、技术等生产要素参与收益分配结合起来，坚持效率优先、兼顾公平的原则。平均主义不是社会主义，两极分化也不是社会主义。允许一部分地区、一部分人通过诚实劳动和合法经营先富起来，带动和帮助其他地区和其他群众，最终达到全国各地区的普遍繁荣和全体人民的共同富裕，这是必须长期坚持的一个大政策。它符合经济发展客观规律的要求，是社会主义优越性在经济上的重大体现。实行按劳分配为主体，并同按生产要素分配结合起来，必然会在社会成员的收入上产生差别。应当承认这种差别，抹杀这种差别或看不到这种差别是虚伪的、错误的，但事物的差别性总是存在的，社会就是在矛盾中发展的。不能再搞分配上的"平均主义"、"吃大锅饭"，那是一种抹杀个性和差别，扼杀积极性和创造精神的分配制度。发展社会主义市场经济，就要求分配制度适应市场经济体制的要求，引入竞争机制，来调动一切积极因素为社会主义现代化建设服务。同时，又要采取相应的政策措施，保护合法收入，调节过高收入，取缔非法收入，防止收入分配上的过分悬殊，把人民群众的积极性充分调动起来，促进国民经济持续快速健康发展和社会长治久安。

在社会主义初级阶段，为了解放和发展生产力，必须坚持和完善社会主义市场经济体制，使市场在国家宏观调控下对资源配置起基础性作用。社会主义市场经济体制是中共总结过去高度计划经济体制的历史局限性，并对这种经济体制进行改革的探索中确立的一种新型的经济运行机制。它完全反映了现代社会化大生产的规律和要求。实践证明并将继续证明，它

---

① 《邓小平文选》第 2 卷，人民出版社 1994 年版，第 351 页。

已经给中国带来并将继续带来一场深刻的革命性变革，使中国跨入一个崭新的时代。社会主义市场经济体制的建立，大大解放和发展了中国的社会生产力，为中国的社会主义现代化建设找到了一条新的发展道路。社会主义市场经济体制的建立，还将进一步促进中国的对外开放，促进参与国际经济竞争与合作，为中国的现代化建设开辟广阔的空间。

二　中国特色社会主义的政治

建设中国特色社会主义的政治，就是在中国共产党领导下，在人民当家作主的基础上，依法治国，发展社会主义民主政治。这就要坚持和完善工人阶级领导的、以工农联盟为基础的人民民主专政；坚持和完善人民代表大会制度和共产党领导的多党合作、政治协商制度以及民族区域自治制度；发展民主，健全法制，建设社会主义法治国家。实现社会安定，政府廉洁高效，全国各族人民团结和睦，生动活泼的政治局面。

依法治国，建设社会主义民主政治，是中国政治体制改革的目标，也是政治体制改革的重要内容。政治是经济的集中表现。社会主义民主政治在中国特色社会主义事业中占有十分重要的地位，它给以经济建设巨大的反作用，在某种情况下甚至是决定性的作用。因此，在努力进行中国特色社会主义经济建设的同时，必须加强中国特色社会主义政治建设，使经济基础与政治上层建筑协调发展。

建设中国特色社会主义政治，必须坚持无产阶级领导的、以工农联盟为基础的人民民主专政。在长期的民主政治建设中，中国确立了人民民主专政的国体，确定了人民代表大会制度的政体，这是中国社会主义的根本政治制度。必须坚持和完善人民代表大会制度和共产党领导的多党合作、政治协商制度以及民族区域自治制度。建设社会主义民主政治，包括决策的科学化民主化，包括基层民主建设等，最重要的是要坚持和完善各级人民代表大会制度，切实加强国家权力机关的建设，便利人民群众参与国家事务的管理和监督。根据中华人民共和国宪法，中国共产党领导的多党合作和政治协商制度将长期存在和不断完善，要充分发挥各民主党派政治协商、民主监督、参政议政的作用。民族区域自治制度是促进中国全国各族人民大团结、共同发展的基本制度，需要坚持和不断完善。在新的历史时期，必须既抓经济发展，推进经济现代化，又要抓民主法制建设，发展民主,健全法制,建设社会主义法治国家,推进政治现代化。此外,社会主义市场经济体制的建立和完善,要靠法制来引导、规范和保障;社会要稳定,也要靠法制建设和民主政治建设。最后,社会主义民主政治建设,要实现社会安定,政府廉洁高效,全国各族人民团结和睦、生动活泼的政治局面。

三 中国特色社会主义的文化

建设中国特色社会主义的文化,就是以马克思主义为指导,以培育有理想、有道德、有文化、有纪律的公民为目标,发展面向现代化、面向世界、面向未来的,民族的、科学的、大众的社会主义文化。这就要坚持用邓小平理论武装全党,教育人民;努力提高全民族的思想道德素质和教育科学文化水平;坚持为人民服务、为社会主义服务的方向和百花齐放、百家争鸣的方针,重在建设,繁荣学术和文艺。建设立足中国现实、继承历史文化优秀传统、吸取外国文化有益成果的社会主义精神文明。

中国现代化建设的进程,在很大程度上取决于国民素质的提高和人才资源的开发。因此,中国特色社会主义文化建设的根本任务和目标是,适应改革开放和社会主义现代化建设的需要,培养"四有"社会主义新人,提高整个中华民族的思想道德素质和科学文化素质。

建设中国特色社会主义文化,第一,要坚持用邓小平理论武装全党、教育人民。邓小平理论是当代中国的马克思主义,是中国人民进行改革开放和现代化建设的精神支柱和思想武器。只有用这一理论武装头脑,才能使全体人民方向更明确、意志更坚定。第二,要努力提高全民族的思想道德素质和教育科学文化水平。在全社会形成共同理想和精神支柱,是中国特色社会主义文化建设的根本;发展教育和科学,是社会主义现代化建设和文化建设的基础工程。因此,要加强思想道德教育,发展科学文化教育。第三,要坚持为人民服务,为社会主义服务的方向和"百花齐放、百家争鸣"的方针,重在建设,繁荣学术和文艺,多出精品,为人民创作出更多的精神食粮。第四,要建设立足于中国现实、继承历史文化优秀传统、吸取外国文化有益成果的社会主义精神文明。

建设中国特色社会主义经济、政治、文化三个方面是相互联系,相互作用,有机统一,不可分割的。经济是基础,政治是经济的集中表现又反作用于经济,一定的文化是一定社会的经济和政治的反映,又给予巨大影响和作用于一定社会的经济和政治。全面理解和贯彻中共在社会主义初级阶段的基本纲领,关键在坚持以经济建设为中心,实现经济、政治、文化的协调发展。这个基本纲领,是中国社会主义现代化建设最主要经验的总结,是邓小平理论的重要内容。中共十一届三中全会以来,邓小平在领导拨乱反正和全面改革的过程中,对于建设中国特色社会主义的经济、政治和文化,作过系统的、精辟的、深刻的阐述。邓小平强调,为了建设现代化的社会主义强国,任务很多,需要做的事情很多,各种任务之间又有相互依存的关系,如像经济与教育、科学,经济与政治、法律等,都有相互依存的关系,不能顾此失彼。他提出了一系列"两手抓"的战略方针,强调一手抓改革开放,一手抓打击犯罪;一手抓经济建设,一手抓民主法制;一手抓物质文明,一手抓精神文明。同时,又反复强调两手抓,两手都要硬。在中共十三届四中全会上,江泽民总结改革开放以来的历史经验指出,对于中共十一届三中全会以来的路线和基本政策,一要坚定不移、毫不动摇,二要全面执行、一以贯之。在1991年建党70周年的讲话中,江泽民对建设中国特色社会主义的经济、政治、文化进行了论述,指出加强这三方面的建设,根本目的是为了充分调动广大人民群众的积极性,推动社会生产力的发展和社会的全面进步。1992年邓小平南方谈话和中共十四大以来,以江泽民为核心的中共第三代中央领导集体采取一系列重大举措,在加强经济建设和经济体制改革的同时,推进民主法制建设和党的建设;在把物质文明建设搞得更好的同时,切实把精神文明建设提到更加突出的地位。进而,中共十五大明确了党在社会主义初级阶段的基本纲领。

  这个基本纲领,是中共的基本路线在经济、政治、文化方面的具体化。中共在社会主义初级阶段的基本路线指出其奋斗目标是要把中国建设成富强、民主、文明的社会主义现代化国家。这就提出了中国实现社会主义现代化,在经济、政治、文化建设方面的总要求。中共十五大提出的基本纲领进一步对这三个方面作了展开论述,使各方面的奋斗目标更加具体,基本政策更加明确,对于全面建设中国特色社会主义具有重大意义。

  实现中共在社会主义初级阶段的基本纲领与实现中共的最高纲领是统一的。中共的最高纲领是实现共产主义的社会制度,这是其最终目标。江泽民指出，在革命、建设和改革的各个历史阶段中，中共既有每个阶段的基本纲领即最低纲领，也有确定长远奋斗目标的最高纲领，中国共产党人是最低纲领与最高纲领的统一论者。1945年，毛泽东在中共七大政治报告中，提出了中共在新民主主义阶段的基本纲领。这个基本纲领指引全国人民取得了革命的胜利，建立了新中国，为实现中共的最高纲领迈出了极其重要的一步。在即将跨入新世纪的时刻，中共在建设中国特色社会主义的实践中，提出它在社会主义初级阶段的基本纲领，也是为了实现其最高纲领。必须看到，实现共产主义是一个非常漫长的历史过程。中国共产党人坚信马克思主义关于人类社会必然走向共产主义的基本原理，但是，共产主义只有在社会主义社会充分发展和高度发达的基础上才能实现。因此，中共强调，现在的努力是朝着将来实现共产主义这个大目标前进的，忘记将来的大目标，不是合格的共产党员；不为实现党在社会主义初级阶段的纲领努力奋斗，同样不是合格的共产党员。

第六章　社会主义发展战略

　　社会主义发展战略是科学社会主义的重要组成部分，也是建设中国特色社会主义所面临的一个重大实践课题。马克思主义历来重视战略问题，新中国成立后，特别是生产资料所有制的社会主义改造基本完成以后，以毛泽东为核心的中共第一代中央领导集体对中国社会主义发展战略问题进行了艰辛探索；中共十一届三中全会以后，以邓小平为核心的第二代中央领导集体科学分析了中国国情，深刻总结新中国成立以来中国社会主义建设正反两个方面的历史经验，提出了现代化建设分"三步走"的发展战略，明确了中国经济社会发展的战略步骤和在不同阶段的战略目标，对中国分阶段、有步骤地实现现代化作出了总体战略部署。中共十三届四中全会以后，以江泽民为核心的第三代中央领导集体，着眼于中国现代化建设中新的实践，继承、丰富、发展了社会主义发展战略理论，为中国在21世纪中期基本实现现代化指明了方向。

第一节　社会主义发展战略思想

　　社会主义发展战略思想，是指关于当代中国发展成为富强、文明、民主的社会主义现代化强国的根本性、全局性的筹划和谋略。社会主义发展战略的形成，既是迫切的现实需要，又有着深刻的历史底蕴。它是对中国发展战略反思的成果，又是借鉴国外发展战略的独特创造；是探索社会主义现代化建设规律的结晶，又是对广大人民迫切需要的积极回应。

一　社会主义发展战略思想形成的必然性

　　中国的振兴、中华民族的腾飞急切召唤着发展战略的形成。具有悠久历史和灿烂文化以及中世纪昌盛荣光的中华民族,在近代落伍,并饱受帝国主义的侵略欺凌。中国共产党领导人民推翻了三座大山,建立了社会主义的新中国,人民看到了希望和曙光。新中国成立后的几十年里,尽管在各方面都取得了巨大的发展和进步,但由于一系列路线方针政策上的失误,特别是经历了10年"文化大革命",中国与发达国家已缩小了的差距又拉大了。正如邓小平所说:"中国停滞了。这才迫使我们重新考虑问题。"① 中国人口占世界的1/4,经济基础薄弱,人均自然资源极为缺乏,这些严重制约着发展的速度和水平。中国的大发展,不能指望他人的施舍,只能依靠中国人民自己的卓有成效的努力奋斗。所谓卓有成效,就是要有正确的奋斗目标和科学的战略部署,使发展少走弯路,少付出代价。凡事预则立,不预则废。只有在科学的发展战略的规划和规范下,才能生长出中国发展的坚强双翼,才会再造中华之辉煌。

中国的社会主义现代化建设是一项复杂艰巨的事业,迫切需要科学的发展战略的指导。邓小平指出:"我们现在所干的事业是一项新事业,马克思没有讲过,我们的前人没有做过,其他社会主义国家也没有干过,所以,没有现成的经验可学。"② 没有现成的经验可学,没有成功的模式可以套用,就决定了事业的复杂性、艰巨性。现代化是社会全面转型和发展的过程,又是一项系统工程,需要全社会的动员和各种因素的有机构建,因而,首先需要有明确而适当的发展目标以规定发展的方向和质量。而在发展的过程中,各种各样的新问题、新情况会不断涌现,处理不当,则会游离目标,因而应有相应的战略部署以指导发展进程,保持发展的相对稳定性。另外,现代化是个社会转型、社会整合和社会结构的变迁加剧的过程,整个社会处在一个相对动荡的始发状态;社会成员的利益关系不断调整,不同利益集团和利益主体之间的矛盾和摩擦势所难免,并将随着发展的深化出现加剧的趋势。而发展只有在秩序稳定的环境中,才可保持最佳状态。只有在完整科学的发展战略的指导下,社会成员才可能通过对发展目标的认同,找到自己在现代化建设坐标中的方位,确立与整体发展相和谐的社会行为,从而缓解、减少相互间的矛盾和摩擦,形成井然的社会秩

---

① 《邓小平文选》第3卷,人民出版社1993年版,第224页。
② 同上书,第258页。

序，凝聚成社会发展的强大力量。

社会主义现代化建设事业是中国人民自己的事情，中国人民是社会主义现代化建设事业的主体，是现代化建设成果的享受者，又是现代化建设实践的承担者。作为成果的享受者，希望着建设事业的最高成就；作为实践的承担者，只有充分了解现代化建设的客观规律，通晓发展的全局和长远，才可使实践活动更为自觉、更为积极主动，成效才会更为显著。正如列宁所说，没有革命的理论，就没有革命的行动。邓小平理论是对社会主义现代化建设规律的高度把握和理性认识，是中国发展的指导思想。而理论转化为群众的自觉行动，则需要一个中介，即将理论具体化，变为群众的明确、具体的行动方案。社会主义发展战略，正是基于广大人民群众的要求应运而生的。

二 社会主义发展战略思想是对国外发展战略的扬弃与超越

邓小平多次强调，中国共产党人应站在人类历史发展的高度，以世界眼光和战略思维看待发展。同时，又要充分认识和十分重视中国的国情，以落后的社会主义大国为出发点，认真审视国外发展战略。只有通过具体剖析国外不同类型的发展战略，吸取其成功的经验，抛弃其片面的错误的东西，才能实现积极扬弃与合理超越。

首先，历史地、全面地看待发达国家的发展战略。美、英等发达国家是率先迈入现代化的国家，其发展成就的取得当然离不开发展战略。马克思指出，发达国家向落后国家所展示的是后者未来的形象。发达国家的发展正是落后国家发展的一面镜子。美国等发达国家采取的多是"经济增长第一"的发展模式。"经济增长第一"战略，固然有效地启动了现代化的进程，然而其中所包含的发展目标的迷失，正是现代西方发达国家付出沉重的发展代价的根本所在。其实，这一社会代价是可以避免的。这就给中国发展战略的制定以有益的启示：强调经济增长固然是重要的和必须的，但发展应是社会全面进步，作为发展战略的制定尤应引起高度重视，并以此为戒。

其次，辩证认识、合理扬弃发展中国家的发展战略。第二次世界大战后，随着一大批新独立国家的出现，发展理论的研究在发展中国家掀起高潮，在形形色色的发展理论影响下，许多国家纷纷制定发展战略，企图以此获得大的发展。典型的有两种：一种是基于现代化就是"西化"的发展理论，实行全盘学习和全面模仿西方发达国家的发展战略，极力推行"经济增长第一"的发展模式。这一发展战略的推行并未收到预期的效果，反而使贫富差距拉大，社会矛盾激化，国内政局不稳，社会动荡不安。由此可见，经济增长第一战略在这些国家的效法推行，既未能缩短现代化进程，更没能给人民带来幸福。另一种是基于依附论等激进的发展理论，将发展中国家的不发达主要归因于发达国家因侵略殖民地及不平等的世界体系，因而采取独立内源发展战略，减少甚至拒绝与发达国家的经济联系，强调依靠本国自己的努力，适当发展南南合作。它实际是陷入了闭关锁国的怪圈，丧失了经济发展的良好环境。这一发展战略强调独立自主、自力更生的内源发展，是有益的、可取的；然而其仇视继而逃避发达国家的做法，显然是不可取的，必须引以为戒。

三 社会主义发展战略思想的演变和发展

毛泽东作为中国共产党的第一代领导核心，在领导中国人民进行革命和建设的过程中，首先形成了中国革命战略，包括新民主主义革命的目标、动力、领导和依靠力量、二次革命等。在这一正确战略指引下，取得了新民主主义革命和社会主义革命的胜利，推翻了三座大山，建立起独立的社会主义新中国。这就为中国的发展准备了前提，奠定了基础。在领导社会主义建设的过程中，毛泽东开始了对社会主义建设规律的探索，并形成了以"四个现代化"为主题的赶超型发展战略。

毛泽东发展战略的主要内容，一是确立中国的发展目标是社会主义的四个现代化。1957年2月在《关于正确处理人民内部矛盾的问题》的讲话中，毛泽东提出："将我国建设成为一个具有现代工业、现代农业和现代科学文化的社会主义国家。"[①] 之后，在1959年底至1960年初研读苏联《政治经济学（教科书）》时，又明确提出加上"国防现代化"。后来，较为普遍地使用"现代工业、现代农业、现代国防和科学技术的现代化"的表述。二是实现四个现代化要走社会主义道路，走具有自己特点的社会主义道路。鉴于苏联建设中的一些教训，在《论十大关系》等

[①] 《毛泽东文集》第7卷，人民出版社1999年版，第207页。

文中，毛泽东多次强调，搞建设不能照搬别国模式，要有自己的特点。三是发展的动力在于阶级斗争，以"抓革命"来"促生产"。特别是"左"倾思想严重的"文革"时期，不仅将发展的动力确定为阶级斗争，而且还将阶级斗争作为一切工作的中心，主张"政治挂帅"，提出"阶级斗争是个纲，纲举目张"。四是以赶超为发展战略的突出特征。基于强烈的危机感，也由于在社会主义发展阶段上"左"的认识，还提出了发展目标是15年左右赶上和超过英国后，"准备再用20年到30年的时间在经济上赶上并且超过美国"。① 具体措施包括"大跃进"、"人民公社化"等。

毛泽东对中国社会发展规律的探索及其制定的发展战略，是留给后人的一份极为宝贵的财富。它的经验和成果是中国进一步发展的基石，它的挫折、教训和目标是中国进一步发展的生长点。

邓小平正是在深刻总结过去几十年发展经验教训的基础上，积极借鉴国外发展战略，不断探索中国发展规律，才逐步形成了当代中国的发展战略。

邓小平的发展战略，是中国社会主义现代化建设内在规律的体现，是伴随着邓小平理论的形成而逐步发展起来的。邓小平的发展战略发轫于中共十一届三中全会，以解放思想，破除"两个凡是"的束缚，实事求是地反思毛泽东发展战略为开端，中间经历确立发展战略目标、完善目标体系、确定发展道路、制定发展步骤、明确战略重点、提出发展动力、优化发展环境、逐步完善发展机制等丰富和发展进程，以1992年的南方谈话为标志，最终形成了中国特色社会主义的发展战略体系。

四 社会主义发展战略思想的根本出发点和基本原则

立足于当代中国国情，面向现代化、面向世界、面向未来，是社会主义的根本出发点，是制定发展战略的基本原则，它内化于发展战略的整体及要素，是发展战略的灵魂。

邓小平认为，考虑任何事情，都必须从中国的实际出发。1987年他就曾指出："八年来的成功，主要是因为我们政策的制定立足于中国的实际情况。"② 中国国情是研究中国问题、探讨中国发展规律的认识起点、

---

① 参见《人民日报》1958年1月1日。
② 《邓小平文选》第3卷，人民出版社1993年版，第202页。

逻辑起点。国情,概括地说,主要是指社会的性质及其所处的阶段。由邓小平主持制定的《关于建国以来党的若干历史问题的决议》首次提出中国的社会主义制度还处在初级阶段,中共十三大不仅明确提出中国还处在社会主义初级阶段,而且对初级阶段的含义作出了科学概括:一方面,中国已经是社会主义社会,必须坚持而不能离开社会主义;另一方面,中国的社会主义还处于初级阶段,生产力还比较落后。邓小平多次强调:"一切都要从这个实际出发,根据这个实际来制订规划。"① 据此,调整了工作重点,制定出切实可行的"三步走"发展目标。

"面向现代化、面向世界、面向未来",是邓小平为北京景山学校的题词。"三个面向"展现出无产阶级革命家的战略思维、世界眼光和博大胸怀,是制定教育及各项事业发展战略所必须遵循的基本原则,为发展战略的制定打开了广阔的视野。

现代化,是世界各国发展的一个必然趋势、共同轨迹,是世界的文明大道。中国当然也不能例外。而从世界现代化发展的历史经验看,先发现代化国家的受益,大于后发现代化国家。邓小平敏锐地将发展目标锁定在现代化的世界前沿水平上,积极推进现代化进程,以改革为动力,推动社会由传统性向现代性转变;以世界发达国家为参照系确定发展目标指数,吸取、借鉴国外特别是发展中国家发展战略上的经验教训,积极争取和努力创造有利的国际环境;高瞻远瞩,深谋远虑,注重发展目标的整体系统性、发展过程的协调性以及发展手段的先进性,立足未来长远发展确立战略目标,为制定科学的发展战略奠定了战略思想基础。

社会主义发展战略思想适应时代和实践的客观要求,借鉴国外发展战略上的经验教训,既尊重客观规律,又尊重广大人民的美好愿望,把马克思主义的战略策略理论与中国实际和时代特征相结合,指导中国共产党人创造性地制定出一整套系统、科学的发展战略。

第二节 社会主义发展战略的主要内容

社会主义发展战略是中共为实现它在社会主义初级阶段的基本路线和

---

① 《邓小平文选》第3卷,人民出版社1993年版,第252页。

基本纲领规定的根本任务和奋斗目标,作出的战略规划和安排,有着科学、全面、丰富的内容。

一 "三步走"发展战略

早在 1964 年三届人大一次会议上,周恩来所作政府工作报告中就提出了发展中国经济的两步设想:第一步到 1980 年,建成一个独立的比较完整的工业体系和国民经济体系;第二步到 20 世纪末,将中国建成"四个现代化"的社会主义强国。

改革开放以后,邓小平经过深思熟虑,在 1979 年 3 月提出到 20 世纪末中国发展的目标是实现"中国式的现代化"。同年 12 月又把这样的现代化水平称为"小康"。1987 年 4 月,邓小平在会见西班牙客人时全面阐述了"三步走"的发展战略,指出:"我们原定的目标是,第一步在八十年代翻一番。以 1980 年为基数,当时国民生产总值人均只有二百五十美元,翻一番,达到五百美元。第二步是到本世纪末,再翻一番,人均达到一千美元。实现这个目标意味着我们进入小康社会,把贫困的中国变成小康的中国。那时国民生产总值超过一万亿美元,虽然人均数还很低,但是国家的力量有很大增加。我们制定的目标更重要的还是第三步,在下世纪用三十年到五十年再翻两番,大体上达到人均四千美元。做到这一步,中国就达到中等发达的水平。这是我们的雄心壮志。"[①] 按照邓小平的设想,中共十三大将"三步走"战略正式表达出来:第一步,实现国民生产总值比 1980 年翻一番,解决人民的温饱问题。第二步,到 20 世纪末,使国民生产总值再增加一倍,人民生活达到小康水平。第三步,到 21 世纪中叶,人均国民生产总值达到中等发达国家水平,基本实现现代化。

经过中共全党和全国人民的艰苦奋斗,提前实现了第一步发展目标,第二步战略目标也已顺利实现。鉴于中国实现现代化发展战略的新进展,中共十五大又将第三步奋斗目标和步骤进一步具体化,分成三个具体阶段和步骤。江泽民在中共十五大报告中指出:展望 21 世纪,中国的目标是,第一个 10 年实现国民生产总值比 2000 年翻一番,使人民的小康生活更加宽裕,形成比较完善的社会主义市场经济体制;再经过 10 年的努力,到

---

① 《邓小平文选》第 3 卷,人民出版社 1993 年版,第 226 页。

建党 100 周年时，使国民经济更快发展，各项制度更加完善；到 21 世纪中叶新中国成立 100 周年时基本实现现代化，建成富强、民主、文明的社会主义国家。这实际上是一个新的"三步走"发展战略。

二 科教兴国战略

科学技术是第一生产力，抓好科学技术是实现社会主义现代化的关键。发展科学技术离不开教育，要把教育摆在优先发展的战略地位，这是邓小平的一贯思想。以江泽民为核心的中共第三代中央领导集体根据邓小平这一重要思想，从当代世界高科技迅猛发展的时代要求出发，制定了科教兴国的发展战略。

科教兴国发展战略就其基本含义来说主要是指：全面落实科学技术是第一生产力的思想，坚持教育为本，把科技教育摆在经济、社会发展的重要位置，增强国家的科技实力及向现实生产力转化的能力，提高全民族的科技文化素质，把经济建设转移到依靠科技进步和提高劳动者素质的轨道上来，加速实现国家的繁荣强盛。

具体来说，在科技方面，在 21 世纪初期要达到以下目标：使基本建立的新型科技体制更加巩固和完善，实现科技和经济的有机结合；繁荣科技事业，培育、造就一支高水平的科学技术队伍；全民族科技文化素质有显著提高；重大学科和高技术的一些领域的科技实力接近或达到国际先进水平；大幅度提高自主创新能力，掌握重要产业的关键技术和系统设计技术；主要领域的生产技术接近或达到发达国家的水平，一些新兴产业的生产技术达到国际先进水平，为建成社会主义现代化强国奠定坚实的科学技术基础。在教育方面，在 21 世纪初期要达到以下目标：在全面实现基本普及九年义务教育和基本扫除青壮年文盲目标的基础上，城市和经济发达地区有步骤地普及高中阶段教育，全国人口受教育年限达到发展中国家先进水平；高等教育规模有较大扩展，若干所高校和一批重点学科进入和接近世界一流水平；基本建立起终身学习体系，为国家知识创新体系以及现代化建设提供充足的人才支持和知识贡献。

为了实现上述目标，一是要大力推进农业和农村科技进步。始终把科技进步摆在农业和农村经济发展优先地位，把农业科技摆在科技工作的突出位置，推动传统农业向高产、优质、高效的现代农业转变，使中国农业科技赶上世界先进水平。二是依靠科技进步提高工业增长的质量和效益。技术创新是企业科技进步的源泉，是现代产业发展的动力。大力推进企业科技进步，促进企业逐步成为技术开发的主体。逐步建立现代化的信息网络，加快国民经济信息化的进程，提高高新技术产业的规模和效益及在国民经济中的比重，使一些高新技术产业逐步成为国民经济的支柱产业。三是要切实加强基础研究。要把为国民经济和社会发展提供动力作为中心任务，重点解决未来经济和社会发展的基础理论和技术问题。四是要大力发展教育。要实施"跨世纪素质教育工程"，提高国民素质；实施"跨世纪园丁工程"，大力提高教师队伍素质；实施"高层次创造性人才"工程，加强高等院校科研工作。要加快高等教育改革步伐，形成开放式教育网络，构建终身学习体系，还要大力发展成人教育和职业技术教育，为中国社会主义现代化建设提供有力的人才支持。

三 区域经济协调发展与西部大开发战略

区域经济协调发展，缩小区域间经济发展差距，是中国社会主义制度下经济发展的一个重要原则。这主要是指处理好东部与西部的关系、沿海与内地的关系。改革开放以来，在一段时期内，首先发展工业基础较好、市场容量较大、投资效益好、出口便利的东部沿海地区，在东部达到一定水平后，再重点发展西部，加大对西部的投资，加快西部基础设施建设，推进西部的经济发展。这是邓小平区域经济发展"两个大局"战略思想和以江泽民为核心的第三代中央领导集体确立的西部大开发战略的重要内容。

中国地域辽阔，由于历史、地理、资源条件等各方面的原因，全国各地特别是沿海东部地区和内陆中西部地区之间，在经济发展方面存在明显差距。改革开放以来，中国东部地区与中西部地区经济都有了很大发展，但经济发展差距仍然存在，在某些方面甚至有所扩大。这是经济发展不平衡带来的，是一种客观经济现象。改变这种经济现象，将是一个长期的历史过程。但是，如果沿海地区和内陆地区的经济发展差距持续扩大，并长期得不到解决，就不仅仅是一个经济问题，而且是一个政治问题。社会主义的根本目标和本质要求是共同富裕，而要实现共同富裕就要求地区经济协调发展。邓小平曾经指出："共同富裕的构想是这样提出的：一部分地区有条件先发展起来,一部分地区发展慢点,先发展起来的地区带动后发展的地区,最终达到共同富裕。"① 中国国民经济总体素质和效益的提高,中国社会主义共同富裕大目标的实现,内在地要求不能听任地区之间的差距无限制扩大。

缩小地区差距,最重要的就是缩小东部地区与中西部地区的差距。这是一个重大的战略问题。1988年,当改革开放和现代化建设全面展开以后,邓小平提出了"两个大局"的重要思想。他说:"沿海地区要加快对外开放,使这个拥有两亿人口的广大地带较快地先发展起来,从而带动内地更好地发展,这是一个事关大局的问题。内地要顾全这个大局。反过来,发展到一定的时候,又要求沿海拿出更多力量来帮助内地发展,这也是个大局。那时沿海也要服从这个大局。"②

邓小平关于"两个大局"的思想,是同"三步走"的发展战略直接相联系的,是这一战略思想的重要组成部分。邓小平在1992年南方谈话中指出:"什么时候突出地提出和解决这个问题,在什么基础上提出和解决这个问题,要研究。可以设想,在本世纪末达到小康水平的时候,就要突出地提出和解决这个问题。"③ 这就是说,在实施"三步走"的发展战略时,有一个地域发展步骤的布局:第一步,在20世纪末进入小康社会前,中国经济和社会发展的大局,是较快地发展沿海,带动内地更好地发展;第二步,自21世纪进入小康社会之时起,中国经济和社会发展的大局,则是在继续发展沿海的同时,突出地提出和解决内地的发展问题。

世纪之交,中国经济和社会发展已经进入一个新的历史时期,第三代领导集体根据邓小平"两个大局"的思想,及时提出了"西部大开发"战略。实施西部大开发战略,是中共中央总揽全局、面向21世纪作出的重大决策。实施这一战略,是进行经济结构战略性调整,促进地区经济协调发展的重大部署;是扩大国内需求,促进国民经济持续、快速、健康发展的重大举措;是增进民族团结,保持社会稳定和巩固边防的根本保证;是逐步缩小地区差距,最终实现共同富裕的必然要求。实施这一战略,不

---

① 《邓小平文选》第3卷,人民出版社1993年版,第373~374页。
② 同上书,第277~278页。
③ 同上书,第374页。

仅对于振兴中西部地区经济，而且对于促进全国经济更大发展，实现中国现代化长远发展的宏伟目标，都将起到极大的推动作用。实施西部大开发是中国全国发展的一个大战略。

四　可持续发展战略

经济建设要与人口、资源、环境相协调，走可持续发展的道路，这是邓小平的一个重要战略思想。邓小平十分重视经济与人口、资源、环境的协调发展问题，是中共最早认识到人口过多、增长过快，是长期以来严重制约着中国经济与社会发展和人民生活水平提高的重要因素的领导人之一。邓小平认为，人口过多，是中国基本国情，是中国现代化建设中必须看到的一个特点。在影响国民经济发展的诸多因素中，特别是人口过多，增加人民的收入很不容易。与人口问题相联系，邓小平还十分关心人口质量和劳动者就业问题。他指出，国家国力的强弱，经济发展后劲的大小，越来越取决于劳动者素质。邓小平不仅看到人口问题与经济建设密切相关，而且看到了资源、环境问题也与经济建设有密切的关系。随着中国现代化建设的突飞猛进的发展，合理开发与利用资源问题，保护自然环境问题，日益尖锐地显现出来。邓小平很早就注意到了这一问题。他认为，中国地大物博，资源丰富，这是实现现代化的优越条件，但也要看到，很多资源还没有勘探清楚，没有开采和使用，所以还不是现实的生产资料。土地面积广大，但是耕地很少，资源相对短缺，是中国基本国情之一，也是制约中国经济持续发展的重要因素。在资源开发和利用方面还存在极大的浪费现象，要合理利用资源。邓小平还鲜明提出，自然环境保护与经济建设一样，都很重要，他特别关心祖国绿化事业，认为这是改善生态环境、造福子孙的一件大事。

随着人口的增加和经济发展，对资源总量的需求更多，环境保护的难度更大。江泽民在中共十四届五中全会上所作的《正确处理社会主义现代化建设中的若干重大关系》报告中进一步明确指出，要使人口增长与社会生产力的发展相适应，使经济建设与资源、环境相协调，实现良性循环，推动国民经济持续、健康、快速发展。

要正确处理好经济建设与人口、资源、环境的关系，最根本的一条就是在现代化建设中把实现可持续发展作为一个重大战略。为此，中共十四届五中全会提出,要把"实现经济与社会相互协调和可持续发展"作为奋斗目标和指导方针。在第四次全国环境会议上,江泽民强调,必须把贯彻实施可持续发展战略始终作为一件大事来抓。在中共十五大上,江泽民又指出:"我国是人口众多、资源相对不足的国家,在现代化建设中必须实施可持续发展战略。"① 这充分显示了中共对当代中国社会全面发展的认识达到了一个新的高度。

可持续发展包括两个方面的基本内容:第一,可持续发展的目的首先在于发展,即强调要把发展问题放在优先考虑的位置。第二,必须以控制人口、节约资源、保护环境为重要内容,以实现人口增长、资源和环境的承载能力和社会经济发展的相互协调。邓小平在谈到中国社会主义现代化建设战略时反复讲到,人多是中国最大的难题,是个战略问题,要很好控制。计划生育是一项战略任务,一定要抓好。要把人口的自然增长率控制到千分之十以下。在控制人口增长的同时,要努力提高人口质量。要通过大力发展教育,提高全民族的科学文化水平,提高劳动者的文化素质、身体素质和劳动技能,形成巨大的人才资源优势。要通过深化改革、发展经济来解决就业等社会问题。邓小平对乡镇企业的发展和中小城镇吸引农业剩余劳动力的转移,给予了充分肯定。在谈到资源问题时,邓小平提出了合理利用资源,坚持资源开发与节约并重的方针,并要求把改善生态环境,造福子孙作为一件大事来抓。江泽民在坚持邓小平上述思想的前提下,提出要把控制人口、节约资源、保护环境放到重要位置。具体说,要坚定不移地执行计划生育的基本国策,严格控制人口增长,大力提高人口质量,重视人口老龄化问题。要妥善处理好提高劳动生产率与安排富余人员的关系,广开就业门路,不能把矛盾推向社会。要积极发展乡镇企业和小城镇,加强农业综合开发,引导农业剩余劳动力合理转移和有序流动。要坚持资源开发与节约并举,把节约放在首位,提高资源利用效率。要统筹规划国土资源开发和整治,严格执行土地、水、森林、矿产、海洋等资源管理和保护的法律,实施资源有偿使用制度。要加强对环境污染的治理,植树种草,搞好水土保持,防治沙漠化,改善生态环境。要坚持经济建设、城乡建设与环境建设同步规划、同步实施、同步发展,所有建设项

---

① 《江泽民论有中国特色社会主义(专题摘编)》,中央文献出版社2002年版,第280页。

目都要符合环境保护的要求。总之，实施可持续发展战略，是一项造福当代、泽及子孙的大事，是实现国民经济持续、快速、健康发展的重大战略举措。

第三节　社会主义发展战略实施

实施社会主义发展战略是实现中华民族在 21 世纪伟大复兴的实践。牢牢把握发展主题，突出发展重点，抓住经济结构调整主线，坚持经济社会的可持续发展是实施社会主义发展战略的中心环节。

一　牢牢把握发展主题，正确处理改革、发展、稳定的关系

发展是硬道理。这是邓小平和中共全党对中国社会主义建设实践经验，以及对社会主义主要矛盾进行科学分析所得出的重要结论。这是因为，第一，发展是社会主义国家摆脱贫穷落后，实现共同富裕的必由之路。中国是一个经济文化落后的国家，走上社会主义道路以后，面临着两个历史任务，一是消灭剥削，二是摆脱贫穷。前者靠所有制的改造，后者则要靠生产力的发展。只有生产力发展了，物质财富才能丰富，人民生活才能富裕，国家才能强大，社会主义制度才能巩固，国际影响才能扩大。正如邓小平所指出的："落后国家建设社会主义，在开始的一段很长时间内生产力水平不如发达的资本主义国家，不可能完全消灭贫穷。所以，社会主义必须大力发展生产力，逐步消灭贫穷，不断提高人民的生活水平。否则社会主义怎么能战胜资本主义？"[①] 第二，发展是解决社会主义社会主要矛盾的根本手段。中国现阶段的主要矛盾，是人民日益增长的物质文化需要同落后的社会生产之间的矛盾。而社会需要同社会生产之间的矛盾，从根本上说，只能靠不断发展社会生产力来解决。第三，发展是解决前进中的所有困难的根本措施。社会主义在发展过程中，必然还会遇到新的矛盾和新的问题，这些矛盾和问题，必须用发展的办法才能解决，这实际上是用发展的办法解决发展中的问题的过程。第四，发展是社会主义本质的重要内容和内在要求。邓小平概括的社会主义的本质，把解放生产

[①] 《邓小平文选》第 3 卷，人民出版社 1993 年版，第 10 页。

力、发展生产力，与消灭剥削、消除两极分化、实现共同富裕提到了同等重要的地位。社会主义的这一本质，也就规定着社会主义的根本任务必然是发展生产力。第五，只有发展才能使社会主义为将来实现共产主义创造条件。

在实施社会主义发展战略过程中，要牢牢把握主题就必须正确认识和处理改革、发展、稳定的关系。首先，发展是目的，是深化改革、保持稳定的出发点和落脚点。改革开放以来，中共的路线、方针、政策得到全体人民的拥护，经受住了国际国内各种风浪的考验，中国国际威望和影响不断提高，都与生产力的迅速发展、综合国力的显著增强和人民生活的不断改善密切相关。发展是社会主义本质的要求，是人民的根本利益所在，是党和国家的根本任务。其次，改革是发展的根本途径和强大动力。中国要在21世纪实现经济社会发展的战略目标，就必须进行改革。只有通过改革，不断完善社会主义经济体制、政治体制、文化体制和其他体制，才能使生产关系和上层建筑适应生产力发展的要求，为生产力的发展开辟广阔的道路。第三，稳定是发展和改革的前提。邓小平指出："中国的问题，压倒一切的是需要稳定。没有稳定的环境，什么都搞不成。"[①] "中国的最高利益就是稳定，只要有利于中国稳定的就是好事。"[②] "凡是妨碍稳定的就要对付，不能让步，不能迁就。"[③] 对于中国社会中存在的各种不稳定因素，一定要高度重视，妥善地加以引导和处理，始终注意保持稳定的政治环境和社会秩序。只有这样，中国的社会主义改革才能顺利进行，各项事业才能不断向前发展。

总之，要牢牢把握"抓住机遇，深化改革，扩大开放，促进发展，保持稳定"的大局，要保持改革、发展和稳定三者的相互协调和相互促进，在社会政治稳定中推进改革和发展，在改革和发展中实现社会政治稳定，把改革的力度，发展的速度和社会可以承受的程度统一起来，使各项工作始终处于主动地位，保证国家长治久安，人民富裕幸福。

---

① 《邓小平文选》第3卷，人民出版社1993年版，第284页。
② 同上书，第313页。
③ 同上书，第286页。

二 突出发展战略重点，紧紧抓住经济结构调整主线

实施社会主义发展战略，必须坚决贯彻邓小平提出的以重点带动全局的思想，突出发展战略重点，及时调整经济结构，紧紧抓住经济结构调整这条主线。

第一，把加强农业放在国民经济发展的首位。农业是国民经济的基础，农业现代化，农民生活水平提高是中国整个现代化进程中最艰巨的任务。中国人多地少，农业基础薄弱，这是长期制约其经济社会发展的因素，特别是随着现代化进程的推进，人民生活水平提高，农业不能适应人民生活改善和经济发展要求的矛盾比较突出。但是决不能因为农业生产在整个国民经济中的比重下降而忽视农业的基础地位，而必须始终把加强农业放在国民经济的首位。

在新的历史条件下加强农业的基础地位，首先，要保证粮、棉、油等主要农产品稳定增长，使粮食生产能力达到一个新水平。其次，要千方百计保证农民收入有较快增长，使农民生活达到小康水平。这是中国农业和农村经济的两大历史任务。为完成这样的历史任务，一是要稳定粮食播种面积，增加对农业的投入，改善农业基础设施，大力改造中低产田，加快商品粮基地建设。二是加大科教兴农力度，实施种子工程，推广节水、节肥等适用技术。三是在重视粮食生产的同时，把发展养殖业放在突出位置。继续大力发展乡镇企业，把种植业、养殖业和加工业结合起来，促进农业的产业化发展。再次，要稳定农村基本政策，继续深化农村改革，大力发展农村社会化服务体系，建立健全农村社会主义市场经济体制。

第二，加快水利、能源、交通、通信事业发展。水利、能源、交通、通信事业，是中国的基础产业。着眼中国经济社会在 21 世纪的长远发展，加快水利、能源、交通、通信事业的开发和建设，是增强中国经济发展后劲的重要条件。加快中国基础产业发展的措施是：水利，要狠抓大江大河大湖治理，重点是建设一批具有综合效益的大中型水利工程，提高防洪抗旱、排涝能力，缓解部分地区缺水的状况。能源，要以发展电力为中心，以煤炭为基础，加强石油、天然气资源勘探与开发，积极发展新能源，改善能源结构。交通，要以增加铁路交通运输能力为重点，充分发挥公路、水运、空运、管道等多种运输方式的优势，加强综合运输体系建设。通信，要充分发挥公用通信网和专用通信网能力，继续建设好通信干线，特别是光缆通信干线，形成全国统一的综合通信体系。

第三，加快科技进步，优先发展教育。科学技术是生产力是马克思主义的一个基本观点。在新的21世纪，实现中国社会主义发展战略，关键是实现两个具有全局意义的根本性转变。一是在经济体制上，从传统的计划经济体制向社会主义市场经济体制转变；二是在经济增长方式上，从粗放型增长方式向集约型增长方式转变。转变经济增长方式，归根到底要靠科技进步和提高劳动者素质，关键是抓好科技与教育。因为科学技术是第一生产力，教育是科技进步的基础，科技教育发展水平直接影响和规定着中华民族整体素质的高低和中国现代化的前途与命运。

在新的历史时期，面对世界科技进步和高科技革命的机遇与挑战，中国科技教育事业发展，必须采取如下措施。一是要深化科技教育改革，通过科教体制创新和科教兴国战略实施，充分发挥现有科教基础的作用。二是要抓住重点。科技要在加强基础研究的基础上，抓好技术开发与推广，大力发展高新技术及其产业，通过体制创新，使科技与经济更好地结合起来。教育是科技的基础，要切实抓好普及九年义务教育工作，积极发展职业教育，提高教育质量，优化教育结构。三是随着经济发展和国家财力增强，逐步增加对科技和教育的投入，真正把经济发展转变到依靠科技进步的轨道上来。

第四，加快经济结构调整。经济结构是否合理，关系到整个国民经济运行的速度和效益。加快经济结构调整，是解决中国经济结构深层次矛盾、实现发展战略的重要环节。

在发展社会主义市场经济和扩大对外开放的条件下，根据中国经济发展状况，充分考虑世界科技进步加快发展和国际经济结构加速重组的趋势，着眼于提高国民经济整体素质和效益，中国经济结构调整的总任务，就是要通过调整，全面提高国民经济的整体素质和效益，不断增强中国的综合国力和国际竞争力。根据这一总任务的要求，中国经济结构战略性调整，要紧紧抓住那些制约国民经济素质和效益提高，影响综合国力和国际竞争力增强的深层次矛盾展开。其具体任务是：克服农业对国民经济发展不适应的状况，促进产业结构的优化升级，促进地区经济的合理布局和协调发展，积极扩大国内需求。经济结构调整的战略重点，是加强对农业和水利、能源、交通和通信、科技和教育的投资，同时，振兴支柱产业，发展新兴产业和高新技术产业，鼓励和引导第三产业加快发展。

三　先富带动后富，逐步实现共同富裕

共同富裕是中国社会主义发展战略的出发点和归宿。从邓小平在社会主义与共同富裕的内在关联中设计中国社会主义发展战略看，社会主义共同富裕主要包括四个基本思想。第一，贫穷不是社会主义，社会主义要实现富裕。第二，少数人富，大多数人穷，也不是社会主义。第三，共同富裕并非平均主义。社会主义共同富裕的实现过程，不仅是根本否定剥削的过程，同时也是允许人们存在富裕差异，鼓励人们多劳多得的过程。第四，共同富裕不等于同步富裕。

先富带动后富是实现中国社会主义发展战略的必由之路。共同富裕的实现是一个逐步推进的过程。就实现共同富裕的步骤看，也要经过"三步走"，即由解决温饱到实现小康，最终达到共同富裕。就实现共同富裕战略目标的时间来说，也必然会有先有后。一部分地区、一部分人先富起来，形成示范力量，带动后富地区和人民，共同走向共同富裕。

让一部分地区、一部分人先富起来的政策以承认差别为前提，以诚实劳动、合法经营为条件，以最终实现共同富裕为目标。关于地区差别问题，东部沿海地区要充分发挥有利条件，继续发挥优势，进一步增强经济活力；中西部地区也要根据各自特点和优势，积极创造条件发展经济。同时，国家将采取地域倾斜政策，加大财政转移支付力度等，以优惠政策鼓励东西优势互补，推动中西部经济腾飞。对于个人收入差别问题，国家在允许一部分人通过诚实劳动与合法经营先富起来的同时，要加强对各种收入分配的管理，保护合法收入，取缔非法收入，调节过高收入，保证劳动人民的基本生活。此外，还要在全社会提倡扶贫济困的精神，最终实现全国人民的共同富裕。

四　促进经济和社会的可持续发展

促进经济和社会的可持续发展，是中国 21 世纪经济和社会发展的重要战略之一。江泽民指出："要促进人和自然的协调与和谐，使人们在优美的生态环境中工作和生活。坚持实施可持续发展战略，正确处理经济发

展同人口、资源、环境的关系,改善生态环境和美化生活环境,改善公共设施和社会福利设施。"①

促进经济和社会的可持续发展,正确处理经济发展与人口、资源和环境的关系,是核心内容。在具体实施这一发展战略时,应遵循以下原则。其一,把实现可持续发展作为国家经济社会发展的战略目标。要以可持续发展为指导思想,来规划、安排国家经济社会发展,把可持续发展纳入社会主义现代化建设的统一部署之中。其二,把可持续发展同实现两个根本转变结合起来。要依靠市场机制与宏观调控相结合的调节力量,依靠集约式经营和内涵扩大再生产的模式,实现经济发展与人口、资源和环境的协调。其三,把可持续发展与科教兴国结合起来。实现可持续发展的根本途径在于科技进步和教育发展,因而必须坚持以科技、教育为本。其四,把法制建设作为坚持可持续发展的重要手段。要在建设社会主义法治国家的过程中,进一步健全和完善相关法规,将控制人口、节约资源、保护环境的工作落到实处。

第四节 社会主义发展战略的重大意义

在社会主义现代化建设伟大实践中形成的中国特色社会主义发展战略,准确把握国际环境的动态变化,紧紧抓住社会生产力发展、综合国力增强这个根本,在世界多极化和经济全球化的背景下结合中国在 21 世纪的发展,以准确的国际定位,为中华民族的伟大复兴指明了方向。

一 社会主义发展战略是提高综合国力的关键

生产力水平、综合国力是决定一个国家国际地位的基本衡量指标。邓小平在构想中国跨世纪发展战略时,对增强综合国力这一战略基础给予了高度重视,明确指出,衡量一个国家的国力,要综合的看,全面的看。江泽民将这一思想进一步概括为从世界范围看,各国之间的竞争,说到底是综合国力的较量。

发展经济,增强中国的综合国力,是邓小平始终不变的战略信念,也

---

① 《在庆祝中国共产党成立八十周年大会上的讲话》,人民出版社 2001 年版,第 44 页。

是其考虑一切战略问题的基本出发点。邓小平一贯坚持认为："抓住时机，发展自己，关键是发展经济。"① 邓小平提出的社会主义发展战略从两个方面强调经济实力的重要性：一是发展是当今世界的主题，中国必须抓住这一机遇，认真地、真正地把改革开放搞下去。因为"中国的发展对世界、对亚太地区的和平与稳定是有利的。"② 二是从历史经验看，落后就要挨打，不发展经济只能回到落后、贫困的状态。从国际经验看，中国要毫不动摇地坚持社会主义制度，也必须坚持发展经济，这是决定中国前途命运的最重要的因素。

坚持社会主义制度，维护国内稳定是中国综合国力增强的政治保证，也是中国社会主义发展战略的政治基础。在社会主义发展战略中，经济发展和政治稳定是相互促进的。经济发展是根本，政治稳定是条件，经济发展决定政治稳定，政治稳定促进经济发展。正是基于这种认识，邓小平对政治稳定给予高度重视，一再强调："中国的问题，压倒一切的是需要稳定。"③ 邓小平在论述发展和稳定时都是从坚持社会主义这一不变的前提出发的。中国要实现跨世纪的进一步发展，基本路线要管100年，动摇不得，不坚持社会主义，只能是死路一条。

科学技术作为衡量综合国力的基本目标之一，在中国社会主义发展战略中也占有重要地位。邓小平从提出改革开放政策之日起，就将科学技术作为经济发展的"第一生产力"，指出，"经济发展得快一点，必须依靠科技和教育。"④ 从这一认识出发，邓小平还提出科学技术的发展直接关系到21世纪中国的国际竞争地位。在世界科技竞争日趋激烈，高科技领域一日千里的形势下，中国更不能安于落后，这是实现中国现代化的客观要求。

二 社会主义发展战略为现代化建设指明了方向

中国社会主义发展战略的宗旨，是使中国在21世纪成为一个强大的社会主义国家。具体说来，发展战略的目标定位为：中等发达水平的社会

---

① 《邓小平文选》第3卷，人民出版社1993年版，第375页。
② 同上书，第105页。
③ 同上书，第284页。
④ 同上书，第377页。

主义发展中国家。它可以概括为三个内涵：其一，中国是一个社会主义国家。这是基本制度定位。它规定着中国的其他定位趋向。近代中国 100 多年的历史已经证明，社会主义是中国走向强大的唯一选择。中国搞社会主义，是谁也动摇不了的，这一点必须坚持，毫不动摇。其二，中国的经济定位是中等发达水平。尽管 20 多年来中国的改革开放和现代化建设取得了很大成就，但与西方发达国家比还有很大差距；尽管中国国内生产总值已跃居世界第 6 位，但人均产值还很低。中国不应高估自己，当然也没有必要低估自己的实力。其三，中国在国际关系格局中定位为第三世界发展中国家，即使经济发展到中等发达国家水平，中国在人均产值和收入水平方面还是属于发展中国家行列。中国永远不做超级大国，永远不搞霸权主义。中国社会主义发展战略在政治、经济和国家关系中的战略定位，为 21 世纪中国社会主义现代化建设，为在 21 世纪实现中华民族的伟大复兴指明了方向。

三 中国社会主义发展战略是全国人民努力奋斗的行动纲领

首先，中国社会主义发展战略把小康水平和达到中等发达国家水平作为社会主义现代化的两个阶段性标志，使中国社会主义现代化的目标有了明确的内容。其次，把实现经济发展战略目标与社会全面发展统一起来。"三步走"发展战略不单是经济指标，同时也是社会发展综合目标。特别是中共十六大提出的全面建设小康社会目标，包含了经济、政治、社会、文化发展的全面内容。这样的战略是全面的、综合的战略，是指导全党和全国人民建设中国特色社会主义的具体的行动纲领。再次，把经济发展战略与社会主义制度的优越性联系起来。社会主义之所以优越于资本主义制度，最终要体现在生产力发展上。邓小平指出，如果实现了"三步走"战略目标，"就更加能够体现社会主义制度的优越性……这不但是给占世界总人口四分之三的第三世界走出了一条路，更重要的是向人类表明，社会主义是必由之路，社会主义优于资本主义。"[①] 这就说明，中国社会主义发展战略，不仅是中国人民努力奋斗的行动纲领，是中华民族伟大复兴的行动指南，也必将对其他发展中国家探索适合自己的发展道路提供有益的经验。

---

① 《邓小平文选》第 3 卷，人民出版社 1993 年版，第 224～225 页。

第七章 社会主义改革开放

中共的十一届三中全会以来的历史雄辩地证明，实行改革开放是社会主义中国的强国之路，是决定当代中国命运的历史性决策，是新时期中国最鲜明的特征。中国的改革，是社会主义制度的自我完善和发展，是在坚持社会主义基本制度的前提下，自觉地调整和改革生产关系同生产力、上层建筑同经济基础之间的不相适应的方面和环节，促进生产力的发展和各项事业的全面进步，目的是更好地实现最广大人民群众的利益。中国的发展离不开世界，关起门来搞建设是不能成功的。实行对外开放，符合当今时代特征和世界经济发展趋势，是加快中国现代化建设的必然选择，是必须长期坚持的一项基本国策。

第一节 改革是社会主义发展的直接动力

关于社会主义发展动力的问题，马克思、恩格斯没有也不可能为后来者准备好现成的答案。他们只是一般地论述了人类社会的基本矛盾及其动力系统，关于社会主义的发展动力问题基本没有涉及。列宁没有来得及解决这个问题，而斯大林由于思想方法的形而上学，对这个问题作了错误的回答。毛泽东虽然正确地提出了社会主义社会基本矛盾学说，但是由于对社会基本矛盾的具体表现和中国国情的判断失误，也没有最终解决好这个问题。邓小平充分肯定了毛泽东的理论贡献，他认为："关于基本矛盾，我想现在还是按照毛泽东同志在《关于正确处理人民内部矛盾问题》一文中的提法比较好。""当然，指出这些基本矛盾，并不就完全解决了问题，还需要就此作深入的具体的研究。"① 邓小平结合新的实践，用新的思想和观点丰富、发展了毛泽东关于社会主义社会基本矛盾的理论，正确回答了社会主义发展动力的问题。

一 改革是社会主义制度的自我完善和发展

邓小平在总结中国社会主义建设历史经验的基础上，深刻地论述了阶级斗争和改革在社会主义发展中的地位和作用。他指出，社会主义制度从总体上说消灭了作为阶级的剥削阶级，从而也就消灭了对抗性质的阶级关系；阶级斗争虽然在一定范围内存在，但已经不是主要矛盾；生产力发展所受到的束缚主要不是来自资本主义，而是来自僵化的经济体制、政治体制；要发展生产力，体制改革是必由之路，改革是社会主义社会发展的直接动力。

改革，不是要颠覆社会主义制度，而是通过体制的改革充分展示社会主义制度的优越性，是社会主义制度的自我完善和发展。对此，邓小平反复阐明，中国的社会主义基本制度是个好制度，必须坚持。改革是为了兴利除弊，完善和发展社会主义制度。从体制转换的角度审视，改革虽不是改良而是革命，但作为一场具有崭新意义的革命，改革决不是也不允许否定社会主义的基本制度。社会主义社会的生产关系与生产力、上层建筑与经济基础存在着又相适应又相矛盾的状况，从实质上说，社会主义经济体制和其他方面体制的弊端，是基本矛盾中不相适应的方面的反映，完全可以通过社会主义制度本身加以解决。正因为如此，社会主义改革决不是短期行为、应急措施，而是长期所要坚持的实践进程，正如邓小平所说："改革开放要贯穿中国整个发展过程"。②

事物的性质决定了事物的存在意义与作用。改革的性质，是社会主义制度的自我完善和发展，这也相应决定了其在社会主义运行中的地位和作用。

首先，改革是解决社会主义社会基本矛盾的根本途径和方法。社会基本矛盾作为社会主义社会发展的基本动力，必须通过人的自觉活动才能实

---

① 《邓小平文选》第2卷，人民出版社1994年版，第181~182页。
② 《邓小平文选》第3卷，人民出版社1993年版，第265页。

现。这里牵涉基本动力与直接动力的关系。基本动力是根源,直接动力是表现。直接动力是基本动力实现的途径和方法。在阶级社会里,社会基本矛盾推动社会前进的动力作用是通过阶级斗争实现的。所以阶级社会发展的直接动力是阶级斗争。在社会主义社会,社会基本矛盾不再具有剧烈对抗的性质,它不需要通过阶级斗争来解决,只要通过改革,变旧体制为新体制,即直接推动作用为社会主义生产关系实现形式的经济体制以及其他各方面体制的变革,就能解决生产力与生产关系、经济基础与上层建筑的矛盾,从而对整个社会的发展起到极大的推动作用。所以,改革是社会主义社会发展的直接动力。

改革的直接动力作用还表现在对生产力的推动作用上。改革不仅直接推动了经济体制、政治体制的变革,而且极大地推动了生产力的发展。改革对生产力的推动作用主要体现在解放生产力上。社会主义的生产关系和上层建筑同生产力的发展要求是基本相适应的,从本质上讲,它为促进生产力比以往旧社会以更快的速度发展提供了现实的可能性,这正是社会主义制度的优越性之所在。但是,社会主义制度在中国确立后,所形成的作为生产关系具体表现形式的经济体制以及其他各方面的体制,又是同生产力的发展要求相矛盾的,严重阻碍生产力的发展,致使社会主义制度的优越性不能在现实中充分发挥出来。不改革体制、不解放生产力,就谈不上发展生产力。正如邓小平所说:"不改革就没有出路,旧的那一套经过几十年的实践证明是不成功的。过去我们搬用别国的模式,结果阻碍了生产力的发展,……中国社会从一九五八年到一九七八年二十年时间,实际上处于停滞和徘徊的状态,国家的经济和人民的生活没有得到多大的发展和提高,这种情况不改革行吗?"① 通过改革解决经济体制、政治体制不适应生产力发展的矛盾,为生产力的发展开辟广阔的社会空间,这正是改革的目的之所在。

改革的直接动力作用是以社会基本矛盾为基础的。在社会基本矛盾体系中生产力具有最终决定作用。改革要想真正发挥动力作用,就必须以生产力的实际状况为客观依据。脱离生产力的实际盲目乱改,不仅不会起到动力作用,而且会产生阻碍和破坏作用。只有以生产力的实际状况为依

---

① 《邓小平文选》第3卷,人民出版社1993年版,第237页。

据，按照生产力的发展要求进行改革，才能真正发挥动力作用。所以，这里有一个以"生产力标准"指导革命、检验改革的问题。

二 改革是一场新的革命

邓小平一再指出，改革是革命性变革，改革实际上是一场革命。"改革是中国的第二次革命。"①

从改革的性质看，改革是革命而不是改良。邓小平说："改革的性质同过去的革命一样，也是为了扫除发展生产力的障碍，使中国摆脱贫穷落后的状态。从这个意义上说，改革也可以叫革命性的变革。"② 社会革命是为了根本改变阻碍生产力发展的旧的经济基础和上层建筑。改革也是要扫除发展社会生产力的障碍，具体地说，就是要从根本上克服原有的经济体制的弊端，从计划经济体制转变为社会主义市场经济体制。邓小平认为："革命是解放生产力，改革也是解放生产力，推翻帝国主义、封建主义、官僚资本主义的反动统治，使中国人民的生产力获得解放，这是革命，所以革命是解放生产力。社会主义基本制度确立以后，还要从根本上改变束缚生产力发展的经济体制，建立起充满生机和活力的社会主义经济体制，促进生产力的发展，这是改革，所以改革也是解放生产力。"③ 从打破阻碍生产力发展的桎梏，解放生产力的角度看，改革与革命具有同样的性质。

就改革引起的社会变革的广度和深度看，改革具有革命性质。改革是翻天覆地的伟大事业，引起的变化极为广泛而深刻。改革不是对原有体制的修修补补，不是细枝末节的变革，而是从根本上改变原有的高度集中的计划经济模式。经济体制改革的目标，是从指令性的计划经济体制转向社会主义市场经济体制，这种转换在生产的组织形式、活动方式、管理方式、分配方式等方面都引起了重大变化。改革不仅是对某一领域、某一方面的改革，而是全方位、多方面的改革。它要改变生产关系和上层建筑中一切同生产力发展不相适应的部分，其中包括经济体制的改革、政治体制

---

① 《邓小平文选》第 3 卷，人民出版社 1993 年版，第 113 页。
② 同上书，第 135 页。
③ 同上书，第 370 页。

的改革、思想观念的改革、科技文化教育体制的改革等。中共十一届三中全会以来，中国的经济体制格局已经发生了重大变化，原来的单一公有制结构，已改变为以公有制为主体、多种所有制并存的格局；原来单一的按劳分配制度，已改变为以按劳分配为主，其他分配形式为补充的分配方式；传统的计划经济体制已在逐步转变为社会主义市场经济体制；封闭状态已被打破，实现了全方位的对外开放。"改革促进了生产力的发展，引起了经济生活、社会生活、工作方式和精神状态的一系列深刻变化。"① 从政策的重新选择、体制的重新构建、社会生活和人们观念的重大变化的广泛性、深刻性来说，改革是一场新的革命。

改革是解放生产力、发展生产力的必由之路。要不要实行改革，关系到中国社会主义的兴衰成败。邓小平说："如果现在再不实行改革，我们的现代化事业和社会主义事业就会被葬送。"② 它第一次比较正确地初步回答了中国这样经济文化落后的国家如何建设社会主义、如何巩固和发展社会主义的问题，使社会主义走出某种历史的误区。所以，邓小平把改革同建立新中国的新民主主义革命并列，称为第二次革命。第一次革命通过阶级斗争，实现了国家政权和社会制度的根本变革，把一个半殖民地半封建的旧中国变成了一个社会主义的新中国，改革则把一个经济文化落后的社会主义中国变成一个民主、文明、富强的社会主义中国。改革极大地增强了中国的综合国力，在历史转折关头挽救、推进了中国的社会主义，在中国社会主义发展史上具有里程碑的意义。改革是当代中国的又一次伟大革命。

改革是一场革命，但它不是原来意义上的革命，而是就改革的深刻性、彻底性这一特殊角度而言的。社会主义社会基本矛盾的性质，决定了作为第二次革命的改革同第一次革命的重大区别。第一次革命的对象是旧的社会制度，第二次革命的对象是社会主义制度的某些不相适应或严重不适应生产力发展的具体形式。前者要解决的是落后的生产关系与生产力发展要求之间的矛盾，矛盾的性质是对抗性的，因而所要变革的是基本制度；后者虽然也是解决生产关系和生产力之间的矛盾，但矛盾的性质是非

---

① 《邓小平文选》第3卷，人民出版社1993年版，第142页。
② 《邓小平文选》第2卷，人民出版社1994年版，第150页。

对抗性的，它所要改革的是体制，通过改革体制进一步巩固和完善基本制度。改革没有损害社会主义的本质，没有损害社会主义的基本制度，而是"活"了社会主义，"强"了社会主义，"富"了社会主义。改革是社会主义制度的自我完善和发展。邓小平从多角度反复强调改革的这一根本性质和根本方向。他认为，中国建立的社会主义制度是个好制度，必须坚持，改革不是根本制度的重新选择，而是政策的重新选择、体制的重新构建。改革的目的是为了发展社会主义和更好地坚持社会主义。邓小平一再强调："在改革中坚持社会主义方向，这是一个很重要的问题。"① 在改革中，"一个公有制占主体，一个共同富裕，这是我们所必须坚持的社会主义的根本原则。"②

三 "三个有利于"：改革开放的判断标准

改革开放是在不断克服矛盾中向前发展的。长期以来，对于如何理解社会主义，有人总是离开生产力的发展进行抽象判断。这种思维模式禁锢着人们的头脑，因而对改革开放的各种举措难以理解和接受，甚至指责改革开放是走了资本主义道路。农村推行家庭联产承包责任制，不少人认为这是分田单干走资本主义道路；办集市贸易、允许长途贩运做买卖，也有人认为是资本主义"复辟"行为。对于办经济特区，更有许多人不理解，认为多一分外资就多一分资本主义，"三资"企业多了就会形成"资本主义天下"，就是发展了资本主义；甚至有人提出特区就是殖民地，等等。一些人由此提出改革开放究竟是姓"社"姓"资"的问题。一些人以"左"的面目出现，用一顶顶大帽子吓唬人。所有这些，都是"左"的积习在新的历史条件下的表现。邓小平对此多次进行剖析，揭露了"左"的错误，排除了"左"的干扰。

邓小平在1992年的南方谈话中指出："改革开放迈不开步子，不敢闯，说来说去就是怕资本主义的东西多了，走了资本主义道路。要害是姓'资'还是姓'社'的问题。判断的标准，应该主要看是否有利于发展社会主义社会的生产力，是否有利于增强社会主义国家的综合国力，是否有

---

① 《邓小平文选》第3卷，人民出版社1993年版，第138页。
② 同上书，第111页。

利于提高人民的生活水平。"①

"三个有利于"标准是生产力标准的发展,而它的核心仍然是生产力标准。按照历史唯物主义原理,生产力发展是一切社会发展的最终决定力量,是社会进步的最高标准。毛泽东在中共七大的报告中曾指出:"中国一切政党的政策及其实践在中国人民中所表现的作用的好坏、大小,归根到底,看它对于中国人民的生产力的发展是否有帮助及其帮助力之大小,看它是束缚生产力的,还是解放生产力的。"② 邓小平认为,讲社会主义,发展社会主义,首先要使生产力发展,这是主要的。一个马克思主义的政党,在取得政权以后,就要致力于发展生产力,改善人民生活。社会主义制度优越性的发挥,社会主义制度能否站得住脚,取决于其对生产力的解放和发展程度。改革开放就是为了解放和发展生产力,当然要以生产力标准来衡量和判断。一切有利于生产力发展的改革开放举措,都是社会主义所要求的,对社会主义有利的,就要在实践中坚持、创新和发展。一切不利于生产力发展的东西,都是违背社会主义要求的,因此,应毫不痛惜地加以革除。邓小平提出"三个有利于"标准,把生产力的发展同增强社会主义国家的综合国力和改善人民生活直接联系起来,更加鲜明地体现了中国改革开放的社会主义性质和根本宗旨,这是中国特色社会主义取得成功的根本原因,是对生产力标准的科学发展。正如江泽民所指出的:"全党同志无论在什么岗位上,都要对自己所从事的工作经常加以检查和总结,看看是不是符合先进生产力的发展要求,符合的就毫不动摇地坚持,不符合的就实事求是地纠正。这样,才能充分体现共产党人的先进性和时代精神。"③ "三个有利于"标准的提出,有力地促进了人们的思想解放,在防止"左"的同时,排除了右的干扰和障碍,保证改革沿着正确的轨道向前推进。

四 改革遵循的方法论原则

改革不是自发、盲目的行为,而是在中国共产党的领导下,由全国人

---

① 《邓小平文选》第3卷,人民出版社1993年版,第372页。
② 《毛泽东选集》第3卷,人民出版社1993年版,第1079页。
③ 江泽民:《在庆祝中国共产党成立八十周年大会上的讲话》,人民出版社2001年版,第15页。

民共同参与的自觉性实践。因此，必须坚持勇于探索和创新、群众路线以及循序渐进的方法论原则。

改革必须鼓励大胆探索、勇于创新，这是邓小平一再强调的。改革是史无前例的全新的事业，没有现成的经验可循，没有现成的本本可依。"我们现在做的事都是一个试验"，"是个很大的试验，是书本上没有的"，"不仅在中国，而且在国际范围内也是一种试验"。① 既是一种试验，就需要积极探索、大胆实践，尊重群众的首创精神。鼓励大胆探索，在实践中不断积累经验，对的就坚持，不对的赶快改，一旦新问题出来就抓紧解决，这应成为社会主义改革和发展的指导性原则。

当然，大胆探索，并不是不讲科学、草率从事。大胆探索要有步骤，先在小范围内试验，路子走对了，再逐步推开。大胆探索的前提和条件是要"看准"。所谓"看准"，首先，要坚持一切从实际出发，实事求是，"看准"客观实际情况及其发展大势。要求"看准"，决不是看准"本本"，看准"风向"，更不是看准领导人的脸色和个人私利，而是要看准客观实际，独立思考揭示出事物的本质和规律来，把它作为大胆实验的向导。其次，要"看准"有利时机，善于抓住机遇。邓小平告诫："改革没有万无一失的方案，问题是要搞得比较稳妥一些，选择的方式和时机要恰当。"② 因此，看准时机和选择时机，是事业成功的基本条件。抓住时机，大胆试验，就容易收到事半功倍的效果。最后，还要"看准"一个好的方法。无论改革方面的探索，还是其他方面的探索，都要根据具体的情况，进行具体分析，采用不同的探索方法，新问题就得用新办法。只有选择了好的探索方法，才会有好的结果。盲目照搬别人的方法，是难以获得成功的。可见，只有看准，大胆探索才能成功，改革的步子才能稳妥。

改革开放的大胆探索和创新，难免会出现不同意见。中共从改革是一种新探索这个实际出发，提出了不搞抽象的争论，而是大胆地试、允许看，出了问题赶快改的方针。人们的认识有一个过程，改革开放中许多新东西不是通过抽象的争论就能弄清是非，得出结论的，而是要用实践检验，用事实来说话，尊重实践的权威。对改革中出现的问题及时纠正，纠

---

① 《邓小平文选》第3卷，人民出版社1993年版，第174页、130页、135页。
② 同上书，第267页。

正改革中出现的问题是为了更好地继续推进改革，而不影响继续探索、创新。十一届三中全会以来，中共遵循不搞抽象争论，鼓励大胆探索，勇于创新的方针，使改革政策得到广大干部群众的拥护，保证了改革事业的顺利进行。

改革是为了人民，也要依靠人民。改革的目的，说到底是为了更好地实现最广大人民群众的利益。这是中国社会主义改革的基本出发点，是由中共的根本宗旨决定的。正因为改革是为了人民，所以才得到了亿万人民群众的衷心拥护，取得了举世瞩目的成就。这是必须长期坚持的一条原则。从历史发展的角度看，中共领导的改革，合乎时代发展的潮流，也顺应了广大人民群众的呼声和要求。中共确定的每一步改革目标，制定的一系列方针政策，都是从最广大人民群众的根本利益出发的。改革的根本原则就是要让人民群众共享改革和发展的成果，使人民摆脱贫困，走向共同富裕。在改革进程中，中共坚持以人民利益标准作为衡量改革成功与否的准绳。改革措施的正确与否，改革方法的可行与否，最终都要以人民群众答应不答应、拥护不拥护、高兴不高兴、满意不满意来作判断。在制定和执行改革措施时，中共始终把握好两个方面：一方面考虑到改革措施是否使人民群众的大多数受益；另一方面，考虑到改革措施是否能够为大多数群众所承受。历史新时期，广大人民群众是改革的坚定的支持者与参与者，是改革的主体和中坚力量，也是改革的最大受益者。

改革的目的是为了人民，改革的成功主要依靠人民。邓小平把改革的动力作用同人民群众创造历史的伟大动力作用紧密联系在一起，强调要尊重群众的首创精神，调动群众的积极性。历史唯物主义认为，人民群众是社会实践的主体，是创造世界历史的动力。改革是亿万人民群众自己的事业，没有人民群众的理解、支持和积极参与，则将一事无成。邓小平认为，中国农村改革之所以出成效，就是因为给了农民更多的自主权，调动了农民的积极性；要把这个经验应用到各行各业，调动各个方面的积极性。改革越深入，越要注意把干部和群众的积极性、主动性、创造性引导好、发挥好。邓小平强调，改革要依靠人民群众的创造性实践，注意总结人民群众的新鲜经验。改革是中国的第二次革命，是一项全新的事业，没有现成的经验可以借鉴。最好的办法就是依靠人民群众的实践，在实践中进行探索、创新，由人民群众决定取舍，解决问题。邓小平指出："我们改革开放的成功,不是靠本本,而是靠实践,靠实事求是。农村搞家庭联产承包,这个发明权是农民的。农村改革中的好多东西,都是基层创造出来的,我们把它拿来加工提高作为全国的指导。"① 改革中许多好的政策和办法都是在总结人民群众新的实践经验基础上逐步形成的。

改革必须坚持循序渐进,这是邓小平所强调的改革方法的又一原则。改革是一项涉及社会生活各个方面的宏大的系统工程,要坚持从实际出发,先易后难、循序渐进。苏联、东欧一些社会主义国家的改革之所以遭到失败,并最终导致亡党亡国的结局,教训之一,就在于改革忽冷忽热,改革的指导原则及其实施措施忽"左"忽右所造成的。而中国之所以通过改革焕发出社会主义生机,就是因为在思想和实践上坚持了循序渐进的原则。中国的改革首先从农村开始。之所以把农村作为改革的突破口,有三个方面的原因:一是当时中国农村生产力发展受旧体制的束缚,农村经济社会面临严重问题,广大农民迫切要求改革这种状况;二是农村旧体制的改革相对于城市的改革要容易进行,也容易见效;三是农村的发展是国民经济发展的基础,也是社会稳定的基础,只有农村改革提供了经验后,才能有力地推动中国的全面改革。事实是农村改革大见成效,为中国经济体制改革向城市发展并全面展开奠定了坚实的基础。1984年10月,中共十二届三中全会通过了《关于经济体制改革的决定》,加快了以城市为重点的整个经济体制改革的步伐,并对科技体制和教育体制改革进行了部署。1992年初,邓小平的南方讲话,对改革实践作了全面总结,对改革理论作了进一步的阐述。同年10月,中共十四大根据邓小平南方讲话精神,对十一届三中全会以来的改革实践作了全面深刻的总结,明确提出了中国经济体制改革的目标是建立社会主义市场经济体制。从此,中国的社会主义改革进入全面进行体制创新的时期。1997年9月,中共十五大对中国改革过程中一系列重大理论和实践问题作了科学而全面的回答,使改革在一些重大方面取得新的突破。江泽民在纪念中国共产党成立八十周年大会上的讲话,围绕社会主义经济、政治、文化发展,提出了一系列创新性论断。2002年11月召开的中共十六大,更是对中国的全面改革产生了极大的促进意义。在中共中央的正确领导下,改革取得了实质性进展,正

---

① 《邓小平文选》第3卷,人民出版社1993年版,第382页。

在朝着预定的目标胜利迈进。

第二节 对外开放是中国的一项基本国策

马克思曾对交往、开放的世界性发展寄予巨大的希望,认为随着世界交往的普遍发展,生产力的普遍增长才能获得真正的保证,而生产力的普遍发展和世界交往的普遍发展是共产主义社会产生的两大前提。中国是在与世界的联系中实现社会主义的,同样,中国也只能在"全球化"进程中建设社会主义。全球化已构成当代世界发展中的客观事实,中国只有自觉地融入全球化大潮,才能在不同国家、不同社会的相互激荡中激发自身活力,从而使中国特色社会主义推向前进。邓小平以宽广的眼界观察世界,深刻总结历史经验,明确指出中国的发展离不开世界,提出了实行对外开放的重大决策,并解决了对外开放中一系列重大理论、政策和实践问题,使中国的社会主义事业在对外开放中展现出蓬勃发展的新局面。

一 现在的世界是开放的世界

马克思主义的对外开放理论是在开放世界的趋势中逐步形成和发展起来的。社会的开放性,是社会进步和人类文明发展的标志之一。

邓小平的对外开放理论,首先是在对人类社会的开放趋势进行科学观察的基础上得出的重要结论。在近代人类历史的发展进程中,奔涌着一股经济全球化的洪流。生产力的发展,分工和交换的扩大,不断地冲破地域的壁垒,把各个民族推向相互联系和交往之中。尤其是机器大工业的出现,既促进了生产力和生产活动的社会化、国际化,也促进了资本主义生产关系的国际扩张。机器大工业造成的巨大生产能力,已非一国自身所能完全容纳和支持,不可避免地要求到国外去寻求销售市场和资料来源。这样,世界发达国家就以国际商品交换作为本国生产的必需条件,同时又以血腥的殖民扩张把许多落后国家卷入到国际商品交换之中,从而使得多种资源在国际间大量和迅速流转,使世界市场迅速形成并在曲折中不断扩大,进而把各国不同的生产转化为世界总生产的组成部分,逐步形成了一个愈益开放的世界。马克思、恩格斯早在150年前就分析过这种社会的历史进程,并明确指出:"过去那种地方的和民族的自给自足和闭关自守状态,被各民族的各方面的互相往来和各方面的互相依赖所代替了。"① 人类历史由此转变成真正意义上的世界历史。在当代世界,经济全球化的潮流更加迅猛地发展。以信息技术、生物工程技术、新材料技术、新能源技术等新技术群为代表的新的技术革命蓬勃兴起,极大地推动了世界产业结构的升级和国际竞争的发展。第二次世界大战结束以来,世界经济的开放性不断扩大,经济资源跨越国界在全球范围内流动,各国经济与外部世界的关系愈来愈紧密。今天,经济全球化已成为世界发展不可逆转的客观进程,各国的开放度越来越高。邓小平敏锐地把握这一客观历史发展进程,指出:"现在的世界是开放的世界。"② 面向世界,实行经济开放同时伴随以其他各个领域不同程度的开放,已成为当今世界各国共同谋求发展的必然要求。

邓小平的对外开放理论同时也是对中国长期停滞落后教训深刻总结的结果。社会主义社会是一个与世界国家同步震荡、同步前进的社会,在当代,也是一个与全球化进程互促互动的社会。正如马克思所强调的:"无产阶级只有在世界历史意义上才能存在,就像它的事业——共产主义一般只有作为世界历史性的存在才有可能实现一样。"③ 马克思始终在全球意义与世界发展规律的基础上理解社会主义,社会主义蕴含着强烈的全球性与开放性特点。但是,社会主义制度在中国确立之后,由于国际反动势力的封锁和主观上教条主义思想的羁绊,使中国的社会主义游离于全球化浪潮与世界现代化进程之外,丧失了许多发展的机遇,从而影响了自身优越性的发挥和社会主义经济的发展。正如邓小平所总结的:"中国过去在很长时间里处于封闭状态,经济发展受到限制。"④ 这样,中国的发展不仅没有达到一定的速度和质量,反而与发达国家的差距进一步拉大。人类社会存在着封闭行为的落后衰减规律在社会主义现实中得以重现。邓小平在总结社会主义发展的经验教训时,对此有着深刻的体会:"我们最大的经验就是不要脱离世界,否则就会信息不灵,睡大觉,而世界技术革命却在

---

① 《马克思恩格斯选集》第1卷,人民出版社1995年版,第276页。
② 《邓小平文选》第3卷,人民出版社1993年版,第64页。
③ 《马克思恩格斯选集》第3卷,人民出版社1956年版,第30页。
④ 《邓小平文选》第3卷,人民出版社1993年版,第288页。

蓬勃发展。"① 因此，"中国要谋求发展，摆脱贫穷和落后，就必须开放。"② 社会主义发展历史所提供的深刻启示，在于社会主义只有通过参与全球化进程，才能有自己的发展与繁荣。邓小平以一往无前的勇气与魄力推进开放，其意义也正在于此。

邓小平的对外开放理论，其基点是着眼于当今世界条件下如何加快中国的发展，早日实现社会主义现代化。因为，只有对外开放，才能利用国外的资金、技术和管理经验，更快地提高中国的生产率，加速经济发展；只有对外开放，才能更好地利用世界市场，配置资源，发挥优势，获得比较利益；只有对外开放，才能紧跟世界范围新科技革命的潮流，提高国民经济整体素质；只有对外开放，才能更多地实现价值，积累财富，增强社会主义中国的综合国力。要在利用人类文明成果的基础上发展中国的社会主义现代化，这是一个战略考虑。

二 社会主义只有在对外开放中才能获得更大的发展

在开放的世界中，"任何一个国家要发展，孤立起来，闭关自守是不可能的。"③ 发达国家如此，发展中国家也是如此；资本主义国家如此，社会主义国家也是如此。

社会主义在世界上出现以后，就遇到了如何正确处理与外部世界的关系，尤其是与资本主义国家关系的问题。从历史趋势上看，社会主义与资本主义是根本对立的制度。世界上的各种反动力量，对于社会主义制度从一开始就持反对和仇恨的态度，企图把社会主义扼杀在摇篮之中。因此，多年来，他们或是用封锁，或是用制裁，甚至用干涉、侵略的办法，力图消灭社会主义，至少要把它封闭起来，遏制它的发展。这就在客观上造成了不利于社会主义对外联系的外部环境。因此，中国要顶住压力，包括要防止和反对"和平演变"，巩固和发展社会主义。但是，同时也要看到，人类社会的发展，尤其是经济的发展，有自己的客观规律。任何一个国家，无论出于何种原因，如果被封闭起来，其经济

---

① 《邓小平文选》第3卷，人民出版社1993年版，第290页。
② 同上书，第266页。
③ 同上书，第117页。

活动只限于一个狭窄的圈子里进行，就难以吸收外部世界的经验，也难以利用外部世界的市场，其结果只能导致自身的被动、落后局面。在一个经济文化落后的国家建设社会主义，必须善于利用和借鉴资本主义社会创造的文明成果来发展社会主义。十月革命后，列宁曾指出："社会主义共和国不同世界发展联系是不能生存下去的，在目前情况下应当把自己的生存同资本主义的关系联系起来。"① 他强调要发展社会主义国家的对外经济关系，学习和利用外国一切好的东西。毛泽东在《论十大关系》等著作中也强调过这一重要思想，但由于历史条件和主观认识等各种原因，加上外部封锁，多数社会主义国家都曾经把国门关得较严，结果使社会主义的发展受到了很大影响。

历史经验证明，社会主义作为人类文明发展的一个新阶段，不能离开整个人类文明发展的大道。从纵向谈，必须继承千百年来包括资本主义时代创造和积累的文明成果；从横向看，必须大胆吸收不同国家适应时代要求的新的文明创造。正如邓小平所说："社会主义要赢得与资本主义相比较的优势，就必须大胆吸收和借鉴人类社会创造的一切文明成果，吸收和借鉴当今世界各国包括资本主义发达国家的一切反映现代社会化生产规律的先进经营方式、管理方法。"② 人类社会几千年的发展，资本主义社会几百年的发展，特别是一些发达国家在经济、科技、教育、文化和社会管理等方面积累的丰富经验，取得的历史性文明成果，作为后起的崭新的社会主义社会制度，必须大胆借鉴和吸收，并结合新的实践进行新的创造，为我所用，才能加快发展，赢得同资本主义相比较的优势。只有这样，社会主义才能充分发挥自身的优越性；只有这样，社会主义才能始终保持蓬勃的生机，得到更快更好的发展。

在邓小平的倡导下，中共作出了对外开放的决策。在对外开放的条件下，在同经济全球化相联系的过程中，建设、巩固和发展社会主义，是当代中国共产党人对科学社会主义的重大贡献。实践证明，这一决策是正确的，对外开放推动了中国的经济体制改革，促进了中国生产力发展和社会全面进步，使社会主义充满了生机和活力，不断得到巩固和发展。邓小平

---

① 《列宁全集》第41卷，人民出版社1986年版，第167页。
② 《邓小平文选》第3卷，人民出版社1993年版，第373页。

对此总结认为:"我们现在的路子走对了,人民高兴,我们也有信心。我们的政策是不会变的。要变的话,只会变得更好。对外开放政策只会变得更加开放。路子不会越走越窄,只会越走越宽。"①

三 中国必须长期实行对外开放

对外开放是实现中国社会主义现代化宏伟目标的必需条件。中共十一届三中全会以后,党和国家的中心任务是经济建设,一心一意搞社会主义的现代化。但中国的国情是生产力落后,缺少资金、先进技术和现代管理经验。为了在解决这些困难的同时开拓现代化之路,就要善于学习,大量吸收国际经验与技术。邓小平认为,中国在科技和教育方面损失了20年或者30年的时间,但要相信中国人是聪明的,再加上不搞关门主义,不搞闭关自守,把世界上最先进的科研成果作为起点,洋为中用,吸收外国好的东西,先学会它们,再在这个基础上创新,那么,中国就是有希望的。如果不拿现在世界最新的科技成果作为起点,创造条件,努力奋斗,恐怕就没有希望。②

在制定了分"三步走"基本实现现代化的发展战略以后,邓小平又进一步把对外开放与"三步走"战略联系起来,把对外开放视作实现"三步走"战略的必要条件之一。他指出:"如果说在本世纪内中国需要实行开放政策,那末在下个世纪的前五十年内中国要接近发达国家的水平,也不能离开开放政策,离开了这个政策不行。"③ 对外开放是与经济体制改革相互联系和并行的重要内容。从中国经济体制改革一开始,邓小平就提出:"我们在制定对内经济搞活这个方针的同时,还提出对外经济开放。"④ 随着改革进程的发展,中国最终确立了建立社会主义市场经济体制的目标。市场经济是开放的经济,市场经济的运行机制和很多规则是世界通用的。在封闭的条件下,不可能建立现代市场经济体系,对外开放是建立和完善社会主义市场经济的必要条件之一。要建立市场经济,就必须扩大对外开放,充分利用国际国内两个市场、两种资源,优化资源配

---

① 《邓小平文选》第3卷,人民出版社1993年版,第29页。
② 参见《邓小平思想年谱》(1975—1997),中央文献出版社1998年版,第44页。
③ 《邓小平文选》第3卷,人民出版社1993年版,第102~103页。
④ 同上书,第78页。

置，积极参与国际竞争与国际经济合作，发展开放性经济，使国内经济与国际经济实现互接互补。

邓小平认为，中国的对外开放、吸引外资的政策，"是一项长期持久的政策，本世纪内不能变，下个世纪前五十年也不能变。五十年以后中国同外国在经济上将更加紧密联系起来。"① 随着历史的推进，世界开放性将会日益增强，世界经济联系也会愈益紧密。经济全球化的发展，不仅决定了中国对外开放的必然性和现实性，也决定了中国对外开放的长期性。经济开放的深层次、基础性、长期性的动因，就在于国际竞争和开放的世界的客观要求。因此，中国必须把对外开放作为一项长期坚持的基本国策。

在邓小平开放思想的指引下，从1978年中共十一届三中全会起，中国的对外开放不断发展，逐步形成了全方位、多层次、宽领域的对外开放新格局。中国的对外开放形式是多样化的，除了扩大传统的对外贸易外，还在资金往来、技术转让、劳务合作和国际旅游等方面全面开展，呈现出多样化特点。中国的开放又是多层次的，通过经济特区——沿海开放城市——内陆省份这样多层次的探索和实践，滚动式地由南到北、由东到西、由外向内、由沿海到内地逐步推进。通过对外开放政策的有力实施，大大加强了同世界各国在贸易、科技、文化等领域的交流与合作，有力地推动了中国社会生产力的发展，增强了中国的综合国力；有力地促进了建立社会主义市场经济体制的进程，提高了中国经济管理和科学技术的水平；有力地扩大了对外贸易。同时，一个更加开放的中国也对世界发展作出了应有的贡献，中国经济在亚洲乃至全球经济发展中发挥着越来越重要的作用。中国的对外开放政策符合当今时代特征和世界经济技术发展趋势的要求，是加快中国现代化建设的必然选择。

第三节　深化改革，扩大开放，促进中国的现代化进程

江泽民指出，在新世纪新阶段，发展要有新思路，改革要有新突破，

---

① 《邓小平思想年谱》（1975—1997），中央文献出版社1998年版，第308页。

开放要有新局面，各项工作要有新举措。要集中力量解决好关系经济建设和改革全局的重大问题，使经济总量、综合国力和人民生活水平再上一个新台阶。在加快经济体制改革的同时，必须适应经济发展和社会全面进步的要求，在坚持四项基本原则的前提下，继续稳妥地推进政治体制改革，发展中国特色社会主义民主政治，巩固民主团结、生动活泼、安定和谐的政治局面。江泽民还指出，要适应经济全球化和中国加入世界贸易组织的新形势，在更大范围、更大领域、更高层次上参与国际经济技术合作和竞争，拓宽经济发展空间，全面提高对外开放水平。[①] 这就预示着，在新的世纪，中国的改革开放，将形成又一轮高潮，开创出更加生动的局面。

一 改革要有新突破

由1978年中共十一届三中全会发端的改革，是近代中国人民最伟大最富有成效的历史性活动。尤其是1989年以后，在以江泽民为核心的中共第三代中央领导集体的领导下，中国克服了一个又一个困难，取得一个又一个成就，使改革步步深入，经济持续健康发展，城市面貌发生显著变化。中国的改革总体上说是一种渐进式改革。所谓渐进式改革，就是先易后难，由浅入深。改革20多年以来，出现了许多问题，过去分散的矛盾现在又集中起来了，过去深层的矛盾现在浮上表面，所以说改革进入了攻坚阶段。所谓进入攻坚阶段，就是改革已经进入解决社会深层次矛盾和问题的阶段。因此，要善于发现新情况，解决新问题，克服新矛盾，战胜新困难，力争开创改革的新局面。

为了适应世界经济结构大调整和经济全球化的大趋势，中共中央在认真分析世界经济发展规律和中国经济发展面临的新问题的基础上，明确提出了"以发展为主题，以经济结构调整为主线，以改革开放和技术进步为动力，以提高人民生活水平为根本目标"的经济发展思路。要牢牢抓住经济结构调整主线，依靠产业结构优化推动经济增长，就必须围绕增加农民收入问题加快农业和农村经济结构的调整，加大对农业的支持力度，推动农业产业化经营，加快发展农村第二、第三产业，加快农村小城镇建设，推进农村城市化进程。必须围绕提高核心竞争力，加快工业结构调

---

① 《人民日报》2002年6月1日。

整。中国工业企业中,不仅缺乏市场集中度高、核心竞争力强、能够有效吸收劳动力就业的"大企业",而且有"一技之长"的"专、精、新、特"的中小企业发展也不充分。这不仅直接制约着工业经济的增长速度和质量的提高,而且影响企业和产品的竞争能力。由此,必须通过加大企业联合和重组步伐,建设各类大型企业、中型企业、小型企业之间优势互补和专业化协作的生产组织体系,以发挥工业经济在整个国民经济增长中的作用。同时,还必须围绕提高第三产业对经济增长的贡献率,加快第三产业发展。

20多年市场化取向的改革虽然取得了巨大的成就,但仍有许多过去遗留下来的体制性障碍亟待铲除。存在的问题主要表现在:所有制结构仍不合理,国有经济战线过长,非公有制经济发展不足,民间资本和国际资本无法有效启动;国有企业改革进程缓慢,机制仍未根本改变,活力不足;计划经济的"制度"阴影仍然作用于经济发展过程,资源配置效率低下;条块分割的"诸侯经济",造成地方保护主义盛行和市场分割,阻碍资源的流动和优化配置,等等。要打破这些束缚生产力发展的体制性障碍,必须坚定以完善社会主义市场经济体制为目标,继续推进市场取向的改革。要尊重现代市场经济的一般要求,认真构建市场经济体制的基本框架;要深化对以公有制为主体、多种所有制经济共同发展这一基本经济制度含义的认识,坚决调整所有制结构,在鼓励非公有制经济发展问题上,认识要放胆,政策上要放宽,范围和比例上要放开,规模上要放手,机制上要放活,政治上要放心;要继续深化国有企业产权改革,规范法人治理结构,形成激励与约束相对称的经营管理机制;要切实转换政府职能,维护好市场秩序,保护好产权;要彻底打破"条块垄断"、"城乡壁垒",推动经济市场化进程。

在加快经济体制改革的同时,江泽民明确指出了发展社会主义民主政治,建设社会主义政治文明,加快社会主义政治体制改革的任务,并认为这是适应经济发展和社会主义走向世界的客观要求。发展社会主义民主政治,建设社会主义政治文明,是社会主义现代化的主要目标也是社会主义的本质要求,体现了社会主义现代化建设的鲜明的价值取向,更是人民群众根本、长远和整体利益得以实现和维护的重要保障。江泽民认为:"发展社会主义民主政治,最根本的是要把坚持党的领导、人民当家作主和依法治国有机统一起来。""党的领导是人民当家作主和依法治国的根本保证,人民当家作主是社会主义民主政治的本质要求,依法治国是党领导人民治理国家的基本方略。"[①] 中国共产党是领导中国社会主义事业的核心和中坚,是领导全国各族人民为改革开放伟大事业共同奋斗的核心。"没有党的领导,就没有现代中国的一切。"[②] 中国共产党有能力领导中国改革开放的伟大事业,任何政治力量都无法替代。同时,人民当家作主是社会主义民主政治的核心。国家的一切权力属于人民,党和各级政府的一切权力都是人民给的,党的领导核心地位同人民群众当家作主的地位,是相互贯通、相辅相成的。坚持党的领导必须发展人民民主,发展人民民主必须坚持党的领导。依法治国是使党的领导与人民当家作主有机结合并辩证统一的媒介物和实现途径。在社会主义市场经济条件下的依法治国,是社会主义民主政治建设制度化、规范化、程序化的根本保障。社会主义民主政治,既是通过一系列制度构成,又要通过制度化发展加以推进。作为一个活生生的动态过程,社会主义民主政治建设必须通过一系列完整而系统的程序和规范来建立秩序。制度化、规范化和程序化建设,是当前中国经济体制改革和民主政治建设的基本任务和主要内容。同时,推进政治体制改革,要从中国国情出发,坚定不移地走自己的政治发展道路,坚持社会主义政治制度的自我完善和发展。中国要发展的是中国特色社会主义民主政治,决不能照搬西方政治制度模式。

二 开放要有新局面

新世纪前 20 年,是中国全面建设小康社会的时期。在这个时期,建立比较完善的社会主义市场经济体制,保持国民经济持续健康发展,是必须解决好的两大课题。要有效地解决这两个关键性课题,一项重大而关键的决策,就是在提高对外开放水平方面取得突破性进展。

全面提高对外开放的质量和水平,是一项长期、艰巨的任务。面向新的世纪,全面提高中国对外开放水平要取得突破性进展,核心问题是实现

[①] 江泽民:《在庆祝中国共产党成立八十周年大会上的讲话》,《人民日报》2001 年 7 月 1 日。

[②] 《邓小平文选》第 2 卷,人民出版社 1994 年版,第 266 页。

对外开放的战略性转变：从数量型转向质量型，从低层次转向高层次，通过全面提高对外开放水平来推动跨世纪的"两个关键性问题"的解决，不断扩大中国在世界政治经济中的影响，使中国以更加开放的姿态迈向新世纪。加入世界贸易组织，标志着中国对外开放进入了新的阶段。这是中共中央在全面分析国内外形势的基础上，高瞻远瞩，审时度势，为加快中国改革开放和社会主义现代化建设作出的重大战略决策，符合中国的根本利益和长远利益。江泽民指出："适应经济全球化和加入世贸组织的新形势，在更大范围、更大领域和更高层次上参与国际经济技术合作和竞争，充分利用国际国内两个市场，优化资源配置，拓展发展空间，以开放促改革促发展。"[1] 这一论述，对全面提高中国对外开放水平具有重大的指导意义。

首先，积极应对入世，促进对外开放。加入世贸组织，是挑战，更是机遇，必须从实际出发，研究制定并落实应对措施。国家有关部门要尽快按照加入世贸组织的承诺，加快制定和修改各方面的市场准入标准，有步骤地扩大对外开放领域；各级政府要进一步增强开放意识，要以更加主动的精神和积极的姿态参与国际合作与竞争。要在更大范围内进一步加强世贸组织规则的学习、宣传和培训工作。各级、各部门、各大型企业领导干部要认真学习、掌握和运用好世贸组织规则，提高决策能力。同时，要提高企业核心竞争力，积极主动地走出国门。应对加入世贸组织后的新形势，不能只研究保护，被动防御；要抓住机遇，主动出击。中国企业特别是大型企业要制定扩大出口和"走出去"的企业发展战略。要有长远的观点、战略的眼光，不但要巩固原有市场，而且要开拓新的市场，不能以量取胜、以廉取胜，最主要的是以质取胜。

其次，要积极利用外资，优化外商投资结构。利用外资为改革开放和社会主义现代化建设服务，是对外开放基本国策的重要内容。近年来，中国利用外资一直保持良好的势头。随着对外开放的进一步扩大，中国利用外资工作必须适应经济发展新阶段、新任务的要求，及时提出新的思路，制定新的政策，采取新的措施。要抓住当前世界经济结构调整和国际资本

---

[1] 江泽民：《全面建设小康社会，开创中国特色社会主义事业新局面》，人民出版社2002年版，第29页。

比较充裕的有利时机，努力多利用一些外资为中国社会主义现代化建设服务，但更重要的是着力提高利用外资的水平和质量，调整和优化外商投资的产业结构和地区结构，以更好地促进国民经济持续快速健康发展。要将利用外资同调整经济结构、促进产业优化升级、提高企业效益相结合，同完善社会主义市场经济体制、增强企业的国际竞争力相结合，同扩大出口、发展外向型组织相结合，同实施西部开发战略、促进地区经济协调发展相结合。积极鼓励和引导外商投资现代农业、高新技术产业、基础设施建设、西部开发和参与国有企业改造、重组。要扩大服务贸易领域对外开放，要着力引进国外服务业的现代理念、先进的经营管理经验、技术手段和现代市场运作方式，大力改造传统服务业，推动中国服务业服务水平的提高和技术含量。要着力引进先进技术、现代化管理经验和专门人才。把外资工作的重点从单纯吸引境外资金为主转移到引进国外先进技术，引进现代化管理经验，引进专业人才方面上来，以提高中国经济管理水平和国际竞争力。

再次，实施"走出去"战略是对外开放新阶段的重大举措。对外开放是中国的基本国策，"引进来"和"走出去"，与这一基本国策紧密联系、相互促进。"引进来"，就是积极引进国外的资金、先进技术、人才和管理经验，提高中国的经济实力和科技实力，为中国的社会主义现代化服务。"走出去"，就是要更好和更多地利用国外的市场和资源，以弥补中国国内资源和市场的不足，更加广泛地开展同世界各国的经济技术合作，更加积极主动地参与经济全球化，加快形成自己的大型企业和跨国公司。在长期的开发中，在实施"引进来"战略的过程中，中国逐步培育出了一批具有国际竞争力的产品、企业和企业家，所有这些构成了中国实施"走出去"战略的坚实基础。对于实施"走出去"战略的总体思路，江泽民在中共十六大报告中指出：就是"鼓励和支持有比较优势的各种所有制企业对外投资，带动商品和劳务出口，形成一批有实力的跨国企业和著名品牌。积极参与区域经济交流和合作。"① 在实施"走出去"战略中，应当充分打开眼界，既要看到欧美市场，也要看到广大发展中国家的

---

① 江泽民：《全面建设小康社会，开创中国特色社会主义事业新局面》，人民出版社2002年版，第29~30页。

市场，树立起"走出去"的雄心壮志，采取积极有力的举措，参与国际经济技术合作与竞争，勇敢地到世界经济舞台大显身手。这样，就能实现充分利用内外两个市场、两种资源这一对外开放的战略任务，为中国经济社会发展提供强大动力，以开放促改革、促发展。

进一步扩大对外开放，提高对外开放的质量和水平，必须坚持独立自主、自力更生的原则。"中国的事情要按照中国的情况来办，要依靠中国人自己的力量来办。独立自主自力更生，无论过去现在和将来，都是我们的立足点。"① 同时，在坚持开放、合作、利用、借鉴的同时，必须保持头脑清醒，决不可忘掉把国家的主权和安全放在第一位，决不可放弃维护国家的安全和人民的权益。

---

① 《邓小平文选》第3卷，人民出版社1993年版，第3页。

第八章　社会主义政治保证

四项基本原则，即坚持社会主义道路，坚持无产阶级专政，坚持共产党的领导，坚持马列主义、毛泽东思想，是在建设中国特色社会主义的实践中提出的。四项基本原则理论不仅创立了一条重要的科学社会主义原理，丰富了马列主义、毛泽东思想的理论宝库，而且为中国共产党人更好地领导建设中国特色社会主义指明了方向。

四项基本原则是中国的立国之本，是中国共产党在社会主义初级阶段基本路线的重要内容。坚持党的基本路线100年不动摇，只有坚定不移地坚持四项基本原则，社会主义中国才能永远立于不败之地。同时，只有在改革开放中不断赋予四项基本原则新的时代内容，才能更好地坚持四项基本原则，为中国改革开放和社会主义现代化建设提供强有力的政治保证。

第一节　四项基本原则的提出

四项基本原则作为一个全新的概念，是邓小平代表中共中央在1979年3月中共理论工作务虚会议上首先提出来的，但就它的内容而言却"并不是新的东西，是我们党长期以来所一贯坚持的"。[①] 四项基本原则作为一个完整思想的提出有一个历史过程。并且，在改革开放和现代化建设历史发展进程中，四项基本原则总是伴随着特定的形势，为解决严峻的社会政治问题而时常提出的。

作为把马克思列宁主义的普遍真理同中国革命具体实践相结合的最好体现，中共坚持社会主义道路，坚持无产阶级专政，坚持共产党的领导，

---

① 《邓小平文选》第2卷，人民出版社1994年版，第165页。

坚持马列主义、毛泽东思想已经有了半个多世纪的历史。

中国共产党是马列主义同中国工人阶级运动相结合的产物，并以马列主义作为自己的行动指南。毛泽东在《唯心历史观的破产》中指出："一九一七年的俄国革命唤醒了中国人，中国人学得了一样新的东西，这就是马克思列宁主义"，"中国共产党是在二十年代初期，在俄罗斯革命的思想推动下建立起来的，……这种思想不是别的，就是马克思列宁主义。"[①] 中国共产党的成立首先便是以中国早期共产主义者们执着地追求、坚持马列主义为前提的。不但如此，党还从其成立的那一天起，就始终如一地把马列主义作为自己的指导思想和理论基础，并自中共七大起将这一指导思想写进党的历届代表大会所通过的党章中，作为党的纲领予以明确规定。

在明确了自己指导思想和理论基础的同时，中国共产党还就社会道路问题、政权问题和领导权问题作了旗帜鲜明的规定。对于社会道路问题，中国共产党在其成立前夕所发表的宣言中就明确表示，共产主义者的目的是要按照共产主义者的理想创造一个新的社会。这个新社会就是中共二大宣言所制订的最高纲领表述的"组织无产阶级，用阶级斗争的手段，建立共产主义的社会"。对于政权问题，中国共产党的态度则更为鲜明，党的第一个纲领明确宣布：采取无产阶级专政，以完成阶级斗争的目的——消灭阶级。在领导权问题上，中国共产党建党的目的就是要逐步使自己成为中国革命事业的领导核心，在艰苦卓绝的斗争中，党的领导成为取得新民主主义革命胜利的三大法宝之一。

中共七大、七届二中全会文献和毛泽东《新民主主义论》、《论人民民主专政》等著作，对四项基本原则思想作了比较全面的概括。毛泽东指出，中国唯一的道路是经过工人阶级领导的人民共和国达到社会主义和共产主义；中国共产党的经验集中到一点，就是工人阶级（经过共产党）领导的工农联盟为基础的人民民主专政；中国共产党是中国人民的中流砥柱，中国的革命和建设事业都离不开党的领导；中国的民主革命和社会主义革命都必须以马列主义为指导，并规定马列主义、毛泽东思想为党的指导思想。可以说，在民主革命时期，四项基本原则的思想，就已经初步地提出来了。

[①] 《毛泽东选集》第4卷，人民出版社1991年版，第1514页。

中华人民共和国成立以后，中共中央和毛泽东总结中国社会主义革命和社会主义建设以及国际共产主义运动的历史经验，进一步深化了对四项基本原则的认识。中共在过渡时期的总路线和第一部中华人民共和国宪法向全国人民提出了建设一个伟大的社会主义国家的总任务。为了保证这个总任务的实现，毛泽东在第一届全国人大第一次会议的开幕词中强调指出："领导我们事业的核心力量是中国共产党。指导我们思想的理论基础是马克思列宁主义。"① 1957年，毛泽东又在《关于正确处理人民内部矛盾的问题》中提出，判断人们言行是非的6条政治标准，其中包括是否有利于社会主义、有利于人民民主专政和有利于共产党的领导，并强调6条标准中"最重要的是社会主义道路和党的领导两条"。毛泽东还强调，要加强马克思主义在思想界的指导地位。

1978年12月，中共中央召开了具有重大历史意义的十一届三中全会，重点是拨乱反正，实现工作重点转移，纠正中国共产党指导思想上"左"的错误。此后的一个时期，一方面，少数人以违反马列主义、毛泽东思想为借口，攻击中共十一届三中全会制定的一系列路线、方针和政策；另一方面，又有极少数人散布怀疑或反对四项基本原则，并演变为一股影响极大的社会思潮。更为严重的是，有些地方还出现了少数人闹事的现象，锋芒直接指向中国共产党的领导、社会主义制度、无产阶级专政和马列主义、毛泽东思想。在这种形势下，中共中央于1979年3月召开了理论务虚会。在这次会议上，邓小平首次明确提出了坚持四项基本原则，并就此作了全面系统的论证，指出："我们要在中国实现四个现代化，必须在思想政治上坚持四项基本原则，这是实现四个现代化的根本前提"。②并郑重强调："如果动摇了这四项基本原则中的任何一项，那就动摇了整个社会主义事业，整个现代化事业。"③ 1982年，中共十二大通过的党章和全国人大通过的新宪法中，都庄严地写上了坚持四项基本原则的内容，作为全党和全国人民共同遵守的政治准则。1987年，中共十三大制定的社会主义初级阶段的基本路线，把坚持四项基本原则作为"两个基本点"

---

① 《毛泽东著作选读》下册，人民出版社1986年版，第713页。
② 《邓小平文选》第2卷，人民出版社1994年版，第164页。
③ 同上书，第173页。

之一。中共十四大、十五大，都重申必须坚持四项基本原则。

四项基本原则首次明确提出之后，社会情况有所好转，但形势的发展仍不尽如人意。在宣传文化领域，散布怀疑或反对四项基本原则的思潮仍然时隐时现。正如邓小平 1980 年 12 月在中央工作会议上指出的那样："我们的宣传工作还存在严重缺点，主要是没有积极主动、理直气壮而又有说服力地宣传四项基本原则，对一些反对四项基本原则的严重错误思潮没有进行有力的斗争。"① 1981 年 7 月 17 日，邓小平再次尖锐地指出，党对思想战线和文艺战线的领导"存在着涣散软弱状态"，有些人甚至"杀气腾腾的"，"一句话就是要脱离社会主义的轨道，脱离党的领导，搞资产阶级自由化。"② 1983 年 10 月 12 日，在中共十二届二中全会上，就当时理论界、文艺界存在的精神污染问题，邓小平又一次指出："精神污染的实质是散布形形色色的资产阶级和其他剥削阶级腐朽没落的思想，散布对于社会主义、共产主义事业和对于共产党领导的不信任情绪。"资产阶级自由化的思潮却非但没有偃旗息鼓，反而愈加变本加厉地泛滥起来。1989 年春夏之交的北京政治风波则达到了登峰造极的地步。

北京政治风波之后，中国的思想政治领域的情况总的是好的，但是社会上一些与四项基本原则相违背的思想言论时有出现，有的公开鼓吹"全盘西化"，在政治上宣扬取消、削弱共产党的领导，主张西方式的多党制和议会民主；有的在经济上宣扬私有化，主张取消公有制的主体地位和按劳分配为主的原则；有的在思想文化上提出取消马克思主义的指导地位，主张搞指导思想多元化，在价值观上主张极端个人主义；有的歪曲党和人民的奋斗历史，诋毁马列主义、毛泽东思想、邓小平理论，煽动对党和政府的不满；有的公然为资产阶级自由化分子鸣冤叫屈，为 1989 年政治风波翻案；有的发表和出版格调低下、宣扬色情暴力、迷信颓废的作品与书籍；有的怀疑和否定改革开放，歪曲、攻击中共的路线方针政策。为此，江泽民特别强调："这些言论和观点，不论是哪个方向来的，都是错误的。这些问题虽然不是主流，但是必须引起我们的高度重视，绝不能让

---

① 《邓小平文选》第 2 卷，人民出版社 1994 年版，第 364 页。

② 同上书，第 339～340 页。

它们泛滥起来。"① 中国共产党在坚持四项基本原则、反对资产阶级自由化这一大是大非面前，立场坚定，旗帜鲜明。

中国共产党人关于坚持四项基本原则的理论，继承了马克思科学社会主义的普遍原理，又在切合国情需要的基础上把马列主义、毛泽东思想的原理加以具体的运用和发展。也正因为这个理论既符合马列主义、毛泽东思想的普遍原理，又符合中国当代改革开放和现代化建设的实际，因而具有强大的战斗力、生命力。

第二节　四项基本原则是立国之本

四项基本原则是中共长期以来领导新民主主义革命、社会主义革命和建设所积累经验的最集中概括，是社会主义中国的立国之本。江泽民指出："我们进行现代化建设，必须有正确的政治方向和坚强的政治保障。古人说，'求木之长者，必固其根本'。四项基本原则就是管我们建设和发展的方向、政治保障的，因此我们说它是立国之本。如果动摇了四项基本原则，或者四项基本原则坚持得不好，那就会在政治方向、政治保障上出问题，我们的现代化事业就不能成功。"②

一　坚持社会主义道路

1840年以后，由于帝国主义的入侵，封建的中国逐渐沦为半殖民地、半封建的贫穷落后的国家。在漫长的忧患岁月，许多仁人志士在黑暗中痛苦地摸索，试图从外部世界寻找一条救国救民的道路。戊戌变法维新派幻想仿照日本的"明治维新"，走君主立宪的道路，在帝国主义列强和封建政权的夹击下，百日便告夭折。孙中山领导的资产阶级民主革命，推翻了两千多年的封建帝制，但是这次革命的果实很快被北洋军阀所篡夺。蒋介石背叛了孙中山，依附帝国主义，代表大地主、大买办阶级的利益搞了22年资本主义，中国丝毫没有改变半殖民地、半封建的面貌。近代中国的历史，是资本主义道路在中国破产的历史。

---

① 《江泽民论有中国特色社会主义（专题摘编）》，中央文献出版社2002年版，第38页。
② 同上书，第35页。

在中国，资本主义道路为什么走不通？从国际环境说，首先是国际资本主义即帝国主义列强不允许。一部中国近代史，就是帝国主义侵略中国，反对中国独立，反对中国发展成独立强大的资本主义国家的历史。国际帝国主义绝不愿意中国变成与之竞争的强大的对手，不愿意失去如此巨大的原料产地、商品倾销市场和廉价劳动力的来源，千方百计阻碍中国民族资本主义的发展。从国内环境说，中国的大资产阶级除了依附于国际资本主义势力，便不能生存下去；中国的民族资产阶级由于经济地位的脆弱性和政治态度的软弱性，也不可能进行彻底的反帝反封建革命，把中国变成独立的资本主义强国。

正当人们对中国的出路和前途困惑茫然的时候，俄国十月革命帮助了中国的先进分子用无产阶级的世界观观察国家命运，重新选择中国的革命道路。中国共产党人顺应历史发展的潮流，代表广大人民的根本利益，把马列主义的普遍真理同中国革命的具体实践相结合，为中国人民指明了通过新民主主义革命走向社会主义的道路。以毛泽东为代表的中国共产党人领导中国各族人民，经历了28年艰苦卓绝的斗争，终于推翻了帝国主义、封建主义和官僚资本主义三座大山，取得了新民主主义革命的伟大胜利，建立了中华人民共和国，为社会主义在中国的建立和发展开辟了广阔的道路。

只有社会主义才能救中国，这是中国人民经过100多年的曲折实践而作出的伟大的历史性选择。

新中国的诞生，标志着中国社会进入了一个崭新的阶段。党领导人民建立和巩固了工人阶级领导的、以工农联盟为基础的人民民主专政的国家政权，人民成为新国家、新社会的主人。人民政权的建立，结束了旧中国四分五裂的局面，实现了中华民族的大统一和大团结。国家尽一切努力促进50多个民族的共同繁荣，平等、团结、互助的民族关系已经确立。新中国迅速治愈了战争创伤，顺利地完成了生产资料私有制的社会主义改造，建立和发展了以生产资料公有制为基础的社会主义经济。50多年间，中国的经济面貌根本改观，综合国力大大增强。农业生产取得了突破性进展，在人口不断膨胀的情况下，中国依靠自己的力量基本上实现小康。农业的稳定增长和农业生产条件的改善，为国民经济长期发展奠定了基础。中共领导人民在旧中国的乱摊子上建立起独立的相当完整的社会主义现代工业体系。在传统工业迅速发展的同时,电子工业、航天工业、核工业等一大批新兴高技术工业也从无到有迅速发展起来。在基础薄弱、承受内外重负的情况下开始了中国工业化进程,只用了50多年就走完了资本主义国家通常要一二百年才能走完的路程。

随着经济的发展,人民的生活水平显著提高。绝大多数人在解决小康问题之后,开始向富裕型生活转化,吃、穿、用、住全面改善。社会主义民主与法制建设逐步发展,国家的基本政治制度日趋完善,以宪法为基础的社会主义法律体系初步形成。中国安定团结的政治局面在排除种种障碍的斗争中不断得到巩固和发展,社会秩序和社会风尚明显转变。教育、科学、文化、卫生事业蓬勃发展。各级各类社会主义建设人才不断涌现。医疗、社会保障条件大为改善,群众性的体育活动广泛开展,人民的平均寿命大大提高。

中国战胜了外国侵略势力先后进行的孤立、封锁、干涉、破坏和挑衅,维护了国家的安全和独立。社会主义中国已经拥有一支革命化、现代化、正规化的国防力量。中国一贯奉行独立自主的和平外交政策,在国际事务中发挥着越来越大的积极作用,在风云变幻的国际舞台上赢得了应有的地位和尊严。

事实雄辩地证明:社会主义在中国已经并将继续取得巨大成功。只有社会主义才能救中国,只有社会主义才能发展中国。在坚持社会主义道路这个问题上,"全党同志要坚定不移地走建设有中国特色社会主义的道路,充满信心地为这个伟大事业而不懈奋斗。我们是干社会主义事业的,这应该成为广大党员和干部自觉的思想信念和行动方向,真正入脑入心,做到不管遇到什么困难和风浪都毫不动摇。"[①]

二 坚持无产阶级专政

马克思主义认为,在资本主义和社会主义、共产主义之间,必然有一个政治上的过渡时期,这个时期的国家只能是无产阶级的革命专政。无产阶级的历史使命,是推翻资产阶级和一切剥削阶级的统治,建立无产阶级专政的革命政权,消灭人剥削人的制度,推动生产力的极大发展,建立无

---

① 《江泽民论有中国特色社会主义(专题摘编)》,中央文献出版社2002年版,第35页。

阶级的共产主义社会，解放全人类，最后解放自己。社会主义实践证明，不仅在从资本主义到社会主义的过渡时期无产阶级专政是必须的，而且在一定的国际和国内条件下，在社会主义发展的一定阶段上仍需坚持无产阶级专政。在中国，人民民主专政就是具有中国特色的无产阶级专政。中国宪法规定，中华人民共和国是工人阶级领导的、以工农联盟为基础的人民民主专政的社会主义国家。对人民内部的民主和对反动派的专政互相结合，就是人民民主专政。

坚持人民民主专政，是中共取得民主革命胜利的基本保证之一。民主革命时期，中国的阶级关系异常复杂，无产阶级在全国人口中的比例很小，农民占80%以上。面对强大的反动统治阶级，中国共产党认识到，必须在无产阶级领导下，依靠人民大众，进行反帝反封建的新民主主义革命，才能夺取革命的胜利。在抗日民主根据地和解放区，中共领导建立了人民当家作主的政权，实际上就是一定范围内的人民民主专政。中华人民共和国的成立，标志着新民主主义革命的胜利，在全国范围内建立了人民民主专政。中国民主革命胜利的经验，集中到一点，就是坚持了以工人阶级领导的、以工农联盟为基础的人民民主专政。进入社会主义时期，中国的社会历史条件发生巨大变化，人民民主专政不但不能削弱，而且必须进一步加强。

坚持人民民主专政是保卫社会主义政权的需要。在较长的历史时期，中国社会主义政权是在复杂多变的国际国内环境中运行的。虽然和平与发展是当今世界的主题，阶级斗争已不是社会的主要矛盾，但阶级斗争仍将在一定范围内长期存在。在国内，旧的剥削阶级作为一个完整的阶级已经消灭，但是各种刑事犯罪分子，以及受国际敌对势力支持、图谋推翻共产党领导、颠覆社会主义制度的分子等，还会进行反社会主义的政治、经济和文化活动。祖国统一大业还没有最后完成，台湾一部分敌对势力对大陆的破坏、捣乱和颠覆活动也没有停止过。在国际上，霸权主义、强权政治依然存在，社会主义和资本主义两种制度、两种思想体系之间的对立和斗争还将长期持续。西方敌对势力加紧以各种手段和方式对中国施行"西化"、"分化"的政治战略，不断利用所谓人权、民主、自由、民族、宗教等问题频频发难。中国与国内外各种敌对势力在渗透与反渗透、颠覆与反颠覆、"和平演变"与反"和平演变"上的斗争将是长期的和复杂的。

因此,"没有无产阶级专政,我们就不可能保卫从而也不可能建设社会主义。"① "运用人民民主专政的力量,巩固人民的政权,是正义的事情,没有什么输理的地方。"②

坚持人民民主专政是组织社会主义建设的需要。人民民主专政作为国家政权,具有组织建设的职能,在社会主义建设时期,这种职能已经上升为首要地位。在中国生产资料私有制社会主义改造基本完成以后,毛泽东就及时指出,人民民主专政的目的是为了保卫全体人民进行和平劳动,将中国建设成为一个具有现代工业、现代农业和现代科学文化的社会主义国家。中共十一届三中全会以来,改革开放和社会主义现代化建设,尤其是建立社会主义市场经济的发展要求,对人民民主专政的职能运转提出了更新、更高的要求。社会主义市场经济将逐步打破权力高度集中的管理体制,但它仍然离不开国家的宏观调控,离不开国家运用人民民主专政的管理职能,来组织生产、流通、消费等社会经济活动。而且,随着社会主义市场经济的不断发展,人民民主专政的组织建设职能,显示出越来越强大的威力。

坚持人民民主专政是保障社会主义民主与法制建设的需要。人民民主专政对于人民内部来说,就是社会主义民主,这是人民民主专政的应有之义,也是人民民主专政的本质所在。坚持人民民主专政,就是组织、领导和保障人民群众当家作主,管理国家和社会事务。社会主义法制是社会主义民主的体现和保障,法制具有国家意志的特征和强制执行的特性,是以国家权力为后盾的。离开了人民民主专政的国家政权,法制也就失去了它的威力。

江泽民指出,坚持人民民主专政"这个问题的实质,就是要不断发展社会主义民主,切实保护人民的利益,维护国家的主权、安全、统一与稳定。我国宪法第一条规定,中华人民共和国是工人阶级领导的、以工农联盟为基础的人民民主专政的社会主义国家。人民民主专政是我国的国体,因此也是我国社会主义制度最根本的制度。"③

---

① 《邓小平文选》第2卷,人民出版社1994年版,第169页。
② 《邓小平文选》第3卷,人民出版社1993年版,第379页。
③ 《江泽民论有中国特色社会主义(专题摘编)》,中央文献出版社2002年版,第36页。

三 坚持中国共产党的领导

坚持中国共产党的领导，这是由长期革命斗争的历史所形成的。中共诞生以前，无数仁人志士为拯救中国人民于水火进行了一代又一代的殊死抗争，却一次又一次归于失败。自从有了中国共产党，中国革命的面貌才焕然一新。中国人民在工人阶级先锋队中国共产党的领导下，终于推翻三座大山，建立了人民当家作主的新中国。社会主义时期，中国共产党领导人民建立了比较完善的工业体系和国民经济体系，实现了民族独立和国家主权的基本完整。特别是十一届三中全会以来，中国共产党人经过艰苦探索，确立了社会主义初级阶段的基本路线，找到了一条建设中国特色社会主义的正确道路，团结和带领人民走上了改革开放和现代化建设、实现中华民族伟大复兴的征程，并取得了举世瞩目的辉煌成就。实践证明，没有共产党就没有新中国，没有共产党就没有中国的改革开放和现代化建设。这些道理，都是经过实践检验的真理，是历史作出的结论。

纵观共产主义运动发展的历史，共产主义运动是和共产党的领导分不开的，没有共产党，就没有共产主义运动。无产阶级在整个革命过程中，包括夺取政权、巩固政权、变革社会和建设社会主义，都始终需要有自己的革命政党的领导。这是马克思主义的一条基本原则，是无产阶级革命斗争的客观要求。夺取政权必须坚持共产党的领导，在社会主义条件下，仍然必须坚持党的领导。

只有坚持中国共产党的领导，才能建设社会主义现代化。没有共产党，也就没有四个现代化。邓小平指出："中国由共产党领导，中国的社会主义现代化建设由共产党领导，这个原则是不能动摇的：动摇了中国就要倒退到分裂和混乱，就不可能实现现代化。"① 首先，只有共产党才能成为国家安定团结的核心力量。安定团结的政治局面，是进行社会主义现代化建设的前提条件。在中国这样一个人口众多、幅员辽阔、发展很不平衡的多民族国家，要实现安定团结、长治久安，必须由共产党来领导。邓小平指出："中国一向被称为一盘散沙，但是自从我们党成为执政党，成为全国团结的核心力量，四分五裂，各霸一方的局面就结束了。只要我们

---

① 《邓小平文选》第 2 卷，人民出版社 1994 年版，第 267~268 页。

党的领导是正确的，那就不仅能够把全党的力量，而且能够把全国人民的力量集合起来，干出轰轰烈烈的事业。"① 江泽民也强调，在我们这样一个"多民族的发展中大国，要把十二亿多人的思想统一起来，力量凝聚起来，向着社会主义现代化建设的共同目标前进，必须有中国共产党这个核心力量，必须有中国共产党的坚强领导。否则，一盘散沙，四分五裂，不仅建设搞不起来，而且必然陷入混乱的深渊"。②

只有共产党领导，才能确立一条适合中国特色社会主义现代化建设的正确道路，制定出符合社会主义发展规律的路线、方针、政策。中国共产党具有先进的理论武装，因而能够用科学的世界观和方法论认识国情，把握形势，掌握事物发展的客观规律，解决好建设中国特色社会主义的路线、方针和政策问题，制定出建设中国特色社会主义的道路。当然，在生产资料私有制的社会主义改造基本完成以后，在社会主义发展道路问题上，中国共产党发生过失误，没有适时地把工作重点转移到经济建设上来，而是继续执行以阶级斗争为纲。但是，是中国共产党自己纠正了过去的错误。十一届三中全会以后，中国共产党进行了拨乱反正，纠正了过去的错误，并把马克思主义同中国社会主义现代化建设的实践结合起来，开始找到了建设中国特色社会主义的道路。

只有共产党才能组织中国特色社会主义现代化建设。邓小平指出："事实上，离开了中国共产党的领导，谁来组织社会主义的经济、政治、军事和文化？谁来组织中国的四个现代化？"③ 像中国这样一个13多亿人口的大国，情况复杂，任务繁重，经济文化又比较落后，没有共产党的领导，就不可能把全国各族人民集合成一个统一的、有组织的、为社会主义现代化建设而奋斗的队伍；就不可能排除来自各方面的阻力和干扰，顺利地执行改革、开放、搞活的方针。因此，只有坚持中国共产党的领导，才能团结全国各族人民，战胜各种困难，开创社会主义现代化建设的新局面，把中国建设成为现代化的、民主的、文明的社会主义强国。

历史和现实、理论和实践说明，在中国"集中力量把经济搞上去，

---

① 《邓小平文选》第2卷，人民出版社1994年版，第267页。
② 《江泽民论有中国特色社会主义（专题摘编）》，中央文献出版社2002年版，第37页。
③ 《邓小平文选》第2卷，人民出版社1994年版，第170页。

实现社会主义现代化建设的宏伟目标，关键在党"。① 在坚持党的领导这个大是大非问题上，任何时候都绝对不能忽视、不能放松，否则就会犯历史性错误。

四 坚持马列主义、毛泽东思想

马列主义是工人阶级和劳动人民认识世界和改造世界的锐利思想武器，为共产党人破坏旧世界、建设新世界指明了方向。中国人民找到马列主义，是经历了千辛万苦，付出了极大的痛苦和牺牲作出的历史选择。中国近现代100多年的历史经验已经表明，任何别的思想体系都不能代替它。资产阶级民主主义、改良主义、国家社会主义、无政府主义等，尽管也对中国有过这样或那样的影响，有的甚至起过积极作用，但都远远不能和马列主义相比，它们朝生夕灭、昙花一现的历史就足以说明这一点。唯独马列主义，为中国人民所接受，并且成为中国革命的指导思想。中国人民自从找到马列主义，从思想到生活都进入了一个崭新的时期，产生了巨大的社会物质力量，造就了毛泽东思想和用先进理论武装起来的中国共产党。毛泽东思想是马列主义普遍真理和中国革命的具体实践相结合的结果。它是在坚固的马列主义理论的基础上，根据中国这个民族的特点，依靠近代革命以及中国共产党领导人民斗争极端丰富的经验，经过科学、缜密的分析而建设起来的，是应用马克思主义的科学方法，概括中国历史、社会及全部革命斗争经验而创造出来的。毛泽东思想是马克思主义在中国的运用和发展，是中国化的马克思主义。

坚持马列主义、毛泽东思想，就是坚持马列主义、毛泽东思想的指导思想地位。坚持马列主义、毛泽东思想，其根本在于马列主义、毛泽东思想把严格的高度的科学性同革命性结合起来，为中国共产党人提供了科学的世界观。中共从诞生之日起，就确立了马列主义的指导地位。经过遵义会议和延安整风，中共七大又把马列主义的理论与中国革命的实践之统一的思想——毛泽东思想，确立为党和国家的指导思想。因此，马列主义、毛泽东思想是中国共产党和社会主义中国立党立国的根本指导思想，是中

---

① 江泽民：《在庆祝中国共产党成立八十周年大会上的讲话》，人民出版社2001年版，第571页。

共一切工作的行动指南,是激励全国各族人民为振兴中华团结奋斗的思想基础和精神动力,也是中国共产党人认识世界、改造客观世界和主观世界的强大思想武器。在马列主义、毛泽东思想的指引下,中国人民夺取了新民主主义革命的胜利,建立了崭新的社会主义制度,中华民族从此扬眉吐气地屹立于世界民族之林。在社会主义制度建立后的20多年里,坚持马列主义、毛泽东思想的指导,初步建立了社会主义工业体系和国民经济体系,实现了民族独立和祖国的基本统一,取得了辉煌的成就。当然不能否定的事实是,在这一历史进程中中共也走过一段弯路,在"左"的思想指导下,对社会主义作了不科学的甚至扭曲的认识,超越了社会主义初级阶段的实际情况去构造现实生活。"反右"、"大跃进"、"文化大革命",等等,这一系列"左"的思想指导下的群众运动,给中国社会造成巨大的损害。就思想理论而言,这是同马克思主义一贯倡导的唯物辩证法、实事求是的思想路线背道而驰的,背离了马列主义、毛泽东思想的科学指导。中共所犯的错误从反面充分地证明,坚持马克思主义的立场、观点和方法处理中国的问题,指导中国革命和建设实践,是多么重要!中共十一届三中全会以后,拨乱反正,重新恢复了马列主义、毛泽东思想的本来面目,确立马列主义、毛泽东思想的科学指导地位。这是全党和全国人民的一个伟大胜利。

坚持马列主义、毛泽东思想就是要在建设中国特色社会主义实践中不断发展马列主义、毛泽东思想。中国共产党人对待马列主义、毛泽东思想的态度是,一要坚持,二要发展。一方面,坚持是发展的基础和前提,没有坚持就谈不上发展;另一方面,发展是坚持的条件和灵魂,没有发展就不会有真正的坚持。世界在发生巨大变化,人类文明在突飞猛进,中国工人阶级和劳动人民的事业展现了新的前景。这一切都要求马克思主义者开拓新视野,发展新观念,丰富和发展马列主义、毛泽东思想。正是由于坚持这种科学态度,在改革开放和现代化建设的新时期形成了邓小平理论。这一理论坚持科学社会主义理论和实践的基本成果,抓住"什么是社会主义、怎样建设社会主义"这个根本问题,深刻地揭示了社会主义的本质,把对社会主义的认识提高到新的科学水平。这一理论是指导中国人民在改革开放中胜利实现社会主义现代化的正确理论,是当代中国的马克思主义,是马克思主义在中国发展的新阶段。也正是由于坚持了这种科学态度，在面向新世纪的社会主义征程中又形成了"三个代表"重要思想。"三个代表"重要思想是对马列主义、毛泽东思想和邓小平理论的继承和发展，反映了当代世界和中国的发展变化对党和国家工作的新要求，是加强和改进党的建设、推进中国社会主义自我完善和发展的强大理论武器，是中国共产党的立党之本、执政之基、力量之源。

总之，四项基本原则是中国的立国之本，"如果动摇了这四项基本原则中的任何一项，那就动摇了整个社会主义事业，整个现代化建设事业"[①]；"如果动摇了四项基本原则，或者四项基本原则坚持得不好，那就会在政治方向、政治保障上出问题，我们的现代化事业就不能成功"[②]；如果"离开了四项基本原则，中国就不成其为社会主义国家，就不能建设有中国特色社会主义。这就是我们坚持四项基本原则的根本政治意义。"[③]

第三节 四项基本原则从改革开放和现代化建设中获得新的时代内容

四项基本原则作为中国特色社会主义的重要范畴，不是凝固僵化的。在新的历史时期，四项基本原则是改革开放和现代化建设健康发展的根本保证，又从改革开放和现代化建设中获得新的时代内容。

一 四项基本原则价值的恒久性

四项基本原则体现的是社会主义制度的基本特征。社会主义道路所表达的是中国的社会主义所处的发展阶段、经济结构、主要矛盾和根本任务；无产阶级专政和共产党的领导说明了中国国家政权的基本性质，表达的是政治制度的基本特征；马列主义、毛泽东思想是指导中国共产党和国家思想与行动的理论基础。中国共产党把马列主义的普遍真理同中国具体实际相结合，创造性地发展了马克思主义，探索出一条建设中国特色社会

---

① 《邓小平文选》第2卷，人民出版社1994年版，第173页。
② 《江泽民论有中国特色社会主义（专题摘编）》，中央文献出版社2002年版，第35页。
③ 同上。

主义道路,从而实现了四项基本原则和改革开放、社会主义的普遍性与特殊性的高度统一。

四项基本原则对中国社会主义建设有着恒久的价值。这是因为,四项基本原则符合中国社会主义初级阶段的长期性要求,符合社会主义现代化建设的客观规律,反映了人民的愿望和意志,实践证明,这是正确的发展原则。毫不动摇地坚持这一原则,是改革开放以来中国共产党最可宝贵的经验,邓小平曾反复强调:"基本路线要管一百年,动摇不得。"[①] 由于四项基本原则是基本路线中的重要内容,这也就预示着,坚持四项基本原则,也必须"一百年不动摇"。之所以承认四项基本原则的恒久价值,从实践的角度审视,这是根据中国社会主义初级阶段的长期性所决定的,也是同中国社会主义现代化建设的发展战略与中国小康社会建设目标紧密相连的。小康社会建设以及现代化发展,在中国都具有社会主义性质和方向,而这些,必须由四项基本原则来保证。脱离了这一政治保证,所有发展目标都要落空。邓小平指出:"在整个改革开放的过程中,必须始终注意坚持四项基本原则。"[②] 他还认为:"如果动摇了这四项基本原则中的任何一项,那就动摇了整个社会主义事业,整个现代化建设事业。"[③] 在社会主义条件下,坚持四项基本原则,能够保证改革开放和现代化建设有一个稳定的环境,能够保证改革开放和现代化建设坚持社会主义方向,能够保证全党和全国人民有一个共同的理想和统一的意志。同时,改革开放具有罕见的深刻性、广泛性和复杂性。在改革过程中,既要克服来自"左"的障碍,又要排除右的干扰。右的干扰,主要表现为资产阶级自由化。邓小平反复强调,坚持四项基本原则,就是要旗帜鲜明地反对资产阶级自由化。反对资产阶级自由化是一项长期的斗争,这个斗争将贯穿在实现现代化建设的整个过程中,这就决定了,坚持四项基本原则将是中国共产党长期奉行的原则,具有长久性的实践指导价值。

但是,四项基本原则内容的理解,又要结合社会主义实践的发展作出时代意义的把握。邓小平在提出四项基本原则作为立国之本的同时也指

---

① 《邓小平文选》第3卷,人民出版社1993年版,第370~371页。
② 同上书,第379页。
③ 《邓小平文选》第2卷,人民出版社1994年版,第173页。

出，虽然四项基本原则都不是什么新问题，但是，"这些原则在目前的新形势下却都有新的意义，都需要根据新的丰富的事实作出新的有充分说服力的论证。这样才能教育全国人民，全国青年，全国工人，解放军全体指战员，也才能够说服那些向今天的中国寻求真理的人们。"[①] 他还指出："这是一项十分重大的任务，既是重大的政治任务，又是重大的理论任务。"[②] 江泽民在阐述邓小平理论的主要内容时指出："在社会主义建设的政治保证问题上，强调坚持社会主义道路、坚持人民民主专政、坚持中国共产党的领导、坚持马克思列宁主义毛泽东思想。这四项基本原则是立国之本，是改革开放和现代化建设健康发展的保证，又从改革开放和现代化建设获得新的时代内容。"[③] 这说明，四项基本原则要在社会主义建设新的实践中汲取新的养料。具体地说，要赋予四项基本原则同改革开放和现代化建设相适应的新的内涵。

二　四项基本原则内容的新理解

中国特色社会主义实践，是具有创新性意义的活动。中共第二三代中央领导集体在率领全党和全国人民推进改革开放的进程中，实现了理论和实践的双重突破，在总结改革开放和现代化建设丰富经验的基础上，使四项基本原则获得了新的时代内容和理解。

在坚持社会主义道路方面的新理解。建设社会主义既不能完全、机械地按照马克思对未来社会的预见和设想行事，也不能盲目照搬别国模式，必须走自己的路，建设中国特色社会主义。具体地说，由于中国是在半殖民地、半封建社会的条件下走上社会主义道路，现阶段生产力水平还较低，人口多、底子薄、经济落后；在建立了社会主义制度以后的一段时期中，因照搬苏联社会主义传统模式而造成一些弊端，大大影响了社会主义优越性的发挥；又由于中国已初步确立了社会主义的基本制度，因而中国现阶段主要矛盾是人民群众日益增长的物质文化需要同落后的社会生产之间的矛盾，它主要表现为人民内部矛盾，而不是敌我矛盾；解决的手段是

---

① 《邓小平文选》第2卷，人民出版社1994年版，第179~180页。
② 同上书，第180页。
③ 《十一届三中全会以来党的历次全国代表大会中央全会重要文件选编》，中央文献出版社1997年版，第163页。

以经济建设为中心,把发展生产力作为根本任务,而不是以阶级斗争为纲,进行"无产阶级专政下继续革命"。因此,中国社会主义面临的是如何进一步发展的问题,尤其是面临着如何发展经济,不断提高人民的物质文化生活水平,全面建设小康社会。经过十一届三中全会以来20多年的实践和探索,中共对社会主义的科学认识实现了新的飞跃,制定了"一个中心、两个基本点"的社会主义初级阶段的基本路线和一系列方针政策,开辟了一条中国特色社会主义建设的道路。社会主义没有固定的模式,坚持社会主义道路,必须把原则的坚定性和形式的灵活性有机结合起来。坚持社会主义道路,最根本的是坚持社会主义的基本经济制度,即坚持公有制和按劳分配为主体。但随着对社会主义及中国国情的认识的深化,应赋予所有制形式和分配形式新的时代内容,即坚持公有制为主体,个体经济、私营经济、外资经济等多种经济成分共同发展的所有制结构,以及以按劳分配为主体、多种分配方式并存的分配制度。特别是通过改革建立起社会主义市场经济体制,将市场经济同社会主义制度结合起来,作为调节资源配置和社会生产的基础性工程引入社会主义经济运行机制中,纳入社会主义范畴,解放和发展了社会生产力,从而使中国特色社会主义充满生机和活力。1992年年初,邓小平在南方谈话中对社会主义本质的全新概括,更使人们对社会主义的认识水平提高到一个新的高度。大胆学习、吸收资本主义国家市场经济发展的有益因素,为我所用,而不要被抽象的姓"社"姓"资"问题束缚思想和捆住手脚,已为全国人民所认同。这些内容既是科学社会主义基本原则的体现,同时也是马克思主义理论宝库和传统社会主义模式中不曾拥有的新内容。

在坚持人民民主专政方面的新认识。无产阶级学说是马克思主义的重要标志,它是马克思、恩格斯在分析阶级斗争,尤其是无产阶级反对资产阶级的阶级斗争的规律基础上所做出的科学结论。中国在新民主主义和社会主义革命过程中,根据国情和革命实际,形成了人民民主专政的国家政权,这是无产阶级专政的具体实现形式,本身就是对马克思主义无产阶级专政学说的运用和重大发展。以往中共在无产阶级专政问题上失误主要表现为将阶级斗争扩大化,进而也将专政对象扩大化,同时忽视了民主与法制的建设。中共十一届三中全会科学地、正确地确认社会主义主要矛盾发生了根本变化,否定了"无产阶级专政下继续革命"理论与实践,将工作重点转移到社会主义现代化建设上来，同时也对社会主义时期的阶级斗争问题作出正确的判断，认为它仍在一定时期和范围内存在，甚至会激化，但已不是社会主义社会的主要矛盾。这不等于说无产阶级专政已经失去存在价值。相反，无产阶级专政对改革开放和现代化建设仍有重要意义。除了通过无产阶级专政领导经济建设和通过社会主义法制维护社会稳定的职能外，还表现在它的"正确有效的工作不是妨碍而是保证社会主义国家的民主化"。① 20 世纪 80 年代末 90 年代初，面对国际敌对势力的压力，邓小平指出："无产阶级作为一个新兴阶级夺取政权，建立社会主义，本身的力量在一个相当长的时期内肯定弱于资本主义，不靠专政就抵制不住资本主义的进攻。坚持社会主义就必须坚持无产阶级专政，我们叫人民民主专政。在四个坚持中，坚持人民民主专政这一条不低于其他三条。"② "运用人民民主专政的力量，巩固人民的政权，是正义的事情，没有什么输理的地方。"③ 这些论述表达了中共对新的历史条件下坚持无产阶级专政意义的新的认识。针对在坚持无产阶级专政问题上所犯的阶级斗争扩大化的错误，中共还在理论上进行了创新，提出了无产阶级专政的本质是民主而不是专政的科学论断，确立了建立社会主义民主政治的目标，加强社会主义民主制度的建设，完善了人民代表大会制度，完善了中国共产党领导的多党合作和政治协商制度，巩固和发展了新时期的爱国统一战线，拓宽了民主渠道，使广大人民群众更多地参与国家和社会事务的管理。适应经济体制改革的要求，中共提出并推进了政治体制改革，大力加强了社会主义法制建设，规定党必须在宪法和法律范围内活动。由于新宪法和多种法律的制定，以宪法为核心的中国特色社会主义法律体系已基本形成，从根本上改变了过去那种无法可依的状况。在专政的手段上，从过去急风暴雨式的阶级斗争形式和群众运动形式，转到健全法制、依靠法制的轨道上来，在实施对敌斗争和打击犯罪活动的时候，以法律为武器，严格依法办事。

在坚持中国共产党领导方面的新把握。新中国成立以后，中国共产党

---

① 《邓小平文选》第 2 卷，人民出版社 1994 年版，第 169 页。
② 《邓小平文选》第 3 卷，人民出版社 1993 年版，第 365 页。
③ 同上书，第 379 页。

成为执政党，但由于历史的原因和苏联模式的影响，党和国家在领导体制上存在许多弊端，突出表现为：权力过分集中，党政不分，以党代政，重人治，轻法治。这些弊端繁衍了许多不正之风，严重削弱了党的领导，使中共在人民群众中的威信受到严重损害。这种状况使中共认识到，坚持党的领导必须改善党的领导。为此，在新时期必须把政治体制改革提到战略性的高度，纳入到中国特色社会主义建设之中。在中国共产党人看来，国家的政治体制改革问题主要是解决好党政关系和人治与法治的关系，归根到底是通过改善党的领导来更好地坚持党的领导问题。邓小平鲜明地指出："党成为全国的执政党，特别是生产资料私有制的社会主义改造基本完成以后，党的中心任务已经不同于过去，社会主义建设的任务极为繁重复杂，权力过分集中，越来越不能适应社会主义事业的发展。对这个问题长期没有足够的认识，成为发生'文化大革命'的一个重要原因，使我们付出了沉重的代价。现在再也不能不解决了。"[①] 根据邓小平的这些论述，中共在党的中心任务、工作职能、领导体制、领导方式和活动方式等方面进行重大的改革，认识上获得了新的突破：党的领导主要是政治、思想和组织领导，即通过制定大政方针，提出立法建议，推荐重要干部，进行思想宣传，发挥党组织和党员的作用，坚持依法执政，实施党对国家和社会的领导。同时，在党对国家事务实行领导的主要方式问题上也获得了新的突破：党要支持人大依法履行国家权力机关的职能，经过法定程序，使党的主张成为国家意志，使党组织推荐的人选成为国家政权机关的领导人员，并对他们进行监督；支持政府履行法定职能，依法行政；支持政协围绕团结和民主两大主题履行职能。加强对工会、共青团和妇联等人民团体的领导，支持他们依照法律和各自章程开展工作，更好地成为党联系广大人民群众的桥梁和纽带。中共正是根据这一新的思路，确立了党自身建设的一系列基本指导原则：关于坚持和改善党的领导，使党成为领导社会主义现代化建设的坚强核心；关于解放思想、实事求是、与时俱进，坚持正确的思想路线；关于要警惕右，但主要是防止"左"，提高坚持党的基本路线的坚定性；关于进行党的领导制度改革，完善党规国法，实现党内政治生活民主化、制度化；关于坚持和健全民主集中制，增强党的团结统

[①] 《邓小平文选》第2卷，人民出版社1994年版，第329页。

一；关于实行干部队伍"四化"方针，造就朝气蓬勃的领导干部队伍；关于从严治党，反对腐败，加强党的纪律性等方面的思想。这些新的内容，为改善党的领导，加强党的自身建设指明了方向，使中共在社会主义现代化建设中，更好地发挥了领导核心作用。

在坚持马列主义、毛泽东思想方面的新发展。中共坚持马克思主义、毛泽东思想，是坚持与发展的统一，在坚持中发展，在发展中坚持。其核心，是用发展着的马克思主义指导新的实践。十一届三中全会以来，中共反对思想僵化，批判"两个凡是"，要求全党解放思想，实事求是，在改革开放和社会主义现代化建设实践中，坚持把马列主义的基本原理同中国的实际结合起来，分析新情况，解决新问题，总结新经验。同时，又坚决反对否定马列主义、毛泽东思想的思潮，尤其是资产阶级自由化思潮。特别是中国共产党人把马列主义、毛泽东思想与新时期中国社会主义建设实践相结合，创立了建设有中国特色社会主义理论——邓小平理论。邓小平理论开拓了马克思主义的新境界，把对社会主义的认识提高到新的科学水平，对当今时代特征和总体国际形势作出了新的科学判断，形成了新的建设中国特色社会主义的科学理论体系。这个理论，第一次比较系统地初步地回答了中国这样的经济文化比较落后的国家如何建设社会主义、如何巩固和发展社会主义的一系列基本问题，是当代中国的马克思主义，是马克思主义在中国发展的新阶段。在跨世纪新的征途上，以江泽民为主要代表的中国共产党人又创造性地提出了"三个代表"重要思想。"三个代表"重要思想，是分析当代世界经济、政治、科技、文化、军事领域的深刻变化，总结新中国成立以来特别是改革开放以来中共带领人民进行社会主义建设取得的实践经验，就全面推进党和国家工作、加强和改进党的建设提出的根本要求。如果说，毛泽东思想回答和解决了中国革命向何处去的问题，邓小平理论回答和解决了中国社会主义向何处去的问题，那么，"三个代表"重要思想则回答和解决了社会主义现代化建设新时期中国共产党向何处去的问题。

第九章 社会主义依靠力量

社会主义事业，从根本上说，是中国广大人民群众的事业。只有在中国共产党的领导下，依靠广大工人、农民、知识分子，依靠全国各民族人民的团结，依靠最广泛的爱国统一战线，才能实现建设中国特色社会主义的伟大目标。

第一节 社会主义是人民群众的事业

建设中国特色社会主义，必须坚持人民群众创造历史这个马克思主义的基本原理，坚持相信群众，依靠群众，从群众中来，到群众中去的工作路线。建设中国特色社会主义是人民利益的集中体现，只有坚持人民利益高于一切，才能将中国特色社会主义事业全面推向前进。

一 人民群众是社会主义建设事业的创造主体

历史唯物主义认为，社会物质资料的生产是人类社会存在和发展的前提和基础。马克思指出："人们为了能够'创造历史'，必须能够生活。但是为了生活，首先就需要吃喝住穿以及其他一些东西。因此第一个历史活动就是生产满足这些需要的资料，即生产物质生活本身。"① 正是人民群众的物质生产活动保障了社会的存在和发展，并且为人类社会的其他活动奠定了基础。不仅如此，劳动人民还直接参与精神生产活动，并为社会精神生产提供足够的原材料。而且，马克思、恩格斯强调人民群众是社会变革的决定力量。革命斗争只有与广大群众的利益相结合，吸引群众参

---

① 《马克思恩格斯选集》第 1 卷，人民出版社 1995 年版，第 79 页。

加，才是强大有力的，才能取得成功。只有人民群众才是社会的主体，才能决定人类的命运。人民群众是社会变革的主体力量和决定力量。马克思、恩格斯还强调，推翻资本主义，建设社会主义、共产主义，是无产阶级的历史使命。马克思指出："历史活动是群众的事业，随着历史活动的深入，必将是群众队伍的扩大。"① 正如恩格斯在阐明科学社会主义理论的任务时说的，这一理论不是要代替无产阶级的革命运动，而是要"深入考察这一事业的历史条件以及这一事业的性质本身，从而使负有使命完成这一事业的今天受压迫的阶级认识到自己的行动的条件和性质。"② 总之，在马克思、恩格斯看来，从来就没有什么救世主，历史是人民群众自己创造的，社会主义事业只有广大人民群众才能去完成。

列宁继承并丰富和发展了马克思、恩格斯关于人民群众创造历史的学说，提出了无产阶级政党必须同人民群众保持密切联系的基本观点。首先，列宁明确指出，人民群众的力量是革命胜利的源泉，无产阶级政党必须始终代表人民群众的根本利益，一刻也不脱离群众。列宁对群众、阶级、政党、领袖的关系作了精辟的论述。他指出，无产阶级政党必须时刻与广大人民群众保持密切的联系，带领群众去完成任务。他说，最优秀的先锋队也只是少数人，而革命却只有依靠千百万人的意志和热情才能完成，仅仅依靠先锋队去决战，"那就不仅是愚蠢，而且是犯罪"。③ 也就是说，无产阶级政党只有巩固与群众的联系，得到群众的拥护，才能有力量，否则就会失去力量。正是从这个意义上，列宁指出，社会主义历来的训条，就是彻底地坚决地依靠群众，否则将一事无成。其次，建设社会主义必须依靠人民群众自己的力量。当人民群众建立了自己的新生政权时，第一次开始为自己工作了。在这种情况下，人民群众才广泛地、真正普遍地表现出进取心，发挥大胆首创的精神。所以要推进社会主义建设事业，只有毫不犹豫地依靠具有生气勃勃的创造力的广大人民群众。列宁指出，群众生气勃勃的创造力正是新的社会生活的基本因素。应该充分相信群众能够发挥自己的首创精神和才智办好自己的事。因此，建设社会主社

---

① 《马克思恩格斯选集》第2卷，人民出版社1995年版，第104页。
② 《马克思恩格斯选集》第3卷，人民出版社1995年版，第760页。
③ 《列宁选集》第4卷，人民出版社1995年版，第201页。

会，要依靠广大工人农民群众的首创精神和集体智慧。只有集体的经验，只有千百万人的新鲜经验，才能在如何建设社会主义方面给以决定性的启示。

毛泽东也多次强调和重申，要紧紧依靠群众的力量和智慧进行社会主义建设。他认为，人民群众是社会主义事业的主体。建设社会主义，必须善于发现和调动广大人民群众的积极性。社会主义事业是人民自己的事业，社会主义为人民群众创造历史提供了前所未有的条件。因此，社会主义必将激发起人民群众的高昂热情，意气风发、斗志昂扬地投入到各项建设中去。而要调动人民群众的积极性，关键在于坚持党的群众路线。在毛泽东看来，依靠群众，向群众实践学习，调查研究，这是中国共产党认识和推动社会主义建设的一条基本规律。改革之后，邓小平说："群众是我们力量的源泉，群众路线和群众观点是我们的传家宝。"① 搞革命要依靠广大人民群众；建设中国特色社会主义同样要依靠广大人民群众，群众路线和群众观点的传家宝决不能丢掉。人民群众是建设中国特色社会主义事业的力量源泉和胜利之本。邓小平强调，人民群众的力量是强大的，"我们党提出的各项重大任务，没有一项不是依靠广大人民的艰苦努力来完成的。"② 江泽民也指出"任务要依靠群众去完成，经验要依靠群众去积累，新事物要依靠群众去创造，困难也要依靠群众才能克服。"③ 特别是建设中国特色社会主义，是一项全新的事业，没有现成的经验，要靠亿万群众的实践去创造、探索和开辟；指引这一事业的理论和路线、方针、政策，也只有在亿万群众的实践中才能得到贯彻，经受检验，并得到创新、完善和发展。正如邓小平多次指出的，改革开放中许许多多的东西，都是由群众在实践中提出来的，是群众发明的；我们的功劳是把这些新事物概括起来，加以提倡。江泽民在庆祝中国共产党成立八十周年的讲话中进一步发挥了邓小平这一思想，指出："人民群众是先进生产力和先进文化的创造

---

① 《邓小平文选》第2卷，人民出版社1994年版，第368页。
② 《邓小平文选》第3卷，人民出版社1993年版，第4页。
③ 《毛泽东、邓小平、江泽民论党的建设》，中央文献出版社、中央党校出版社1998年版，第534页。

主体，也是实现自身利益的根本力量。"①

建设中国特色社会主义，必须充分发挥人民群众的积极性、主动性和创造性。邓小平明确指出："社会主义现代化建设的极其艰巨复杂的任务摆在我们的面前。很多旧问题需要继续解决，新问题更是层出不穷。党只有紧紧地依靠群众，密切地联系群众，随时听取群众的呼声，了解群众的情绪，代表群众的利益，才能形成强大的力量，顺利地完成自己的各项任务。"② 只有把广大人民群众的利益和智慧最大限度地调动和凝聚起来，才能不断赢得胜利。依靠人民群众，动员人民群众，就必须实现好、维护好和发展好最广大人民的利益。邓小平反复强调，应当把人民拥护不拥护、赞成不赞成、高兴不高兴、答应不答应作为党制定各项方针政策的出发点和归宿。江泽民强调中国共产党要始终做到"三个代表"，代表先进生产力的发展要求和先进文化的前进方向，归根到底都是为了满足人民群众日益增长的物质文化生活的需要，不断实现最广大人民的根本利益。他指出，由于人民群众的整体利益是由各方面的具体利益构成的，我们所有的政策措施和工作，都应该正确反映并有利于妥善处理各种利益关系。江泽民同时还强调，最重要的是必须首先考虑并满足最大多数人的利益要求，因为"最大多数人的利益是最紧要和最具有决定性的因素"。③

二 人民群众是社会主义国家的主人

建设中国特色社会主义，是中国共产党人把马克思主义普遍原理与中国实际相结合，选择走自己道路的结果。这是人民的选择，历史的选择，"是我们总结长期历史经验得出的基本结论"。④ 它代表着中国各族人民的根本利益，凝结着全体人民群众的意愿。社会主义国家是工人阶级的国家，也是人民的国家，这是通过无产阶级革命打碎旧的国家机器而实现的。社会主义国家建立后，人民群众是国家的主人，社会主义代表人民的

---

① 江泽民：《在庆祝中国共产党成立八十周年大会上的讲话》，人民出版社 2001 年版，第 24 页。

② 《邓小平文选》第 2 卷，人民出版社 1994 年版，第 342 页。

③ 江泽民：《在庆祝中国共产党成立八十周年大会上的讲话》，人民出版社 2001 年版，第 23 页。

④ 《邓小平文选》第 3 卷，人民出版社 1993 年版，第 3 页。

利益。离开了人民的利益,就没有社会主义。

邓小平指出:"经济长期处于停滞状态总不能叫社会主义。人民生活长期停止在很低的水平总不能叫社会主义。"① "二十年的经验告诉我们:贫穷不是社会主义,社会主义要消灭贫穷。不发展生产力,不提高人民的生活水平,不能说是符合社会主义要求的。"② 社会主义就是消灭贫穷,使人民富裕起来。"我们过去固守成规,关起门来搞建设……很长时间处于缓慢发展和停滞的状态,人民的生活水平还很贫困。……这才迫使我们重新考虑问题。考虑的第一条是要坚持社会主义,而坚持社会主义,首先要摆脱贫穷落后状态,大力发展生产力,体现社会主义优于资本主义的特点。"③ "社会主义的目的就是要全国人民共同富裕,不是两极分化。如果我们的政策导致两极分化,我们就失败了;如果产生了什么新的资产阶级,那我们就真是走了邪路了。"④ 1992年邓小平再次明确指出:"社会主义的本质,是解放生产力,发展生产力,消灭剥削,消除两极分化,最终达到共同富裕。"⑤ 人民群众的共同富裕既是社会主义本质的最主要内容,是社会主义的基本要求,也是社会主义制度优越性的重要标志。

对于如何实现全国人民的共同富裕,邓小平认为有两条:一是不要离开现实和超越社会历史阶段采取一些"左"的办法,这样是搞不成社会主义的;二是不管你搞什么,一定要有利于发展生产力。1980年,邓小平指出:"社会主义经济政策对不对,归根到底要看生产力是否发展,人民收入是否增加。这是压倒一切的标准。空讲社会主义不行,人民不相信。"⑥ 1992年,邓小平在南方谈话中又系统论述了这个标准:"判断的标准,应该主要看是否有利于发展社会主义社会的生产力,是否有利于增强社会主义国家的综合国力,是否有利于提高人民的生活水平。"⑦ 这个标准,是同最广大人民群众利益的有机结合、内在统一的"生产力标

---

① 《邓小平文选》第2卷,人民出版社1994年版,第312页。
② 《邓小平文选》第3卷,人民出版社1993年版,第116页。
③ 同上书,第223~224页。
④ 同上书,第110~111页。
⑤ 同上书,第373页。
⑥ 《邓小平文选》第2卷,人民出版社1994年版,第314页。
⑦ 《邓小平文选》第3卷,人民出版社1993年版,第372页。

准"。在"三个有利于"中,"发展社会主义社会的生产力"处于基础地位,"增强社会主义国家的综合国力"是中间环节,"提高人民的生活水平"是核心。

三 实现最广大人民群众的利益是社会主义的本质要求

邓小平认为,人民利益高于一切,即"人民拥护不拥护、人民赞成不赞成、人民高兴不高兴、人民答应不答应",这是邓小平一贯坚持的思想。1979年,邓小平提出,现代化代表着人民的最大利益、最根本的利益,要坚持以人民利益为最高准绳。1980年,邓小平指出,中国已吃了10来年的苦头,再乱,人民吃不消,人民不答应。同年12月,他再次强调:"群众是我们的力量源泉,群众路线和群众观点是我们的传家宝。党的组织、党员和党的干部,必须同群众打成一片,绝对不能同群众相对立。如果……那就丧失了力量的源泉,就一定要失败,就会被人民抛弃。全党同志,各级干部,特别是领导干部,必须经常记住这一点,经常用这个标准检查自己的一切言行。"① 1984年,邓小平在讲到改革开放的政策时指出:"改变现在的政策,国家要受损失,人民要受损失,人民不会赞成,首先是八亿农民不会赞成。"② 1992年,邓小平在南方谈话中还强调这个标准:一是在社会主义本质理论中,强调了"共同富裕";二是在"三个有利于"标准中强调了"是否有利于提高人民生活水平"。

从中国农村改革之初,邓小平就鼓励勤劳致富,提出允许一部分人先富起来,最后达到共同富裕。他指出:"在经济政策上,我认为要允许一部分地区、一部分企业、一部分工人农民,由于辛勤努力成绩大而收入先多一些,生活先好起来。"③"我们坚持走社会主义道路,根本目标是实现共同富裕……现在看来这个路子是对的。"④ 20世纪80年代中后期是中国城市改革的重要时期,邓小平提出"分三步走",基本实现现代化的发展战略。到80年代末,基本解决了温饱问题,摆脱了长期的贫困状态。90年代以来,是中国深化改革的重要时期,邓小平提出实现小康,走向共同

---

① 《邓小平文选》第2卷,人民出版社1994年版,第368页。
② 《邓小平文选》第3卷,人民出版社1993年版,第83~84页。
③ 《邓小平文选》第2卷,人民出版社1994年版,第152页。
④ 《邓小平文选》第3卷,人民出版社1993年版,第155页。

富裕的道路，实现中等发达国家的水平。"三步走"战略始终贯穿了如何实现人民利益的根本目标。

社会主义道路的根本目标是实现共同富裕，平均主义是不可能实现共同富裕的，那是共同落后，共同贫穷。"让一部分人、一部分地区先富起来……一部分地区发展快一点，带动大部分地区，这是加速发展，达到共同富裕的捷径。"① 解放和发展生产力，消灭剥削，消除两极分化，是富民的根本途径。1992年邓小平指出，只有通过解放和发展生产力这个唯一途径，才能真正达到全国人民的共同富裕，别无他途。"坚持社会主义的发展方向，就要肯定社会主义的根本任务是发展生产力，逐步摆脱贫穷，使国家富强起来，使人民生活得到改善。没有贫穷的社会主义。社会主义的特点不是穷，而是富，但这种富是人民共同富裕。"② 实现共同富裕与解放和发展生产力联系起来，在发展生产力的基础上提高人民的生活水平，实现共同富裕，直接反映着全国人民的根本利益，这是一个长期的发展过程。作为中国社会主义建设事业领导者的中国共产党，提出了"三个代表"重要思想，其中代表最广大人民群众的根本利益要求是核心，这反映了社会主义的本质要求。

第二节 社会主义依靠力量的主体

社会主义事业是人民群众自己的事业。建设中国特色社会主义，必须相信群众、依靠群众。广大工人、农民、知识分子、干部、解放军指战员和改革开放中出现的新的社会阶层的广大人员，都是中国特色社会主义事业的建设者。社会主义依靠力量的主体是广大人民群众，始终紧紧依靠人民群众，依靠各族人民的团结，依靠最广泛的爱国统一战线，才能推进社会主义事业。

一 工人阶级是中国社会主义建设事业的根本领导力量

中国工人阶级是推进中国革命、建设和改革事业的领导力量，发挥着

---

① 《邓小平文选》第3卷，人民出版社1993年版，第166页。
② 同上书，第264~265页。

先进阶级的强大作用，是中国先进生产力进步的基本力量。中华人民共和国成立前夕，毛泽东就指出，进城以后，在城市斗争必须全心全意依靠工人阶级。邓小平对中国工人阶级给予高度评价。他指出，中国工人阶级最重要的特点之一，就是同社会化的大生产相联系，觉悟最高，纪律性最强，能在现时代的经济和社会政治进步中起领导作用。改革开放以来，中国工人阶级为社会主义现代化事业作出了新的伟大贡献。江泽民强调："我们党所领导的改革开放和经济建设必须全心全意地依靠工人阶级，在任何时候、任何情况下都不能动摇。"[①] 中国政府通过政治、经济、行政、法律、舆论等手段以及必要的组织措施，在国家政治、经济和社会生活各方面很好地落实了依靠工人阶级的方针，切实保障了职工群众的主人翁地位，保证他们充分享受到改革开放和社会主义现代化建设的成果。

改革开放以来，中国工人阶级队伍已经发生、并且正在继续发生着巨大而深刻的变化。但是这些变化没有改变工人阶级作为中国社会先进生产力代表的地位，而是使这一地位得到了进一步的加强。首先，伴随着中国社会主义现代化建设的进程，越来越多的人进入工人阶级队伍。知识分子早已是工人阶级的一部分，乡镇企业的职工成为工人阶级的一部分，非公有制企业的职工也成为工人阶级的一部分，工人阶级的队伍不断壮大；其次，在科技革命的推动下，随着社会经济结构和产业结构的不断调整、优化，工人阶级的自身结构也不断优化，工人阶级的先进性得到发展；再次，由于知识分子成为工人阶级的一部分，也由于科技进步和知识经济所要求的工人阶级队伍的日益知识化，工人阶级的科技文化素质和其他素质不断提高。中国工人阶级队伍的深刻变化，增强了工人阶级的先进性。

知识分子是中国工人阶级的重要组成部分。在科学技术已成为第一生产力的条件下，知识分子既是先进生产力的开拓者，又是科学文化知识的创造者和传播者，在改革开放和现代化建设中，起着特殊重要的作用。能不能充分发挥知识分子的作用，在很大程度上决定着中华民族的盛衰和现代化建设的进程。邓小平批判了过去把广大知识分子定性为资产阶级知识分子、视为工人阶级的异己力量加以歧视、排斥的观点和做法，明确提出

---

① 《十四大以来重要文献选编》中，人民出版社1997年版，第1337页。

并科学论证了"中国知识分子已经成为工人阶级的一部分"的重要思想。邓小平指出:"随着现代科学的发展,大量繁重的体力劳动将逐步被机器所代替,直接从事生产的劳动者,体力劳动会不断减少,脑力劳动会不断增加,并且,越来越要求有更多的人从事科学研究工作,造就更宏大的科学技术队伍。"① 如何依靠广大知识分子,邓小平提出和强调了一系列重要的思想和原则。例如:在政治上、业务上充分信任和依靠知识分子;重视从优秀知识分子中发展中共党员、选拔干部;改革干部人事制度,为优秀人才特别是杰出人才脱颖而出开辟道路;认真贯彻"为人民服务,为社会主义服务"和"百花齐放、百家争鸣"的方针,造成良好的业务和学术研究的氛围;积极发展科学文化的国际交流与合作,大胆吸收和借鉴人类社会创造的一切文明成果;热情欢迎出国学习人员通过各种方式关心、支持和参加祖国的现代化建设,允许他们出入自由、来去方便;努力为知识分子创造必要的工作和生活条件,尊重他们的劳动价值,使他们心情舒畅、精力充沛地发挥业务专长等。随着中国法制建设的发展进步,有关这方面的一系列重要政策已经定型为国家的法律,如《教育法》、《教师法》、《科学技术进步法》、《著作权法》、《专利法》等。中国知识分子政策,还包括对他们的教育和培养。以创造和传播知识为己任的知识分子是教育者,教育者必须先受教育。中国知识分子理应为中华民族在新世纪的伟大复兴作出应有贡献。

在改革开放和现代化建设的历史实践中,中国工人阶级队伍在发展、壮大、进步,同时这支队伍也正经受着新的历史考验。企业的改革、改组和改造,产业结构的调整,社会主义市场经济体制的建立,知识经济的迅猛发展,都使工人阶级本身经历着深刻的改造。现阶段,国有企业正在以前所未有的广度和深度进行着战略性的改组。人员流动和部分职工下岗,是深化企业改革、推动技术进步和调整经济结构所难以避免的。对国有企业实行战略性改组,目的是促使国有企业更好地发挥国民经济的支柱作用,保证经济持续发展和人民生活不断改善,因而符合职工群众的根本利益,与全心全意依靠工人阶级的方针在本质上并不矛盾。而且从长远看有利于提高工人阶级的整体素质,发挥工人阶级的整体优势。一方面,这种

---

① 《邓小平文选》第2卷,人民出版社1994年版,第89页。

情况对贯彻全心全意依靠工人阶级这一方针提出了新的要求。江泽民强调指出，各级政府都要切实做好国有企业下岗职工的基本生活保障和再就业工作。这项工作事关职工群众的切身利益，必须抓紧抓好。另一方面，这种状况也对工人阶级提出了新的更高的要求。广大职工一定要发扬识大体、顾大局的优良传统，正确对待改革过程中的利益调整，坚定不移的支持国家搞好国有企业的一系列重大改革措施。下岗职工要坚定信心，转变观念，增长技能，自强不息，在政府和企业及社会各方面的帮助下，克服困难，奋发有为，在再就业和再创业的过程中作出新的业绩。

工人阶级为了更好地肩负起历史赋予的光荣使命，必须更加自觉地全面提高自身素质。工人阶级要以强烈的主人翁责任感，大力发扬艰苦创业和开拓创新精神，始终站在推动生产力发展的前列，积极参与企业的改革、改组、改造和加强管理，为建立现代企业制度，搞好整个国有经济，贡献更大的力量；要以高昂的劳动热情，努力做好本职工作，踊跃参加劳动竞赛、合理化建议、技术更新和安全生产等活动，争创一流业绩；要自觉倡导社会新风，在社会主义精神文明建设中发挥模范带头作用，用先进思想和模范行为影响和带动全社会；要自觉增强民主法制观念和责任意识，依法办事，依法律己，依法维护自身的合法权益，善于运用法律武器同各种违法犯罪行为做斗争；要努力学习文化知识和科学技术，自觉接受社会化大生产的严格管理和训练，争当本职工作的内行和能手，加快工人队伍知识化、现代化的进程。

二　农民阶级和其他劳动群众是中国社会主义建设事业的重要力量

坚决依靠广大农民群众，是新时期中国共产党加强农业和农村工作的一个基本立足点。过去，广大农民曾是夺取新民主主义革命胜利的依靠力量；今天，他们又是推动中国先进生产力发展的重要力量。中国改革是从农村率先突破的，广大农民为启动改革立下了历史性的功勋。农业是国民经济和整个社会主义现代化建设的基础。工农联盟是全心全意为人民服务宗旨的一项基本任务。邓小平观察形势、研究问题、作出决策，总是首先考虑农业、农村和农民问题，总是把这个问题放在中国共产党的工作和国家发展战略的首位。邓小平曾多次指出："中国有百分之八十的人口住在农村，中国稳定不稳定首先要看这百分之八十稳定不稳定。"① "中国社会是不是安定，中国的经济能不能发展，首先要看农村能不能发展，农民生活是不是好起来。"② "农村不稳定，整个政治局势就不稳定，农民没有摆脱贫困，就是中国没有摆脱贫困。"③ 农民没有积极性，国家就不能发展起来。对农民在政治上、经济上、文化上的重要地位和作用，应当有充分认识。

依靠广大农民群众，最主要的就是在建设中国特色社会主义和社会主义新农村的伟大实践中，承认并充分保障农民的自主权，充分尊重农民的首创精神，充分发挥广大农民的积极性。中国共产党十五届三中全会指出：必须承认并充分保障农民的自主权，把调动广大农民的积极性作为制定农村政策的首要出发点。这是政治上正确对待农民和巩固工农联盟的重大问题，是农村经济和社会发展的根本保障。调动农民的积极性，核心是保障农民的物质利益，尊重农民的民主权利。在任何时候，在任何事情上，都必须遵循这个原则。同时必须充分尊重农民的首创精神，依靠群众推进改革事业。

依靠农民必须教育农民，全面提高农民队伍的整体素质。改革开放以来，中国农民的政治思想觉悟、生产经营能力、文化科技水平、民主法制意识和道德文明程度，都已得到了显著提高和增强，一支宏大的有理想、有道德、有文化、有纪律的社会主义新型农民队伍正在形成。加快这一进程，要着重教育农民深入学习邓小平理论、坚定信念、坚持走农村改革和发展的道路；要帮助他们适应发展社会主义市场经济的需要，进一步转变观念，树立市场意识，增强占领市场和抵御市场风险的能力；要大力发展农村教育事业，实行农科教结合，加强农业科学技术的研究和推广，努力提高农民的科技文化素质，把农业和农村经济增长真正转变到依靠科技进步和提高劳动者素质上来；要加强农村社会主义精神文明建设，着重提高农民的思想道德素质，丰富他们的精神文化生活，树立和弘扬社会主义的新风尚，推进农村法制建设，促进村民自治

---

① 《邓小平文选》第3卷，人民出版社1993年版，第65页。
② 同上书，第77~78页。
③ 同上书，第237页。

和基层民主的发展,保持农村社会的长期稳定。

三 各族人民大团结和建立最广泛的爱国统一战线是中国社会主义建设事业的基础

建设中国特色社会主义必须依靠各族人民的团结。在长期的历史发展中,中华民族共同的根本利益、前途命运以及文化背景,在各民族人民之间形成了一种强大的凝聚力和血肉相连、生死与共的亲密关系。社会主义现代化建设和改革开放的各项重大成就,都是在中国共产党的领导下各族人民团结奋斗的结果。邓小平说:"在实现四个现代化进程中,各民族的社会主义一致性将更加发展,各民族的大团结将更加巩固。"① 建设中国特色社会主义,是各民族人民的共同理想、共同事业,维系着各民族人民的根本利益。这一伟大事业要求进一步加强民族团结,同时又为加强民族团结增添了新的强大动力和时代内容。江泽民指出:"少数民族和民族地区的经济社会发展,直接关系到中国整个现代化建设目标的顺利实现。"② 地区经济发展不平衡、少数民族地区经济发展相对落后,是中国的一个基本国情。振兴少数民族地区的经济,是实现经济发展战略目标,保持国民经济持续快速健康发展的一项重要任务。社会主义一定要最终实现全社会各民族人民的共同富裕。而振兴少数民族地区的经济尤其显得紧迫而重要,为此,必须加强民族团结。有了牢固的民族团结,各民族人民才有可能同心同德、集中精力,把经济建设搞上去。

爱国统一战线和多党合作政治协商制度是中国特色社会主义建设长期坚持的工作方针。邓小平指出:"新时期统一战线和人民政协的任务,就是要调动一切积极因素,努力化消极因素为积极因素,团结一切可以团结的力量,同心同德,群策群力,维护和发展安定团结的政治局面,为把中国建设为现代化的社会主义强国而奋斗。"③ 江泽民把新时期爱国统一战线的任务概括为:"高举爱国主义、社会主义旗帜,团结一切可以团结的力量,调动一切积极因素,同心同德,群策群力,为巩固和发展安定团结

---

① 《邓小平文选》第2卷,人民出版社1994年版,第186页。
② 《十三大以来重要文献选编》下,人民出版社1993年版,第1838页。
③ 《邓小平文选》第2卷,人民出版社1994年版,第187页。

的政治局面服务,为推进社会主义现代化建设和改革开放服务,为健全社会主义民主和法制服务,为促进'一国两制、和平统一'祖国服务。"① 这"四个服务",是新时期统一战线的基本任务。其中,为推进社会主义现代化建设和改革开放服务,是新时期统一战线的根本任务。其他三项任务也很重要,对中国政局的稳定和祖国统一,对促进根本任务的完成,有着不可替代的特殊重要作用。

新时期统一战线在建设中国特色社会主义事业中具有重要的战略地位和作用。改革之初,邓小平就指出:"统一战线仍然是一个重要法宝,不是可以削弱,而是应该加强,不是可以缩小,而是应该扩大。"② 中国共产党领导的多党合作和政治协商制度,是中国特色的社会主义政党制度。它是中国共产党和各民主党派,坚持和认同中国共产党的执政地位和执政领导,按照宪法、法律和有关制度,在管理国家事务中紧密团结、长期合作、互相监督,共同致力于发展社会主义事业的政党制度。它既不同于资本主义国家的多党制,也不同于有的社会主义国家工人阶级政党执政的一党制。这是一种符合中国国情、得到各党派共同拥护的政党制度,是适应中国社会主义根本经济制度和政治制度的政党制度,是既能反映和维护中国人民的根本利益,同时也能正确表达社会各方面利益的政党制度。在新的历史时期,坚持和完善中国共产党领导的多党合作和政治协商制度,巩固和发展最广泛的爱国统一战线,对于保持国家的长期稳定,推进社会主义民主政治建设,推进社会主义现代化建设,具有十分重要的意义。

四 新社会阶层中的广大成员也是社会主义事业的重要建设者

改革开放以来,中国的社会阶层构成发生了新的重大变化。早在20世纪80年代,邓小平就敏锐地观察到了这种深刻变化,当时就指出,在农村,乡镇企业的发展,使农民进入其他各种行业,异军突起,这种变化反映了当代中国社会进步的总趋势。江泽民进一步阐明了这一变化趋势。在改革开放的过程中,中国出现了民营科技企业的创业人员和技术人员、受聘于外资企业的管理技术人员、个体户、私营企业主、中介组织的从业

---

① 《十三大以来重要文献选编》中,人民出版社1991年版,第1127页。
② 《邓小平文选》第2卷,人民出版社1994年版,第203页。

人员、自由职业人员等社会阶层。而且，由于社会经济成分、组织形式、就业方式、利益关系和分配方式日益多样化，使许多人在不同所有制、不同行业、不同地域之间流动频繁，人们的职业、身份经常变动。而且这些变化还将会继续下去。

必须正确看待中国社会阶层构成的这些新变化。首先，要认识到，科技工作和经营管理工作也是劳动的重要形式。在新的历史条件下，要深化对社会主义社会劳动和劳动价值理论的认识。凡是参加社会化生产过程的一切成员，不仅是体力劳动者，也包括脑力劳动者，如工程技术人员、设计人员等，都是生产劳动者。新的社会阶层中的许多人都是从事科技工作和经营管理工作这种复杂劳动的，他们是总体劳动过程中的一员，他们的劳动参与价值的生产，是价值创造的重要力量。进入以知识经济为主体的新世纪，知识、科学技术和人力资本对经济增长的贡献率在许多发达国家已达到70%以上，发展中国家也达到40%左右。生产劳动的现代化直接导致了"活劳动不断减少而社会财富及其价值却越来越大"的现象。这就是马克思所说的"生产力特别高的劳动起了自乘的劳动的作用"。另外，中国当今私营业主的经营管理活动，可分为两个方面，即"协作劳动"和"剥削劳动"，作为"协作劳动"，当然创造价值。

其次，要认识到，人们政治上的先进和落后标准，不能简单地以有没有财产、有多少财产作为判断的标准，而主要应该看他们的思想政治状况和现实表现，看他们的财产是怎么来的以及对财产怎么支配和使用，看他们以自己的劳动对建设中国特色社会主义事业所作的贡献。根据这样的分析，江泽民指出："在党的路线方针政策指引下，这些新的社会阶层中的广大人员，通过诚实劳动和工作，通过合法经营，为发展社会主义社会的生产力和其他事业做出了贡献。他们与工人、农民、知识分子、干部和解放军指战员团结在一起，他们也是中国特色社会主义事业的建设者。"[①]因此，在建设中国特色社会主义事业中，根据对中国社会阶级和阶层的科学分析，应当充分发挥这些新的社会阶层的作用，共同建设社会主义小康社会。

---

① 江泽民：《论"三个代表"》，中央文献出版社2001年版，第169页。

五　人民军队是中国特色社会主义建设事业的可靠保障

中国人民解放军是人民民主专政的坚强柱石，是捍卫社会主义中国的钢铁长城。在当前和今后相当长的时期内，中国社会主义现代化建设仍将在复杂多变的国际环境中进行。具体地说，进入新世纪，国际上正处在大变动的历史时期，两极格局已经终结，世界向多极化方向发展；局部冲突始终未停，战争威胁并未根除，霸权主义和强权政治依然存在，中国统一大业仍然受到阻挠。为了维护中国的独立主权，为了维护国家的统一，为了中国社会主义建设事业的顺利进行，为了维护国内的社会稳定，保障人民民主专政政权，必须把人民解放军建设成为强大的现代化、正规化的革命军队，不断增强中国的国防实力，如此才能为中国的改革开放和经济建设提供坚强有力的安全可靠保障。

邓小平指出："我军是人民民主专政的坚强柱石，肩负着保卫社会主义祖国、保卫四化建设的光荣使命。因此，必须把我军建设成为一支强大的现代化、正规化的革命军队。"① 当今世界，和平与发展已成为时代的主题，中国的发展要紧紧抓住这个机遇，一心一意致力于经济建设这个中心任务，集中精力发展生产力，提高综合国力，提高全体人民的生活水平，这是大局，军队必须服从这个大局，并为这个大局服务。邓小平强调："现在需要的是全国党政军民一心一意地服从国家建设这个大局，照顾这个大局。这个问题，我们军队有自己的责任，不能妨碍这个大局，要紧密地配合这个大局，而且要在这个大局下面行动。"② 也就是说，军队要从各个方面支持和参加国家建设，为国家的发展和繁荣贡献力量。他还强调说，国防现代化是四化中的一化，但是四化建设总得有先有后。"现在就是要硬着头皮把经济搞上去，就这么一个大局，一切都要服从这个大局。"根据这一精神，人民解放军把支援国家经济建设和精神文明建设的任务纳入了自己的工作计划，统筹安排，取得了切实的成效。军队既要保卫国家安全，又要支援和参加国家经济建设，为此，在军队建设方面，就必须走中国特色的精兵之路。要精简机构，强调质量建设，加强教育训

---

① 《邓小平文选》第 2 卷，人民出版社 1994 年版，第 395 页。
② 《邓小平文选》第 3 卷，人民出版社 1993 年版，第 99 页。

练，全面提高部队干部战士的军政素质，提高部队在现代化高科技条件下的作战能力。人民解放军要达到江泽民提出的"政治合格，军事过硬，作风优良，纪律严明，保障有力"的总要求，紧紧围绕打得赢、不变质两个历史性课题，实现军队现代化的跨越式发展。

要加强全社会的国防意识，使广大人民了解国防的重要意义，热心地参加和积极地支持军队工作。只要军政团结，军民团结，军队团结，中国人民解放军将无敌于天下。

第三节 在社会主义建设中发挥人民群众的积极性和创造性

建设中国特色社会主义事业，是离不开人民的支持和参与的，这是一条不容置疑的铁的规律。人民群众是战胜各种困难和风险的智慧源泉。人民群众中蕴藏着无限的创造力。迄今为止的全部人类历史表明，无论是社会的物质文明，还是社会的政治文明、精神文明，都凝聚着亿万人民的聪明才智。新中国成立特别是改革开放以来，社会主义建设伟大历史实践的每一步成功推进，都是与广大人民群众的积极性、创造性密不可分的。

一 要尊重人民群众的首创精神

人民群众是推动社会前进的不竭动力。对社会物质文化需求的永不满足，对人生真谛永不停止的求索，对伟大理想孜孜不倦的追求，这是人类的天性，也是推动社会前进的不竭动力。改革开放20多年来，随着国际经济文化科技交流的日益增多，人们视野豁然开朗。悠久的中华文明与现实的经济社会文化发展的差距，使中国人民越来越多地开始从全世界和全人类的角度来思考中华民族的发展进步问题。人们赶上甚至超过世界发达国家发展水平的愿望和要求，越来越强烈，越来越迫切。正是这种愿望和要求，激励着广大人民群众以奋发有为和不畏艰险的精神风貌，去努力实现中华民族伟大复兴的历史使命。社会主义事业的成功，是千百万默默无闻的辛勤劳动的人民群众贡献自己聪明才智的结晶。有了人民群众的参与，汲取广大人民群众的集体智慧，社会主义建设事业才会克服困难，才会不断开拓新的局面,现代化事业才能不断推向前进。

中国共产党的三代中央领导集体都高度重视从人民群众的伟大实践中汲取丰富的营养。回顾中国共产党走过的光辉历程,农业从"帮工队"、"互助组"、"合作社"到"家庭联产承包责任制"和"统分结合的双层经营体制";工业从鞍钢的"两参一改三结合"到邯钢的"模拟市场核算,实行成本否决";党政建设从延安整风到"三讲"教育,从"精兵简政"到党政机关的多次机构改革,从"自己动手,丰衣足食"到"自力更生,艰苦奋斗",这一件件创举,无不首先来自实践,来自人民群众的伟大创造。事实表明,如果不善于总结人民群众创造的成功经验,不善于汲取人民群众的聪明才智,面对日益复杂的国内外环境带来的严峻挑战和风险,谁都会一筹莫展。人民群众是战胜各种困难和风险的智慧源泉。群众是真正的英雄,而我们自己则往往是幼稚可笑的。这句脍炙人口的名言,是毛泽东对人民群众伟大历史作用的科学概括和由衷赞颂。人民群众中蕴藏着无限的创造力。迄今为止的全部人类历史表明,无论是社会的物质文明,还是社会的精神文明,都凝聚着亿万人民的聪明才智。中国特色社会主义建设实践的历史,改革开放的伟大历程,正是一部充分尊重人民群众的首创精神,不断从人民群众中汲取力量和智慧的历史。

坚持人民是历史创造者的历史唯物主义观点,永远做人民群众的小学生,汲取人民群众的聪明才智,发挥人民群众的积极性和创造力,始终是中国共产党人战胜各种艰难险阻的一大法宝。广大领导干部要模范坚持群众路线,老老实实地拜人民为师,诚心诚意地向人民学习,谦虚谨慎,不骄不躁,尊重群众的首创精神,总结人民创造的经验,制定正确的工作方针,不断改进工作,扎扎实实地为群众谋利益。充分调动人民群众的积极性、主动性、创造性,努力把人民群众在实践中的伟大创造,总结上升为理论,用于指导工作实际。坚持同各种脱离人民群众的错误现象做斗争,保证各级领导干部永远不脱离人民群众。在大力弘扬浩然正气的同时,必须下大力气整治严重脱离人民群众的各种歪风邪气。一是要坚持反对严重脱离人民群众的形式主义和官僚主义,纠正衙门作风,扫除官僚习气,经受住执政的考验,为人民掌好权,用好权;二是严厉整治消极腐败现象。这是群众反响最大的问题之一。要继续加大反腐败斗争的力度,抓紧查处大案要案,坚持标本兼治,综合治理,坚决把极少数坏分子从党的队伍中清除出去；三是加强思想教育，建立健全规章制度，逐步理顺监督机制，从源头加以预防和治理。

二　始终坚持群众路线，调动人民群众的积极性、创造性

群众路线，是中国共产党的优良传统、政治优势和根本工作路线。在中国社会主义现代化事业进入全面建设小康社会的新的发展阶段，尤其要始终不渝地坚持一切为了群众、一切相信群众、一切依靠群众，从群众中来、到群众中去的群众路线。建设中国特色社会主义事业，必须永远与人民群众站在一起。各级领导机关的路线、方针、政策，都必须把人民的利益放在第一位，充分体现人民的意志，切实维护人民的利益，都必须确保各项工作的决策和执行符合人民的利益。在现阶段，就是要坚决贯彻执行社会主义初级阶段的基本路线，为把中国建设成为富强、民主、文明的社会主义现代化国家而奋斗。在具体工作中，各级国家机关的各项方针、政策，必须最大限度地实现、维护和发展广大工人、农民和知识分子的切身利益；各项改革措施的出台，其深度和力度，要顾及人民群众的承受程度；人民满意不满意、赞成不赞成、拥护不拥护、高兴不高兴，应当成为衡量一切工作成效的重要标准。

坚持全心全意为人民服务的根本宗旨，永远甘当人民群众的服务员。各级领导组织都要积极疏通和拓宽联系人民群众的渠道，始终保持同人民群众的血肉联系。各级领导干部必须经常深入基层，深入实际，深入群众，想群众之所想，急群众之所急，服务群众之所需。多做雪中送炭的事情，不干华而不实甚至哗众取宠的事情。无论是战争年代还是和平时期，深入基层，深入实际，深入群众，始终是中国共产党联系人民群众的基本方法和重要途径之一。当今时代，随着现代通讯手段的发展与进步，人与人之间、群众与政府之间、领导与人民之间的交往与联络，更加扩大，更加便捷，更加通畅了，但是，联系人民群众的光荣传统和基本方法不能丢。再多的网站，再快的传播速度，再精确的数据，都不能代替人与人、面对面的沟通与理解，更不能代替体贴入微的情感交流与传递。各级组织和各级领导干部，务必继承和发扬优良传统，结合新的工作实际，不断完善工作方法，努力探索和实现领导方式、工作方法的创新。密切联系人民群众，全心全意为人民服务，是每一位领导干部、每个共产党员的职责，

各项工作都要自觉"从我做起,从现在做起",立足本职,脚踏实地地为人民群众办实事,办好事。

在社会主义建设伟大实践中,要紧紧依靠人民群众,从人民群众中获取前进的不竭力量。人民群众是实现社会变革的决定力量。在中国,无论是求得民族独立和人民解放,还是实现国家繁荣富强和人民共同富裕,都注定要动员起千千万万的人民群众,组成浩浩荡荡的生力军。这是社会主义建设战胜各种困难和险阻,不断取得事业成功的根本保证。江泽民指出:"必须始终紧紧依靠人民群众,诚心诚意为人民谋利益,从人民群众中汲取前进的不竭力量。始终保持同人民群众的血肉联系,是我们党战胜各种困难和风险、不断取得事业成功的根本保证。"① 要始终坚持与人民群众同呼吸共命运的立场不能变,全心全意为人民服务的宗旨不能变。建设中国特色社会主义伟大事业,必须始终坚持人民群众是真正的英雄,只有依靠人民群众才能把改革开放和现代化建设不断推向前进的观点;向人民群众学习,甘当人民群众的小学生的观点;全心全意为人民服务,把人民群众的利益放在第一位的观点;干部的权力是人民赋予的,各级领导干部都是人民公仆的观点;既要依靠群众又要教育和引导群众前进,共产党员不能混同于普通群众,不能落后于群众,更不能凌驾于群众之上的观点,等等。群众观点是马克思主义的基本观点,如何对待群众是一个根本的立场问题、世界观问题和党性问题。谁丢掉了马克思主义的群众观点,自以为是,自以为聪明、高贵,谁就会被人民群众所鄙视;谁无视群众的疾苦,甚至骑在群众头上作威作福,谁就会被人民群众所抛弃。越是改革开放,越是发展社会主义市场经济,越要高度重视、切实维护好人民群众的根本利益。

三 坚持尊重劳动、尊重知识、尊重人才、尊重创造,发挥各类人才的作用

人才是中国社会主义现代化建设事业成败的关键。人才是具有专门知识和技能的人。知识分子中有大批人才,工人、农民中也有优秀人才。在依靠工人、农民、知识分子,依靠各民族人民大团结,依靠最广泛的爱国

---

① 江泽民:《论"三个代表"》,中央文献出版社2001年版,第151~152页。

统一战线来建设中国特色社会主义的过程中，始终都要尊重人才，要积极发挥人才的创造性作用。人才对社会主义现代化建设所具有的重要意义，要求全社会重视人才，努力形成尊重知识，尊重人才的良好风尚。1977年，邓小平在总结中国共产党对待知识和人才问题的经验教训的基础上，郑重提出："一定要在党内造成一种空气：尊重知识，尊重人才。"① 1984年，他在中央顾问委员会讨论《中共中央关于经济体制改革的决定》时又特别指出："这个文件一共十条，最重要的是第九条……概括地说就是'尊重知识，尊重人才'八个字。"② 他强调说："改革经济体制，最重要的、我最关心的，是人才。改革科技体制，我最关心的，还是人才。"③ 邓小平一直强调机遇难得，人才难得。这两个"难得"，有着紧密的联系。抓住机遇，把中国发展起来，必须重视人才。没有人才保证，就无法抓住机遇，也无法用好机遇。邓小平对人才的成长、发现、培养和使用问题尤为重视。他认为："我们现在不是人才多了，而是真正的人才没有很好地发现，发现了没有果断地起用。"④ 他提出："在人才的问题上，要特别强调一下，必须打破常规去发现、选拔和培养杰出的人才。"⑤ "要创造一种环境，使拔尖人才能够脱颖而出。改革就是要创造这种环境。"⑥

江泽民进一步阐明了人的全面发展与经济、文化各方面发展的关系。他指出，推进人的全面发展同推进经济、文化的发展和改善人民物质文化生活互为前提和基础。"人越全面发展，社会的物质文化财富就会创造得越多，人民的生活就越能得到改善，而物质文化条件越充分，又越能推进人的全面发展。社会生产力和经济文化的发展水平是逐步提高、永无止境的历史过程，人的全面发展程度也是逐步提高、永无止境的历史过程。这两个历史过程应相互结合、相互促进地向前发展。"⑦

---

① 《邓小平文选》第2卷，人民出版社1994年版，第41页。
② 《邓小平文选》第3卷，人民出版社1993年版，第91~92页。
③ 同上书，第108页。
④ 同上书，第369页。
⑤ 《邓小平文选》第2卷，人民出版社1994年版，第95页。
⑥ 《邓小平文选》第3卷，人民出版社1993年版，第109页。
⑦ 江泽民：《论"三个代表"》，中央文献出版社2001年版，第180页。

第十章 "一国两制"与祖国统一

坚持"一国两制",推进祖国和平统一,是中国特色社会主义理论和实践的重要组成部分,是中国共产党人在新的历史条件下为实现祖国统一提出的创造性构想。这一构想是马克思主义与中国实际相结合的产物,是对马克思主义国家学说的创造性运用和发展。

第一节 "一国两制"理论的提出和形成

祖国统一是亿万炎黄子孙的一致要求,是不可阻挡的历史趋势,是建设中国特色社会主义的重大历史任务之一。如何结束祖国的分裂局面,实现祖国的完全统一,中国共产党三代领导集体为之付出了艰辛的努力。

一 实现祖国完全统一是一项重大历史任务

中国有5000年文明历史,是世界上四大文明古国之一。中国又是一个统一的多民族国家,56个民族在祖国大地上世代繁衍,生生不息。历史上,中国虽然有过"分久必合,合久必分"的现象,但是,分离总是暂时的,统一是主流,自秦代统一中国以来,统一的时代大于分离的时代。元代以后,祖国再也没有出现过大的和长期的分离局面。当今时代中华民族的分离状态,发生在中国近代被侵略、被宰割的历史中。

香港问题和澳门问题是历史上殖民主义侵略遗留下来的问题。中国的封建制度和生产方式发展到明清时代,已经十分落后,腐朽不堪。这致使一些西方列强敢于虎视中国。最早把手伸到中国来的是葡萄牙殖民主义者,继而是西班牙殖民主义者和荷兰殖民主义者,后来又有了以英国为首的八国联军。最后是日本和美国。1511年,葡萄牙攻占了南洋贸易中心地满剌加（马六甲），1517年，葡萄牙人到达中国上川岛（广东境内），后又到福建的泉州、福州，浙江的宁波进行贸易。由于葡人肆意侵害中国主权，1545年后被逐出。1557年，葡萄牙人通过贿赂手段勾结广东地方官员，被获准每年缴纳租金1000两白银（后改为600两，再后改为500两），长期居留中国澳门，并设官管理。此后，澳门就变成欧洲各国的侵华基地。鸦片战争以后，1849年葡萄牙乘中国国势衰败而中断租金，霸占了澳门半岛，并侵占了澳门半岛南面的氹仔岛和路环岛（面积16平方公里）。当时的中国政府并未承认葡萄牙的强占，直拖到1887年，才被迫签约承认这一事实。

香港地区原属广东省新安县，1840年英国悍然发动了第一次鸦片战争，次年1月26日英军强行占领香港岛，并于1842年8月29日迫使清政府签订了《中英江宁条约》（即《南京条约》），将香港岛割让给英国。1856年英法向中国发动了第二次鸦片战争，1860年10月24日又迫使清政府签订了《中英北京条约》，将九龙司地区（即现九龙半岛界限街以南）割让给英国。中日甲午战争后，在西方列强瓜分中国的狂潮中，英国于1898年6月再次迫使清政府签订了《中英展拓香港界址专条》，强行租借九龙半岛深圳河以南地区及附近的200多个岛屿，租期为99年。至此，英国通过三个不平等条约强占了整个香港地区。

台湾问题是中国国内战争遗留下来的问题。台湾自古以来是中国领土不可分割的组成部分。1894年中日甲午战争中清政府战败，1895年日本迫使清政府与之签订了《中日马关条约》，割让台湾给日本。50年后，由于日本在第二次世界大战中战败，而于1945年10月正式将台湾归还中国。中国人民解放战争中，随着中国人民解放军的节节胜利，国民党当局率残余势力溃败后逃到台湾，在美国的全力扶持下与大陆对峙，从而造成了台湾海峡两岸隔绝分离的状态。但海峡两岸的中国人和海外华人都认定只有一个中国，台湾是中国不可分割的一部分。

祖国的统一，是中华民族的历史传统，民族的意志和夙愿。港、澳、台人民和大陆人民一起，为维护国家主权和领土完整，进行了不屈不挠的斗争。新中国成立以来，中国共产党人始终把实现包括台湾在内的祖国统一、维护国家主权和领土完整，作为自己的神圣任务，并坚持不懈地为之奋斗。以毛泽东、周恩来等为代表的老一辈革命家，为解决台湾、香港和澳门问题，实现祖国统一，做了大量工作，付出了巨大心血。全国解放初期，中国共产党和政府根据当时国际国内形势，对港、澳问题提出"长期打算、充分利用"的方针，决定暂不收回港、澳，但可以利用它的有利地位，为中国的建设、对外战略和对台工作服务。台湾问题与港澳问题不同，是中国内战的继续。在推进全国解放及其以后的一段时间里，中共曾提出过武力解放台湾并为此进行了部署。由于国际形势的变化，特别是朝鲜战争的爆发，武力解放台湾的工作中断。20世纪50年代，毛泽东、周恩来也曾设想用和平方式解决台湾问题。毛泽东先后提出"和为贵"、"爱国一家"、"爱国不分先后"等政策主张，周恩来曾提出用和平方式解决台湾问题。

20世纪90年代后期，香港、澳门先后回归祖国，仅剩下一个台湾问题仍未得到解决，祖国还未实现完全的统一。具有悠久历史文明的中华民族强烈要求祖国统一，正在努力建设中国特色社会主义的中国人民渴望祖国统一。

二 "一国两制"构想的形成和发展

"一国两制"科学构想，是以邓小平为代表的中国共产党人把马克思主义与中国具体实际相结合的产物，是对毛泽东思想的继承和发展。这一科学构想的形成，经历了一个不断探索和完善的过程。

新中国成立初期，中共和国家领导人关于解决港、澳问题的设想和20世纪50年代中期毛泽东、周恩来关于用和平方式解决台湾问题的政策主张，可以说是"一国两制"构想的发端。在毛泽东"和为贵"、"爱国一家"思想的基础上，1955年周恩来总理代表中国政府公开宣布：中国人民愿意在可能条件下，采用和平的方式解放台湾。从过去主张武力解放台湾到和平解放台湾，这在政策上是一个很大的调整。1956年6月，周恩来总理在全国人大一届三次会议上的政府工作报告中代表中国政府正式表示，愿意同台湾当局协商和平解放台湾的具体步骤和条件，并且希望台湾当局在他们认为适当的时机，派遣代表到北京或者其他适当的地点开始这种商谈。1956年7月，周恩来在同原国民党中央通讯社记者谈话时指出，国民党和共产党在历史上合作过两次，第一次合作有国民革命军北伐的成功，第二次合作有抗战的胜利，这都是事实，为什么不可以第三次合作呢？1958年10月，毛泽东在为国防部长彭德怀起草的《告台湾同胞书》中重申，台湾是中国的一部分，"世界上只有一个中国，没有两个中国"。同时向台湾当局提出结束海峡两岸军事对峙的办法，建议举行谈判，实行和平解决。

香港和澳门问题同台湾问题性质不同，不是统一问题，而是恢复行使中国主权问题。新中国成立初期，中国虽然没有立即收回港澳的主权，但是，中国政府一再声明：香港、澳门是中国的领土，中国不承认一切外国强加于中国的不平等条约，表示将在适当的时机，通过谈判收回港澳主权。

主张争取第三次国共合作、和平解决台湾问题，通过谈判恢复中国在港澳地区主权的原则设想，对于"一国两制"思想的形成无疑具有重大的启迪性和历史的连续性。这些原则性设想是"一国两制"构想的思想先导。

"一国两制"的科学构想是在中共十一届三中全会以后，在党的实事求是的思想路线指引下，在建设中国特色社会主义的实践中，逐步形成和完善的。"一国两制"构想的提出、形成和发展，大体可以划为四个阶段。

第一阶段：从中共十一届三中全会到1979年，是"一国两制"科学构想开始形成阶段。20世纪70年代以后，国际国内形势发生很大变化，中美建交，中日邦交正常化，国际上出现了和平发展的大趋势。中国国内粉碎了"四人帮"，为拨乱反正创造了条件。在这种历史背景下，中国共产党召开了具有划时代意义的十一届三中全会，决定把工作重心转到经济建设上来，在果断停止使用"阶级斗争为纲"方针并开始全面拨乱反正的同时，第一次明确确定采用和平统一祖国的战略方针解决台湾问题，但不作不使用武力的承诺。从此不再提"解放"台湾的口号，代之以"统一"祖国的口号。十一届三中全会公报明确指出，随着中美关系正常化，中国神圣领土台湾回到祖国怀抱、实现统一大业的前景，已经摆在面前。全会欢迎台湾同胞、港澳同胞、海外侨胞，本着爱国一家的精神，共同为祖国统一和祖国建设事业继续作出积极贡献。1979年1月1日，中美正式建交，全国人大常委会于同日发表《告台湾同胞书》，宣布了和平统一祖国的大政方针，并指出，在解决统一问题时，将尊重台湾现状和台湾各界人士的意见，采取合情合理的政策和办法，不使台湾人民蒙受损失。还提出了海峡两岸尽快实现"通邮、通航、通商"和进行经济、科学、文化、体育交流的建议。1979年1月30日，正在美国访问的邓小平在会见美国参众两院议员代表时明确指出："我们不再用'解放台湾'这个提法了。只要台湾回归祖国，我们将尊重那里的现实和现行制度。"① 这表明，中共这时虽还没有明确提出"一国两制"的概念，但关于祖国和平统一的构想设计已经起步，初步的设想已经肯定了在一个国家实行两种制度的可能性和必要性。可以说，"一国两制"的思想已见端倪。

第二阶段：从1981年9月叶剑英委员长向新华社记者发表谈话到1983年，是"一国两制"构想基本形成阶段。这一阶段，中共正式提出"一国两制"概念。1981年9月30日，叶剑英委员长对新华社记者发表谈话，提出了和平统一祖国的9条方针，阐明了中国共产党解决台湾问题的基本立场。谈话明确指出："国家实现统一后，台湾可作为特别行政区，享有高度的自治权，并可保留军队。""台湾现行社会、经济制度不变，生活方式不变，同外国的经济、文化关系不变。私人财产、房屋、土地、企业所有权、合法继承权和外国投资不受侵犯"。② 1982年9月，邓小平会见英国首相撒切尔夫人时，第一次明确使用了"一国两制"的概念。他说，关于收回香港主权问题，可以用"一个国家，两种制度"的方案解决。1983年6月，邓小平对"一国两制"的内容作了进一步阐述，以9条方针为基础，进一步提出了祖国统一的6点办法。至此"一国两制"从基本概念到大致的经济、政治、思想文化的模式都有了一个基本的轮廓。

第三阶段：从1983年至1984年10月，"一国两制"的构想进入了系统化和理论化阶段。1983年以后，根据中英两国领导人的协商意见，两国开始了按"一国两制"构想具体解决香港问题的谈判。关于台湾同大陆统一形式的探讨，也在更广泛的范围内进行。针对各种各样的议论和主张，邓小平在1983—1984年间发表了一系列重要谈话，对"一国两制"科学构想的依据、基本内容、实践的可行性，它对于和平统一祖国，推进

---

① 《人民日报》，1979年2月1日。

② 《人民日报》，1981年10月1日。

社会主义现代化建设以及和平解决国际争端的意义等，进行了完整系统的阐述和发展。

第四阶段：从1984年开始，"一国两制"的科学构想进入实践阶段。1982年9月至1984年9月，中英两国政府关于解决香港问题的谈判获得巨大成功，双方达成了协议，并于1984年12月在北京正式签署了中英关于香港问题的《联合声明》，明确宣布：中华人民共和国政府将于1997年7月1日对香港恢复行使主权。1990年4月，中国全国人大七届三次会议通过了《中华人民共和国香港特别行政区基本法》。这期间，中葡关于澳门问题的《联合声明》，于1987年4月在北京正式签署，宣布中华人民共和国政府将于1999年12月20日对澳门地区恢复行使主权。1993年3月，中国全国人大八届一次会议通过了《澳门特别行政区基本法》。

香港、澳门主权问题的解决，证明"一国两制"是可行的。这也推动着台湾问题的解决。

第二节 "一国两制"构想及其实践

"一国两制"构想是以邓小平为代表的中国共产党人遵循解放思想、实事求是的思想路线，在尊重历史、照顾现实的基础上提出来的，具有科学的理论依据和实践基础。实践证明，"一国两制"构想是和平统一祖国的最佳方案。

一 "一国两制"科学构想的基本内容

作为具有显著中国特色的"一国两制"构想，有着特定的内涵。具体说来，就是在统一的中华人民共和国内部，同时实行社会主义与资本主义两种制度并存的制度，即在大陆范围内实行社会主义制度，在台湾、香港、澳门地区在相当长时间内实行资本主义制度。"一国两制"的构想在不断总结实践经验过程中进一步充实和丰富，形成了一个基本结构体系。其理论和构想包括以下基本点：

第一，"一国两制"构想的核心内容是实现祖国统一。中国是一个多民族的统一国家，"一国两制"是以祖国统一为前提的。所谓"一国"，就是要实现国家的统一,国家的主权不容分割,丧失的主权必须收回。中华民族只有一个统一的国家,这就是中华人民共和国。如果没有这个前提和基础,背离了维护国家主权和领土完整的原则立场,就不存在"一国两制"了。因此,"一国两制"明确坚持在国际上代表中国的只能是一个中央政府的主权国家,就是中华人民共和国,只有一部适用全国的宪法。在这个原则下,国家的最高权力机关只有一个,就是全国人民代表大会,最高行政机关只有一个,就是中华人民共和国国务院。在承认一个中国的前提下,统一后的香港、澳门、台湾地区都设立特别行政区,作为地方政府机关。港、澳、台作为特别行政区,可以实行与大陆不同的制度,条件是不能损害统一的国家利益。任何试图把某个特别行政区变成一个"政治实体",搞"联邦"、搞"完全自治"、搞"一国两府"等变相维持国家分裂状态的主张都是不能允许的。

第二,"一国两制"的主体是坚持社会主义制度。在统一的中华人民共和国内,大陆地区是这个统一国家的主体部分,实行社会主义制度,台湾、香港、澳门地区是这个统一国家的不可缺少和不可分割的组成部分,实行资本主义制度。邓小平曾反复强调:一个国家、两种制度,"中国的主体必须是社会主义,但允许国内某些地区实行资本主义制度,比如香港、台湾。大陆开放一些城市,允许一些外资进入,这是作为社会主义经济的补充,有利于社会主义社会生产力的发展。比如外资到上海去,当然不是整个上海都实行资本主义制度。深圳也不是,还是实行社会主义制度。中国的主体是社会主义。"[①] 1984 年邓小平在同英国首相撒切尔夫人谈话时又说:"请首相告诉国际上和香港的人士,'一国两制'除了资本主义,还有社会主义,就是中国的主体、十亿人口的地区坚定不移地实行社会主义。主体地区是十亿人口,台湾是近两千万,香港是五百五十万,这就有个十亿同两千万和五百五十万的关系问题。主体是很大的主体,社会主义是在十亿人口地区的社会主义,这是个前提,没有这个前提不行。在这个前提下,可以容许在自己身边,在小地区和小范围内实行资本主义。"[②]

[①] 《邓小平文选》第 3 卷,人民出版社 1993 年版,第 59 页。
[②] 同上书,第 103 页。

大陆坚持社会主义是坚定不移的，大陆的社会主义制度不变，是保证港、澳、台资本主义制度50年不变、保持稳定发展的条件。只有大陆坚持社会主义，实行改革开放政策，才能允许一些资本主义进入和存在，也允许港、澳、台地区继续发展资本主义。如果大陆现行制度改变了，发生了社会动乱，那也就没有港、澳、台的发展和稳定。总之，只有大陆社会主义主体地位的稳定，才有港、澳、台资本主义的稳定。

第三，港、澳、台地区实行资本主义制度。港、澳、台地区实行同大陆不同的制度，不仅经济上实行资本主义制度不变，而且建立特别行政区实行同大陆不同的政治制度，这是"一国两制"的重要内容。香港、澳门、台湾等特别行政区的具体政治制度，是实行符合这些地区实际需要的、有利于巩固和发展当地经济的政治制度，而不是照搬英美的模式，更不能成为由外国人幕后操纵的政权。邓小平在谈到香港治理问题时，明确肯定了实行"港人治港"的原则，并进一步指出："港人治港有个界线和标准，就是必须由以爱国者为主体的港人来治理香港。未来香港特区政府的主要成分是爱国者，当然也要容纳别的人，还可以聘请外国人当顾问。什么叫爱国者？爱国者的标准是：尊重自己的民族，诚心拥护祖国恢复行使对香港的主权，不损害香港的繁荣和稳定。只要具备这些条件，不管他们相信资本主义，还是相信封建主义，甚至相信奴隶主义，都是爱国者。我们不要求他们都赞成中国的社会主义制度，只要求他们爱祖国，爱香港。"[①] 这些原则主张，同样适用于澳门和台湾。中共第三代中央领导集体也多次重申，在祖国统一后，要长期保持港、澳、台地区的基本制度不变，生活方式不变，基本法律不变，在一个中国的名义下、同外国的经济关系不变，并通过立法的形式将这些政策固定下来，表现了中国共产党人实行"一国两制"的诚意和决心。在香港、澳门、台湾回归祖国后，大陆不会去那里反对资产阶级自由化。当然，他们也不应采取任何方式到大陆来搞资产阶级自由化，推行资本主义制度。

第四，在"一国"的前提下，港、澳、台地区实行高度自治。统一后的香港、澳门、台湾地区实行高度地方自治。设立特别行政区，地方事务由地方政府按照法律自行管理。统一后，香港、澳门、台湾虽然是地方

[①] 《邓小平文选》第3卷，人民出版社1993年版，第61页。

政府，却拥有其他省、市、自治区所没有而为自己所特有的管理权力，在处理内部事务上可以搞自己的一套。只在关于国家的主权、外交、国防、宣战、媾和等权力方面由中央行使。中央政府不向这些地区派遣干部，只向港澳地区派驻军队。具体说来，港、澳拥有以下高度自治权：除了享有国内其他自治区的权利外，港、澳特别行政区还可以拥有货币发行权、财政独立权、税收独立权、司法终审权。司法终审权这一条，在港、澳回归前的殖民地状态下是没有的，只有在"一国两制"的情况下，港、澳才享有这种司法上的最高权力。在这方面，港、澳的自治权甚至超过联邦国家中的成员邦或州。台湾在实现和平统一后，它的自治权比港、澳还要大，除了享有上述高度自治权外，还可以在不对大陆构成军事威胁的情况下，保留自己的军队。中央政府不派军队到台湾，台湾当局还可以派人到中央政府任要职，台湾现有的外交关系可以在中国台湾的名义下保留不变。

为了保证上述"一国两制"构想的实行，并使之具有长期性、稳定性和连续性，中国政府将以立法的形式使之确定下来。为此，中国全国人大不仅修改和补充了宪法中有关"一国两制"和特别行政区的条款，而且已经颁布和通过了《中华人民共和国香港特别行政区基本法》和《中华人民共和国澳门特别行政区基本法》等一系列法律、法规，作为依法实施"一国两制"构想和完成祖国统一大业的法律基础。《基本法》的通过和实施，进一步显示了中共和国家实行"一国两制"的坚定立场，增强了港澳同胞保持稳定和繁荣的信心。

二 "一国两制"构想的科学依据

"一国两制"构想不是凭空产生的，也不是中国领导人的主观臆造。这一科学构想是以邓小平为代表的中国共产党人遵循解放思想、实事求是的思想路线，在尊重历史、照顾现实的基础上提出来的。邓小平说："要归功于马克思主义的辩证唯物主义和历史唯物主义，用毛泽东主席的话讲就是实事求是。这个构想是在中国的实际情况下提出来的。"[①]

一切从实际出发，实事求是，是"一国两制"构想的思想基础。正

---

① 《邓小平文选》第3卷，人民出版社1993年版，第101页。

是在正确的思想路线指导下，中共坚持从中国的实际出发，尊重台湾、香港、澳门的历史实际和现实，提出了"一国两制"的构想。实现祖国的统一，是历史赋予中国共产党人的光荣任务，是整个中华民族的共同心愿，是中国历史发展的大势所趋。但是，由于种种原因，祖国大陆与台湾、香港、澳门长期以来一直处于完全不同的社会制度之下，人们的价值观念、生活方式等都有着很大的不同。港澳台地区发达程度以及居民的生活水平，大陆与之相比也有较大的差距。要圆满解决祖国统一问题，就要尊重这个实际，找到一个和平的、合乎情理的、各方面都能接受的办法，这就是实行"一国两制"。邓小平曾经说过：就香港来说，"如果用社会主义来统一，就做不到三方面都接受。勉强接受了，也会造成混乱局面。即使不发生武力冲突，香港也将成为一个萧条的香港后遗症很多的香港，不是我们所希望的香港。所以，就香港而言，三方面都能接受的只能是'一国两制'。"[①]"一国两制"的构想一经提出，就得到国内的支持和国际的欢迎，香港和澳门问题就得到了圆满解决。

和平共处是"一国两制"构想的思想来源和现实基础。列宁在十月革命胜利后为处理社会主义国家同资本主义国家的关系曾经提出和平共处的重要思想，这一思想后来被中国共产党人丰富和发展为和平共处五项原则。和平共处五项原则已经成为中国和世界上大多数国家先后承认的处理国家关系的基本准则。当今世界，依然是社会主义和资本主义两种社会制度并存的时代，谁也吃不掉谁，只能和平共处，竞争发展。既然"一球"可以"两制"，互相联系，互相借鉴，竞争发展，为什么不能把和平共处原则应用于国内，实行"一国两制"，以解决国家的统一问题呢，所以邓小平指出："现在进一步考虑，和平共处的原则用之于解决一个国家内部的某些问题，恐怕也是一个好办法。根据中国自己的实践，我们提出'一个国家，两种制度'的办法来解决中国的统一问题，这也是一种和平共处。"[②]"一国两制"的和平共处，是一种求同存异的和平共处。资本主义制度与社会主义制度存在着矛盾和根本的对立，两种制度并存就是"存异"，而"一国"就是求"同"。大陆与港、澳、台同祖同源，有着

---

① 《邓小平文选》第3卷，人民出版社1993年版，第101~102页。

② 同上书，第96~97页。

共同的民族感情和民族利益,这就是"同",构成了两种制度共存的基础。大陆与港、澳、台地区人民之间不同的生活方式和价值观,这就是存在的"异"。但是,由于存在共同的民族基础,使得两种对立的社会制度处于相对缓和的状态,并能够进一步共存于统一的祖国母体中。把处理国际之间的和平共处原则,引申为解决祖国统一问题的原则,无疑是大胆的尝试和史无前例的伟大创造。

"一国两制"构想是马克思主义的原则性和政策的灵活性的高度统一。原则的坚定性和策略的灵活性是马克思主义的一个基本原理,是科学社会主义战略的一个重要原则。以邓小平为代表的中国共产党第二代领导集体,在当代历史条件下把马克思主义原则的坚定性和策略的灵活性相结合,应用于解决中国的统一大业,就是在坚持祖国统一和社会主义是主体的大原则下,在一些具体措施和方法步骤上讲究必要的灵活性。这就是说,在承认中华人民共和国拥有国家主权和实现国家统一的前提下,在行使国家主权和实现国家统一的具体做法上,可以向对方作出适当让步,以达成各方都能接受的协议。"一国两制"的原则性在于,必须坚持一个中国,坚持统一的国家主权和领土完整,必须坚持以社会主义为主体。在这个坚定的原则基础上,其灵活性表现为照顾历史实际和现实的可能性,在统一的国家内,大陆实行社会主义制度,香港、澳门、台湾实行资本主义制度,至少50年不变。可以说,"一国两制"是一个科学的完整的方针,体现了马克思主义的原则性和具体政策的灵活性的高度结合。

三 "一国两制"构想的实践

"一国两制"构想顺应历史潮流,不仅得到了大陆地区人民群众的普遍拥护和赞扬,也符合港、澳、台地区人民的心愿。它以祖国统一大局为重,尊重历史和现实,兼顾各方利益,有利于大陆与港、澳、台地区之间的经济合作与共同发展,有利于地区和平和世界和平。英国前首相撒切尔夫人认为"一国两制"构想是天才的创造,坚信"一国两制"构想是行得通的。从1982年开始,中英之间经过多次谈判,于1984年9月就香港问题全部达成协议。1984年12月,中英两国政府首脑在北京正式签署关于香港问题的联合声明,宣布中国将于1997年7月1日恢复对香港行使主权。1987年4月,中葡两国政府签署关于澳门问题的联合声明,宣布中国将于1999年12月20日恢复对澳门行使主权。1990年4月4日和1993年3月31日，全国人大分别通过了《中华人民共和国香港特别行政区基本法》和《中华人民共和国澳门特别行政区基本法》，这标志着1840年鸦片战争以来的历史遗留问题至此得到了基本解决。在以上两个《基本法》的法律保障下，中华人民共和国政府已分别于1997年7月1日和1999年12月20日对香港和澳门恢复行使了主权，香港和澳门终于回到了祖国的怀抱，使"一国两制"构想迈出了重要的一步。用"一国两制"的办法解决香港、澳门问题的实践，维护了香港、澳门的繁荣与稳定，促进了大陆与港澳地区的经济联系与交往，"一国两制"构想获得了初步成功。实践已经证明，"一国两制"构想是切实可行的。

"一国两制"构想的提出并在港、澳地区付诸实践，对台湾地区也产生了巨大的影响，并为解决台湾问题创造了有利的条件，海峡两岸在经济、文化、新闻、体育等方面的交往日趋活跃。对香港恢复行使主权，香港成为中华人民共和国的一个特别行政区，台湾同香港的关系就成了两岸关系的特殊组成部分。过去台湾同香港的关系是台英关系的一部分，现在台、港之间则是两岸关系的特殊形式。港、台关系的顺利发展，对海峡两岸关系产生积极的推动作用。这种推动作用主要表现在：一是随着港台经贸关系更加紧密，香港既是台商投资大陆的桥梁，也是两岸贸易的中转地，两岸三地经贸交流日益密切，将推动海峡两岸经济互利互补，共同繁荣。二是有利于两岸实现直接"三通"。港、台间的"三通"客观上成了两岸"三通"的特殊形式，这将促使台湾当局在"三通"问题上采取更现实的政策，有利于两岸直接"三通"早日实现。三是更方便两岸人员往来和各项交流。随着两岸人员往来的增多和各项交流的扩大，对增进两岸同胞之间的了解和感情将产生积极的影响。

第三节 "一国两制"与台湾问题

"一国两制"构想，是首先针对解决台湾问题提出的，根本问题是解决台湾和大陆的和平统一。台湾问题不同于港澳问题，属于中国人民的内政。在和平解决台湾问题上，中国共产党始终坚持不可动摇的原则立场和决心。

一 祖国的统一问题，应由两岸中国人自己来解决

台湾自古以来就是中国的神圣领土。台湾与祖国大陆的渊源可以追溯到远古时代。台湾省南部台南县左镇发现的古人类化石"左镇人"，与著名的北京周口店的"山顶洞人"，同属于3万年以前的古人类。高雄县凤鼻头一带出土的彩陶与黑陶是从中国大陆东南沿海传过去的，是分布在黄河中下游、沿海地区和华南地区的"几何形印纹陶文化"的遗迹。在台东县卑南乡出土的许多石器、陶片及玉器，是两三千年前台湾先住民的遗物。经过鉴定和对这些先住民文化物质的研究，确认他们和中国南方各省古代的越民族相似。可见，台湾文化的根基在大陆。台湾最早的居民直接来自中国大陆的东南沿海地区。台湾人民同大陆人民同根、同宗、同源，承继的是相同的文化传统。中国最早的史书《尚书》的《禹贡》篇中，称台湾为"岛夷"。秦汉以后，关于台湾的记载已很具体。《三国志·孙权传》中记载，吴主孙权在公元230年，曾派遣将军卫温、诸葛直率军到过台湾。汉晋南北朝时称台湾为"夷求"。隋朝时称台湾为"流求"。《隋书》记载，隋炀帝曾三次派人前往台湾。唐朝以后，东南沿海人员为了逃避战乱，出现移居澎湖和台湾的现象。元朝时，称台湾为"留求"。公元1335年，元朝在澎湖设"巡检司"，管理台湾和澎湖的民政，隶属福建泉州同安县（今厦门）。公元1620年福建海澄人颜思齐和泉州南安人郑芝龙，为反抗官府欺压，率一大批人分乘13艘船移居台湾。他们在台湾中部的北港（今嘉义）登陆，筑10个城寨，从事垦荒、农耕、渔猎。1638年，中国第一次有计划、大规模向台湾移民，对台湾贡献甚大。明朝有关台湾的著述很多，在这些著述中，台湾被称为"小琉球"、"东蕃"、"大员"、"大园"、"台员"，以至"台湾"。公元1544年（明嘉靖二十三年），西方国家首次发现台湾岛，并开始侵犯。1642年，台湾沦为荷兰的殖民地。1661年，郑成功收复台湾，改称台湾为"东都"，号召大陆人民移居台湾垦殖，实行屯田，广拓垦区，保护林木，发展贸易，兴办学堂，使台湾经济、文化得到迅速发展，在台湾开发史上写下了重要的一章。1683年，清朝政府进军台湾，郑成功之孙郑克爽率众归顺，至此，台湾置于清朝管理下，中国实现了统一。

台湾省包括台湾岛、澎湖列岛、兰屿、绿岛、彭佳岛、钓鱼岛、赤尾

屿等岛屿。设有 7 市 16 县，全省面积 3.6 万平方公里，人口约 2300 万人。台湾岛面积 3.58 万平方公里，是中国第一大海岛。

1885 年，清政府正式把台湾划为当时中国的一个行省——台湾省。1894 年，中日甲午战争爆发，日本侵略军在 1895 年 3 月占领澎湖。同年 4 月 17 日，清政府与日本签订了丧权辱国的《马关条约》，割让台湾、澎湖及辽东半岛给日本。1945 年 8 月 15 日，日本无条件投降，中国恢复了在台湾的主权。同年 10 月 25 日，中国政府正式接收了台湾省。1949 年蒋介石国民党集团内战战败，退居台湾，造成了与大陆的对峙局面。

台湾问题不同于香港、澳门问题。台湾问题是国内战争遗留下来的问题，属于中国的内政，不允许外国干涉。然而不可思议的是，某些国外反华势力长期干涉中国内政，支持"台独"，严重阻碍着祖国统一的进程。分裂中国，使台湾脱离大陆，一直是美国一些人的主意。早在 19 世纪中叶，美国海军准将佩里就受命带领两只军舰巡航台湾。返国后，他即建议美国政府占领台湾。1867 年，美国派海军登陆台湾，被高山族击退。美国武装侵略台湾受挫，遂转而支持日本进攻台湾，日本 1874 年 5 月侵犯台湾。1879 年吞并琉球群岛，将其改为冲绳县。第二次世界大战结束后，美国又打出"台湾地位未定"的旗子，并设想出控制台湾的几种方案：一是将台湾交由联合国共管；二是在台湾扶植一个亲美政权；三是扶植台湾"独立"运动，使之掌权；四是美国自己占领台湾。中国与日美两国建交后，情况有所改变。因为在中美上海公报中，美方已承认"只有一个中国，台湾是中国的一部分"。但在实际行动上，美方仍然顽固地阻挠中国统一大业，如允许李登辉访美，美舰进入台湾，美日发表矛头指向中国的《安全保障联合宣言》等。甚至在台湾海峡上出现了"弓上弦，剑出鞘"的局面。美国之所以这样，就如美国官方正式文件多次强调的，台湾对美国有重要意义。这就是某些外国反华势力一味干涉中国内政，而中国坚决反对这种干涉的根本原因所在。从以上历史和有关状况看，台湾独立是没有道理也没有前途的，国外反华势力干涉中国内政也是没有道理和没有前途的。中国政府和人民坚决反对外国势力干涉中国内政，强调"祖国统一的问题，应由两岸中国人自己来解决"的严正立场。

二 坚持努力用和平方式实现统一，但不承诺放弃使用武力

台湾是中国领土不可分割的一部分，中国共产党和中国政府一贯主张以"和平统一，一国两制"的基本方针解决台湾问题，坚决反对台湾独立，反对任何旨在制造"两个中国"、"一中一台"的图谋。中国政府坚持努力用和平方式实现祖国统一，但不承诺放弃使用武力。正如江泽民所说，中国政府和中国人民有争取和平统一的最大诚意，也有制止任何"台独"分裂图谋的坚强决心。

在香港、澳门问题解决之后，解决台湾回归祖国问题成为实现祖国统一大业的主要任务。20多年来，中国为促进台湾问题的解决，为实现祖国统一大业，做了大量工作。中国共产党和中华人民共和国政府在制定"和平统一，一国两制"方针政策的过程中，相继出台了一系列发展两岸关系的政策和措施。在政治、经济、军事领域适时调整了政策，对人员往来和各个领域的交流与合作，采取了积极鼓励的态度。还成立了得到授权的民间团体"海峡两岸关系协会"，同台湾有关团体建立联系。这些政策和措施，得到了台湾同胞、港澳同胞和海外侨胞的拥护和支持。台湾当局也在开放岛内民众赴大陆探亲，放宽民间交流和交往，开放两岸间接投资和贸易，简化通话、通汇、通邮手续等方面采取了一些松动措施。同时也成立了处理两岸关系的民间机构"海峡两岸关系基金会"。在这种情况下，两岸经贸合作迅速发展，人员交往和各个领域交流不断扩大，这一切对于祖国统一目标的实现是有益的。但也要看到，在发展两岸交往和实现祖国统一的道路上还存在诸多不尽如人意之处。台湾当局坚持反共拒和立场和"三不"（不谈判、不接触、不妥协）政策，在"确保台湾安全"和"经济发展"的借口下，继续实行"民间性、单向性、间接性"的政策，致使海峡两岸的交往处在不正常状态。更有甚者，"台独"势力企图通过公民投票，改变台湾是中国一部分的地位，建立所谓"台湾共和国"。1991年，台湾民进党将"建立主权自主的台湾共和国暨制定新宪法，应由台湾人民以公民投票方式选择决定"写入党纲；1994年3月，民进党提出《公投草案法》，其中适用范围包括"国家重大政策、重大行政区划变更案"。1997年5月以来，民进党所主张的"公投入宪"，更是他们借"公民投票"之名行"台独"之实的继续。民进党执政台湾以后，坚持"一中一台"、"一边一国"的台独立场，极力进行分裂祖国的勾当。

"一国两制"的构想，是首先从解决台湾问题开始的。采取"一国两制"的方针，用和平方式解决台湾问题，充分考虑了台湾当局和台湾人民的处境、利益和前途。

1995年1月30日，江泽民就解决台湾问题，促进祖国统一大业发表了著名的"八项主张"。这就是：

1. 坚持一个中国的原则，是实现和平统一的基础和前提，中国的主权和领土决不允许分割，任何制造"台湾独立"的言论和行动，都应坚决反对，任何主张"分裂分治"、"阶段性两个中国"等，违背一个中国原则，也应坚决反对。

2. 对于台湾同胞同外国发展民间性的经济文化关系，我们不持异议。在一个中国的原则下，并依据有关国际组织的章程，台湾已经以"中国台北"名义参加亚洲开发银行、亚太经济合作会议等经济性国际组织。但是，我们反对台湾以搞"两个中国"、"一中一台"为目的的所谓"扩大国际生存空间"的活动。一切爱国的台湾同胞和有识之士都会认识到，进行这类活动并不能解决问题，反而会使台独势力更加肆无忌惮地破坏和平统一的进程。只有实现和平统一后，台湾同胞才能与全国各族人民一道，真正充分地共享伟大祖国在国际上的尊严与荣誉。

3. 进行海峡两岸和平统一谈判，是我们的一贯主张。在和平统一谈判中，可以吸收两岸各党派、团体的有代表性的人士参加。在一个中国的前提下，什么问题都可以谈，包括就两岸正式谈判的方式问题同台湾方面进行讨论，找到双方都认为合适的办法。建议双方就正式结束两岸敌对状态、逐步实现和平统一进行谈判。在此基础上共同承担义务，维护中国的主权和领土完整，并对今后两岸关系的发展进行规划，至于政治谈判的名义、地点、方式问题，只要早日进行平等协商，总可以找出双方都可以接受的办法。

4. 努力实现和平统一。中国人不打中国人。我们不承诺放弃使用武力，决不是针对台湾同胞，而是针对外国势力干涉中国统一和搞"台湾独立"的图谋的。我们完全相信台湾同胞，港澳同胞和海外侨胞理解我们的这一原则立场。

5. 面对21世纪世界经济的发展，要大力发展两岸经济、文化等方面的交流与合作，以利于两岸经济共同繁荣，造福整个中华民族。我们主张不以政治分歧去影响、干扰两岸经济合作。我们将继续长期执行鼓励台商投资的政策，贯彻《中华人民共和国台湾同胞投资保护法》。不论在什么情况下，我们都将切实维护台商的一切正当权益。要继续加强两岸同胞的相互往来和交流，增进了解和信任。两岸直接通邮、通航、通商，是两岸经济发展和各方面交往的客观需要，也是两岸同胞利益之所在，完全应当采取实际步骤加速实现直接"三通"。要促进两岸事务性商谈。我们赞成在互惠互利的基础上，商谈并且签订保护台商投资权益的民间性协议。

6. 中华民族共同创造的五千年灿烂文化，始终是维系全体中国人的精神纽带，也是实现和平统一的一个重要基础。两岸同胞要共同继承和发扬中华民族的优秀传统。

7. 2 300万台湾骨肉同胞，不论是台湾省籍还是其他省籍，都是中国人，都是骨肉同胞、手足兄弟。要充分尊重台湾同胞的生活方式和当家作主的愿望，保护台湾同胞一切正当权益。我们党和政府各有关部门，包括驻外机构，要加强与台湾同胞的联系，倾听他们的意见和要求，关心、照顾他们的利益，尽可能帮助他们解决困难。

8. 我们欢迎台湾岛内各党派、各界人士，同我们交换有关两岸关系与和平统一的意见，也欢迎他们前来参观、访问。我们欢迎台湾当局的领导人以适当的身份前来访问，我们也愿意接受台湾方面的邀请，前往台湾。可以共商国事，也可以就某些问题交换意见，就是相互走走看看，也是有益的。中国人的事中国人自己办，不需要借助任何国际场合。海峡咫尺，殷殷相望，总要有来往，不能"老死不相往来"。

江泽民提出的这些主张，是"一国两制"方针的具体体现，是中国政府和人民今后解决台湾问题、推进祖国统一的指针。

第四节 "一国两制"构想的意义

"一国两制"构想提出在一个统一的国家里，以社会主义为主体，允许一些特殊地区保留和实行资本主义制度。这是科学社会主义发展史上的伟大创举，丰富和发展了马克思主义，具有重大的理论意义和实践意义。

一　"一国两制"构想的理论意义

"一国两制"构想丰富和发展了马克思主义的科学社会主义理论。科学社会主义创始人在论述由资本主义向社会主义的过渡时，认为不可能一下子消灭资本主义。恩格斯在《共产主义原理》中说："能不能一下子就把私有制废除？不，不能，正像不能一下子就把现有的生产力扩大到为实行财产公有所必要的程度一样。因此，很可能就要来临的无产阶级革命，只能逐步改造现社会，只有创造了所必需的大量生产资料之后，才能废除私有制。"① 列宁根据俄国的实际，继承和发展了恩格斯的理论，提出了利用资产阶级的资本来发展社会主义国家经济的思想并在社会主义的实践中实行了新经济政策。毛泽东结合中国的实际，进一步发展了列宁的新经济政策思想，提出了新民主主义经济理论。就是在中国基本完成社会主义三大改造的1956年，毛泽东还曾说过，可以消灭了资本主义，又搞资本主义，并提出了近似于以社会主义为主体，多种经济为补充的思想。

中国共产党十一届三中全会后，重新确立了实事求是的思想路线，在这条思想路线指导下，邓小平提出了建设有中国特色社会主义的理论，并逐步确立了以"生产资料公有制为主体，多种所有制经济共同发展"的社会主义基本经济制度，大大推进了社会主义事业的全面发展。同社会主义基本经济制度相适应，进而在祖国统一问题上，提出"一国两制"的构想，允许在一个国家内部，在以社会主义制度为主体的前提下，允许部分地区实行资本主义制度。这是对科学社会主义理论的丰富和创造性发展。

"一国两制"构想丰富和发展了马克思主义的国家学说。它在国家的本质、国家的职能和作用、国家上层建筑与经济基础的相互关系以及国家的结构形式方面都有新的突破。按照"一国两制"的构想，国家处于依据宪法和有关法律来调节大陆的社会主义制度与台湾、香港、澳门地区的资本主义制度关系的地位，这就使国家不仅成为大陆地区广大劳动阶级的利益代表，而且成为中华民族利益的代表，使不同阶级的利益在民族利益的基础上得到协调，但并没有改变国家政权的根本性质和根本政治制度。

---

① 《马克思恩格斯选集》第1卷，人民出版社1995年版，第239页。

国家在一定条件下可以为作为国家主体的社会主义经济基础服务，同时也允许和保护一定地区范围内存在的资本主义经济基础和上层建筑。允许在一个统一的国家内部有两个性质不同的社会制度长期并存，这是在国家统一问题上的认识创新和理论发展。

"一国两制"构想创造性地发展了和平共处原则。这一构想把和平共处这一处理国际关系的普遍准则用于解决一个国家内部不同社会制度的地区之间的关系问题。邓小平说，"根据中国自己的实践，我们提出了'一个国家，两种制度'的办法来解决中国的统一问题，这也是一种和平相处"。①"和平共处的原则不仅在处理国际关系问题上，而且在一个国家处理自己内政问题，也是一个好办法。"②

"一国两制"构想发展了中国共产党在新时期爱国统一战线的理论。统一战线是无产阶级政党为了实现某一阶段的目标，同一些可以团结的阶级、阶层、党派、非党人士和群众组织的政治联盟。统一战线是中国革命和建设的一个法宝。新时期统一战线包括两个范围的联盟，一是大陆范围内以爱国主义和社会主义为政治基础，团结全体劳动者和爱国者的联盟。另一个是大陆范围外，以爱国主义和拥护祖国统一为政治基础，团结港、澳、台同胞和海外侨胞的联盟。"一国两制"的构想使新时期爱国统一战线的性质、对象和内容发生了变化。它进一步扩大了爱国统一战线的联盟范围，使新时期统一战线有了新的内容。"一国两制"突出了统战工作的重点，使统战工作在继续为现代化建设服务的同时，着力转到为祖国统一服务上来。同时，它也为新时期的爱国统一战线开辟了新的领域。这将是统战工作重点和战略格局的重大转变和调整，必将使中国共产党的新时期爱国统一战线理论得到新发展，给统战工作带来深刻的变化，开创统战工作的新局面。

二 "一国两制"构想的实践意义

"一国两制"的构想，是在充分尊重大陆以及港、澳、台地区的历史和现实，维护民族根本利益和长远利益的基础上提出的，照顾到各方面利

---

① 《邓小平文选》第3卷，人民出版社1993年版，第96~97页。

② 同上书，第97页。

益的科学方法。"一国两制"构想,既实现了祖国的统一,又不伤害哪一方,对各方面都有利。

对香港来说,第一,它可以实现香港绝大多数居民渴望回归祖国的夙愿,使他们摆脱二等公民的屈辱地位,享有作为强大的统一的中华人民共和国公民的无上光荣。第二,它可以使香港长期保持繁荣和稳定。第三,香港回归祖国后,与大陆的经济联系在一体,解决了它资源匮乏和市场狭小的问题,可以促进香港经济的进一步发展和居民生活水平的继续提高。

对台湾来说,第一,用"一国两制"的办法实现祖国的和平统一,就会改变台湾孤悬海外,偏居一岛,受制于人的处境。既解决了台湾的前途问题,又保持了台湾原来的社会制度,使台湾人民政治上有一个和平安全的环境。第二,有利于台湾岛内人心的稳定,促进台湾经济的长期发展。尽管台湾经济近50年来有较大的发展,然而海峡两岸的紧张局势,浓厚的孤岛意识,影响了人心的稳定和工商业者在岛内投资的热情。第三,有利于克服台湾经济的对外依赖性,促进台湾经济的稳定发展。台湾经济是"海岛型"经济,地狭人稠,资源缺乏,市场有限,对外尤其是对日美市场的依赖性很大。这种无根底的经济,是受制于人的经济,异常脆弱,难以持久维持。实行"一国两制",使海峡两岸成为共同发展的有机整体,在大陆丰富的资源、广阔的市场和众多人才的支持下,摆脱过于依赖美、日市场的局面,为台湾经济的稳定发展提供可靠的保证。

对大陆来说,用"一国两制"的构想实现国家统一后,有利于大陆吸收台湾、港澳以及国外的资金、技术和管理经验,加快社会主义现代化建设的进程。大陆进行社会主义现代化建设,虽然有很多有利条件,但建设资金不足,技术力量薄弱,管理方法落后,则是仍然面临的难题。祖国统一后,大陆与台湾、香港、澳门的经济合作加强,不但可以充分吸收台湾、香港、澳门的资金、技术和管理经验,而且还可以利用台湾、香港、澳门的独特地位,使它们成为社会主义的中国与资本主义世界进行经济交流的通道和桥梁,成为居于中国边境上的"国际交易所",国际资本活动的舞台。一方面通过它们直接或间接地获得大量外资、侨资,引进国外的先进技术和科学管理经验;另一方面通过它们使大陆的商品更多地打入世界市场。

总之,按"一国两制"的构想实现国家统一,可以使大陆与香港、澳门地区进一步加强经济合作，发挥各自优势，共同为祖国的现代化事业，为中华民族的伟大复兴作出贡献。

"一国两制"构想还为解决国际争端和世界遗留问题开辟了新途径。当今世界，各种重大的争端很多，使国际局势动荡不安。世界进步势力和有识之士都在寻找解决国际国内争端的新方法。"一国两制"构想的提出和成功实践，不仅为中国祖国统一开辟了光明的前景，也为解决国际争端和世界遗留问题提供了新经验、新途径、新思路。邓小平指出："世界上一系列争端都面临着用和平方式来解决还是用非和平方式来解决的问题。总得找出个新办法来，新问题就得用新办法解决。香港问题的成功解决，这个事例可能为国际上许多问题的解决提供一些有益的线索。"[①] "一国两制"构想为解决国际争端和国内争端创造了很好的范例，提供了新思路，因而受到国际舆论的广泛赞誉，称之为"高瞻远瞩"的设想，"天才的创造，令人神往的伟大构想"。由此可以说，"一国两制"构想不仅对中国的和平统一有着重大影响，而且对整个世界的和平事业都将具有深远意义。

[①] 《邓小平文选》第3卷，人民出版社1993年版，第59页。

第十一章 执政党的建设

中国共产党是中国特色社会主义事业的领导核心。中国社会主义建设和改革的伟大成就,是中国共产党团结和带领全国人民同心同德、艰苦奋斗取得的。在二十几年的改革开放实践中,邓小平以及中共第三代领导集体,在解决"什么是社会主义、怎样建设社会主义"这个基本问题的同时,对于"建设什么样的党、怎样建设党"的问题,也从理论和实践上进行了探索。邓小平关于执政党建设的理论,是适应建设中国特色社会主义事业的要求,并在建设这一伟大事业的实践中形成的。中共第三代领导集体沿着邓小平执政党建设理论的逻辑脉络,结合新的实践,在执政党建设方面取得了新的成就。

第一节 办好中国的事情关键在党

中国共产党的历史特别是改革开放20多年的实践证明,坚持党的领导,既是建设中国特色社会主义伟大事业的内在要求,又是党自身胜利前进的根本保证。邓小平鲜明地指出中国共产党是社会主义现代化事业的领导核心,并结合新的历史条件,充分论证了坚持党的领导地位的极端重要性和不可动摇性。

一 坚持党的领导是四项基本原则的核心要求

在改革开放以来的各个关键时期,邓小平都明确地强调,必须坚持党的领导。他说,中国由共产党领导,中国的社会主义现代化建设事业由共产党领导,这个体制是不能动摇的。中共十一届三中全会前后,随着拨乱反正的展开,社会上出现了怀疑和否定共产党领导、怀疑和否定社会主义制度的资产阶级自由化思潮。针对这种思潮,邓小平指出,要在中国实现四个现代化,必须在思想政治上坚持四项基本原则。这是实现四个现代化的根本前提。坚持共产党的领导,是四项基本原则中的一项,是四项基本原则的核心。在 20 世纪 80 年代末 90 年代初苏东社会主义发生剧变之际,邓小平更是指出:我们的党,要把自己的事情办好。因为,中国共产党是中国特色社会主义的领导核心。只要我们这个党坚强有力,我们就能站得住脚,就能在复杂的形势中推进我们的事业。

邓小平阐明,自有国际共产主义运动以来,就证明了没有无产阶级的政党及其领导,就没有国际共产主义运动的产生和发展。20 世纪社会主义运动的发展历史证明,没有共产党的领导,就不可能有社会主义革命,不可能有无产阶级专政,不可能有社会主义建设。党的领导不出现问题,革命和建设事业就会顺利发展,并取得成就;党的领导出现问题,革命和事业就会遭受挫折。

邓小平进一步指出:"坚持四项基本原则的核心,是坚持共产党的领导。"① 这样的话,他多次讲过。四项基本原则,是立国之本。四项基本原则必须得到全面的坚持,如果动摇了其中的任何一项,就是动摇整个社会主义事业,动摇整个现代化建设事业。同时,必须明确,四项基本原则的核心是坚持共产党的领导。因为,社会主义道路,是在中国共产党的领导下而确立并展开的;人民民主专政,是在共产党的领导下所建立的社会主义政治制度;马列主义、毛泽东思想,是中国共产党的旗帜,只要依靠共产党,才能使这一指导思想得到坚持与发展。正是因为有了中国共产党,才有中国新民主主义革命的胜利,才有社会主义的新中国。"从根本上说,没有党的领导,就没有现代中国的一切。"② 在改革开放的新时期,更要坚持中国共产党的领导。针对少数人鼓吹在中国实行西方多党制的错误主张,邓小平进行了严厉批评,强调中国不能照搬西方资本主义国家的做法,更不能丢掉社会主义制度的优越性。"共产党的领导就是我们的优越性。"③ 他说:"如果没有共产党的领导,不搞社会主义,不搞改革开

---

① 《邓小平文选》第 2 卷,人民出版社 1994 年版,第 391 页。
② 同上书,第 266 页。
③ 《邓小平文选》第 3 卷,人民出版社 1993 年版,第 256 页。

放，就呜呼哀哉了，哪里能有现在的中国？"①

二 中国特色社会主义建设事业必须由党来领导

在中国特色社会主义建设事业中，中国共产党居于领导核心地位。党的领导地位是经过长期的斗争考验形成的，是同中国共产党自觉地肩负起伟大历史使命、不屈不挠地推动中国社会的不断进步紧紧联系在一起的。中国共产党成立80多年来，团结和带领全国各族人民，战胜种种艰难险阻，从根本上改变了中国人民的地位、中国历史的方向和中国社会的面貌。历史充分证明，只有中国共产党才能够领导中国人民取得民族的独立、人民的解放和社会主义的胜利。

党的领导是历史的选择，更是现实的选择。中国特色社会主义建设，既是党的事业，也是人民群众的事业，要把十几亿人的思想和力量统一到这一伟大事业中来，没有一个由具有高度觉悟性、纪律性和自我牺牲精神的党员组成的能够真正代表和团结人民群众的党，没有这样一个党的统一领导，是不可设想的。邓小平说："没有党的领导，就没有一条正确的政治路线；没有党的领导，就没有安定团结的政治局面；没有党的领导，艰苦创业的精神就提倡不起来；没有党的领导，真正又红又专、特别是具有专业知识和专业能力的队伍也建立不起来。这样，社会主义四个现代化建设、祖国的统一、反霸权主义的斗争，也就没有一个力量能够领导进行。这是谁也无法否认的客观事实。"② 坚持共产党的领导，中国特色社会主义才能推进到未来，中国的现代化才能取得成功，中华民族的伟大历史复兴才能够真正实现。中国共产党的领导地位，是不可动摇的，动摇了，就不可能有中国的前途和希望。

中国特色社会主义建设需要在一个稳定的环境中来进行，而保持稳定的关键是坚持中国共产党的领导。稳定是中国改革与发展必需的前提条件，没有稳定一切都谈不上，这是治理国家的大道理。在中国，中国共产党是实现和保持稳定的决定性因素。邓小平认为，中国一向被称为一盘散沙，但是自从中国共产党成为执政党，成为全国团结的核心力量，四分五

---

① 《邓小平文选》第3卷，人民出版社1993年版，第326页。
② 《邓小平文选》第2卷，人民出版社1994年版，第266页。

裂、各霸一方的局面就结束了。在中国这样一个大国，没有共产党的领导，必然四分五裂，一事无成。"共产党的领导，这个丢不得，一丢就是动乱局面，或者是不稳定状态。一旦不稳定，什么建设也搞不成。我们有过'大民主'的经验，就是'文化大革命'，那是一种灾难。"① 中国实行共产党领导的多党合作与政治协商制度，这是中国政治制度的特点和优势。如果中国搞多党竞选，一定会出现"文化大革命"中那样"全面内战"的混乱局面。"只有稳定，才能有发展。只有共产党的领导，才能有一个稳定的社会主义中国。"② 改革开放以来的实践，充分证明了这些道理。

历史证明，在中国，从来没有任何一个政治组织像中国共产党这样集中了那么多先进分子，组织得那么严密和广泛，为中华民族作出了那么多牺牲，同人民保持着密切的联系，在前进中善于总结经验，郑重对待自己的失误，形成并坚持正确的理论和路线。中国共产党是一个光明磊落、大公无私，经受过各种困难和风险的考验，始终代表最广大人民群众的利益，无愧于人民的希望和重托的党；是一个富于理论创造，能够从思想、组织、作风上不断完善自己，始终保持先进性、纯洁性、站在时代前列的党。中国共产党是中国社会主义现代化建设事业的坚强领导核心。中国人民从历史和现实中深切地感受到，民族的振兴、国家的富强和人民的幸福全靠中国共产党的正确领导。正如江泽民所说："没有共产党，就没有新中国。有了共产党，中国的面貌就焕然一新。这是中国人民长期奋斗历程中得到的最基本最重要的结论。"③

三 把党建设成为领导社会主义现代化事业的坚强核心

中国共产党的领导地位，是由党的性质特点决定的，是在中国革命和建设的长期历史中形成的。但由于党在不同历史时期所面临的具体任务不同，党的领导地位和核心作用在表现形式上也有所不同，党的建设的要求也有所不同。新民主主义革命时期，毛泽东把党的建设同新民主主义革命

---

① 《邓小平文选》第3卷，人民出版社1993年版，第252页。
② 同上书，第357页。
③ 江泽民：《在庆祝中国共产党成立八十周年大会上的讲话》，人民出版社2001年版，第4页。

的任务和政治路线紧密地联系起来,提出了要建设一个全国范围的、广大群众性的、思想上政治上组织上完全巩固的布尔什维克化的中国共产党的目标。毛泽东把这个党的建设目标和任务称之为"伟大的工程"。在社会主义建设条件下,在执政的条件下,应该建设一个什么样的党,仍然是中国共产党包括邓小平所一直关注的一个重大问题。中共十一届三中全会以后,邓小平深刻地总结了党自身的伟大历史经验,全面分析了新时期党的总任务对党的建设提出的要求,反复强调党的建设必须为实现党的总任务服务。1980年2月,在党的十一届五中全会上,邓小平明确指出:"修改党章是要进一步明确党在四个现代化建设中的地位和作用。执政党应该是一个什么样的党,执政党的党员应该怎样才合格,党怎样才叫善于领导?"① 他强调,要把党建设成为领导全国人民进行社会主义物质文明和精神文明建设的坚强核心。

首先,党的领导,是社会主义现代化建设的需要。邓小平指出:"中国现代化建设需要我们的党,中国在国际反霸权主义斗争和争取人类进步事业中重要地位,需要我们的党。"② 中国搞的是中国特色社会主义事业,中国共产党在社会主义初级阶段的基本纲领明确提出,要建设中国特色社会主义的经济、政治、文化,在这三个方面都必须体现社会主义性质。要保证中国今后的发展不偏离社会主义方向,就必须坚持中国共产党坚定不移的奋斗目标,党的先进性和社会主义制度的优越性是结合在一起的。所以,只有坚持共产党的领导,才能保证国家始终沿着社会主义道路前进。同时,只有坚持共产党的领导,才能保证中国有一个稳定的政治环境和良好的社会秩序。

其次,中国共产党有资格和能力领导现代化建设。中国共产党的领导地位,是由它的性质特点决定的,是在中国革命和建设和长期历史中形成的。换言之,中国共产党有资格、有条件担负起领导社会主义现代化建设事业的重任。早在20世纪50年代,邓小平就指出:"共产党有没有资格领导,这决定于我们自己。"③ 在邓小平看来,不仅有一个革命和建设必

---

① 《邓小平文选》第2卷,人民出版社1994年版,第276页。
② 同上书,第273页。
③ 《邓小平文选》第1卷,人民出版社1994年版,第274页。

须要由党来领导的问题,还有一个党必须具备领导资格的问题。中国共产党具备这个资格。在历史新时期,邓小平用改革开放取得的成绩和人民拥护改革开放的事实,进一步说明党不仅有资格领导现代化,而且有能力领导现代化事业的发展。他认为,改革是正确的,很见效,人民有自己的亲身经历,眼睛是明亮的。过去吃不饱,穿不暖,现在不仅吃饱穿暖,而且有现代化生活用品,人民是高兴的。既然如此,我们的政策还能不稳定?政策稳定反映了党稳定。邓小平多次强调,人民对改革开放路线是满意的,这是人民拥护党的决定性因素。中共十三届四中全会特别是十四大以来,以江泽民为核心的中共中央领导集体,继往开来,奋发有为,带领全党全国人民经受住 20 世纪 80 年代末 90 年代初国际国内政治风波的严峻考验,妥善处理国内和对外关系中一系列重大问题,在各个领域取得巨大成就,把改革开放和现代化建设推进到新的阶段,充分显示出在复杂形势下驾驭全局、开拓前进的能力。实践证明,中国共产党不愧为中国社会主义现代化事业的坚强领导核心,是无负于人民重托和希望的执政党。

虽然党的领导是社会主义现代化建设的需要,中国共产党也有资格和能力领导现代化建设,但是,二者的一致并不是自然而然的过程。这有赖于党自身的建设,也即是说,首先要把党建设成为领导全国人民建设中国特色社会主义的坚强核心。历史新时期,邓小平一直关心思考这一问题。十一届三中全会后,党的工作重心转移到经济建设上来,这给党的建设带来生机和活力的同时,更需要党的建设适应改革开放和社会主义现代化建设新形势的要求。"把党建设成为领导社会主义现代化事业的坚强核心"的目标,正是我们党和邓小平适应形势和时代发展的要求提出来的,是对马克思主义党的学说的创造性发展,为加强新时期党的建设指明了前进的方向。一方面,它使全党进一步明确了党的建设必须服务于党的基本路线,党的各项工作要在保证党的政治任务中找准自己的位置,实现自己的价值,发挥自己的作用。另一方面,它有利于阻止在全面改革和现代化建设过程中可能出现的两种错误倾向的发生。一种错误倾向是否定党的工人阶级先锋队性质,否认党对现代化建设的领导;另一种错误倾向要离开党的基本路线孤立地搞党的建设,把党的建设与党的政治任务割裂开来,甚至对立起来,搞空头政治,"两张皮",或是用政治运动冲击党的中心任务。总之，只有把党建设成为领导全国人民建设中国特色社会主义的坚强核心，才能使中国共产党站在世界社会主义运动的最前列，才能使中华民族重新站在世界潮流的前列，党也才能真正代表人民的利益，才能真正保持党的工人阶级先锋队、中华民族和中国人民先锋队性质。把这两点结合起来作为党的建设的目标，就为党的性质注入了时代的新内容，同时也为保持党的先进性找到了正确的途径。

第二节 坚持和加强党的领导必须改善党的领导

社会主义现代化建设必须由中国共产党来领导。但是，在坚持党的领导的同时，必须加强和改善党的领导，加强和改善党的领导与坚持党的领导是辩证统一的关系：不坚持党的领导，加强和改善党的领导就无从谈起；不适应新的形势加强和改善的领导，党的领导就难以坚持。加强和改善党的领导是党正确领导社会主义现代化建设的重要保证。

一 党情的深刻变化要求党改善领导

在坚持中国共产党的领导的前提下，邓小平明确提出了改善党的领导的问题。他认为，"怎样改善党的领导，这个重大问题，摆在我们的面前。不好好研究这个问题，不解决这个问题，坚持不了党的领导，提高不了党的威信。"① 他把"改善"党的领导同"坚持"、"加强"党的领导摆到了同样重要、紧密相关、缺一不可的地步，具有极其重要的意义。邓小平之所以提出这个问题，并把这个问题摆到如此突出的地位，主要是因为党所面临的社会环境、现实任务发生了变化，因为党情发生了深刻的变化。

首先，党所处的地位发生了深刻的变化。经过长期的艰苦奋斗，中国共产党领导中国人民夺取全国政权，成为一个执政党。在1956年中共八大上，邓小平在《关于修改党章的报告》中已经明确提出"执政党的地位，使我们党面临着新的考验。"② 1980年2月，邓小平认为，要进一步

---

① 《邓小平文选》第2卷，人民出版社1994年版，第271页。
② 《邓小平文选》第1卷，人民出版社1994年版，第214页。

明确党在四个现代化建设中的地位和作用,并提出了一个尖锐的问题:"执政党应该是一个什么样的党,执政党的党员应该怎样才合格,党怎样才叫善于领导?"① 这是新时期党的建设始终要注意的一个主要问题,也是提出改善党的领导的主要依据。因为,虽然党的地位发生了深刻变化,即从"革命"党转向了"执政"党,党的执政方式和领导方式,包括党和国家现行的一些具体制度中仍存在不少弊端,许多方面与党所处地位的变化不相适应。邓小平深刻指出,党的领导工作状况、党的领导制度,都要改善。在我们党和国家的领导制度中,存有官僚主义现象、权力过分集中的现象、家长制现象、干部领导职务终身制现象和形形色色的特权现象等。并强调,如果不从根本上改变这种状况,革除这些弊端,就很难适应现代化建设的迫切需要,我们就要严重地脱离广大群众,党的执政地位就很难巩固。

其次,党所处的环境发生了深刻的变化。一是世界政治、经济、文化以及科技等形势发生了重大变化。20世纪末期,世界社会主义经过一段蓬勃发展年代后,由于自身的不足和失误而遭受挫折,陷入低潮。社会主义中国经过成功的改革而重新焕发出生机,取得了举世瞩目的成就。在现阶段,资本主义经过调整尚有一定的发展余地和空间,而社会主义要成熟起来和取得胜利,还需要经过相当长一段时间的发展过程。因此,和平与发展成为当今时代的主题,社会主义与资本主义将有一段既斗争又合作、相互影响、相互渗透的共处时期。二者之间的斗争在特定时期主要表现为生产力水平和综合国力的较量。在经济方面,由于科学技术迅速发展的强有力推动,经济全球化趋势日益增强,给世界经济的发展带来巨大影响。在文化方面,文化在社会生产及生活中的作用大为增强。作为文化主要组成部分的科学技术得到迅速发展,并在社会生活中发挥着十分重要的作用。正是根据这一情况,邓小平提出了科学技术是第一生产力的明确结论。二是中国社会主义建设发生了重大变化。中国的社会主义建设是一个不断发展的过程。而每个过程的不同阶段,均有不同的情况和任务。历史新时期,中国特色社会主义建设,与20世纪五六十年代不同,与革命时期更不同。中国社会主义既面临繁重的改革任务,又要参与世界竞争,在

---

① 《邓小平文选》第2卷,人民出版社1994年版,第276页。

对世界的开放中发展自身。三是人们的生活条件和社会环境发生了重大变化。由于中国社会经历着两个重大转变：即从计划经济转向市场经济，从农业经济转向工业经济、知识经济。而且，整个世界处于全球化进程。这些重大转变，使人们的生活方式、工作方式呈现了多样性特征。这些变化表明，过去，中国共产党长期在受到外部封锁的环境下领导中国的革命和建设事业，而现在，要在全面改革开放的条件下执政和进行领导。情况已有根本的变化。而改革开放以来，我们党的状况还远不能适应这些变化。有些干部和党员，在复杂多变的形势面前经不起改革开放、发展市场经济的考验，理想信念发生动摇，以权谋私，一切向钱看，严重地腐蚀了党的机体，败坏了党的威信。所以，邓小平郑重指出："现在摆在我们面前的迫切问题，是要恢复党的战斗力。"①

第三，党所肩负的任务发生了深刻的变化。革命时期，党为了实现建设"新世界"的目标，而侧重于破坏"旧世界"；党执政之后，党虽然也面临破坏"旧世界"的任务，但更多的是在破坏"旧世界"中直接建设"新世界"。尤其是历史新时期，党的工作中心已经转到以经济建设为中心上来。党在社会主义建设中的领导地位是始终不能动摇的，而实现党的领导的具体方式，包括党的领导制度、领导作风和领导方法，则应该随着党的任务的变化而变化。

江泽民把党情的这种深刻变化，用两句话作了精辟的概括："我们党历经革命、建设和改革，已经从领导人民为夺取全国政权而奋斗的党，成为领导人民掌握着全国政权并长期执政的党；已经从受到外部封锁和实行计划经济条件下领导国家建设的党，成为对外开放和发展社会主义经济条件下领导国家建设的党。"② 这就是为什么要加强和改善党的领导的根据。

二 坚持党要管党，从严治党

中共十一届三中全会以来，为切实加强党的建设，改进党的作风，中国共产党采取一系列有力措施，严肃党的纪律，纠正党内不正之风，惩治

---

① 《邓小平文选》第2卷，人民出版社1994年版，第268页。
② 江泽民：《在庆祝中国共产党成立八十周年大会上的讲话》，《人民日报》2001年7月2日。

党内腐败现象,有效地改善了党和人民群众的关系。坚持党要管党,从严治党,是邓小平执政党建设理论的又一建树。

坚持党要管党,其含义有两个方面:一是要善于领导,实行党政分开,克服以往以党代政、党政不分的弊端;二是要集中精力,把党管好。加强和改善党的领导,最主要的是坚持党要管党的原则,健全和落实党建工作的责任制。各级党委应牢固树立办好中国的事情关键在人、关键在党的思想,高度重视对党的各级组织和党员的管理教育及监督检查。经验表明,要把党要管党的原则落到实处,必须逐级建立和实行党建工作责任制,形成党委统一领导,各部门齐抓共管,一级抓一级、层层负责的工作格局。要把抓党建的实际工作和效果作为领导班子及其成员工作实绩的考核内容。要进一步注重发挥党委一把手在党建工作中的关键作用。进一步明确不抓党建是失职,抓不好党建是不称职的意识和考核标准,切实做到认识到位、精力到位、工作到位。要改进工作作风和工作方法,讲究实效,反对形式主义和做表面文章。要加强监督检查,抓好典型,总结和推广先进经验,及时了解存在的问题,加强指导,保证党建工作朝着正确的方向健康发展。

加强和改善党的领导,必须从严治党。首先,从严治党是保持党的先进性和纯洁性、增强党的凝聚力和战斗力的保证。中共十一届三中全会后,邓小平多次提出并始终坚持从严治党的主张,强调必须严格按照党规党法办事,必须坚决克服党内生活中的好人主义和领导上的软弱散状态。邓小平指出:"国要有国法,党要有党规党法。党章是最根本的党规党法。没有党规党法,国法就很难保障。各级纪律检查委员会和组织部门的任务不只是处理案件,更重要的是维护党规党法,切实把我们的党风管好。"①"各级领导干部,特别是高级干部,更应该严格遵守党章,遵守《关于党内政治生活的若干准则》,起模范作用。"② 随着改革开放的全面展开和深入,针对违纪现象增多,腐败问题严重的状况,邓小平严肃指出,要彻底改变一些地方和部门党不管党、治党不严、纪律松弛等问题。其次,从严治党是改革开放和现代化建设的需要。改革开放一方面使中国

---

① 《邓小平文选》第2卷,人民出版社1994年版,第147页。
② 《邓小平文选》第3卷,人民出版社1993年版,第39页。

的社会主义充满了生机和活力，但另一方面又不可避免地带来资本主义和封建主义腐朽思想的消极影响，腐蚀党的队伍，使一些意志不坚定分子受到侵害。因此，邓小平在中共十二大开幕词中指出："我们坚定不移地实行对外开放政策，在平等互利的基础上积极扩大对外交流。同时，我们保持清醒的头脑，坚决抵制外来腐朽思想的侵蚀，决不允许资产阶级生活方式在我国泛滥。"① 这就是说，越是改革开放，越要加强党的建设，越要从严治党。

坚持从严治党，必须在改革开放中加强党的思想理论建设。在新的历史条件下，邓小平提出了在改革开放中加强党的思想理论建设的一系列观点和原则。一要加强马克思主义理论学习，提高马克思主义理论水平。坚持马列主义、毛泽东思想，是党的建设的内在要求，也是邓小平的一贯思想和坚定不移的立场。改革开放以来，面对新形势和任务，邓小平更加重视和强调马克思主义理论的学习和教育。他认为："我希望党中央能作出切实可行的决定，使全党各级干部，首先是领导干部，在繁忙的工作中，仍然有一定的时间学习、熟悉马克思主义的基本理论，从而加强我们工作的原则性、系统性、预见性和创造性。只有这样，我们党才能坚持社会主义道路，建设和发展有中国特色的社会主义，一直达到我们的最后目的，实现共产主义。"② 从理论上建党，是中共在自身建设中所遵循的原则之一。党的先进性与指导思想、理论基础的先进性是统一的。但要看到，在历史新时期，由于党面临的重要任务是经济建设，有些党员干部因此而忽视了理论的学习。在推进经济建设的过程中，强调马克思主义理论的学习，有着特殊而重要的意义。二要加强思想理论建设，纠正各种错误思想，为改革开放扫除思想障碍。中共十一届三中全会以来，邓小平针对新的思想实际，进一步坚持和发展了毛泽东思想关于着重在思想上建党的原则，在领导中国改革开放的过程中领导了对各种错误思想倾向的斗争。通过批判"两个凡是"，克服思想僵化思潮，重新确立了党的解放思想、实事求是的思想路线；通过批判资产阶级自由化思想，强调必须坚持四项基本原则；通过倡导肃清封建主义、资本主义腐朽思想的影响，坚决反对官

---

① 《邓小平文选》第3卷，人民出版社1993年版，第3页。

② 同上书，第147页。

僚主义、形式主义等错误思想倾向，保证了改革开放的健康发展。在改革开放和市场经济的条件下，世界上各种思想、思潮相互激荡，这为社会带来积极影响的同时，也为错误的思想观念的流行提供了条件。加强和改善党的领导，保持党的先进性、纯洁性，党员特别是各级领导干部必须自觉抵御各种错误思想侵蚀，这样，党的建设才能保持不变色、不走样。三要加强党对思想战线的领导。为此，邓小平提出要大力加强思想政治工作。他说："我们说改善党的领导，其中最主要的，就是加强思想政治工作。中央认为，从原则上说，各级党组织应该把大量日常行政工作、业务工作，尽可能交给政府、业务部门承担，党的领导机关除了掌握方针政策和决定重要干部的使用以外，要腾出主要的时间和精力来做思想政治工作，做人的工作，做群众工作。"① 加强党对思想战线的领导，既是党自身建设的需要，也是社会主义现代化建设的需要。

坚持从严治党，必须全面贯彻到思想、组织、作风建设当中去。从严治党是中共对自身建设的全面要求，贯穿于思想建设、组织建设、作风建设和制度建设各项工作方面。第一，要按照党章对党员进行教育。1980年，针对"我们的党员现在有一部分不合格"的问题，邓小平提出对党员的要求一定要严格，要通过讨论和学习党章，对全党进行教育。因为党章体现了党的整体意志，是党的最高行为规范。改革开放和现代化建设过程中，必须继续按照党章的要求对党员进行严格的教育和管理。第二，要在教育的基础上进行整顿，以纯洁党的组织，严格执行党的纪律。邓小平指出，新时期有一部分党员不合格，要在教育的基础上进行整顿。对于那些经受不住"三大考验"的党员，必须根据所犯错误的情节、性质和后果作出严肃处理；对于不够党员条件、不履行党员义务的党员，也要进行严肃处理；对于极少数投机腐化分子，顽固坚持资产阶级自由化立场的分子，要坚决清除出党。第三，要健全和严格党的组织生活。越是在发展市场经济的条件下，越是要健全和严格党的组织生活，不能只忙于抓经济建设所谓的"硬任务"，而忽视了抓党性教育所谓的"软任务"。必须确保每一党员都生活在党组织中，并积极地参加组织生活会，定期向党组织汇报自己的思想状况，及时揭发、反映和纠正严惩危害党的形象和事业的言

---

① 《邓小平文选》第 2 卷，人民出版社 1994 年版，第 365 页。

论和行为，主动接受党的组织和其他党员及非党群众的监督。第四，按照党员标准积极慎重地发展党员。这是从严治党的一个主要内容。要严格按照党章的规定，坚持党员标准和严格的入党手续。第五，必须坚决反对资产阶级自由化。邓小平说："反对资产阶级自由化，我讲得最多，而且我最坚持。"因为"实际情况是，搞自由化就是要把我们引导到资本主义道路上去"，所以"反对自由化，不仅这次要讲，还要讲十年二十年。"① 因此，要从严治党，就不能让自由化在党内有可乘之机和立锥之地。改革开放搞多长时间，反腐蚀、反自由化就要坚持多长时间，这一点不能有丝毫的放松。

坚持从严治党，必须深入持久地开展反腐败斗争。新时期坚持从严治党的方针，一个重要的问题是要坚持不懈地开展反腐败斗争。党风廉政建设是一个系统工程，涉及党的思想、组织、作风和制度建设等，在改革开放过程中，加大反腐败斗争的力度显得尤为重要。在改革开放过程中，中共高度重视反腐败斗争。早在改革开放初期，邓小平就指出："我们自从实行对外开放和对内搞活经济两个方面的政策以来，不过一两年时间，就有相当多的干部被腐蚀了。"② "这股风来得很猛，如果我们党不严重注意，不坚决刹住这股风，那么，我们的党和国家确实要发生会不会'改变面貌'的问题。这不是危言耸听。"③ 邓小平强调："要整好我们的党，实现我们的战略目标，不惩治腐败，特别是党内的高层的腐败现象，确实有失败的危险。"④ 因此，在整个改革开放过程中都要坚决反对腐败、惩治腐败。反腐倡廉工作必须放在整个建设中国特色社会主义大局中加以认识和把握，使其贯穿于改革开放的全过程。实行改革开放，是社会主义中国的强国之路。反腐倡廉，是顺利进行改革开放和现代化建设的重要政治保证。越是改革开放，越要加强反腐倡廉的工作。把反腐败同改革开放和现代化建设对立起来，认为反腐败是影响经济建设和改革开放，是不对的；在反腐败过程中，不牢牢把握经济建设这个中心，不注意更好地为改革开放服务，也是不对的。必须始终坚持"两手抓、两手都要硬"的方

---

① 《邓小平文选》第3卷，人民出版社1993年版，第181~182页。
② 《邓小平文选》第2卷，人民出版社1994年版，第402页。
③ 同上书，第403页。
④ 《邓小平文选》第3卷，人民出版社1993年版，第313页。

针,一手抓改革开放,一手抓惩治腐败,以保证改革开放政策的正确执行,保证建设中国特色社会主义事业沿着正确的航向前进。从本质上说,腐败现象是剥削阶级和剥削制度的产物。社会主义制度作为区别于历史上任何剥削制度的崭新的社会制度,为从根本上消除腐败创造了条件。但是由于中国还处于社会主义初级阶段,又处于由传统的计划经济体制向社会主义市场经济体制转变的时期,生产力发展水平、科技文化水平还不高,法制和各方面的具体制度还不完善,再加上中国历史上几千年封建社会的残余思想仍然存在,对外开放也容易使国外资本主义的腐朽思想和生活方式乘隙而入,而西方的反对势力又一直在加紧对中国实行"西化"、"分化"的政治战略,千方百计拉拢腐蚀中共内部一些意志薄弱的干部,这些因素的存在,使腐败现象还有滋生蔓延的土壤和条件,加大了反腐败斗争的难度。因此,清除腐败现象必然经历一个很长的历史过程,必须树立与腐败现象作斗争的长期思想准备。执政党的党风廉政建设关系到党的生死存亡,因此,必须把反腐倡廉视作全党全社会的大事来抓。要坚持党委统一领导、党政齐抓共管、纪委组织协调、部门各负其责、依靠群众支持和参与的反腐领导体制和工作机制,坚持以领导干部廉洁自律、查处大案要案、纠正部门和行业不正之风为主要内容的反腐败三项工作一齐抓的工作格局。反腐倡廉,既要治标,更要治本。标本兼治教育是基础,法制保证,监督是关键。要通过深化改革,不断铲除腐败现象滋生蔓延的土壤。对绝大多数党员和干部要立足于教育,着眼于防范;对极少数腐败分子必须严厉惩处,决不姑息和手软。要坚持把思想政治建设摆在党的建设的首位,提高党员干部的思想政治素质,牢固构筑拒腐防变思想堤防。同时,通过体制创新,加大从源头上预防和解决腐败问题的力度。邓小平强调,廉政建设,要靠教育,更要靠法制。要坚持把发展民主与健全法制结合起来,把党内监督、法律监督和群众监督结合起来。并发挥舆论监督的作用,建立健全依法行使权力的制约机制和监督机制。关键要加强对领导干部的监督,保证他们正确运用手中的权力。大力推进以加强民主集中制为主要内容的制度建设,不断完善人、财、物等方面的管理和监督机制,完善反腐倡廉的工作机制,以利及时发现、有效防范和严厉惩治腐败行为。邓小平指出,贪污腐化、滥用权力等腐败问题,"不可能在一夜之间解决,也不可能靠几个人讲几句话就见效。但是我们有信心,我们的党、我们的国家有能力逐步克服并最终消除这些消极现象。"① 这是从历史发展的角度作出的科学论断。

三 制度建设更带有根本性、全局性、稳定性和长期性

执政党应当通过什么样的方式，走一条什么样的路子来加强党的建设，这是十一届三中全会以来，中国共产党和邓小平一直在探索的一个重大问题。经过对历史经验教训的认真总结和反复探索，中国共产党终于提出了"在党的建设上走出一条不搞政治运动，而靠改革和制度建设的新路子"的重要思想和观点，这是对毛泽东建党思想的重大发展。

十一届三中全会以后，中国共产党特别是邓小平坚决、彻底地否定了过去通过政治运动来开展党内斗争的做法，主要是基于政治运动的性质、目的、规律、方法以及它的时效性与社会主义建设时期党的建设的目标、任务和方式、方法以及长期性特点等不相适应。政治运动是为完成一定的政治任务而由政党或其他政治力量发动和组织起来的群众性革命运动，通常适用于搞急风暴雨式的阶级斗争。很显然，在中国社会主义改造基本完成以后，国内主要矛盾已经是人民日益增长的物质文化需要同落后的社会生产之间的矛盾，社会主义的根本任务是发展生产力，党的中心任务是现代化建设，因此，迫切需要有一个安定团结的局面，那种大规模的群众运动方式已经不适应加强党的建设和开展党内思想斗争的新要求。因此，邓小平说，我们就不能搞运动，方法以教育、引导为主。

抛弃了政治运动这种党内斗争形式，就必须探索和确立一种新的方式和途径，这就是靠体制改革和制度建设来加强党的建设的新路子。

在党的建设中，制度建设至关重要。邓小平认为，制度问题"更带有根本性、全局性、稳定性和长期性。这种制度问题，关系到党和国家是否改变颜色，必须引起全党的高度重视。"② 把制度问题摆到这样的高度，在中共的历史上，在马克思主义建党学说发展史上还是第一次。党的制度是党的法规，是党的整体利益和共同意志的体现，具有高度的权威性和党内普遍约束力。"制度好可以使坏人无法任意横行，制度不好可以使好人

---

① 《邓小平文选》第3卷，人民出版社1993年版，第148页。
② 《邓小平文选》第2卷，人民出版社1994年版，第333页。

无法充分做好事,甚至走向反面。""我们过去发生的各种错误,固然与某些领导的思想、作风有关,但是组织制度、工作制度方面的问题更重要。"① 从党的建设的全面性分析,党的制度是党的政治建设、思想建设、组织建设和作风建设的载体和保证。党的制度建设是党的建设的综合性表现,它体现在党的建设的各个方面。只有健全和完善党的各方面的制度,才能保证党和国家的稳定和发展。同时中国共产党是一个执政党,党规党法与国法有着紧密的联系,"没有党规党法,国法就很难保障。"②

邓小平指明了制度改革和建设的总方向及应当遵循的原则。邓小平认为,党和国家的现行具体制度中存有一些弊端,"从党和国家的领导制度、干部制度方面来说,主要的弊端就是官僚主义现象,权力过分集中的现象,家长制现象,干部领导终身制现象和形形色色的权力现象。"③ 因此,制度改革势在必行。那么,在实现党和国家政治生活的民主化,并使之制度化、法律化的过程中,应当遵循一些什么原则呢?主要有4点:第一,现行制度的改革和新制度的建立,必须用扎扎实实稳步前进的办法,不能用大搞群众运动的办法,不能认为只要"破"字当头,"立"就在其中了。第二,态度要坚决。旧制度的改革,新制度的建立是一个复杂的过程,必然会产生新旧制度的撞击。而且,新制度的产生以及人们对它的认识和接受,都有一个实践和发展的过程,甚至改革中还会出现失误和曲折。因此,从总体上讲,改革的态度必须坚决,必须把行之有效的制度坚决推广开。第三,健全制度和思想教育相结合。制度建设和思想教育是相辅相成的。强调制度建设,决不能忽视党的思想建设和思想政治工作。第四,正确对待西方国家某些制度。不能搬用西方资产阶级的多党制、三权分立、两院制等,但对西方国家的一些具体制度,如国家领导人员任期制度和工作责任制度、监督制度、人才选拔和竞争制度等,凡是于我有用、有益的东西,则应该借鉴和吸收。

党必须在宪法和法律的范围内活动,这是中国共产党探索依靠制度建设来加强党的建设新路子的一个重要理论和实践成果。恩格斯早就认为:

---

① 《邓小平文选》第2卷,人民出版社1994年版,第313页。

② 同上书,第147页。

③ 同上书,第327页。

"所有通过革命取得政权的政党或阶级，就其本性来说，都要求由革命创造的新的法制基础得到绝对承认，并被奉为神圣的东西。"① 毛泽东也指出："一个团体要有一个章程，一个国家也要有一个章程，宪法就是一个总章程，是根本大法。用宪法这样一个根本大法的形式，把人民民主和社会主义原则固定下来，使全国人民有一条清楚的轨道。"② 根据这些思想，结合改革开放和现代化建设的实际需要以及对过去历史教训的总结，1981年6月，中共十一届六中全会通过的《关于建国以来党的若干历史问题的决议》首次明确提出："党的各级组织同其他社会组织一样，都必须在宪法和法律的范围内活动。"③ 中共十二大把"党必须在宪法和法律的范围内活动"写入党章。

加强党规党法建设，实现党内生活民主化、规范化，这是时代对中国共产党自身建设提出的新要求。根据以健全民主集中制这个根本的制度为核心的制度建设新思路，建立健全党的各项制度，使党内生活和各项工作有章可循，有法可依，有序地进行。总之，实践已经证明，在党的建设上走出一条不搞政治运动，而靠体制改革和制度建设的新路子是正确的、可靠的，是邓小平新时期党的建设理论的一大突出贡献和特点。

第三节　邓小平执政党建设理论的价值和现实意义

正确认识和评价邓小平关于执政党建设理论的历史地位，是提高学习和运用这个理论自觉性的重要前提。应该把它放到马列主义、毛泽东思想体系中去考察，以认识它的理论价值；应该把它与当代中国共产党建设实践联系起来加以分析，以把握它的现实意义；应该把它和客观环境的发展、需要结合起来把握，以理解它的时代性。

一　马克思主义建党学说的第三次飞跃

自马克思、恩格斯19世纪40年代至90年代提出马克思主义建党学

---

① 《马克思恩格斯全集》第36卷，人民出版社1974年版，第238页。
② 《建国以来毛泽东文稿》第4册，中央文献出版社1990年版，第504页。
③ 《三中全会以来重要文献选编》下，人民出版社1982年版，第68页。

说的基本原则以来，伴随着无产阶级政党建设实践的发展，马克思主义建党学说，作为一个科学的理论体系，发生了三次大的飞跃。

马克思和恩格斯逝世之后，第二国际的社会民主党先后背弃马克思主义建党学说，成为社会改良主义的政党。在这种历史条件下，列宁按照马克思主义建党学说的基本原则，创造性解决了在俄国条件下党的建设中遇到的思想理论问题、政治问题和组织问题，成功地把布尔什维克建设成为新型的无产阶级政党。列宁关于新型无产阶级政党建设的一整套理论体系和理论观点，是马克思主义建党学说的第一次重大飞跃。

在中国这样一个半殖民地半封建小生产的农业大国中，如何建设一个马克思主义政党，并通过这一政党的领导以改变中国社会的面貌，有许多需要解决的特殊复杂的问题。对此，在马克思、恩格斯、列宁的建党理论中没有现成的答案。毛泽东把马列主义建党学说与中国共产党建设实践相结合，创造性地解决了在半殖民地半封建社会环境中建设无产阶级政党的一系列问题，形成了一个完整的符合中国特点的建党理论体系——毛泽东建党思想，并被中国社会主义革命和建设实践、被中国共产党建设的历史所证明。毛泽东建党思想，是马克思主义建党学说的第二次重大飞跃。

在无产阶级政党执政以后，在改革开放和社会主义现代化建设的过程中，如何把党建设好，这在理论上和实践上长期没有得到很好的认识和解决。由于历史和实践的局限，马克思、恩格斯针对这个问题不可能作出周密详尽的论述。列宁在十月革命胜利以后虽然提出了一些在执政条件下加强党的建设的重要思想，但遗憾的是列宁过世太早，他的思想未能在实践中贯彻到底。苏共在党的建设上出现了许多重大失误，使其在执政70多年后又丧失了执政地位，并导致了自身解体。毛泽东在中华人民共和国建立之后，对执政条件下党的建设进行了艰苦的探索，提出了许多正确的理论观点，至今还闪烁着真理的光芒。但可惜这个探索后来走了弯路，以至发展成"文化大革命"那样的全局性错误。中共十一届三中全会以后，邓小平总结国际国内历史经验，顺应现代化建设和改革开放的要求，把毛泽东建党思想与新形势下党的建设的实践相结合，在坚持马克思主义建党理论的基础上，进行了新的理论概括和理论创新，回答了在新的历史条件下建设一个什么样的执政党和如何建设这样一个执政党的一系列基本问题，从而形成了完整的执政党建设理论体系，把马克思列宁主义建党学说推进到了一个新阶段。邓小平建党思想，是马克思建党学说的第三次新飞跃。

二　邓小平对建党思想的发展和创新

邓小平建党思想是毛泽东建党思想科学体系在当代中国新的历史条件下的直接继承、发展和创新。邓小平建党思想不是脱离毛泽东建党思想另起炉灶、自创体系，而是在直接继承毛泽东建党思想体系的基础上作出的重大发展，几乎毛泽东建党思想的所有方面，都被邓小平的建党思想所继承。但是，邓小平建党思想对毛泽东建党思想不是简单地重复，更不是照搬照抄，而是结合新的实践和时代要求，有所发展，有所突破。否认这种发展创新关系，同样地无法科学地理解邓小平建党理论。邓小平建党思想对毛泽东建党思想的发展主要体现在以下方面：

——在党的建设指导思想和党的建设目标上，邓小平纠正了毛泽东在"文化大革命"中提出的"五十字"建党方针，即"党组织应是无产阶级先进分子所组成，应能领导无产阶级和干部群众对于阶级敌人进行战斗的朝气蓬勃的先锋队组织"的错误，明确提出了新时期党的建设的根本任务是"把我们党建设成为有战斗力的马克思主义政党，成为领导全国人民进行社会主义物质文明和精神文明建设的坚强核心"，[①] 从而实现了党的建设指导思想和建党目标的根本转变。

——在党的政治建设上，邓小平提出了党在社会主义初级阶段的基本路线，并强调要适应党的基本路线的要求加强党的建设，保证党的基本路线的贯彻执行。

——在党的思想理论建设上，邓小平创造性地提出了中国特色社会主义理论，恢复和重新确立了党的实事求是的思想路线，提出了坚持四项基本原则，反对资产阶级自由化，警惕右、主要反对"左"等一系列关于加强党的思想建设的新的理论观点。

——在组织建设上，邓小平明确提出组织路线要保证思想路线、政治路线的贯彻执行，提出了干部队伍建设的"四化"方针，提出了要选人民公认的坚持改革开放路线并有政绩的人，大胆地放进党和国家的领导机

---

① 《邓小平文选》第3卷，人民出版社1993年版，第39页。

构里的主张。

——在党风廉政建设上，邓小平提出一靠教育，二靠法制的方针，强调在整个改革开放的过程中都要反对腐败，通过端正党风促进社会风气的好转。

——在党的制度建设上，邓小平提出了"制度建设，更带有根本性、全局性、稳定性和长期性"的观点，提出了改革和完善党和国家的领导制度、干部制度、工作制度的一系列正确的结论。

——在党的领导问题上，邓小平提出坚持党的领导必须改善党的领导的科学命题，并提出了改进党的领导方式、工作方式，提高党的领导水平的一系列理论观点。

——在实行民主集中制问题上，邓小平把民主集中制同党和国家的前途命运联系起来，并提出了把民主集中制制度化、法律化的新思路。

——在同外国政党的关系上，邓小平提出了"独立自立、完全平等、相互尊重、互不干涉内部事务"的原则。

——在党的建设的运行方式上，邓小平提出了一条不靠搞运动、而靠改革和制度建设及经常性的工作，对党实行综合治理、从严治党的新路子。它的特点，是以改革为杠杆，通过民主化、制度化、经常化和严格化来建设党。

以上诸方面，都是邓小平建党思想对毛泽东建党思想的发展和创新。这些发展、创新与毛泽东建党思想有着紧密的逻辑联系，它在毛泽东建党思想体系的基础上整合成一个新的科学的思想体系。

三 中国共产党建设的时代指南

邓小平建党思想的理论价值，在于它是马克思主义建党学说的第三次飞跃，在于它是毛泽东建党思想的发展和创新，更重要的在于它是当代中国共产党建设的指南。

江泽民指出，邓小平党的建设思想是党执政后特别是改革开放条件下党的建设的经验总结，是行动中的党建理论，是活的党建理论。它回答了当代中国共产党建设所面临的一系列问题，说到底，是在执政和改革开放的条件下，建设一个什么样的党和怎样建设党的问题。因此，当代中国共产党的建设，必须以邓小平建党思想为指南。

改革开放以来,党的建设取得的巨大成绩,无一不是在邓小平建党思想和建党理论指导下取得的。如党的政治路线、思想路线、组织路线这三大路线的确立,党的自身建设的改革,党的第二代中央领导集体和第三代中央领导集体的交接,各级领导班子建设,干部队伍建设,各项制度建设,党风廉政建设等,都是邓小平建党思想指导的结果。

进入新世纪,中国共产党在国际上面临着激烈的国际竞争的考验,面临西方国家的"西化"、"分化"、"和平演变"的考验;在国内面临着执政的考验,面临改革开放的考验,面临市场经济的考验。这些考验给党的建设带来了许多新情况、新问题、新矛盾。解决这些新问题和新矛盾,实现党中央提出的"把党建设成为用有中国特色社会主义理论武装起来、全心全意为人民服务、思想上政治上完全巩固、能经受各种风险、始终走在时代前列的马克思主义政党"新的伟大工程,需要全党在邓小平建党思想指导下的共同努力。

第十二章 讲学习、讲政治、讲正气

1998年11月,中共中央下发了《关于在县级以上党政领导班子、领导干部深入开展以"讲学习、讲政治、讲正气"为主要内容的党性党风教育的意见》,并专门召开会议进行安排,使"三讲"教育在全国全面展开,并取得了实质性效果。用整风精神开展以"三讲"为主要内容的党性党风教育,解决好党性党风方面存在的突出问题,是中国共产党为加强自身建设而进行的一个新的创造性探索。

第一节 开展"三讲"教育的必要性

进行党性党风教育,是中国共产党加强自身建设的一个优良传统和一条成功经验。党在不同时期,根据所面临的形势和任务,针对党内存在的问题,确定不同的教育内容,对党员干部进行思想作风方面的教育整顿,对于统一全党思想,增强党内团结,贯彻党的正确路线,克服前进道路上的艰难险阻,胜利实现各个历史时期的任务,起到了重要保证作用。"三讲"教育活动,是中国共产党在历史新时期进行自身建设的一种新形式。江泽民指出:"这是在新的历史条件下保持党的先进性和纯洁性,提高领导水平、执政水平,增强拒腐防变、抵御风险能力的需要;是从思想上、政治上、组织上、作风上全面推进党的建设,提高干部队伍素质的需要;是我们党团结带领人民按照十五大的战略部署,全面推进建设有中国特色社会主义伟大事业的需要。"[1]

---

[1] 《论党的建设》,中央文献出版社2001年版,第346页。

一 把中国特色社会主义事业全面推向 21 世纪的需要

作为有着重大国际影响的马克思主义政党,中国共产党始终走在时代前列,历来重视用马克思主义理论教育党员和干部。以江泽民为核心的中共第三代领导集体认为,在新的历史时期,用当代中国的马克思主义——邓小平理论武装全党,是党的建设的根本,也是加强各级领导班子建设、提高领导干部队伍素质的根本。只有抓住抓好这个根本,解决好用理论武装全党首先武装领导干部队伍问题,才能解决社会主义在中国的巩固和发展、中华民族的伟大复兴问题。毛泽东曾经说过,加强思想教育,是围绕全党进行伟大斗争的中心环节。在中共的历史上进行过延安整风,十一届三中全会前后开展了真理标准大讨论,1992 年以来全党学习邓小平理论等,都是在重要历史关头,狠抓了党员干部理论武装和思想政治教育,收到了好的效果。

中共十五大以邓小平理论为指导,在科学分析国内外形势,认真总结 20 年改革开放和建设实践经验的基础上,对推进建设中国特色社会主义事业实现跨世纪发展,进行了全面规划和部署。在经济建设上,积极推进经济体制和经济增长方式两个根本性转变,解决好建立比较完善的社会主义市场经济体制和长期保持国民经济持续、快速、健康发展这两大课题;在政治体制和民主法制建设上,要依法治国,发展社会主义民主政治,建设社会主义法治国家;在社会主义文化建设上,要坚持用邓小平理论武装全党,教育干部人民,培育适应社会主义现代化建设要求的有理想、有道德、有文化、有纪律的新型公民,推动精神文明和物质文明建设的协调发展;在党的建设上,要努力把党建设成为用邓小平理论武装起来、全心全意为人民服务、思想上政治上组织上完全巩固、能够经受各种风险、始终走在时代前列、领导全国人民建设中国特色社会主义的马克思主义政党,不断提高领导水平和执政水平,不断增强拒腐防变的能力。而完成这些任务,离不开一支适应时代要求的坚强有力的干部队伍作保证。搞好中国的事情关键在党,关键在人。县级以上领导干部在领导和组织广大人民群众进行改革开放和现代化建设中,担负着重要职责,其思想政治素质如何,党性、作风怎样,关系到中国改革开放和现代化建设的进程,关系到党风和社会风气的好坏。可见,中共中央提出要继续在县级以上领导干部中开展以讲学习、讲政治、讲正气为主要内容的党性党风教育，不仅是必要的，也是重要的。这是贯彻从严治党的方针，建设高素质干部队伍的一项重要举措，是加强领导班子思想作风建设的一项重要内容，是充分发挥党员领导干部在两个文明建设中的表率作用的重要保证，也是高举邓小平理论伟大旗帜，把建设中国特色社会主义事业不断推向前进的迫切要求。

二 探索解决党性党风方面存在问题的方法途径的需要

在新的历史时期，中国经历了举世瞩目的历史大转折和事业大发展，由此也带来了党的建设的新进步。同时，由于中国共产党面临的环境、任务和党的状况发生了很大变化，党的建设也遇到了许多新情况、新问题、新矛盾。党在带领人民推进中国特色社会主义事业的历史进程中，如何从思想上、政治上、组织上、作风上全面加强自身建设，特别是找到一个适合新时期的新情况，不搞政治运动而能妥善解决党内问题的有效办法，是一个事关保持党的先进性、事关推进改革开放和现代化建设全局的重大问题。

中国共产党历来注重领导班子和干部队伍建设，强调正确的路线确定之后，干部就是决定的因素。在加强领导班子和干部队伍建设上，中共中央在20世纪90年代采取了一系列重大措施。中共十四大对加强领导班子建设，培养社会主义事业接班人作了部署。十四届四中全会对高级干部提出了要努力成为会治党治国的马克思主义政治家的五项要求。江泽民在纪念中国共产党成立75周年座谈会上的讲话中，提出做新时期的合格干部应该具备的五项基本素质。中共十五大报告中进一步强调了要造就高素质的领导班子和干部队伍。按照这些部署和要求，各级党委围绕干部队伍建设特别是领导班子建设做了大量工作，有力地推动了领导班子和干部队伍的思想政治建设。各级领导干部，尤其是高中级干部学习邓小平理论逐步深入，思想理论水平有了新的提高，县以上领导干部中讲学习、讲政治、讲正气的风气逐步兴起。与此同时也必须清楚地看到，有相当一部分领导干部的思想政治素质还不适应或者完全不适应新形势任务的要求。其主要表现在：有的忽视马克思主义理论的学习，不能完全准确地掌握邓小平理论及其精神实质，甚至断章取义，搞实用主义；有的对社会主义、共产主义的理想信念动摇，缺乏政治敏锐性和政治鉴别力，在重大原则问题上分不清是非,甚至跟着错误的东西跑;有的急功近利搞形式主义,弄虚作假、沽名钓誉,甚至不择手段,争权夺利;有的违反民主集中制原则,无视组织纪律,放弃党性原则,奉行好人主义和庸俗的关系学,甚至庇护犯罪;有的对群众疾苦漠不关心,贪图享受,挥霍浪费,以权谋私,纵容亲属胡作非为,甚至徇私枉法,贪污受贿,腐化堕落,等等。党员领导干部中存在的这些问题,虽然情况和程度不同,但都是不讲学习、不讲政治、不讲正气,放弃世界观改造和党性修养的结果,都严重妨碍党的路线方针政策和中央关于重大决策的贯彻执行,损害党和政府同人民群众的关系,削弱党组织的凝聚力和战斗力。如果听任错误思想作风蔓延下去,将会对建设中国特色社会主义事业造成极其严重的后果。问题的存在说明,如何针对领导干部中存在的问题,在认真治标的同时更好地治本,在加强理论武装和党性锻炼上下功夫,以切实提高各级领导干部的执政水平、领导水平和拒腐防变能力,仍然是一个必须继续加以探索和解决的问题。抓住县级以上领导干部这个重点层次,集中进行以讲学习、讲政治、讲正气为主要内容的党性党内教育,不仅是加强各级领导班子思想政治建设,提高领导干部的思想政治素质的重要内容,也是解决领导干部队伍存在的现实问题的客观需要。可以说,这是广大高中级领导干部在改造客观世界的同时加强改造主观世界的一次新的实践,是在新的历史条件下落实从严治党方针,加强领导班子和领导干部思想政治建设的一条有效途径。这不仅可以使党的领导干部队伍得到锻炼提高,而且对于推进跨世纪党的建设的伟大工程将产生重要的和长远的影响。

三 在新形势下巩固中国共产党执政地位的需要

新中国成立后,中国共产党在地位上同以前相比发生了根本性变化,在面临的任务和形势方面亦发生了根本性变化。这使党肩负的责任加重,同时也容易产生脱离群众、滋生腐败的危险,党员干部思想发生蜕变的可能性加大了。在战争年代入党,出生入死,随时都有生命危险。如果没有共产主义信念,没有不怕死的牺牲精神,没有联系群众的自觉意识,就当不了共产党员。而现在,执政党的地位,很容易使一些动机不纯的人认为入党不但没有生命危险,而且还能捞到"好处"、"实惠"。尤其在改革开放和发展社会主义市场经济的新形势下,人们的思想观念、思维方式、心理状态以及生活方式日益发生深刻变化，中国共产党人面临的情况也复杂起来，除了要继续接受生死关、苦乐观的考验之外，还要更多地接受名位观、金钱观、权力关、美色关、人情关等考验。党在执政的条件下，一方面有条件运用政权的力量为人民造福；另一方面也增加了脱离群众、走向与群众对立的危险性。早在1945年民主人士黄炎培访问延安时，曾经就中国共产党夺取国家政权后会不会重蹈明末李自成、清末洪秀全覆辙的问题，与毛泽东交谈，提出了共产党如何跳出由盛到衰的历史周期律问题。现在看，这种担忧仍有其现实意义。如果对此不引起重视，不加大反腐倡廉的力度，不抓好执政党的自身建设，就不能经受住执政和改革开放的考验，老百姓就不会拥护和支持。执政党的党风关系到党的生死存亡。所以，必须加强党性党风教育，使广大领导干部增强党性，自觉地去掉身上的不良作风。开展以"三讲"为教育内容的活动，其意义正在这里。

四　应对国际国内形势新变化的需要

中共十五大召开之后，全党和全国人民高举邓小平理论伟大旗帜，满怀信心地为实现中国跨世纪发展的宏伟目标而努力奋斗。世纪之交，改革进入攻坚阶段，经济发展处于关键时期，国际形势出现种种变化，摆在中国共产党人面前亟待解决的矛盾和问题不少，任务繁重而又艰巨，既面临难得的机遇，又面临严峻的挑战，还可能遇到这样那样的风险和困难。从国际方面看，和平与发展已成为时代的主题，各政治力量重新分化组合，多极化进程加快；世界范围内科技革命突飞猛进，以经济和科技为基础的综合国力竞争日趋激烈，各种思想文化相互激荡，国际环境将更加错综复杂。从国内方面看，经过20年的努力，中国改革开放和现代化建设取得辉煌成就，为以后的发展打下了坚实的基础。对于广大领导干部来说，最重要的是提高思想政治素质和驾驭复杂局面、解决现实问题的能力。只有这样，才能适应新形势发展变化的需要，在复杂的斗争中明辨是非，站稳脚跟。中共中央决定深入开展"三讲"教育，正是在认真总结新时期党的建设的基本经验，全面分析国际国内新形势的基础上，作出的一项事关党和国家前途命运的重大决策。

第二节 讲学习、讲政治、讲正气的科学内涵

"三讲",即讲学习、讲政治、讲正气,有着丰富的内容及其内在联系。在新的历史条件下,体现着深刻的时代要求。讲学习、讲政治、讲正气,三者既有自身的独立价值,又体现了作为一个整体的特征和要求。

一 讲学习

江泽民指出:"全党同志要努力学习,各级领导干部更要努力学习。"① 他认为,从学习的角度来说,当今时代是要求人们必须终身学习的时代。中国共产党的领导干部如果不更加奋发地学习,不努力用科学的理论武装自己的头脑,不努力掌握先进的科学知识,不善于实现知识的不断更新,就必定要落后,就不可能肩负起党和人民交给自己的历史任务。

首先,讲学习是建设高素质干部队伍的重要途径。江泽民指出:"全党同志要继续加强学习,提高自己,紧跟时代前进的步伐。"② 重视学习,善于学习,把学习的意识树得牢牢的,把学习的气氛搞得浓浓的,是新形势对各级领导干部提出的时代要求。

加强学习,是中国共产党永葆生机和活力的一个重要保证。中共作为世界上最大的社会主义发展中国家的执政党,要想保持自己的先进性与纯洁性,就必须正确地分析和把握形势,继续坚持把马克思主义的基本原理同中国的具体实际结合起来,全面加强和改进全党的学习。中国共产党所以坚强有力,重要原因之一就是坚持以马克思主义的理论体系作为自己的世界观和行动指南。没有先进理论武装的党,不可能是先进的党。正如江泽民指出的:"党在理论上的提高,是党的领导的正确性、科学性的根本保证。鉴于世界和中国的许多新情况、新问题,鉴于我们党在中国社会主义建设中担负的重大责任和国际共产主义运动中所处的重要地位,有必要把学习和研究马克思主义基本理论,在马克思主义指导下研究和探讨当代重大的政治、经济、社会理论问题,作为一项紧迫任务,提到全党面前。

---

① 《江泽民论有中国特色社会主义(专题摘编)》,中央文献出版社2002年版,第696页。
② 同上书,第698页。

在党内首先是党的高级干部中，要提倡认真学习和研究马克思列宁主义、毛泽东思想基本理论，特别是学习和研究马克思主义哲学，掌握科学的世界观和方法论。"① 如果不能通过新的学习和实践不断提高自己，中国共产党就会落后于时代，就有失去人民信任和拥护的危险。

加强学习，是培养高素质干部队伍的迫切需要。中共历来十分重视干部队伍建设，在不同历史时期，培养和造就了一批又一批、一代又一代适应革命、建设和改革需要的领导骨干和宏大干部队伍。十一届三中全会以来，中共为加强干部队伍建设，采取了一系列重大措施。经过多年学习培训尤其是改革开放实践的锻炼，大多数领导干部积极适应新形势、新任务的要求，努力学习，经受磨炼，不断进步，素质有了很大提高，在贯彻党的基本路线、推进社会主义现代化建设中发挥了骨干作用。在肯定主流和基本方面的同时，也必须看到，面对新的历史任务，还有相当一部分领导干部的素质特别是思想政治素质存在着不适应的情况。干部队伍中存在的问题很多，但不重视学习，头脑里缺乏甚至没有马克思主义思想是共同的。所以，各级领导干部都应该重视学习、善于学习，通过刻苦学习，掌握马克思主义理论，掌握现代科学知识，掌握人类文明创造的一切先进成果。只有理论功底深厚，知识丰富渊博，才能增强工作中的原则性、系统性、预见性和创造性，也才可能成为一个合格的社会主义现代化事业的领导者，担负起历史的重任。

要善于学习。人类社会发展的总趋势是不断进步的。社会进步的标志是社会文明的发展。一部人类文明的发展史，可以说是一代又一代不断学习、追求知识、改造世界的历史。中国共产党历来重视理论学习，在革命和建设发展的关键时期，在全党面临新的形势和任务的时刻，更加重视学习。可以说，讲学习是中共三代领导核心一贯的思想。在学习上，毛泽东不仅率先垂范，而且极为重视用马克思主义理论武装干部的头脑。他指出："指导一个伟大的革命运动的政党，如果没有革命理论，没有历史知识，没有对于实际运动的深刻的了解，要取得胜利是不可能的。"② 中共十一届三中全会决定把党的工作重点转移到社会主义现代化建设上来的时

---

① 《十三大以来重要文献选编》中，人民出版社1991年版，第630页。
② 《毛泽东著作选读》上册，人民出版社1986年版，第286页。

候，邓小平就提出，全党必须再重新进行一次学习，根本的是要学习马列主义、毛泽东思想。在发展社会主义市场经济的新形势下，江泽民强调，严重的问题在于教育干部；各级领导干部要讲学习，做到"学习学习再学习"；全党要形成学习马列主义、毛泽东思想、邓小平理论的新高潮，用马克思主义理论武装全党。善于学习，这是共产党人永葆生机的优势所在。

其次，要用科学的理论和丰富的知识武装头脑。中国共产党人从事的事业是宏伟的，因此学习也应该是全面的、系统的。其中，学习邓小平理论尤为重要，同时还要学习一切需要学习的东西，力求知识更多一些，本领更强一些，努力打好为党为人民的事业建功立业的思想根底。

认真学习马克思列宁主义、毛泽东思想特别是邓小平理论。一个民族的兴旺发达，离不开理论思维的成熟；一个政党的发展壮大，离不开科学理论的指导。广大党员干部只有学习马克思主义，才会在深刻认识社会历史发展客观规律的基础上，坚定共产主义、社会主义信念，才能深刻领会党在不同历史时期所要完成的任务，从而在各种复杂的形势面前，始终保持理论上的清醒和坚定。对理论的学习，重点是学习邓小平理论。邓小平理论是全党学习的中心内容。这是因为，中国现阶段面临的主要任务是建设中国特色社会主义，而邓小平理论是马克思主义、毛泽东思想在中国发展的新阶段，只有坚持邓小平理论指导，才能切实地推进中国特色社会主义建设事业。

努力学习现代经济知识。经济建设是中国共产党的中心任务。要在社会主义条件下发展市场经济，实现经济体制和增长方式的根本转变，实施科教兴国和可持续发展战略，保持经济持续快速健康发展，没有丰富的现代经济知识是根本不可能的。随着现代化事业的发展，中国的经济建设规模越来越大；随着对外开放的不断扩大，中国将面临更加激烈的国际经济竞争，要在激烈的国际竞争中更好地掌握主动权，并且立于不败之地，最为重要的就是学习现代经济，学习社会主义市场经济、现代金融和现代管理知识。

努力学习现代科技。当今时代，科学技术发展日新月异，正在深刻地改革着经济和社会生活，科技进步对于一个国家经济社会的全面发展越来越具有决定性的作用。科技发展的层出不穷，知识更新的迅速异常，更是超过了以往。人类的科技知识，19世纪是每50年增加一倍；20世纪中叶是每10年增加一倍；现在是每三年至五年增加一倍。现代经济与科技已经成为紧密结合、相互促进的有机整体。科学技术作为第一生产力，在社会生产和国民经济发展中，起着关键的甚至决定性的作用。作为领导干部，不努力提高自己的科学技术素养，充分了解当今世界科技进步的趋势，要做好工作是非常困难的。因此，各级领导干部一定要充分认识科学技术在现代化建设中的巨大作用，牢固树立科技兴国的战略思想，以强烈的责任感和紧迫感去学习和钻研现代科学技术，从而带动社会科技水平和劳动者素质的提高。

学习法律。依法治国，是中国共产党领导人民治理国家的基本方略，是发展社会主义市场经济的客观需要，是社会进步的重要标志。领导干部处于党和国家各个层次的领导岗位上，提高自身的法律素质是依法治国的重要条件。必须学会用法律手段进行领导，改变过去那种单纯运用政策手段、行政手段、经济手段的做法。学法、知法是守法、执法的前提。因此，要认真学习法律，增强法治意识，提高依法办事和依法决策的水平。

努力学习历史。江泽民指出，一名领导干部不善于从历史中吸取营养，不可能成为高明的领导者；一个政党不善于从总结历史中认识和把握社会发展的规律，不可能成为顺应历史潮流的自觉的政党；一个民族不善于从历史中继承和发展本民族与世界其他民族创造的优秀文明成果，就不可能屹立于世界民族之林。所以，中国共产党人特别是党的领导干部一定要认真学习外国的历史、中国的历史，特别是中国人民近代以来为了民族独立和自身解放而艰苦奋斗的历史。只有从历史方面更好地了解中国，更好地了解外部世界，才能把自己的内部工作和对外工作做得更好。

第三，关键在于端正和弘扬马克思主义学风。领导干部的学习能不能深入持久地开展，能否取得明显的成效，关键在于弘扬理论联系实际的马克思主义学风。江泽民认为："学风问题也是党风问题，是关系党的兴衰和事业成败的一个重大政治问题……历史证明，学风端正，事业兴旺；学风不正，事业受损。"[①]

弘扬马克思主义学风，必须始终坚持解放思想、实事求是的思想路线。中国共产党80年的历史一再证明，党在理论和实践上的重大发展，

---

① 《论党的建设》，中央文献出版社2001年版，第299页。

都是坚持解放思想、实事求是、大胆探索、勇于创新的结果。从20多年来改革开放的实践历史看，几次思想解放的高潮，每一次都推动了改革开放的向前发展和深化，每一次都进一步拓展了中国特色社会主义的发展道路，每一次都加深了对中国社会主义建设规律的认识，并进一步推动了邓小平理论的创新和发展。

弘扬马克思主义学风，必须始终坚持"一个中心，三个着眼于"。江泽民在中共十五大报告中强调，学习马克思主义一定要以中国改革开放和现代化建设的实际问题、以正在做的事情为中心，着眼于马克思主义理论的运用，着眼于对实际问题的理论思考，着眼于新的实践和新的发展。这是中共总结过去、面向未来得出的正确结论，是联系实际学风在新的历史条件下的具体体现，也是学习理论的出发点和立足点。坚持以科学理论为指导，解放改革开放和现代化建设中的各种实际问题，特别是把学习和运用的重点放到正在努力攻克的难点问题上，反对理论脱离实际，反对教条主义，反对装腔作势做表面文章。

弘扬马克思主义学风，必须把学习理论同改造主观世界结合起来。坚持理论联系实际，一个重要的方面就是联系自己的思想实际，自觉改造主观世界，增强党性修养。毛泽东说："无产阶级和革命人民改造世界的斗争，包括实现下述的任务：改造客观世界，也改造自己的主观世界——改造自己的认识能力，改造主观世界同客观世界的关系。"[①] 江泽民指出："自我改造也是一种重要的学习。周恩来同志说过，领导干部要活到老，学到老，改造到老。面对改革开放这场深刻而伟大的历史变革，你不在改造客观世界的同时努力改造主观世界，怎么能够当好领导。"[②] 在学习中，必须把改造主观世界贯穿于学习的全过程，决不能从理论到理论，空对空，不触及思想，不触及存在的问题。要善于抓住思想深处的主要问题，运用理论武器进行深入分析，分清思想是非，从世界观、人生观、价值观上真正解决问题。

二 讲政治

讲政治，是中国共产党生存的首要前提，是党的优良传统和制胜法

[①] 《毛泽东选集》第1卷，人民出版社1991年版，第296页。
[②] 《十四大以来重要文献选编》中，人民出版社1997年版，第1560页。

宝。讲政治，是一个历史命题，中国共产党历来重视讲政治，讲政治要贯穿整个党的历史，与党的生命同在。讲政治，又是一个现实的问题，以江泽民为核心的中共第三代中央领导集体反复强调，领导干部一定要讲政治。讲政治，是马克思主义的一项基本原则，是由中国共产党的性质和宗旨决定的，对于党的干部来说，是一项任何时候都要坚持的重大原则。

第一，讲政治是党的事业发展的根本要求。江泽民认为，所以强调领导干部一定要讲政治，"目的是希望全党更加坚定不移地、更加全面正确地贯彻执行邓小平同志建设有中国特色社会主义理论和党的基本路线，把我国的改革开放和现代化建设搞得更好。"①

党的干部一定要讲政治，是中共在跨世纪的历史时刻，站在马克思主义唯物史观和治国安邦的高度，反复强调的时代课题，是根据中共所处的国内国际环境和肩负的伟大而艰巨的历史使命，针对一些党员领导干部的现状和存在的问题提出来的，是加强领导干部队伍建设的一项战略举措。

讲政治是由中国共产党的性质和宗旨决定的，是党的优良传统。党的性质、宗旨、奋斗目标和执政地位的鲜明的政治性，决定了中国共产党的政治性，也决定了党的领导干部"到什么时候都得讲政治。"中国共产党执政以后，奉行执政为民的原则，带领全国人民摆脱贫困、走向富裕，走向美好的未来。同时，讲政治是中国共产党的优良传统。无论在民主革命时期，还是在社会主义建设时期，毛泽东都反复告诫全党要坚持正确的政治原则、政治立场和政治方向。在改革开放和现代化建设的新时期，邓小平更是反复强调这一重大问题。他认为："改革，现代化科学技术，加上我们讲政治，威力就大多了。到什么时候都得讲政治。"② 以江泽民为核心的第三代中央领导集体，始终注意从政治上判断形势，分析问题，高屋建瓴，把握全局，多次指出，越是改革开放，越要注意政治，越要加强马克思主义理论学习。江泽民认为，始终保持政治上的清醒和坚定，是做合格的中高级干部的最重要条件。如果政治方向模糊不清，就难当大任，难

---

① 《十四大以来重要文献选编》中，人民出版社1997年版，第1743页。
② 《邓小平文选》第3卷，人民出版社1993年版，第166页。

受重托。"我们的高级干部,首先是省委书记、省长和部长,中央委员和中央政治局委员,一定要讲政治。"①

讲政治是由领导干部在党和国家中的特殊地位和作用决定的。党员领导干部特别是县级以上领导干部是整个党员干部队伍的骨干部分,是党和国家大政方针决策的直接参与者和实施者。党员领导干部政治水平的提高,从根本上决定着党的执政水平和领导水平的提高。因此,党员领导干部在政治方向、政治立场、政治观点和政治纪律等方面的带头示范作用具有十分重要的导向意义。建设中国特色社会主义,既是一项没有现成经验可循、现成模式可搬的前无古人的伟大事业,也是一项多重矛盾互相交织、多重关系互相交错的复杂的系统工程。随着以建立社会主义市场经济体制为重点的各项改革逐步展开,中国共产党人在经济、政治和社会发展等方面都面临着大量新情况、新问题,许多深层次矛盾越来越突出地暴露出来。要切实解决这些矛盾和问题,处理好各种错综复杂的关系,顺利地推进改革开放和社会主义现代化建设,就要求各级领导干部必须保持清醒的头脑,善于从政治上观察问题、分析问题和处理问题。

第二,讲政治具有严格而深刻的内涵。讲政治不是一句抽象的空洞口号。江泽民指出:"我们讲的政治,是马克思主义的政治,是建设有中国特色社会主义的政治……政治包括政治方向、政治立场、政治观点、政治纪律、政治鉴别力、政治敏锐性。"②

马克思主义的政治要坚持正确的政治方向。正确的政治方向,就是马克思列宁主义、毛泽东思想、邓小平理论指引的方向,就是建设中国特色社会主义的方向。江泽民强调,坚持正确的政治方向是讲政治的核心。政治方向不仅是检验、衡量领导干部为谁掌权、为谁服务的重要标准,而且是关系到党和国家兴衰成败的头等大事。如果政治方向错了,就根本谈不上党和国家事业的前途。

马克思主义的政治要有坚定正确的政治立场。立场问题是一个根本原则的问题,也是讲政治的核心问题。唯有坚持坚定正确的政治立场,才能在纷繁复杂的国际国内环境下正确地观察和处理各种问题,才能在事关大

---

① 《十四大以来重要文献选编》中,人民出版社1997年版,第1457页。
② 《江泽民论有中国特色社会主义(专题摘编)》,中央文献出版社2002年版,第704页。

局和人民根本利益的大是大非问题上做到旗帜鲜明，立场坚定，从而赢得革命和事业的胜利。共产党人讲的政治立场，就是无产阶级的人民大众的立场。共产党人讲坚持坚定正确的政治立场，就是坚定地站在党性和党的政策的立场上，站在维护党和国家、民族的根本利益的立场上。

马克思主义的政治要坚持正确的政治观点。正确的政治观点，就是马列主义、毛泽东思想和邓小平理论的观点。这是共产党人政治上的望远镜和显微镜，是观察和解决社会主义现代化建设中各种矛盾的认识工具。实践证明，只要掌握了这些正确观点，就能在历史的转折关头，纠正那些对社会主义不科学的甚至是扭曲的认识；就能在世界社会主义运动处于低潮时期，坚定对社会主义、共产主义的理想和信念；就能在改革开放、发展社会主义市场经济条件下，树立起正确的人生观和价值观。

马克思主义的政治要具有严格的政治纪律。政治纪律是党员干部必须共同遵守的按照民主集中制的原则确定的行为准则。党的政治纪律是党员政治行为的规范，也是执行党的路线、方针和政策的保证。党的团结统一，党的坚强领导，党的强大的凝聚力、战斗力，都离不开严格的政治纪律。江泽民明确指出："我们讲加强政治纪律，最基本的就是要遵守党章，按党章的规定去做。对党章的各项规定，所有党员都要遵守，高级干部更应该带头遵守。"[①] 党章规定，党员个人服从党组织，少数服从多数，下级组织服从上级组织，全党各级组织和全体党员服从党的全国代表大会和中央委员会。这"四个服从"中，最重要的是全党服从中央的指示，确保政令畅通。这是遵守政治纪律的最高准则，是对共产党员尤其是党政领导干部的一条极为重要的要求。

马克思主义的政治要具有高度的政治鉴别力。政治鉴别力，是政治上识别大是大非的能力。它特别需要中国共产党的领导干部善于透过现象看本质，从政治上划清是非、善恶、美丑、荣辱等界限，并作出科学正确的判断。

马克思主义的政治要具有尖锐的政治敏锐性。政治敏锐性，就是在政治问题上要有见微知著的眼光。任何事物都有征兆可寻，都有前后现象可供考察。党的干部尤其是领导干部应当目光犀利，当某种错误思想"起

---

① 《十四大以来重要文献选编》中，人民出版社1997年版，第1458~1459页。

于青萍之末"时,要能敏锐地识别并及时采取得力措施加以制止,做到防微杜渐;在新事物处于萌芽状态之中,要能洞察本质,判明利害,把握发展趋势,及时采取相应对策,促进并维护它的健康成长。

第三,提高认识,努力做到讲政治。江泽民指出:"领导干部讲政治,最重要的就是要通过自己的实践,把讲政治的要求落实到推动建设有中国特色社会主义的经济、政治、文化等各方面,体现在自己的日常工作和学习上,贯彻到党内生活里去。"[1] 这是对领导干部讲政治提出的基本要求。

讲政治就一定要坚持党的基本路线和基本纲领。改革开放是强国之路。要始终不渝地坚持以经济建设为中心,始终不渝地坚持改革开放。四项基本原则是立国之本,是改革开放和社会主义现代化建设强有力的政治保证。在推进改革开放和现代化建设的整个过程中,都要坚持四项基本原则,切实抓好党的建设,抓好民主法制建设,抓好精神文明建设,以建设和发展中国特色社会主义政治来保证改革开放和现代化建设顺利进行。中共十五大进一步强调要坚定不移地贯彻执行党的"一个中心,两个基本点"的基本路线,提出了党在社会主义初级阶段的基本纲领,进一步明确了建设中国特色社会主义的经济、政治、文明发展目标,并作出了一系列重大战略决策,是指引中国共产党人实现跨世纪发展的政治宣言和行动纲领。

讲政治就一定要与党中央保持高度一致,维护中央权威。建设中国特色社会主义,坚持党的领导是关键。中国共产党是一个拥有6300多万党员的大党,如果没有统一的意志、统一的纪律,各行其是,就会涣散无力,就难以承担起历史赋予的伟大使命。所以,必须自觉防止和克服政治上的自由主义、组织上的分散主义和各种形式的本位主义倾向,严格遵守党的政治纪律,紧密团结在党中央周围,维护党中央的权威,保证中央政令畅通,做到令行禁止。在思想上、政治上、行动上与党中央保持高度一致,是维护党的团结统一,增强党的凝聚力和战斗力,不断推进改革开放和现代化建设的重要保证,是党和人民利益的根本所在,也是每个领导干部必须恪守的政治纪律。

---

[1] 《江泽民论有中国特色社会主义(专题摘编)》,中央文献出版社2002年版,第1707页。

讲政治就一定要加强党的自身建设，提高党员领导干部的政治素质。提高党员领导干部的政治素质，是讲政治的前提。党员领导干部的政治素质和其讲政治的能力是相一致的，二者是一个统一体。只有具备一定的政治素质，才能讲好政治。为此，每个党员领导干部都要自觉做到"四自"：一是高度自重，就是要高度珍视共产党员的光荣称号、共产党人的名节，自觉塑造和保持共产党人良好的政治形象，决不因狭隘的个人私利而玷污共产党员的光荣称号。二是经常自省，就是要对照党的政治原则经常进行自我反省、自我解剖，及时发现自己在政治上的缺点和错误，并及时改正。三是善于自警，就是要自觉警惕和抵制各种剥削阶级腐朽思想的侵蚀，特别是防止被糖衣炮弹击中。这就要注意锻炼提高自己鉴别是非、善恶和美丑，抵制剥削阶级腐朽思想侵蚀的自觉性和能力；就要严格自律，时时处处自觉用党的政治原则来约束自己；就要自觉接受各方面的监督，虚心接受来自各方面的批评，乐于接受逆耳忠言。四是敢于自励，就是要不断激励自己，发挥先锋模范作用，努力做一个合格的共产党员。

三　讲正气

根据中华民族的传统美德和党的优良传统，结合新时期干部队伍建设的实际，江泽民多次提出领导干部"要带头发扬浩然正气"，要"讲正气"，要有"高尚的道德情操"、"崇高的思想境界"和"良好的精神状态"。讲正气是"三讲"的重要内容，它既是讲学习、讲政治的要求，也是讲学习、讲政治的保证。

首先，讲正气是中华民族和中国共产党的优良传统，也是现实对党员领导提出的客观要求。江泽民指出："讲正气，是中华民族也是我们党的一个优良传统。古语所说的'我善养吾浩然之气'，'一点浩然气，千里快哉风'，等等，都是讲一个人必须树立正气，必须有正义感。有了一腔浩然正气，才能无所畏惧地前进，才能不屈不挠地为国家为社会建功立业。"[①] 讲正气是中华民族的优良传统，也是随着社会进步和历史沿革而不断发展的动态概念。中国共产党人讲正气，是作为社会主义大国的执政党在社会主义初级阶段这一特定历史时期讲正气，是在建设中国特色社

---

① 《江泽民论有中国特色社会主义（专题摘编）》，中央文献出版社2002年版，第708页。

主义的伟大征程中讲正气，是在为全国各族人民谋求最大利益的宏伟事业中讲正气。因此，它只能是在邓小平理论和党的基本路线指引下的正气，是马克思主义正气观所要求的正气，而不应也不能是任何其他意义上的"正气"。

讲正气是加强党风廉政建设的内在要求。中国共产党是执政党，在执政的条件下谈讲正气，主要是指坚持和发扬党的优良传统和作风。邓小平讲，执政党的党风关系党的生死存亡。这一科学论断是千真万确的真理。党风问题的实质是党群关系问题，党风的好坏，直接影响民心的向背。苏联的解体、东欧的剧变，一个很重要的原因，就是因为长期脱离了人民。这一惨痛教训，必须引以为戒。改革开放不久，邓小平也曾严肃指出，实行改革开放，就有不少干部被腐蚀了。如果不坚决刹住这股消极腐败现象的歪风，中共和国家确实要发生会不会"改变面貌"的问题。江泽民指出："要消除不正之风和腐败现象，首先要在党内真正造成一种浩然正气。党的干部和党员必须全心全意为人民服务，必须诚心诚意为人民谋利益。"[①]

强调讲正气是社会主义精神文明建设的一项重要任务。这一任务的完成，直接关系着良好社会风气的形成和中国社会的全面进步。社会主义思想道德建设是精神文明建设的重要组成部分，它与讲正气的基本要求是一致的，只不过对共产党员、党的干部来说，要求更高、更严，即不仅要具备共产主义的思想道德品质，坚持和发扬党的优良传统和作风，而且要在社会主义精神文明建设中发挥表率作用和组织领导作用。中共中央关于加强社会主义精神文明建设的决议指出，各级党委要坚持"两手抓、两手都要硬"的方针，切实加强和改善党对精神文明建设的领导。邓小平说，党风搞好了，全国人民就会跟着学，就会影响全民族、全社会，就会有很好的民风，好的社会风气，就会把社会主义精神文明建设搞得更好。这样的风气，不但影响这一代，而且影响下一代。党风要搞不好，就会贻误整个国家的振兴和进步。江泽民指出，物质贫乏不是社会主义，精神空虚也不是社会主义，社会主义不仅要使人民物质生活丰富，而且要使人民精神生活充实。广大党员特别是领导干部，一定要在两个文明建设中发挥骨干作用、带头作用。只有发挥好这种作用，才能团结全国各族人民共同奋

---

① 《江泽民论有中国特色社会主义（专题摘编）》，中央文献出版社2002年版，第707页。

斗,建设富强、民主、文明的现代化国家,不断推进中国社会的全面进步。

其次,中国共产党党员特别是领导干部必须坚持和发扬共产党人的政治本色与革命气节。江泽民指出:"讲正气,就是要坚持和发扬共产党人的政治本色与革命气节。"①

讲正气,最重要的是坚持马克思主义的信念,坚定共产主义的理想信念,牢记全心全意为人民服务的根本宗旨,在物质利益诱惑面前站稳脚跟,在严峻的政治考验面前不丧失原则立场,对党和人民的事业忠心耿耿,矢志不渝。没有远大的理想,就不会有博大的胸怀和崇高的思想境界;没有坚定的政治信念,就不可能坚持用高尚的道德标准严格要求自己。理想信念发生动摇,必然会导致共产主义道德的沦丧。正如江泽民指出的:"我们共产党人的根本政治信仰是社会主义和共产主义,世界观是马克思主义的辩证唯物主义和历史唯物主义,这是任何时候都丝毫不能动摇的。一个党员特别是领导干部,如果在思想上动摇了这些根本的东西,也就动摇了共产党人的根本政治立场,就必然会偏离正确的政治方向。"②

讲正气,就要敢于坚持真理,维护原则,捍卫人民的根本利益,同形形色色的歪风邪气作斗争。良好的党风、政风和社会风气,从来都是在同歪风邪气的斗争中得以发扬光大的。同党内各种错误思想、不良倾向和腐败行为作斗争,同社会上各种反马克思主义的思潮作斗争,同各种毒害人民思想的歪理邪说作斗争,同各种伪科学、反科学的愚昧言行作斗争,同各种残害人民的邪恶势力作斗争,这本是弘扬正气的应有之义。扶正祛邪,疾恶如仇,敢于斗争,敢于胜利,这是中华民族的光荣传统,也是共产党人的光荣传统。一个政党,一个民族,一个国家,如果没有一种坚持真理、敢于斗争的浩然正气,就无法立于天地之间。在事关民族兴亡,事关人民安危的大是大非问题上,中华民族和共产党人一向是正义磅礴,铁骨铮铮。

讲正气,就要树立正确的利益观,时刻把人民的利益、党和国家的利

---

① 《江泽民论有中国特色社会主义(专题摘编)》,中央文献出版社2002年版,第709页。
② 《论党的建设》,中央文献出版社2001年版,第347~348页。

益放在首位。坚持廉洁奉公,艰苦奋斗,在拜金主义、享乐主义、个人主义和"酒绿灯红"的侵蚀影响面前,一尘不染,正气凛然。要牢固树立群众观点,坚持和发扬艰苦奋斗、勤俭办一切事业的优良作风,以廉洁奉公为荣,以奢侈浪费为耻,自觉抵制不正之风的侵袭,无愧于人民公仆的光荣称号。奋发图强,艰苦奋斗,这是党在长期的革命实践中克敌制胜的一大法宝。时代在发展,社会在进步,事物在变化,但是,中国共产党全心全意为人民服务的根本宗旨没有变,共产党人的革命初衷不应该变,领导干部廉洁奉公的奉献精神不应该变。

中国特色社会主义事业的前途,中华民族的命运,从根本上讲,都维系于中国共产党的自身建设。能否在错综复杂的局势面前站稳脚跟,永葆共产党人的浩然正气,从根本上说,要靠共产党人自身作风过硬,要靠干部队伍政治素质过硬。讲学习,讲政治,最终也要体现在讲正气上。而领导干部的作风建设,对良好的党风政风和社会风气的形成,起着至关重要的表率作用。正因为如此,江泽民才反复强调领导干部一定要坚持和发扬共产党人的政治本色和革命气节。

第三节 "三讲"教育是新时期加强党的建设的重大举措

在县级以上党政领导班子和领导干部中,用整风精神开展以"三讲"为主要内容的党性党风教育,解决好党性党风方面存在的突出问题,是中国共产党在改革开放、发展社会主义市场经济的新的历史时期,为加强自身建设而进行的一个新的创造性探索和重大举措。

一 以整风精神深入开展"三讲"教育

中共中央决定集中一段时间,在县级以上党政领导班子和领导干部以整风精神开展"三讲"为主要内容的党性党风教育,切实做到思想上有明显提高,政治上有明显进步,作风上有明显转变,纪律上有明显增强。"三讲"教育要切实取得明显成效,必须坚持整风精神。《中共中央关于在县级以上党政领导班子、领导干部中深入开展以"讲学习,讲政治,讲正气"为主要内容的党性党风教育的意见》所提出的指导原则、基本要求和方法步骤,都充分贯彻和体现了整风精神。

贯彻整风精神必须学好理论。"三讲"教育是结合新的实际对领导班子和领导干部进行的一次深刻的马克思主义理论的自我教育，一些领导班子和领导干部在党性党风方面存在的问题，具体表现和原因不尽相同，但都与理论学习不够、没有科学的理想信念直接相关。所以要端正学习态度，严格要求，刻苦研读，讲究实效。

必须发扬党内民主，坚持群众路线，深入查找和剖析党性党风方面存在的突出问题。坚持开门搞"三讲"教育，广泛发动干部群众对领导班子和领导干部进行民主评议和批评，找准影响本地区本部门的改革、发展和稳定，影响领导班子的团结和党群关系、干群关系的主要问题。领导干部要诚心诚意接受群众的帮助，敢于揭露矛盾，深刻反思，严于律己，真正在思想上得到提高，真正把群众查摆问题和自我剖析的过程，作为正确认识自己，不断增强党性的过程。

必须勇于拿起批评和自我批评的武器，开展积极健康的思想斗争。开展批评和自我批评的关键在于一把手做好表率，同时要善于做好批评和自我批评的思想发动工作。领导成员之间，既要有一针见血的批评，又要中肯地分析原因；既坦诚地指出问题，又认真地帮助总结教育；既严格要求，又实事求是，与人为善，互相帮助，共同进步。

必须紧密联系改革、发展、稳定的大局，认真整改，努力做到言行一致。对群众最关心、反映最强烈的问题，能改的一定要马上就改；对一些重点问题，要组织专门力量，研究制订整改方案；对因客观条件限制而目前办不到的问题，要讲清楚，给群众一个负责任的交待。

二 "三讲"教育的重大成效

在"三讲"教育过程中，县级以上党政领导班子和领导干部，通过深入学习邓小平理论和中共十五大精神，提高了政治素质，加强了党性修养，端正了思想作风，增强了在改造客观世界的同时改造主观世界的自觉性，收到了明显的实际效果。

坚定了理想信念。坚定的理想信念，对领导干部来说，是在各种复杂的政治环境中始终保持正确的政治方向和政治立场的基础；是战胜各种艰难险阻、胜利时不骄傲、困难时不动摇的精神动力；是改造主观世界，树立正确世界观、人生观和价值观的必要条件。经过"三讲"教育，各级领导干部坚定了共产主义理想和建设中国特色社会主义的信念；提高了在复杂的国际国内形势条件下的政治敏锐性和政治鉴别能力；提高了坚持党的基本路线，始终同党中央保持思想上、政治上高度一致的自觉性；增强了大局观念，努力做到从实际出发，创造性地贯彻中央关于深化改革、扩大开放、促进发展、保持稳定的一系列决策和部署。

增强了坚持和健全民主集中制的自觉性。民主集中制是中国共产党的根本组织制度、领导制度和工作制度，是科学、合理、有效率的制度。这一制度反映了马克思主义政党的活动规律，为坚持党的工人阶级先锋队性质，发挥党的领导作用，提供了坚强有力的组织保障。经过"三讲"教育，各级党组织和领导干部，提高了坚持和贯彻民主集中制的自觉意识，正确认识和处理上级与下级、个人与组织、"班长"与领导班子成员之间的关系，加强了党的团结和领导班子团结；逐步纠正和克服一些违反民主集中制、把个人凌驾于党组织之上，独断专行、各自为政、拒绝党的教育与监督等错误思想和行为。

自觉实践宗旨观，树立科学权力观。政治问题，从根本上说，主要是对人民群众的态度问题，同人民群众的关系问题。中国共产党人的宗旨，是全心全意为人民服务，这是党的全部事业的出发点和归宿。经过"三讲"教育，广大干部增强了坚持从群众中来到群众中去的群众路线意识，自觉把关心人民的疾苦，把关心人民群众的利益当作自己的天职；在如何对待权力上，广大干部自觉摆正了"主人"与"公仆"的关系，正确行使人民赋予的权力，利用权力为人民办实事、办好事。

弘扬了求真务实、言行一致的优良作风。在实践中，少数干部追求华而不实的工作作风，有的热衷于数字做假、有的热衷于"政绩工程"，弄虚作假，欺上瞒下。"三讲"教育的任务之一，就是促使领导干部树立求真务实、言行一致的优良作风。经过"三讲"教育，广大干部在作风上有所端正和改进，说老实话，办老实事，当老实人；在社会主义建设和现代化推进过程中，团结和带领群众，奋斗在实践第一线，为推动社会的进步，尽力尽责；初步扭转了只图形式、不重实效等不良习气，心往"实"上想，劲往"实"上使，工作往"实"上用力。

三 "三讲"教育是一项长期的任务

讲学习、讲政治、讲正气,是建设团结坚强的领导班子和高素质干部队伍的重大举措。对于中国共产党的建设而言,不可能通过一次集中教育将党性党风方面存在的问题全部解决。江泽民认为:"'三讲'教育的时间毕竟是有限的,而讲学习、讲政治、讲正气则是长期的任务,应该成为全党同志尤其是领导干部经常的自觉行动。"① 这是"三讲"的深远意义所决定的。

把"三讲"作为长期任务,是新时期加强中国共产党自身建设所必需的。中国共产党是代表中国最广大人民群众利益的无产阶级政党,始终重视不断加强自身建设,以保持先进性、纯洁性和战斗性。在革命战争年代,中国共产党十分重视党的队伍的建设,广大党员和领导干部经受了战火的洗礼和恶劣环境的考验,始终保持着革命政党的本色,赢得了全国各族人民的衷心拥护。在和平时期,党的中心工作是经济建设,环境改变了,生活条件也改善了。实践证明,开展"三讲"教育是新形势下加强党的干部队伍建设的重要举措,讲学习、讲政治、讲正气是对广大党员干部的一项长期任务。只有始终坚持讲学习、讲政治、讲正气,才能从思想上、政治上、组织上、作风上全面推进党的建设,才能不断提高干部队伍素质,提高执政和领导水平,增强拒腐防变和抵御风险的能力,才能始终保持党的先进性和纯洁性,团结和带领全国人民为建设富强、民主、文明的社会主义强国而努力奋斗。

把"三讲"作为长期任务,也是由中国共产党面临的历史任务所决定的。中国的改革开放和现代化建设进入了一个关键的发展时期。国际局势在战略格局调整中面临着错综复杂的局面。新形势和新任务,对各级党政领导班子、领导干部的素质特别是政治思想素质和驾驭复杂局面、解决现实问题的能力,提出了新的更高要求。长期坚持讲学习、讲政治、讲正气,使"三讲"蔚然成风,对于不断提高各级领导班子的素质,对于确保党的基本理论、基本路线、基本纲领、基本方针的全面贯彻,确保改革

---

① 江泽民:《在纪念中国共产党成立七十八周年座谈会上的讲话》,《人民日报》1999 年 7 月 1 日。

开放和现代化建设的顺利进行,确保跨世纪发展目标的实现和国家长治久安,都具有十分重要的意义。

正如江泽民强调的,讲学习、讲政治、讲正气,应该成为全党尤其是各级领导干部经常的自觉行动,要使"讲学习、讲政治、讲正气蔚然成风"。①

---

① 江泽民:《在纪念党的十一届三中全会召开二十周年大会上的讲话》,人民出版社1998年版。

第十三章　按照"三个代表"的要求，全面推进党的建设新的伟大工程

江泽民"三个代表"重要思想，反映了当代世界和中国的发展变化对党和国家工作的新要求，是对马克思列宁主义、毛泽东思想和邓小平理论的继承和发展，是加强和改进党的建设、推进中国社会主义自我完善和发展的强大理论武器，是全党集体智慧的结晶，是党必须长期坚持的指导思想。"始终做到'三个代表'，是我们党的立党之本、执政之基、力量之源。"①

第一节　"三个代表"重要思想的理论基础、现实依据和时代特色

"三个代表"重要思想，根据实践的发展和形势的变化，赋予党的性质以鲜明的时代意义，赋予党的指导思想以鲜明的时代精神，赋予党的宗旨以鲜明的时代内涵，赋予党的任务以鲜明的时代特征。"三个代表"重要思想具有坚实的理论基础、深刻的现实依据和鲜明的时代特色。

一　"三个代表"重要思想的理论基础

"三个代表"重要思想内在地贯穿着一个统一的理论基础，这就是马克思主义的唯物史观。"三个代表"坚持唯物史观，并在新的历史条件下丰富了唯物史观。

唯物史观不同于以往历史观的根本之点，就在于它揭示了生产力在社

---

① 《江泽民论有中国特色社会主义（专题摘编）》，中央文献出版社2002年版，第578页。

会发展中的决定作用，并把代表先进生产力和不断推进生产力的发展，作为马克思主义及其政党的重要历史使命。马克思在《资本论》中阐述其历史观的特征时曾指出，社会经济形态的发展是一种自然历史过程。这就是说，在马克思主义看来，人类社会的发展既不是按上帝的意志也不是按人们的主观意愿来进行的，它是一个按照内在的客观规律所支配的"自然历史过程"。可是，怎样才能充分认识社会发展的这个"自然历史过程"？列宁认为，只有把社会关系归结于生产关系，把生产关系归结于生产力的高度，才能有可靠的根据把社会形态的发展看作自然历史过程。不言而喻，没有这种观点，也就不会有社会科学。显然，生产力的发展是社会发展的根本因素和内容；抓住生产力，是打开社会发展奥秘的钥匙；代表先进生产力，不懈地推动生产力的发展，是马克思主义及其政党的基本任务，也是保持其先进性的根本标志。要求中国共产党始终代表"中国先进社会生产力的发展要求"，显然是坚持了唯物史观的根本原则并蕴含着对唯物史观基本原理的具体运用和丰富。江泽民十分鲜明地突出了"中国"和"先进社会生产力"这样两个特点。突出"中国"，表明所讲的生产力是中国这个特定国度中的生产力，其中包含着中国的具体的实际国情。突出"先进社会生产力"，表明所讲的生产力是当代社会的先进生产力，这包含着一个时代的尺度。这就要求中国共产党人务必要认清所处时代的全球局势、时代特征和中国国情，扎扎实实地、富有创造性地把中国的生产力提高到时代的先进水平，切实实现中华民族的伟大复兴。重视国情、重视时代尺度，是中国共产党能始终成为中国先进社会生产力发展要求的代表的关键。

唯物史观是一种坚持社会全面发展的历史观，它既承认生产力、经济基础的决定作用，同时又高度重视作为上层建筑的文化的作用。恩格斯为了维护唯物史观的社会全面发展的思想，曾一再猛烈抨击过那种曲解唯物史观、认为唯物史观只重视经济作用的错误观点。江泽民一贯重视社会的全面发展，重视在抓好经济建设的同时抓好文化建设。坚持物质文明建设和精神文明建设一齐抓，两手都要硬，已经成为江泽民理论和实践活动的突出特征和基本风格。江泽民把代表"中国先进文化的前进方向"作为一项重要的任务摆在全党面前，并把它与发展社会生产力相并列，进一步显示江泽民重视社会全面发展、重视文化的社会地位与作用的一贯思想。如此突出和阐发先进文化的地位与作用，在唯物史观发展史上还是第一次，在某种意义上讲，这是对唯物史观的重要发展。先进文化是人类文明进步的结晶。重视先进的高尚的理想、信念、价值观、人生观，重视群体和精神人格价值，是中国特色社会主义文化的突出标志，进一步讲，也是中国特色社会主义的突出标志，是中国文化不同于崇尚个体和金钱的西方文化的突出标志。当代人类正面临新科技革命、新经济革命、新生产方式革命和新生活方式革命，这将导致人类文明的转型。处在这样一个时代，重视先进文化的建设、重视人们心灵健康发展尤为重要。从这个角度看，江泽民关于代表"中国先进文化的前进方向"的思想，其历史意义十分深远，这是一个关系中华民族以何种面貌崛起于世界民族之林的大问题。

唯物史观一贯认为，历史的主人是广大人民群众。人民群众作为历史的主人，一方面表现为人民群众始终是创造历史的真正动力，同时又表现为人民群众应成为社会进步的最主要的受益者。马克思主义及其历史观具有鲜明的阶级性，它始终站在以无产阶级为首的广大人民群众立场上，这就进一步决定了马克思主义政党必定是最广大人民根本利益的忠实代表。江泽民再次强调中国共产党要始终成为中国最广大人民利益的忠实代表，体现的就是唯物史观的基本立场和根本原则。如果说重视生产力、重视文化，体现了一种社会发展观，那么重视广大人民群众的根本利益则进一步体现了一种社会发展的价值观。也就是说，发展生产力、发展文化的最终目的是为了实现广大人民群众的根本利益。当然，离开发展生产力和文化，为人民谋利益也就成了一句空话。邓小平曾提出，要以"人民拥护不拥护"、"人民高兴不高兴"、"人民赞成不赞成"、"人民答应不答应"为尺度来衡量工作的得失成败，江泽民提出的要始终成为"中国最广大人民的根本利益的忠实代表"，则是邓小平上述思想的进一步概括和发展。这就要求中国共产党人，不论做什么事情，始终不要忘记最广大人民的根本利益这个"本"。否则，就不是真正的马克思主义者，就不是真正的马克思主义政党。

二 "三个代表"重要思想的现实依据

"三个代表"重要思想产生于新旧世纪之交的重要关头，不仅有坚实的理论基础，而且具有深厚的现实根据，是当代中国改革开放伟大社会实践深入发展的必然结果，是建设中国特色社会主义伟大事业胜利前进及其内在规律的理论体现。

"三个代表"重要思想是中国社会主义初级阶段主要矛盾发展的客观要求和必然结果。从中共十三大到十四大以至十五大都明确指出和反复重申，中国现在处于并将长期处于社会主义初级阶段，这是中国的基本国情和最大的实际。而社会主义初级阶段的主要矛盾是人民日益增长的物质文化需要同落后的社会生产之间的矛盾，解决这一主要矛盾，就必须把发展生产力摆在首要位置，以经济建设为中心；就必须以是否有利于发展社会主义社会的生产力，是否有利于增强社会主义国家的综合国力，是否有利于提高人民物质生活水平，作为判断一切工作的是非得失的根本标准。江泽民"三个代表"重要思想，正是根据社会主义初级阶段这一最大实际和中国社会主要矛盾运动发展的基本态势，对解决这一主要矛盾而全面展开的改革开放和现代化建设的伟大实践所作的科学总结和理论升华。解决主要矛盾的根本途径和方法，就是以主要精力抓住主要矛盾的主要方面，即集中精力发展生产力，搞好经济建设。而要发展生产力，首要条件和根本保证就是作为执政党，作为发展生产力的领导力量，中国共产党必须是当代中国先进生产力的发展要求的忠实代表。所谓先进生产力就是以当代高新科技武装的高素质的劳动者为主体的生产力。改革开放和现代化建设20多年来，中国共产党的全部工作都是围绕这个中心而展开的。实践证明，在这方面取得了举世瞩目的巨大成就，从而为满足广大人民群众日益增长的物质文化需要提供了基本保证。

先进生产力发展的直接成果是满足人民需要的物质产品，同时也为满足人民文化需要的精神产品的生产奠定了基础。但是人民需要本身有一个质量和水平的问题，毫无疑问，人民所需要的是社会主义文化，而不是腐朽没落的封建主义、资本主义文化。满足人民的需要，生产出更多更好的精神文明成果，必须在党的领导下开展全民性的社会主义精神文明建设，这就要求中国共产党必须成为先进文化前进方向的忠实代表。先进生产力发展方向的代表是核心，是这个基础，但不是一切。必须围绕这个核心，在这个基础上成为先进文化前进方向的自觉代表，中国共产党才能全面履行自己的崇高使命和职责。

坚定不移地代表和维护广大人民群众的根本利益，是中国共产党确认和着力解决社会主要矛盾的出发点、立足点和最终归宿。首先，党确认和解决主要矛盾的出发点和目的，是不断满足人民日益增长的物质文化需要，这已被改革开放和现代化建设的历史所证明。其次，发展生产力必须立足于全心全意依靠广大人民群众，因为人民群众是生产力中最活跃最革命的主导因素，离开人民群众，发展生产力既不可能也没有意义。再次，就整个生产力发展的最终结果和归宿而言，广大劳动人民应是被满足其需要的最基本最主要的对象，是社会发展的最大受益者。否则，就违背了共产党的根本宗旨和建党原则。

"三个代表"重要思想是中国小康社会发展的客观要求。"进入新世纪，我国进入了全面建设小康社会，加快推进社会主义现代化的新的发展阶段。"① "三个代表"重要思想的提出正值中国社会主义现代化建设实施"三步走"的关键时刻。众所周知，现代化建设"三步走"的战略目标和步骤，是邓小平理论的重要内容。经过 20 多年的艰苦努力，中国基本走完了实现温饱和达到小康水平的前两步，在推进社会全面进步、满足人民不断增长的物质文化需要方面，取得了巨大成就。这主要表现在：综合国力显著增强，国民生产总值在世界排名第六；经济持续快速发展，呈现出高增长、低通胀的良好走势，主要工农业产品产量位居世界前列，国家储备大幅度增加；温饱问题基本解决，农业生产实现历史性跨越，人民生活大为改善；短缺经济根本扭转；交通运输全面发展；电信事业突飞猛进；科教兴国成效显著；各项社会事业全面进步；精神文明建设成绩突出。尽管如此，与发达国家相比，与世界现代化水准相比，都还存在着相当大的差距。据有关部门统计和测算，中国现代化水平在世界 120 个国家中排名第 66 位；在实现现代化的 10 项标准中，仅有 3 项达标。所以，中国现代化建设面临的任务仍将是异常艰巨而繁重的。在这样一个前提下，能否高举邓小平理论伟大旗帜，把建设中国特色社会主义伟大事业全面推向 21 世纪，能否实现经济、政治、文化协调发展和社会全面进步，能否在完成第二步战略目标的基础上，全面建成小康社会和实现社会主义现代化，关键在于能否坚持、加强和改善党的领导，使党保持先进性战

---

① 《江泽民论有中国特色社会主义（专题摘编）》，中央文献出版社 2002 年版，第 575 页。

斗力。

江泽民正是从这样的历史高度,从在新世纪实现新的战略目标,更好地满足和保障广大人民群众更高水平物质文化需要的高度,从全面推进党的建设新的伟大工程的高度,提出了"三个代表"重要思想这一指导新时期党的建设的伟大纲领。

三 "三个代表"重要思想的时代特色

不同的时代、不同的发展时期,会对党的建设提出不同的历史性课题。党的领袖集团和领袖人物的伟大作用,就在于对其面临的历史性课题适时地作出科学回答。江泽民"三个代表"重要思想,正是面对充满挑战和希望的21世纪,对中国共产党要把自己建设成一个什么样的党和怎样建设党这个关系到党和国家前途命运的重大历史课题,从根本上作出的进一步的科学回答。

当今世界,和平与发展已成为时代主题,但同时又在发生着前所未有的大变动、大转折。可以断言,不论是主题的进一步展开,还是大转折的进一步发展,都会给中国带来新的机遇和挑战。首先,在和平与发展成为时代主题的条件下,各国都在致力于自己的发展。综合国力的激烈竞争取代了往日的军备竞赛,国家间发展的不平衡性进一步加剧,国家、集团之间的排序与组合不断变化。这对中国既是一个巨大的压力和挑战,又是一个加速发展、改变落后状态的极好机遇。其次,苏联解体,"冷战"结束,世界格局多极化趋势不可逆转。多极化的主要表现是发展中国家的崛起和大国实力的均分,发展中国家的崛起是其重要特征。邓小平曾经说过,所谓多极,中国算一极。中国不要贬低自己,怎么样也算一极。在这个多极化世界中,排除了美国独霸的"单极世界",提高了中国作为政治大国的国际地位,增强了中国在国际社会的发言权,加大了中国在世界上的影响力,提供了中国谋求发展的各种机遇。但另一方面,在这个多极化的世界中,存在着作为世界唯一超级大国的美国与其他大国的矛盾、霸权主义与反霸权主义的矛盾,在两极格局下被掩盖的各种矛盾也逐渐显露,国际关系出现了新的分化组合,矛盾错综复杂,因而,又使中国面临诸多挑战。第三,在世界现代化的进程中,科技革命突飞猛进,经济全球化趋势加速发展,以高科技为支柱的知识正在成为最主要的生产要素,出现了知识经济，新的科技成果不断涌现，并迅速地商业化、产业化，极大地提高了社会劳动生产率，给发达国家带来了新的经济繁荣。这对科学技术相对落后的中国无疑是一种巨大的压力和强劲的挑战。但另一方面，科技革命、经济全球化作为世界经济发展的推动力，又有助于技术、资本和人力等生产要素跨国自由流动和优化配置，有利于中国从发达国家引进技术、资金、人才，学习借鉴其管理经验、经营方法，有利于中国扩大开放，加速发展，走向世界。面对以经济力、文化力、科技力、军事力、凝聚力为主要内容的综合国力的激烈的竞争态势，中国能否抓住机遇，经受住挑战，归根到底取决于处于国家领导核心地位的中国共产党，取决于共产党是否具有立于历史时代的制高点和世界潮流的前沿，带领中华民族跻身于世界强国之林的先进性、号召力、战斗力。针对这一新课题，江泽民从面向新世纪中国共产党所肩负的历史使命的高度，科学分析了加强新时期党的建设的重要性和紧迫性，明确提出了按照"三个代表"要求加强党的建设的目标任务，这是对马克思主义党建理论的重大发展，也是"三个代表"重要思想时代特色的重要体现。

当今世界从社会形态的构成布局看，又是社会主义与资本主义竞争共处的世界。20世纪80年代末，由于苏东剧变而导致的世界社会主义运动的大曲折，给中国共产党提出了一个亟待解决的重大课题，即如何吸取苏东社会主义国家共产党丧失执政地位的惨痛教训，并在与资本主义竞争共处中逐步取得优势地位。以江泽民为核心的中共第三代中央领导集体，以邓小平理论为指导，在对20世纪社会主义运动错综复杂、变化深刻的历史现象进行深入研究的基础上，断定教训是多方面的，但最主要最根本的是这些国家的共产党在自身建设上出了问题，丧失了党的先进性，忘记了广大人民群众的根本利益，尤其没能按先进社会生产力的要求来发展经济，致使生产停滞，人民生活水平下降，从而对共产党失去信任，对社会主义失掉信心。正如邓小平所分析过的，世界上有些国家发生问题，从根本上说，都是因为经济上不去，没有饭吃，没有衣穿，工资增长被通货膨胀抵消，生活水平下降，长期过紧日子。中国能不能顶住霸权主义、强权政治的压力，坚持社会主义制度，关键就是能不能争得较快的增长速度，实现自己的发展战略。而实现发展战略，核心问题是党。因此必须把中国共产党建设成为领导全国人民进行物质文明和精神文明建设的坚强核心。

出于这样一种思考，江泽民在中共十五大报告中发出了实施党的建设新的伟大工程的号召，接着又在全党开展了以"讲学习、讲政治、讲正气"为主要内容的党性教育，并根据中国共产党 80 年历史经验的总结，把新时期的党性和党的先进性作为从严治党的关键环节，及时深刻地指出，只要中国共产党始终成为中国先进社会生产力的发展要求、中国先进文化的前进方向、中国最广大人民根本利益的忠实代表，就能永远立于不败之地，永远得到全国各族人民衷心拥护并带领人民不断前进。由此可见，江泽民"三个代表"重要思想，是针对国际社会主义大曲折向社会主义国家的共产党提出的如何巩固执政地位这一重大课题，适应党的建设新伟大工程的需要而提出的跨世纪治党治国方略。这是"三个代表"时代特色的又一重要体现。

需要着重指出的是，对于"三个代表"的重要思想，无论是深入学习研究，还是认真贯彻落实，都必须从唯物史观的高度认识其理论基础为前提；都必须以植根于社会主义初级阶段，从基本国情、主要矛盾、发展战略的高度理解其现实依据为前提；都必须以立足于"和平与发展"两大主题，从世界历史发展高度审视其时代特色为前提。唯其如此，才能真正掌握"三个代表"的精神实质，才能进一步弄懂为什么说它是中国共产党的"立党之本、执政之基、力量之源"。

第二节 "三个代表"重要思想的科学内涵及根本要求

"三个代表"重要思想内涵丰富，博大精深。它是围绕党的建设的根本问题，立足于时代变化对中国共产党提出的新要求，结合马克思主义唯物史观的基本原理，面对新世纪形成的重大理论创新。

一 "三个代表"的科学内涵

江泽民认为："我们党所以赢得人民的拥护，是因为我们党在革命、建设、改革的各个历史时期，总是代表着中国先进生产力的发展要求，代表着中国先进文化的前进方向，代表着中国最广大人民的根本利益，并通过制定正确的路线方针政策，为实现国家和人民的根本利益，而不懈奋斗。"① 这一论断,全面揭示了"三个代表"重要思想的基本内容。

中国共产党要始终代表中国先进生产力的发展要求。江泽民指出:"我们党要始终代表中国先进生产力的发展要求,就是党的理论、路线、纲领、方针、政策和各项工作,必须努力符合生产力发展的规律,体现不断推动社会生产力的解放和发展的要求,尤其要体现推动先进生产力发展的要求,通过发展生产力不断提高人民群众的生活水平。"② 这对什么是先进生产力,什么是先进生产力的发展要求,共产党为什么要代表和怎样体现先进生产力发展的要求等问题,都作出了科学而明确的回答。科学技术是第一生产力,而且是先进生产力的集中体现和主要标志。这种先进生产力的发展,要求必须不断地使生产关系、上层建筑与先进生产力的解放和发展相适应,即党的理论、路线、纲领、方针、政策和各项工作,必须努力符合生产力发展规律,体现不断推动先进生产力解放和发展的要求。首先,要努力使上层建筑和生产关系与社会生产力尤其是先进生产力的解放和发展相适应。其次,人是生产力中最具有决定性的力量,包括知识分子在内的中国工人阶级,是推动中国先进生产力发展的重要力量;中国农民阶级和其他劳动群众,同工人阶级紧密团结,是推动中国社会生产力发展的重要力量。不断提高工人、农民、知识分子和其他劳动群众以及全体人民的思想道德素质和科学文化素质,不断提高他们的劳动技能和创造才能,充分发挥他们的积极性、主动性、创造性,始终是中国共产党代表中国先进生产力发展要求必须履行的第一要务。再次,科学技术是第一生产力,而且是先进生产力的集中体现和主要标志。科学技术的突飞猛进,给世界生产力和人类社会发展带来了极大的推动。未来的科技发展还将产生新的重大飞跃。必须敏锐地把握这个客观趋势,始终注意把发挥中国社会主义制度的优越性,同掌握、运用和发展先进的科学技术紧密地结合起来,大力推动科技进步和创新,不断用先进科技改造和提高国民经济,努力实现中国生产力发展的跨越。这是中国共产党代表中国先进生产力发展要求必须履行的重要职责。总之,"敏锐地把握我国社会生产力的发展趋势和要求,坚持以经济建设为中心通过制定和实施正确的路线方针政策,

---

① 《论"三个代表"》,中央文献出版社2001年版,第2页。
② 《江泽民论有中国特色社会主义(专题摘编)》,中央文献出版社2002年版,第580页。

采取切实的工作步骤，不断促进先进生产力的发展，这是我们党始终站在时代前列，保持先进性的根本体现和根本要求。"①

中国共产党要始终代表中国先进文化的前进方向。江泽民指出："我们党要始终代表中国先进文化的前进方向，就是党的理论、路线、纲领、方针、政策和各项工作，必须努力体现发展面向现代化、面向世界、面向未来的，民族的科学的大众的社会主义文化的要求，促进全民族思想道德素质和科学文化素质的不断提高，为我国经济发展和社会进步提供精神动力和智力支持。"② 这就回答了什么是中国先进文化，什么是中国先进文化的前进方向，党怎样体现先进文化的前进方向等问题。所谓中国的先进文化就是指中国特色社会主义文化。在当代中国，发展先进文化，就是建设中国特色社会主义精神文明。先进文化的前进方向，是指马克思主义指引的文化发展的方向，即努力体现发展面向现代化、面向世界、面向未来的，民族的、科学的、大众的社会主义文化的要求。共产党要想始终代表先进文化的前进方向，第一，必须"牢牢把握中国先进文化的发展趋势和要求，坚持以马克思列宁主义、毛泽东思想、邓小平理论为指导，立足于建设有中国特色社会主义的实践，着眼于世界科学文化发展的前沿，不断发展健康向上、丰富多彩的，具有中国风格、中国特色的社会主义文化，满足人民群众日益增长的精神文化需求，引导广大人民群众从思想精神上正确武装和不断提高起来。这也是我们党始终站在时代前列，保持先进性的根本体现和根本要求。"③ 第二，必须加强社会主义思想道德建设和"四有"新人的培养。第三，必须不断巩固和加强社会主义文化在中国的主导地位，努力改造落后文化，有效防止和坚决抵制腐朽文化以及各种错误思想观点对人们的侵蚀，逐步缩小和剔除它们借以滋生的土壤。

中国共产党要始终代表中国最广大人民的根本利益。江泽民认为："我们党要始终代表中国最广大人民的根本利益，就是党的理论、路线、纲领、方针、政策和各项工作，必须坚持把人民的根本利益作为出发点和归宿，充分发挥人民群众的积极性主动性创造性，在社会不断发展进步的

---

① 《江泽民论有中国特色社会主义（专题摘编）》，中央文献出版社2002年版，第580页。
② 同上。
③ 同上书，第580～581页。

基础上，使人民群众不断获得切实的经济、政治、文化利益。"① 这对什么是人民的根本利益，党为什么和怎样代表人民的根本利益等问题，都作了科学而具体的回答。新时期人民群众的根本利益，集中体现在经济利益、政治利益、文化利益三个方面。经济利益是指人民在吃、穿、住、行、用，社会保障体系，医疗卫生条件等物质需求方面的权利。政治利益是指人民在民主选举、民主决策、民主管理、民主监督方面的权利和利益。文化利益，是指人民在享受教育、文化成果、精神产品等方面的权利和利益。共产党之所以要始终代表最广大人民的根本利益，是因为，最大多数人的利益是最紧要最具有决定性的因素。能否首先考虑并满足最大多数人的利益要求，"始终关系到党执政的全局，关系国家经济政治文化发展的全局，关系全国各族人民的团结和社会安定的全局。"② 关于怎样代表最广大人民的根本利益，江泽民指出，第一，全心全意为人民服务，立党为公，执政为民，是中国共产党同一切剥削阶级政党的根本区别。任何时候都必须坚持尊重社会发展规律与尊重人民历史主体地位的一致性，坚持为崇高理想奋斗与为最广大人民谋利益的一致性，坚持完成党的各项工作与实现人民利益的一致性。第二，坚持以历史唯物主义为指导，坚持人民的利益高于一切。党除了最广大人民的利益，没有自己的特殊利益。党的一切工作，必须以最广大人民的根本利益为最高标准，始终坚持一切为了群众，一切依靠群众的根本观点，始终坚持党的群众路线，使各项决策和工作符合实际和群众要求。只有把关心群众、服务群众的工作切实做好了，中国共产党才能始终保持与人民群众的血肉联系，才能无往不胜。

二 "三个代表"重要思想的根本要求

江泽民指出："贯彻'三个代表'重要思想，关键在坚持与时俱进，核心在坚持党的先进性，本质在坚持执政为民。全党同志要牢牢把握这个根本要求，不断增强贯彻'三个代表'重要思想的自觉性和坚定性。"③ 这一论述高屋建瓴，思想深刻，精辟地阐明了贯彻"三个代表"要求的

---

① 《江泽民论有中国特色社会主义（专题摘编）》，中央文献出版社2002年版，第581页。
② 同上。
③ 《人民日报》2002年6月1日。

关键、核心和本质问题。

关键在坚持与时俱进。时代潮流,浩浩荡荡,顺之则存,逆之则亡。人类发展的历史表明,一个阶级、一个政党、一个集团,能否始终保持自己的生命活力,成为时代的先行者,成为推动历史发展的进步力量,归根到底,在于能否与时代发展的方向和趋势相吻合,始终走在时代潮流的前列。坚持与时代同行,就能够朝气蓬勃,兴旺发达;如果落后于时代,停滞僵化,就迟早要被历史淘汰。因此,与时俱进、开拓创新,紧跟世界进步潮流,走在时代前列,这是新时期加强党的建设,全面贯彻"三个代表"的关键。江泽民认为:"与时俱进,就是党的全部理论和工作要体现时代性,把握规律性,富于创造性。能否始终做到这一点,决定着党和国家的前途和命运。"① 中国共产党在80多年的历程中,之所以能创造出辉煌的业绩,之所以能够成为中华民族的中流砥柱,经受住各种考验,归根到底,就在于从总体上来说,能够始终走在时代前列,保持自己先进的性质、地位和作用。因此,中国共产党要保持生命活力,把党建设成为经得起任何风险和考验的党,更好地发挥建设中国特色社会主义领导核心的作用,就必须紧紧把握时代的脉搏,深刻认识时代进步的方向,永远走在时代发展的前列。坚持与时俱进,揭示了贯彻"三个代表"重要思想,使党的理论和党的领导保持先进性的根本途径。先进生产力的发展要求,先进文化的前进方向,最广大人民的根本利益,在革命、建设和改革的不同历史阶段是不断发展变化的,永远不会停止在一个水平上。因此,党要真正成为名副其实的"三个代表",就必须有所发展,有所发明,有所前进。从这个意义上说,"三个代表"重要思想既是与时俱进的产物,又是指导党的工作、党的建设与时俱进的武器,同时还是检验党的工作、党的建设与时俱进的标准。只有紧紧抓住与时俱进这个关键,才能深刻理解"三个代表"、自觉践行"三个代表"、坚定维护"三个代表"。

核心在坚持党的先进性。先进性是工人阶级先锋队的本质体现。中国工人阶级是近代以来中国社会发展特别是社会化大生产发展的产物,具有严格的组织性纪律性和革命的坚定性彻底性品格,始终是推动中国先进生

---

① 江泽民:《全面建设小康社会,开创中国特色社会主义事业新局面》,人民出版社2002年版,第12页。

产力发展的根本力量。中国共产党作为中国工人阶级的先锋队，作为中国人民和中华民族的先锋队，其先进性始终以工人阶级的先进性为坚实基础。新中国成立后，工人阶级不断扩大队伍，思想道德素质和科学文化素质日益提高，工人阶级的先进性在发展，党的阶级基础在不断增强。这些，都为保持党的先进性创造了十分重要的条件。从最直接的意义上说，"三个代表"重要思想的核心是着眼于永葆党的先进性的。坚持党的先进性，从来就是党能不能生存和发展的根本条件。一个政党为了保证自己的生存和发展，可以拥有各种各样的手段和条件，归根到底靠的是党本身的理论和实践的先进性。如果失去了自身的先进性，不论叫什么名称，也不论拥有何等强大的手段，终归站不住脚，终归要失败。先进性不是一成不变和一劳永逸的。一个政党特别是像中国共产党这样一个有着 80 多年历史和 6 300 多万党员的老党、大党，要在不同的历史发展阶段上始终保持先进性，并非易事。这里的关键在审时度势，与时俱进。说贯彻"三个代表"重要思想要求核心在坚持党的先进性，就在于它是一种先进的执政理念，着重回答了在长期执政条件下什么是党的先进性，如何才能坚持这种先进性的问题。在新世纪、新阶段，在全面建设小康社会、实现中华民族伟大复兴的历史任务面前，党的先进性，共产党员的先进性的内容、标准应当增添新的时代内涵。如果不同先进的执政理念、执政能力相联系，不同先进生产力、先进文化和最广大人民的根本利益相联系，党的先进性就无从谈起，党的执政地位就无从巩固。在新的世纪，只要按照"三个代表"要求不断加强和改进党的建设，不断开创社会主义建设的新局面，中国共产党就一定能够走在时代的前列，保持先进性，始终成为中国工人阶级先锋队，同时也始终成为中国人民和中华民族的先锋队。

  本质在坚持执政为民。全心全意为人民服务，立党为公，执政为民，是中国共产党同一切剥削阶级政党的根本区别，也是贯彻"三个代表"要求的本质所在。中国共产党做到代表中国先进性生产力发展的要求，代表中国先进文化的前进方向，最终也是做到代表中国最广大人民的根本利益。中国共产党坚持与时俱进，保持党的先进性，本质上都是为了为人民掌好权用好权，更好地为人民服务，更好地为人民谋利益。本质在坚持执政为民揭示了"三个代表"重要思想的出发点和归宿，就是要求党的全部理论和全部工作，要始终以最广大人民群众的支持和拥护为最高标准，始终体现广大人民群众的意志和利益,始终依靠人民群众的智慧和力量,始终与人民群众同呼吸、共命运、心连心。"三个代表"重要思想警示和告诫全党:中国共产党的最大政治优势是密切联系群众,党执政的最大危险是脱离群众,最容易犯的错误是以权谋私,与民争利;最容易失去民心的行为是形成所谓"既得利益集团",以至腐败堕落。不从根本上解决立党为公、执政为民的问题,就会影响民心向背,影响政权性质,危及执政地位,就有人亡政息的危险。

关键在坚持与时俱进,核心在坚持党的先进性,本质在坚持执政为民,这三句话是"三个代表"科学内涵的精神实质,是贯彻落实"三个代表"重要思想的根本要求,正确把握这一精神实质,才能真正做到理论上十分清醒,政治上十分坚定,行动上十分自觉。

第三节　按照"三个代表"的要求加强党的建设

江泽民在中共十六大报告中指出:"在我们这样一个多民族的发展中大国,要把全体人民的意志和力量凝聚起来,全面建设小康社会,加快推进社会主义现代化,必须毫不放松地加强和改善党的领导,全面推进党的建设新的伟大工程。"① 围绕党的建设,江泽民提出的一系列任务和措施,反映了时代发展的要求,符合党的建设的实际,为按照"三个代表"要求全面推进党的建设新的伟大工程指明了方向。

一　以改革的精神推进党的建设

江泽民指出:"坚持用时代发展的要求审视自己,以改革的精神加强和完善自己,这是我们党始终保持马克思主义政党本色,永不脱离群众和具有蓬勃活力的根本保证。"② 这个新论断为在新世纪加强和改进中国共产党的自身建设指明了基本途径和思路。

之所以要以改革的精神推进党的建设,这是因为,中国共产党是一个

---

① 江泽民:《全面建设小康社会,开创中国特色社会主义事业新局面》,人民出版社2002年版,第49页。

② 同上书,第17页。

追新求变的党。中国共产党肩负着执政兴国的重任，承担着建设中国特色社会主义、实现中华民族伟大历史复兴的使命。这一目标任务要求中国共产党必须始终坚持与时俱进，在和时代进步的合拍中确定科学的政治路线、思想路线、组织路线，这样才能保证自己领导的科学性与先进性，从而在历史的发展中实现自己的目标。之所以要以改革的精神推进党的建设，这是改革的时代对党提出的新要求。当今时代是改革的时代，中国社会主义建设，处于改革的过程之中。在改革推进中，不能不触及到党的领导方式、执政方式，触及到党的成员的思想观念。因此，和时代的发展相顺应，必须通过党的建设的改善，以使党在时代的进步中保持自己的战斗力。之所以要以改革的精神推进党的建设，也是同社会主义的命运紧密相连的。面对党的建设的新情况新问题，如果缺乏改革精神，就不能有效改善和加强党的建设，就没有社会主义中国的前途。因此，必须发扬党的优良传统，紧密结合新的实际，把握当代中国社会前进的脉搏，改革和完善党的领导方式和执政方式、领导体制和工作机制，全面加强党的建设，永葆党的生机和活力。

经过80多年发展，中国共产党已经从一个领导人民为夺取全国政权而奋斗的党，成为一个领导人民掌握着全国政权并长期执政的党；已经从一个在受到外部封锁的状态下领导国家建设的党，成为在全面改革开放条件下领导国家建设的党。随着党和国家事业的发展，党的队伍发生了很大变化，新党员数量大幅度增加，干部队伍新老交替不断进行，一大批年轻干部走上领导岗位。这既给党的发展带来了新的活力，也使教育管理党员、干部的任务比以往任何时候都更加艰巨，同时，党的建设还存在许多同新形势新任务不相适应的地方，特别是要面对着进一步提高党的执政能力和领导水平，提高拒腐防变和抵御风险能力，以及其他需要研究和解决的问题。按照"三个代表"的要求，坚持从新的实际出发，以改革的精神研究和解决党的建设面临的重大理论和现实问题，使党始终保持先进性和纯洁性，充满创造力、凝聚力和战斗力，也就成为党的建设的当务之急。

以改革的精神推进党的建设，必须坚持民主集中制，建立健全科学的领导体制和工作机制，充分发扬党内民主，坚决维护党的集中统一，保持并不断增强党的活力。民主集中制是中国共产党的根本组织制度和领导制度。坚持和完善民主集中制的基本要求和目标，就是要努力在全党造成又有集中又有民主、又有纪律又有自由、又有统一意志又有个人心情舒畅、生动活泼的政治局面。充分发挥广大党员和各级党组织的积极性、主动性、创造性，是党的事业兴旺发达的重要保证。要切实保证党员的民主权利，拓宽党内民主渠道，加强党员对党内事务的了解和参与。通过发展党内民主，积极推动人民民主的进程。要进一步加强和完善党的领导体制，改进党的领导和执政方式，既保证党委的领导核心作用，又充分发挥人大、政府、政协以及人民团体和其他方面的职能作用。把坚持党的领导同发扬人民民主、严格依法办事、尊重客观规律有机地统一起来。要进一步完善民主集中制的各项制度，进一步完善党的领导制度和工作机制，从制度体系上保证民主集中制的正确执行。

以改革的精神推进党的建设，必须全面贯彻干部队伍革命化、年轻化、知识化、专业化的方针和德才兼备的原则，深化干部人事制度改革，努力建设一支高素质的、能担当重任、经得起风浪考验的干部队伍。政治路线确定之后，干部就是决定的因素。中国的社会主义事业能不能巩固和发展下去，中国能不能在激烈的国际竞争中保持强盛不衰，关键看能不能不断培养一大批高素质的领导人才。要坚持党管干部的原则，改进干部管理方法，加快干部人事制度改革，努力推进干部工作的科学化、民主化、制度化。坚持扩大干部中的民主、落实群众对干部选拔任用的知情权、参与权、选举权和监督权。坚持公开、平等、竞争、择优的原则，积极推行公开选拔、竞争上岗等措施，促进干部奋发工作、能上能下。加强对干部选拔任用工作的监督，完善干部考核制度和方法。坚决纠正用人上的不正之风。要加强对年轻干部的培养，抓紧做好培养、吸引和用好各方面人才的工作，努力开创人才辈出的局面。

以改革的精神推进党的建设，必须坚持党要管党，从严治党的方针。党的组织对党员干部要严格要求、严格教育、严格管理、严格监督，坚决克服党内存在的消极腐败现象。党要管党、从严治党，是保持党的先进性和纯洁性，巩固党的执政地位的重要保证。治国必先治党，治党务必从严。要全面加强党的思想作风、学风、工作作风、领导作风和干部生活作风建设。要结合新的实际，努力发扬党的队伍理论联系实际、密切联系群众、批评和自我批评的优良作风，同时要总结新的实践经验，努力培育新的作风。要从党和国家生死存亡的高度，认识反腐倡廉工作的重要意义，把党风廉政建设和反腐败斗争进行到底。要从思想上筑牢拒腐防变的堤防，同时通过体制创新努力铲除腐败现象滋生的土壤和条件，加大从源头上预防和解决腐败问题的力度。以党风廉政建设的实际成果取信于人民，保持与人民群众的血肉联系，这是中国共产党立足于不败之地的重要保证。

二　加强和改进党的思想、组织、作风建设

江泽民认为，在中国共产党的自身建设中，"一定要把思想建设、组织建设和作风建设有机结合起来，把制度建设贯穿其中，既立足于做好经常性工作，又要抓紧解决存在的突出问题"。① 按照"三个代表"的要求，加强和改进党的思想、组织、作风建设，才能使党始终保持先进性和纯洁性，充满创造力、凝聚力和战斗力。

思想建设是党的建设的基础。党在思想理论上的提高，是党和国家事业不断发展的思想保证。重视在思想上建党，是中国共产党的一条重要经验。每当事业发展的重要关头，中国共产党都注重首先抓好思想理论建设，坚持用马克思主义理论教育和武装全体党员，统一全党的思想。中共十一届三中全会以来，邓小平多次强调，党的各级干部，首先是党的领导干部，要重视马克思主义理论的学习，从而加强工作中的原则性、系统性、预见性和创造性。加强党的思想建设，根本的是坚定不移地用马列主义、毛泽东思想特别是邓小平理论武装全党。中国共产党80多年的历史经验还表明，注重理论创新，是党的事业前进的重要保证。进行理论创新，必须坚持两个基本要求：一是必须坚持马克思主义的立场、观点和方法，坚持马克思主义的基本理论。这一点要坚定不移，不能含糊。二是一定要贯彻解放思想、实事求是，与时俱进的思想路线，坚持勇于追求真理和探索真理的革命精神。这一点也要坚定不移，不能含糊。这两个"坚定不移、不能含糊"，始终是考验人们是不是真正的马克思主义者的试金石。坚持解放思想，实事求是，与时俱进的思想路线，首先要解决正确对待马克思主义的问题。共产党人对马克思主义的基本理论在任何时候都要坚持，一切否定和放弃马克思主义的言行都是错误的，都必须坚决反对。

---

① 江泽民：《全面建设小康社会，开创中国特色社会主义事业新局面》，人民出版社2002年版，第50页。

但是，坚持马克思主义，绝不能采取教条主义、本本主义的态度，而应采取实事求是、与时俱进的科学态度。要根据时代发展和实践要求坚持马克思主义，同时又在时代发展和实践检验中丰富和发展马克思主义。要通过加强党的思想建设，使全党更加自觉地坚持解放思想、实事求是、与时俱进的思想路线，大力发扬求真务实、勇于创新的精神，创造性地推进党和国家的各项工作。要立足于新的实践，把握时代特点，运用马克思主义基本理论研究现实中的重要问题，不断深化对共产党执政的规律、对社会主义建设的规律、对人类社会发展的规律的认识，不断吸取一切科学的新经验、新思想、新成果，为丰富和发展马克思主义作出新的贡献。历史进入21世纪，对于在中国这样一个大国执政的党来说，坚持用马克思列宁主义、毛泽东思想和邓小平理论武装全党，用"三个代表"重要思想武装全党，意义重大。党的干部特别是高中级干部应带头学习和实践"三个代表"重要思想，成为勤奋学习、善于思考的模范，解放思想、与时俱进的模范，勇于实践、锐意创新的模范。

党的组织建设的根本要求，就是把党的各级组织建设成坚强的领导核心，充分发扬党的组织优势。邓小平以战略家的眼光，从保证党在新时期政治路线的贯彻执行的高度，提出和解决组织路线、干部问题。他强调："中国的事情能不能办好，社会主义和改革开放能不能坚持，经济能不能快一点发展起来，国家能不能长治久安，从一定意义上说，关键在人。"①贯彻"三个代表"要求，必须努力建设一支高素质的能够担当重任的经得起风浪考验的干部队伍。江泽民指出："历史和现实都表明，一个政党，一个国家，能不能不断培养出优秀的领导人才，在很大程度上决定着这个政党、这个国家的兴衰存亡。"② 要通过加快干部人事制度改革步伐，抓紧做好培养、吸收和用好各方面人才的工作。进一步在全党形成尊重知识、尊重人才，促进优秀人才脱颖而出的良好风气。领导干部要有识人的慧眼，用人的气魄、爱才的感情、聚才的方法，知人善任，广纳群贤，努力开创人才辈出的局面。正如江泽民所指出的，要"以提高素质、优化结构、改进作风和增强团结为重点，把各级领导班子建设成为坚决贯彻

---

① 《邓小平文选》第3卷，人民出版社1993年版，第380页。
② 《论"三个代表"》，中央文献出版社2001年版，第31页。

'三个代表'重要思想的坚强领导集体。必须不断培养和造就中国特色社会主义事业的接班人,确保党和人民的事业后继有人。"① 党的基层组织是党的全部工作和战斗力的基础。加强党的组织建设,必须把"三个代表"的要求贯彻落实到党的基层组织建设的各项工作中去。党的基层组织担负着直接联系群众、宣传群众、组织群众、团结群众,把党的路线、方针、政策落实到基层的重要责任。随着多种经济成分的发展,利益关系调整和经营形式的多样化,新的经济组织和社会组织的增加,劳动力的大规模的流动,党的基层组织建设面临着许多新情况新问题。要适应新形势新任务的要求,不断加强和改进基层党组织建设,防止发现"基础不牢,地动山摇"的情况。中共十五大指出:"加强和改进党的基层组织建设,要围绕党的基本路线,为党的中心任务服务;用改革的精神研究新情况、新问题,改进工作方法、工作作风和活动方式;认真做好对党员的教育、管理和监督,增强解决自身矛盾的能力。党的基层组织都要从各自的特点出发,认真履行党章规定的职责,努力成为贯彻党的路线方针政策、团结和带领群众完成本单位任务的坚强战斗堡垒。"② 遵循这一指导方针,要以企业、农村和街道社区为重点,提高基层党组织的凝聚力和战斗力,不断改进基层组织的工作内容、活动方式和设置形式。同时,必须适应新形势,抓紧在非公有制经济组织和其他新的经济、社会组织中党的工作,加强党的建设。这是中国共产党确立和巩固社会主义初级阶段基本经济制度、引导非公有制经济健康发展的需要,也是加强党同在非公有制企业劳动的广大职工群众的联系、巩固党在新形势下执政的阶级基础和群众基础的需要。要在具备条件的非公有制经济组织中建立党组织,使之在企业职工中发挥政治核心作用。同时,由于改革开放过程中出现了一些新的社会阶层,他们也是中国特色社会主义事业的建设者,应该把他们中那些承认党的纲领和章程,自觉为党的路线和纲领而奋斗,经过长期考验、符合党员条件的优秀分子吸收到党内来,不断提高他们的思想政治觉悟。这样有利于壮大党的队伍,保持党的先进性;有利于增强党在社会的影响力,巩

---

① 江泽民:《全面建设小康社会,开创中国特色社会主义事业新局面》,人民出版社2002年版,第53页。

② 《高举邓小平理论伟大旗帜,把建设有中国特色社会主义事业全面推向21世纪》,人民出版社1997年版,第49页。

固党的执政地位；有利于充分调动社会各方面的积极因素，更好地推进建设中国特色社会主义伟大事业。

执政党的作风，关系党的形象，关系人心向背，关系党和国家的生死存亡。中国共产党的作风建设是党的建设的重要组成部分，与党的思想建设、组织建设等是相互联系、相互促进的。抓住作风建设，就抓住了新形势下全面推进党的建设一个十分重要的环节，抓住了提高党的领导水平和执政水平、拒腐防变和抵御风险能力的一个十分重要的切入点。党的作风建设既是一项长期而艰巨的任务，又是一项现实而紧迫的工作。中共十五届六中全会指出，在新的发展阶段，加强和改进党的作风建设的指导思想和具体要求是：坚持马克思主义、毛泽东思想、邓小平理论的指导，按照"三个代表"重要思想要求，紧紧围绕经济建设这个中心和改革发展稳定的大局，坚持党要管党、从严治党，以进一步密切党同人民群众的联系为核心，以保持党的先进性、纯洁性和增强党的创造力、凝聚力、战斗力为目标，发扬优良传统，加强思想教育，推进制度建设，解决突出问题，努力把党的作风建设提高到一个新水平。在党的作风建设上，一定要抓住保持党同人民群众血肉联系这个核心问题。马克思主义执政党的最大危险就是脱离群众。现阶段，党的作风方面存在的种种问题，归根到底都是脱离群众。人民是党的力量源泉和胜利之本，失去了人民群众的拥护和支持，党的事业和一切工作就无从谈起。党要经受住长期执政、改革开放和发展社会主义市场经济的考验，就必须密切联系群众。在任何时候任何情况下，与人民群众同呼吸共命运的立场不能变，全心全意为人民服务的宗旨不能忘，坚信群众是真正英雄的历史唯物主义观点不能丢。

在新的历史条件下，按照"三个代表"。要求加强和改进党的建设，正如江泽民所指出的："要紧密结合国内外形势的变化，紧密结合我国社会生产力的最新发展和经济体制深刻变化的实际，紧密结合人民群众对物质文化生活提出的新的要求，紧密结合我们党员干部队伍出现的新情况新变化，抓住那些加强改进党的建设必须研究解决的重大理论和现实问题，进行深入的思考和调研，努力从理论和实践的结合上寻找正确解决问题的答案。"[①]

---

① 《论"三个代表"》，中央文献出版社2001年版，第26页。

三 加强党的执政能力建设，提高党的领导水平和执政水平

江泽民指出："面对执政条件和社会环境的深刻变化，各级党委和领导干部要不辱使命，不负重托，就要适应新形势新任务的要求，在实践中掌握新知识、积累新经验、增长新本领。"① 把加强中国共产党的执政能力建设，提高党的领导水平和执政水平作为新世纪、新阶段党的建设的重要内容，是客观形势对党的建设提出的新要求，是新时期党的建设理想的新发展。

办好中国的事情，关键取决于中国共产党。不仅取决于党的正确的理论路线方针政策，也取决于各级党组织贯彻实施党的理论路线方针政策的能力和水平，也就是说，取决于党的领导水平和执政水平。中国共产党处在执政地位，肩负着重大的领导责任，要把中国这样一个有13亿人口的发展中大国领导好，必须不断提高自身的领导水平和执政水平。改革开放以来，中国的经济体制、经济运行方式、社会组织形式以及群众生产生活方式等都发生了深刻的变化，而且这些方面的变化还会随着改革深化进一步展开。根据实践的发展变化提出的要求，不断提高党的领导水平和执政水平，是一项长期的艰巨的任务。党和国家的各项工作能否做好，能否在激烈的国际竞争中始终掌握主动，中国特色社会主义事业最终能否成功，很大程度上取决于中国共产党的领导水平和执政水平。

采取正确的领导方式和领导方法，是中国共产党作为马克思主义政党，作为带领人民紧跟时代潮流、不断开拓进取的执政党，必须具备的素质。改革开放以来，中国共产党继承和发扬它在长期实践中形成的行之有效的领导方式和领导方法，同时不断根据实践的发展改革创新，完善党的领导方式和领导方法。建立社会主义市场经济体制，使市场在资源配置中发挥基础性的作用，强调按照经济发展的客观规律开展经济建设，强调遵循国际通行的经济规则开展对外经济技术合作和交流，强调党委要发挥总揽全局、协调各方的作用，推进决策的科学化、民主化，实施依法治国方针，要求把依法治国和以德治国结合起来，这一切，都包含着改革和完善

---

① 江泽民：《全面建设小康社会，开创中国特色社会主义事业新局面》，人民出版社2002年版，第51页。

党的领导方式和领导方法的意义在内。进入新世纪，面对新形势、新任务，如何进一步改进党的领导方式和领导方法，实现领导方式和领导方法的创新，是中国共产党在自身建设中面临的一个重大问题。对那些不适应新形势新任务、不符合人民群众利益的领导方式和领导方法，必须尽快改进和纠正。时代在前进，事业在发展，如果不善于创新，仍然沿用旧办法，老手段，中国共产党就有被淘汰的危险。

党的领导方式和执政能力，主要体现在制定和实行正确的理论、路线、方针和政策上，也具体体现在各级党委和党的领导干部积极贯彻党的路线方针政策，善于驾驭和处理各种矛盾的能力方面。能否把党的理论、方针、路线运用好贯彻好，把中央的重大决策落实好，推动改革和建设事业不断向前发展，关键在于各级领导干部的素质和能力。改革进入攻坚阶段，经济和社会生活中一些深层次的矛盾凸显出来，对于各级干部的理论水平、政策水平和工作水平，都提出了新的更高要求。国际上综合国力的竞争，从一定意义上说，也是人才的竞争，是领导素质和能力的竞争。各级领导干部要结合新形势提出的新要求，提高执政能力和领导水平。

提高领导水平和执政水平，关键是要提高执政能力，提高党的执政能力主要表现为以下几个方面：一是以宽广的眼界观察世界，正确把握时代发展的要求，善于进行理论思维和战略思维，不断提高科学判断形势的能力；二是坚持按照客观规律和科学规律办事，及时研究解决改革和建设中的新情况新问题，善于抓住机遇加快发展，不断提高驾驭市场经济的能力；三是正确认识和处理各种社会矛盾，善于协调不同利益关系和克服各种困难，不断提高应对复杂局面的能力；四是增强法制观念，不断提高依法执政的能力；五是立足于全党全国工作大局，坚定不移地贯彻党的路线、方针政策，善于结合实际创造性地开展工作，不断提高总揽全局的能力。

总之，要通过锲而不舍的努力，在"三个代表"重要思想指导下，加强和改进党的建设，以"使我们党在世界形势深刻变化的历史进程中始终走在时代前列，在应对国内外各种风险考验的历史进程中始终成为全国人民的主心骨，在建设有中国特色社会主义的历史进程中始终成为坚强的领导核心。"[①]

---

① 《江泽民论有中国特色社会主义（专题摘编）》，中央文献出版社2002年版，第574页。

第十四章 时代主题与国际战略

邓小平作为中共第二代领导集体的核心，是当代中国改革开放的总设计师，同时又是伟大的外交家和国际战略家。对中国外交和国际战略问题的高度关注和系统思考，特别是改革开放以来关于国际战略问题的科学论述，是邓小平理论体系中举足轻重的组成部分。20世纪90年代以来，以江泽民为核心的中共第三代领导集体从理论与实践的结合上进一步丰富、发展了邓小平的外交、国际战略思想，为21世纪中国外交和国际战略活动的发展指明了方向，奠定了基础。

第一节 时代主题及对国际局势的基本判断

中国共产党在确定国家的发展战略方针时，总是要首先估量国际形势，分析所处的时代与国际环境，并根据时代特点确定对外战略。邓小平运用马克思主义辩证法思想，实事求是地估量了当代世界形势的变化，作出了"和平与发展是当代世界的主题"的科学判断，并提出其中的核心是发展问题，在此基础上形成了国际战略思想的框架。

一 时代主题的提出

20世纪70年代之后，世界进入以和平与发展为主题的时代。资本主义处于相对稳定的发展阶段，社会主义运动出现了改革浪潮，民族主义国家致力于发展民族经济和文化，和平与发展成为主要的历史潮流。邓小平以马克思主义的宽广眼界观察、审视世界，深刻分析了世界发展变化的现实，以实事求是的创造精神，提出了和平与发展是当今时代主题的科学论断。这是新时期中国共产党对国际形势认识的最主要成果，并为国际上越来越多的政治家所承认。对时代主题的判断，也为解决当今世界多种复杂问题提供了基本的思路和对策。

1984年5月29日，在会见巴西总统菲格雷多时，邓小平指出："现在世界上问题很多，有两个比较突出。一是和平问题。现在有核武器，一旦发生战争，核武器就会给人类带来巨大的损失。""二是南北问题。这个问题在目前十分突出。发达国家越来越富，相对的是发展中国家越来越穷。南北问题不解决就会对世界经济的发展带来障碍。"① 在会见缅甸总统吴山友时，邓小平进一步指出了和平问题和南北问题的重要意义。

1985年3月4日，邓小平在会见日本客人时，将南北问题归结为发展问题，并用高度概括的语言指出："现在世界上真正大的问题、带全球性的战略问题，一个是和平问题，一个是经济问题或者说发展问题。和平问题是东西问题，发展问题是南北问题。概括起来，就是东西南北几个字。南北问题是核心问题。"②

提出和平与发展两大问题，抓住了当代世界最突出的矛盾、最根本的变化和最主要的特征，不仅提供了观察和解决世界多种问题的基本着眼点和立足点，同时也指明了世界发展所要解决的最主要任务。和平问题，主要是维护世界和平、防止新的世界大战和其他战争的问题。和平离不开发展，发展需要和平。只有在长期稳定的和平环境中，各个国家才能得到有效而快速的发展；各国社会经济的发展，特别是第三世界国家的发展，能够为世界和平提供有利的条件；在和平问题逐步解决的过程中，人们就会更加关注和期望解决发展问题。所以，邓小平说：在和平与发展两大问题中核心问题是发展问题，并强调："应当把发展问题提到全人类的高度来认识，要从这个高度去观察问题和解决问题。"③

二 时代主题提出的依据

和平与发展是时代的主题，这一判断是符合当今世界发展实际及趋势的。这一判断的形成，有着客观的依据。

---

① 《邓小平文选》第3卷，人民出版社1993年版，第56页。
② 同上书，第105页。
③ 同上书，第282页。

其一，世界大战可以避免。和平与发展是当代世界的主题这一论断，改变了过去我们长期认为世界大战不可避免的观点。改革开放之前，毛泽东和周恩来就强调反对超级大国的霸权主义，并认为霸权主义是战争的根源。随着时代的发展和国际形势的变化，邓小平认为，虽然战争的危险还存在，但是制约战争的力量有了可喜的发展。邓小平于1987年10月12日会见荷兰首相时说："对于总的国际局势，我的看法是，争取比较长期的和平是可能的，战争是可以避免的。"① 具体地说，究竟有哪些因素足以说明世界大战不是不可避免，维护世界和平是有希望的呢？首先，世界大战的形成，最有资格参与的是当时两个超级大国美国和苏联。可是，两个大国在军事力量上的平衡和争夺战略要地上出现的僵持局面制约着战争的爆发。20世纪90年代，随着苏联的解体，美国失去了强大的政治军事对手，在某种程度上更减弱了爆发世界大战的可能性。其次，世界和平力量的增长超过了战争力量的增长。邓小平认为，由于两个超级大国进行军备竞赛，战争因素仍然存在，但是世界人民是要求和平、反对战争的，世界和平力量的增长将超过战争力量的增长。中国现在是维护世界和平和稳定的力量。中国坚决反对超级大国的霸权主义，这也是维护世界和平。发展中国家占世界总人口的4/5，是维护世界和平的支柱。许多发达国家也渴望和平，反对战争。维护世界和平是全世界人民的共同心愿。再次，核武器的发展也迫使掌握核战争手段的当政者不能不考虑通过核战争究竟能够达到什么政治目的。邓小平认为，现在有核武器，一旦参与战争，核武器就会给人类带来巨大的损失。

其二，发展是全人类的共同要求。发展中国家取得民族独立后，摆在他们面前的首要问题是发展民族经济。资本主义殖民主义统治结束后，世界经济发展的严峻现实是，南北之间即南半球广大发展中国家和北半球发达国家之间，在经济发展和人民生活水平上的差距很大。这是世界范围的一种不平等现象。1985年3月4日，邓小平在同日本商工会议所访华团谈话时指出，现在世界人口是40多亿，第三世界人口大约占3/4，有30多亿人，虽然这中间有一部分国家开始好起来，但还不能说已经发达了，大部分国家仍处于极其贫困的状态。中国算是一个大国，但这个大国又是

---

① 《邓小平文选》第3卷，人民出版社1993年版，第105页。

一个小国。大是地多人多,地多还不如说是山多,可耕地面积并不多,实际上是个小国,是不发达国家或者叫发展中国家。总之,占世界3/4的人口和地区迫切要求发展经济,摆脱贫困,走向富强。同时,发达地区——北方,即发达国家有十一二亿人口,他们也要求继续发展。但是,如果占3/4人口地区处于贫困状态,他们要继续发展也是困难的。发达国家发展面临的问题是:资本要找出路,贸易要找出路,市场要找出路。这些问题不解决,他们的发展就要受到限制。可见,发展问题,应该是南北方的一个共同问题。南北问题、经济问题、发展问题,是长期性、全球性的战略问题,是当今世界的核心问题。而其中最核心的是南方的发展问题。不过,单靠南北对话还不行,还要加强发展中国家之间的合作,也就是南南合作。发展中国家互相交流、相互学习、相互合作,可以解决许多问题。

三 关于国际局势的基本判断

客观地判断国际局势是制定正确的外交政策的基础。20世纪末爆发的科索沃战争震惊了世界,引起人们对国际局势的讨论和重新认识。当今世界的主题是否是和平与发展?国际局势将走向动荡还是趋向缓和?世界多极化的趋势是否存在?国际力量对比是更加平衡还是逐步趋向平衡?中国面临的国际环境有哪些机遇又有哪些挑战?如何回答和看待这些问题,成为中国科学地制定21世纪国际战略的前提。

一是霸权主义仍然存在。和平与发展是当今世界的主题,但是,和平与发展两大问题一个也没有解决。"霸权主义和强权政治依然存在,领土、民族、宗教、资源等因素引发的武装冲突和局部战争连绵不断。不公正、不合理的国际政治经济秩序没有得到改变,发展中国家仍有亿万人民处于贫困状态。"[①] 因而,要充分估计到解决这两大问题的复杂性和曲折性,切不可盲目乐观。特别是美国霸权主义在失去另一个超级大国的制衡后又有所发展,试图建立一个以其为主导的单极世界。它依仗自己在经济、军事、科技等方面的优势,极力鼓吹"新干涉主义",干涉别国内政,推行新的"炮舰政策",甚至发动了像北约袭击南联盟这样的局部热

---

① 江泽民:《在联合国成立五十周年特别纪念会议上的讲话》,《人民日报》1995年10月20日。

战,导致某些地区的局势长期动荡,多种矛盾进一步复杂化。此外,某些局部地区原来就有的民族矛盾、宗教对立、领土争端、资源纠纷等不仅存在,而且出现了新的情况。如发展中国家在实行经济、政治转轨过程中产生了多种矛盾,南北贫富差距扩大并引起某些地区动乱,恐怖活动、毒品走私等也正在逐步走向"全球化",成为很重要的不稳定因素。而且,以美国为首的一些西方国家不愿看到中国的日益发展和强大,但又不得不同中国打交道。它们从来没有停止过对中国实施"西化"、"分化"的战略,没有放弃搞垮社会主义中国的图谋。对此,也应有一个清醒的认识。但总体而言,世界将趋向和平与稳定。由于世界各国特别是各大国大都将战略重点放在振兴本国经济上,大国之间严重对立的局面尚不会出现,世界大战的危险尚不存在。

二是世界多极化进程趋势明朗。当今世界格局的主要趋势是,美国构筑单极世界的战略正在推进,但它没有也不可能阻断世界多极化的发展趋势。两极格局结束后,世界出现了一极和多强并列的态势,大国力量在不断变化调整,世界上多种政治力量在不断进行分化组合。多极化趋势的发展有利于世界的和平、稳定和繁荣,有利于推动建立公正合理的国际政治经济新秩序。但"一超"与"多强"的矛盾和斗争也在所难免。主要是因为,美国明显加快了构造一个以美国为主导的单极世界的步伐。美国国家安全委员会制定的 21 世纪全球战略明确提出:"必须准备并稳定使用适当的国家力量手段,以影响其他国家的非国家角色的行为,发挥全球领导作用……"① 因此,美国的对外政策将会继续趋于强硬,并极力阻止任何潜在战略对手的崛起。

为了实现单极世界的目标,美国已制定并实行了一整套的战略措施。主要是:在政治上,极力推行以美国为模式的所谓"全球民主化";在经济上,倚仗其强大的经济实力,以进行经济制裁为手段,迫使别国无限度地开放市场,利用高科技和不等价交换等手段剥削发展中国家;在军事上,保持庞大的"防务"开支,竭力发展高、新、尖武器,在世界各地部署军事力量并建立军事联盟,插手干涉别国内部事务;在全球战略方面,既联合又试图控制欧洲,既利用又制约日本,以北约东扩为手段,进

---

① [美]罗恩·斯卡伯勒:《白宫制订21世纪的防务战略》,《华盛顿邮报》1999年8月24日。

一步挤压、削弱俄罗斯,对中国则采取"接触"和"遏制"的两面政策。

美国的霸权主义锋芒毕露,其经济实力雄厚,军事技术居各国之首,世界多极化进程将极为复杂、曲折。但从长远角度看,美国霸权主义的战略和单极世界的目标,必然受到诸多因素的制约,不可能得逞。多极化的趋势是阻挡不住的。这是因为,除了美国之外,当今世界的几大力量,都主张多极化。就是在美国内部,也有相当多的战略家逐渐意识到单极世界的目标很难实现,并且认为:"美国不能将谋求霸权确定为对外政策的目标,因为推行霸权主义并不是我们力所能及的事情。"① 广大发展中国家也反对单极世界,支持推动世界多极化的趋势。世界上绝大多数国家都不赞成由一个超级大国垄断国际事务,这是大势所趋。此外,虽然与多强之中任何一个单独力量对比起来,美国的力量明显地高出一筹,而且这种势头还将保持一段时间。但是,与多强的整体力量对比起来,美国的力量已呈下降趋势。美国如今虽然能"想干什么就干什么",但却不能"想干什么就干成什么"。这说明,美国单极世界的梦想与其实际能力之间有很大的差距,它到处插手,顾此失彼,已显得力不从心。而且,西方大国之间也并不是铁板一块。美欧之间有很深的矛盾,美国利用北约称霸世界只是一方面,实际上在北约中欧美是互相利用,各有所求。随着欧盟一体化进程取得实质性进展,势必同与美国力图主导欧洲事务发生矛盾和冲突。日本虽在政治、军事、外交上有求于美国,但在经济贸易方面与美国的利益之争也相当激烈。俄罗斯迟早会摆脱经济长期在低谷徘徊的状态,逐步走上振兴之路。中国也必将进入一个新的发展阶段。到那时,中国、欧盟、俄罗斯、日本等都将成为世界格局中的重要一极。联合国等国际组织也将在维护国际和平与安全及协调各国共同解决环保等全球性问题方面发挥突出作用。因此,"一极多强"的发展趋势必然是多极。当然,多极化将是一个长期、复杂、曲折的过程。这个过程可能会持续一个较长的时期,其间可能会出现种种复杂局面,但从长远的趋势来看,多极化将不可避免地成为主流。

三是经济全球化的发展趋势将进一步增强。伴随世界经济发展和科技

---

① [美]理查德·N.哈斯:《"规制主义":冷战后的美国全球战略》,新华出版社1999年版,第152页。

进步，特别是技术、金融、信息三大要素的高度普及，经济全球化的趋势日渐发展。其显著特征是，经济资源跨越国家在全球范围内流动和配置，世界各民族的经济相互依赖和经济融合的程度日益加深，整个经济呈现一种全球化的趋势，相互渗透、交流、联系更加密切。在这种局面下，没有哪个国家能长久地游离于世界经济体系之外。正如德国前外长金克尔所说："在全球化时代不再有世外桃源。"① 此外，国际经济领域还出现了一些新现象，如经济发展突破传统的经济周期理论，高新科技迅猛发展和网络经济的兴起，企业购并浪潮的出现，跨国公司增多及其作用越来越大等，这些都需要给予足够的重视。

由于西方发达国家在资金、技术、人才、管理以及贸易、投资、金融等方面占有优势，他们在经济全球化趋势中处于主导地位，是最大受益者。而广大发展中国家经济、技术水平相对落后，从总体上处于不利地位，不仅面临发达国家经济和科技占优势的巨大压力，而且国家主权和经济安全也受到严峻挑战。在这种情况下，经济安全问题已日益提到发展中国家的议事日程上来。正如江泽民所说："经济全球化是当今世界经济和科技发展的产物，给世界各国带来发展的机遇，同时也带来严峻的挑战和风险，向各国特别是发展中国家提出了如何维护自己经济安全的问题。"② 从一定意义上说，经济全球化趋势是一柄双刃剑，它既带动了世界经济的蓬勃发展，同时也进一步拉大发达国家和发展中国家的距离，带来了一定的风险。因此，必须把维护国家经济安全放在突出位置，并积极推动建立一个公正合理的国际经济新秩序。

值得提出的是，经济全球化趋势并不等于世界经济已经一体化了，更不等于世界政治体系已融为一体。因为民族国家的划分依然存在着，而且民族国家仍然是经济发展的一个主要因素。由于每个国家的具体利益存在差异，国际矛盾也是不可避免的。因此，不能认为经济全球化之后，整个世界就大同了。事实上，在经济贸易方面，美国与日欧等发达国家之间、发展中国家与发达国家之间的矛盾都很尖锐。工会集团、环保集团、贸易

---

① ［德］金克尔：《历史永远不停顿——全球化的挑战已代替冷战》，《法兰克福汇报》1998年8月26日。
② 《江泽民论有中国特色社会主义（专题摘编）》，中央文献出版社2002年版，第514～515页。

保护主义等各种利益集团也有各种要求。而且，经济全球化并不能自然而然地形成公正合理的国际新秩序。在政治方面，美国等发达国家试图利用自己的强势，将自己的价值观强加于发展中国家。它们常常借用全球化的名义去剥夺发展中国家的主权，经常以强调游戏规则为名去干涉别国的内政。在这种情况下，南北之间的发展差距、地区之间的冲突、大国之间的磨擦也将继续下去。"经济全球化不断加快，在推动生产力发展的同时，也加剧了世界经济发展不平衡的矛盾。"① 这是对经济全球化实践的一个客观而明晰的评述。

第二节 立足现实、面对未来的国际战略思想

邓小平指出："我们搞的是有中国特色的社会主义，是不断发展社会生产力的社会主义，是主张和平的社会主义。只有不断发展社会生产力，国家才能一步步富强起来，人民生活才能一步步提高。只有争取和平的环境，才能比较顺利地发展。"② 改革开放和现代化建设，需要一个和平的国际环境。中国对外工作的首要任务，就是争取和平，为现代化建设服务。中国共产党对时代发展与国际形势进行分析判断的目的，就是确定自己的国际战略思想，努力使中国特色社会主义事业在一个和平的世界里发展。

一 反对霸权主义，维护世界和平，促进共同发展

和平与发展的主要障碍是霸权主义。"要争取和平就要反对霸权主义，反对强权政治。"③ 1984年5月，邓小平指出："中国的对外政策，主要是两句话。一句话是反对霸权主义，维护世界和平，另一句话是中国永远属于第三世界。"④ 1992年，在南方谈话中，邓小平再次强调："社会主义中国应该用实践向世界表明，中国反对霸权主义、强权政治，永不称

---

① 《江泽民论有中国特色社会主义（专题摘编）》，中央文献出版社2002年版，第519页。
② 《邓小平文选》第3卷，人民出版社1993年版，第328页。
③ 同上书，第56页。
④ 同上。

霸。中国是维护世界和平的坚定力量。"①

霸权主义是指某些国家在对外交往中奉行的践踏别国主权、破坏公认的国际交往准则的行为。霸权主义历来是导致国际局势紧张、引发国际战争的主要根源。当今世界，和平与发展已成为时代主题，虽然少数大国不能再任意主宰世界人民的命运，但它们欺侮落后国家的政策没有变。邓小平指出："霸权主义和帝国主义总是欺骗包括非洲国家在内的发展中国家，经常干预这些国家为摆脱控制、发展经济、争取政治独立与自主所做的努力。"② 从霸权主义的表现来看，"冷战"期间表现为两极争霸，"冷战"后表现为一极称霸。当代，由于力量失衡，美国成为世界的唯一超级大国。它毫不隐讳地宣称要当世界的领导者，因此积极推行战略扩张，运用各种手段向别的国家施加压力，甚至炮制了"人权高于主权"等"新干涉主义"理论，以对其他国家发动战争制造借口。这表明了"冷战"结束后，天下并不太平，特别是霸权主义和强权政治有了新的发展，它仍然是当今世界和平与稳定的主要威胁，对中国的主权与安全也造成压力。所以，要争取和平的国际环境就必须反对霸权主义和强权政治。

中国要建设的社会主义是主张和平的社会主义。中国的社会主义特征决定了它不仅自己永不称霸，而且坚定地坚持反对霸权主义、维护世界和平的立场。

中国和其他发展中国家是霸权主义的直接受害者。历史上中国曾长期遭受过殖民主义、帝国主义的侵略和压迫。历史的教训使中国在内的广大发展中国家和人民把独立、和平与发展视为自己的最大利益。正如邓小平所说："连中国这样一个发展中的大国，都还有维护主权、独立和领土完整的任务，可见第三世界发展中国家维护独立、主权的任务还面临严峻的局面。"③ 中国人民深知今天的和平来之不易，也决不能再回到历史上那种受屈辱的地位。中国历来有热爱和平的传统，也有反抗侵略与压迫的骨气。

中国是当今世界上最大的发展中国家，也是联合国安理会的常任理事

---

① 《邓小平文选》第3卷，人民出版社1993年版，第383页。
② 同上书，第289页。
③ 同上。

国,其国际地位和切身利益决定了中国政府始终把争取和维护世界和平、反对一切形式的霸权主义作为中国对外政策的首要目标和任务。邓小平认为:"中国革命胜利后,一直奉行反对霸权主义、维护世界和平、支持一切被压迫民族独立和解放斗争的政策。这个任务还没有结束,可能至少还要进行一个世纪的斗争。"① 中国的发展同反对霸权主义、维护世界和平的进步事业是紧密联系在一起的。

当代世界霸权主义仍在活跃。它们扩大军事集团、加强军事同盟,这无助于维护和平、保障安全。不公正、不合理的国际经济旧秩序还在损害着发展中国家的利益,贫富差距不断扩大,利用"人权"等问题干涉他国内政的现象也很严重。因民族、宗教、领土等因素而引发的局部冲突时起时伏。世界仍不安宁。但是,"任何国家,自恃强大,迷信武力,谋求霸权,推行扩张政策,注定要失败。制造任何借口侵犯他国主权,干涉他国内政,终将自食恶果。不顾当代世界丰富多彩的客观实际,企图把自己的社会制度、发展模式和道德观念强加于人,动辄以孤立、制裁相威胁,这种霸道行为只能以损人开始,以害己告终。凭借不公正、不合理的国际经济秩序,把自己的发展建立在他国贫困落后的基础上,是不得人心的。企图包揽世界事务,主宰别国人民命运的做法,越来越行不通了。总之,一切违背时代潮流,违反各国人民根本利益的行径,必然要受到抵制和反对"②。

进入 21 世纪,国际形势进一步发展变化。世界要和平,人民要合作,国家要发展,社会要进步是时代发展的潮流。江泽民指出,中国要顺应世界潮流,高举和平的旗帜和发展的旗帜,在国际上树立维护和平与致力共同发展的形象。在庆祝建党八十周年大会上的讲话中,江泽民把维护世界和平、促进共同发展作为中国对外政策的宗旨,庄严宣告:"在新的世纪里,中国共产党和中国政府愿同全世界一切爱好和平、渴望发展、向往进步的国家和人民携起手来,争取实现一个长时期的国际和平环境,共同推进历史的车轮向着光明的目标前进。"③

---

① 《邓小平文选》第3卷,人民出版社1993年版,第289页。
② 《江泽民论有中国特色社会主义(专题摘编)》,中央文献出版社2002年版,第533~534页。
③ 江泽民:《在庆祝中国共产党成立八十周年大会上的讲话》,人民出版社2001年版,第47页。

二　承认、尊重世界的多样性

尊重并承认世界的多样性，是中国共产党结合不断发展变化的国际形势的新特点，在国际战略思想方面的新发展。1993年11月19日，江泽民在美国西雅图会晤美国总统克林顿之后举行的记者招待会上，郑重而且自信地告诉国际记者："克林顿总统表示，我关于世界多样性的观点是有说服力的。"①

关于世界多样性，江泽民进行了全面阐述："世界是丰富多彩的。各国文明的多样性是人类社会的基本特征，也是人类文明进步的动力。应该尊重各国的历史文化、社会制度和发展模式，承认世界多样性的现实。世界各种文明和社会制度应长期共存，在竞争比较中取长补短，在求同存异中共同发展。我们将继续同各国人民一道，为建设一个持久和平与普遍繁荣的世界而努力。"②从其中所涉及的内容看，世界的多样性包括以下几个方面：

历史文化的多样性。文化的形成，都与其所依赖的环境相关。文化本身具有多样性特点。每一个民族、国家都是在自己历史文化的引领下向前推进的。历史文化不仅没有随着历史的进步而消失，反而在民族的发展中构成其个性化的前提和基础。每一个民族，其发展的今天仍然折射着历史文化的影子。在当代，虽然全球化进程一往无前，但全球化并不能消除不同民族的文化特征。在世界发展呈现全面交往普遍化的时期，正是由于历史文化的多样性，才构成了当今世界的丰富多彩。对此，决不能以全球化为借口，强制性地使文化走向绝对"同质化"和单一化；更不允许以霸权主义自居，试图以自己的文化吞噬其他文化的存在权利。承认历史文化的多样性，也就承认了意识形态的多样性，这既与世界发展的多极化相适应，也提醒人们：在社会发展的同时，必须警惕"文化帝国主义"对各民族文化的侵略。承认文化的多样性，也就为不同文化的合理发展提供了基础性的论证。

社会制度的多样性。在世界发展的过程中，不同的国家和民族选择了

---

① 《人民日报》1993年11月20日。
② 《江泽民论有中国特色社会主义（专题摘编）》，中央文献出版社2002年版，第535页。

不同的社会制度，各种社会制度是各国人民结合自己的历史和现状所作出的选择。这种选择既有合理性也有合法性。在当今世界，既有资本主义的发展，也有社会主义的推进，同时还有与这两种制度并行的"第三种"选择。对此，要尊重各国人民的权利，应通过不同社会制度的竞争、合作，共同推进世界的发展。对社会制度的多样性发展，既应承认，又要尊重；既承认其间的差别性，又要在合作的前提下谋求发展。绝不能把消灭与自身不同的社会制度作为自己的战略目标。

发展模式的多样性。"世界是丰富多彩的，不可能也不应该只有一种模式。"① 各国的发展，都有一个结合自己的历史、现实，结合自己的经济、政治、文化现状，对发展的制度、体制、政策作出选择的问题。正如江泽民所指出的："世界是多样的。在我们这个星球上，由上千个民族所组成的近200个国家，不仅存在着自然环境的差异，而且经历了不同的社会历史发展过程，这就形成了各种社会制度、价值观念、发展方式、宗教信仰和文化传统。"② 因此，不同国家和民族，在发展模式的选择上应该是多样的，而不是单一的。关于每一个国家通过什么模式发展、选择什么样的发展路径，都是一个国家民族内部的事情。决不允许以一种发展模式为尺度去衡量世界的发展，把自己的选择强加于人；更不能以有别于自己的发展模式为借口，试图对他国进行指责和颠覆。承认世界的多样性还包括承认世界发展的多极性。这一观点，是中国反对霸权主义的理论基础，也是中国应对复杂国际局势而在战略的选择上应该把握的前提。

人类应该以科学的态度认识和分析世界多样性问题，并正确判断和确定其客观价值。江泽民指出："世界丰富多彩的多样性，是件好事，不是坏事，它可以通过各国人民的共同努力转化为互补性和共容性，可以促成各国之间、各种文化之间相互交流，取长补短，共享人类文明的成果。"③ 以往，在世界多样性问题上，人类的认识有不少盲目性和片面性，往往看到更多的是多样性中的差异性等消极因素，例如，把差异简单片面归结为优劣高下的对立，形成民族自卑心理和大国沙文主义两种错误的极端，看

---

① 《江泽民论有中国特色社会主义（专题摘编）》，中央文献出版社2002年版，第524页。
② 《人民日报》1993年11月20日。
③ 同上。

不到多种差异之间的互补性，看到的只是它们之间相斥的一面。在当代世界，霸权主义的文化基础，即是以自己的制度、模式、文化为样本，试图把世界塑造成单一模式。"全盘西化"的主张也是如此，即意欲通过依附西方发达国家，消除世界发展的多样性和差异性，而使世界成为朦胧的一体。应该承认，世界多样性是一种不依任何人的意志为转移的客观存在，是自然、社会历史和人类文化发展过程中的普遍现象和基本特征。

承认世界多样性是制定外交政策和国际战略的基础。世界多样性是当代人类面临的世界格局和国际秩序新旧转换最主要的客观依据。正确认识和对待世界多样性问题是世界各国人民进一步发展友好合作，反对霸权主义，共同解决和平与发展问题，创造一个和平、公正、繁荣发达的新世纪的必要前提。各国政府和人民应共同努力，把丰富多彩的多样性转化为互补性、互动性和共容性，使其成为新世纪历史大变革的巨大动力。同时，世界发展的多样性说明："各国人民有权根据本国的具体国情，选择自己的社会制度、意识形态和发展道路，制定自己的政策和法律，任何国家不得以任何借口干涉别国内部事务。""只有各国互相尊重、求同存异、平等相待、和睦相处，才有可能维持持久的世界和平，为各国的共同发展创造必要的外部条件。"①

江泽民的世界多样性观点是"冷战"结束后开始的世界历史大变革的产物，是当代中国共产党人认真思考和深入研究这场大变革的理论结晶。它的产生源泉和成功运用的舞台首先就是这场大变革中中国外交和国际战略活动的伟大实践。中国共产党关于世界多样性观点的提出和在中国外交——国际战略活动中的成功运用，为进一步拓展和改善中国改革开放和现代化建设的良好周边环境和国际环境，推进世界格局和国际秩序的新旧转换，发挥了举世瞩目的重大作用。

三　推动建立国际政治经济新秩序

历史上的国际旧秩序，带有浓厚的殖民主义和帝国主义色彩。即使在第二次世界大战以后建立的国际政治经济秩序，也存在着许多不合理、不公正的现象。特别是在发达国家和发展中国家的关系上，经常出现恃强凌

---

① 《人民日报》1992年4月8日。

弱、以大欺小、以富压贫的强权行为。这种国际旧秩序，已经与当代世界发展不相适应，与世界人民的愿望相抵触。因此，反对霸权主义、维护世界和平，必须努力建立国际政治经济新秩序。

早在1974年4月，邓小平出席联合国大会发言时，就明确支持建立国际经济新秩序。到了20世纪80年代中后期，邓小平明确地提出了建立国际政治经济新秩序的主张。1988年12月，邓小平在会见日本客人时指出，国际政治已经出现了由对抗到对话、由紧张转向缓和的新情况。在这种趋势下，应该提出建立国际政治新秩序的问题。邓小平在会见印度总理拉吉夫·甘地时，进一步展述了自己的主张，强调："世界上现在有两件事情要同时做，一个是建立国际政治新秩序，一个是建立国际经济新秩序。"①

邓小平认为，国际政治经济新秩序应该建立在和平共处五项原则的基础上。"处理国与国之间的关系，和平共处五项原则是最好的方式。其他方式，如'大家庭'方式'集团政治'方式，'势力范围'方式，都会带来矛盾，激化国际局势。总结国际关系的实践，最具有强大生命力的就是和平共处五项原则。"②

根据邓小平的思想和主张，江泽民认为，建立什么样的国际新秩序，是国际社会应当普遍关心的重大问题。"根据历史经验和现实状况，我们主张在互相尊重主权和领土完整、互不侵犯、互不干涉内政、平等互利、和平共处等原则的基础上，建立和平、稳定、公正、合理的国际新秩序。这一新秩序包括建立平等互利的国际经济新秩序。世界是多样性的，各个国家之间存在着种种差异。各国人民都有权根据本国的具体情况，选择符合本国国情的社会制度和发展道路。国家无论大小、强弱、贫富，都应当作为国际社会的平等成员参与国际事务。国与国之间理应互相尊重，求同存异，平等相待，友好相处。国与国之间的分歧和争端，应当遵照联合国宪章和国际法准则，通过协商和平解决，不得诉诸武力和以武力相威胁。霸权主义和强权政治，少数几个国家垄断和操纵国际事务，是行不通的。建立国际新秩序是长期的任务。中国人民将同各国人民一道，为此作出不

---

① 《邓小平文选》第3卷，人民出版社1993年版，第282页。
② 同上书，第296页。

懈的努力。"① 这就是国际政治经济新秩序的建构原则及其内容。

建立国际政治经济新秩序，应该从当今世界的实际情况出发，应该反映世界各国人民的普遍愿望和共同利益，应该体现历史发展和时代进步的要求。立足于此，江泽民在1999年3月访问瑞士时全面阐述了中国关于建立国际政治经济新秩序的基本主张：第一，应坚持互相尊重主权和领土完整、互不侵犯、互不干涉内政的原则；第二，应坚持用和平方式处理国际争端的原则；第三，应坚持世界各国主权平等的原则；第四，应坚持尊重各国国情、求同存异的原则；第五，应坚持互利合作、共同发展的原则。这些主张，从当今世界的实际出发，体现了历史发展和时代进步的要求，也更加深入地阐明了邓小平的有关思想。

由于发达国家是国际旧秩序的既得利益者，又在综合国力方面占据优势地位，这就决定了抛弃旧秩序、建立新秩序将是一个曲折而复杂的过程，发展中国家和人民必须为此付出长期而艰苦的努力。

四 中国的国际战略地位及其作用

当代世界格局处于转轨时期，中国处于民族振兴时期。国际上的一些政治家从不同的立场、现实和角度出发，对中国的国际地位进行评价，一时间"中国威胁论"或"无足轻重论"甚嚣尘上。其实，早在20世纪80年代初期，邓小平对此就有过明确的论述。江泽民继承发展了邓小平的思想，使中国共产党对这样一个关系到"世界力量对比的判断问题"有了更加清醒和全面的认识。

第一，中国是有世界影响的大国。对于中国的国际地位，邓小平曾认为，在世界多极化发展中，中国应该算作"一极"。江泽民1995年10月在美国——中国协会等六团体举行的午餐会上的演讲中指出："中国和美国都是有世界影响的大国，都是联合国常任理事国，对世界的和平与发展负有重大责任。"② 后来在接受美国哥伦比亚广播公司节目主持人华莱士采访时，江泽民又说，中国有12亿多人民，通过20多年的改革开放，已经有了相当的国力基础，美国不太敢小看中国。

---

① 《江泽民论有中国特色社会主义（专题摘编）》，中央文献出版社2002年版，第536页。
② 《人民日报》1995年10月26日。

"具有世界影响的大国","美国不太敢小看"中国,这是江泽民对中国国际战略地位的新判断。在这里,江泽民虽然没有用"极"的概念,但中国是走向多极化格局中的重要一极却是上述判断题中的应有之义。因为一个国家在国际事务中的地位,关键在于其参与国际事务并积极影响其他行为主体乃至整个国际事务体系的能力。早在20世纪70年代,美国前总统尼克松就据此提出了著名的包括中国在内的"五大中心力量"理论。"冷战"结束后,中国并没有像西方国家期待的那样,步苏联分裂和崩溃的后尘。恰恰相反,随着综合国力的不断提高,中国主动加强了对外部世界的联合。中国不仅在亚太地区,而且在全球性国际事务中不断有所作为,扩大影响。邓小平于1990年3月同中共中央几位负责人谈话中说:"所谓多极,中国算一极。中国不要贬低自己,怎样也算一极。"10多年过去了,中国的综合国力又有了大幅度提高,中国已成为世界格局中具有重要影响的一极。

第二,中国是维护世界和平稳定的积极因素和主要力量。中国是一个热爱和平的国家。邓小平指出:"中国革命胜利后,一直奉行反对霸权主义、维护世界和平、支持一切被压迫民族独立和解放斗争的政策。"① 中国的发展同反对霸权主义、维护世界和平的进步事业是紧密联系在一起的。江泽民指出,中国的发展意味着和平力量的增强,中国"对世界的和平与发展负有重大责任。"② 这是由中国所执行的独立自主的和平外交政策所决定的。中华民族的历史文化熏陶,铸就了中国人民酷爱和平、珍视和平的特征,也形成了"己所不欲,勿施于人"的传统,因此也就有了中国永远不称霸,即使将来发展了,也"永远不参加军备竞赛,永远不搞扩张,永远不称霸"的铿锵誓言。

对于中国在维护世界和平与稳定中的作用,江泽民多次进行了阐述。在中共十四大报告中,江泽民指出:"中国始终不渝地奉行独立自主的和平外交政策,维护我国的独立和主权,促进世界的和平与发展,是中国外交政策的基本目标。"③ "中国对外政策的实践充分证明,中国是维护地区

---

① 《邓小平文选》第3卷,人民出版社1993年版,第289页。
② 《人民日报》1995年10月26日。
③ 《江泽民论有中国特色社会主义(专题摘编)》,中央文献出版社2002年版,第528页。

与世界和平的积极因素和坚定力量。中国的发展有利于世界稳定,中国的强盛是和平力量的增长。历史已反复表明,一个国家对于世界和平是否构成威胁,不在于它的国力是否强大,而在于它奉行什么样的内外政策。中国对内一心一意致力于社会主义现代化建设,对外坚持奉行独立自主的和平外交政策,我们内外政策的根本原则决不会改变。我们将一如既往地为维护地区与世界和平作出不懈的努力。"①

第三,确立新的国家安全观。"冷战"结束后,国际形势发生了许多新的变化,这对一个国家的发展安全提出了许多新的课题。在经济上,由于经济全球化的迅速推进,世界经济发展出现了"俱损俱荣"的整体效应结构。往往在一个地区经济中出现的问题很可能迅速波及整个世界。东南亚金融危机的爆发就证明了这一点。在政治上,冲突发生的连锁性特点也日趋明显。在文化上,一些别有用心的人试图利用文化网络,大肆兜售自己的价值文化观念,利用文化的影响力以达到推翻他国政治制度的目的。因此,一个国家的文化发展也有着被侵略的危险。在军事上,由于军事发展的高科技化,一个国家面临的军事威胁在变化中开始增加。

以江泽民为核心的中共第三代领导集体充分估计到,中国面临的安全形势依然十分复杂。例如,直接面临的军事威胁虽然大大降低,但潜在的威胁和不稳定因素不断增加,非军事的挑战和竞争日益增加。江泽民突破传统安全观的桎梏,在邓小平国家安全思想的基础上,提出了具有综合化、经济化、国际化特点的新国家安全观。所谓综合化,是指其内容涵盖领域广泛,涉及经济、政治、军事、文化诸多方面。所谓经济化,是指突出了经济安全在国家总体安全中的核心地位。所谓国际化,是从国家安全互动关系上把二者有机地结合在一起,提出了"普遍安全"的原则,揭示了国家安全与推动世界和平与发展的相互制约关系。江泽民的新国家安全观与当今世界依然存在的"冷战思维"是截然不同的。不论"经济安全"。还是"普遍安全"的提出,都是从当今时代主题出发,顺应了民主、平等、公正、合理的历史潮流。这与西方某些政治家迷信武力、谋求霸权,动辄以制裁相威胁有着天壤之别。

---

① 《江泽民论有中国特色社会主义(专题摘编)》,中央文献出版社2002年版,第531页。

第三节　把握历史机遇，发展社会主义

邓小平、江泽民之所以通过对国际形势的判断，形成自己的国际战略思想，是因为，中国是在国际环境中推进自己的事业的，中国的发展离不开世界。因此，研究国际战略的目的之一，即是为中国特色社会主义的发展找准一个国际平台。

一　积极争取对现代化建设有利的国际环境

邓小平曾经强调，要实现"四化"，决定于两个条件，一个是国内条件，一个是国际条件即持久的国际和平环境。要建设，没有和平环境不行；要发展自己，只有在和平的环境下才有可能；要争取长时期的和平环境，就必须同世界上一切和平力量合作。

解放和发展生产力，集中力量发展经济是中国党和政府的根本任务。这就要求有一个和平的国际环境。早在1980年，邓小平就指出："我们的对外政策，就本国来说，是要寻求一个和平的环境来实现四个现代化。这不是假说，是真说。这不仅是符合中国人民的利益，也是符合世界人民利益的一件大事。"[①] 他还强调："中国对外政策的目标是争取世界和平。在争取和平的前提下，一心一意搞现代化建设，发展自己的国家，建设具有中国特色的现代化。"[②] "中国太穷，要发展自己，只有在和平的环境里才有可能。"[③] 20世纪80年代中期，着眼于中国经济发展战略的预期目标，邓小平进一步表示："我们希望至少有二十年的和平时间。"[④]

邓小平始终密切关注国际环境发展变化的特点，及时对国际形势作出冷静客观地分析，并以此作为科学制定国内政策和国外政策的基础。以江泽民为核心的中共第三代中央领导集体，在对国际形势、国际战略的判断中，完全继承了邓小平这一思想，并在一些方面作出较大发展。江泽民指出："我们常说我们外交工作的根本目标是，进一步巩固和发展有利于我

---

① 《邓小平文选》第2卷，人民出版社1994年版，第241页。
② 《邓小平文选》第3卷，人民出版社1993年版，第57页。
③ 同上书，第82页。
④ 同上书，第250页。

们的和平国际环境,特别是和平的周边环境,为我国的改革开放和经济建设服务,为我国的统一大业服务。其实归根到底就是一句话,外交工作要坚定不移地维护我们国家和民族的最高利益。"① 那么,为了自己的发展营造和平的国际环境,是权宜之计还是长期策略?国际社会一些别有用心的人总认为,中国强大了,一定会威胁世界的安全与发展。因此,不时兜售"中国威胁论"。对此,江泽民指出:"中国的发展需要长期的国际和平环境,即使将来中国发展起来了,中国独立自主的和平外交政策也不会改变。中国致力于发展同周边国家的睦邻友好合作不是权宜之计,而是顺应时代的要求,从中国和本地区各国人民长远利益作出的必然选择。"②

历史进入 21 世纪后,中国进入全面建设小康社会的新阶段。要实现使中国全面进入小康社会的伟业,没有和平的国际环境是不可想象的。21 世纪中叶,中国要实现现代化,这是一个宏伟蓝图。要使它转化为现实,也必须有一个和平的国际环境。整个 21 世纪,中国肩负着实现民族的伟大历史复兴的使命,也需要一个和平的国际环境。

二 利用有利的国际环境,推进中国特色社会主义事业

社会主义本身是一个开放性的理论、运动和社会制度。社会主义排斥宗派主义、封闭主义。只有在与世界的互动中,社会主义才能激发出活力。回顾社会主义发展的历史,可以发现:当社会主义紧跟世界潮流,把握时代脉搏时,社会主义就会在世界的进步中形成自己的巨大发展;当社会主义游离于世界发展进程之外,脱离时代的特定形势进行建设时,往往就面临着失误和挫折。因此,研究国际形势,把握国际战略,目的之一是推动中国特色社会主义事业的顺利发展。况且,在全球化迅速发展的今天,各个国家的建设有着互动性、开放性特点,社会主义与其他社会制度形成了并存、竞争的局面。脱离开国际环境和时代潮流,社会主义就会无所作为,难以发展。

作为一个马克思主义的战略家,邓小平深谙此点。以往,中国对战争的危险性曾经作出过高的估计,以至于对国家建设和对外关系都带来了消

---

① 《江泽民论有中国特色社会主义(专题摘编)》,中央文献出版社 2012 年版,第 529 页。
② 同上。

极的影响。中共十一届三中全会以后，邓小平对战争危险的估计逐步发生变化。1985年6月，他在军委扩大会议上的讲话中指出："过去我们的观点一直是战争不可避免，且迫在眉睫。我们好多的政策，包括一、二、三线的建设布局，'山、散、洞'的方针在内，都是从这个观点出发的。这几年，我们仔细地观察了形势，……由此得出结论，在较长时间内不会发生大规模的世界战争是可能的，维护世界和平是有希望的。根据对世界形势的这些分析，以及对我们周围环境的分析，我们改变了原来认为战争的危险很迫近的看法。"① 对世界形势的这一主要判断成为中国共产党实现工作重心转移、制定"三步走"战略的基本依据之一。邓小平说："一九七八年我们制定一心一意搞建设的方针，就是建立在这样一个判断上的。"② 事实一再证明，邓小平关于世界战争可以避免的判断及据此对中国国内、国际战略的调整是完全正确的。同样，面对新的世纪，中国把21世纪头20年确定为全面建设小康社会的时期，也是基于世界大战可以避免的判断。

  对于在和平的国际环境中推进社会主义事业的发展，这也是一个长期认识，而不是权宜之计。国际环境，大体上包括安全环境和发展环境两个方面。安全环境，主要是指世界的和平与稳定以及关系中国主权与安全的外部条件。如果世界处于严重的战争和动荡状态，中国的主权独立和安全受到威胁，就很难安下心来搞建设，社会主义制度就很难巩固。争取良好的国际环境，就是要争取一个和平环境。发展环境，主要是指世界经济形势、各种制度和市场要素分布和流动的情况以及外国对中国的双边经济关系。在经济全球化的发展进程中，各国经济正在形成一种你中有我、我中有你、互相联结、互相影响的态势。只有善于利用外部的资金、资源、人才、科学技术和管理经验，善于在开发国内市场的同时打开国际市场，才能使中国社会主义更快地发展起来。当今世界正处于大变动的重要历史时期，两极格局已经终结，维护世界和平的因素不断增长，世界经济多极化和经济全球化的趋势进一步发展。新的科学技术革命日益深化，知识经济初见端倪，特别是信息化的浪潮来势迅猛，综合国力的较量与竞争日趋激

---

① 《邓小平文选》第3卷，人民出版社1993年版，第126~127页。
② 同上书，第293页。

烈。当代国际环境对中国既有着很大的挑战，但也提供了难得的机遇。因此，中国特色社会主义的推进，必须在国际环境所提供的机遇中拓展发展空间。不发展就没有社会主义。因此，应该紧跟当今时代的潮流，利用人类文明提供的一切积极成果，使社会主义向未来奋进。同时，也要在安全环境中思考社会主义的命运，要从经济、政治、文化、军事安全上把握社会主义，在发展中提高社会主义抵御风险的能力。

三 确定国际战略是推动和平外交工作的基础

结合国际形势制定自己的国际战略，是一个国家推动外交工作，制定外交政策的基础。正是基于对国际形势的正确研判，基于对国际战略的科学确定，邓小平才确定了独立自主的和平外交战略和政策，并在实践中亲自进行了中国外交政策的重大调整，从而赋予社会主义中国的外交理论和外交政策以崭新的内容。同样，正是基于对国际形势的研判和对国际战略的正确把握，江泽民才在外交理论和实践方面形成了创新性发展，并在中国的外交政策和实践方面取得了重大成效，从而为中国的社会主义现代化建设赢得了良好的外部环境。

基于对国际战略的科学把握，中国制定了合理的外交政策。中国的外交政策坚持了有所作为的原则。江泽民指出："我们要贯彻邓小平同志的'韬光养晦'的方针，决不当头，这一点是毫无疑问的。但他紧接着说要有所作为。中国不能无为，中国不是'无足轻重'，而是'有足轻重'。"① 之所以韬光养晦，决不当头，是因为中国应尽量避免树敌过多；之所以要有所作为，是因为中国有了一定的经济实力和巨大的市场潜力，又是联合国安理会常任理事国。中国作为世界上最大的发展中国家，对国际事务可以发挥一些重要的影响和作用。当然，有所作为，是指必须做又可能做的事情要尽力去做，而不能超越现实可能去做事情。中国的外交政策坚持了"和平"的取向，既与发展中国家建立友好的合作关系，因为"中国是发展中国家，加强同第三世界国家的团结合作是我国对外政策的基本立足点。中国将一如既往地同发展中国家在维护各自国家的独立主权

---

① 《江泽民论有中国特色社会主义（专题摘编）》，中央文献出版社2002年版，第529页。

上相互支持,在经济文化方面加强交流。"① 同时,又努力发展大国间稳定的友好合作关系。既要发展中美关系,希望中美两国间能够建立一种稳定的建设性关系;又主张发展同俄罗斯的睦邻友好关系,并以此作为对外关系的主要方面;还要重视同西欧国家的磋商与合作。中国的外交关系坚持了独立自主的原则。"在对外合作和国际斗争中,我们任何时候都要坚持原则,但也不能没有一点妥协。必要时作点妥协,是为了更好地实现和坚持我们的原则,是原则所允许的。"② 中国决不屈从于外来的压力,决不允许损害中华民族的利益,在国际上决不信邪,不怕鬼。中国的外交政策在注意分寸、把握大局的原则下,沉着、冷静、不急不躁地妥善处理各种重大问题。

---

① 《江泽民论有中国特色社会主义(专题摘编)》,中央文献出版社2002年版,第350页。
② 《江泽民论有中国特色社会主义(专题摘编)》,中央文献出版社2002年版,第530页。

中 篇

中国特色社会主义的实践探索

第十五章 中国改革开放的历史进程

建设中国特色社会主义，是一项崭新的事业，根本任务是发展生产力，发展目标是实现社会主义现代化，而改革开放既是实现这一伟大目标和任务的基本前提之一，又是贯穿中国特色社会主义建设实践始终的一条主线。社会主义建设的实践过程就是不断深化改革，进一步扩大开放程度的伟大历史进程，这是新时期中国社会最鲜明的特征。实践一再证明，不进行改革、不加大开放力度，中国社会就将停滞不前，甚至可能倒退。二十多年改革开放的历史实践，既取得了巨大的成就，为今后阔步迈向小康社会提供了厚实的基础，同时也积累了丰富的经验，为今后的现代化道路提供了足够的借鉴。

第一节 改革开放的历史必然性

新时期改革开放理论的提出，是同当时特定的社会环境、历史条件和中国所面临的历史任务相联系的。

20世纪70年代末的中国走上改革开放的道路，绝不是偶然的，它有着深刻的历史背景。这种历史背景包括和平与发展成为时代主题的时代特征、国内外社会主义建设道路的曲折经历、艰难探索及其基本经验、惨痛教训的总结。

一 社会主义建设实践经验和教训的总结与反思

改革开放理论的提出，既是中国和其他社会主义国家建设实践历史经验的科学总结，又是中外社会主义道路曲折发展深刻惨痛教训的反思。

从中华人民共和国成立到中共十一届三中全会，在中国共产党的领导下，中国社会主义事业取得了巨大成就，也遭受了严重挫折，经验是丰富的，教训也是深刻的。对这正反两方面的历史经验加以科学总结，是中国社会走向改革开放的重要历史依据。像中国这样一个在经济文化上都比较落后的国家，在建立社会主义政权之后如何建设社会主义的问题，是马克思主义发展史上和国际社会主义运动中的一个崭新课题。这一课题，须经长期的实践和艰苦探索才能逐步解决。中国建立社会主义制度不久，以毛泽东为代表的中国共产党人就开始了对中国社会主义发展道路的艰辛探索，并取得了一些重要的思想理论成果：在中国社会主义发展道路和模式问题上，主张马克思主义普遍原理同中国实际相结合，强调走自己的路，反对照搬苏联经验和模式；在哲学理论上，批判否定社会主义社会存在矛盾的形而上学思想，提出了关于社会主义社会基本矛盾和正确处理人民内部矛盾的理论；在经济上，提出了分两步走、实现四个现代化的思想和"以农业为基础、工业为主导"、按照"农轻重"次序安排经济建设的思想；在科学文化上，提出了"百花齐放、百家争鸣"的指导方针和指导思想；等等。这些思想理论成果的产生，是我们党和国家的一份珍贵的思想财富，对中国走向改革开放和推进中国社会主义建设事业具有重要的现实意义。但是，应该指出，由于主客观诸多复杂因素的制约和干扰，毛泽东对中国社会主义现代化建设道路的探索没有沿着正确的方向进行下去，以致发生了像"文化大革命"那样的全局性失误，造成灾难性后果，使中国国民经济走到了崩溃的边缘。从1958年到1978年这20年中，虽然经济建设也在逐步发展，但总的来说"处于缓慢发展和停滞状态"，人民生活没有多大改善。这个历史的经验教训十分深刻和沉痛，值得很好总结。1986年9月，邓小平在谈到"文化大革命"时说："那件事，看起来是坏事，但归根到底也是好事，促使人们思考，促使人们认识我们的弊端在哪里。毛主席经常讲坏事转化为好事。善于总结'文化大革命'的经验，提出一些改革措施，从政治上、经济上改变我们的面貌，这样坏事就变成了好事。为什么我们能在70年代末和80年代提出了现行的一系列政策，就是总结了'文化大革命'的经验和教训。"①

从其他社会主义国家的发展看，其经验教训也是十分丰富的。从

---

① 《邓小平文选》第3卷，人民出版社1993年版，第172页。

1917年俄国十月社会主义革命成功,到20世纪80年代末、90年代初东欧剧变、苏联解体,社会主义在苏联和东欧数国分别经历了70多年和40多年兴衰成败的曲折历程。借鉴和总结苏联与东欧在社会主义发展问题上所提供的丰富经验和惨痛教训,也是中国走向改革开放的重要依据。社会主义在苏联的失败,原因是多方面的,既有经济方面的原因也有思想政治方面的原因,其中经济原因是基础性的原因或根本性的原因。苏联模式是在战争与革命的年代形成的,这一模式的特点是以国民经济高速增长为首要目标,以重工业为发展重点,以粗放发展为经济增长的主要手段。与此相适应,形成了所有制过分单一、忽视市场机制的高度集中的计划经济体制,形成了党政不分、政企不分的政治体制。这种模式在历史上曾发挥过重要作用,推动苏联经济迅速发展,使苏联由一个欧洲最落后的国家变成了世界上的经济和军事强国,为反法西斯战争的胜利奠定了坚实的物质基础。但是,在时代主题由战争与革命转变为和平与发展之后,苏联模式的弊端就明显地暴露出来,而苏联的党政领导人也未能及时地、成功地对这种过时的模式实行根本性改革,这是导致苏联解体、社会主义在苏联和东欧失败的深层次原因。事实表明,经济搞不好,人民生活长期得不到提高,社会主义制度也是难以巩固的。应该指出,导致苏联社会主义模式失败的还有思想政治上的原因。斯大林时期肃反扩大化错误的消极影响和苏共领导人对斯大林的彻底否定,在国内民族关系上大俄罗斯主义和大俄罗斯民族沙文主义政策的推行,苏联各级领导官僚主义和教条主义的盛行,西方国家"和平演变"战略的推行和西方社会政治思潮的泛滥以及苏共领导人对"人道的民主的社会主义"的倡导和颂扬等等,都是导致苏联解体和社会主义在苏联失败的重要原因。至于东欧的剧变,除了与苏联有某些相同或相类似的原因外,还有一条非常重要的原因,就是脱离本国国情,照搬苏联模式。与此同时,苏联对这些国家推行霸权主义和强权政治,使之丧失自主独立,从而引起人民极大不满。这样,一旦国内政局不稳,就很容易被国内外敌对势力用来推翻其社会主义制度。20世纪80年代末、90年代初东欧的剧变表明,照搬别国经验和别国模式是不能得到成功的。

邓小平明确指出:"我们的现代化建设,必须从中国的实际出发。无论是革命还是建设,都要注意学习和借鉴外国经验。但是,照抄照搬别国经验、别国模式,从来不能得到成功。这方面我们有过不少教训。把马克思主义的普遍真理同我国的具体实际结合起来,走自己的道路,建设有中国特色的社会主义,这就是我们总结长期历史经验得出的基本结论。"① 中国走向改革开放的道路是在总结社会主义国家的经验教训的基础上特别是总结苏联东欧社会主义国家兴衰成败的历史经验的基础上提出的。

二 社会主义基本矛盾运动的客观要求

从 20 世纪 50 年代开始,社会主义国家就掀起了一股势不可挡的改革潮流,这股潮流一直延续不断,由一国实践发展为多国的改革实践,由局部改革发展为全面改革,中国改革始自中共十一届三中全会后,虽然起步较晚,但方向正确,进展较为顺利。中国和其他一些社会主义国家掀起改革浪潮是社会主义发展的内在要求,它的深层次原因是:在社会主义社会,社会的基本矛盾仍然是生产关系与生产力、上层建筑与经济基础之间的矛盾。但是,这种矛盾与旧的阶级社会不同,不带有对抗的性质,可以在社会主义制度范围内,通过改革不断地加以解决。生产力是生产方式中最积极最活跃的因素。生产力决定生产关系,而不是生产关系决定生产力。生产关系必须适应生产力的性质和水平,而不是生产力必须适应生产关系。生产关系对生产力,滞后了不行,超越了也不行。立足本国国情,总结实践经验,根据社会生产力的现实水平和进一步发展的客观要求,自觉调整生产关系中与生产力不相适应的部分,调整上层建筑中与经济基础不相适应的部分,这就是社会主义的改革。如果不进行这样的改革,就会窒息社会主义内在的活力和生机,严重妨碍社会主义优越性的发挥。

为了解放和发展生产力,社会主义国家必须走出旧体制的束缚。20世纪二三十年代,苏联在资本主义包围和临战状态下,建立起高度集中的社会主义体制,即传统社会主义模式。这种体制在经济领域的特点是:所有制结构上,实行纯粹的社会主义公有制,不允许其他经济成分存在;经济结构上,实行产品经济,排斥商品和货币关系;经济运行机制上,实行单一的指令性计划调节的运行模式,不要经济杠杆、排斥市场调节;在管理体制上,实行所有权和经营权的高度统一,国家直接管理企业。这种高

---

① 《邓小平文选》第 3 卷,人民出版社 1993 年版,第 2~3 页。

度集中的经济体制，使当时苏联能够把有限的人力、物力、财力用到最急需的建设和防务上来。第二次世界大战以后，欧亚一系列国家走上了社会主义道路，它们在缺乏实践经验的情况下，或是模仿（如东欧大部分国家）或是参照（如中国）传统的苏联体制，建立了自己的经济、政治体制。这种带有传统社会主义体制烙印的高度集中的体制，在中国第一个五年计划期间，大体上还能适应生产力的发展。但是，进入正常建设年代以后，在革命年代群众所特有的那种激情消失以后，这种过分集权、管得太严、统得太死、排斥商品和市场的经济体制的弊端就明显地暴露出来。

这种体制既容易使国家机关工作人员滋生官僚主义、唯意志论、瞎指挥和以权谋私等不良倾向，又使企业管理者和劳动者缺乏改善经营、发展生产的内在动力，妨碍其发挥积极性和创造性，导致生产效益低、产品品种少、质量差，不能满足人们的需要。经过一段实践，中国和东欧某些国家较早地觉察到这种体制有严重缺陷。毛泽东早在50年代中期就从实践中认识到这种体制的弊端，提出要"以苏为鉴"。后来在探索中走偏了方向。十一届三中全会以后，中国共产党通过认真总结历史经验，认识到这种传统的社会主义体制已经成为一种"僵化模式"，必须进行根本改革，使其转换为具有生机和活力的现代社会主义市场经济体制。否则，继续坚持旧的体制，就将走进死胡同去。

三 改革开放是社会主义同资本主义两种政治制度历史性较量的需要

"一个世界、两种制度"是当代世界的重要格局。战后，西方发达资本主义国家在20世纪五六十年代先于社会主义国家利用科技优势，掀起新的科技革命，即历史上第三次科技革命。这次科技革命是以微电子技术为核心，包括新能源技术、新材料技术、航天技术、海洋工程技术、生物工程技术等各个领域。现在人们认识自然的能力空前提高，改造自然的手段相当先进。新的科技革命对资本主义自身从生产关系到上层建筑进行了一系列自我调节，使之适应社会化生产力的发展。战后，资本主义所容纳和创造的社会生产力以惊人的速度和规模扩大。据统计，从1945—1975年，世界工业总产值累计额是人类历史全部工业总产值累计额的两倍左右。在世界经济比重中，24个发达资本主义国家战后20多年生产的产品，超过了过去200多年产品的总和。社会主义面临着现代资本主义的严峻挑战。当前社会主义同资本主义处在历史性竞争之中。随着世界大潮从紧张趋向缓和，竞争的重点从军事领域转向经济、科技领域。社会主义国家如不进行改革，实现从传统社会主义体制向现代社会主义体制的转变，就难以同现代资本主义进行有力的竞争。在东欧剧变、苏联解体，社会主义招致严重挫折的形势下，中国的状况如何，直接关系到世界社会主义的前途和命运。中国是一个具有 12 亿人口的世界头号人口大国，也是政治大国，但经济、文化、科技不发达。世界人民看着中国。中国的振兴在于改革。中国通过改革，经济实力和综合国力上去了，走在世界前列，世界社会主义就大有希望。

总之，二战以后，以增强经济活力为核心的资本主义国家的调整和社会主义的改革，一前一后，相继出台，相互促进。20 世纪五六十年代，西方发达国家普遍进行了调整，这不能不影响社会主义国家。社会主义国家的改革，起源于 50 年代初的南斯拉夫，到 70 年代后期成为改革大潮，反转过来，80 年代中期以后，西方发达国家、拉美国家、南亚国家、部分非洲国家，都先后进行改革，出现了世界性的改革浪潮。可以说，改革已经成为一股遍及全球的世界大潮流，这也成为中国社会走向改革开放的重要外部原因。

第二节　中国改革开放的步骤

中国特色社会主义的根本任务是发展生产力。这就要求必须根据社会主义本质的要求，在坚持四项基本原则的前提下，坚持"三个有利于"的判断标准，实行改革开放。中国的改革开放的进程，随着历史的发展而展开。

一　中国改革开放的纵向发展

中国实行全方位的对内改革、对外开放，以改革促开放，以开放促改革。就内容来说，不仅包括经济，而且包括政治、文化方面的改革、交流与合作；就范围来说，不仅对西方发达资本主义国家开放，而且对苏联和东欧国家、第三世界发展中国家开放，是三个方面的全面开放。中国改革开放的纵向发展，大致分为四个步骤：农村承包制改革、城市经济体制改革、市场经济体制确立、全面改革展开等四个阶段。

中国的改革开放从中共十一届三中全会以后开始起步，首先从农村展开。之所以把农村作为改革的突破口，有三个方面的原因：一是当时农村生产力发展深受旧体制的束缚，农村经济社会面临严重问题，广大农民改变这种状况的要求十分迫切；二是农村旧体制的改革相对于城市的改革要容易进行，也容易见成效；三是农村的发展是国民经济发展的基础，也是社会稳定的基础，只有农村改革提供了经验后，才能有力地推进中国的全面改革。农村改革的发展跨出了三大步，是一个循序渐进的过程：一是废除了"三级所有、队为基础"的人民公社管理体制，全面推行了家庭联产承包责任制，解放了农村生产力，到1983年初，中国农村93%的生产队实行了这种承包责任制；二是取消了农副产品统购统销制度，调整和放开了绝大部分农副产品价格，允许农民进入流通领域，扩大了市场调节范围，基本理顺了农民与国家的关系，从1979年起，国家陆续提高农产品价格，从1985年开始对粮食等主要农产品实行合同定购，把许多农产品放开经营，结束了延续30多年的统一派购制度；三是大力发展农村商品经济，调整农村产业结构，由过去单一的农业结构转变为农、工、商结合，乡镇企业在农村迅速崛起，农业剩余劳动力向非农业转移。这些改革措施，使农业生产摆脱长期停滞的困境，农村经济向着专业化、商品化、社会化迅速发展，广大城乡人民得到显著实惠，带动了整个改革和建设事业的发展。随着农村改革的推进，乡镇企业飞速发展，到1990年，乡镇企业从业人数发展到近9300万人，占农村劳动力的22%，乡镇工业产值已占全国工业产值的1/3。农村改革的初见成效，极大地激发了广大农民的积极性和创造性，大大解放了农业生产力。整个20世纪80年代前期，中国农村经济呈现出良好的发展势头，为城市改革创造了一个良好的条件。

从中共十二届三中全会通过了《中共中央关于经济体制改革的决定》后，改革重点由农村转向城市。《决定》突破了把计划经济同商品经济对立起来的传统观点，确认中国社会主义经济是公有制基础上的有计划商品经济，提出了所有权与经营权两权分离的新认识，这为全面经济体制改革提供了新的理论指导。此后，以增强企业活力为中心的城市改革逐步全面推开，进行了计划、财政、税收、价格、金融、物资、商业、外贸、劳动工资等方面的改革，股份制等也开始实验。同经济体制改革相适应，1985

年3月和5月中共中央又相继作出了《关于科学技术体制改革的决定》和《关于教育体制改革的决定》，这样，改革进入了从经济领域到其他各个领域的全面改革的阶段。1986年，随着经济体制改革的推进，邓小平指出："现在看，不搞政治体制改革不能适应形势。改革，应该包括政治体制的改革，而且应该把它作为改革向前推进的一个标志。"① 1987年10月，中共十三大又进一步提出政治体制改革的目标和任务。

以邓小平南方谈话和中共十四大为标志，中国改革进入了以建立社会主义市场经济体制为目标模式的新阶段。1992年初，邓小平在南方谈话中，对改革实践作了全面的总结，对改革理论作了进一步的阐述。同年10月，中共十四大根据邓小平南方谈话精神，对中共十一届三中全会以来的改革实践作了全面深刻的总结，对改革的性质、内容也作了系统的概括，明确提出了中国经济体制改革的目标是建立社会主义市场经济体制。中国要建立的社会主义市场经济体制，就是要使市场在社会主义国家宏观调控下对资源配置起基础作用，使经济活动遵循价值规律的要求，适应供求关系的变化，通过价格杠杆和竞争机制的功能，把资源配置到效益较好的环节中去，并给企业以压力和动力，实现优胜劣汰；运用市场对各种经济信号反映比较灵敏的优点，促进生产和需求的及时协调，同时也要看到市场有其自身的弱点和消极方面，必须加强和改善国家对经济的宏观调控。"建立和完善社会主义市场经济体制，是一个长期发展的过程，是一项艰巨复杂的社会系统工程。"② 具体来讲，主要从以下方面实现了建设性的突破。

首先，围绕社会主义市场经济体制的建立，加快了经济改革的进程。一是着力转换国有企业特别是大中型企业的经营机制，把企业推向市场，增强了活力，提高了企业素质；二是加快了市场体系的培育，大力发展了生产资料、金融、技术、劳务、信息和房地产等市场体系的培育；三是深化了分配制度和社会保障制度的改革；四是加快了政府职能的转变，真正实现了政企分开和政府职能的转变，并且加强了对市场的监督和宏观监管力度。其次，进一步扩大了对外开放程度，形成了多层次、多渠道、全方

---

① 《邓小平文选》第3卷，人民出版社1993年版，第160页。
② 《中国共产党第十四次全国代表大会文件汇编》，人民出版社1992年版，第23页。

位开放的格局，更多更好地利用了国外的资金、资源、技术和管理经验，积极开拓国际市场，促进了对外贸易多元化，外向型经济得到了迅猛发展，也促进了中国企业的对外投资和跨国经营。再次，大力调整和优化了产业结构，高度重视农业经济的全面发展，加快发展交通、通讯、能源、原材料和水利等基础工业、基础设施的开发建设，促进了第三产业的兴旺发达。第四，加速了科技进步的步伐，大力发展教育事业，充分发挥知识分子的作用。第五，充分发挥各地优势，加快了地区经济的发展，促进了全国经济布局日趋合理化。

1997年中共十五大对中国改革过程中的一系列重大理论问题和实践问题作了科学全面的回答，强调要坚持社会主义市场经济的改革方向，使改革在一些重大思想理论问题方面取得了新的突破。中共十五大以后，中国的改革进入了以国有企业改革为突破口，全面构建社会主义市场经济体制框架的新的攻坚阶段。中央政府大力实施扩大内需的方针，适时采取了积极的财政政策和稳健的货币政策，经济结构战略性调整取得成效，国民经济得到了持续快速健康发展。社会主义市场经济体制初步建立，各种经济成分得到了迅速的发展，对外开放步入了新阶段。城乡居民收入稳步增长，居民生活质量大幅攀升，人民生活从总体上达到了小康水平，改革开放和现代化建设事业步入新的发展阶段。未来全面建设小康社会的奋斗目标，可具体化为在优化结构和提高效益的基础上，使GDP翻两番，综合国力和国际竞争力有明显的增强；社会主义民主更加完善，法制更加完备，依法治国战略全面落实；全民族的道德、文化、健康素质有明显的提高；可持续发展能力不断增强，促进人与自然的和谐相处。为此，必须从各方面加大改革的力度。要大力实施科教兴国战略和可持续发展战略。要全面繁荣农村经济，加快城镇化进程。积极推进西部大开发战略，努力促进区域经济的协调发展。要坚持和完善基本经济制度，继续深化国有资产管理体制改革。健全现代市场体系，加强和完善宏观调控机制。继续深化分配制度改革，健全社会保障体系。坚持"引进来"和"走出去"相结合，全面提高对外开放水平。要千方百计扩大就业，不断改善和提高人民生活水平。政治体制改革要坚持和完善社会主义民主制度，加强社会主义法制建设，改革和完善党的领导方式和执政方式，改革和完善决策机制，深化行政管理体制改革，推进司法体制改革，深化干部人事制度改革，加强对权力的制约和监督，切实维护社会稳定。文化体制改革要牢牢把握先进文化的前进方向，坚持弘扬和培育民族精神，切实加强思想道德建设，大力发展教育和科学事业，积极发展文化事业和文化产业，继续深化文化体制改革。在党的建设、国防和对外事业方面也要积极推进改革向纵深拓展。

二 改革开放的横向突破

经过二十多年的发展，中国的改革开放沿着从南到北、从东到西、从沿海到内地的开放步骤，已初步形成了"经济特区——沿海开放城市——沿海经济开放区"的大开放、大开发的战略态势，形成多层次、多渠道、全方位开放的格局，内地乃至西部地区也实现了改革开放的战略性突破。

经济特区是改革开放的第一层面，是一个国家或地区为了加速经济的发展而划出来的特定区域，在这些区域内实行优惠政策，以吸取外来的资金和技术。目前，中国已设置了深圳、珠海、汕头、厦门四个经济特区和海南省这个最大的经济特区。中国的经济特区主要突出了一个"特"字：一是在对外经济活动中享有较大的自主权；二是对外商投资在税收上给予特殊的优惠；三是经济坚持几个"为主"，即建设资金以吸收和利用外资为主，经济成分以中外合资、合作经营企业和外商独资企业为主，产品以出口外销为主。经济特区是对外开放的窗口和基地。邓小平指出，要把经济特区办成，"技术的窗口，管理的窗口，知识的窗口，也是对外政策的窗口"。以深圳为代表的特区城市，在短短的二十多年的时间内，由一个不足两千人口的小村镇，一跃成为现代大都市，成为中国改革开放的最前沿阵地。随着邓小平南方谈话的发表，特区又走向了新的发展，由前期的主要以加工业为主的新兴城市向资本、技术、信息化的现代化、国际化大都市迈进。特区的发展为全国的改革开放树立了样板，特区自身也在不断地探索中国改革开放的最新实践。

开放沿海14个港口城市是改革开放的第二层面。1984年，国务院决定进一步开放天津、上海、大连、秦皇岛、烟台、青岛、连云港、南通、宁波、温州、福州、广州、湛江、北海14个沿海港口城市。这些城市，在扩大利用外资，引进先进技术方面给予较大的审批权；对外商投资给予税收和土地使用等方面的优惠政策；有条件的城市，经国务院批准可设置经济技术开发区，实行某些特殊的经济政策。这14个沿海开放城市，经过近20年的发展，成为沿海地区经济发展的佼佼者。

沿海经济开放区的设置是改革开放的第三层面。从1985—1988年，国务院先后确定珠江三角洲、长江三角洲、闽南三角洲、胶东半岛和辽东半岛为沿海经济开放区。以上海浦东开发为龙头，进一步开放了长江沿岸城市，使上海逐步成为国际经济、金融、贸易中心之一，带动了长江三角洲和整个长江流域地区经济的新飞跃。以深圳、广州为代表的龙头城市的快速发展，加速了珠江三角洲地区的经济新飞跃。京津唐地区、辽东半岛、胶东半岛形成环渤海湾地区经济带，以大连、天津、青岛为龙头的开放前沿拉动了这一经济带的开发和开放。

这样通过五个经济特区、14个沿海开放城市和若干沿海经济开放区，使沿海从南到北形成了三个不同层次的开放地带，成为整个国家对外开放的桥头堡，起到了跳板作用。两亿人口的沿海地带迅速发展，有力地推动了全国的改革开放和经济建设。上述三个层次开放地带的成功经验，从南到北、从东到西、从沿海到向内地逐步推进，不断推动着内地和西部地区的开放和经济的振兴。

内地及中西部地区的改革开放是在沿海经济开放区的逐步带动下起步的。到20世纪90年代，中共中央提出了西部大开发的重大战略决策，吹响中西部地区的改革开放和经济发展的号角。西部地区的发展不能重复东部地区的老路子，一定要坚持可持续发展的发展战略，走出一条人与自然和谐相处的新型的工业化发展路子。加入世界贸易组织使中国的对外开放进入了新阶段，同时也为中国的改革开放提出了更高的要求。为适应经济全球化的新形势，力争在更大范围、更广领域和更高层次上参与国际经济技术的合作和竞争，为了充分利用国际国内两个市场，优化资源配置，拓宽发展空间，以开放促改革促发展，要坚持"引进来"和"走出去"相结合，全面提高对外开放水平。个体、私营等非公有制经济要得到较快发展，宏观调控体系要不断完善，政府职能转变步伐要进一步加快。

到20世纪末，中国已经形成了从沿海开放发展为沿江、沿边到内陆开放的战略大格局。加快推进改革开放的进程，对顺利实现小康社会目标，对加快推进社会主义现代化具有决定性意义。根据世界经济科技发展新趋势和中国全面建设小康社会的奋斗目标，未来20年改革开放的主要任务是，完善社会主义市场经济体制，推动经济结构战略性调整，基本实现工业化，大力推进信息化，加快建设现代化，保持国民经济持续快速健康发展，不断提高人民生活水平。经过这个阶段的建设，达到全面实现小康的奋斗目标。力争到21世纪中叶基本实现现代化，把中国建设成为富强民主文明的社会主义强国。

第三节 改革开放的伟大成就及经验总结

中共十一届三中全会以后的24年，特别是中共十三届四中全会以来的13年，中国改革开放取得了举世瞩目的历史性成就。社会主义市场经济体制初步建立。公有制经济进一步壮大，国有企业改革稳步推进。个体、私营等非公有制经济快速发展。市场体系建设全面展开，宏观调控体系不断完善，政府职能转变步伐加快。财税、金融、流通、住房和政府机构等改革继续深化。开放型经济迅速发展，商品和服务贸易、资本流动规模显著扩大。国家外汇储备大幅度增加。中国加入世贸组织，对外开放进入新阶段。世界舆论普遍认为，中国在建立社会主义市场经济体系和发展国民经济方面取得了"举世震惊的成绩"。

改革开放以来，我国经济出现了持续、快速、健康发展的良好势头。20世纪80年代国民经济年均增长9.2%，居世界第二位。进入90年代，继1992年增长12.8%之后，1993年增长13.4%，连续两年居世界经济增长之首。2001年中国国内生产总值达到9.6万亿元，比1989年增长近两倍，年均增长9.3%，经济总量、综合实力已跃居世界第六位。人民生活总体上实现了由温饱到小康的历史性跨越。到2002年，中国进出口贸易总额已达世界第五位，国内生产总值从1997年的7.4万亿元增加到10.2万亿元，按可比价格计算，平均每年增长7.7%。全国财政收入从1997年的8651亿元增加到2002年的18 914亿元，平均每年增加2 053亿元。尽管改革开放进程中遇到不少问题，但举世公认，中国的改革是最成功的，"中国选择的模式是最佳模式"。之所以取得如此巨大的成就，是因为我们坚持了改革开放的正确原则，从而也就为经济社会发展积累了丰富的实践经验和理论指导。中国改革开放的基本经验是：

一 始终坚持以经济体制改革为重点,用发展的办法解决前进中的问题

改革要坚持以经济建设为中心。中国的改革开放是全面改革,不是局部改革。邓小平说:"改革是全面的改革,包括经济体制改革、政治体制改革和相应的其他各个领域的改革。"① 改革必须配合建设,全面改革是和全面建设相配合的。社会主义是一个全面发展的社会,党的基本路线规定的奋斗目标是一个全面的奋斗目标。"为把我国建设成为富强、民主、文明的社会主义现代化国家而奋斗"。包括经济、政治、思想文化三个方面的要求,既是三位一体的现代化目标又是中国特色社会主义的三个重要方面。全面改革是为全面建设服务的。中国的改革既是全面的,又是有重点的,就是说,有所侧重,没有平均使用力量。重点就是经济体制改革。这个重点的确立,是由经济建设为中心的总方针所决定的。以经济建设为中心,不断地发展生产力,不断地提高人民物质文化生活水平,不断地增强国家的经济实力和综合国力,在逐步实现现代化的基础上,使国家从贫穷落后走向繁荣富强,这是当前和今后很长一个时期全国人民压倒一切的中心任务,是决定祖国命运的千秋大业。我们只有这一个中心,不能搞多中心。其他各项工作,包括改革,都要围绕、服从和服务于这个中心,而不能偏离、干扰和冲击这个中心。

发展是硬道理,要用发展的办法解决前进中的新课题。改革的成功之处,主要不在于先进行经济体制改革后进行政治体制改革,而在于在全面改革中始终坚持以经济体制改革为重点,始终坚持发展是硬道理。要解放思想,与时俱进,必须抓住一切机遇加快发展。发展要有新思路。坚持扩大内需的方针,实施科教兴国和可持续发展战略,实现速度和结构、质量、效益相统一,经济发展和人口、资源、环境相协调。在经济发展的基础上,促进社会全面进步,不断提高人民生活水平,保证人民共享发展成果。相反,某些国家的改革所以失败,一个重要原因就是在经济体制改革没有取得明显成效的情况下,匆忙将改革重点转向政治领域,并推出破坏性的措施,引起政治过热和政治动荡,冲淡和放松了经济体制改革。结果经济政治形势急剧恶化,社会动荡不安,思想理论混乱,人民生活每况愈

---

① 《邓小平文选》第3卷,人民出版社1993年版,第237页。

下,取消党的领导,国家解体,最终断送社会主义前途。

改革要全面推进,重点突破。中国的经济体制改革,从农民占中国人口的绝大多数这个客观事实出发,首先从农村开始。家庭联产承包责任制的实行和人民公社制度的废除,极大地解放了农村生产力,农业连年增产,基本上解决了粮食问题,以世界7%的耕地养活了世界22%的人口,这是一个了不起的成就。随着农村改革的深入,乡镇企业异军突起,吸纳了1.1亿农村剩余劳动力,为促进农村发展,促进工业和整个国民经济的发展,开辟了一条新路。农村改革取得成功后,到1984年发展到以城市为重点、以增强国有企业活力为中心的全面经济体制改革的阶段。通过产业结构的调整,第三产业大发展,市场繁荣,商品丰富,基本上满足了人民的物质文化生活需要。从1992年邓小平南方谈话到中共十四大、十五大以后,中国的经济体制改革又进入到从实际出发、整体推进、重点突破、循序渐进和注重制度建设与创新相结合,坚持社会主义市场经济的改革方向,使市场在国家宏观调控下对资源配置起基础性作用。坚持"引进来"和"走出去"相结合,积极参与国际经济合作与竞争,不断提高对外开放水平。广大群众从改革中得到实惠,从内心拥护改革,成为改革的积极支持者。这是中国改革不可逆转的根本原因。

二 建立社会主义市场经济体制的渐进式改革策略

中国经济体制改革的目标是建立社会主义市场经济体制。中共十一届三中全会以后,通过改革开放总设计师邓小平的一系列论断和对社会主义的再认识,我们不再把商品经济和市场看成是资本主义的专利品和社会主义的异己物。市场不带有社会制度的属性。邓小平指出:"社会主义和市场经济之间不存在根本矛盾。"① "计划和市场都是方法,只要对发展生产力有好处,就可以利用。它为社会主义服务,就是社会主义的;为资本主义服务,就是资本主义的。"② "计划多一点还是市场多一点,不是社会主义和资本主义的本质区别。计划经济不等于社会主义,资本主义也有计划;市场经济不等于资本主义,社会主义也有市场。计划和市场都是经济

---

① 《邓小平文选》第3卷,人民出版社1993年版,第148页。
② 同上书,第203页。

手段。"① 计划经济与市场经济的区别，不是前者排斥市场，后者排斥计划，而在于对资源的配置起基础作用的是计划还是市场。中国经过多年的实践和经验总结，确定经济体制改革是市场取向的改革，必须建立社会主义市场经济体制，这是选择最佳的经济体制和经济运行机制。这对加速中国的经济发展起了重大作用。

建立社会主义市场经济体制是人类历史上的一个伟大创举，因为迄今为止，世界上只有资本主义市场经济，在社会主义条件下搞市场经济，这在历史上是没有先例的，没有现成的经验可资借鉴。中国从传统的高度计划经济体制向社会主义市场经济体制转变，这是一个根本变革。实现这个根本变革，即经济体制的转型，我们在探索中按照积极而又稳步前进的原则，采取了渐进的改革策略，分三步向前推进。第一步，从1981年中共十一届六中全会的《关于建国以来党的若干历史问题的决议》到1982年中共十二大提出计划经济为主、市场调节为辅；第二步，从1984年中共十二届三中全会的经济体制改革决定到1987年中共十三大提出计划和市场相结合；第三步，从1992年邓小平南方谈话到中共十四大提出建立社会主义市场经济体制。这是就全国范围说的，东南沿海地区搞市场经济起步更早一些。中国实现经济体制的转型，从中共十一届三中全会起到20世纪末止，前后大约20多年时间。实践证明，我们采取的渐进改革是成功的，没有出现激进改革带来的生产下滑、物价失控、失业骤增、生活下降和社会震荡与各方面都感到痛苦等严重问题。斯洛伐克总理恰克认为，中国选择的渐进改革道路是正确的，值得借鉴。外国对中国最感兴趣的有两个，一个是经济体制改革，另一个就是所谓的"软着陆"。

三 对内改革与对外开放相结合

中国的对内改革和对外开放是紧密联系在一起的。对内改革和对外开放，二者相辅相成、相互促进、相得益彰。改革是生产力解放和发展的必由之路，对外开放是实现社会主义现代化的必要条件。改革和开放相结合，这是中国社会主义改革的一个鲜明特色，也是改革成功的一个重要原因。中国在中共十一届三中全会以后，坚持实行对外开放，是顺乎历史潮

---

① 《邓小平文选》第3卷，人民出版社1993年版，第373页。

流,在"现在的世界是开放的世界"这个大背景下提出来的大政策和基本国策。在现代化大生产条件下,任何一个国家,不论社会制度如何,都不能在与世隔绝的情况下发展自己的经济。闭关自守,关起门来搞建设是不能成功的,只能导致停滞和落后,这早已为国际国内的无数经验教训所证明。只有充分利用国内国际两个市场、两种资源,吸收人类一切先进文明成果,自觉置身于国际市场的竞争,一国的民族经济才能更快发展。中国把实现社会主义现代化作为自己的长期奋斗目标。在当前科学技术日新月异的发展,各国经济一日千里地前进,各国之间的经济联系和科学技术交流越来越频繁和密切的情况下,任何国家都不能在封闭的状态下求发展,实现现代化。

中国已经形成全方位、多层次、多形式对外开放的战略格局。经过20多年的努力,中国基本上实现了从沿海到内地的全方位、多层次、多形式对外开放的新格局。中国建立了5个经济特区、32个经济技术开发区、52个国家级高新技术开发区;外经外贸发展迅速,1995年中国进出口贸易总额达2800亿美元,从1978年的世界第32位上升到第11位。到2002年,中国的进出口贸易总额由1997年的3 252亿美元增加到6 208亿美元,世界排名已居第五位。中国现已成为直接吸收外资最多的国家,2002年直接吸收外资达560亿美元,从1997年至2002年累计实际利用外商直接投资2 261亿美元,超过1979年到1997年的总和。国家外汇储备已达2 864亿美元。中国实行对外开放的结果,引进了大量资金、先进的科学技术和管理方法。尤其是入世之后,更加大了我们的对外开放力度。对外开放促进了国内改革和与世界的接轨,对中国的社会主义现代化建设事业起到了巨大的促进作用。

四 政治体制改革与经济体制改革相适应

政治体制改革与经济体制改革应该相互依赖、相互配合。只搞经济体制改革,不搞政治体制改革,不仅经济体制改革的成果不能巩固,而且也难以进一步深入。经济体制改革每前进一步,人们都深深感到政治体制改革的必要性。邓小平关于政治体制改革有许多重要论述,其指导原则,一是政治体制改革比经济体制改革更复杂更艰难,因为它涉及千千万万人的利益,因此,"需要审慎从事",否则会一着不慎,满盘皆输;二是与经济体制改革相比，政治体制改革不是"根本改革"，没有大破大立问题；三是政治体制改革既不能照搬西方资本主义国家的"多党制"、"两院制"、"三权分立"制度，也不能照搬其他社会主义国家的经验，而要发挥我们自己的优势。我们实行的是人民代表大会制。这是中国人民在实践中的伟大创造，既能保证人民当家作主，又能解决人民实际上不可能直接决定一切国家大事而带来的种种困难，有利于实现民主和效率的双重目标，最符合中国国情。政治体制改革的目标是：巩固社会主义制度；发展社会主义社会的生产力；发扬社会主义民主，调动广大人民的积极性。

政治体制改革是社会主义制度的自我完善和发展。推进政治体制改革要有利于改善和增强中国共产党的领导和发挥社会主义制度的优越性。中国政治体制改革的重点是完善人民代表大会制度，完善共产党领导的多党合作和政治协商制度；实行政企分开，权力下放，精简党政机构，转变政府职能；改革人事制度，完善决策机制，实施公务员制度，深化行政管理体制改革；推进司法体制改革，加强对权力的制约和监督，坚持和完善社会主义民主。着重加强制度建设，实现社会主义民主政治的制度化、规范化和程序化。这样做的目的，就是使政治体制与市场经济体制相适应、相配合。西方国家搞了几百年，至今也没做到完全相配套。现在国际上有一种舆论：中国只搞经济改革，不搞政治改革。邓小平反驳他们说，这不对。从中共十一届三中全会以后，中国政治体制改革从未间断，只是没有按照西方的政治模式搞"改革"，如果那样做，就上了他们的圈套。改革开放以来，我们坚定不移地推进政治体制改革，有力地促进了社会主义民主政治建设。发展社会主义民主政治，最根本的是要把坚持党的领导、人民当家作主和依法治国有机统一起来。坚持从中国国情出发，总结实践经验，同时借鉴人类政治文明的有益成果。

五 正确处理改革、发展、稳定之间的关系

稳定是改革和发展的前提。要把改革的力度、发展的速度和社会可承受的程度统一起来，把不断改善人民生活作为处理改革发展稳定关系的重要结合点，在社会稳定中推进改革发展，通过改革发展促进社会稳定。正确处理改革、发展、稳定三者之间的相互关系，是贯穿改革过程中的一个重大问题。社会政治稳定对改革极为重要。邓小平指出："中国的问题压

倒一切的是需要稳定。没有稳定的环境，什么都搞不成，已经取得的成果也会失掉。"① "我们搞四化，搞改革开放，关键是稳定。"② 中国能不能实现稳定，这不只关系中国，也不只关系亚太地区，而是关系整个世界能不能稳定的大问题。中国改革开放的 20 年，大部分时间是稳定的，但也有不稳定的时候。特别是经过 1989 年春夏之交的北京政治风波，人们更加认识到稳定对中国的重要。当前中国社会稳定，政治稳定，这种局面保证了我们改革的步子迈得更稳、更好、更快。对比某些国家改革中出现的政治动荡，更显得中国社会稳定的可贵。

改革是发展的内在动力，发展才是改革的目的所在。实践使全体中国人认识到，改革是动力，它能够解放和发展生产力，促进发展。发展是目的，是"硬道理"，"问题的最终解决还是靠经济的发展"，只有发展，中国才能尽快摆脱贫穷落后状态，才能进入世界现代化国家的行列；发展反过来又会促进改革，同时它又是社会稳定和国家长治久安的基础。稳定是前提，是发展和顺利进行改革的必不可少的条件，动乱会使改革夭折。我们在任何时候都要注意把握好改革的力度、发展的速度、稳定的程度，使三者之间保持平衡。

上述五条，就是中国改革的主要经验和成功秘诀。如果对中国的改革进行哲学思考，成功的主要原因有两条。一条是中国的改革是从中国的实际出发，从处在社会主义初级阶段的基本国情出发，而不去照搬其他国家的改革经验。这叫理论联系实际，从实际出发，实事求是。另一条是坚持在实践中大胆探索，多做实事，切忌空谈。正如邓小平讲的那样，要"摸着石头过河"。改革就是在干中学，在干中积累经验，在干中增长才干，到一定时候进行总结，对了的就坚持下去，错了的就改正过来。中国的改革开放是全体中国人民共同的心声。只有坚持改革开放，才能实现中华民族崛起的历史使命。

---

① 《邓小平文选》第 3 卷，人民出版社 1993 年版，第 284 页。
② 同上书，第 286 页。

第十六章　中国特色社会主义经济制度

改革开放以来，中国共产党第二代、第三代中央领导集体在经济体制改革的实践中创造性地丰富和发展了马克思主义所有制理论和分配理论，逐步消除了不合理的所有制结构和平均主义的分配制度对生产力的约束，形成了以公有制为主体、多种所有制经济共同发展，以按劳分配为主体、多种分配方式并存的社会主义经济制度。从而实现了科学社会主义的基本经济原理在当代中国的创造性发展。在 21 世纪，随着中国共产党对社会主义市场经济认识的不断深化，我们在改革开放中着力于经济制度创新，中国特色的社会主义经济制度将更加成熟和完善。

第一节　社会主义经济制度探索

所有制结构与分配结构是社会主义经济体制改革的基本问题，建立适应生产力发展的所有制结构和分配结构，是中国特色社会主义经济制度探索的重要内容。新中国成立以后，我们应当建立一个什么样的经济制度，中国共产党三代中央领导集体进行了艰辛探索。

一　社会主义经济制度的探索过程

马克思主义认为，生产资料所有制是整个社会生产关系和经济制度的基础，它从根本上决定了社会上层建筑乃至整个社会制度。个人收入分配制度是经济体制的重要组成部分，也是经济制度的重要内容。新中国成立以来，我们为建立适应我国经济发展的所有制结构和分配结构进行了努力探索。但由于复杂的社会历史原因，我国的所有制结构和分配结构经历了一个曲折的历史发展过程，直到改革开放以后，我们对建立何种所有制结构与分配结构才有了比较清醒的认识，合理的、适应生产力发展的所有制结构与分配结构才得以逐步建立起来。

根据马克思主义基本原理，在一定的社会形态中，建立什么样的所有制结构，应当根据社会生产力的状况来决定。我国是在经济落后的条件下进入社会主义的，在这种情况下如何建立适合国情的所有结构，是我国社会主义建设和发展面临的一个崭新课题。众所周知，马克思主义创始人曾对社会主义所有制问题提出过一些设想，那就是无产阶级取得革命胜利后经过短暂的过渡时期，即可建立全部生产资料由社会占有的社会所有制。但是，马克思和恩格斯的设想是根据发达资本主义国家的情况做出的。单一社会所有制的建立是以生产力高度发展、生产全面社会化为前提的。但社会主义的实践超出了马克思、恩格斯的设想。社会主义革命首先在资本主义不够发达小农经济占优势的国家取得了胜利，要在这种落后的生产力基础上建立起单一的社会所有制是不可能的。列宁、斯大林在创建社会主义所有制的实践中，根据现实情况发展了马克思、恩格斯的思想。认为社会主义所有制的基础是公有制，其形式有两种，即国家所有制和集体所有制。其他所有制形式是与社会主义不相容的。由于受苏联实践的影响，从20世纪50年代开始，我国不断进行所有制的调整和改革，不断向"一大二公"的所有制形式过渡，形成了单一公有制经济格局。实践证明，这种单一的所有制结构不适应我国生产力发展的状况，对其进行调整和改革成为我国经济体制改革的一项重要内容。经过调整和改革，逐步形成了适应我国社会生产力状况的中国特色的社会主义所有制结构。从所有制结构演变和发展历程看，我国生产资料所有制结构的变革经历了以下几个阶段。

第一阶段，国民经济恢复时期（1949—1952年）。在这一阶段，我国所有制主要有：外国资本所有制、官僚资本所有制、民族资本所有制、封建地主土地所有制、劳动者个体所有制。人民政府通过没收外国资本和官僚资本为国家所有，建立了全民所有制经济；通过全国性的土地制度改革，消灭了封建地主土地所有制，建立了农民个体土地所有制；通过利用、限制和初步的改组改造，使民族资本工业得到恢复和发展；通过对个体手工业的指导、扶持和帮助，引导其走上了合作化道路，并建立了以手工业合作社为主的集体所有制。这样，我国的所有制结构就演化为全民所有即社会主义国家所有制、民族资本所有制、劳动者个体所有制、集体所有制四种主要形式,并且还兼有公私合营的形式。

第二阶段,社会主义改造时期(1953—1956年)。按照"一化三改"的过渡时期总路线,在农村,通过建立互助组、初级农业生产合作社、高级农业生产合作社等形式对农民个体所有制进行改造,建立农村集体所有制;在城镇,对个体手工业、个体商业、个体建筑业、个体运输业等进行集体化改造。通过实行委托加工、计划定货、统购包销、委托经销、代销,公司合营,全行业公司合营等一系列从低级到高级的多种改造形式,逐步实现民族资本主义工商业的国有化。同时,国家进行了以156个重大项目为主的大规模建设。这样,建立了以国有经济为主导、公有制经济占绝对优势的所有制结构。国民经济各部门均以公有制经济为主,工业部门又以国营经济为主,国营经济又以大中型企业为主,大中型企业又集中在关系国计民生的主要行业中。

第三阶段,"大跃进"、人民公社化运动和"文化大革命"时期(1958—1978年)。这一时期的基本趋势是追求"一大二公"的所有制结构,否定商品生产和市场的作用,通过不断搞"穷过渡"和割资本生义"尾巴"的办法,大兴所有制"升级"和"过渡"之风,积极扩大国营经济,削弱集体经济,尽可能地消灭个体经济,力图建立单一的社会主义公有制经济,结果对社会主义生产力和生产关系带来了极大破坏。经过这一时期,我国所有制结构更加单一化,城乡私营经济几乎不复存在,个体经济所剩无几,集体经济也被削弱。

第四阶段,改革开放时期(1978年至今)。这一时期,中国共产党第二代、第三代中央领导集体,认真总结新中国成立以来我国社会主义现代化建设的经验教训,从我国社会主义初级阶段的基本国情出发,依据生产关系一定要适应生产力发展要求的客观规律,逐步确立了以公有制为主体、多种所有制经济共同发展的所有制结构。不仅实现了公有制经济形式和非公有制经济形式多样化,而且实现了所有制形式的多样化,特别是提出了公有制实现形式应当而且必须多样化的科学论断。改革开放的实践证明,以公有制为主体、多种所有制经济共同发展的所有制结构,是符合我国社会主义初级阶段的实际的,有利于促进我国生产力的发展,有利于促进我国综合国力和人民生活水平的提高。

生产决定分配,正如马克思指出的那样:"消费资料的任何一种分配,都不过是生产条件本身分配的结果"。① 与生产资料所有制结构的探索一样,我国社会主义分配结构的探索也经历了一个艰辛的过程。社会主义传统的收入分配理论是单一的按劳分配。这一思想最早见于空想社会主义者约翰、弗兰西斯、布雷的著作中,而后被马克思批判地加以利用,逐步修正完善,最终以《哥达纲领批判》一书的形成而标志其确立。社会主义革命成功以后,我国也设想建立了单一的按劳分配制度,但实践证明,这一单一的按劳分配制度并不成功。改革开放以后,我们对这一分配制度进行了改革。

分配制度改革就是从单一分配制度过渡到多种分配方式并存,并把按劳分配与按生产要素分配结合起来。新中国成立以后很长一段时间,我们实行了以国家为中心的单一的个人收入分配制度。在这种收入分配制度下,工资是个人参与收入分配的基本形式,工资等级制度构成整个工资制度的基础和核心。这种工资等级制度是随着我国社会主义经济制度的建立而逐步建立起来的。新中国成立初期,与多种经济成分并存的状况相适应,存在多种分配形式和工资制度。1952年后,全国进行了第一次工资改革,废除了旧社会遗留下来的工资制度,在各大行政区分别建立了新的职工工资等级制度,并在此基础上逐步把供给制改为工资制。1956年全国进行了第二次工资制度改革,在全国范围内按产业、部门统一了职工的工资制度。根据统一的工资等级制度,在企业工人中普遍实行八级工资制,在干部中实行职务等级工资制。这种分配制度形成后,直到我国改革开放以前,都没有大的变动。不可否认,这种分配制度在历史上曾起过一定的积极作用。但由于它割裂了收入分配与劳动成果之间的联系,以事实上的"大锅饭"工资制度替代了按劳分配,扭曲了社会主义分配关系,因此不仅不利于调动劳动者的积极性,而且会挫伤他们的积极性,使经济失去活力。

改革开放以后,随着我国经济体制改革的不断深化,我国收入分配关系和收入分配方式发生了深刻变化,单一的收入分配方式逐步为多种分配方式并存所取代。既存在体现社会主义公有制经济关系的收入分配方式,也有体现非公有制经济关系的收入分配方式;既有体现市场经济一般性的

---

① 《马克思恩格斯选集》第3卷,人民出版社1995年版,第306页。

收入分配方式，也有体现社会主义市场经济特点的收入分配方式。多种收入分配方式大体上可以分为五类：一是按劳分配，二是按资分配，三是按劳动力价值分配，四是按资产分配，五是其他分配方式分配，如国家按公平原则进行的再分配等。多种收入分配方式并存是我国社会主义个人收入分配制度的一个重要特点。

我国收入分配方式的变化是同我国客观经济条件的变化相适应的。首先，我国所有制结构已由单一的公有制转变为多种所有制并存，不仅存在多种公有制形式，而且存在多种非公有制形式。多种所有制形式并存相应要求多种收入分配形式与之相适应。其次，市场化改革引入了市场化的收入分配方式。随着市场经济的发展，各生产要素或市场化了的要素都有了价格，因此与要素价格相联系的收入分配范畴和分配形式如利息、股息、租金以及作为劳动力的价值等必然成为个人收入分配的重要形式。再次，经营方式或所有制实现形式的多样化，使得同一所有制形式也具有了不同的收入分配方式，促进了收入分配方式的多样化。可见，收入分配方式的多样化是我国生产条件和资源配置方式改变的必然结果。

在多种收入分配方式并存的收入分配制度中，按劳分配是主体。这是由社会主义公有制的主体地位和它在国民经济中的重要作用决定的。按劳分配是与社会主义公有制经济相适应的收入分配形式，是公有制经济在分配关系上的实现形式。实行以公有制为主体的所有制结构，相应在分配上必然实行以按劳分配为主体的分配制度。只有这样，才能充分调动广大劳动者的积极性，才能保证公有制经济的社会主义性质，巩固和发展社会主义初级阶段的基本经济制度。

二 社会主义经济制度探索的基本经验

总结新中国成立以来我们在生产资料所有制结构和分配结构这一经济制度探索过程中的经验教训，我们认为有以下几条。第一，一定的所有制结构要与一定的生产力发展水平和结构相适应，所有制结构的选择如果不能适应生产力的状况，不但不会促生产力的发展反而会成为生产力发展的桎梏。在所有制问题上，要破除"一大二公"的传统观念，不能以此为标准衡量所有制形式是否具有优越性，应当坚持生产力标准，凡是适合生产力发展要求的、能促进生产力发展的所有制形式，就是具有优越性的所有制形式，就是应当发展的所有制形式。当然，在所有制结构的选择上，不仅要看每一种所有制形式是否有利于促进生产力的发展，而且还要看在现实生产力条件下，各种所有制形式怎样配置才能达到功能上的互补，形成最有利于生产力发展的所有制结构。第二，我们不能用一种所有制去评价另一种所有制是否优越。比如脱离生产力实际，抽象地谈论公有制比私有制优越，全民所有制比集体所有制优越，集体所有制比个体、外资优越，这是一种唯心主义、形而上学的评价方法。诚然，就公有化程度而言，公有制高于私有制，全民所有制高于集体所有制，集体所有制高于个体、私营，但这并不意味着公有化程度越高，优越性就越大。各种所有制形式在它所适应的生产力发展范围内都有其优越性，脱离了生产力发展水平的所有制形式，公有化程度越高，对生产力发展的破坏性就越大。第三，我们不能用伦理道德观念来评价所有制。应该看到所有制与社会公平相关，但二者又有重要差异。鼓励懒汉、运行低效，导致共同贫穷的所有制关系是最大的不公平。社会公平不能以经济低增长、生产发展缓慢为代价，而是要在效率提高、收入增加的基础上体现公平。各种所有制形式的存在和发展，只要有利于效率的提高和生产的发展，都是合理的，因而是公平的。第四，在我国社会主义初级阶段的分配制度中，既不能因为强调按劳分配的主体地位而否定多种分配方式的必要性和合理性；也不能因为多种分配方式并存而动摇按劳分配的主体地位。第五，社会主义初级阶段的分配制度，要体现效率优先、兼顾公平的原则。效率优先就是在贯彻按劳分配原则时，把劳动报酬同劳动效率挂起钩来，不仅衡量投入劳动的量，更应衡量劳动的质和劳动的绩效；在其他分配方式中，则要把按生产要素获得的收益同各种生产要素的经济效率联系起来。兼顾公平，就是在分配中允许拉开合理收入差距的同时，要防止两极分化。坚持效率优先，兼顾公平的原则，抓住了我国社会主义经济发展的关键问题。因为长期以来制约我国经济发展的要害是经济效率低下。社会主义经济建设的实践证明，将平均主义作为目标追求，抹杀了劳动者在劳动能力上的差别，实际上是极大的不公平，只能导致经济效率低下。坚持效率优先，兼顾公平的原则，体现了社会主义的本质特征。社会主义的本质特征在于它能够创造出比资本主义更高的劳动生产力，不断解放生产力，发展生产力，从而更好地满足人民日益增长的物质文化需要，消灭剥削，消除两极分化，最终达到共同富裕。效率优先兼顾公平的原则正是要求创造出比资本主义更高的劳动生产力，只有解放和发展了生产力才能达到共同富裕。效率优先兼顾公平原则是解决社会分配不公的正确选择。因为效率是公平的基础，只有效率提高了，生产力发展了，才能把国民经济蛋糕做大；而只有蛋糕做大了，社会财富增加了，实现公平分配才有坚实的物质基础。我国社会主义经济建设的实践反复证明，经济发展水平越高，才更有条件做到社会公平。

第二节　建立和完善公有制为主体多种经济成分共同发展的所有制结构

生产资料公有制是社会主义经济制度的基础，是社会主义区别于一切剥削制度的本质特征。在社会主义初级阶段，坚持公有制经济为主体、多种经济成分共同发展，是巩固和发展社会主义经济制度，充分发挥社会主义优越性，尽快实现社会主义现代化的根本保证。

一　坚持公有制为主体是社会主义的根本原则

马克思主义认为，生产资料所有制问题，是社会经济制度的基本问题。在我国社会主义初级阶段，必须坚持生产资料的社会主义公有制的主体地位，这是社会主义的一条根本原则。

（一）坚持以公有制为主体，是我国改革沿着社会主义方向发展的根本保证

我们在经济体制改革中之所以必须坚持公有制的主体地位，是因为我们所进行的经济体制改革，是社会主义生产关系的自我调整和自我完善，是在巩固和发展社会主义基本制度前提下，对生产关系中不适应生产力发展的部分和环节进行的必要改革，而不是要根本改变社会主义制度。早在农村改革起步的时候，邓小平同志就提出必须坚持四项基本原则，而其中首要一条就是坚持社会主义道路。当改革推进到城市的时候，他反复指出："我们建立的社会主义制度是个好制度，必须坚持"。[①] 他强调："在

[①] 《邓小平文选》第3卷，人民出版社1993年版，第116页。

改革中坚持社会主义方向，这是一个很重要的问题。我们要实现工业、农业、国防和科技现代化，但在四个现代化前面有'社会主义现代化'。我们现在讲的对内搞活经济、对外开放是在坚持社会主义原则下开展的"。①他还指出，社会主义有两个非常重要的原则，"一是以公有制为主体，二是不搞两极分化"。②"我们允许个体经济发展，还允许中外合资经营和外资独营的企业发展，但是始终以社会主义公有制为主体。"③ 江泽民同志也指出："在我国经济发展中，我们要继续坚持以公有制为主体、发展多种经济成分的方针，发挥个体经济、私营经济以及中外合资、合作企业和外资企业对社会主义经济的有益的、必要的补充作用。坚持这个方针，是为了更好地发挥社会主义经济的优越性，促进我国经济的更快发展，绝不是要削弱或取消公有制经济的主体地位，更不是要实行经济'私有化'。"④ 他还说："动摇了生产资料公有制，就动摇了社会主义的经济基础，必将损害全体人民的根本利益，也就谈不上社会主义了。"⑤ 由此可见，生产资料公有制是社会主义经济的基础，是否坚持生产资料公有制的主体地位，关系到我国经济发展的方向和前途问题。我们只有毫不动摇地坚持以生产资料公有制为主体，才能保证我国经济现代化沿着社会主义方向胜利发展。

（二）坚持以公有制为主体，是发展社会主义市场经济的可靠保证

建立社会主义市场经济体制是我国经济体制改革的目标。社会主义市场经济体制与资本主义市场经济体制相比，既有共性，又有根本差别。它们的最根本差别就是，资本主义市场经济体制以生产资料私有制为基础，主要由自由市场调节；而社会主义市场经济体制是与公有制为主体的社会主义基本制度结合在一起的。过去人们总认为市场经济与公有制经济是完全对立的，这是一种误解。我国苏南乡镇企业，就是依靠市场调节手段解决了燃料、原材料供应和产品销路问题，从而使集体经济不断壮大。它说

---

① 《邓小平文选》第3卷，人民出版社1993年版，第138页。
② 同上书，第138页。
③ 同上书，第110页。
④ 《十三大以来重要文献选编》中，人民出版社1991年版，第631页。
⑤ 《在庆祝中国共产党成立七十周年大会上的讲话》，人民出版社1991年版，第14～15页。

明公有制经济是可以利用市场调节手段,建立和实行市场经济体制的。实践证明:以公有制经济为主体的市场经济,具有资本主义市场经济不可比拟的优越性。江泽民同志说过:"以生产资料公有制为基础的社会主义生产关系,能够从根本上克服资本主义生产方式中生产资料私人占有同生产社会化的基本矛盾,保证生产、流通、分配置于社会的自觉调节和控制下,实现经济有计划按比例地合理发展。"[①] 公有制经济比较容易注意社会整体利益、服从国家计划,我们坚持公有制经济的主体地位,就能使国有企业、集体企业成为市场经济中的主力军,并发挥主导作用,从而使市场经济沿着社会主义轨道有秩序地健康发展;就能使国家更好地发挥在市场经济中的宏观调控作用,从而使价值规律与有计划按比例发展并行不悖,统筹兼顾,合理安排生产、劳动就业和人民的生活问题;就能在世界经济竞争中,集中国力,对抗国际资本的垄断,推动民族经济的发展。总之,只有坚持公有制经济的主体地位,才能把发挥市场在资源配置上的基础作用与发挥社会主义的优越性结合起来。才能发挥市场经济的积极作用,克服其负面效应的影响,从而保证国民经济持续、快速、健康地发展。

相反,如果放弃公有制经济的主体地位,将使国家宏观调控能力受到削弱,经济就会完全受自由市场法则支配,很容易陷入生产无政府状态,导致整个社会经济生活的混乱。

(三) 坚持以公有制为主体,是实现社会主义生产目的的根本保证

马克思主义认为,社会生产目的,是由所有制形式决定的。资本主义经济,生产资料掌握在资产阶级手里,就决定其生产目的是剥削工人劳动者的剩余价值,追求高额利润,只注重经营者利益,不注重劳动者和广大消费者利益。社会主义公有制经济,生产资料掌握在国家与劳动人民手里,劳动人民是企业的主人,就决定其生产目的是为了满足人民日益增长的物质文化生活需要,建设社会主义强国。因而,它既能注意经营者、生产劳动者的利益,又能注重国家、社会的整体利益。毋庸置疑,公有制企业也要讲经济效益,追求利润,但它能够注重社会效益,正确处理国家、企业、职工三者利益关系,关心职工生活,服从国家需要,维护国家、消

[①] 《在庆祝中国共产党成立七十周年大会上的讲话》,人民出版社1991年版,第14页。

费者利益，而不漠视职工利益和国家社会整体利益，片面追求企业利润。我们只有坚持公有制经济的主体地位，才能遵循价值规律的同时，遵循社会主义基本经济规律，按照国家需要及人民眼前利益和长远利益，兼顾经济效益与社会效益，组织生产经营。如果放弃公有制的主体地位，就不能限制私营经济的消极作用，就会危害国家利益与人民利益。

（四）坚持以公有制为主体，是实现社会生产和整个经济有序运行的基本保证

马克思主义创始人十分重视社会主义制度下社会生产和经济运行的自觉性和计划性。只有实现社会生产和整个经济运行的自觉性和计划性，才能消除资本主义周期性经济危机对生产力的浪费和破坏，从而使经济迅速发展。当然，马克思和恩格斯所设想的未来社会主义，是消灭了商品经济和市场调节的社会，单由计划调节生产和分配。传统社会主义经济体制正是排斥市场机制和市场调节作用的体制。实践证明，这种体制尽管在社会主义初级阶段起过积极作用，但随着社会经济的发展，其不利于生产力发展的弊端日益明显。因而，社会主义经济体制和经济运行，要把计划与市场两种机制很好地结合起来。邓小平多次强调，计划和市场"两者都是手段，市场也可以为社会主义服务"。社会主义市场经济运行，不能忽视计划调节作用。与资本主义市场经济相比，以公有制为主体的社会主义市场经济应当也可能具有更高的自觉性和计划性。将计划与市场很好地结合起来，才能促进国民经济持续、快速、健康发展，才有利于把人民的当前利益和长远利益、局部利益与整体利益结合起来，正是社会主义公有制的主体地位，为此提供了可能。因此，我们只有坚持以生产资料公有制为主体，才能实现社会生产和整个经济运行的自觉性和计划性，从而促进我国经济现代化的尽快实现。

（五）坚持公有制主体地位，必须全面认识公有制经济的含义，努力探索能够极大地促进生产力发展的公有制实现形式

中共十四大确立了我国经济体制改革的社会主义市场经济目标模式以后，如何全面认识公有制经济的含义，如何在市场经济条件下寻求公有制的有效实现形式，促进社会生产力的发展，成为实现社会主义与市场经济相结合所必须解决的重大课题。中共十五大和十五届四中全会打破了公有制只有国有经济和集体经济两种形式的传统观念，把混合所有制经济中的

国有经济和集体经济成分看作公有制经济。这就在公有制经济内涵和外延的认识上大大开阔了我们的视野,打破了公有制经济只有以国有、集体两种形式单独存在的旧框框,提高了我们对公有制经济参与各种混合所有制经济重要性和必要性的认识,增强了我们坚持以公有制经济为主体的信心。中共十五大报告还指出,公有制为主体,是指公有制经济在社会总资产中占优势,既要有量的优势,更要注重质的提高;公有制经济为主体是就全国而言的,不同的地区和部门可以有所区别;国有经济起主导作用,主要体现在控制力上。这些重要论述,提出了一种在社会主义市场经济中如何坚持公有制主体地位的新思路,从而为通过国有经济的战略性调整和国有企业的战略性改组,增强国有经济的控制力和竞争力,坚持其对国民经济的主导作用,扫清了思想认识上的障碍。中共十五大报告还把公有制和公有制的实现形式区别开来,并对公有制的实现形式进行了创造性的论述,指导我们放眼千百万群众在改革开放实践中的创造,吸收人类文明的共同成果,探索一切能够极大地促进生产力发展的社会主义公有制的新的实现形式。

二 坚持以公有制为主体,多种经济成分共同发展

社会主义初级阶段,必须坚持生产资料社会主义公有制的主体地位,同时允许和鼓励其他经济成分长期共同发展,这是由我国的具体国情决定的。第一,我国生产力发展水平不高,国民经济各部门、各地区、各行业之间发展极不平衡,既有现代化的大生产,也有落后的小生产;既有机械化、自动化劳动,也有大量的手工劳动,不同层次的生产力水平,要求与之相适应的多种所有制形式。第二,我国人口多,就业压力大。据有关部门统计,从1985年到2000年,我国净增约2亿人口,每年平均净增劳动年龄人口1 500万以上。邓小平提出:"继续广开门路,主要通过集体经济和个体劳动的多种形式,尽可能地多安排待业人员。"[①] 这不仅是解决就业、发展生产的有效途径,也是实现社会稳定的重要保证。第三,我国经济建设缺乏资金和技术,现有国力很难满足这个要求。因此,需要在立足于自力更生基础上,积极引进外资和充分利用外国企业的先进技术,中

---

① 《邓小平文选》第2卷,人民出版社1994年版,第362页。

共十一届三中全会以来，在邓小平的积极倡导下，我国所有制结构发生了很大变化。在公有制为主体的基础上，个体所有制、合作经济、中外合资合作经营和外商独资企业等各种经济形式得到迅速发展，搞活了我国经济，有力推动了社会生产力的发展。

在社会主义经济建设中，发展多种经济成分是为了更好地发挥社会主义经济的优越性，促进我国经济的更快发展，决不是要削弱或取消公有制经济的主体地位，更不是要实行"私有化"。多种经济成分的并存和发展，并不是对各种经济成分等量齐观，而是要保证公有制经济在国民经济中的主体地位。在我国现阶段，发展从属于社会主义经济的个体经济、私营经济，对于发展社会生产，方便人民生活，扩大劳动就业，具有重要的不可缺少的作用。我们的方针，一是要鼓励它们在国家允许的范围内积极发展；二是要运用经济的、行政的、法律的手段加以管理和引导，做到既发挥它们的积极作用，又限制不利于社会主义经济发展的消极作用。根据中共十六大精神，在生产资料所有制结构问题上，我们必须牢牢把握以下几点：第一，必须毫不动摇地巩固和发展公有制经济；第二，必须毫不动摇地鼓励、支持和引导非公有制经济发展；第三，坚持以公有制为主体，促进非公有制经济发展，把两者统一于社会主义现代化建设的进程中，而不能对立起来。

在社会主义公有制占主体地位的前提下，坚持多种经济形式和经营方式的共同发展，是我们长期的方针，是社会主义前进的需要。坚持这一方针，必然使社会主义经济获得较快增长，使社会主义公有制经济的优越性更好地发挥出来。

第三节　建立和完善以按劳分配为主体多种分配方式并存的分配制度

一　坚持以按劳分配为主体的多种分配方式

（一）以按劳分配为主体的多种分配方式存在的历史必然性

以按劳分配为主体的多种分配方式，是由社会主义初级阶段的所有制结构决定的。生产决定分配是马克思主义的基本原理，有什么样的生产资料所有制形式，就有什么样的分配形式。在社会主义初级阶段，生产资料社会主义公有制的主体地位,决定了个人消费品分配的主体只能是按劳分配,与公有制并存的还有其他的所有制形式,决定了与按劳分配并存的还有其他分配方式。社会主义初级阶段的非按劳分配形式主要有:按资金分配、按资本、技术、劳动力价值、企业家才能等生产要素分配以及其他一些分配方式。

为了发展社会主义市场经济,企业需要从社会上广泛筹集资金,扩大生产,因而存在着按资金分配,企业发行债券,会出现凭债权取得利息;发行股票,会出现凭股份领取红利;私营企业主进行生产经营活动,其投入资本要获得利润,雇工的收入是劳动力的价值;中外合资、合作等企业,资方的收入是剩余价值,是按资分配;在这类企业工作的职工,其收入是按劳动力价值分配。另外,在各类经济成分中,还包含着机会收入、风险收入等等。上述各项收入,有的是劳动收入,有的是劳动力价值收入,有的是非劳动收入。这些非按劳分配收入,由于它们不再同旧制度相联系,而是同社会主义市场经济相联系,同公有制为主体的多种经济成分相联系,因而与按劳分配在社会主义市场经济条件下统一起来。在按劳分配为主体的前提下,存在非劳动分配形式,有利于将个人收入转化为投资,促进生产力发展和人民生活水平提高。因此,以按劳分配为主体的多种分配方式既是以生产资料公有制为主体的多种经济成分决定的,又是促进社会主义生产力发展所必须的,因而具有存在的历史必然性。

(二)坚持按劳分配为主体,认真解决社会收入分配不公问题

坚持按劳分配为主体,多种分配方式并存的分配制度,有利于促进社会主义生产力的发展。但是当前社会上确实存在收入分配不公问题,这不仅是一个经济问题,而且是一个社会问题,必须认真加以解决。共同富裕是社会主义的目标,这个目标的实现是一个过程,这个过程是和生产力发展水平相联系的,因此,共同富裕不是搞平均主义。在我国,平均主义思想有广泛的社会基础和深远的历史渊源。旧中国是小生产占绝对优势的国家,生产力水平较低,"不患寡而患不均"的小农思想流传了几千年,至今对人们有深远的影响。因此,我们在贯彻按劳分配原则时,必须破除平均主义思想,破除"大锅饭"的分配体制。

因收入悬殊而造成的社会分配不公,是我们在发展社会主义市场经济过程中新出现的问题。出现少数人收入过高,甚至暴富的现象有多方面的

原因，一是有些重要政策长期不明确，削弱了各有关部门相互配合、共同管理的能力；二是法律不完善执法不严，使少数人有空子可钻；三是新旧体制交替，使少数人有机可乘。应当看到，对于收入分配领域出现的分配不公现象，国家正在采取积极有效的措施，认真加以解决。江泽民同志指出："要区别不同情况，采取有针对性的措施，保护合法收入，取缔非法收入，调节过高收入，保障低收入者的基本生活。"① 当前最紧迫的是取缔非法收入，因为它败坏了社会风气，影响了党和政府在人民群众心目中的形象。在解决收入分配不公问题的同时，还要加强思想政治教育，坚持物质鼓励和精神鼓励相结合的原则，纠正"一切向钱看"的错误倾向，以充分发挥和保护广大劳动者的积极性。

二　把按劳分配和按生产要素分配结合起来

按劳分配是我国社会主义的主体分配方式，这是由我国社会主义公有制的主体地位决定的。而个体经济、私营经济、中外合资经济等非公有制经济的存在以及公有制实现形式的多样化，决定了在我国社会主义初级阶段，必然存在按劳分配以外的多种分配方式。

中共十四届三中全会通过的《中共中央关于建立社会主义市场经济体制若干问题的决定》指出："允许属于个人的资本等生产要素参与收益分配。"中共十五大进一步指出："把按劳分配和按生产要素分配结合起来，……允许和鼓励资本、技术等生产要素参与收益分配。"② 中共十六大报告指出，"确立劳动、资本、技术和管理等生产要素按贡献参与分配的原则，完善按劳分配为主体、多种分配方式并存的制度"。③ 提出把按劳分配和按生产要素分配结合起来，这是对我国现实分配状况的理论概括，是立足于发展生产力基础上，对社会主义分配理论的一个重要突破。

按生产要素分配，是资本、技术、土地、劳动等生产要素的所有者按其直接或间接投入生产经营活动的数量和质量，或其贡献率获取收益的分

---

① 《正确处理社会主义现代化建设中的若干重大问题》，载《人民日报》1995年10月9日。
② 《江泽民论有中国特色社会主义（专题摘编）》，中央文献出版社2002年版，第57页。
③ 江泽民：《全面建设小康社会，开创中国特色社会主义事业新局面》，人民出版社2002年版，第28页。

配形式。市场经济条件下的按生产要素分配,是一种通过市场机制实现的,能把生产要素所有者权益与提高资源配置效率统一起来的分配规则。生产要素收益索取权的实现程度,取决于生产要素能否并在多大程度上得到社会的承认。对于生产要素所有者来说,保证其生产要素收益索取权实现的唯一办法,是提高生产要素质量并按照市场需要调整生产要素的供给量。所以,按生产要素分配的过程,是以追求生产要素所有权收益为动因,以生产要素收益率为依据,以社会资源优化配置为结果的市场分配机制发挥作用的具体体现。

按劳分配和按生产要素分配并不是根本对立的分配原则。按劳分配是社会主义公有制经济的分配原则,按生产要素分配是市场经济通行的分配规则,它们分配的依据不同,但社会主义基本制度与市场经济结合在一起的社会主义市场经济,为两种分配原则的结合提供了现实基础。从社会范围看,公有制经济内部主要实行按劳分配,非公有制经济则实行按生产要素分配。从公有制经济范围看,在劳动者同时拥有资本、技术等生产要素的场合,他们既获得按劳分配收入,也取得生产要素分配收入。因而,在社会主义市场经济条件下,不能以按劳分配排斥按生产要素分配,也不能以按生产要素分配否定按劳分配及其在收入分配中的主体地位,而必须把二者有机地结合起来。

中共十六大进一步发展和完善了社会主义分配制度。第一,确立劳动、资本、技术和管理等生产要素按贡献参与分配的原则。第二,坚持效率优先、兼顾公平,既要提倡奉献精神,又要落实各项分配政策;既要反对平均主义,又要防止收入差距悬殊。第三,改革分配制度,规范分配秩序,使社会主义分配制度更加符合我国实际。

第四节 社会主义经济制度的创新意义

改革开放以来,中国共产党第二代、第三代领导集体坚持解放思想、实事求是,在大力发展生产力的基础上,致力于经济制度创新,形成了中国特色的社会主义经济制度,极大地丰富和发展了马克思主义科学社会主义理论,为我国经济体制改革和社会主义现代化建设指明了方向。

一　突破了社会主义是单一公有制的教条，确立了以公有制为主体、多种所有制经济共同发展的社会主义基本经济制度

传统的社会主义理论是以公有制为主线展开的，社会主义等于纯而又纯的公有制近乎自然的逻辑论证。改革开放以后，中国共产党坚持解放思想、实事求是的思想路线，坚持生产力标准，对传统的所有制结构理论进行反思，形成了以公有制为主体、多种经济成分共同发展的社会主义经济制度。特别是社会主义市场经济理论的确立，为我们探索社会主义所有制结构提供了空间，使社会主义所有制结构理论有了重大突破。一方面，强调了社会主义必须坚持以公有制为主体的制度形式，因为任何社会都是由占主导地位的所有制决定的，坚持社会主义就必须坚持以公有制为主体。另一方面，又把公有制在内的各种经济成分共同作为社会主义市场经济的组成部分。社会主义初级阶段生产力的多层次性特点，决定了社会主义不可能只有公有制经济，而必然存在包括公有制、私有制和其他所有制在内的多种所有制经济，这就意味着至少在社会主义初级阶段，社会主义经济不能完全等同于公有制经济，或者说不是完全的公有制经济。

二　突破了所有制可以超前发展的误区，坚持生产力标准，提出所有制形式和结构的选择是由生产力决定的，必须以有利于生产力的发展为第一原则

过去一个很长时期，由于我们对社会主义所有制理论的片面理解和对社会主义公有制的过分追求，在理论上形成了一个认识误区，认为传统的社会主义制度是最先进的社会制度，社会主义生产关系是最先进的生产关系。因此，根据"反作用"原理，社会主义的所有制可以不受生产力的制约超前发展。由此导致实践中的盲动倾向，搞生产关系的"穷过渡"，追求"一大二公"等。随着社会主义改革的深入，我们对生产力决定生产关系原理有了深刻的理解，突破了传统认识的误区，坚持了生产力是第一位的观点。一是所有制作为生产关系的核心，始终是由生产力决定的。任何脱离生产力基础的所有制关系是不可能发展的。二是所有制结构和所有制实现形式，最终也是由生产力发展水平决定的。我们必须根据生产力发展的实际水平，对所有制形式和结构作出选择，而不是相反。如果说纯粹的公有制，那只能是生产力高度发展的结果，而在现阶段生产力发展有限的情况下，公有制就必然要有多种实现形式。三是所有制存在的合理性取决于对生产力发展的实际作用。凡是有利于促进生产力发展的所有制形式就是合理的，就是先进的，就应该大力发展；凡是阻碍生产力发展的所有制形式，就是不合理的，就需要大力改革。对所有制的判断不能只从其属性上判断，还要坚持生产力标准。

三 突破了公有制等同于公有制实现形式的误区，提出探索公有制多样化的实现形式

传统社会主义所有制理论，不仅强调了公有制的单一性，而且把公有制与公有制实现形式等同起来。中共十五大提出了"公有制实现形式可以而且应当多样化"这一根本问题，同时还强调要努力寻找能够极大地促进生产力发展的公有制实现形式。只要是公有制新的实现形式能够促进生产力发展，符合"三个有利于"的要求，不管它是否名正言顺，也不管它是否与现成的理论相一致，我们都可以大胆实验。努力寻找公有制新的实现形式，是对传统体制下形成的公有制实现形式的更深层次的改革，根本目的是为了适应和促进生产力的发展。我国传统的经济体制和经济运行机制是在高度集中的计划经济体制下形成的，国有企业作为公有制经济的代表形式，其组织形式和运行机制是满足计划体制要求的。在组织形式上，国有企业是政府的附属物，政企不分；在经营形式上，既无有效的竞争和经营风险，也缺乏应有效率和风险压力；在经营机制上，既缺乏资本的自我积累机制，也缺乏资本集中机制。因而只有大胆探索公有制新的实现形式，才能使国有企业焕发出生机和活力。

把公有制与公有制实现形式区别开来，具有重要的现实意义。这主要表现在：在坚持公有制为主体的前提下，积极发展新的更具有活力的公有制实现形式，有利于提高公有制的质量和控制力。所有制和所有制的实现形式本来就是不同的，前者强调的是所有制的本质属性，后者则主要强调其具体形式或实现形式。应当说，公有制作为社会主义的根本制度，是贯彻于社会主义始终的，但在社会主义的不同发展阶段，在不同的社会历史条件下，公有制本质的表现形式和实现形式是可以完全不同的。中共十五大这一论述，为我们进一步深化国有企业改革和国有经济战略性调整指明了方向。

四 在发展社会主义市场经济中,把收入分配的劳动标准与生产要素标准结合起来,实现了社会主义收入分配理论的重大突破

按劳分配是社会主义公有制经济中通行的分配原则,这一原则的实质是以劳动为尺度进行收入分配,物质生产条件不能成为个人参与收入分配的根据。但在存在非公有制经济的条件下,社会成员还可以为社会提供物质生产要素,劳动者既可以与公有制的生产资料结合,也可以与非公有制的生产资料结合,在这种情况下占有或提供物质生产要素的社会成员将依据其对生产要素的所有权参与收入分配。公有制经济中,劳动标准支配着收入分配;非公有制经济中,所有权支配着收入分配;混合所有制经济中的收入分配,劳动标准和所有权标准兼而有之。因此,从社会范围内的收入分配看,按劳分配与按生产要素分配相结合,其实质就是两个不同标准的结合。显然,双重标准的确立,是与我国社会主义初级阶段生产条件分配的性质和特点相适应的,是社会主义收入分配理论的重大突破,是对马克思主义收入分配理论的极大丰富和发展。在我国社会主义初级阶段,实现这两个标准的结合,对于促使劳动者为社会提供更多的有效劳动,促使社会成员创造更多的物质生产要素,从而推动生产力的发展具有重大的积极意义。

五 在发展社会主义市场经济中,把按劳分配的实现形式与按生产要素分配的实现形式结合了起来,为我们在坚持按劳分配为主体的条件下,探索多种分配方式指明了方向

由于各种生产条件的分配都要通过市场来进行,要素价格的决定与收入的分配联系在一起,因此,按劳分配与按生产要素分配都要借助于价格机制来实现。对于非公有制经济来说,要素的市场配置过程,既是所有权的交易过程,同时也是所有权的实现过程,即所有者凭借所有权获取等于要素价格报酬的过程。在这里,按要素分配就是按所有者提供的要素和要素的价格来分配。在我国社会主义初级阶段,公有资源在资源配置过程中仍然具有价格,又由于劳动还不具有直接的社会性,对劳动者的按劳分配只能借助于商品交换实现的价格量作为衡量劳动者提供劳动量的尺度,这就意味着社会主义市场经济条件下,按劳分配必然要借助于市场化的收入分配形式实现并受市场化收入分配形式的影响,因此按劳分配不可能是纯粹的,其实现过程和实现程度或多或少地渗透着按要素分配的影响。在我们发展社会主义市场经济过程中,坚持按劳分配为主体、多种分配方式并存的分配制度,把按劳分配与按生产要素分配结合起来,使我国多种所有制经济中的收入分配方式能够相互渗透、相互影响、相互补充,有助于形成适合我国经济发展的收入分配结构,从而极大地促进我国经济的持续、快速、健康发展。

第十七章 中国特色社会主义政治制度

政治制度是国家制度的重要组成部分。从广义上讲，是指国家政治统治的性质和统治形式的总和。包括国家政权的阶级本质、国家政权的组织形式、国家结构形式、政党制度等。中国特色社会主义的政治制度，既体现社会主义本质的普遍性，又突出中国国情的特殊性，具有强大的生命力和优越性。

第一节 没有民主就没有社会主义

民主作为社会政治上层建筑与社会主义有着密切的关系，是社会主义的重要组成部分，对社会主义的发展起着巨大的推动作用。

一 民主首先是一种国家制度

从根本上说，"民主"首先和主要的是一种国家政治制度。列宁说过：民主是一种国家形式、一种国家形态。"它同任何国家一样，也是有组织有系统地对人们使用暴力，这是一方面。但是另一方面，民主意味着在形式上承认公民一律平等，承认大家都有决定国家制度和管理国家的平等权利。"① 因而，"任何民主和一般的任何政治上层建筑一样……归根到底都是为生产服务的，并且归根到底是由该社会中的生产方式决定的"。② 这即是说，民主作为一种国家形式，作为一种上层建筑，正是以一定的所有制形式为基础，维护政治上占统治地位的阶级的财产所有权和经济利

---

① 《列宁选集》第3卷，人民出版社1995年版，第201页。
② 《列宁选集》第4卷，人民出版社1995年版，第439页。

益,是一个阶级对另一个阶级统治的工具。它在形式上承认所有公民都享有管理国家的平等权利,但实际上只是统治阶级享有行使国家权力的权利。这就是民主的阶级实质,也是国家的阶级实质。

作为国家制度的"民主",是随着国家的产生而产生的。在没有国家的原始社会里,曾经有过一种非国家形态的民主。恩格斯、列宁分别称之为"古代自然长成的民主制"和"原始的民主制"。奴隶社会是国家制度民主的开端。此后依次经历了封建社会形态、资本主义社会形态和社会主义社会形态。但所不同的是,从古代的民主萌芽时期起,在几千年的过程中,民主不仅具有形式上的不同,而且也有不同的运用程度。奴隶社会和封建社会,世界各国普遍实行的是君主专制制度,只有欧洲极少数国家在个别时期因特殊历史条件出现过民主制,如古希腊的雅典共和国、中世纪意大利的威尼斯共和国、佛罗伦萨共和国和热那亚共和国等。只有到了资本主义时代,作为国家形式的民主才在世界上多数国家建立和发展起来,成为最普遍、最基本的国家形式。但是,资本主义民主虽然相对封建专制是一大进步,它用议会取代了君主制。用选举制否定了世袭制,用任期制废除了终身制,从制度上根除了封建主义的祸害。但这种民主制度毕竟是建立在资本主义私有制基础上的,因而只能是资产阶级用来保障自己财产权、对无产阶级和广大民众进行统治的工具。

资本主义民主制度自身否定的最终结果,是社会主义民主制度的建立,这是人类历史最高类型的民主制度。1871年巴黎公社革命进行了建立社会主义民主制度的初步尝试;1917年俄国十月革命胜利后,建立起世界历史上第一个社会主义民主制度的国家;1949年10月中华人民共和国的成立,标志着马克思主义国家和民主理论与中国国情成功地结合,中国人民从此走上建设社会主义的光辉道路。

二 发展民主是社会主义现代化的重要目标

民主和社会主义密不可分。早在俄国十月革命前列宁就说过:"没有民主,就不可能有社会主义。"[①] 60多年后,中国改革开放的总设计师邓

---

① 《列宁选集》第2卷,人民出版社1995年版,第782页。

小平更进一步指出:"没有民主就没有社会主义,就没有社会主义的现代化。"① 工人阶级只有在民主革命中使自己上升为统治阶级,才能争得民主。社会主义民主制度的建立,工人阶级和广大劳动群众民主权利的取得,决不是资产阶级恩赐的结果。相反,资产阶级作为人类历史上最后一个剥削阶级,必然用更狡诈、更先进、更隐蔽的手段来剥夺人民的民主权利,阻碍人民民主权利的实现。因而,工人阶级和广大人民群众,必须积极参加反对资产阶级的民主斗争,在斗争中取得胜利。否则,革命的第一步就不能完成,无产阶级也就不可能"利用自己的政治统治一步一步地夺取资产阶级的全部资本,把一切生产工具集中在国家即组织成为统治阶级的无产阶级的手里,并且尽可能快地增加生产力的总量",② 建立起社会主义的生产关系,真正实现人民的民主权利。

社会主义民主是社会主义的重要组成部分。任何一种国家制度,都包含着经济、政治、文化三个方面。社会主义作为代替资本主义、比资本主义更高阶段的社会制度,既是一种以公有制为基础的新型的经济制度,又是一种工人阶级和劳动人民当家作主的新型政治制度。没有民主的社会主义,不是真正的社会主义。不建设社会主义的民主政治制度,不实行充分的民主,社会主义就是不完整、不科学的。因而,民主是社会主义的题中应有之义,与社会主义不可分。缺少了民主,不仅社会主义不能实现,而且社会主义也不会巩固,甚至会改变性质。

中共一大规定,党的奋斗目标是:"以无产阶级革命军队推翻资产阶级,由劳动阶级重建国家。"中共二大规定,党的最低纲领和最高纲领是:消除内乱,打倒军阀,建设国内和平,推翻国际帝国主义的压迫,达到中华民族完全独立;统一中国为真正的民主共和国,并渐渐达到一个共产主义社会。在此目标和纲领指导下,中国共产党领导人民经过28年的浴血奋战,推翻了压在中国人民头上的三座大山,建立起了人民当家作主的社会主义国家政权,从此中国的历史翻开了新的一页,进入了社会主义现代化建设的新时期。在社会主义现代化建设过程中,中国共产党同样把民主作为重要目标。1979年9月,中共十一届二中全会指出,现代化不

---

① 《邓小平文选》第2卷,人民出版社1994年版,第168页。
② 《马克思恩格斯选集》第1卷,人民出版社1995年版,第272页。

限于工业、农业、科学技术和国防四个方面，高度的社会主义民主，完备的社会主义法制和高度的社会主义精神文明，也是社会主义现代化的重要目标和重要保证。1980年8月18日邓小平在中共中央政治局扩大会议上也指出，我们要充分发挥社会主义制度的优越性，当前和今后一个时期，主要应努力实现以下三个方面的要求：经济上，迅速发展社会生产力，逐步改善人民的物质文化生活；政治上，充分发扬人民民主，保证全体人民真正享有通过各种有效形式管理国家，特别是管理基层地方政权和企业事业的权力，享有各项公民权利；组织上，大量培养、发现、提拔、使用现代化建设人才。他一再强调："民主是我们的目标"，[1] 是中共十一届三中全会以来"中央坚定不移的基本方针，今后也决不允许有任何动摇"。[2] "我们进行社会主义现代化建设，是要在经济上赶上发达的资本主义国家，在政治上创造比资本主义国家的民主更高更切实的民主，并且造就比这些国家更优秀的人才。"[3]

以江泽民为核心的中共中央第三代领导集体，继承了邓小平的思想，对民主与社会主义的关系作了进一步的阐述。1989年9月29日，江泽民在庆祝中华人民共和国成立四十周年大会上指出："建设社会主义民主和完备的社会主义法制，是我国社会主义现代化建设的一个重要目标和任务，是党和人民群众的共同愿望。"[4] 他在《关于坚持和完善人民代表大会制度》一文中又讲道："建设高度的社会主义民主和完备的法制，是我们的根本目标和根本任务之一，也是人民群众的共同愿望，党的十一届三中全会以来，中央一再强调，没有民主，就没有社会主义，就没有社会主义现代化。进行政治体制改革，就是要兴利除弊，建设有中国特色的社会主义民主政治。无论在什么情况下，我们都要牢牢掌握社会主义的旗帜。"[5] 在1997年中共十五大报告中，他再次阐述了这一思想，指出："发展社会主义民主政治，是我们党始终不渝的奋斗目标，没有民主就没有社会主义，就没有社会主

---

[1] 《邓小平文选》第3卷，人民出版社1993年版，第285页。
[2] 《邓小平文选》第2卷，人民出版社1994年版，第359页。
[3] 同上书，第322页。
[4] 江泽民：《在庆祝中华人民共和国成立四十周年大会上的讲话》，《人民日报》1989年9月30日。
[5] 《江泽民论有中国特色社会主义（专题摘编）》，中央文献出版社2002年版，第298页。

义现代化。社会主义民主的本质是人民当家作主。国家的一切权力属于人民。"① 从1989年到中共十六大前,江泽民关于"发展社会主义民主政治是我们党始终不渝的奋斗目标"的论述达十余次,这充分表明党的第三代领导集体对社会主义民主建设的重视和一贯性。2002年11月召开的中共十六大,江泽民代表中共中央在报告中又进一步把发展社会主义民主政治,建设社会主义政治文明,规定为"全面建设小康社会的重要目标"。这表明我们党在新形势下,对社会主义的本质和社会主义现代化建设规律的认识提高到一个新的水平,达到了新的境界。

第二节　中国特色社会主义政治制度的内容和特征

中国特色社会主义政治制度具有丰富的内容和鲜明的特征,只有把握其内容和特征,才能弄清它的科学内涵,区分社会主义和资本主义两种不同的政治制度,更好地建设中国特色社会主义政治文明。

一　中国特色社会主义政治制度的内容

(一) 人民民主专政制度

马克思指出:"在资本主义社会和共产主义社会之间,有一个从前者变为后者的革命转变时期,这个时期的国家只能是无产阶级的革命专政。"② 无产阶级专政有不同的类型。中国共产党人领导人民经过长期的革命斗争,建立了工人阶级领导的、以工农联盟为基础的人民民主专政这一无产阶级专政的新形式,是新型民主和新型专政的统一,是具有中国特色的无产阶级专政,是中国共产党依据马克思主义国家学说结合中国国情的伟大创造。以毛泽东为代表的第一代中国共产党人对人民民主专政的建立和完善作出了历史性的贡献。

以邓小平为代表的第二代中国共产党人,在人民民主专政的理解和制

---

① 江泽民:《在中国共产党第十五次全国代表大会上的报告》,人民出版社1997年版,第33~34页。

② 《马克思恩格斯选集》第3卷,人民出版社1995年版,第217页。

度建设上，结合新的社会实际，进行了一系列的创新。

首先，在"民主"与"专政"含义的理解上，更突出了民主的重要性。在相当长的时间里，由于"左"的思想的影响，在社会主义的推进过程中，对社会主要矛盾作了不切合实际的判断，提出了"以阶级斗争为纲"的口号。在这种情势下，对于人民民主专政的理解，更多的是强调对"敌人"的专政。正如邓小平所说："在民主的实践方面，我们过去作得不够，并且犯过错误。林彪、'四人帮'宣传什么'全面专政'，对人民实行封建法西斯专政，我们已彻底粉碎了这个专政。这与无产阶级专政毫无共同之点，而且完全相反。现在我们已经坚决纠正了过去的错误，并且采取各种措施继续努力扩大党内民主和人民民主。"① 当然，在社会主义现代化建设中，还有许多危害社会主义、危害国家安全的现象，"对于这一切反社会主义的分子仍然必须实行专政。不对他们专政，就不可能有社会主义民主"。② "无产阶级专政对于人民来说就是社会主义民主，是工人、农民、知识分子和其他劳动者所共同享受的民主，是历史上最广泛的民主"。③ 民主是社会主义的本质特征之一。没有民主就没有社会主义。正如列宁所说："胜利了的社会主义如果不实行充分的民主，就不能保持它所取得的胜利。"④ 只有健全社会主义民主制度，才能充分保证人民当家作主的权利，增强他们的主人翁责任感，发挥他们的主动性和积极性；才能搞好人民政权建设，克服党和政府机关中的消极腐败现象，防止社会公仆变质；才能加强对敌人的专政，保障社会主义建设的顺利进行。

其次，在人民民主专政职能的认识上，更强调了社会管理的重要性。作为一种国家类型即国体，人民民主专政当然有镇压、反抗国内外敌人破坏活动的功能，但更主要的是通过调整民族、家庭以及其他社会组织的关系，以巩固、稳定、发展社会主义的良好秩序，尤其是通过组织领导社会主义经济、政治、文化建设，实现对整个社会的全面深刻的改造，以推动社会主义建设的全面发展。面对新的世纪，我们肩负着全面建设小康社会、积极推进现代化建设，实现中华民族伟大历史复兴的重任，人民民主

---

① 《邓小平文选》第2卷，人民出版社1994年版，第168页。
② 同上书，第169页。
③ 同上书，第168页。
④ 《列宁全集》第28卷，人民出版社1987年版，第168页。

专政的职能必须和这一使命相联系。

(二) 人民代表大会制度

人民代表大会制度是根据民主集中制原则,通过普选产生全国和地方各级人民代表大会,并以此为基础组织其他国家机关,行使国家权力的政治制度。人民代表大会制度是我国的根本政治制度,是中国共产党人运用马克思列宁主义关于无产阶级国家政权的理论分析中国社会的伟大创造。它直接反映了我国的阶级实质,是国家其他制度赖以建立的基础,反映了我国政治生活的全貌。

毛泽东作为党的第一代领导集体核心,对人民代表大会制度的建立和完善作出突出的贡献。在改革开放新的历史时期,以邓小平、江泽民为核心的党中央第二、三代领导集体进一步丰富和发展了人民代表大会制度的思想。

坚持人民代表大会制度,决不搞三权分立。邓小平指出:我们是人民民主专政的社会主义国家,要切实保证人民真正享有管理国家各级组织和各项事业的权力,享有充分的公民权利,必须有一个好的政权组织形式,这种形式只能是人民代表大会制度。"我们讲民主,不能搬用资产阶级的民主,不能搞三权鼎立那一套。"① 西方的民主就是三权分立、多党竞选、两院制等。我们并不反对西方国家这样搞,但是我们中国决不这样搞。"我们实行的就是全国人民代表大会一院制,这最符合中国实际。"② 江泽民也指出:"在政治体制改革方面,有一点可以肯定,就是我们要坚持实行人民代表大会制度,而不是美国式的三权鼎立制度。"③ 因为,人民代表大会制度体现了我们国家的性质,符合我国国情。它不仅是我们党长期进行政权建设的经验总结,也是我们党对国家事务实施领导的一大特色和优势。

进一步完善人民代表大会制度。人民代表大会制度是符合我国国情的最佳政体选择,在实践中表现出极大的优势性。但是,由于各方面的原因,人民代表大会制度的优越性在实践中没有充分发挥出来,因而,必须

---

① 《邓小平文选》第3卷,人民出版社1993年版,第195页。
② 同上书,第220页。
③ 《江泽民同志理论论述大事纪要》(上卷),中共中央党校出版社1998年版,第256页。

在坚持人民代表大会根本制度的基础上，完善人民代表大会制度。一是加强和改善对人大工作的领导。社会主义条件下的人民当家作主不是自发的，必须坚持中国共产党的领导，中国共产党的领导是人大制度健康发展的根本保证。同时，为了更好地坚持党的领导，又必须改善中国共产党的领导。中国共产党对人大的领导，决不是包办人大一切工作，凌驾于人大之上发号施令。中国共产党对人大工作的领导主要是政治组织和思想领导。二是改革和完善选举制度。选举是人民行使民主权利的重要方式，是人民表达自己意愿的重要渠道，但过去的选举制度还存在许多弊端，必须进行改革，扩大直接选举人民代表的范围，实行差额选举，完备选举程序。三是完善人大及其常委会的各项职能，加强立法和监督工作。各级人民代表大会是同级最高权力机关，各级人大常委会是它的常设机关，人民的权力能不能得到更好的实施，人民主人翁地位能否真正得到体现，人民代表大会及其常委会职能的健全与否，起到关键性作用。因此，必须进一步完善各级人大及其常委会的职能。立法和监督，是各级人大及其常委会的主要职能，应放在突出位置。江泽民指出，我们的权力是人民赋予的，一切干部都是人民的公仆，必须受到人民和法律的监督。四是进一步密切各级人大同人民群众的关系，更好发挥人民代表的作用。各级人大代表来自人民，不仅有义务联系人民群众，而且有条件联系人民群众。只有进一步加强同人民群众的联系，才能使人大更好地代表人民，并接受人民的监督；才能充分反映民意，集中民智，更好地为人民服务。

（三）中国共产党领导的多党合作和政治协商制度

共产党领导的多党合作和政治协商制度，是中国共产党和各民主党派坚持和认同中国共产党的执政地位和领导，按照宪法、法律和有关制度，在管理国家事务中坚持长期共存、互相监督、肝胆相照、荣辱与共，共同致力于发展社会主义事业的一项基本制度。

在新民主主义革命和社会主义建设时期，以毛泽东为代表的中国共产党人，把马列主义基本原理同中国革命的具体实际相结合，创建了具有中国特色的中国共产党领导的多党合作和政治协商制度，并且指明了这一基本政治制度在中国革命和建设中的重要性，提出了"长期共存、互相监督"的方针，强调了不同历史时期多党合作和政治协商的政治基础。新时期，以邓小平为代表的中国共产党人，对毛泽东关于中国共产党领导的多党合作和政治协商思想进一步继承和发展，拓展了中国共产党同各民主党派合作的基本方针，开创了马克思主义多党合作理论的新境界，第一次提出"多党派合作"的重要命题，从政治制度的高度概括了"多党合作制度化"的思想，指出"在中国共产党的领导下，实行多党派的合作，这是我国具体历史条件和现实条件所决定的，也是我国政治制度中的一个特点和优点"。①

以江泽民为核心的中国共产党第三代中央领导集体，进一步完善发展了共产党领导的多党合作和政治协商制度。1989年12月30日，党中央通过了《中共中央关于坚持和完善中国共产党领导的多党合作和政治协商制度的意见》，这是江泽民担任中共中央总书记不久出台的一个重要文件。这个"意见"首次以党的法规性文件将多党合作和政治协商制度确立为我国的基本政治制度，是邓小平多党合作思想的具体化、法律化，是中国共产党的第三代领导集体对邓小平多党合作思想的继承和发展。1993年，全国人大采纳了民主党派的建议，把"中国共产党领导的多党合作和政治协商制度将长期存在和发展"写进我国宪法，从根本大法的高度确认了这一制度。宪法还对民主党派的性质、地位、作用等作出了规定，这表明我国多党合作和政治协商制度已经法律化。1995年1月14日，全国政协第八届委员会常务委员会第九次会议通过了《政协全国委员会关于政治协商、民主监督、参政议政的规定》，将邓小平关于民主党派和人民政协工作要规范化的思想，具体化为某种法律意义的规定。江泽民在中共十五大报告中，对中国共产党领导的多党合作和政治协商制度再次作了强调和阐述，丰富和深化了关于多党合作和政治协商的理论，推动中国共产党领导的多党合作和政治协商制度进一步完善，从而有力地推进了中国社会主义民主政治的建设。

（四）民族区域自治制度

民族区域自治是中国共产党处理我国国内民族问题的基本政策，也是我国的一项基本的政治制度。以毛泽东为代表的中国共产党人，把马克思主义民族理论与我国民族实际相结合，创立了民族区域自治制度，并使之在少数民族地区广泛实施，取得巨大成功。但自20世纪50年代末期开

---

① 《邓小平文选》第2卷，人民出版社1994年版，第205页。

始,民族区域自治制度建设受到了不同程度的影响和干扰,"文化大革命"期间更是受到严重破坏。

中共十一届三中全会以来,以邓小平为核心的中国共产党第二代中央领导集体,从指导思想上拨乱反正,巩固和发展民族区域自治制度。邓小平针对过去实施民族区域自治过程中存在的问题,强调要通过修改宪法,健全法制,"使各少数民族聚居的地方真正实行民族区域自治"。[①] 在邓小平关于加强社会主义民主和法制建设一系列重要思想的指导和推动下,1984 年颁布了《中华人民共和国民族区域自治法》,标志着我国的民族区域自治走上制度化、法制化的轨道。

以江泽民为核心的中国共产党第三代中央领导集体,根据新时期民族发展的实际,制定了相应的方针和政策,推动了民族区域自治制度的发展和完善。一是加大实施自治法的力度,充分尊重和保障民族自治地方的自治权。二是从政策倾斜和人力、物力、财力等方面采取切实有效的措施,加速少数民族自治地方经济和社会发展。三是增强民族团结,正确处理民族关系。四是大力培养少数民族干部,进一步加强民族干部队伍建设。

(五)基层群众自治制度

基层群众自治制度是我国城市和农村按居民居住地设立的群众进行自我管理、自我教育、自我服务的一种制度。它是马克思主义自治理论与我国城乡实际相结合的产物,是社会主义民主在我国基层社会生活中的重要体现。其组织形式是农村的村民委员会和城市的居民委员会。

以邓小平为核心的中国共产党第二代中央领导集体,十分重视以基层群众自治为基本内容的基层民主制度建设。邓小平指出:"要使人民有更多的民主权利,特别是要给基层、企业、乡村中的农民和其他居民以更多的自主权。"[②] 他强调:"要切实保障工人农民个人的民主权利,包括民主选举、民主管理和民主监督。不但应该使每个车间主任、生产队长对生产负责任、想办法,而且一定要使每个工人农民都对生产负责任、想办法。"[③] 在邓小平这一思想指导下,80 年代后期我国先后通过并颁布了

---

① 《邓小平文选》第 2 卷,人民出版社 1994 年版,第 339 页。
② 《邓小平文选》第 3 卷,人民出版社 1993 年版,第 210 页。
③ 同上书,第 2 卷,人民出版社 1994 年版,第 146 页。

《村民委员会组织法（试行）》和《城市居民委员会组织法》，对村（居）民委员会的主要职权作出了明确规定，极大地发扬了基层民主，调动了人民群众的积极性。

以江泽民为代表的第三代中国共产党人，在改革开放新的历史条件下，以邓小平理论为指导，积极推进以基层群众自治为基本内容的基层民主制度建设，尤其是在农村基层民主建设上取得了极大成功。1998年九届全国人大常委会五次会议，在对1988年试行的《村民委员会组织法》进行了全面修订的基础上，正式颁布《村民委员会组织法》，这在我国村民自治史上树立了一座新的里程碑。目前我国成立了100多万个村民委员会，大部分农村地区推行了村民自治制度，逐步形成了以民主选举、民主决策、民主管理、民主监督为基本内容的基层民主制度，对促进农村社会经济发展，保持政治稳定，产生了广泛而深刻的影响。

二　中国特色社会主义政治制度的基本特征

坚持中国共产党的领导。中国共产党是中国社会主义事业的领导核心，中国共产党的领导是中国特色社会主义政治制度具有决定意义的特征。实践反复证明，只有坚持共产党的领导，才能创造安定团结的政治局面，保证人民民主权利的实现。邓小平指出："在今天的中国，决不应离开党的领导而歌颂群众的自发性，党的领导当然不会没有错误，而党如何才能密切联系群众，实施正确有效的领导，也还有一个必须认真考虑和努力解决的问题，但这决不能成为要求削弱和取消党的领导的理由。"[1] 长期以来，在民主与党的领导的关系问题上，存在着两种错误倾向。一种是在所谓"一元化领导"口号下的党政不分、以党代政、权力集中；另一种是一些人把民主与党的领导对立起来，认为加强党的领导必然会削弱社会主义民主，追求所谓没有领导、没有法纪约束的"绝对民主"，有的甚至企图利用"民主"来削弱、摆脱党的领导。对此，邓小平曾尖锐指出："第一种倾向已经引起群众的强烈不满，损害党的威信，如不坚决纠正，势必使我们的干部队伍发生腐化。"[2] 第二种倾向更是广大群众所不能容许的，这事实上只能

---

[1] 《邓小平文选》第2卷，人民出版社1994年版，第170页。

[2] 同上书，第332页。

导致无政府主义，导致社会主义事业的瓦解和覆灭。他语重心长地告诫人们：像中国这样一个大国，如果没有一个核心来领导，许多事情很难办，首先吃饭问题就解决不了，更不用说搞民主建设，搞好民主建设了。江泽民也指出："坚持党在建设有中国特色社会主义事业中的核心地位，发挥党总揽全局、协调各方的作用，这是坚持四项基本原则的核心。……在我们这样一个人口多、底子薄，经济文化发展不平衡，多民族的发展中大国，要把十二亿多人的思想统一起来，力量凝聚起来，向着社会主义现代化建设的共同目标前进，必须有中国共产党这个核心力量，必须有中国共产党的坚强领导。否则，一盘散沙，四分五裂，不仅建设搞不起来，而且必然陷入混乱的深渊。"[①] 这是总结近代以来中国发展历程得出的结论，也是总结世界许多国家特别是发展中国家发展的经验教训得出的结论。

人民当家作主。人民当家作主是中国特色社会主义政治制度的本质特征。中国特色社会主义政治制度与西方和其他一切剥削阶级的国家政治制度不同，我国的一切权力属于人民，人民是国家的主体，也是民主的主体。邓小平指出：一定要向人民和青年着重讲清楚这个问题。"什么是中国人民今天所需要的民主呢？中国人民今天所需要的民主，只能是社会主义民主或人人民主，而不是资产阶级的个人主义的民主。"[②] 人民民主就是大多数人的民主，就是广大人民群众在中国共产党的领导下，依照宪法和法律享有管理国家、管理经济、管理各项社会事务的权利。邓小平特别强调，不能把党的领导与人民民主对立起来，它们之间是互为条件，互相促进，是完全一致的。因为我们党是人民利益的忠实代表，能够领导、支持、保障人民当家作主。一个不以全心全意为人民服务为自己宗旨的党，一个不以实现人民当家作主为己任的党，一个不能有效保护人民民主权利的党，就不是劳动人民的政党，就不可能带领广大人民群众为实现自己的纲领而奋斗。反之，一种以否定党的领导、削弱党的领导为目标的民主，也决不是人民民主或社会主义民主。江泽民指出："中国是有五千多年历史的文明古国。但人民当家作主，成为国家、社会和自己命运的主人，只是在新中国成立以后才成为现实，这是中国人民政治地位的根本变化。观

---

① 《江泽民论有中国特色社会主义（专题摘编）》，中央文献出版社2002年版，第36～37页。
② 《邓小平文选》第2卷，人民出版社1994年版，第175页。

察当代中国的政治,首先要认清这个大前提。忽略了这一点,就不能从根本上正确认识中国政治制度是人民民主的本质。"① 所谓社会主义民主,就是"全国各族人民享有的最广大的民主,它的本质就是人民当家作主。共产党执政,就是领导和支持人民掌握和行使管理国家的权力,实行民主选举、民主决策、民主管理、民主监督,保证人民依法享有广泛的权利和自由,尊重和保护人权"。②

实行依法治国。依法治国就是广大人民群众在中国共产党的领导下,依照宪法和法律的规定,通过各种途径和形式管理国家事务,管理经济文化事业,管理社会事务,保证国家各项工作都依法进行,逐步实现社会主义民主的制度化、法律化,使这种制度和法律不因领导人的改变而改变,不因领导人看法和注意力的改变而改变。这是中国特色社会主义政治制度的又一显著特征,也是中国共产党实践经验的深刻总结。

早在1978年12月中央工作会议上,邓小平就指出:"为了保障人民民主,必须加强法制,使民主制度化、法律化。使这种制度和法律不因领导人的改变而改变,不因领导人的看法和注意力的改变而改变。"③ 在这里,邓小平已明确提出一个中国政治建设的方向性命题:由"人治"到"法治"。为了实现这一转变,必须培育公民的法制意识,这是最根本性的工作。但是"法治"的前提首先是要有法可依,这就要建立以宪法为基础的法律体系。对此,邓小平指出:我们的法律制度还有不完善的地方,"要使我们的宪法更加完备、周密、准确,能够切实保证人民真正享有管理国家各级组织和各项企业、事业的权力,享有充分的民主权利,要使各少数民族聚居的地方真正实行民族区域自治,要改善人民代表大会制度"。"要制定一系列的法律、法令和条例,使民主制度化、法律化"。④ 邓小平特别强调,社会主义民主与法制不可分。"民主要坚持下去,法制要坚持下去,这好像两只手,任何一只削弱都不行。"因此,在发扬社会主义民主的同时,还要加强社会主义法制。"不要社会主义法制的民主,

---

① 《江泽民论有中国特色社会主义(专题摘编)》,中央文献出版社2002年版,第303页。
② 同上书,第301~302页。
③ 《邓小平文选》第2卷,人民出版社1994年版,第146页。
④ 《邓小平文选》第2卷,人民出版社1994年版,第339、359页。

不要党的领导的民主，不要纪律和秩序的民主，决不是社会主义民主。"①

以江泽民为核心的中国共产党第三代中央领导集体，进一步丰富和发展了邓小平理论。1996年江泽民在中共中央举办的中央领导同志法制讲座时的讲话中指出："加强社会主义法制建设，依法治国，是邓小平同志建设有中国特色社会主义理论的重要组成部分，是我们党和政府管理国家和社会事务的重要方针。"② 1997年9月在中共十五大上，他又进一步强调：依法治国是发展社会主义市场经济的客观需要，是社会文明进步的重要标志，是国家长治久安的重要保障，"是党领导人民治理国家的基本方略"。③ 他要求"各级党委、政府都要模范地执行宪法和法律，防止和纠正以言代法、以权压法、干扰执法的现象"。同时要支持法院、检察院依法独立行使职权，坚持秉公执法，坚决消除执法中的腐败现象。他特别强调，各级政府和党员干部必须在宪法和法律范围内活动，严格依法行政，严格依法办事，任何组织和个人都不允许享有超越宪法和法律的特权。

党的领导、人民当家作主和依法治国是有机统一的整体。中国共产党的领导是人民当家作主和依法治国的根本保证，人民当家作主是社会主义民主政治的本质要求，依法治国是中国共产党领导人民治理国家的基本方略。

第三节　按照中国实际建设社会主义政治制度

中国的政治制度建设必须借鉴和学习其他国家的经验和做法。但中国是具有2000多年封建专制历史，从半殖民地、半封建社会经过新民主主义革命直接进入到社会主义的国家，目前仍然处于并将长期处于社会主义初级阶段。因而，中国的社会主义政治制度建设，必须从中国实际出发，决不可照抄照搬别国模式。

一　政治制度建设必须从自己的国情出发

每一个国家的革命阶级在取得革命胜利建立起自己的国家政权后，都

---

① 《邓小平文选》第2卷，人民出版社1994年版，第189、359页。
② 《江泽民论有中国特色社会主义（专题摘编）》，中央文献出版社2002年版，第326页。
③ 同上书，第327页。

面临着进一步巩固和发展政治制度的问题,这是政治制度建设的普遍规律。但是,每一国家政治制度具体模式和路径的选择、政治制度发展的水平,却不以革命阶级的主观意志为转移,必须充分考虑各国的具体国情,与这一国家的国情相适应,这是政治制度建设的特殊性。列宁指出:"一切民族都将走向社会主义,这是不可避免的,但是一切民族的走法却不完全一样,在民主的这种或那种形式上,在无产阶级专政的这种或那种类型上,在社会生活各方面的社会主义改造的速度上,每个民族都会有自己的特点。"① 他特别强调,在社会主义建设方面,不是要求消灭多样性,消灭民族差别,而是要十分重视"考察、研究、探索、揣测和把握民族的特点和特征。"② 邓小平作为中国特色社会主义理论的创立者和改革开放的总设计师,对这一问题有着更深刻的理解。他指出:"过去搞民主革命,要适合中国情况,……现在搞建设,也要适合中国情况。"③ 中国的事情要按照中国的情况来办,要从中国的实际出发。"这涉及政治领域、经济领域、文化领域等所有方面的问题。"④

当前,中国最主要的国情是处于并将长期处于社会主义初级阶段,社会主义政治制度建设要从自己的国情出发,就是要从社会主义初级阶段这个基本国情出发。

首先,必须坚持社会主义基本政治制度。中国共产党在领导人民进行革命和建设实践中创建的人民民主专政制度、人民代表大会制度、共产党领导的多党合作与政治协商制度、民族区域自治制度以及基层民主制度等,体现了我国社会主义的本质,是我国社会主义政治制度的基本构架。在中国特色社会主义政治制度建设中,不坚持这些基本制度,就会背离社会主义方向,导致中国特色社会主义政治制度建设走上邪路,最终葬送社会主义。

其次,充分考虑我国的经济文化发展水平。政治是上层建筑的核心范畴,政治文明的发展水平和状况,是由现实的物质生产条件决定的。新的更高级阶段的政治文明,只有在孕育它的物质条件已经生成、发展的时

---

① 《列宁全集》第23卷,人民出版社1987年版,第64~65页。
② 《列宁选集》第4卷,人民出版社1995年版,第200页。
③ 《邓小平文选》第2卷,人民出版社1994年版,第163页。
④ 《邓小平文选》第3卷,人民出版社1993年版,第255页。

候，才能应运而生。社会主义政治文明不能摆脱政治文明发展一般规律的制约，它自身建设能够达到什么样的程度，以多快的速度发展，取决于整个社会的发展水平，尤其是生产力的发展水平。企图超越生产力的发展，建设所谓高级阶段的民主政治，只能是欲速则不达，甚至距离所要追求的目标越来越远。

我国是一个在一穷二白基础上建立起来的社会主义的国家，经过几十年尤其是改革开放20余年的发展，生产力水平有了很大的提高。但总体上落后且发展不平衡的状况并没有根本改变，建设中国特色社会主义民主政治的物质基础和由此制约的社会文化发展还相当薄弱，这就决定了中国特色社会主义民主政治建设，不能超越初级阶段生产力水平，不切实际地追求高目标，要求高速度，必须与经济文化发展水平相一致。邓小平在谈到选举问题时指出，像我们这样一个大国，人口这么多，地区之间又不平衡，还有这么多民族，高层搞直接选举还不成熟，首先是文化素质不行。因而，当前及今后相当长时期，我们只能实行县级及县级以下的基层直接选举，而不可盲目扩大和提高直选范围与层次。否则，就可能影响稳定大局，最终破坏中国特色社会主义政治制度建设。

二　政治制度建设要借鉴别国经验，但绝不能照抄照搬别国模式

社会主义政治制度与资本主义等剥削阶级的政治制度有着根本的区别，与其他社会主义国家的政治制度也有不同。但是，其他国家，尤其是西方发达国家经过几百年的发展，其政治模式已很完善，给我们提供了许多可供学习和借鉴的东西。只有大胆吸收和借鉴别国的先进经验，才能尽快完善我国的政治制度。列宁指出，苏维埃的历史使命就是"充当资产阶级议会制度以及整个资产阶级民主的掘墓人、后继人和继承人"。① 邓小平强调：在政治制度的某些方面，我们不如资本主义社会，我们的某些制度是落后的，因而，我国的社会主义制度，一定要"吸收我们可以从世界各国吸收的进步因素，"只有这样，我们的制度才能一天天完善起来，"成为世界上最好的制度。"② 江泽民也指出："社会主义作为一种崭

---

① 《列宁选集》第4卷，人民出版社1995年版，第198页。
② 《邓小平文选》第2卷，人民出版社1994年版，第337页。

新的社会制度,只有在继承和利用资本主义社会已经创造出来的全新生产力和全部优秀文化成果的基础上,并结合新的实际进行新的创造,才能顺利建成社会主义。"因而,"我们必须树立一个明确的认识,不管是哪种制度下创造的文明成果,只要是进步的优秀的东西,都应积极学习和应用"。①

但是,借鉴和吸收对我们有益的东西,绝不是照抄照搬。世界历史表明,任何国家的政治制度,都离不开本国的历史文化传统、经济发展状况和社会制度。邓小平指出:"其实有些事情,在某些国家能实行的,不一定在其他国家也能实行。人们一定要切合实际,要根据自己的特点来决定自己的制度和管理方式。""西方式的民主就是三权分立,多党竞选,等等。我们并不反对西方国家这样搞,但是我们中国大陆不搞多党竞选,不搞三权分立、两院制"。②极少数人认为"中国对西方国家的政治制度、经济制度、如议会制、多党制、私有制等,也应照搬过来"的错误倾向,"我们任何时候都要警惕和防止,不能让他们干扰我们的改革开放事业"。③ 因为它不符合中国国情。

"三权分立"是资产阶级用以调节其内部矛盾的政治体制。资产阶级与无产阶级在根本政治、经济利益上是完全对立的。资产阶级内部各集团、各派别在剥削、压迫无产阶级问题上虽然也是完全一致的,但是,由于资本主义实行的是生产资料私有制,资产阶级内部各个垄断集团为了追逐剩余价值却又产生了无法调和的矛盾。为了维护整个资产阶级的共同统治,必须寻找一种既能把无产阶级排斥在权力中心之外、置资产阶级统治之下,又能保证资产阶级内部各集团、各派别之间相互制约、调节、缓和其矛盾的政治体制,这种体制既能防止或抑制个别垄断集团独霸权力,又能使资产阶级社会得以正常运行。资本主义国家的立法权、行政权、司法权分别由资产阶级议会、政府、法院来行使,正好满足了上述要求,因而,"三权分立"是符合资本主义的政治制度。我国是社会主义国家,广大人民群众是国家和社会的主人,实行的是以生产资料公有制为主体、多

---

① 《江泽民论有中国特色社会主义(专题摘编)》,中央文献出版社2002年版,第206~207页。

② 《邓小平文选》第3卷,人民出版社1993年版,第220~221页。

③ 《江泽民论有中国特色社会主义(专题摘编)》,中央文献出版社2002年版,第207页。

种所有制经济共同发展的基本经济制度,这就决定,在我国,广大人民群众的政治利益和经济利益从根本上说是完全一致的,不存在人民内部之间权力制约和均衡的阶级基础和政治基础。因而,我们只能实行"全国人民代表大会一院制,这最符合中国实际"。[①]

西方的两党制或多党制,是伴随着资本主义经济的发展而产生的一种为资产阶级利益服务的政党制度。资本主义的私有制,造成了资产阶级内部为了追逐高额利润而进行激烈竞争的不同利益集团。这些集团因同属有产阶级而彼此联系在一起,又因各有特殊利益而相互斗争。这种状况在政治上的反映,就是形成了代表不同利益集团的政治组织形式——政党,通过政党之间在国家权力上的争斗来实现各自所代表的集团的利益。我国是社会主义国家,虽然还存在着阶级、阶层的区别和差异,但由于生产资料公有制占主导地位,因而,全体人民的根本利益是一致的,全体人民坚持一个中心、两个基本点的党的基本路线和建设社会主义现代化的奋斗目标也是一致的。同时,中国共产党是中国各族人民利益的忠实代表,在共产党的领导下,人民内部的各种矛盾都可以通过社会主义民主的各种方式和途径加以解决,不需要通过政党之间的争斗。因而,在中国,不能照搬西方的两党制或多党制,而只能实行共产党领导下的多党合作的政治协商制度。正如邓小平所说:"在中国共产党的领导下,实行多党派的合作,这是我国具体历史条件和现实条件所决定的,也是我国政治制度中的一个特点和优点。"[②]

第四节 积极推进政治体制改革

政治体制是实现社会根本政治制度的具体组织形式及其运行机制的总和。我国是人民民主专政的社会主义国家,根本政治制度是好的,但政治体制中却存在一些弊端,有的还比较严重,要建设完善的中国特色社会主义政治制度,并使其优越性充分发挥出来,就必须进行政治体制改革。

[①] 《邓小平文选》第3卷,人民出版社1993年版,第220页。
[②] 同上书,第2卷,人民出版社1994年版,第205页。

一　政治体制改革的目标

政治体制改革是一项复杂的社会系统工程。制定明确而科学的目标十分重要。邓小平根据我国实际情况，从长远的总目标和近期的具体目标两个层次对我国政治体制改革的目标作出了规划。1980年12月，他在中央工作会议上指出：我国政治体制改革的总方向，"是为了发扬和保证党内民主，发扬和保证人民民主"。① 1986年9月他又进一步指出，我国政治体制改革的总目标有三条："第一，巩固社会主义制度；第二，发展社会主义社会的生产力；第三，发扬社会主义民主，调动广大人民的积极性。"② 中共十三大报告根据邓小平的思想，以党的文件的形式将我国政治体制改革的长远目标予以概括性规定："建立高度民主、法制完备，富有效率、充满活力的社会主义政治体制"。江泽民继承发展了邓小平理论，他在一系列讲话中多次阐述过我国政治体制改革的目标问题。其中1992年6月《深刻领会和全面落实邓小平同志的重要讲话精神，把经济建设和改革开放搞得更快更好》的讲话和中共十五大报告最具代表性。他指出："政治体制改革的目标是，建设有中国特色的社会主义民主政治，健全社会主义法制，切实保障人民当家作主的权利。"③ 因而，我们必须继续推进政治体制改革，进一步扩大社会主义民主，健全社会主义法制，依法治国，建设社会主义法治国家。巩固和发展民主团结、生动活泼、安定和谐的政治局面。

关于我国政治体制改革的近期和具体目标，邓小平指出，我国政治体制改革要本着三个目标进行："第一个目标是始终保持党和国家的活力。这里的活力，主要指领导层干部的年轻化，……第二个目标是克服官僚主义，提高工作效率……第三个目标是调动基层和工人、农民、知识分子的积极性。"④ 为此，"首先是党政要分开，解决党如何善于领导的问题。这是关键，要放在第一位"。其次是"权力要下放，解决中央和地方的关系，同时地方各级也都有一个权力下放问题"。第三是精简机构，把重

---

① 《邓小平文选》，第2卷，人民出版社1994年版，第372～373页。
② 同上书，第3卷，人民出版社1993年版，第178页。
③ 《江泽民论有中国特色社会主义（专题摘编）》，中央文献出版社2002年版，第299页。
④ 《邓小平文选》第3卷，人民出版社1993年版，第179～180页。

叠、多余没有效率的机构坚决减下来，建立办事高效、运转协调、行为规范的行政管理机构。①

我国政治体制改革的总体目标、长远目标和具体目标、近期目标是相统一的。总体目标、长远目标规范政治体制改革的全过程和总方向，指导具体目标、近期目标的完成。具体目标、近期目标是总体目标、长远目标的重要组成部分，为总体目标、长远目标的实现准备条件。因而，我国的政治体制改革必须把总体目标、长远目标和具体目标结合起来，具体目标、近期目标必须服从、服务于总体目标、长期目标，要在总体目标和长远目标的指导下，实现具体和近期目标。

二 我国政治体制改革的主要内容和任务

党政分开。早在1978年政治体制改革刚刚提出时，邓小平就指出要克服党包办一切、干预一切、党政不分、以党代政的倾向。提出中国共产党的领导主要是政治思想和组织领导，如果各级党组织把主要的精力和时间放在大量的日常行政工作、业务工作上，管了许多不该管、管不了的事情，不仅不是加强党的领导，而且会削弱党的领导，打击各方面的积极性。因而，在政治体制改革中，要把党政分开放在第一位，改革的内容，首先是党政分开，这是关键。但应当注意的是，这里的党政分开，是指职能的分开，而非职务分开。

权力下放。权力过分集中，结构不合理，是我国传统管理体制的"总病根"。因此，改革必须首先改变我国长期以来存在的权力过分集中现象。邓小平认为权力不宜过分集中。"权力过分集中，妨碍社会主义民主制度和党的民主集中制的实行，妨碍社会主义建设的发展，妨碍集体智慧的发挥，容易造成个人专断，破坏集体领导，也是在新的条件下产生官僚主义的一个重要原因。"② 要改变这种状态，就要调整权力结构，实行权力下放。"凡是适宜下面办的事情，都应由下面决定和执行。"③ 这就要"真正建立从国务院到地方各级政府从上到下的强有力的工作系统"。正

---

① 《邓小平文选》第3卷，人民出版社1993年版，第177页。
② 《邓小平文选》第2卷，人民出版社1994年版，第321页。
③ 《中国共产党第十三次全国代表大会文件汇编》，人民出版社1987年版，第39页。

确处理中央和地方以及地方各级政府机关之间的关系。只有这样，才能充分调动中央和地方各工作部门的积极性。当然，实行权力下放，决不是简单的放权，而是为了建立更有效的权力运行系统；也不是不要集中和中央权威，而是为了更有效地集中和维护中央权威。如果把权力下放同中央拥有必要的权威对立起来，或者破坏了集中统一领导，整个社会就会"乱哄哄"，"各顾各，互相打架，互相拆台"。① 这样的权力下放，我们宁肯不要。

机构改革。我国的行政机构是适应计划经济体制建立起来的，经过几十年的运作，机构臃肿、人浮于事、效率低下、官僚主义等弊端逐渐暴露出来。早在1980年3月，邓小平就提出精简机构的问题。他说："现在各级领导机关太庞大，人员太多，人多就要找事做，带来的最大问题是处理事务拖拉，决策慢，解决问题不力，妨碍下边的积极性。"因而，要把机构改革当做一场革命来搞。这场革命不搞，"不只是四个现代化没有希望，甚至要涉及亡党亡国的问题，可能要亡党亡国"。② 为此，中共十三大提出：机构改革"必须抓住转变职能这个关键"。中共十四大、十五大提出：要按照社会主义市场经济的要求，转变政府职能，实行政企分开，把企业生产经营管理的权力交给企业；根据精简、统一、效能的原则进行机构改革，建立办事高效、运转协调、行为规范的行政管理体系，提高为人民服务水平，把综合经济部门改组为宏观调控部门，调整和减少专业经济部门，加强执法监督部门，培育和发展社会中介组织。深化行政体制改革，实现国家机构组织、职能、编制、工作程序的法定化，严格控制机构膨胀，坚决裁减冗员。实现机构和编制的法定化，切实解决层次过多、职能交叉、机构臃肿、权责脱节和多重多头执法等问题。

干部人事制度改革。1980年8月，邓小平在《党和国家领导制度的改革》讲话中提出：要"坚决解放思想、克服重重障碍，打破老框框，勇于改革不合时宜的组织制度"。③ 改变事实上存在着的"干部领导职务终身制现象"，"清除残存在党内的这种家长制作风"，按照"革命化、年

---

① 《邓小平文选》第3卷，人民出版社1993年版，第278页。
② 《邓小平文选》第2卷，人民出版社1994年版，第397页。
③ 同上书，第326页。

轻化、知识化、专业化"的标准,"选拔德才兼备的人进班子,这是保持党和政府正确领导的连续性、稳定性的重大战略措施",①也是始终保持党和国家活力的关键所在。江泽民在中共十五大报告中还特别强调,要打破选人用人中论资排辈的观念和做法,引进竞争机制,促进人才合理流动,积极营造各方面优秀人才脱颖而出的良好环境。努力形成广纳群贤、人尽其才、能上能下、充满活力的用人机制,把优秀人才集聚到党和国家的各项事业中去。同时,又要积极创造条件,"使大批人才转移到第三产业和其他需要加强的工作岗位上去,成为现代化建设的生力军"。②

完善民主监督制度。为了保证我国政治权力的正当行使和党员干部的廉洁性,邓小平十分重视民主监督制度的建设。他指出:"党要领导得好,就要不断地克服主观主义、官僚主义,就要受监督。"③他特别强调群众监督制度。要求"让群众和党员监督干部,特别是领导干部。凡是搞特权、特殊化,经过批评教育而又不改的,人民就有权依法进行检举、控告、弹劾、撤换、罢免,要求他们在经济上退赔,并使他们受到法律、纪律处分"。④江泽民指出,要建立结构合理、配置科学、程序严密、制约有效的权力运行机制,从决策和执行等环节加强对权力的监督,保证把人民赋予的权力真正用来为人民谋利益。在各种监督对象中,重点是加强对领导干部特别是主要领导干部的监督,加强对人财物管理和使用的监督。强化领导班子内部监督,发挥司法机关和行政监察、审计等职能部门的作用,加强组织监督和民主监督,充分发挥舆论监督的作用。

加强法制建设,维护安定团结。邓小平一再强调,民主和法制不可分。要继续发展社会主义民主,必须健全社会主义法制。"这是三中全会以来中央坚定不移的基本方针,今后也决不允许有任何动摇。"⑤江泽民也指出,政治体制改革必须十分重视法制建设,坚持有法可依、有法必依、执法必严、违法必究。加强立法工作,提高立法质量,尽快形成中国特色社会主义法律体系。坚持法律面前人人平等。加强对执法活动的监

---

① 《邓小平文选》第2卷,人民出版社1994年版,第326页。
② 《中国共产党第十四次全国代表大会文件汇编》,人民出版社1992年版,第36页。
③ 《邓小平文选》第1卷,人民出版社1994年版,第270页。
④ 同上书,第2卷,人民出版社1994年版,第332页。
⑤ 同上书,第359页。

督，推进依法行政，维护司法公正，提高执法水平，确保法律严格实施，既要提高全民的法律素质，更要增强公职人员的法制观念和依法办事能力。共产党员和干部特别是领导干部要成为遵守宪法和法律的模范。

三 政治体制改革应遵循的原则和方针

政治体制改革是一项复杂的工作，必须遵循正确的原则和方针，才能保证其顺利完成，我国政治体制改革主要应遵循如下原则和方针：

首先，必须以四项基本原则为前提。四项基本原则是我们的立国之本。早在1979年3月中共中央召开的理论工作务虚会上，邓小平就指出："中央认为，我们要在中国实现四个现代化，必须在思想政治上坚持四项基本原则，这是实现四个现代化的根本前提。"[1] "如果动摇了这四项基本原则中的任何一项，那就动摇了整个社会主义事业，整个现代化建设事业。"[2] 因此，决不允许在这个根本立场上有丝毫动摇。政治建设和政治体制改革是整个现代化建设事业的重要组织部分，必须遵循现代化建设的基本原则和方针，以"坚持四项基本原则"为前提。[3] 否则，政治体制改革就会迷失方向，甚至会走上邪路。江泽民在中共十五大报告中也郑重告诫全党："我们要在坚持四项基本原则的前提下，继续推进政治体制改革"。牢牢把握有中国特色社会主义的这个基本要求，这是由中国共产党的宗旨和历史使命、我们的社会主义国家性质决定的，也是由政治体制改革的目的、目标和任务决定的。

其次，改革必须坚持科学的评价标准。一个国家政治体制的优劣好坏，必须有一个科学的标准。邓小平认真分析了世界各国政治体制的利弊，结合我国的现实情况，认为"评价一个国家的政治体制、政治结构和政策是否正确，关键看三条：第一是看国家的政局是否稳定；第二是看能否增进人民的团结，改善人民的生活；第三是看生产力能否得到继续发展"。[4] 这三条应该是我们政治体制改革坚持的标准。政治稳定是我国改革开放和社会主义现代化建设能够顺利进行的必要条件。邓小平指出：

---

[1] 《邓小平文选》第2卷，人民出版社1994年版，第164页。
[2] 同上书，第173页。
[3] 同上书，第3卷，人民出版社1993年版，第332页。
[4] 《邓小平文选》第3卷，人民出版社1993年版，第213页。

"我们搞四化，搞改革开放，关键是稳定。"① 没有稳定，什么都谈不上。因此，在政治体制改革方面，最大的目的是取得一个稳定的环境，这是中国的最高利益。如果体制改革把中国搞乱了，不仅损害了中国的最高利益，也意味着改革的失败。人民的团结和人民生活的改善，既是我们做好一切工作的重要因素，也是我们做好一切工作所要达到的最终目的。邓小平指出："根据我长期从事政治和军事活动的经验，我认为，最重要的是人的团结。""有了这样的团结，任何困难和挫折都能克服。"② 把人民真正团结起来，就要关心人民疾苦，改善人民生活。政治体制改革就是要健全和完善已有的体制，减少和克服体制方面容易引发社会矛盾、影响人民生活质量改善的弊病。只有以此为标准来衡量改革的成败，才能牢牢把握政策的正确方向。发展生产力是社会主义的根本任务。邓小平指出："我们是社会主义国家，社会主义制度优越性的根本表现，就是能够体现社会生产力以旧社会所没有的速度发展，使人民不断增长的物质文化生活需要能够逐步得到满足。按照历史唯物主义的观点来讲，正确的政治领导的成果，归根结底要表现在社会生产力的发展上，人民物质文化生活的改善上。"③ 他要求，全党同志在进行改革的过程中，应该紧紧把握住马克思主义这个基本观点，把是否有利于发展生产力作为检验一切改革得失成败的最主要标准，政治体制改革当然也不能例外。

再次，改革必须在中国共产党的领导下有步骤、有秩序地进行。政治体制改革是一项十分复杂而艰巨的系统工程，具有牵一发而动全身的特性。因而，我国政治体制的改革决不能无组织、无计划地盲目进行。政治体制改革要搞好，必须坚持共产党的领导，在党的统一领导下，分步骤、分阶段、有秩序地进行。邓小平指出：在中国这样一个大国搞改革，"没有一个具有高度觉悟性、纪律性和自我牺牲精神的党员组成的，能够真正代表和团结人民群众的党，没有这样一个党的统一领导，是不可设想的，那就只会四分五裂，一事无成。这是全国各族人民在长期的奋斗实践中深刻认识到的真理"。④ 坚持党的领导，是政治体制改革成功的根本保证也

---

① 《邓小平文选》第3卷，人民出版社1993年版，第286页。
② 同上书，第190页。
③ 同上书，第2卷，人民出版社1994年版，第128页。
④ 《邓小平文选》第2卷，人民出版社1994年版，第341～342页。

是我国政治体制改革的一项根本原则。同时，政治体制改革又不可能一步到位，急于求成。在改革过程中既需要制定长远目标和全盘规划，也需要制定阶段性目标和具体设计，分步骤推进和实施，走法治化道路。决不可搞运动和所谓"大民主"。要深入调查研究，注重实践经验的总结，不断探索，不断创新，积极稳妥，一步一个脚印地向前推进。

第十八章　中国特色社会主义法律制度

法律制度简称"法制",其概念包括以下几层含义:第一,法制体现统治阶级的阶级本质和意志,是统治阶级以国家意志的名义建立起来的法律和制度;第二,法制是国家的动态治理活动,是立法、执法、守法和法律实施监督的有机统一;第三,法制的中心环节是依法治国、依法办事,实行法治原则。社会主义法制,是社会主义国家按照工人阶级和广大人民的意志所建立起来的法律和制度,是立法、执法、守法和法律实施监督的有机统一,是工人阶级政权依法治国、依法办事的法律和制度的总称。

社会主义法制建设,在发展市场经济、促进民主政治、推进精神文明等方面具有重大意义。加强社会主义法制建设,必须明确社会主义法制建设的原则,并把依法治国与以德治国结合起来。只有这样,才有可能保证社会主义现代化建设和改革开放的顺利进行,实现建设社会主义法治国家的伟大目标。

第一节　建设社会主义法制的重大意义

加强社会主义法制建设,依法治国,是中国特色社会主义理论的重要组成部分,是中国共产党和政府管理国家和社会事务的重要方针。坚持一手抓经济建设,一手抓法制建设,建立和完善社会主义法制,是建设富强、民主、文明的社会主义现代化国家的重要目标之一。1995年8月,江泽民在第十四届亚太法协大会开幕式上的讲话中指出:"经济的发展,社会的进步,都离不开法制的健全。经济和社会的发展,呼唤着法制的完善;反过来,法制的完善,又会进一步促进经济繁荣和社会进步。建设符合本国国情的完备的法制,是一个国家繁荣昌盛的重要保证。"①

一　建设社会主义法制,是社会主义市场经济发展的客观要求

市场经济的基本属性,必然从客观上要求法制,要求法律的规范、引导、制约、保障和服务。社会主义市场经济建立和完善的过程,实际上也是经济法制化的过程。

从市场经济与法制的逻辑联系看,一方面,在市场经济条件下,资源的配置主要是通过具有平等性、独立性和自主性的各个经济主体的自主行为而实现的,它不同于计划经济体制下依靠统一的行政意志来实现。对众多的、个别化的资源配置行为来说,必须有统一而且有权威性的法律来加以规范,否则资源配置过程必然是混乱的,从而也是低效的甚至无效的。比如,在市场经济条件下,各个自主的经济主体彼此之间的联系,必须仰赖于契约,为了保证这些契约的公正和共同遵守,这就需要有合同法。没有合同法就不会有基本的市场秩序,从而也就不会有真正的市场。另一方面,市场经济体制尊重经济主体的个别意志,但决不等于政府对经济过程可以自由放任。无论从宏观调控、社会管理的要求来看,还是从提高全社会资源利用和配置的水平出发,政府必须将其意志贯彻在市场经济的运行过程中,而在行政隶属关系松弛的市场经济环境下,必须借助于法律手段来体现这种意志。否则资源的配置过程也必然是混乱的,从而是低效的,甚至是无效的。以上从微观和宏观两个层面都不难看出市场经济与法制有着内在逻辑联系。

从解决我国当前社会经济生活现实矛盾的要求看,需要强化法制的作用。改革以前,我国的社会控制和社会约束主要依靠三个方面:一是政党和行政体系;二是司法机关;三是意识形态。20多年来,在由计划经济向市场经济转化过程中,这三种约束仍然存在,但有些已经发生较大的变化。一方面,随着市场经济的发育和发展,政党和行政对具体经济过程的控制和约束范围逐渐减少,同时,在某些控制和约束范围中,控制力和约束力也有很大的减弱;另一方面,在人们的价值观念和思想意识发生了明显变化后,意识形态的约束力也有了一定程度的减弱。在此情况下,只有

---

① 《江泽民论有中国特色社会主义(专题摘编)》,中央文献出版社2002年版,第330页。

强化法制控制和约束作用，才有可能保证经济主体和社会成员的行为不至于无序和出轨。

社会主义市场经济体制的形成，需要强化法制的作用。在推进市场经济体制形成的过程中，面临着两大难题：一是各经济主体利益结构难以调整；二是缺少足够的实践经验。而解决这两大难题都不能不依靠法制的力量。在主体利益结构调整过程中，要求各主体对调整结果都保持满意是困难的，甚至是不可能的，改革的阻力也正在于此。在此情况下，我们所能够做出的努力，一方面在于尽可能使利益结构的调整相对合理，另一方面则需借助于法律的强制力和法律普遍、统一的效力，抑制部分主体追求局部利益和自身利益的过高欲望。在这些方面仅靠说服不行，仅有行政措施也难以完全奏效，而需要依靠法律手段。对实践经验不足的这个难题，法律也有它的特殊作用。西方市场经济已有了几百年经验，比较成熟的经验大都集中体现在有关立法之中，而且，相当一部分立法已经成为人类文明的共同成果。

社会主义要赢得同资本主义相比较的优势，必须大胆吸收和借鉴世界各国包括资本主义发达国家的一切反映现代化生产和商品经济一般规律的先进经营方式和管理方法。通过借鉴西方立法，制定出适合我国国情的法律规范，可以把西方市场经济的主要经验引入到我国经济生活中，从而收到事半功倍的效果，由此还可以便利同国际经济交往规则接轨。这一点，已经为20多年来我国立法实践所证明。江泽民指出："一个比较成熟的市场经济，必然要求并具有比较完备的法制。市场经营活动的运行，市场秩序的维系，国家对经济活动的宏观调控和管理，以及生产、交换、分配、消费等各个环节，都需法律的引导和规范。在国际经济交往中，也需要按国际惯例和国与国之间约定的规则办事。这些都是市场经济的内在要求"[①] 人们已经达成这样的共识：法制是社会主义市场经济的内在要求，法制建设必须与市场经济体制建设相同步，没有健全的法制就没有健康的、成功的市场经济。从这种意义上说，市场经济就是法制经济。建设社会主义法制，最直接、最基础的正是建立和发展社会主义市场经济的需要。

[①] 《江泽民论有中国特色社会主义（专题摘编）》，中央文献出版社2002年版，第331页。

二 建设社会主义法制，是发展社会主义民主政治的根本保证

经济发展必然要求政治民主。发展社会主义市场经济，必然要求发展社会主义民主政治。我国社会主义民主政治的本质是人民当家作主，国家的一切权力属于人民。我国实行人民民主专政的国体和人民代表大会的政体都体现了这一要求。但民主政治总是同法制紧密相连，要发展社会主义民主政治，就必然建设社会主义法制。

邓小平指出："不要社会主义法制的民主……决不是社会主义民主。"[①] 2002年5月31日，江泽民在中共中央党校省部级干部进修班毕业典礼上的讲话中也明确指出，发展社会主义民主政治，建设社会主义政治文明，是社会主义现代化建设的重要目标；要着重加强社会主义民主政治制度建设，实现社会主义民主政治的制度化、规范化、程序化。这说明，社会主义民主同社会主义法制是紧密相连、不可分割的，是一个问题的两个方面。在我国，从国体上看，民主同专政联系在一起，我们是人民民主专政的国家；从政体上看，民主同集中联系在一起，我们的人民代表大会制度是在民主基础上的集中，在集中指导下的民主；从人民内部看，民主同纪律联系在一起，民主总是相对纪律而言的。所以，民主同专政的统一，民主同集中的统一，民主同纪律的统一，这就是我国社会主义民主政治的特色。因此，无论是坚持和完善人民民主专政的国体，坚持和完善人民代表大会的政体，还是保障人民的主人翁地位，保证公民享有广泛的权利和自由，尊重和保障人权，都离不开社会主义法制。历史经验表明，法的地位和作用，是与国家政治制度的民主化程度成正比的。政治制度民主化程度越高，法在社会上的地位和作用也就越高。社会主义民主不能脱离社会主义法制而独立存在，这是由社会主义民主的性质和功能本身决定的。社会主义民主所确立的人民当家作主这个基本原则，必须通过一系列法律制度、程序、机制将这种民主内容具体化，变为权利和义务再转化为现实。在我国，人民当家作主如果没有完善的法制作保障，就会成为空洞的口号，人民民主的国家政权所体现的人民的主人翁地位也就不能具体化，公民广泛的权利和自由也就无从实现。人民当家作主采取人民代表大

---

① 《邓小平文选》第2卷，人民出版社1994年版，第359页。

会的形式，人民仍然要通过和利用社会主义国家这种政权组织形式来进行自我管理并对敌人实行专政。所以，只有把法制原则作为国家活动的准则，才能使人民能够制约国家权力使之不偏离为人民服务的宗旨。失去法制保障的民主，就会走向无政府主义的无序状态或专制主义的集权政治。

由此可见，我国社会主义的民主政治建设要想健康发展，就必须纳入法制轨道。只有建立和健全社会主义法制，按照宪法和法律治理国家，以法律为准绳，做到有法可依、有法必依，才能保证人民依照法定程序民主选举公仆，决定国家大事，监督国家机构，行使权利和自由，实现社会安定，政府廉洁高效，各族人民团结和睦，形成生动活泼的政治局面。因此，社会主义法制，是建设中国特色社会主义政治的内在需要和基本保证。

三 建设社会主义法制，是推进精神文明建设，促进社会全面进步的需要

建设中国特色社会主义，是一个缔造高度精神文明、推动社会全面进步的伟大事业。要想使我们国家精神文明发展，社会全面进步，就需要建设社会主义法制。

首先，精神文明只有在良好的法制环境中才能生成和发展。安全的秩序是进行社会主义精神文明建设的最基本的条件，没有正常的、安定的社会治安秩序，人民群众就不能安居乐业，精神文明建设就无从谈起；法律禁止制作、复制、出租、销售、传播内容反动、淫秽的有害的书刊和音像制品以及有害青少年身心健康和毒化社会风气的色情、凶杀恐怖游戏软件，禁止卖淫、嫖娼，禁止吸毒、贩毒、制毒、非法种植毒品原植物，禁止赌博，这些措施是抵制封建主义、资本主义和其他腐朽精神垃圾、净化社会风气的制度环境。法律严厉打击和有效制裁横行乡里、鱼肉百姓、坑蒙拐骗、欺行霸市、强取豪夺等害群之马和带有黑社会性质的势力，是建立文明的社会风气的有力武器。法律制裁遗老弃婴、侮辱妇女、伤害儿童，对社会弱者实施特殊法律保护，是建设精神文明所不可缺少的手段。如果没有这些法律的措施去扶正祛邪、惩恶扬善，社会公德和社会风气的恶化就不可避免，精神文明建设就会落败。

其次，社会主义精神文明建设需要法律支持和保障。文化建设的许多方面需要通过法律来完成。我国宪法明确规定社会主义文化建设的基本方针，确认了国家发展社会主义教育事业、科学文化事业、卫生体育事业、新闻广播、出版事业等。宪法的原则规定需要通过大量的具体法律法规贯彻执行。"科学兴国"战略在贯彻执行中也需要法律发挥重要作用。所有这些都充分说明，文化和精神文明建设的许多方面都离不开法律支持。此外，法律对文化和精神文明建设还具有保障作用。邓小平指出："毫无疑问，我们仍然坚持'双百'方针，坚持宪法和法律所保障的各项自由，坚持对思想上的不正确倾向以说服教育为主的方针，不搞任何运动和'大批判'。"① 我国宪法和法律保障公民有言论、出版自由，有进行科学研究、文学艺术创作和其他文化活动的自由，这就为文化和精神文明的发展创造了宽松的、自由的条件和安定团结、生动活泼的政治环境。

第三，物质文明建设与精神文明建设的关系需要法制的协调。物质文明与精神文明在本质上和发展趋势上都是统一的。一方面，物质文明是基础，社会生产力发展了，人民的物质生活好起来，精神面貌会有大的变化；国家富裕了，用于精神文明建设的投入加大了，就会把人们引向健康的精神生活方式。另一方面，精神文明对物质文明起着促进作用，包括智力支持、精神推动、思想保证和舆论引导。但是，在现实生活中，物质文明与精神文明并不能绝对一致，更不可能是同步的，甚至出现一手硬、一手软的扭曲现象。实现物质文明与精神文明、物质文明建设与精神文明建设的统一，协调二者之间经常出现的矛盾，法制是带有根本性质的手段。法制通过权利与义务这种特有的调整机制，正确地处理发展与稳定、自由与秩序、竞争与协作、自主与监督、效率与公平、先富与共富、经济效益与社会效益、个人利益与社会利益、群体利益与国家利益等关系，在物质文明建设与精神文明建设之间建立理性的平衡，实现二者协调共进。

四 建设社会主义法制是国家长治久安的重要保障

改革是我国社会主义发展的根本出路，只有改革才能解决妨碍社会发展的深层次矛盾。同时，我们也必须认识到，改革和发展又需要稳定的环境，保持政治和社会稳定，就为推进改革和发展提供了基本前提。实践表

---

① 《邓小平文选》第 2 卷，人民出版社 1994 年版，第 213 页。

明，在改革和发展进行到一定程度时，必然会引起利益格局的变化和冲突，所以，保持政治和社会稳定的问题就显得尤为重要。从这个意义上说，稳定成为国家的大局，"稳中求进"就成为相当一段时期国家发展的基本策略。所以，从国家的长远利益看，保证我国社会主义事业长治久安的关键是稳定发展，而要做到这一点，就必须建设社会主义法制，通过法的至高无上性和连续稳定性保障国家的长治久安。

法律调整是保持社会、政治、经济稳定的最基本的手段，它可以把社会发展事业纳入到一个稳定的环境内进行，使国家的发展能够在法定的范围内实现。"法令行则国治，法令弛则国衰"。当然，在发展中由于利益关系的变化，不可避免地会出现一些相对的不稳定因素或局部的不稳定现象，这也是正常的，是任何法治国家都曾出现过的事实，但这一切最终只能够通过法律予以控制。法律之所以能够成为人类文明的重要成果，其根本原因就在于它能够减少直接暴力，促进和平，使人们的不满情绪和冲突行为通过法定程度实现合法解决。所以，我们的社会主义事业要实现长治久安，也应该建设社会主义法制，用社会主义宪法和法律来管理国家事务、经济文化事业、社会事务，保证国家各项工作都依法进行。只有这样，才能保证我国社会主义事业稳定发展，从而实现长治久安。

邓小平、江泽民在论述社会主义法制建设时，都谈到了这样一个问题："使这种制度与法律不因领导人的改变而改变，不因领导人的看法和注意力的改变而改变"。这种重复不是简单的重复，而是一种共识和继承，是从实践中总结出来的真理："人治"的可变性给我们的事业带来的危害太深，要使我国社会主义事业长治久安，就必须根除"人治"的可变性；而建设社会主义法制，依法治国，正是根除这种可变性的对症良药。

第二节 社会主义法律制度的基本原则和内容

以邓小平、江泽民为代表的中国共产党人，根据马克思主义的基本原理，总结了社会主义革命和建设的实践经验，为在我国实现社会主义法制提出了一整套原则。全面、系统阐明社会主义法制建设的各项原则，并具体研究与探讨我国实际生活中存在的一些观念更新与制度改革方面的问题，以逐步建设中国特色社会主义法治国家，是我们面临的一个重要的历史课题。概括起来，在我国建设社会主义法制，主要应具有以下一些原则与内容：

一　建立完善社会主义市场经济法律体系

建设社会主义法制，必须要有反映社会发展规律和时代潮流，代表人民利益和意志的法律体系，做到有法可依。中共十四届三中全会通过的《关于建立社会主义市场经济体制若干问题的决定》中强调指出，社会主义市场经济体制的建立和完善，必须有完备的法制来规范和保障，并提出了法制建设的目标是在20世纪末初步建立适应社会主义市场经济的法律体系。八届全国人大常委会根据中共十四大和十四届三中全会精神，提出了争取在其任期内，大体形成社会主义市场经济法律体系的框架。中共十四届五中全会《建议》提出，要继续制定同经济、社会发展相适应的法律、法规。江泽民指出："我们要实现经济体制和经济增长方式的根本性转变，也必须按照市场的一般规则和我们的国情，健全和完善各种法制，全面建立起社会主义市场经济和集约型经济所必需的法律体系。"①

市场经济的建立迫切需要加强经济立法，构建完备的市场经济法律体系。建立完善的社会主义市场经济法律体系，必须加强立法工作，重在提高立法质量，坚持用邓小平理论和"三个代表"重要思想指导立法工作实践，力求从全局上、发展上和本质上把握中国特色社会主义法律体系的规律性，解决立法工作中带有普遍性、共同性问题，尤其要在部门齐全、结构严谨、体例科学等方面下功夫。所谓"部门齐全"是指，凡是社会生活需要法律作出规范和调整的领域，都应制定相应的法律、行政法规、地方性法规和各种规章，从而形成一张疏而不漏的法网，使各方面都能"有法可依"。现在中央和地方都制定有以市场经济法律体系为中心的立法规划。所谓"结构严谨"是指，法律部门彼此之间、法律效力等级之间、实体法与程序法之间，应做到成龙配套、界限分明、彼此衔接。例如，宪法的不少原则规定需要有法律法规使其具体化、法律化，否则宪法的某些规定就会形同虚设，影响宪法的作用权威。又如，从宪法、基本法律和法律直到

---

① 《江泽民论有中国特色社会主义（专题摘编）》，中央文献出版社2002年版，第331页。

省会市、国务院批准的较大市制定的地方性法规和政府规章,是一个法的效力等级体系,上位法与下位法的关系和界限必须清楚,等等。所谓法的"内部和谐"是指法的各个部门、各种规范之间要和谐一致,前后左右不应彼此重复和相互矛盾。现在地方立法中相互攀比、重复立法的现象比较严重。有的实施细则几十条,新的内容只有几条。既浪费人力物力,也影响上位法的权威。应当是有几条规定几条,用一定形式加以公布就可以了。法律规定彼此之间相互矛盾的情况时有发生,我们也还缺乏一种监督机制来处理这种法律冲突。法律都是比较概括原则、而社会生活都是复杂多变,这就要求进一步完善和丰富我国的法律解释制度。所谓"体例科学"是指,法的名称要规范,以便执法与守法的人一看名称就知道它的效力等级;法的用语、法的公布与生效等也都要进一步加以规范。

改革开放20多年来,在立法方面,除宪法和4个宪法修正案外,全国人大及其常委会制定了297个法律,通过了125个有关法律问题的决定;国务院制定了933个行政法规;31个省、自治区、直辖市和49个较大的市的人大及其常委会制定了9 000多个地方性法规;国务院各部门和地方人民政府依据法定职权制定了30 000多个规章。可以说,一个以宪法为核心的社会主义法律体系的框架已初步形成。这些法律、法规、规章反映了改革开放的进程,肯定了改革开放的成果,对保障和推动改革开放和社会主义现代化建设事业的发展,发挥了积极的作用。在社会、经济和其他主要领域,已经基本做到了有法可依。

经济在发展,社会在前进,新情况、新问题会不断地出现,解决问题的新经验也会不断地产生。正因为如此,我们的社会主义法律体系建设也必然是一个深化、加强、健全和完善的过程,不可能毕其功于一役。有了新情况、新问题、新经验,经过研究和总结,就要适时地制定新的有关法律和法规。这样,才能避免新问题出来了而仍然陷于用老的办法去处理问题的很不规范、也很难从容行事的被动局面。

二 坚持社会主义民主原则,实现民主法制化与法制民主化

没有民主就没有社会主义,就没有社会主义的现代化。现代民主与现代法制的关系是十分密切的。具体说,民主是法制的基础,法制是民主的保障。在我国不建立人民当家作主的政权,也就不可能存在体现人民意志

的法律；国家没有健全的民主体制和程序，法律就得不到贯彻实施而成为一纸空文。如果民主缺少具有很大权威的法律作保障，它也很难实现，就会出现权大于法、一切都是个人说了算等弊端。

现代民主的精髓是"人民主权"原则。我国宪法规定："国家的一切权力属于人民。"这是我们国家在政治上的最大优势。现代民主的内容主要包括四个方面：即公民的民主权利、国家的民主体制（如执政党和其他政党的关系、执政党与国家机构的关系、国家机构的内部关系等）、政治运作的民主程序（如选举、决策、立法、司法等）和国家机关及其工作人员的民主方法。新中国成立后人们曾认为，既然我们已经建立起人民的政权，民主权利、民主体制及民主程序的问题就已经解决或基本解决。因此，在一个时期里，我们主要是强调干部要有民主作风，要走群众路线，不搞一言堂，等等。经过十年"文革"，在新时期我们的认识有了一个根本的改变，开始认识到社会主义民主制度的建设要经历一个很长的历史过程，认识到民主主要不是方法问题而是制度问题。我们开始采取一系列措施完善社会主义民主制度，制定刑法、民法、刑事诉讼法、民事诉讼法、行政诉讼法等一系列法律法规，来保障公民的民主权利；完善人民代表大会制度、共产党领导的多党合作和政治协商制度以及选举制度、民族区域自治、监督制度、基层民主自治制度等，完善民主体制与民主程序。20多年来，我们政治体制改革的最大成就主要是集体领导得到了加强，逐步克服了党政不分和以党代政的问题，地方有了很大的自主权。但是，这方面的改革并未最后完成，它们仍然是以后各项具体制度改革中需要着重注意解决的问题。

正确认识和处理国家权力与公民权利的关系，是民主政治建设的一个重要问题。公民权利的内容非常广泛，主要包括人身人格权利，经济、社会、文化权利，政治权利与自由，其中生存权是首要人权。人权是人依其自然属性和社会本质所应当享有和实际享有的权利，它是人作为人、依据人的尊严和人格所理应享有的，而不是任何政党、个人或法律所赋予的。人民组成国家，制定法律，其唯一目的是为人民谋利益，是创造条件（主要是发展生产力）和采取措施（主要是法律的制定和实施）来实现公民的权利。人民通过宪法和法律赋予国家机关和领导人员以权力，这既是一种授权，也是一种限权，既不允许越权也不允许滥用权力。因此，是公民权利产生国家权力；权利是目的，权力是手段；人民是主人，国家工作人员是公仆。1982年宪法改变了过去做法，把"公民的基本权利和义务"一章放在总纲之后和国家机构之前，也正是基于这样的认识和指导思想，彻底实现人的全面解放、人的全面自由发展，全面满足人要求享有物质文明、精神文明的需要，这是社会主义实践的中心内容，也是社会主义的最终目的。社会主义制度是人权能够得到最彻底实现的制度。

"民主法制化"是指社会主义民主的各个方面，它的全部内容，都要运用法律加以确认和保障，使其具有稳定性、普遍性和极大的权威性，不因领导的更迭和领导人认识的改变而改变。民主制度的建设是一个发展过程，法律可以也应当为民主制度的改革服务。党政各级领导以及广大人民群众在实践中创造的民主的新的内容与新的形式，只有用法律和制度确认与固定下来，民主才能不断丰富和发展。民主的法律化、制度化包括两层含义、两种作用：法制对公民权利的确认既保证它不受侵犯，也防止它被人们滥用；法律赋予各级领导人员以种种权力，既保证这种权力的充分行使，也限制他们的越权和对权力的滥用。邓小平反复强调民主与法制不可分离，民主要法制化，既反对专制主义，也反对无政府主义。

"法制民主化"是指法律以及相关的立法、司法、执法等方面的制度，都要体现民主精神和原则。这是保障我国法律具有社会主义性质和实现法制现代化的基本标志和重要条件。在这方面，我们已经建立起比较完备的充分体现民主的体制，但在具体制度上还有待进一步健全和加强。例如，在立法中，需要调动中央和地方两个积极性；法律起草小组要有各方面人员包括专家参加；法在起草过程中要广泛和反复征求各方面人士、利害相对人和群众的意见，举行必要的论证会；要让人大代表或常委会成员提前得到法律草案及各种资料，以使他们有足够时间作审议法律草案的准备；审查法律草案时除小组会、联组会外，还要在全体会议上进行必要的和充分的辩论；修正案提出和讨论需要有具体的程序；规章的制定不能不经领导集体讨论就公布生效，等等。所有这一切都有待于进一步完善。民主立法既是社会主义的本质要求，也是科学立法、提高立法质量的保证。司法和执法中的民主原则，也都需要通过不断提高思想认识和进行具体制度的改革逐步完善。

三 树立法律权威，严格依法办事

古往今来讲法制，往往把这一条作为必备的基本标志。道理很简单，法得不到严格执行和遵守，等于一张废纸。邓小平指出，我们要在全国坚决实行这样一些原则：坚持有法必依，违法必究，执法必严，在法律面前人人平等。现在群众对法制议论较多的是法制得不到严格执行和遵守，形成这种现象的原因是多方面的，解决办法必须是综合治理。中国共产党的各级组织和各级领导人以及广大党员模范地遵守法律，严格依法办事，对维护法律的权威与尊严具有非常重要的作用。这首先是由于中国共产党是处于执政党的地位所决定的，其精神在现行宪法中也有明确规定。我们的法律是党的主张和人民意志的统一。中国共产党领导人民制定法律，也要领导广大干部和人民群众严格执行与遵守法律。这既是实现和保障人民利益的根本途径，是对人民意志的尊重，同时也是贯彻执行中国共产党的路线与政策的重要保障。

法律的制定和实施都要有中国共产党的政策作指导，这是一条原则。在西方也是这样，执政党的政策总要通过这样那样的途径贯彻到法律中去。但有些法理学教科书说"党的政策是法律的灵魂，法律是实现党的政策的工具"就不确切。中国共产党的政策和国家法律的灵魂都应当是维护人民利益、实现社会主义理想、尊重客观规律。党的政策和国家法律都是建设社会主义的工具。把国家的法律概括为是实现党的政策的工具，没有正确反映党和国家的关系，因为不是国家为党服务，而是党要为国家服务。党的政策和国家政策也应当有区别。除制定机关、表现形式不同外，党的政策是党的主张，国家政策则应是党的主张和人民意志的统一。问题主要在于，当党的政策转变为国家政策，特别是上升为国家法律时，要充分发扬民主，尊重党外人士意见，并要有一定的制度和程序作保证。党外人士可以同意党的政策，可以提出修改意见，也可以不同意某些具体政策并可以提出某些新的政策和建议。这是正确处理党和国家关系中值得重视和研究的。20多年来，我们党一直是这样做的，但也不是党的所有干部都认识了这一点。

政府依法行政是法制的中心环节，对维护法的权威和尊严意义重大。相对于立法和司法来说，行政具有自身的特点：它内容丰富和涉及的领域广阔，工作具有连续性，是国家与公民直接打交道最多的领域。行政机关实行首长负责制，行政权还具有主动性。为了适应迅速多变的客观现实，行政权的行使还具有快速性和灵活性的特点。所有这些都使行政机关比较容易侵犯公民的权利。因此，行政必须受法律的限制和约束便显得尤其必要。依法行政应是我国行政机关的一项最根本的活动原则。我国已制定了《行政诉讼法》、《行政复议法》、《国家公务员暂行条例》、《国家赔偿法》等，立法实践已经取得了长足进步。行政负有促进社会全面进步的职能，在我国行政的作用更显重要。因此，一方面我们必须给予行政机关以充分的权力，加大执法力度；另一方面必须要求严格依法行政，防止和纠正行政机关违法行政，损害公民、法人或其他组织的合法权益。

经过20多年的努力，我们已经建立起一个有中国特色的和富有成效的法律监督体系。它的内容主要包括权力机关的监督、党的监督、专门机关（国家检察系统、行政监督系统、审计系统等）、政协民主党派和社会团体的监督、人民群众的监督和社会舆论的监督等。在国家机构各个组成部分（权力机关、行政机关、司法机关、军事机关）的内部也建立有上下左右之间的监督机制。这一监督体系对维护国家法律的统一和尊严，保证法律的切实实施，已经发挥了巨大的作用。这一法律监督体系的机制和功能现在还处于不断发展和完善的过程中。特别是作为权力机关四大主要职能之一的监督职能，从中央到地方，其机制、内容与形式，这些年来正在不断丰富和强化，取得了不少新的经验。今后的问题，一方面，是要提高中国全党同志和广大干部的认识，加强各级党组织的领导作用，充分发挥现有各种法律监督制度的作用；另一方面，还需要进一步从制度上发展和完善我国的法律监督体系。

法律面前人人平等是我国宪法的一项重要原则。我国现行的各项实体法和程序法也都贯彻和体现了这一原则。这一原则在1975年和1978年宪法中曾被取消，理由是"没有阶级性"。在政治上，我们从来不同极少数敌对分子讲平等。平等原则在立法上和司法上是有区别的，被剥夺政治权利的人没有选举权，立法上就不平等，但是在司法上，在适用法律上，对所有公民都平等，即用法的同一尺度处理各种案件。正是考虑到这种区别，1954年宪法的规定是"公民在法律上一律平等"，1982年宪法改为"公民在法律面前一律平等"。由于历史传统及其他方面的原因，在实际生活中坚持"法律面前人人平等"原则，仍然是今后的一项重要任务。

四　健全和完善司法体制和程序

我国宪法规定，人民法院依照法律规定独立行使审判权，人民检察院依照法律规定独立行使检察权。这一原则的基本含义和意义主要是，司法机关审理案件不受外界干扰，以保证案件审理的客观性和公正性，做到以事实为根据，以法律为准绳。目前贯彻这一原则需要解决的主要问题是：第一，正确处理好加强中国共产党的领导和坚持依法独立行使审判权、检察权的关系。中国共产党对司法工作的领导主要是路线、方针、政策的领导，是配备干部、教育和监督司法干部严格依法办事，但不宜参与和干预具体案件的审理。第二，地方保护主义严重，这是妨碍法院、检察院独立行使职权的重要原因。解决的办法是，首先要采取措施解决好两院的"人权和财权"问题，"人权财权"不相对独立于地方，地方保护主义是难以解决的。其次是各级党组织和政府部门采取坚决态度支持两院抵制地方保护主义也很重要。再次是增强两院自身抵制地方保护主义的能力。这需要提高两院在国家政治生活中的地位或威望，提高两院干部的待遇，提高两院干部的素质，强化两院内部的监督机制。

提高执行各种程序法的严肃性是当前需要注意解决的一个重要问题。长期以来，我们对实体法的执行与适用是比较好的，但对程序法的执行和遵守却较差，有些地方有的时候甚至很不严肃、很不严格。任何法律制度中都有程序法与其实体法相配合，实体法好比设计图纸，程序法则像工厂的工艺流程，没有后者，生产不出好的法律产品。马克思说过，审判程序是法律的生命形式，也是法律内部生命的表现。① 彭真也曾指出，在一定意义上，程序法比实体法还重要，有人认为它束手束脚，实际上，错案的发生多数不是适用实体法不正确，而是出在程序法的执行不严或程序法本身不完善。现代西方国家对程序法的执行是相当重视和严肃的。我国的程序法涉及一系列民主原则和权利保护，应当更为重视。我们必须从认识上和制度上进一步解决这一方面的问题。

---

① 参见：《马克思恩格斯全集》第1卷，人民出版社1956年版，第178页。

五　建设社会主义现代法律文化

邓小平指出，加强法制重要的是要进行教育，根本问题是教育人。任何一种制度要想在实际生活中行之有效，取得预期的结果，就必须同民众的观念之间形成一种相互配合和彼此协调的关系，否则，再完善的制度也会在一种不相适应的文化氛围中发生扭曲甚至失去意义。江泽民指出："加强社会主义法制建设，坚持依法治国，一个重要任务是要不断提高广大干部、群众的法律意识和法制观念。""如果人们的法律意识和法制观念淡薄，思想政治素质低，再好的法律和制度也会因为得不到遵守而不起作用，甚至会形同虚设。"[①] 因此，建立社会主义法制，必须高度重视社会主义现代法律文化建设。法律文化反映了人们对法律的性质、法律在社会生活中的地位和作用以及其他各种法律问题的价值评判，并表现在人们从事法律活动的思维方式和实际行为模式中。建立社会主义现代法律文化，就是要建立与社会主义市场经济和民主政治建设的需要相适应的法律文化，就是要在人们中间形成符合社会主义法制根本要求的价值观念、法律思维方式和法律行为模式。法律文化的形成受制于特定的历史条件和现实条件。从中国实际出发，我们已经在建立社会主义现代法律文化方面取得了重要成就，但如何进一步加强法律文化建设，是我们面临的一个重要历史课题。

我们正在建设具有中国特色的先进的法学理论，并逐步为广大干部所掌握。要建立先进的社会主义法律制度，必须有先进的法学理论作指导。我们的法学理论是以马克思主义为指导，但是这种理论应当是运用马克思主义的世界观和方法论，从历史的尤其是法制建设的实践中得出应有的结论。因此，我们既要坚持马克思主义各种正确的结论和观点，又不能照抄照搬现成的词句。对于西方的法学理论要吸收其某些科学的合理的成分和因素，决不能照抄照搬那些并不科学的或不符合中国国情的思想和原则。在我国，各级领导干部，尤其是从事法律实际工作的干部，掌握先进的马克思主义法学理论极为重要，这是做好立法工作、司法工作及其他法律工作的重要保证。现在中央领导大力倡导的学习法律知识和理论的创新，对

---

① 《江泽民论有中国特色社会主义（专题摘编）》，中央文献出版社2002年版，第334页。

在我国实行以法治国将会产生深远影响。

要继续开展法制宣传教育工作，不断提高广大公民的法律意识，形成法制的良好的社会心理环境。自1985年以来，我国先后进行了"一五普法"、"二五普法"、"三五普法"，国家司法部主管部门正在积极推行"四五普法"。如果我们把这一工作坚持开展下去，再经过几个五年，广大公民的法律意识将会发生根本的变化，将为我国建设社会主义法制提供最好的、最广泛的群众思想基础和最好的法律文化环境。

要继续深入开展依法治理工作。我国自1986年以来在普法教育基础上发展起来的"依法治理"活动，是一个很成功的实践。这种实践目前已在各省、自治区、直辖市普遍推开。把依法治国方针从中央推向各级地方和各行各业，从而形成了全方位的依法治理局面。通过建立以党委为中心各部门分工配合的组织体制，通过抓群众关心的"热点"、"难点"问题进行专项治理，通过实行部门执法责任制以及推行各级地方和各行业的建章立制工作，使法制教育与人们切身的法制实践生动地结合起来，从而为社会主义现代法律文化的建设提供了一个有利的法制环境。

要正确对待中国的传统法律文化。建立社会主义现代法律文化意味着对中国传统法律文化的超越，但这种超越是在批判继承基础上的超越。中国传统法律文化有几千年的历史，它以自然经济为基础，其中所包含的专制主义思想、宗法伦理观念、特权思想以及"人治"思想，无疑与市场经济和民主法治所要求的现代法律文化相抵触和背离，必须抛弃。但是，我国古代也有很多好的东西，如注重道德教化，重视社会整体利益，强调人际关系的和谐以及人本主义、大同思想等等，可以批判的继承，为我国今天建设社会主义的法律文化服务。

建设社会主义法制，是一项艰巨的长期的历史任务。它同我国的物质文明、精神文明和民主政治建设必然是协调进行，并相互依存、相互影响、相互制约的。我国的经济和文化发展水平还不高，建设社会主义法制涉及一系列观念的更新和制度的变革，其深度和广度都是前所未有的。我们的国家人口众多，幅员辽阔，情况复杂，经验的积累也需要一个过程。但是，社会主义制度有着强大的生命力。在以邓小平理论、"三个代表"重要思想指导下，我们一定能够建立和健全社会主义法制，为中国人民的幸福和人类文明的进步做出贡献。

第三节　依法治国与以德治国

法制建设与道德建设，历来是国家治理的两个基本杠杆，在市场经济条件下更是缺一不可。这不仅是古今中外的一条重要治国经验，而且也是我国社会主义现代化建设必须重视的重大问题。江泽民指出："对一个国家的治理来说，法治和德治，从来都是相辅相成、相互促进的。二者缺一不可，也不可偏废。""二者范畴不同，但其地位和功能都是非常重要的。"[①] 21 世纪的中国，既需要法制的保障，也需要伦理和道德的支撑。

一　依法治国必须与以德治国相结合

把法制建设与道德建设紧密结合起来，切实做到"依法治国"和"以德治国"相结合，对于治理国家具有双重作用。"依法治国"，就是广大人民群众在中国共产党的领导下，依照宪法和法律规定，通过各种途径和形式管理国家事务，管理经济文化事业，管理社会事务，保证各项工作都依法进行，逐步实现社会主义民主制度化、法律化；"以德治国"，就是要努力建立与社会主义市场经济发展相适应、与中华民族传统美德相承接的社会主义思想道德体系，发展社会主义精神文明，为社会主义法治国家奠定良好的伦理道德基础，有效地运用伦理调控手段治理国家和社会。

在市场经济条件下，市场是配置资源的主要手段，市场本能地排斥政府权力，抵制集权政治。但市场又有一定的"游戏规则"，市场经济依赖于一定的秩序而存在，权力退出市场所遗留的空缺需要"法治"来填补。"依法治国"是市场经济的内在逻辑要求。但市场经济的最根本原则是追求利益人价值最大化，是一种谋利经济。这就必须靠市场经济规则之外的其他规则，即道德规范来运行。因此，市场经济既是法治经济，又是道德经济。法治和道德都是市场经济发展的内在要求，二者处于一种互补和整合状态才构成现代市场经济时代社会的生活秩序。道德建设对于市场经济的促进作用越来越被人们所认识。市场经济强调市场主体地位平等，竞争

---

① 《江泽民论有中国特色社会主义（专题摘编）》，中央文献出版社 2002 年版，第 337 页。

公平、公正、公开，商品交换等价有偿，诚实信用，这些都是人们在市场经济中必须恪守的准则。因此，依法治国必须与以德治国相结合，建设中国特色社会主义，发展社会主义市场经济，要坚持不懈地加强社会主义法制建设，依法治国，同时也要坚持不懈地加强社会主义道德建设，以德治国。

我们倡导"以德治国"，与中国传统"德治"有着本质的区别。传统"德治"理论的核心，主张"德者治天下"，把国家治理寄托在统治者的道德修养的个人品质之上，其重大缺陷是忽视制度和法律对统治者的制约，缺乏民主政治的观念，因此它在本质上是一种"人治"或"贤人政治"，与现代意义上的"法治"或"民主政治"大相径庭。孔子说："政者，正也。子帅以正，孰敢不正。"这里的"正"，是对统治者道德品质的要求。孔子认为，只要统治者有德，国家就能够得到良好的治理，即"上好礼，则易使也"。因此，孔子强调"施仁政于民"，"为政以德"，对民众要"道之以德，齐之以礼"。而要达到这一目标，就要加强政治人物的道德修养，"修己以安百姓"。儒家经典《大学》提出了格物、致知、诚意、正心、修身、齐家、治国、平天下的"内圣外王"之道，认为治国要抓根本，这个根本就是"在明明德，在亲民，在止于至善"。所谓"明明德"，就是发扬人们天赋的道德；所谓"亲民"，就是革新人们的思想；所谓"止于至善"，就是要使人们的道德品质保持完美无缺境界。概言之，就是笃信道德的完善是治国的要义，因此，"修身"被视为"内圣外王"之八目的核心。这套学说经董仲舒"罢黜百家，独尊儒术"的倡导，以及朱熹等人的阐发，成为中国传统社会占主导地位的治国理论。

古今中外历史表明，缺乏优良的制度制约的"德治"是靠不住的，只能停留在政治理想层面上。中国历史上一贯注重的从思想意识领域遏制权力的变异，如儒家倡导的正心、修心的"内圣外王"之道，专制王朝也企图依靠"君君臣臣"的道统来培养"清官"。但事实证明，这种办法虽然能从一定程度上约束官员的行为，却无法防止腐败现象的大量滋生以至封建王朝的灭亡。

我们今天倡导"以德治国"，绝不能回到历史"德治"的老路上去。一些人在学习和宣传江泽民"以德治国"重要思想的时候，往往自觉不自觉地把它与中国传统"德治"思想混为一谈，甚至等同起来。实际上，这是根本不同的两个范畴。"以德治国"是在社会主义法治国家总的框架下的一个治国措施，它是以民主和法制为前提的；而传统的"德治"则是以人治为导向的一种治国理念体系，它与民主和法制存在一定的非兼容性。虽然我们在实行"以德治国"的时候可以对传统的"德治"思想进行批判吸收，但两者的性质是完全不同的。在社会主义国家里，人民是"治国"的主体，必须充分发挥人民"德治"的主体性。今天，我们实行"以德治国"，根本目的是为了保证人民群众真正成为国家的主人，为"依法治国"，奠定良好的伦理道德基础，以更好实现建设社会主义法治国家的这一总目标。

二 把"依法治国"和"以德治国"统一于社会主义法治国家的总目标之中

"依法治国"和"以德治国"是建设社会主义法治国家相辅相成的两个重要方面，必须统一于社会主义法治国家的总的目标之中。我们在实施"以德治国"方略的时候，必须坚持社会主义法治国家的基本价值取向，把民主法制建设与思想道德建设有机地结合起来，在社会主义法治国家总的框架下实行"依法治国"和"以德治国"。

现代"法治国家"的确立，是人类社会发展的巨大进步和政治文明的重要成果。"法治国家"的核心内涵，是把治理国家的根本途径寄托在法律制度和国家体制上。这一观念，与以往的政治理念存在原则的分野。如上所述，古代的政治观念总的倾向是重伦理而轻法理，重贤人而轻制度。中国古代的思想家从来没有考虑如何构造优良政体的问题，始终是把良好的政治寄托在"明君"和"忠臣"身上，期盼"青天"和"清官"的出现。

法治国家的理论虽然产生于西方社会，但不应当属于西方社会所专有，而是人类政治文明的共同财富。努力建设社会主义法治国家，是我国现代化建设的基本目标和趋势，当然，社会主义法治国家与资本主义的法治国家有着性质上区别。我们建设社会主义法治国家的根本目的，是保障广大人民群众在中国共产党的领导下依照宪法和法律规定，通过各种途径和形式管理国家事务，管理经济文化事业，管理社会事务，逐步实现社会主义民主的制度化、法律化，使这种制度和法制不因领导人的改变而改变，不因领导人看法和注意力的改变而改变。

但是，法治国家的建设只靠法律和制度这些"硬件"措施是不够的，还需要思想道德文化等"软件"的配合。大多数人对宪政和法律的认同和信仰，是法治存在的基础。外在的法律制度规范必须转化为大多数人的内心自觉才能够得到巩固。因此，社会主义法治国家的建设，既需法律和制度的保障，也需要伦理和道德的支撑。就此而言，现代"法治国家"的概念本身就包含了"法"与"德"的双重内容。目前社会上有一种模糊认识，以为"法治"缺乏道德内容，所以在"法治"之外还要把中国传统的"德治"思想挖掘出来，以此弥补"法治"的不足。实际上，法治本身就有很高的道德诉求，一定的伦理道德基础是现代法治国家本身的内在属性，而不是其外在的补充。

从这个意义上说，"依法治国"和"以德治国"，都是我国社会主义法治国家建设的内在要求，是现代法治国家不可分割的两个方面。一般来说，现代社会的道德水准的提高有利于法治的推行，而良好的法治又会有助于提升公民的道德水平。目前，我们实行"以德治国"的关键，是要建设与社会主义市场经济、民主政治和法治相适应的社会主义文化，实现人的现代化。现代化作为一个综合的运动，涉及经济、社会、政治、文化等各个层面，但其最具根本意义的，是人的现代化。人的现代化就是塑造具有现代意识、观念和价值取向的公民，这就需要进行文化更新，创造与现代化相适应的社会主义文化。社会主义文化的建设应当包括社会公共道德、市场经济伦理、公共行政伦理和民主政治文化等方面。社会主义文化的形成和发展，不仅会对"依法治国"提供强有力的道德支持，而且会对我国的现代化建设和社会的全面进步产生重大的积极作用。社会主义市场经济、民主政治、法治和社会主义文化，是相辅相成、相互支撑的，它们都是现代化不可分割的重要组成部分。因此，无论是"依法治国"还是"以德治国"，根本上都是为了社会主义市场经济、民主政治、法治和社会主义文化建设的需要，其目标是一致的。

历史和现实的经验表明，只有"依法治国"和"以德治国"并重，一个民族才能够振兴和强大。"只有把这两个方面的工作都抓好，并使它们在实际生活中紧密配合，才能保证社会的良好秩序，保证国家的长治久安"。① "依法治国"和"以德治国"紧密结合,需要进行深入的研究,赋予这一思想以鲜明的时代特征,以科学的理论来指导我们的实践,全面推进社会主义市场经济、民主政治、法治和社会主义文化的健康发展。只有这样,才能把我国建设成为一个富强、民主和文明的社会主义现代化国家。

---

① 《江泽民论有中国特色社会主义(专题摘编)》,中央文献出版社2002年版,第337页。

第十九章 中国特色社会主义文化建设

中国共产党第十五次全国代表大会提出了建设中国特色社会主义文化的纲领。全面建设小康社会，必须大力发展社会主义文化，建设社会主义精神文明。建设中国特色的社会主义文化，是一个全局性、战略性的问题，关系到整个社会主义的兴衰成败。"在当代中国，发展先进文化，就是发展有中国特色社会主义的文化，就是建设社会主义精神文明。"① 建设中国特色社会主义文化是社会主义建设的重要组成部分，是社会主义的本质要求，必须从根本上加以重视，下大力气抓紧抓好。

第一节 中国特色社会主义文化建设的重要地位和作用

江泽民在中共十五大报告中指出，社会主义现代化应该有繁荣的经济，也应该有繁荣的文化。他全面地提出了建设中国特色社会主义文化的任务，提出建设中国特色社会主义的文化是相对于建设中国特色社会主义的经济、政治而言的。中国特色社会主义文化，就其主要内容来说，是同社会主义精神文明相一致的。从经济、政治、文化三个方面来讲建设中国特色社会主义，更加鲜明地体现出了社会主义建设的全面性。中国特色社会主义的文化，渊源于中华民族五千年文明史，又植根于中国特色社会主义的实践，具有鲜明的时代特点；它反映了中国社会主义经济和政治的基本特征，又对经济和政治的发展起到了巨大的促进作用。

---

① 江泽民：《在庆祝中国共产党成立八十周年大会上的讲话》，人民出版社 2001 年版，第 18 页。

一 社会主义文化建设具有极其重要的社会地位

搞好社会主义现代化，就是要增强中国的综合国力，使中国在世界综合国力的竞争中立于不败之地。综合国力是一个主权国家生存和发展的全部实力，是经济、政治、军事、文化和人口、资源、环境、生活质量、社会发展等各个方面的综合体。说到底，它是一国人民在物质生产和精神生产两大基本领域的活动和成果。所以，精神文明的成果也是综合国力的一个基本组成部分。不仅如此，精神文明的成果还会渗透到物质生产等活动之中，使这些活动得以进行的一个基本要素。人的每一个基本活动，都是在一定观念指导下，在一定的社会关系和制度框架内，依靠一定的物质条件进行的。人们的观念，包括各种思想和理论，是直接由精神生产提供的；各种制度，包括制度的设计和安排，也首先是由精神生产提供的；而在物质条件中，包括种种物质设施，不但有自然界提供的，也有人的精神因素，包括知识、智力、技术等转化而来的。从这方面看，精神文明的成果又是物质生产等活动中的主导因素，因而也是形成和提高综合国力的主导因素。由此可见，精神文明的成果，是综合国力大小、强弱、质量高低的重要标志，是综合国力提高速度快慢的一个重要因素。因此，把文化建设提高到一个重要战略地位，切实抓紧抓好，是事关国家繁荣昌盛的大事。

从理论上说，社会主义社会是一个全面发展的社会，社会主义现代化建设的各项事业是相互依存的，必须协调地、全面地发展。在社会主义现代化建设中，物质文明为精神文明的发展提供物质条件和实践经验，精神文明为物质文明的发展提供精神动力和智力支持。不加强物质文明建设，不大力发展社会生产力，就有丧失物质基础的危险。同样，不加强精神文明建设，不建设中国特色社会主义先进文化，现代化建设就会偏离正确的发展方向。从实际情况看，在中国社会主义现代化建设过程中，出现过物质文明建设一手硬、精神文明建设一手软的倾向。一硬一软不相称，配合得不好。邓小平指出，精神文明建设这一手软，没有硬起来的原因，主要是有些同志没有充分认识到精神文明的重要性。他说："光靠物质条件，我们的革命和建设都不可能胜利。过去我们党无论怎样弱小，无论遇到什么困难，一直有强大的战斗力，因为我们有马克思主义和共产主义的信念。树立了共同的理想，也就有了铁的纪律。无论过去、现在和将来，这都是我们的真正优势。这个真理，有些同志已经不那么清楚了。这样，也就很难重视精神文明建设。"①

我们考察历史上的文化形态或现象，就会发现，先进文化总是直接推动了当时生产力的解放和进步。先进文化同样能推动人的思想解放和进步。人创造了文化，而文化反过来又改造着人。与物质产品有所不同的是，精神产品对人的影响作用更为明显直接。当社会发展到一定阶段时，旧文化的母体孕育脱胎新文化，使历史为之一振，精神为之一新。而先进文化对社会的推动，首先表现在它唤起和改造了一代新人。先进文化对社会有着潜移默化、稳步推进的积极作用。大多数时候文化总是春风化雨润物无声，所以文化繁荣往往是一个社会、一个时代大繁荣的标志。文化之于社会，就如土壤、水分、空气之于花草树木，维系着这个生态系统的存在、平衡和发展。文化用它这只看不见的手修补着社会的缺憾，扶助人们一级一级地踏着前面的阶梯前进。文化的主要领域，包括科学、教育、新闻出版、体育、卫生、文学、艺术等，无时不在的对我们前进的步伐作着微调。作为守护在时代前沿的先进文化，它随时在信息、知识、思想（包括道德理想）、审美等四个方面抹浆勾缝，加固着社会这座大厦，同时铸造着具有时代精神的新人。这一切都在无声中形成一种时代精神、社会风气和这一代人的素质。所以，社会须臾离不开先进文化的沐浴和推动。重视并推动中国特色社会主义先进文化建设，还因为社会存在着腐朽文化。腐朽文化作为另一种对立的力量时时要将社会拉向后退。黄色书刊、封建迷信、旧俗陋习、落后观念、错误理念等落后的文化意识形态每向人们渗透一点，都会腐蚀、弱化、干扰人的精神和意识，最终影响人的行动和上层的决策，造成人们思想的倒退，生产力的破坏，历史的徘徊。由此可见，先进文化的建设如逆水行舟，我们平时要加倍呵护，既要不断消除消极落后文化的负面效应，又要不遗余力，大力倡导并积极推进中国特色社会主义先进文化的发展，以繁荣社会主义精神文明。

现阶段中国的文化建设，是在对内改革、对外开放，发展社会主义市场经济的过程中进行的。在这种条件下的文化建设面临着三个历史性课

---

① 《邓小平文选》第3卷，人民出版社1993年版，第144页。

题。这就是：如何在以经济建设为中心的前提下，使物质文明和精神文明建设相互促进，协调发展，防止和克服一手硬、一手软；如何在深化改革、发展社会主义市场经济的条件下，形成有利于社会主义现代化建设的共同理想、价值观念、道德规范和文化条件，防止和遏制腐朽思想和丑恶现象的蔓延；如何在扩大对外开放、经济全球化和新科技革命的情况下，吸收人类社会创造的一切先进文明成果，弘扬中华民族优秀文化传统和革命文化传统，防止和消除文化垃圾的传播，抵御西方敌对势力对我"西化"、"分化"的图谋。所有这些，都是对我们的严峻考验。

二 中国特色社会主义文化建设是社会主义的本质要求

社会主义社会是经济、政治、文化全面发展的社会。马克思主义创始人曾科学地预言，代替资本主义旧社会的共产主义新社会，是文明时代的更高阶段，它"通过社会生产，不仅可能保证一切社会成员有富足的和一天比一天充裕的物质生活，而且还可能保证他们的体力和智力获得充分的自由的发展和运用"[①] 它"需要一种全新的人，并将创造出这种新人来"。[②] 由此可见，在马克思主义看来，作为共产主义初级形态的社会主义社会，既是生产力的大解放，也是人的大解放，在其历史发展中，逐步克服旧的社会的残余和痕迹，必将创造出新型的比资本主义文明更高的社会主义文明，使物质文明与精神文明共同进步、繁荣昌盛，经济、政治和文化协调发展、大放异彩，充分显示社会主义制度的生命力和优越性。因此社会主义的根本任务是大力发展社会生产力，创造丰富的物质财富，同时，社会主义应该使人们思想觉悟极大提高，并在体力和智力上得到全面发展。

任何一个社会都是由一定的经济、政治和思想文化构成的有机整体。一定社会的经济、政治和思想文化，总是相互依存、相互贯通、相互作用的。任何一种社会的经济结构，总是与一定的上层建筑紧密联系在一起的，构成一种完整的社会形态。在社会的有机整体中，经济是基础，政治是经济的集中表现和重要保证，思想文化则是一定经济和政治的反映，反

[①] 《马克思恩格斯选集》第3卷，人民出版社1995年版，第332页。
[②] 同上书，第1卷，人民出版社1995年版，第223页。

过来又给予经济和政治以巨大影响。邓小平早在1979年就指出:"我们的国家已经进入社会主义现代化建设的新时期。我们要在大幅度提高社会生产力的同时,改革和完善社会主义的经济制度和政治制度,发展高度的社会主义民主和完备的社会主义法制。我们要在建设高度物质文明的同时,提高全民族的科学文化水平,发展高尚的丰富多彩的文化生活,建设高度的社会主义精神文明。"① 这是对社会主义社会本质特征和发展规律的科学认识和高度概括,为我们指明了前进方向。这就是:建设高度的物质文明,建设高度的社会主义精神文明,使经济、政治、文化三个方面有机统一、协调发展。如果只求某一方面的单项突进,而忽视其他方面,社会主义的发展只能是畸形的、不健全的。邓小平多次讲道,"社会主义是什么,马克思主义是什么,过去我们并没有完全搞清楚"。② 只有从物质文明、政治文明、精神文明三个方面的统一去把握社会主义,才能比较全面准确地回答什么是社会主义、怎样建设社会主义这样一个首要的基本理论问题。

社会主义社会是物质文明和精神文明都要搞好的社会。马克思说过:在改造世界的生产活动中,"生产者也改变着,炼出新的品质,通过生产而发展和改造着自身,造成新的力量和新的观念,造成新的交往方式,新的需要和新的语言。"③ 人们在改造客观世界的同时,主观世界也得到改造,社会的精神生产和精神生活得到发展,这方面的成果就是精神文明。它表现为教育、科学、文化知识的发达和人们思想、政治、道德水平的提高。精神文明同物质文明相互依赖,互为条件、密不可分。正如江泽民所指出的:"社会文明既包括物质文明也包括精神文明,缺少任何一个方面,社会就是畸形的,也不可能健康地向前发展。"④ 因此,我们在建设中国特色社会主义时,一定要坚持发展物质文明和精神文明,使社会主义的优越性,不仅表现在它能够极大地解放和发展社会生产力,创造出高度的物质文明,而且表现在它能够创造出高度的精神文明,保证社会的全面进步。

---

① 《邓小平文选》第2卷,人民出版社1994年版,第208页。
② 《邓小平文选》第3卷,人民出版社1993年版,第137页。
③ 《马克思恩格斯全集》第46卷上册,人民出版社1979年版,第494页。
④ 《毛泽东邓小平江泽民论世界观人生观价值观》,人民出版社1997年版,第583页。

三 社会主义文化建设为现代化目标的实现提供强有力支持与思想保证

中国现在和今后相当长时期都处于社会主义初级阶段，这是最基本的国情。社会主义初级阶段的主要矛盾是人民群众日益增长的物质文化生活需要同落后的社会生产之间的矛盾，解决矛盾的方法是发展生产，满足需要。关键是发展物质生活资料的生产以满足人民群众日益增长的物质生活需要，同时发展社会主义文化生活资料的生产以满足人民群众日益增长的精神文化生活需要，两种生产同步进行，物质文明和精神文明建设缺一不可。社会主义初级阶段就是要逐步摆脱不发达状态，变农业国为工业国，基本实现社会主义现代化的历史阶段；就是要使广大人民牢固树立建设中国特色社会主义的共同理想，自强不息、锐意进取、艰苦奋斗、勤俭建国，在建设物质文明的同时努力建设精神文明的历史阶段。在社会主义初级阶段，我们要彻底改变历史上遗留下来的"一穷二白"面貌，尽快摆脱贫困和愚昧。为此必须同时进行物质文明建设和精神文明建设。我们从社会主义初级阶段实际出发，集中力量进行的社会主义现代化建设，既要大大提高经济水平，又要大大提高国民素质；既要依靠和增强物质力量，又要依靠和增强精神力量；既要创造更多更好的物质财富，又要培育一代代社会主义新人。前者是物质文明建设，后者是精神文明建设。二者构成统一的奋斗目标。

这个统一的目标在党的社会主义初级阶段的基本路线中已有明确的反映，基本路线除了"一个中心、两个基本点"外，还有建设"富强、民主、文明"社会主义国家的战略目标。这三位一体的战略目标要求，必须坚定不移地进行社会主义经济建设、民主法制建设和精神文明建设。正如江泽民所指出的："我们进行的社会主义现代化建设的各项事业，是相互协调和全面发展的事业，不但经济建设要上去，人民的思想道德、科学文化素质和社会秩序、社会风气都要搞好，这样才能促进社会的全面进步和整个社会文明的全面发展。"[①] 江泽民在1991年纪念中国共产党建党七十周年大会上就明确提出建设中国特色社会主义的经济、政治、文化，阐明了这三个方面的基本要求，肯定"中国特色社会主义的经济、政治、

---

① 《十三大以来重要文献选编》下，人民出版社1993年版，第2080页。

文化，是有机统一、不可分割的整体"。中共十五大确定的党在社会主义初级阶段建设中国特色社会主义的基本纲领，为推动经济、政治、文化全面发展和全面进步，制定了明确的基本目标和基本政策。搞好三个文明建设，不仅是中国特色社会主义的本质要求，也是中国社会主义现代化建设的统一目标，是社会主义制度优越性的集中体现，是社会主义现代化目标实现的支持与思想保证。我们一定要坚持物质文明、政治文明、精神文明共同进步，经济、政治、文化协调发展，为建设富强、民主、文明的社会主义现代化国家努力奋斗。

四 坚持"两手抓、两手都要硬"，是社会主义文化建设的基本战略方针

邓小平早在改革之初就提出了"两手抓"的战略。随着实践的深入发展，又提出了一系列"两手抓的方针"。坚持"两手抓"，集中体现为物质文明和精神文明、政治文明一起抓。江泽民说："坚持两个文明全面发展，坚持两手抓和两手硬，这是邓小平总结改革和建设的经验得出的一个具有长远指导意义的重要结论。"① 他在《正确处理社会主义现代化建设中的若干重大关系》一文中，又进一步强调指出："要把物质文明建设和精神文明建设作为统一的奋斗目标，要始终不渝地坚持两手抓、两手都要硬。"② 物质文明建设大体相当于经济建设，它是中心，是关键。精神文明建设必须紧紧围绕、结合和服务于这个中心，决不能脱离物质文明建设而搞"两张皮"。在建设中国特色社会主义过程中，物质文明建设为精神文明的发展提供物质基础、社会需求和实践经验，同时精神文明建设又为物质文明的发展提供精神动力、智力支持、舆论环境和思想保证，两个文明建设互为条件、互为目的，相辅相成，相得益彰。这就决定了，在全部工作中，必须坚持两个文明一起抓。要防止一手比较硬、一手比较软；切忌抓一手、丢一手即只抓物质文明而不抓精神文明，或先抓物质文明，后抓精神文明；更不能以牺牲精神文明为代价换取经济一时的发展，那样最终也会阻滞物质文明的进步。

---

① 《十四大以来重要文献选编》上，人民出版社1997年版，第624页。
② 同上书，第1475页。

从新世纪开始,中国进入了全面建设小康社会,加快推进社会主义现代化建设新的发展阶段。在这个时期,要巩固和发展中共十一届三中全会以来取得的伟大成就,促进经济体制和经济增长方式的根本转变,推动经济发展和社会全面进步;要面对世界范围内各种思想文化相互激荡和科学技术的迅猛发展,迎接综合国力剧烈竞争的挑战;要在前进的道路上战胜各种困难,坚持党的基本路线不动摇,把建设中国特色社会主义的事业不断推向前进。这一切,不但要求物质文明有一个大的发展,而且要求精神文明有一个大的发展。在以江泽民为核心的中国共产党第三代中央领导集体的领导下,经过13年的不懈努力,中国的精神文明建设取得了明显的成效,对促进改革、发展、稳定起了重要作用。但是必须清醒地认识到,在一些地方和部门的领导工作中,忽视精神文明,"一手比较硬、一手比较软"的问题还没有完全彻底解决。在社会精神生活方面还存在不少问题,有的甚至还相当严重。精神文明建设在有些方面同改革开放和社会主义现代化建设的要求还不相适应,教育科学文化体制有待进一步改革。能否搞好社会主义精神文明建设,关系到现代化建设宏伟蓝图的全面实现,关系到中国社会主义事业的兴旺发达。因此,在把物质文明建设搞得更好的同时,要切实把社会主义精神文明建设提到更加突出的地位。认真解决当前面临的一系列紧迫问题,进一步开创社会主义精神文明建设也即社会主义文化建设的新局面,已经成为摆在全党全国人民面前的一项紧迫的重要任务。

第二节 中国特色社会主义文化建设的根本目标和任务

中国特色社会主义文化建设的根本目标和任务,是坚持以科学的理论武装人,以正确的舆论引导人,以高尚的精神塑造人,以优秀的作品鼓舞人,培育有理想、有道德、有文化、有纪律的社会主义新公民,提高全民族的思想道德素质和科学文化素质。与此相适应,社会主义精神文明建设包括思想道德建设和教育科学文化建设两方面的内容。社会主义精神文明建设的根本目标和任务,同建设中国特色社会主义文化的纲领是一致的。

一 培育有理想、有道德、有文化、有纪律的社会主义新公民

早在1982年，邓小平就明确提出："搞社会主义精神文明，主要是使我们的各族人民都成为有理想、讲道德、有文化、守纪律的人民。"① 根据邓小平的这个思想，中共十二届六中全会通过的《中共中央关于社会主义精神文明建设指导方针的决议》明确指出："社会主义精神文明建设的根本任务，是适应社会主义现代化建设的需要，培育有理想、有道德、有文化、有纪律的社会主义公民，提高整个中华民族的思想道德素质和科学文化素质。"② 中共十五大报告明确指出，培育有理想、有道德、有文化、有纪律的公民，是建设中国特色社会主义文化的目标。

"四有"公民的提出，是对马克思主义关于培养社会主义建设人才理论的发展。马克思、恩格斯站在人类社会发展的高度，指出未来共产主义社会需要一种全面的新人，认为共产主义社会就是以每个人自由而全面的发展为本质规定的社会形态。列宁指出，我们对青年一代训练和教育的目的，是培养有知识、有道德、有纪律的共产主义者；只有用人类创造的全部知识来丰富自己的头脑，才能成为共产主义者。毛泽东在新中国成立初期，对青年提出了"身体好、学习好、工作好"的要求，后来又提出"又红又专"的口号和"使受教育者在德育、智育、体育几个方面都得到发展，成为有社会主义觉悟的有文化的劳动者"的教育方针。但从20世纪60年代开始，随着阶级斗争扩大化的不断升级和"以阶级斗争为纲"的提出，中国在培养人的目标上也偏离了正确的方向，改变了育人的标准，不仅不重视甚至排斥智育，而且德育也是以阶级斗争为主课。林彪、"四人帮"甚至公然提出"知识越多越反动"的谬论。所有这些，造成了人才培养和使用的严重失误。中共十一届三中全会以后，根据新的形势和任务，邓小平在总结新中国成立以来人才培养的经验教训基础上，提出了培育"四有"新人的目标。中共中央将这一目标郑重地确定下来，成为全国人民加强精神文明建设的行动指南。

有理想、有道德、有文化、有纪律，是对全体公民素质提出的综合要

---

① 《邓小平文选》第2卷，人民出版社1994年版，第408页。
② 《十二大以来重要文献选编》下，人民出版社1988年版，第1176页。

求,是"全面发展的人"在社会主义建设新时期的具体规定。其中,有理想、有道德、有纪律,是对公民思想道德素质方面的要求;有文化,是对公民科学文化素质的要求。"四有"是有机的统一,不可偏废。造就"四有"公民,是中国社会主义现代化事业获得成功的必不可少的条件。我们要按照造就"四有"公民的要求,努力搞好思想道德建设和教育科学文化建设。

二 用共同的理想和坚定的信念把人民团结起来

中国特色社会主义文化建设即精神文明建设,包括思想道德建设和教育科学文化建设两个方面。思想道德建设的基本任务,是坚持爱国主义、集体主义、社会主义教育,加强社会公德、职业道德、家庭美德建设,引导人们树立建设中国特色社会主义的共同理想和正确的世界观、人生观、价值观。思想道德建设要解决的是整个民族的思想境界,精神支柱、精神动力和行为规范的问题。马克思主义的科学理论,社会主义的理想和信念,正确的世界观、人生观和价值观,为人民服务和集体主义的思想道德等等,都鲜明地体现出中国特色社会主义文化的性质和方向。思想道德建设又分为思想建设和道德建设两个方面。思想建设是中国特色社会主义文化建设的核心内容和中心环节,是决定文化建设的性质和方向的主导因素。在全社会形成共同理想和精神支柱,是中国特色社会主义文化建设的根本。思想建设的任务,主要有以下几个方面:

要学习贯彻马列主义、毛泽东思想、邓小平理论和"三个代表"重要思想。马克思主义是科学的世界观和方法论。邓小平理论是当代中国的马克思主义,是马克思主义在中国发展的新阶段。马克思列宁主义、毛泽东思想、邓小平理论是一脉相承、不断发展的科学体系。在社会主义改革开放和现代化建设的新时期,必须用邓小平理论武装全党,教育干部和人民,这是思想建设的首要任务。"三个代表"重要思想是对马克思列宁主义、毛泽东思想和邓小平理论的继承和发展,反映了当代世界和中国的发展变化对党和国家工作的新要求,是加强和改进党的建设、推进中国社会主义自我完善和发展的强大理论武器,是全党智慧的结晶,是党必须长期坚持的指导思想。贯彻"三个代表"重要思想,必须最广泛最充分地调动一切积极因素,不断为中华民族的伟大复兴增添新力量。理论是指导实践的行动纲领，当前在中国社会深刻变革、党和国家事业快速发展的进程中，用"三个代表"重要思想统一全党全国人民的共同意志，团结起来，才能真正实现全面建设小康社会的发展目标。

要教育广大人民群众树立社会主义和共产主义的远大理想。马克思主义者过去闹革命，就是为社会主义、共产主义崇高理想而奋斗。现在搞改革，搞建设，仍然要坚持共产主义的远大理想。"要特别教育我们的下一代下两代，一定要树立共产主义的远大理想。"① 在"四有"教育中，邓小平最强调的是有理想。要用共同的理想和坚定的信念把人民团结起来，为人民自己的利益而奋斗。中国共产党几十年的艰苦奋斗，就是用坚定的信念把人民团结起来，为人民自己的利益而奋斗。没有这样的信念就没有凝聚力，就不可能取得胜利。中国共产党人的最高理想是实现共产主义。中国共产党和全中国各族人民在现阶段的共同理想是建设中国特色社会主义，到21世纪中叶基本实现社会主义现代化。在现阶段为实现这个共同理想而奋斗，对共产党人来说，也就是为实现党的最高理想而奋斗。

要在全国各族人民群众中开展爱国主义教育。爱国主义是一个国家、一个民族凝聚人民的重要思想和不断追求进步的强大精神动力。在当代中国，爱国主义同社会主义有机的统一于建设中国特色社会主义的伟大实践中，是中国人民团结奋斗的一面旗帜，是鼓舞全国人民实现中华民族伟大复兴的强大动力。"必须发扬爱国主义精神，提高民族自尊心和民族自信心。否则我们就不可能建设社会主义，就会被种种资本主义势力所侵蚀腐化。"②

要大力倡导并积极开展艰苦创业精神的教育。艰苦创业精神是我们战胜一切困难，并取得胜利的重要因素，是中国共产党和中国人民克敌制胜的重要精神力量。邓小平指出："中国搞四个现代化，要老老实实地艰苦创业。我们穷，底子薄，教育、科学、文化落后，这就决定了我们还要有一个艰苦奋斗的过程。"③ 即使今后经济有了大的发展，人民生活有了大的改善，也仍然需要艰苦创业。"我们的国家越发展，越要抓艰苦创

---

① 《邓小平文选》第3卷，人民出版社1993年版，第111页。
② 《邓小平文选》第2卷，人民出版社1994年版，第369页。
③ 同上书，第257页。

业。"① 邓小平还强调指出："艰苦创业,首先要我们党员、干部,特别是高级干部带头。""一定要努力恢复延安的光荣传统,努力学习周恩来等的榜样,在艰苦创业方面起模范作用。"②

要大力弘扬马克思主义唯物论思想和科学的无神论教育。马克思主义唯物论和无神论是人类文明的重大成果,是被长期的社会实践证明了的真理。由于深刻的社会历史原因和复杂的国际背景,唯心论、有神论还有一定的影响,各种形式的迷信活动屡禁不止,甚至在一些地方泛滥,搅乱了人们的思想,破坏了社会稳定,危害了社会主义现代化建设。我们与"法轮功"的斗争再一次说明,是否高度重视马克思主义唯物论和无神论教育,是否重视科学知识、科学方法、科学思想、科学精神的宣传教育,能否在全体人民中树立起科学的世界观和人生观,是关系共产党人的根本信仰、关系全国人民团结奋斗的根本思想基础的大问题。

三 把先进性和广泛性结合起来,推进社会主义道德建设

道德是调整人与人、人与社会、人与自然之间关系的重要行为规范。道德的力量是伟大的。经济的繁荣,社会的进步,人类的文明,需要道德的发展和完善。早在改革开放之初,邓小平就针对道德建设领域的某些失序失范现象,尖锐地向全党指出："没有这种精神文明,没有共产主义思想,没有共产主义道德,怎么能建设社会主义？"③ 江泽民在庆祝中国共产党成立八十周年大会上的讲话中指出：加强社会主义思想道德建设,是发展先进文化的重要内容和中心环节。必须认识到,如果只讲物质利益,只讲金钱,不讲理想,不讲道德,人们就会失去共同的奋斗目标,失去行为的正确规范。要把依法治国同以德治国结合起来,为社会保持良好的秩序和风尚营造高尚的思想道德基础。

中国社会主义道德建设的指导思想是：以马克思列宁主义、毛泽东思想、邓小平理论和"三个代表"重要思想为指导,坚持党的基本路线、基本纲领,重在建设以人为本,在全民族牢固树立建设中国特色社会主义

---

① 《邓小平文选》第3卷,人民出版社1993年版,第306页。
② 《邓小平文选》第2卷,人民出版社1994年版,第260页。
③ 同上书,第367页。

的共同理想和正确的世界观、人生观、价值观，在全社会大力倡导"爱国守法、明礼诚信、团结友善、勤俭自强、敬业奉献"的基本道德规范，努力提高公民道德素质，促进人的全面发展，培养一代又一代有理想、有道德、有文化、有纪律的社会主义公民。

在社会主义市场经济条件下，我们要努力建立适应社会主义市场经济发展的思想道德体系。要充分发挥社会主义市场机制的积极作用，不断增强人们的自立意识、竞争意识、效率意识、民主法制意识和开拓创新精神；引导人们正确处理竞争和协作、自主和监督、效率和公平、先富和共富、经济效益和社会效益的关系，形成健康有序的经济和社会生活规范。社会主义道德建设的核心，是树立和培养为人民服务的思想。为人民服务，是社会主义道德的集中体现。它凝结着马克思主义的世界观、人生观、价值观，既是中国共产党的一贯宗旨，也是社会主义国家的主导道德观念。全心全意为人民服务是共产党的崇高使命，共产党人的一切言论行动，都必须以符合最广大群众的最大利益、为最广大人民群众所拥护为最高标准；生活在社会主义制度下的每一个公民，也要把为人民服务作为自己行为的基本准则。为人民服务，既伟大又平凡，既高尚又普通。它可以通过不同层次、不同形式表现出来。不论何种岗位，不论职务高低，都能够而且应当为人民服务。一个人能力有大有小，但只要具有为人民服务的精神，就是一个有道德的人，一个脱离了低级趣味的人，一个有益于人民的人。

为人民服务必须大力倡导集体主义。"在社会主义中，国家、集体和个人的利益在根本上是一致的，如果有矛盾，个人的利益要服从国家和集体的利益。"[①] 每个人的物质利益都应当得到社会的尊重和关心，但这决不意味着提倡每个人抛开国家、集体和别人，专门为自己的物质利益奋斗。为人民服务和集体主义精神同社会主义市场经济不存在根本矛盾，在发展社会主义市场经济的过程中，要认真提倡为人民服务和集体主义精神，激励人们热爱集体，热心公益，为人民为社会多做好事，通过合法经营和诚实劳动获得正当的经济利益，反对形形色色的个人主义、本位主义、小团体主义以及见利忘义、唯利是图、损公肥私、损人利己的思想和

[①] 《邓小平文选》第2卷，人民出版社1994年版，第337页。

行为，形成把国家和人民利益放在首位而又充分尊重公民个人合法利益的社会主义义利观。

社会主义道德建设的基本要求是"五爱"：爱祖国，爱人民，爱劳动，爱科学，爱社会主义。邓小平说："我们的目标是'四有'。50年代，广大党员和人民讲理想，讲纪律，讲为人民服务，爱党，爱国家，爱社会主义，这样的社会风气和道德面貌不是很好吗？"① 根据邓小平的一贯思想，中共十四届六中全会明确提出，社会主义道德建设要以"五爱"为基本要求。"五爱"是每个公民都应承担的法律义务和道德责任，也是人们向共产主义道德境界攀升的起点，同时也是评价公民道德行为的重要尺度。社会主义基本道德规范是：爱国守法、明礼诚信、团结友善、勤俭自强、敬业奉献。道德规范是人们判别善与恶、道德与不道德的基本尺度。在公民与国家的关系上要爱国守法，公民在公共场合、公共关系中要明礼守信，公民之间要团结友善，公民要勤俭自强，公民在社会工作中要敬业奉献，这既体现了中华民族的传统美德，又富有时代精神，对于提高公民道德素质具有重要的作用。

在道德建设中，共产党员和各级领导干部要做全社会的表率，高标准要求自己。"要教育全党发扬大公无私、服从大局、艰苦奋斗、廉洁奉公的精神，坚持共产主义思想和共产主义道德。党和政府愈是实行各项经济改革和对外开放的政策，党员尤其是党的高级负责干部，就愈要高度重视、愈要身体力行共产主义思想和共产主义道德。"② 在社会主义初级阶段，道德建设具有多层次性，既有先进性的要求，也有广泛性的要求。我们要大力倡导良好的社会公德、职业道德和家庭美德。应当在全社会提倡社会主义、共产主义道德，同时要把先进性要求同广泛性要求结合起来。从当前实际出发，鼓励和支持一切有利于解放和发展社会主义社会生产力的思想道德；一切有利于国家统一、民族团结、社会进步的思想道德；一切有利于追求真善美、抵制假恶丑、弘扬正气的思想道德；一切有利于履行公民权利与义务、用诚实劳动争取美好生活的思想道德；团结和引导亿万人民积极向上，不断提高全民族的思想道德水平。

---

① 《邓小平文选》第3卷，人民出版社1993年版，第318页。
② 《邓小平文选》第2卷，人民出版社1994年版，第367页。

社会主义道德风尚的形成、巩固和发展，要靠教育，也要靠法治。以德治国和依法治国要结合起来。教育的功能主要在于确立一定的道德观念，用以指导和影响人们的行动，使其行为符合某种道德规范。法治的功能主要在于确立一定的行为准则，用以规范、制约、监督和调节人们的行动，使其逐渐养成为社会所容许和提倡的道德习惯。教育和法治在提高人们的道德认识、确立道德信念和道德理想、养成道德习惯等方面都具有重要作用，同时，我们每一个人也应加强自我道德修养，陶冶道德情操，锻炼道德意志，完善道德人格。良好道德的养成，不但需要他律，更需要自律，是他律和自律共同作用的结果。

四 大力发展教育科学文化事业

教育科学文化建设，要解决的问题是提高整个民族的科学文化素质和为现代化建设提供智力支持。教育发达、科学昌盛、文化繁荣，既是物质文明建设的重要条件，也是提高人民群众思想道德水平的重要条件。实现现代化需要教育科学文化的发展。在一个文盲充斥、科盲充斥的国家里，根本谈不上实现现代化。不重视教育科学文化建设，只能导致愚昧落后。因此，我们搞精神文明建设，要在抓好思想道德建设的同时，大力抓好教育科学文化建设。在理论和实践上，我们都要坚持两方面的统一，而不应当用一个方面去否定或贬低另一个方面。

发展教育和科学，是精神文明建设和文化建设的基础工程。培养同现代化要求相适应的数以亿计的高素质的劳动者和数以千万计的专门人才，发挥中国巨大人力资源的优势，关系中国社会主义事业的全局。世界范围的经济竞争、科技竞争、综合国力竞争，实质是人才的竞争。谁掌握了面向21世纪的科技和教育，谁就能在21世纪的国际竞争中处于战略主动地位。

在社会主义现代化建设的总体发展战略中，邓小平反复强调教育和科学的重要地位和作用。他指出：实现"三步走"的发展战略，首先要靠发展教育和科学技术；我们国家要赶上世界先进水平，要从科学和教育着手，不抓科学和教育，四个现代化就没有希望，就成为一句空话；科技与教育紧密联系在一起，我们的学校是为社会主义建设培养人才的地方，科学技术人才的培养，基础在教育。根据邓小平的思想，我们党和国家作出了实施"科教兴国"的战略决策。我们要认真贯彻邓小平的这一重要思想,坚定不移地实施科教兴国战略,使教育和科技有一个大的发展,大的提高。

发展文学艺术、新闻出版、广播影视等文化事业,是精神文明建设和文化建设的重要内容,这对于满足民群众日益增长的精神文化需求,提高民族素质,促进经济发展和社会全面进步,具有重要的作用。改革开放和现代化建设的伟大实践,为这些事业的建设注入了新的活力,同时也迫切要求它们有一个大的发展,更好地为人民群众的文化需要服务,为三个文明建设服务。

发展社会主义文化,必须继承和发扬一切优秀的文化,必须充分体现时代精神和创造精神,必须具有世界眼光,增强感召力。中华民族的优秀文化传统,中国共产党和人民从"五四"运动以来形成的革命文化传统,人类社会创造的一切先进文明成果,我们都要积极继承和发扬;同时必须结合新的实践和时代的要求,结合人民群众精神文化生活的需要,积极进行文化创新,努力繁荣先进文化;并通过完善政策和制度,加强教育和管理,努力改造落后的文化,努力防止和抵制腐朽文化和各种错误思想观念对人们的侵蚀,把亿万人民群众紧紧吸引在中国特色社会主义文化的伟大旗帜下。

第三节　中国特色社会主义文化建设的方针与原则

如何建设中国特色社会主义先进文化?邓小平、江泽民对此都进行了一系列论述,并提出了先进文化建设的指导方针和指导原则。

一　牢牢把握中国特色社会主义先进文化的前进方向

中国特色社会主义文化建设,是否坚持以马列主义、毛泽东思想、邓小平理论和"三个代表"思想为根本指导方针和原则,这是衡量文化先进性的试金石。当前先进文化建设必须坚持以"三个代表"重要思想为根本方针,这是中国社会主义现代化建设事业的根本,也是繁荣社会主义文化的保证。作为全世界工人阶级科学世界观和全人类精神文明伟大成果的马克思主义，是社会主义意识形态的最重要组成部分，是我们立党立国的根本指导思想。在社会主义初级阶段，中国人民只有在中国共产党的领导下，在马克思列宁主义、毛泽东思想、邓小平理论的指导下，才能把中国建设成为富强、民主、文明的社会主义现代化国家。

马克思主义作为一种意识形态，本身就是社会主义精神文明的一个重要组成部分，而且是它的理论基础。中国社会主义脱胎于半殖民地半封建社会，是通过新民主主义走向社会主义的。历史遗留的腐朽思想和小生产习惯势力仍有相当影响，同时，社会主义又面临着国际资本主义的挑战和世界范围内各种思想文化的相互激荡。处在这样一种复杂的思想文化环境中，只有坚持马克思主义的指导，才能从总体上把握局势，处理好各种关系，制定正确的方针政策，既防止"左"又警惕右，使精神文明建设沿着正确的方向前进。

邓小平理论深刻地阐明了社会主义精神文明建设的战略地位、战略目标、根本任务、指导方针、总体部署和政策措施等一系列基本问题，为我们在新的历史条件下加强精神文明建设提供了科学的指南。认真实践邓小平理论，就能把精神文明建设不断推向前进。意识形态是社会的上层建筑，是一定社会存在的反映，是一定阶级或社会集团从自己特定的历史地位出发，根据自己的根本利益对现存社会关系的自觉反映形式。这些反映形式是由政治的、法律的、道德的、艺术的、哲学的等等思想观点构成的理论体系，并成为一定阶级或社会集团的政治纲领、行动计划、方针政策、社会理想的思想理论根据。对意识形态的指导作用，不存在要不要的问题，只存在选择的问题。意识形态是一定社会存在的反映，同时又是一定阶级利益的反映。因而，它可能是科学的，也可能是非科学的；可能是进步的，也可能是落后的甚至反动的。这就有个选择问题。对我们来说，选择的标准主要是两条：一是看它是不是能够代表和体现工人阶级和广大人民群众的根本利益；二是看它是否科学，是否代表和反映了时代进步的潮流。我们是工人阶级领导的社会主义国家，当然不会选择资产阶级意识形态，也不会选择其他阶级的意识形态。我们选择了马克思主义，因为它既是工人阶级和广大人民群众根本利益的反映，又是与时俱进的科学理论。在党和国家的指导思想上不能搞多元化，在指导思想上搞多元化，必然会使社会失去主心骨，导致严重后果。苏东剧变和苏联最终解体是一个严重教训。我们必须坚持和加强马克思主义在意识形态领域的指导地位。

江泽民指出，在当代中国，发展先进文化，必须用"三个代表"重要思想统领社会主义文化建设。坚持以科学的理论武装人，以正确的舆论引导人，以高尚的精神塑造人，以优秀的作品鼓舞人。大力发展先进文化，支持健康有益文化，努力改造落后文化，坚决抵制腐朽文化。要立足于改革开放和现代化建设的实践，着眼于世界文化发展的前沿，发扬民族文化的优秀传统，汲取世界各民族的长处，在内容和形式上积极创新，不断增强中国特色社会主义文化的吸引力和感召力。

二 文化建设应围绕党的基本路线这一根本原则，大力弘扬民族精神

中国特色社会主义文化建设必须坚定不移地贯彻中国共产党在社会主义初级阶段的基本路线，大力弘扬和培育民族精神。以经济建设为中心，坚持四项基本原则，促进改革开放，推动社会主义现代化建设，这是中国社会主义文化建设的根本原则。

中国特色社会主义文化建设必须紧紧围绕和服务于经济建设这个中心，不能离开这个中心，更不能妨碍和干扰这个中心。要摆正文化建设和物质文明建设及其政治文明的关系。不能把文化建设与物质文明建设割裂开来，形成"两张皮"；更不能把它们对立起来，认为抓物质文明就要以牺牲精神文明为代价，抓文化建设就要以牺牲经济建设为代价。精神文明和物质文明、政治文明是统一的。物质文明、政治文明、精神文明都是社会主义建设的基本内容，建设发达的物质文明、高度民主的政治文明和先进的精神文明是社会主义现代化建设的统一战略目标。提出文化建设要为经济建设服务，并没有降低精神文明自身相对独立的意义，而是使精神文明建设建立在坚实可靠的现实基础上，并且能够更好地发挥精神文明的作用。社会主义初级阶段的根本任务是解放和发展生产力，由此决定了社会主义现代化建设必须以经济建设为中心，决定了文化建设必须围绕和服务于经济建设这个中心，为经济建设提供强大的精神动力和智力支持。

中国特色社会主义文化建设最终要落实到促进社会主义社会生产力的发展上来，这是社会主义精神文明建设一项带有根本性的任务。以经济建设为中心，本身要求实行改革开放，要求以四项基本原则作为政治保证。因此，精神文明建设要服务于经济建设这个中心，也就必然要为推进改革开放、坚持四项基本原则服务。中国特色社会主义文化建设如何更好地促进改革开放,更好地为坚持四项基本原则服务,始终是我们必须认真研究解决的一个重大课题。

民族精神是一个民族赖以生存和发展的精神支撑。5 000多年的中华民族发展史,形成了以爱国主义为核心的团结统一、爱好和平、勤劳勇敢、自强不息的伟大民族精神。改革开放的实践不断结合时代和社会的发展要求,丰富着这个民族精神。面对世界范围各种思想文化的相互激荡,必须把弘扬和培育民族精神作为文化建设极为重要的任务,纳入国民教育全过程,纳入精神文明建设全过程,使全体人民始终保持昂扬向上的精神状态。

三 社会主义文化建设要坚持"二为"和"双百"方针

社会主义文化事业是人民群众的文化事业。这一性质决定了社会主义文化必须为人民群众服务、为社会主义建设服务。为人民服务和为社会主义服务是统一的,不能把两者割裂开来,甚至对立起来。二者统一于社会主义现代化建设实践中。为人民服务,为社会主义服务,是我们文化建设的根本方向。1942年毛泽东在延安文艺座谈会上的讲话中指出:"为什么人的问题,是一个根本的问题,原则的问题。"① 他说,我们的文艺不是为剥削者压迫者的,而是为人民的。毛泽东为文艺建设指明了正确的方向。后来,由于受"文艺从属于政治"观念的影响,又出现了"文艺为政治服务"的提法。长期实践证明,后一提法对文艺发展害多利少。中共十一届三中全会后,中国共产党决定不再提"文艺为政治服务"的口号,而改提"为人民服务、为社会主义服务"。中共十三届四中全会后,江泽民把它作为整个文化建设的方向。他指出:"唱响社会主义文化的主旋律,坚持为人民服务、为社会主义服务、实行百花齐放、百家争鸣,是发展先进文化必须贯彻的重要方针。"②

"百花齐放、百家争鸣"是毛泽东在20世纪50年代首先提出和倡导的,并被作为党和国家在社会主义文化建设中的基本方针确定了下来。毛

---

① 《毛泽东选集》第3卷,人民出版社1991年版,第857页。
② 江泽民:《论"三个代表"》,中央文献出版社2001年版,第159页。

泽东指出，根据中国的具体情况，根据社会主义社会仍然存在各种矛盾这一事实，根据国家需要迅速发展经济和文化的迫切要求，我们必要实行百花齐放、百家争鸣的方针。"百花齐放、百家争鸣"的方针，是促进艺术发展和科学进步的方针。但是，这一方针在1978年以前20年的时间中，并没有得到很好的贯彻执行。尤其是在提出"以阶级斗争为纲"的路线之后，这一方针更是名存实亡。中共十一届三中全会以后，"百花齐放、百家争鸣"作为中国社会主义文化建设的基本方针得到了重新肯定。中共十二届六中全会和十四届六中全会通过的两个关于加强精神文明建设的决议都强调，要坚定地贯彻"百花齐放、百家争鸣"的方针。

社会主义文化建设，从主要方面看，是理论创造，是科学和艺术的创新发展，是精神生产。精神生产有自己的客观规律。"百花齐放、百家争鸣"方针，体现了理论、科学技术、艺术发展等精神生产的客观规律。推进社会主义文化建设，必须认真贯彻执行"百花齐放、百家争鸣"的方针。只有这样，才能调动精神劳动者的积极性，切实发挥他们的聪明才智和创造力。总结"双百"方针提出后多年的贯彻执行情况，我们看到，凡是"双百"方针贯彻执行得好的时候，我们的科学文化就有较大的发展，思想理论成果累累；相反，凡是"双百"方针贯彻执行得不好的时候，中国科学文化的发展就受到阻碍，甚至受到摧残。在中国特色社会主义实践中，关于现代化建设、改革开放和发展社会主义市场经济，关于建设中国特色社会主义的经济、政治和文化等方面，还有许多未知领域，理论上和工作上的不同意见会经常发生，我们必须在坚持四项基本原则和坚持为人民服务、为社会主义服务的方向下，继续坚持"百花齐放、百家争鸣"的方针，发挥和鼓励以科学研究为基础的大胆探索和自由争论，使思想文化大大活跃起来，在遵守宪法规定的原则下，实行学术自由、创作自由、讨论自由、批评和反批评自由。只有这样做，才能使社会主义文化事业更加繁荣和发展。

四　坚持社会主义文化"重在建设"的方针，注重长远目标与阶段性任务的结合

为了实现社会主义文化建设的根本目标和任务，必须坚持社会主义文化"重在建设"的方针。"重在建设"，就是文化建设在服从和服务于经济建设这个中心、推动改革开放和现代化建设的过程中，要一切着眼于建设，把建设作为自己工作的出发点和落脚点。"重在建设"，反映了社会主义现代化建设的客观要求，体现了中国特色社会主义文化建设发展的内在规律。社会主义文化"重在建设"。文化建设就是要以"立"为本，着眼于"立"，而不能把"破字当头"、"大批判开路"、"斗争哲学"等等当作思想文化领域不可移易的法则。"破字当头"、"大批判开路"、"斗争哲学"，是以往"以阶级斗争为纲"错误方针的产物。这种非建设性的做法，不符合精神生产的客观规律，不符合文化建设的客观规律。在理论、科学、文化艺术的发展进程中，必须要破除和抛弃某些错误的、陈旧过时的东西，这也可以叫作"破"。从某种程度上说，"破"也包含着"立"，包含着创新。创新、出新是一个艰苦的探索过程。"不能认为只要破字当头，立就在其中了。"① 过去搞"破"字当头、"立"在其中的一套，实践证明，效果很不好，伤害了许多人，破坏了科学和文化建设，阻碍了精神生产的发展，教训极为深刻。文化建设不能"毕其功于一役"，提高民族素质、培育"四有"新人应循序渐进，坚持不懈，要注重文化建设长远目标与阶段性任务的有机结合。

　　社会主义文化建设必须紧紧围绕经济建设这个中心，把注意力集中到团结人民、充分发挥人民的社会主义积极性和创造精神上来，集中到满足人民文化精神需要上来，为改革开放和现代化建设提供强大的精神动力和智力支持，发展中国特色的社会主义文化。社会主义文化建设当然包含着思想文化的变革，没有变革也就没有进步。但是，变革的目的在于创造新事物；或者是变革各种陈旧的思想文化和道德价值观念，树立起新的思想文化和道德价值观念；或者是变革过时的文化体制，建立起新的文化体制。社会主义文化建设当然也包含着对各种错误的东西进行必要的批评和斗争，但是这种批评和斗争的目的在于纠正错误，坚持和发展真理。同时方法要得当，应当主要采取教育和疏导的方法，而不能重复过去"左"的做法，搞无限上纲、残酷斗争、无情打击。社会主义文化建设要努力抓好落实。社会主义文化重在建设，就是要认真抓好文化建设各个方面的工作，努力落实，务求实效。如果不用满腔热情和极大精力去做好各种各样具体实际的建设工作，认为它们是"小事"，对它们不感兴趣，文化建设

---

① 《邓小平文选》第2卷，人民出版社1994年版，第336页。

就不能落实。社会主义文化建设的任务很多,如教育、科学、文化的改革和建设,思想理论建设,道德建设,民主和法制观念建设,优良传统作风的继承和发扬,反对各种消极腐败现象,扫除各种社会丑恶现象和文化垃圾,治理社会治安和社会环境,开展群众性精神文明创建活动,营造良好的文化环境,树立良好的党风、政风和社会风气,养成文明健康的生活习惯,提高群众精神文化生活质量等等,都要制定具体的规划、方案和措施,一项一项地抓,抓出实效,而不能流于形式,做表面文章。

五 加强和改进对社会主义文化建设的领导,继续深化文化体制改革

社会主义文化建设要加强和改进领导方式。建设物质文明关键在党,建设精神文明关键也在党。各级党政部门,首先是领导,要深入实际,调查研究,总结经验,认识、探索和掌握文化建设的情况。各级党组织,要用较多的精力领导和组织文化建设。社会主义文化建设贯穿在经济和社会生活的各个方面,是一个系统工程,需要多方面的配合,党委要统一部署,协调行动。要克服忽视精神文明建设的倾向和软弱涣散状态,加强思想政治工作。按照政治强、业务精、作风正的要求,造就一支高素质的宣传思想文化教育队伍。加强制度化和规范化建设,提高组织管理水平。从社会主义现代化建设的全局出发,合理安排文化建设的投入,把社会主义文化建设纳入经济和社会发展的总体规划,使文化建设和物质文明、政治文明协调发展,相互促进。要认识和掌握新形势下文化建设的特点和发展规律,总结新经验,探索新办法,创造性地工作。

要继续深化文化体制改革。根据社会主义精神文明建设的特点和规律,适应社会主义市场经济发展的要求,必须大力推进文化体制改革。要抓紧制订文化体制改革的总体方案。把深化改革同调整结构和促进发展结合起来,理顺政府和文化企事业单位的关系,加强文化法制建设,加强宏观管理,深化文化企事业单位内部改革,逐步建立有利于调动文化工作者积极性,推动文化创新,多出精品、多出人才的文化管理体制和运行机制。按照一手抓繁荣、一手抓管理的方针,健全文化市场体系,完善文化市场管理机制,为繁荣社会主义文化创造良好的社会环境。中华文明博大精深、源远流长,为人类文明进步作出了巨大贡献。在当代中国人民的伟大奋斗中,必将迎来社会主义文化建设的新高潮,创造出灿烂的中国特色的社会主义先进文化。

第二十章 中国特色社会主义政党制度

中国共产党领导的多党合作制度，是当代中国的一项基本政治制度。它是植根于中国土壤，极具中国特色、富有时代精神、具有旺盛生命力的政党制度。在历史新时期，经过中国共产党第二代、第三代中央领导集体的探索和实践，使中国特色社会主义政党制度得以完善和发展。与世界各国已有的政党制度相比较，中国特色社会主义政党制度具有自身的显著特点和巨大创新性价值。

第一节 中国特色社会主义政党制度的形成

中国共产党领导的多党合作制度，是中国特色社会主义的一项基本政治制度。新中国成立50多年来，中国共产党领导下的多党合作制度及其学说获得了最为丰富的实现和展开。在这一过程中，毛泽东、周恩来、邓小平以及江泽民等为此作出了极其杰出的贡献。

一 对多党合作制度发展过程的反思

在长期的革命斗争中，中国共产党同各民主党派结成了亲密的合作关系。新中国建立后，这种合作关系得到进一步巩固和发展，并逐步形成了具有中国特色的政党制度。但是，由于"左"的思想的干扰，使我国的多党合作制遭到严重损害。

（一）中国政党制度在实践中经历的曲折发展

新中国成立初期，中共领导的多党合作制作为一种政治制度，得到了较好的实施和巩固，并在中国社会政治发展过程中发挥了重要的作用。从1957年反右到1966年"文化大革命"的发生，是多党合作制度发展经历曲折的时期，这一时期，多党合作的格局虽然存在，"长期共存、互相监督"的方针也没有被放弃，但由于"左"倾错误的影响。中共与民主党派的关系，受到严重损害，各民主党派在政治发展中的地位和作用明显下降，其政治功能亦逐步丧失。虽然从1958年到1962年，中共在对资产阶级和民主党派的关系上，提出一张一弛，强调要把紧张的关系松弛下来，并在"大跃进"和国民经济严重困难时期，为推动民主党派人士参加社会主义建设，为集中力量克服国民经济的严重困难，中共主动采取一系列措施，调整党派关系，改善同民主党派的合作共事关系，但由于"左"的思想的影响，民主党派仍然没有获得它在国家政治生活和社会生活中应居的地位，它对国家政治事务的参与、监督功能也难以有效发挥。

历时10年之久的"文化大革命"是一场大动乱，它给中国的政治、经济、文化带来了巨大的损失，其影响是深远的。在这场动乱中，中国民主党派遭到巨大冲击，中国共产党领导的多党合作制度也遭受到了从未有过的严重挫折。在错误理论的指导下，政协及各民主党派被迫停止办公，多党合作的政治格局形同虚设，民主党派人士惨遭迫害。在10年浩劫期间，人民政协的作用被践踏；民主党派参政、议政、民主协商的制度被取消，民主党派和中共长期合作的关系遭到破坏，多党合作制度名存实亡。

（二）"长期共存、互相监督"方针必须制度化

从1956年起，中共就正式提出了与民主党派"长期共存、互相监督"的方针。但是，这一方针没有形成制度，方针的本身也不甚明确。所谓"长期"的时间所指究竟多少年，互相监督的内容到底是什么？这些问题都没有明确。事实上，在"左"的思想影响下，"长期共存、互相监督"只是作为一个"口号"，因而并没有得到很好的实行。1957年一些民主党派人士为了帮助中共整风，同时也是履行"互相监督"的职能，对共产党提出了批评，应当承认这些批语绝大多数都是善意的和建设性的，然而在反右斗争中，这些批评和意见都被当成了划定右派的依据。到"文化大革命"期间，更有甚者，仅凭造反派的一张通缉令，与中共"长期共存"的民主党派就完全停止办公。这说明，"长期共存、互相监督"这一方针由于没有一种制度保证，仍带有很多主观随意性，因而经不起冲击和考验。只有使这一方针真正制度化，才能保证其在实践中的持久性和有效性。

邓小平指出："制度好可以使坏人无法任意横行，制度不好可以使好人无法充分做好事，甚至会走向反面"。① 如果我们能够制定出有关政党及其活动范围、方式的制度和法律，使各党派能够根据制度和法律的有关规定开展党的活动，进行合作和互相监督，这样党派之间的"长期共存、互相监督"就不再会以个人的意志为转移，而成为一种正常的关系。从社会主义的政治发展的实际需要来看，把"长期共存、互相监督"方针制度化，不失为一项百年大计。

(二) 必须正确处理中国共产党的领导与互相监督的关系

中国共产党在多党合作中的领导地位，是在长期的革命斗争中和社会主义建设中逐步形成的。坚持和改善中国共产党的领导，是多党合作制度进一步发展的需要。

什么是党的领导，这是坚持和改善中国共产党的领导必须首先回答的问题，对此邓小平结合新的历史条件进行了探索。他认为："党的领导就是要善于集中人民群众的正确意见，对不正确的意见给以适当解释。"② 这说明党的领导是指其对民主党派的引导、指导和向导作用，而不是凭借权力硬让他人服从。应该明确把党的领导和党的执政区别开来。

中国共产党对民主党派的政治领导，主要是路线、方针、政策的领导。所谓思想领导，就是向民主党派进行宣传，阐明中国共产党的主张，引导他们共同前进。共产党对民主党派的领导，主要是政治领导和思想领导，不存在组织领导。中国共产党同各民主党派在组织上是平等的，双方在组织上没有隶属关系，共产党应该十分尊重民主党派在政治上的自由、组织上的独立和法律上的平等地位。但是由于"左"的思想干扰，在一个相当长的时期里共产党与民主党派的关系，加强共产党的领导多，而对民主党派在组织上的平等地位共同发展讲的少；在共产党与民主党派的合作中，比较注重发挥民主党派参政议政民主协商的作用，而对互相监督的职能特别是民主党派对共产党的监督职能重视不够，作用发挥不大。

共产党与民主党派之间的互相监督，实际上就是一种互相制约，加强

---

① 《邓小平文选》第2卷，人民出版社1994年版，第333页。
② 同上书，第145页。

共产党的领导和坚持民主党派的监督，二者是互动的，是相辅相成的。正确处理好二者的关系，将使多党合作制度更加完善和巩固。

（三）必须使人民政协的地位和作用法制化

人民政协是我国各党派进行合作和政治协商的组织形式，在多党合作制度中占有十分重要的地位。

人民政协与人民代表大会、政府一起构成我国政治体制的三大要素。应该说人民政协在社会政治生活中有着重大的作用。但是，这种重要作用究竟是什么，又通过什么方式和程序表现出来，这在专门的法律条文中并没有明确的规定，政协活动方式和组织程序也没有讲明。由于缺乏明确的法律规定和保证，这就给人民政协和多党合作制的发展造成困难。比如，政治协商和民主监督是政协的两大职能，但由于在法律上没有明确规定政协在国家的政治生活中行使这两大职能的方式，因而这种监督和协商就有很大的随意性。当中国共产党"长期共存、互相监督"的方针贯彻执行的较好时，政治协商和民主监督就搞得比较好，反之，则搞得不顺畅。再比如，中国共产党领导下的多党合作制是我国的基本政治制度，人民政协是我国的政治体制中重要的组成要素，但这不仅要体现在政治制度的理论上，更重要的是要在实践中得到应有的法律保护，以避免"文革"期间政协停止正常办公长达10余年之久的做法重演。

应该使政协有一个固定的法律地位，在法律上保证政协对国家大政方针和重大事务的政治协商和民主监督的权利；在法律上保证政协内部各党派、各团体及爱国民主人士对国家大事的协商和建议的权利，而有关部门则有义务接受这种协商和监督。给政协一个固定的法律地位，实质上是从法律上制度上认真保证"中国共产党领导的多党合作和政治协商制度将长期存在和发展"。

总之，社会主义制度确立之后，中国共产党领导下的多党合作制度在实践中的经验教训是丰富的，给我们的启示是深刻的，这为这一政治制度在历史新时期的恢复和发展提供了前提。

二 历史新时期对多党合作制度的恢复

"文化大革命"结束后，中国共产党立即着手恢复与民主党派的合作关系。各民主党派在中共的帮助下，也迅速医治了"文革"创伤，逐步恢复组织并开始活动。从此，共产党领导的多党合作制进入了新的历史发展时期。

为了恢复与各民主党派的合作关系，1977年10月中共中央批转中央统战部《关于爱国民主党派问题的请示报告》。这份报告对于恢复民主党派的组织和活动，恢复中共与民主党派的关系起了重要作用。报告认为：第一，党对当前民主党派工作的方针仍是"长期共存、互相监督"；第二，建议民主党派立即着手恢复组织，鉴于有些民主党派组织不健全的情况，建议他们先组织临时领导班子，然后再逐步整顿组织，健全领导机构。第三，指明了民主党派的发展方向，认为把几个民主党派合并成一个党是不合适的。这个报告的批转及其在全国的贯彻执行，为中共领导的多党合作制的恢复，为各民主党派组织的恢复和工作的开展，打开了新的局面。

根据中共上述精神，1977年10月至12月，八个民主党派分别宣布撤销原各民主党派中央联合组成的临时领导小组，在新一届代表大会召开之前，各党派分别成立过渡性质的中央临时领导小组。各地方组织也相继成立了临时领导机构，着手调查成员情况，逐步开展活动。1977年12月27日至29日，第四届全国政协常委会第七次会议召开，这是"文革"结束后的第一次政协会议。1978年2月，第五届全国人民代表大会和第五届政治协商会议在北京同时召开，各民主党派都派代表参加了两会。这届政协会议是1964年第四届政协一次会议闭幕后召开的第一次全国政协会议。会议通过了《中国人民政治协商会议章程》，选举邓小平为全国政协主席。这两次政协会议的召开标志着人民政协工作的正式恢复。

1978年12月，具有深远意义的中共十一届三中全会召开。这次会议，不仅是中共党史上的转折点，对各民主党派来说也是一个历史性的转折。全会以后，中共中央先后做出一系列重要决定，全面落实各项统战政策，逐步摆脱在对待民主党派问题上"左"的观点束缚，提出了新时期统一战线工作的方针和任务。1979年6月，在全国政协五届二次会议上，邓小平指出："我国各民族党派在民主革命中有过光荣的历史，在社会主义改造中也做了重要的贡献。这些都是中国人民所不会忘记的。现在它们都已成为各自所联系的一部分社会主义劳动者和一部分拥护社会主义的爱国者的政治联盟，都是在中国共产党领导下，为社会主义服务的政治力量。"① 邓小平把新时期的民主党派规定为社会主义性质的政党，赋予了民主党派新的政治生命，从根本上纠正了在民主党派问题上的"左"的错误，端正了对民主党派的认识，为新时期的多党合作指明了方向。

这一切，都标志着各民主党派的工作和多党合作制度又得以恢复和发展。

第二节　中国特色社会主义政党制度的发展与完善

从中共十一届三中全会召开到十六大，这一时期是中国当代政党制度获得重大发展的时期。无论是中国共产党关于多党合作制度的理论，还是各民主党派的组织建设，以及合作的组织形式等方面都获得了极大充实、丰富和发展。伴随着中国经济发展和政治生活的巨大进步，中国特色社会主义政党制度在实践中不断得以完善。

一　理论深化与制度创新

中共十一届三中全会以后，中国通过实现工作重心的转移，进行改革开放和经济建设，走上了中国特色社会主义的发展道路。在此期间，邓小平的思想发展成为独具特色的理论体系。而邓小平关于多党合作的理论，则是邓小平理论体系的一个重要组成部分。

邓小平的多党合作理论，是对马列主义、毛泽东思想中合作思想的继承和发展。邓小平开创了马克思主义多党合作理论的新境界，第一次提出"多党派合作"的重要命题，从政治制度的高度概括了"多党合作制度化"的思想，指出"在中国共产党的领导下，实行多党派的合作，这是我国具体历史条件和现实条件所决定的，也是我国政治制度中的一个特点和优点"。②

中国共产党第三代中央领导集体从理论深化和制度创新的不同层面、角度丰富和发展了邓小平关于多党合作和政治协商的理论，推动了中国共

---

① 《邓小平文选》第2卷，人民出版社1994年版，第186页。
② 《邓小平文选》第2卷，人民出版社1994年版，第205页。

产党领导的多党合作和政治协商制度的进一步完善。

(一) 关于基本政治制度和基本方针

经邓小平建议,在与各民主党派协商的基础上,1989年12月30日中共中央通过了《中共中央关于坚持和完善中国共产党领导的多党合作和政治协商制度的意见》。这是江泽民担任总书记不久出台的一个重要文件,也是新时期多党合作的纲领性文件,标志着中国共产党领导的多党合作和政治协商制度逐步走向规范化、制度化,标志着多党合作制度发展进入新阶段。1993年,全国人大采纳了民主党派的建议,把"中国共产党领导的多党合作和政治协商制度将长期存在和发展"写进我国宪法,从根本大法的高度确认了这一制度。宪法还对民主党派的性质、地位、作用作了规定,这表明我国多党合作和政治协商制度已经法律化。

《中共中央关于坚持和完善中国共产党领导的多党合作和政治协商制度的意见》开宗明义指出:"中国共产党领导的多党合作和政治协商制度是我国一项基本政治制度。中国共产党和各民主党派团结合作,互相监督,共同致力于建设有中国特色的社会主义和统一祖国、振兴中华的伟大事业。我国实行的共产党领导、多党合作的政党制度是我国政治制度的特点和优点。"这是首次以党的法规性文件将多党合作和政治协商制度确立为我国的基本政治制度,是邓小平多党合作理论的具体化,是中国共产党第三代中央领导集体对其的继承和发展。

对于中国共产党同各民主党派合作的基本方针,中国共产党也做了深化,表述为:长期共存、互相监督、肝胆相照、荣辱与共。这一方针,表明中国共产党和各民主党派的关系是患难与共、风雨同舟的战友关系,是亲密无间的挚友和诤友的关系,是长期通力合作、互相监督的友党关系。它的根本精神就是要巩固和发展中国共产党同各民主党派之间在共同政治基础上的长期合作,充分发挥各民主党派在新时期的历史作用。

(二) 关于多党合作与社会主义民主政治

没有民主就没有社会主义,就没有社会主义现代化。建设和发展社会主义民主政治,是我们党始终不渝的奋斗目标。而建设社会主义民主政治的一项重要任务,是坚持和完善共产党领导的多党合作和政治协商制度。因此,中国共产党第二代和第三代中央领导集体始终把完善多党合作和政治协商制度与推进政治体制改革、建设社会主义民主政治紧密联系起来,反复强调其重要性和必要性。江泽民指出："我们要积极稳妥地推进社会主义民主政治建设，我国是工人阶级领导的，以工农联盟为基础的社会主义国家，与这种国体相适应的政党制度是共产党领导的多党合作和政治协商制度。""中国共产党领导的多党合作和政治协商制度，是有中国特色社会主义民主政治的重要组成部分，是我国政治制度的一大优势。"① 在我们这个幅员辽阔，人口众多、多民族、多党派的社会主义国家里，对关系国计民生的重大问题，广泛听取各民主党派、人民团体以及各界人士的意见，进行充分的政治协商，对于实现决策的民主化、科学化，避免或减少决策失误，保证各项方针政策的贯彻执行，具有十分重要的意义。我们要进一步改善和融洽同党外各方面人士的合作，促进我们国家的民主生活更加健全，更加生动活泼。江泽民还将多党合作制和人民代表大会制并举，阐明二者的联系和区别，强调二者对社会主义民主都具有重要意义，指出："加强社会主义民主，一个是国家权力机关的民主，即人民代表大会制度的建设，一个是统一战线范围的民主，这两者都是至关重要的，不可缺少的。我们要在加强各级人民代表大会制度建设的同时，通过政协和其他渠道，广泛听取各民主党派以及其他各方面的意见、建议，接受各方面的批评监督，真正做到集思广益、做到国家的大事大家来出主意，想办法，大家来办。"②

（三）关于民主党派的性质、地位和作用

关于民主党派的性质、地位和作用，毛泽东和邓小平都有过精辟的论述。江泽民根据新的历史条件，继承和发展了毛泽东思想、邓小平理论。

政党的性质主要是由它所代表和联系的阶级决定的，在国家性质确定、制度安排完成、政权结构制度化的情况下，政党的性质也可以在政党之间，政党与政权之间的动态关系上表现出来。我国民主党派产生之初，是民族资产阶级的政党。1956年对生产资料私有制的社会主义改造完成之后，完整意义上的资产阶级、小资产阶级已不存在，因此，中国共产党八大明确指出：在社会主义改造完成之后，民族资产阶级和小资产阶级的

---

① 《江泽民论有中国特色社会主义（专题摘编）》，中央文献出版社2002年版，第320页。
② 江泽民：《在七届全国人大四次会议和全国政协七届四次会议党员负责人会议上的讲话》，《人民政协报》1991年3月24日。

成员将变成社会主义的劳动者的一部分，各民主党派也将变成这部分劳动者的政党。"文革"结束以后，以邓小平为核心的中国共产党第二代中央领导集体，对民主党派的阶级属性予以正确定位，指出：由于社会主义改造的胜利和社会主义建设的发展，我国社会阶级状况发生了根本的变化，各民主党派已经成为各自所联系的一部分社会主义劳动者和一部分拥护社会主义者的政治联盟，都是共产党领导下为社会主义服务的政党。随着我国改革开放的发展和社会主义市场经济体制的逐步建立，我国的阶级状况进一步发生了变化。中国共产党第三代中央领导集体正是在这种情况下，深化了邓小平关于民主党派的阶级属性的理论。认为，各民主党派的基础是"一部分社会主义劳动者"，是"人民群众"的一部分。这是对民主党派阶级属性的新认识。

民主党派与中共之间、民主党派与民主党派之间，地位都是平等的。中国共产党和各民主党派都必须以宪法为根本活动准则，有维护宪法尊严，保证宪法实施的职责。民主党派享有宪法规定的权利和义务范围内的政治自由、组织独立和法律地位平等。各民主党派组织的独立性是受宪法保障的，都享有宪法范围内的政治自由和平等的法律地位，活动范围非常广泛，既参与执政又参与监督，贯穿管理国家事务的全过程。共产党与民主党派的关系，是"执政党"与"参政党"的关系。这是邓小平思想的具体化、明确化，是政治学理论的重大突破。长期以来，在政治学领域，"执政党"的对应概念是"在野党"、"反对党"。在西方国家的政治格局和政党制度中，不是执政党就是在野党。如果用西方的政治学概念就无法界定我国的民主党派，无法阐明共产党和民主党派与政权的关系。因此必须超越西方政治学的思维定式，来界定我国民主党派和共产党及其与国家政权的关系。

中国共产党第三代中央领导集体在继承邓小平理论的基础上，摒弃西方政治学的思维定式，跳出"执政"与"在野"的二元思维，根据我国的实际情况，将共产党与民主党派的关系定义为"执政党"与"参政党"的关系。正如江泽民所指出的："中国共产党是领导我们事业的核心力量。没有这个坚强的领导核心，就不可能实现社会主义现代化。在几十年革命和建设中，我们党和各民主党派建立了'长期共存、互相监督、肝胆相照、荣辱与共'的亲密关系。各民主党派是参政党，不是在野党，更不是反对党。"① 共产党是执政党，是就共产党是政权的领导核心这个意义而言的，绝非指党包办政权，或者党与政权等同。各民主党派为参政党，意味着民主党派要参与国家政权，参与国家大政方针和国家领导人选的协商，参与国家事务的管理，参与国家方针、政策、法规、法律的制定和执行。

对于民主党派的地位和作用，中国共产党历来是重视的。在1990年3月18日全国人大七届三次会议和全国政协七届三次会议党员负责人会议上的讲话中，江泽民就要求政协党组、委员中的共产党员，要善于同民主党派成员、无党派爱国人士合作共事，要尊重他们享有的宪法和政协章程规定范围内的政治自由、组织独立和法律地位平等。1998年1月1日，在全国政协新年茶话会上，江泽民又强调，要继续发挥各民主党派、人民团体和各界爱国人士在政协中的作用，让他们为促进改革开放和现代化建设、实现中华振兴和完成祖国统一，不断贡献自己的智慧和力量。

二 政党制度建设的实践创新

对于多党合作的思想，中国共产党不仅在理论上继承和发展了毛泽东、邓小平的多党合作理论，而且紧密联系我国社会主义现代化建设的实际，在实践中不断完善和发展多党合作制度，取得了辉煌的成果。多党合作的发展，体现在多个方面。

中共中央就重大问题与民主党派、无党派人士政治协商已基本形成制度。1979年以后，中共中央就批准了恢复同民主党派、无党派民主人士的座谈会，提出今后凡属有关国家和地方的重大问题，应当同各民主党派的领导人和无党派的代表人物进行协商。在召开民主协商会以前，由中共中央就国家的大政方针提出意见草案，交民主协商会进行协商，征求意见，然后修改方案，提交人大、政协会议或国务院通过和实行。此后，有关国家大政方针的决策，中共都事先与各民主党派协商、征求意见。各民主党派也提出了很多积极意见和建议，其中不少为中共吸收和采纳。仅20世纪90年代的10年间，中共中央、国务院或委托有关部门召开的协商会、座谈会、情况通报会近150次，协商内容涉及国家政治、经济和社

---

① 《江泽民论有中国特色社会主义（专题摘编）》，中央文献出版社2002年版，第309页。

会发展的各个方面，对于实现决策的民主化、科学化起到了重要作用。这样做，充分发挥了各民主党派的议政功能，体现了中共与各民主党派的真诚合作。民主党派在人大、政协中的作用得到进一步发挥。目前，各民主党派成员、无党派人士有12万多人当选为各级人大代表，其中各民主党派有数百人担任全国人大代表；有24万多名民主党派、无党派人士被安排为各级政协委员，其中各民主党派有数百人担任全国政协委员。尤其是经过九届全国人大、政协换届，首次实现了8个民主党派中央主席分别担任全国人大常委会副委员长或全国政协副主席。

举荐民主党派成员、无党派人士担任政府及司法机关领导职务取得积极进展。到1999年9月，全国各省、市、自治区都有民主党派、无党派人士担任副省长、副主席、副市长或助理；有9 000余位民主党派、无党派人士担任县处以上领导职务。

民主党派参政议政、民主监督的渠道进一步拓宽。民主党派组织联合考察、调查研究、建言献策以及参加重要国事和外事活动等，成为参政议政的重要形式和内容。1993年以来，各民主党派对三峡工程、山东、苏南和浦东、京九铁路沿线等进行了考察，提出许多重要意见和建议，受到中共中央和国务院的充分肯定。有关部门和一些地方还邀请民主党派、无党派人士担任各类特约人员进行监督。

新时期，多党合作为推进改革开放和现代化建设做出了重要贡献。各民主党派动员广大成员立足本职，建功立业，同时充分发挥自己的优势和特点，紧密围绕国家的中心任务，开展多形式、多渠道的社会服务活动，为社会主义两个文明建设做出了积极的贡献。各民主党派在调查研究的基础上，向中共中央和国务院有关方面提出重大建议达110多项，不少建议已被采纳并取得重大成效。各民主党派开展有组织、有系统的定点扶贫工作或建立科技合作区，先后派出支边扶贫项目2.6万多项，取得了可观的经济效益。各民主党派还发挥海外联系广泛的优势，积极协助有关地区和部门引进资金、技术、人才，并为推进海峡两岸经济、文化、科技交流合作和统一大业做了大量工作。

总之，在历史新时期，中国共产党正确地、全面地总结了和各民主党派长期合作的经验和优良传统，把多党合作和政治协商的理论方针、政策措施和运行机制加以条理化、规范化和制度化，这标志我们多党合作制度的深入发展和实践创新。

三　发展人民政协的理论和实践

中国共产党领导的多党合作和政治协商制度，是我国的一项基本政治制度。这一政治制度，是通过一定的组织形式来实现的，这个组织就是人民政协。以毛泽东为核心的第一代领导集体，创建了人民政协；以邓小平为核心的中共中央第二代领导集体，振兴了人民政协；以江泽民为核心的中共中央第三代领导集体，高举邓小平理论的伟大旗帜，在继承与创新的有机结合中，发展了人民政协的基本理论，开创了人民政协工作的新局面。

对于人民政协性质、地位和作用进行了定位。人民政协的性质，具有统战性、党派性、协商性特点。我国1982年的宪法规定："中国人民政治协商会议是有广泛代表性的统一战线组织。"1982年通过的政协新章程也规定："中国人民政治协商会议是中国人民爱国统一战线组织，是中国共产党领导的多党合作和政治协商的重要机构。"可见，统战性是人民政协最重要的属性。而结成统一战线的最终目的则是实现社会主义民主，人民政协是为民主而设定，是民主的产物，其统战性又是由民主的本质所决定的。

中共十五大以后，我国加快了建设社会主义市场经济体制的步伐。市场经济也必然地要和民主政治相连。这一新的形势，对于人民政协的建设也提出了新的要求。正是在我国社会主义市场经济体制逐步建立的过程中，中共中央第三代领导集体把完善和发展协商制度，作为发展社会主义民主，作为与经济体制改革相配套的政治体制改革的一项重要内容推到历史的前台。

邓小平早就指出，没有民主就没有社会主义。而为了发展社会主义民主，则必须加强和完善人民政协工作。因为人民政协是发展社会主义民主的重要形式，它所具有的统一战线性质，使它在组织上有着广泛的代表性，在政治上有着很大的包容性，有利于参加人民政协的各党派、各团体、各界人士广泛地参与国家的政治生活。它所体现的多党合作关系，既能够使执政党经常听到来自民主党派的意见，又便于发挥民主党派的参政作用，有利于长期共存和互相监督。它所实行的民主协商方式，既能反映多数人的普遍愿望，又便于吸纳少数人合理主张，有利于增强决策的民主性和科学性。没有民主就没有社会主义——民主是目的、手段和过程——人民政协是社会主义民主政治的重要形式，中共中央第三代领导集体就是沿着这样的理论逻辑，从政治民主的层面深化和发展了邓小平的人民政协理论。

关于人民政协的地位，江泽民认为："中国人民政治协商会议是共产党领导的统一战线的重要组织形式，应该充分发挥它在我国政治生活中的作用。要继续坚持和完善我国的政党体制和政治协商制度，切实发挥各民主党派和各界爱国人士的参政议政和民主监督作用，以利于更好坚持和改善共产党的领导，以利于更广泛地联系和团结各阶层群众。"[①] 半个世纪的历史充分证明，人民政协符合中国国情，有着鲜明的中国特色，在我国政治体制中有着不可替代的作用。对于我国社会主义民主政治体制的建构形式，江泽民进行了设计和安排："关系国计民生的重大问题，要通过人民政协进行协商，广泛听取各民主党派、人民团体以及各族各界代表人士的意见，由人民代表大会行使国家权力进行决策，由人民政府执行实施。这样一种政治体制，集中体现了我国广泛的人民民主。它对于我们实现决策的民主化、科学化，避免或减少决策失误，保证各项方针政策的贯彻执行，都有十分重要的意义。"[②] 中国共产党领导——政治协商——人大决策——政府实施，这样一个施政格局，是中共中央第三代领导集体对中国特色社会主义民主政治体制的科学安排，是重大的理论创新和制度创新。在这样的制度构架中，人民政协处于重要的环节，具有不可替代的特殊意义。

第三节　中国特色社会主义政党制度的创新意义

中国特色社会主义政党制度的理论和实践证明，它是完全适应中国实际并在实践过程中发挥出巨大作用的政治制度。这一制度根本不同于为谋

---

① 《江泽民论有中国特色社会主义（专题摘编）》，中央文献出版社2002年版，第309~310页。

② 江泽民：《在七届全国人大三次会议和全国政协七届三次会议党员负责人会议上的讲话》，《人民政协报》1990年3月19日。

一党一派之私利而运行的资本主义国家的政党制度,不同于由一个党执掌国家政权的一党制,不同于由两个党或几个党轮流执政的多党制,它是在中国大地上、从历史的发展中生长出来的完全新型的政党制度。在世界民主化浪潮推进的今天,中国特色社会主义政党制度提供了一个崭新的政党制度模式,是一个巨大的理论和实践创新。同时,这一政党制度,与21世纪中国小康社会的全面建设和现代化的推进,是完全适应的。

一 适合中国国情的具有创新意义的政党制度

政党不仅与阶级利益相联系并且最终指向政权,同时一个既定政权首先要规定政党关系及其活动方式。所谓政党制度就是指一个国家通过政党进行活动的方式或状态。不同的社会类型、不同的国家制度、不同的政权结构有不同的政党制度。各个国家通过政党执掌政权或干预政治的方式、方法和程序不同,决定了其政党制度的类型不同。在一般意义上,人们通常把各国的政党制度归纳为三种类型:一党制、两党制和多党制。按照马克思主义的观点,当代的政党制度按阶级属性分为资产阶级政党制度和无产阶级政党制度。仅就制度形式而言,资产阶级国家政权和无产阶级国家政权可以选择不同类型的政党制度。一个国家究竟采纳哪种类型的政党制度,主要取决于两个因素:一是该国的特殊国情;二是政权组织者自觉的制度安排。

我国的政党制度既不是一党制,也不是两党制或多党制,而是一种崭新的制度——一党领导、多党合作的政党制度。这种中国共产党领导的多党合作制,是中国共产党将马克思主义同中国实际相结合,根据中国国情探索出的一种政党制度,是中国共产党的独创,是中国共产党对国际共产主义运动的新贡献。

中国共产党领导的多党合作制度,是适应中国国情的新型政党制度。从历史上看,在半殖民地半封建的旧中国,民族资产阶级和小资产阶级人数少,力量小,不足以担负起新民主主义革命的任务。而担负这个重任的无产阶级,因为在半殖民地半封建条件下生成和发展,力量较为弱小,不足以独立完成这一使命,这种特殊的国情,使中国共产党与各民主党派走到了一起。新中国成立以后,各民主党派一直作为共产党的同路人,共同担负起社会主义建设的重任。可以说,全国各阶层、各政党的团结合作是社会主义事业取得成功的根本保证。中国共产党领导的多党合作制度，是历史的必然选择和自觉的制度安排相结合的产物。

江泽民坚持历史性思维与世界性思维相结合，从时、空综合坐标上审视中国特色社会主义政党制度，从而揭示出其独特的创新价值。"我国在辛亥革命后曾一度照搬西方多党制，后来国民党又实行一党专制，结果都失效了。我们党运用马克思主义政党学说，深刻总结国内国外的历史教训，在长期的革命和建设实践中，和衷共济、安危与共的各民主党派一起，创立和发展了共产党领导的多党合作和政治协商制度。这项制度，是中国人民长期奋斗的结果，也是中国人民政治经验和智慧的结晶。"[1] 世界各国的历史传统、经济文化水平和社会制度不同，其政治制度和政党制度也必然不同。世界是丰富多彩的，没有也不可能有一种放之四海而皆准的政治制度模式。衡量中国的政治制度和政党制度，最根本的是要从中国的国情出发，从中国革命、建设和改革实践的效果着眼，一是看能否促进社会生产力的持续发展和社会全面进步；二是看能否实现和发展人民民主，增强党和国家的活力，保持和发挥社会主义制度的特点和优势；三是看能否保持国家政局的稳定和社会安定团结；四是看能否实现和维护最广大人民的根本利益。新中国成立五十多年来，我国社会生产力和社会主义民主不断发展，人民物质文化生活水平显著提高，保持了国家统一、民族团结、社会安定。这充分说明，中国共产党领导的多党合作和政治协商制度是符合中国国情、经得起实践检验的正确有效的政党制度。离开社会主义中国的国情，不顾中国人民的实践效果，企图照搬西方的政党制度模式来替代我国的政党制度，在理论上和政治上是极其错误的，在实践上必然造成灾难性的、无法挽回的后果。

二 世界政党制度中的巨大创新

当前出现的世界民主化浪潮的积极意义是毋庸置疑的。但是，我们也要看到其发展过程的盲目性和无序性，其表现，即是民主化的推进过程，往往以西方的民主政治制度以及政党制度为蓝本，因而出现了西方民主模式化的倾向。在这一民主化浪潮中，一些国家政治生活动荡不安。在这种

---

[1] 《江泽民论有中国特色社会主义（专题摘编）》，中央文献出版社2002年版，第311页。

条件下，中国特色社会主义的政党制度，越加显示出巨大的创新意义和价值。

江泽民在谈到中国共产党领导的多党合作和政治协商制度的创新意义时曾指出："这种政党制度，从根本上克服了西方资本主义国家两党制或多党制互相攻讦、互相倾轧的弊病，能够保证集中领导和广泛民主、充满活力与富有效率的有机统一。我们要继续保持和完善这个制度，使之更好地团结一切可以团结的力量，调动一切积极的社会因素，共同致力于建设有中国特色社会主义的伟大事业。"①

从世界政党制度的角度理解中国特色社会主义政党制度的创新价值，具体说，表现在以下方面：

首先，提供了一个崭新的政党制度模式。众所周知，迄今世界各国已有的政党制度，大致可分为三类：一党制、两党制、多党制。当代中国的政党制度既不是一党制，也不是两党制或多党制，而是一党领导、多党合作制。具体而言，即中国共产党领导、各民主党派合作的制度。中国共产党与民主党派的关系既是领导与被领导的关系，又是平等合作的关系。中国共产党的坚强领导，使各民主党派的合作得到保障，合作富有成效；而各民主党派的合作，又会大大丰富中国共产党领导的内涵，极大地改善中国共产党领导的职能。就建构这一制度的要素及其运行态势而言，中国共产党领导与民主党派合作这两方面是互为条件，相互依存，相互联系的。我们说的"长期共存"、"荣辱与共"，就包含有这种意思。在一定的条件下，中国共产党领导与民主党派合作这两方面联结起来，两者既对立，又统一，建构成迥异于世界各国政党制度的当代中国政党制度，它是一个全新的模式，是中国人民的一项创造，具有重大的理论和实践意义。

其次，赋予政党功能以新的内涵。迄今世界各国政党的成立，都是以独立执掌国家政权为目的的。政党是以获得和维持政治权力为目标而反复与其他政党竞争及联合的运动体。政党的基本特征或要素主要是通过党组织和党员的多种活动，广泛争取群众的支持，竭力争取执掌或参与国家政权，以实现自己的政纲。总而言之，政党都是以执掌国家政权、通过执政以实现自己的政治纲领为目的的，尚未闻有不以执政为目的而成立政党

---

① 《江泽民论有中国特色社会主义（专题摘编）》，中央文献出版社2002年版，第310页。

者。过去人们对政党一般都是这样看待的。但中国特色社会主义政党制度却提出一个全新的理解,即政党并非都以执政为目的,执政并非其功能,它们的功能是参政。但这并不影响它们作为现代意义的政党而存在。也就是说,在政党发展史上,出现了以参政为目的而活动的政党,这是一种新现象。它改变了人们的政党观,给政党增加了新的含义。从另一角度看,围绕政权的建构,作为以执政为目的的政党,对于其他政党都有排斥性,而作为执政党的中国共产党,不仅不排斥各民主党派,反而主动实行多党合作,共同为社会主义现代化建设服务。

再次,实现了民主形式、民主制度的完善、创新。现在世界各国政党的民主形式,一般都是通过竞争性的普选制,通过投票、选举表现出来。这种竞争民主在民主发展史上是个巨大的进步。但它并不是已经十分完善。正如恩格斯所指出的:"在现今的国家里,普选制不能而且永远不会提供更多的东西。"① 以参加竞选的政党来说,一方获胜,也是以牺牲另一方为条件的。对于被牺牲的一方来说,这就是不民主,因为失败者已被剥夺了管理国家的权利。与此相异,中国特色社会主义政党制度关于民主的运作,是通过多党合作、政治协商而表现出来的。这是一种协商性民主,对于各党派而言是一种"共赢"性民主,这同西方各国的竞争性民主有着严格的不同。它主张对国家政治生活中的重大问题,或国家公职人员的任免,先要由中国共产党同各民主党派、各民主党派相互之间,进行充分的民主协商,在取得一致或比较一致意见的基础上,然后进行投票、选举、表决。这样做便于照顾弱者和少数人的利益,而避免发生以牺牲一部分人的利益为条件的不民主行为。这种协商民主,在协商中也有竞争,有利于更全面地反映人民意见,作出正确的选择。

三 面和未来的崭新政党制度

21世纪,中国进入了全面建设小康社会的新的发展阶段。通过20年的努力,我国将成为小康社会;通过50年的奋斗,力争实现社会主义现代化。这一目标非常宏伟,但任务是十分艰巨的。

围绕实现党的中心任务,团结一切可以团结的人,调动一切积极因

---

① 《马克思恩格斯选集》第4卷,人民出版社1995年版,第174页。

素,这是中国共产党一贯的战略策略思想和基本方针。在中国共产党取得政权成为执政党之后,掌握了极大的权力和资源,能否充分调动一切积极因素,是关系到我们实现中华民族复兴伟大使命的重大问题。可以说,最广泛最充分地调动一切积极因素,不断为中华民族伟大复兴增添新的力量,这是中国共产党巩固执政地位、实现现代化的必然要求。在建设中国特色社会主义道路上,还会充满各种困难和风险,包括可以预料的和难以预料的,来自国内的和来自国外的,经济生活以及社会生活、政治生活中的。我们一定要努力把党内党外、国内国外的一切积极因素,全部调动起来,发挥各个方面的积极性、主动性和创造性,克服来自各个方面的困难和风险,实现现代化建设的宏伟目标。

充分调动一切积极因素,当然要靠作为执政党的中国共产党的努力,但也要靠各民主党派的作用。从中国共产党的努力方向而言,首先要调动各民主党派的积极性。这是因为,各民主党派人才荟萃、智力雄厚,能够深入研究一些客观的、深层次的问题,调动各民主党派的积极性、主动性与创造性,能够加快小康社会的建设。从各民主党派努力的方向而言,各民主党派都有自己的群众基础,这些群众基础都是社会主义建设者,这些人的积极性要靠民主党派作为中介,加以调动。同时,由于历史的因素,各民主党派都有一定的海外联系,依靠他们,对于调动各种力量的积极性促进社会主义现代化事业发展,有着更为有利的条件。

正如江泽民所指出的:"实践证明,我国实行共产党领导的多党合作和政治协商制度,具有自己的优势和强大生命力,为我国改革、发展和稳定提供了有力的政治保证。任何时候都决不能动摇、削弱这一符合我国国情的政党制度,决不能照搬西方两党制、多党制。对这个重大政治原则,决不能有丝毫含糊。"[①] 中国特色社会主义政党制度,在以往的社会主义实践中发挥出巨大作用,在实践的考验中显示出生命力;在未来的小康社会建设及社会主义现代化的推进过程中,它将会更加显示出巨大的创新性价值,创造出更加辉煌的业绩。

---

① 《江泽民论有中国特色社会主义(专题摘编)》,中央文献出版社2002年版,第310~311页。

第二十一章　中国特色社会主义市场经济体制

在我国改革开放和社会主义现代化建设实践中,把市场经济与社会主义基本制度结合起来,建立社会主义市场经济体制,这是中国共产党对马克思主义经济理论的重大创新。根据这一理论,中国共产党确定了建立社会主义市场经济体制的改革目标,进行了社会主义发展史上前无古人的艰辛探索。

第一节　社会主义也可以搞市场经济

在社会主义建设的一个很长历史时期,传统观念把市场经济看成是资本主义特有的经济形式,强调市场经济只能与私有财产制度相联系,认为市场经济与社会主义是根本对立的,从而否定市场经济在社会主义制度下存在和发展的可能性。我国改革开放以来,邓小平以马克思主义的理论勇气,坚持解放思想、实事求是,提出社会主义也可以搞市场经济的论断,这是对传统社会主义观念的重大理论突破。

一　社会主义与市场经济不存在根本矛盾

社会主义要不要发展商品经济,商品经济对社会主义来说是全局性的还是局部性的,马克思主义经典作家对这些问题的思考是有前提的。马克思、恩格斯曾经设想,社会主义革命首先在发达资本主义国家取得胜利,由于这些国家生产的社会化程度很高,因而可以把一切生产资料转归全社会所有,根据社会需要有计划地调节生产,对个人消费品实行按劳分配的原则。个人劳动直接作为社会总劳动的组成部分,价值形式不复存在,商品生产、商品交换和货币关系也已不存在。

后来，社会主义革命的实践发展超出了马克思和恩格斯的设想，社会主义革命首先在资本主义不发达、经济落后的俄国取得了胜利。在这种情况下，实行统一计划的经济体制，取消商品生产和商品交换，显然是行不通的。俄国十月革命胜利后，列宁总结了"战时共产主义政策"的经验教训，毅然提出了在走向社会主义过程中必须保留商品生产、商品交换和货币关系的新经济政策。认为商品生产和商品交换是工农结合的形式，它是长期存在的，是消灭不了的；在无产阶级国家支配生产资料并同农民结成联盟的条件下，通过从事商品生产和商品交换的合作社，就可以取得建成完全的社会主义社会所必需的一切。可见，列宁结合俄国经济建设的具体实际，创造性地发展了马克思和恩格斯关于商品货币关系的理论。斯大林虽然曾放弃了列宁新经济政策，但他后来又回到列宁的思路上来，并在一定程度上继承和发展了列宁的思想。他确立了全民所有制和集体所有制两种不同性质的公有制，认识到了价值规律在流通领域中的调节作用。但是，斯大林的认识仍然有很大的局限性，他没有从根本上突破把社会主义同商品经济对立起来的观点，认为商品生产只限于个人消费品，而不承认生产资料也是商品，认为社会主义必须利用价值规律，但不承认价值规律对社会商品生产的调节作用。我国在"一五"时期建立的高度集中的计划经济体制，忽视商品生产、价值规律和市场的作用，无疑是受到斯大林这些思想的影响的。社会主义经济体制的改革必须突破生产资料不是商品，社会主义经济不是商品经济的传统观念。

生产资料社会主义改造完成以后，我国在社会主义建设过程中，在中国共产党的领导下，全国人民艰苦奋斗，建立了独立的比较完整的工业体系和国民经济体系，取得了旧中国根本不可能取得的巨大成就，为我们建设富强、民主、文明的社会主义现代化国家奠定了必不可少的物质基础。但是，必须指出的是，在一段时间里，社会主义快速发展生产力的这种优越性没有得到应有的发挥。其所以如此，除了历史的、政治的、思想的原因之外，就经济方面来说，一个重要的原因，就是我国在一些方面照搬苏联模式，把计划经济看作是社会主义的基本特征，把市场经济与资本主义经济等同起来，实行的是统得过多和集中度过高的僵化的模式。这就促使中国共产党在十一届三中全会后进行反思，重新认识传统的计划经济体制，开始在理论和实践上探索新的发展社会主义经济的道路。

探索社会主义发展的新思路，确立社会主义市场经济体制这一改革的目标模式，首先必须突破传统经济学的束缚，进行马克思主义经济学的创新。而这一创新的关键点，就在于离析市场经济对资本主义私有制的依附关系，从资本主义经济中"剥离"市场经济这一具有体制性规定的抽象范畴，并在此基础上，树立市场经济并不是资本主义的"专利"，社会主义也可以搞市场经济的新观念。在经济思想上，抽象的经济范畴的形成，大多包含"极其艰难地把各种形式从材料中剥离下来，并竭力把它们作为特有的考察对象固定下来"的发展过程。① 在进行马克思主义经济学的理论创新过程中，邓小平作出了重要贡献。1979年11月，在我国经济体制改革初期，邓小平就开始论及社会主义也可以搞市场经济的问题。当时他提出从"方法"的角度搞清楚市场经济和社会基本制度之间的关系。他认为，市场经济作为一种方法，决没有资本主义和社会主义在制度上的区分问题；决不能把社会主义搞市场经济的做法看成是搞资本主义。在邓小平看来，提出社会主义市场经济必须要搞清楚两个相互联系的问题。一是在"方法"上，即在经营管理的方法上，在发展社会生产力的方法上，存在于资本主义和社会主义这两种不同社会制度中的市场经济基本上是"相似的"。二是在所有制关系上，存在于两种社会制度中的市场经济又是不同的。邓小平在这一理论分析中形成的清晰思路，深刻揭示了市场经济作为经济运作"方法"所具有的体制性规定。

邓小平指出："说市场经济只存在于资本主义社会，只有资本主义的市场经济，这肯定是不正确的。社会主义为什么不可以搞市场经济，这个不能说是资本主义。我们是计划经济为主，也结合市场经济，但这是社会主义的市场经济。"② 这以后，他多次强调"社会主义和市场经济之间不存在根本矛盾。"③ 1992年初，邓小平在南方谈话中进一步指出："计划多一点还是市场多一点，不是社会主义与资本主义的本质区别。计划经济不等于社会主义，资本主义也有计划；市场经济不等于资本主义，社会主

---

① 《马克思恩格斯选集》第46卷下册，人民出版社1995年版，第383页。
② 《邓小平文选》第2卷，人民出版社1994年版，第236页。
③ 同上书，第3卷，人民出版社1993年版，第148页。

义也有市场。计划和市场都是经济手段。"① 邓小平关于社会主义市场经济的思想,从根本上解除了把社会主义与市场经济对立起来的思想束缚,对我国经济体制改革产生了极大的推动作用,成为改革的基本理论依据。

社会主义基本制度是适应社会化大生产的要求建立起来的,市场经济也是在社会化大生产发展的基础上,特别是在分工和商品交换的基础上,逐渐发育成长起来的社会资源配置方式,所以两者能够结合起来而不矛盾。社会主义基本制度和市场经济体制在社会化大生产发展过程中的结合,体现了人类社会自我组织、自我管理能力的提高和社会成熟的程度,属于人类社会创造的文明成果之一。邓小平指出:"计划和市场都是方法嘛。只要对发展生产力有好处,就可以利用。它为社会主义服务,就是社会主义的;为资本主义服务,就是资本主义的。"② 实践证明,计划和市场都不是直接反映社会经济制度性质的范畴,它们表现为社会化大生产条件下实现资源配置的两种不同方式;表现为经济调节的两种不同手段。计划的主体是国家或政府,国家采用经济的、法律的、行政的手段调节国民经济的总量和结构,引导国民经济的增长和发展。计划作为经济管理的一种手段,随着生产力的发展和社会化的加强,随着人们的社会联系的紧密和对相互调节要求的迫切,日益显示其重要作用。因此,计划可以存在于社会主义,也可以存在于资本主义。市场的主体主要是企业,企业在追求自身利益的基础上对自己的经济活动进行调节。一方面,通过市场价格的涨落,调节供求关系的变化,调节生产;另一方面,在充分认识价值规律的基础上,利用各种经济杠杆产生的有计划导向,对经济活动进行调节。市场作为调节经济活动的一种手段,表现为商品生产和货币交换相联系的交换社会劳动的方式,它存在于商品经济社会中,并不是资本主义特有的范畴。我国通过改革发展了市场经济,并把市场经济与社会主义基本经济制度结合起来,既为经济发展注入了新的活力,又能有效地发挥社会主义制度的优越性。建立社会主义市场经济体制,是一个伟大的创造。

我国以建立社会主义市场经济体制为目标的改革实践已经证明,而且将来也会进一步证明,社会主义与市场经济不存在根本矛盾,市场经济能

---

① 《邓小平文选》第3卷,人民出版社1994年版,第373页。

② 同上书,第203页。

够与社会主义制度结合在一起，有效促进生产力发展。

二　搞市场经济是解放和发展生产力的有效途径

实践证明，在现有的社会主义制度下，市场是配置资源的最有效方式。中共十四大报告阐明，建立社会主义市场经济体制，就是要使市场在社会主义国家宏观调控下，对资源配置起基础性作用。配置资源在社会经济生活中具有极其重要的意义。我们通过改革的实践逐渐认识了这个问题。在计划经济体制下，我们习惯于搞计划配置。就是由政府制订国民经济发展的计划，主要依靠行政手段按照国家计划配置资源。这种资源配置方式的优点是，能够集中力量（即资源）搞重点建设，办大事，可以从国家和社会的整体利益出发来协调经济发展。但这种资源配置不能及时反映经济的发展变化，难免发生偏颇、僵滞的毛病，限制经济的活力。在我国第一个五年计划实施中，直接和间接计划并用，是相当成功的。但是，随着经济规模的扩大，经济结构的复杂化，经济水平的提高，主要以国家计划配置资源的方式，越来越不利于资源的优化配置了，必须采取市场配置的方式。这就是按照价值规律的要求，适应供求关系的变化，发挥竞争机制的作用，来实现资源的优化配置。这种资源配置方式的优点是，能够通过灵敏的价格信号和经常的竞争压力，促进优胜劣汰，从而把有限的资源配置到效益好的环节中去，促进生产力和需求的及时协调。

市场经济作为体制性范畴，其内涵就在于它是以市场作为资源的主要配置者和经济运行的主要调节者，并以较为健全的市场体系作为经济过程的重要枢纽的经济运行模式。在社会经济发展的一定阶段，相对于人们的需求而言，资源总是表现出相对的稀缺性。这就要求人们在社会经济发展的一定阶段对有限的、相对稀缺的资源进行合理配置，以便用最少的资源耗费生产出最适用的产品和服务，获取最佳的经济效益。一般来说，资源配置合理经济效益就显著提高，经济就能充满活力；资源配置不合理，经济效益就明显低落，经济发展就会受到阻碍。在社会化大生产条件下，资源配置方式主要有计划配置方式和市场配置方式两种。计划配置方式是指计划部门根据社会需要和可能，以计划配额、行政命令来统管资源和分配资源。以计划方式配置资源，在一定条件下，有可能从整体上协调经济发展，集中力量完成重点项目。但是，计划配额排斥选择，统管取代竞争，市场处于被动地位，从而容易出现资源闲置或浪费现象。市场配置资源方式是指靠市场运行机制进行资源配置的方式。以市场配置资源，可以促使企业与市场发生直接联系，根据市场供求状况的变化，根据市场上产品价格的信息，在竞争中实现生产要素的合理配置。但是，市场配置资源方式也存在一些不足之处。如可能产生社会供给与社会需求的失衡，产业结构不合理，以及市场秩序混乱等现象。市场经济就是一种以市场为主配置资源的经济体制。选择什么样的体制模式配置社会资源，是关系到整个社会主义现代化建设大局的重大问题。邓小平在总结我国社会主义现代化建设经验教训的基础上明确指出："问题是用什么方法才能更有力地发展社会生产力。我们过去一直搞计划经济，但多年的实践证明，在某种意义上说，只搞计划经济会束缚生产力的发展。"[1] 解放和发展生产力，是邓小平提出搞市场经济的根本出发点。在计划经济体制下，一方面，是统得很死，限制了地方和企业的主动性，限制了经济的活力；另一方面，职工吃企业的"大锅饭"，企业吃国家的"大锅饭"，管理者和生产者的积极性都不能很好地发挥。这两方面都是对生产力的束缚。实行市场经济体制，发挥市场机制的作用，就从根本上改变了计划经济体制下的僵滞局面。市场机制包括三个方面的基本要素。一是供求。由于社会分工的发展，出现了生产的单一性和需求多样性的矛盾，这就使供求双方既相互对立又相互依赖。商品交换则把供求双方联系起来，从而解决供给和需求的矛盾。二是价格。价格是把供求双方联系起来的利益纽带，是价值的实现形式。价格是协调供求，引导资源流动和在不同生产部门和企业配置的指示器。通过价格的双向调节，使供求在新水平上达到平衡。三是竞争。竞争是指商品的卖方之间、买方之间、买卖双方之间围绕商品价格和质量展开的较量。只有竞争，才能使价格随供求的变化而升降，价格的变化反过来调节供求。所以竞争作为一种强制的社会力量使价值规律的要求得以贯彻，并在优胜劣汰中变成商品生产者和经营者的自觉行动。竞争是市场活力的灵魂。市场机制就是在供求、价格、竞争之间相互依存和相互制约中，发挥着节约资源和合理分配资源的功能。它使市场经济这种组织的开放运行系统，内有追求利益的动力外有竞争的压力，形成特有的激励和约束机制，

---

[1] 《邓小平文选》第3卷，人民出版社1993年版，第148页。

从而调动起各方面的积极性，有效促进生产力的发展。改革开放以来，我国的市场范围逐步扩大，市场对经济活动的调节作用越来越大。凡是市场作用发挥得比较充分的地区，经济活力就比较强，发展态势也比较好。市场经济体制解放和发展生产力的作用越来越明显。

第二节　建立社会主义市场经济体制是我国经济体制改革的目标

从传统的计划经济向社会主义市场经济转变，要通过经济体制改革来实现。通过改革建立社会主义市场经济体制，必须从理论上弄清楚经济制度与经济体制的关系、市场经济的体制结构等问题。作为中国共产党第二代中央领导集体核心的邓小平，为我国建立社会主义市场经济体制提供了重要原则，以江泽民为核心的中共中央第三代领导集体，不仅明确提出我国经济体制改革的目标模式是建立健全社会主义市场经济体制，而且明确提出我国社会主义市场经济的主要特征，以及我国社会主义市场经济体制的基本框架，为我们建立健全社会主义市场经济体制指明了方向。

一　经济体制与经济制度

经济体制与经济制度是两个既相互联系又相互区别的概念。经济体制是在社会经济发展一定阶段上特定生产关系的具体形式；经济制度则是一定生产关系的总和。资本主义生产关系的总和构成资本主义经济制度；社会主义生产关系的总和构成社会主义经济制度。一般来说，一定的经济制度决定着经济体制的性质和特点，规定着它的发展方向。而在经济制度确定后，经济体制选择的正确与否，对于生产力的发展具有重要的意义。当经济体制束缚生产力发展时，可以在经济制度允许的范围内对经济体制进行改革，以使经济充满生机和活力，促进社会生产力的发展。显然，我们要改革的是不适应生产力发展的经济体制，而不是社会主义基本经济制度。

社会主义基本经济制度是适应生产社会化发展的要求建立起来的，它在本质上是适应社会化生产要求的，因而能够促进社会生产力的发展。但社会主义基本制度促进生产力发展的这种优越性，并不会自然而然实现。

如果说自然规律的实现是不依赖于人的活动的话，那么，社会发展规律就不同了，它是人们社会实践活动合力所表现出来的一种趋势。基本制度是决定性的，但不是万能的。社会主义经济制度确立以后，还有一个如何建设社会主义的问题。如果经济体制及其运行机制不符合社会经济条件和具体国情，不能调动人们的积极性、主动性和创造性，不能充分有效地利用各种资源，那么，依然不能促进生产力的发展，甚至会束缚、阻碍生产力发展。经济体制没有现成的模式可以搬用，需要人们结合实际在实践中不断进行探索。科学社会主义奠基人在分析资本主义矛盾的基础上，正确地指出了社会主义本质特征和基本原则，但他们没有、而且也不可能规定出社会主义经济制度的具体实现形式。建立具体的经济体制、运行机制，是无产阶级夺取政权以后面临的历史性任务。如果我们不善于把马克思列宁主义的基本原理同本国具体国情结合起来，而是停留在对某些原则、某些本本的教条式理解上，如果我们对社会主义的本质特征和基本原则的认识是不科学的，甚至是扭曲了的，如果我们的认识超越了社会主义发展的历史阶段，那么，所建立的经济体制也就会不符合生产力发展的要求，并阻碍生产力的发展。经常出现的往往是这样一种情况：在一定历史条件下建立的某种经济体制，在当时是适应生产力发展的要求的，从而促进了生产力的发展，但随着客观条件的变化，它与生产力之间逐渐出现不适应的情况，甚至成为阻碍生产力发展的东西。这就要及时地改变社会主义经济制度的具体实现形式，使之适应并促进生产力的发展。

我们在强调把经济体制与经济制度区分开来的同时，必须看到，在实际生活中，经济体制又是同经济制度密切结合在一起的。经济体制是基本经济制度在经济领域的具体实现形式，它归根结底是从属于基本经济制度的。改革所要建立的新的经济体制必须反映和体现社会主义基本制度的性质、特点和要求，为巩固和发展社会主义制度服务，而不能脱离社会主义基本制度的要求去探索改革的目标模式。就拿是否与生产力发展的要求相适应，也就是能不能解放和发展生产力来说，基本制度是第一位的、基本的，经济体制则是第二位的、从属的。如果基本制度是阻碍生产力发展的，那么，经济体制设计得再好，也会由于受到基本制度的制约而难以显示出它的积极作用。只有在基本制度适合生产力发展需要的条件下，既反映基本制度的特点和要求，又符合历史条件和具体国情的经济体制，才能发挥出巨大的促进经济发展的作用。因此，不能撇开基本制度而去抽象地议论经济体制问题。中共十四大在明确规定我国改革的目标是建立社会主义市场经济体制时，特别强调社会主义市场经济体制是同社会主义基本制度结合在一起的，其根据也就在这里。

二 市场经济的体制结构及在资源配置中的作用

市场经济在过去相当长时期被当作资本主义经济的同义语。实际上市场经济是一种资源配置方式，一种体制类型，市场经济本身并不具有基本经济制度的属性。作为一种资源配置方式和体制类型，市场经济就是由市场决定资源配置的经济，它依靠市场力量来解决生产什么、生产多少、采用什么方法生产以及生产出来后如何进行分配等问题。市场经济作为一种体制类型，在决策结构、信息结构、动力结构、交易制度和分配方式上都有别于计划经济。

从经济决策结构看，市场经济是以分散决策为基础的。社会经济活动的决策大体上可分为三种类型：一是宏观经济决策，主要涉及经济总量、国民经济发展战略方面的决策；二是生产者决策，主要是投入和产出的决策；三是个人和家庭决策，主要涉及职业选择、既定收入约束下的消费品选择和储蓄形式选择。如果说在计划经济条件下三类决策都集中于政府或国家，那么在市场经济条件下这三类决策则由三个主体作出：宏观经济决策由国家作出，生产者决策由企业作出，职业选择、消费品选择和储蓄形式选择则由个人或家庭作出。因此，市场经济是以分散决策为基础的。

从信息结构看，市场经济具有横向传递为主的信息结构。市场活动的参与者通过市场沟通其经济联系，价格体系成为信息传递的主渠道。在市场竞争中形成的价格体系特别是相对价格体系，一方面把有关信息传递给生产者或供给者，以作为生产者或供给者决策的依据；另一方面把相关信息传递给需求者或消费者，成为需求者和消费者决策的依据。价格体系特别是相对价格体系发挥着传递信息、指导决策、引导资源流动和配置的作用。这种横向传递信息的结构与传统计划经济体制下纵向传递信息为主的信息结构形成鲜明对比。

从动力结构看，市场经济具有双重动力结构。在市场经济中，微观经济主体都有自己的经济利益，他们都追求利益的最大化，社会提倡、鼓励和保护他们追求合法利益,微观经济利益主体对经济利益的追求和由这种追求形成的市场竞争构成市场经济的内在动力,那么市场竞争形成的强制则是市场经济发展的外在压力。因此,在市场经济中,商品生产者"不承认任何别的权威,只承认竞争的权威,只承认他们相互利益的压力加在他们身上的强制"。[①]

从利益结构看,市场经济存在多元化利益主体。不同利益主体之间尽管存在利益上的差异,但不同利益主体之间的利益关系能够相互制衡。利益关系制衡机制的形成,一方面来自有效的预算约束,有效的预算约束使得微观主体在进行独立决策、追求经济利益最大化的同时对其决策后果承担经济责任,从而使其约束自己的行为,使其行为的结果落在预算约束允许的范围内;另一方面来自于市场竞争,在竞争中形成同一的社会标准,并以此标准来衡量界定人们的利益边界,调节着人们之间的利益关系。因此,竞争不仅提供了一种强大的动力,而且竞争提供了一种衡量优劣和效率高低的统一标准,提供了一种平衡各方面利益的机制。

从市场经济的分配方式看,收入或产品的分配是同生产要素的分配紧密联系在一起的。由于生产要素是通过市场提供给需求者和企业的,任何要素使用者或企业都不能无偿使用他人的生产要素,要从市场上取得生产要素必须相应支付相应的对价。因此,生产要素的所有者实际上是以生产要素价格的形式参与收入的分配。其收入的多少取决于所提供的生产要素的多少和生产要素价格的高低。按提供的生产要素数量和生产要素价格进行收入分配,既为生产要素的提供者提供了激励,促使其增加要素供给,同时也为企业或要素的使用者提供了约束,促使他们寻求生产要素的最佳组合,实现资源的合理配置和有效利用。

市场经济的结构特征决定了它具有合理配置资源的功能。在经济发展过程中任何社会都面临着资源有限性的约束,因此相应面临着如何把有限的资源加以合理配置,提高资源的利用效率,以最大限度地满足社会需要的问题。迄今为止,人类社会发明了两种资源配置方式:一是计划经济,一是市场经济。市场经济与计划经济不同,它是通过市场机制的作用来配置资源的。在市场经济条件下,作为商品生产者和经营者的企业要根据企

[①] 《马克思恩格斯全集》第23卷,人民出版社1975年版,第394页。

业生产技术条件决定的生产函数和消费者在市场上选择形成的需求函数进行投入产出的优化选择。为实现利润最大化，企业要选择平均生产成本最低的生产要素组合，并根据边际成本等于该产品价格来决定产量和生产规模，求得最佳规模。在市场机制作用下，每个企业都力图使每一单位资源投入的边际收益最大化。如果某种产品和劳务的边际收益太低，投入该产品和劳务生产上的资源就会减少；相反，如果某种产品和劳务的边际收益太高，就会吸引更多的资源投入该产品和劳务的生产。市场机制的作用使得市场主体能够根据价格标准和利益标准协调一致地转移资源，从而使资源配置到效率更高的部门和生产上。在这一过程中，资源的配置带有竞争性。一方面，生产同类产品的企业要在市场上进行竞争，比较各自的劳动消耗，市场通过其内在机制把个别劳动时间转化为社会必要劳动时间，商品的价值量取决于社会必要劳动时间，而不是个别劳动时间。在这种情况下，那些劳动生产率高、个别劳动时间低于社会必要劳动时间的企业就能实现更多的市场价值；而那些劳动生产率低、个别劳动时间高于社会必要劳动时间的企业的劳动消耗就得不到补偿，企业会因此亏损，甚至破产倒闭。这种优胜劣汰的竞争机制促使企业不断改进生产技术，改善经营管理，提高劳动生产率，从而推动社会生产力的不断发展。另一方面，要使商品按照它们的市场价值出售，耗费在该商品总量生产上的社会劳动的总量，必须同该商品的社会需要量相适应。而市场机制正是通过竞争、供求和价格的相互作用，把耗费在每一种商品上的劳动总量转化为社会必要的标准，并依此来衡量这种商品总量上耗费的社会劳动总量是否与其社会需要量相适应。如果不相适应，竞争就作为一种强制力量推动资源在各部门之间流动、重组，从而协调各产业部门的比例关系，促使各产业部门大致按社会需要的比例关系平衡发展。

市场经济作为一种资源配置方式和体制类型，具有传统的计划经济所不具有的优势。这表现在：(1)市场经济以分散决策为基础，使得生产者和消费者能够对市场供求的变化作出灵敏有效的反应，使生产结构和需求结构不断趋于一致。(2)以价格体系作为传递信息的主渠道，可以避免信息传递过程中的时滞和失真，有助于提高决策的质量，避免重大的决策失误。同在市场竞争中形成的价格体系特别是相对价格体系能够协调一致地引导资源的合理流动，促进资源的优化配置。(3)双重动力结构不仅有利于发挥经济主体的主动性、创造性和积极性，促进生产技术、组织管理和企业制度的创新，而且推动着资源在各部门、各企业之间进行竞争性分配，有助于提高资源配置效率。(4)利益结构的多元化及其制衡机制使得各方在追求经济利益最大化的同时又相互制衡，从而使得市场活动的参与者都能够在等价交换的基础上进行平等交易，在追求各自利益的基础上形成一定的竞争秩序。(5)把收入分配与生产要素分配相联系的分配方式，不仅有助于形成收入分配上的激励机制，而且有助于调动各种生产要素所有者的积极性，促进生产要素的合理配置和有效利用。

当然，市场经济通过市场机制配置资源，协调经济运行也存在失灵的方面，会产生一些消极的影响。但市场经济能够适应社会经济条件的变化而在资源配置过程中起基础性作用这一点是不能否认的。更何况现代市场经济已不是那种完全自由市场经济，而是有宏观调控的市场经济。在这种市场经济中，国家可以利用间接调控手段调节经济运行，弥补市场的缺陷，使市场的自发调节和国家的自觉调节相得益彰、相互补充，共同促进资源的优化配置和使用效率的提高。

三 社会主义市场经济体制目标模式的确立

我国经济体制改革应当确定什么样的目标模式，这是关系社会主义现代化建设全局的一个重大问题。这个问题的核心，是正确认识和处理计划和市场的关系。我国的改革从中共十一届三中全会起步，实际上从一开始就采取了市场趋向，但思想理论上对这个重大问题的明确认识，却经历了一个相当长的曲折过程。

从改革起步开始，中国共产党就提出要发挥市场调节的辅助作用。1981年6月，中共十一届六中全会通过的《中共中央关于建国以来党的若干历史问题的决议》，在概括我国社会主义现代化建设道路时，就写进了这个内容。这个《决议》提出，要发挥"市场调节的辅助作用"。

中共十二大提出，要正确划分指令性计划、指导性计划和市场调节各自的范围和界限，在保持物价基本稳定的前提下有计划地改革价格体系和价格管理办法，改革劳动制度和工资制度，建立符合我国情况的经济管理体制，以保证国民经济的健康发展。1984年，中共十二届三中全会《关于经济体制改革的决定》提出，社会主义经济"是公有制基础上的有计划的商品经济"。《决定》的基本精神，就是要求发挥和强化市场机制的作用，按照市场规则的要求来改革计划经济体制。这个《决定》是由计划经济向计划与市场相结合的一个标志。

中共十三大提出，社会主义有计划的商品经济体制，应该是计划与市场内在统一的体制。需要明确的是，社会主义商品经济的发展离不开市场的发育和完善，利用市场调节决不等于搞资本主义；逐步缩小指令性计划范围，国家对企业的管理应逐步转向间接管理为主：国家调节市场，市场调节供求关系，市场引导企业。

但是中共十二届三中全会后，特别是20世纪80年代末和90年代初，在理论上对市场经济的性质、我国要不要搞市场经济等问题，出现了很多争论。争论的焦点是，搞市场经济是姓"资"还是姓"社"。

1992年初，邓小平的南方谈话对这个问题做了精辟的论述，使大家的思想获得了解放。邓小平的精辟论述为确立社会主义市场经济体制的目标模式奠定了坚实的思想和理论基础。在筹备中共十四大的过程中，中共中央认真研究了确立经济体制改革的目标模式问题，并做出了决断。

1992年6月9日，江泽民在中共中央党校作报告，提出建立社会主义市场经济体制的主张。6月12日，江泽民向邓小平讲了他的这个想法。邓小平当即表示，赞成这个想法，并说，实际上我们是在这样做，深圳就是社会主义市场经济。这样，中共十四大的主题就明确了。后来，各省、自治区、直辖市的党委都同意社会主义市场经济体制这个提法。1992年10月，江泽民在中共十四大报告中明确提出："我国经济体制改革的目标是建立社会主义市场经济体制，以利于进一步解放和发展生产力。"① 从改革起步时提出发挥市场调节的辅助作用，到中共十四大确立社会主义市场经济体制的目标，经历了整整14年的时间。这个目标的确立，是在改革实践中多年艰苦探索的结果，是在不断解放思想的基础上达到的统一认识，更是改革开放和现代化建设事业发展的客观要求。

1993年11月，中共十四届三中全会通过的中共中央《关于建立社会主义市场经济体制若干问题的决定》，依据邓小平的论述和中共十四大提出的建立社会主义市场经济体制的总体要求，进一步勾画了建立社会主义

---

① 《江泽民论有中国特色社会主义（专题摘编）》，中央文献出版社2002年版，第62页

市场经济体制的蓝图和框架，明确了我们建立社会主义市场经济体制必须完成的主要工作。《决定》指出，建立社会主义市场经济体制，就是要使市场在国家宏观调控下对资源配置起基础性作用。为实现这个目标，必须坚持以公有制为主体、多种经济成分共同发展的方针，进一步转换国有企业经营机制，建立适应社会主义市场经济要求，产权清晰、权责明确、政企分开、管理科学的现代企业制度；建立全国统一开放的市场体系，实现城乡市场紧密结合，国内市场和国际市场相互衔接，促进资源的优化配置；转变政府管理经济的职能，建立以间接手段为主的完善的宏观调控体系，保证国民经济的健康运行；建立以按劳分配为主体，效率优先，兼顾公平的收入分配制度，鼓励一部分地区，一部分人先富起来，走共同富裕的道路；建立多层次的社会保障制度，为城乡居民提供同我国国情相适应的社会保障，促进经济发展和社会稳定。这些主要环节是相互联系和相互制约的有机整体，构成社会主义市场经济体制的基本框架。

四　社会主义市场经济的基本特征及体制框架

社会主义市场经济既然是与社会主义基本制度相联系，那么就与资本主义市场经济存在着根本性的区别。社会主义市场经济的基本特征主要体现在以下几个方面：第一，在所有制结构上，社会主义市场经济以公有制为主体、多种所有制经济共同发展。公有制为主体是相对于国民经济整体而言的，并不排除非公有制经济在某些行业、某些地区占优势，也不排除采取现代市场经济中的股份制形式，通过相对规模较大的国有资产控制比自身规模大几倍的资产。但是坚持公有制为主体，就必须使公有制经济在国民经济整体中、在骨干产业和主导产业中占支配地位，始终发挥其影响和带动整个经济健康发展，迅速发展的功能。第二，在分配制度上，与生产资料的所有制结构相适应，社会主义市场经济要实行按劳分配为主体、多种分配方式并存的制度。实现按劳分配与按生产要素分配的统一，体现效率优先，兼顾公平的原则。第三，在宏观调控上，社会主义市场经济宏观调控的主体是社会主义国家。社会主义国家是代表广大劳动人民群众的利益的，因而它实施宏观调控的出发点必然着眼于广大人民群众的长远利益和根本利益，从社会整体利益的角度统筹兼顾、全面考虑，因而宏观调控的整体效果比资本主义市场经济更有力、更理想。

建立一个规范、完善的社会主义市场经济体制，是一项十分复杂、艰巨的宏伟事业。中共十四大确立了建立社会主义市场经济体制改革的目标模式以后，中共十四届三中全会又明确规划了社会主义市场经济体制的基本框架。我国社会主义市场经济体制框架由以下五个相互联系的环节组成。一是符合社会主义市场经济的现代企业制度。现代企业制度的特征是产权清晰、权责明确、政企分开、管理科学。它的所有制基础是以公有制为主体、多种所有制经济共同发展，主要形式是现代公司制度。二是统一开放、竞争有序的市场体系。通过建立健全市场体系，实现城乡市场紧密结合，国内市场与国际市场相互衔接，促进资源优化配置。三是以间接手段为主的完善的宏观调控体系。社会主义市场经济宏观调控体系的主要特征是，政府不直接干预企业的微观经济活动，而是通过运用货币政策、财政政策、税收政策、产业政策等政策手段、经济手段、法律手段和必要的行政手段，进行综合调控，保证国民经济的健康发展。四是以按劳分配为主体、多种分配方式并存，按劳分配和按生产要素分配相结合，效率优先、兼顾公平的分配体系。这一分配体系的基本要求是在劳动者个人收入分配关系中引入竞争机制，打破平均主义，多劳多得，合理拉开收入差距；鼓励一部分地区、一部分人通过诚实劳动和合法经营先富起来，先富帮后富走共同富裕的道路。五是多层次的社会保障体系。通过建立这一体系，为城乡居民提供同我国国情相适应的社会保障，促进社会发展和社会稳定。建立社会主义市场经济体制，还要求围绕上述主要环节，建立健全相应的法律体系，形成全方位对外开放格局，以促进社会主义市场经济持续、快速、健康发展。

第三节 建立社会主义市场经济体制是中国共产党对社会主义经济理论的一个创新性发展

中国共产党在领导中国人民进行社会主义建设实践中，经历了计划经济的曲折发展后，以十一届三中全会为转折，进入了改革开放新的历史时期。在改革开放的过程中，党对社会主义经济理论的创新性发展，实现了三次重大理论突破，从而把我们对社会主义的认识提高到一个新水平。

一 破除了社会主义经济是产品经济的传统观念,实现了社会主义与商品经济是内在统一的重大理论突破

马克思主义创始人在对资本主义社会经济发展规律作出深入分析的基础上,对未来社会主义经济具有的基本特征提出了设想,认为在社会主义取代资本主义以后,商品经济、货币关系将被消灭,社会主义经济的基本特征是产品经济。马克思和恩格斯对社会主义基本经济特征的这一最初设想,既是他们探索未来社会经济形态的理论成果,同时也成为以后社会主义实践者所遵循的理论原则。

十月革命的胜利,社会主义作为一种现实的社会制度开始了自己的实践。社会主义从理论到实践是一个重大的转折,理论设想是比较原则的,而实践操作则是非常具体的。更重要的是,现实社会主义建立的条件与马克思在当时所设想的条件具有很大的差别。这就是社会主义在实践中不可避免地会遇到原来理论设想中所无法预料的众多问题。列宁作为一个伟大的革命家和实践家,在社会主义制度的最初实践中发展了马克思主义。

在十月革命取得胜利的最初阶段,列宁也是按照马克思和恩格斯的设想来进行社会主义实践的。"战时共产主义"政策就是在社会主义经济中试图取消商品货币关系的具体实践。但是,实践证明了这样的做法是行不通的。列宁在总结了实践中的经验教训以后,很快就作出了实行"新经济政策"的决定。"新经济政策"就其主要内容来说,就是在整个社会中全面恢复商品货币关系,通过发展商品货币关系来巩固社会主义制度,实现社会主义的经济发展。

斯大林在领导苏联社会主义建设的过程中,对社会主义经济理论有着重大的发展。在社会主义还存在全民所有制和集体所有制的条件下,商品生产和商品交换的存在有其客观必然性,这是斯大林对社会主义经济理论发展的最主要内容。但是,斯大林的这一发展又是不彻底的,因为在他的理论中并没有把商品经济与社会主义统一起来,从本质说,他还是把商品经济看作是与社会主义不相容的。斯大林的这一思想在高度集中的计划经济体制中得到了最充分的反映,同时也影响了包括中国在内的社会主义国家几十年的实践。

中国共产党在作出了改革开放的重大决策后,坚持把马克思主义的基本原理同中国的实际相结合,探索一条中国特色的社会主义发展道路。走符合中国实际的社会主义发展道路,在经济上首先必须要解决的一个基本理论问题就是如何认识社会主义与商品经济的关系。1984年10月,中共十二届三中全会通过的《中共中央关于经济体制改革的决定》在这一问题上实现了一次理论创新,建立了社会主义有计划商品经济的理论。这一理论是对马克思主义政治经济学的重大发展。其一,它论证了商品经济是社会主义经济发展不可逾越的阶段。马克思和恩格斯认为,社会主义经济是建立在资本主义商品经济充分发展基础之上的,因而社会主义经济的发展可以跳过商品经济的发展阶段而直接进入产品经济阶段。但是现实的社会主义经济并不是建立在这一基础之上的,也就是说,现实的社会主义建立的客观条件与马克思所设想的条件存在重大区别。因而,无论中国社会主义经济发展的实践,还是其他社会主义国家的实践都证明,否定商品经济,推崇产品经济的做法是不能实现社会主义经济发展目标的。中国共产党确立的商品经济理论,从根本上改变了认为社会主义可以直接进入产品经济发展阶段的传统看法,提高了人们对社会主义经济特征的认识水平。商品经济是人类社会经济发展的基本形式之一,因而也是社会主义经济发展不可逾越的阶段。社会主义只有通过商品经济的形式才能实现自己的发展目标。其二,它论证了社会主义与商品经济的内在统一性。在以往的社会主义实践中,虽然商品生产和商品交换从来没有退出经济活动领域,但在理论上却把商品经济作为社会主义的对立物,这是造成几十年中社会主义经济理论和实践始终存在矛盾的根源。社会主义商品经济理论的确立,从理论上论证了在现实社会主义条件下,商品经济这一形式的存在是具有客观性的,是内在于社会主义之中的。社会主义的经济性质完全可以与商品经济结合在一起,搞商品经济决不会影响社会主义的经济性质。中国共产党提出的有计划的商品经济理论,是对马克思主义经济理论的一次重大创新。

二 破除了把市场经济与资本主义等同起来的传统观念,实现了社会主义与市场经济是内在统一的重大理论突破

众所周知,无论是传统的马克思主义理论,还是西方经济学,在一个相当长的时期,都把市场经济与资本主义等同起来,认为市场经济是资本

主义的专利。因而在中国共产党确立了社会主义有计划商品经济理论以后，直到1992年春邓小平南方谈话，社会主义不能搞市场经济的禁区仍然没有突破。但是，随着我国改革的不断深入，对市场在资源配置中的地位和作用，必须从理论上加以解决。这一方面，是因为我国的改革从一开始就是循着不断扩大市场对经济活动的调节范围和作用，同时缩小计划在经济活动中的比重这一思路进行的。到了20世纪80年代后期，在经济活动中市场调节的比重已超过了计划调节，如果不从理论上对市场配置资源给予明确的定位，势必影响到改革实践的进一步深入发展。另一方面，对于有计划商品经济在理解上存在着较大分歧，究竟是把社会主义经济的特征理解为"商品经济"还是"有计划"，人们的看法各有侧重，很难统一。如果不从根本上解决这一理论问题，整个改革就很难有突破性进展。改革实践的发展要求在社会主义与市场经济关系问题上实现理论的突破。中共中央第三代领导集体，遵循解放思想、实事求是的思想路线，根据邓小平关于社会主义也可以搞市场经济的思想，在十四大系统提出了社会主义市场经济理论，在计划和市场的关系问题上的认识有了新的重大突破，实现了对马克思主义经济学的创新和发展。

第一，确立了社会主义与市场经济结合不会改变社会主义经济性质的命题。认为，从社会化大生产的客观要求来看，任何社会都要解决好对资源进行高效配置的问题。在人类社会的发展过程中，计划和市场是对资源进行配置的两种基本方式。作为资源配置的方式，它们本身不具有社会制度属性，因而不属于基本制度范畴。社会主义与市场经济的结合，其实质是使市场在资源配置中起基础性作用，以更好地适应社会化大生产的要求，更有利于社会生产力的发展，并不涉及社会经济性质的改变。这就明确了计划经济与市场经济都是资源配置的方式，从根本上打破了把计划经济与社会主义等同起来，把市场经济与资本主义等同起来的传统观念，为确立社会主义市场经济理论奠定基本前提。

第二，以生产力标准选择资源配置方式。计划与市场作为经济调节的两种手段，它们对经济活动的调节各有自己的优势和长处，但也各有自身的不足与缺陷。在社会化大生产和存在着复杂经济关系的条件下，市场经济对促进经济发展具有更强的适应性和更显著的优势，因而也就具有更高的效率。改革以前社会主义经济发展几十年的教训和改革以来的新经验，反复证明了这一点,从而为确立社会主义市场经济理论提供了坚实的基础。从总体上说,把市场作为资源配置的基础性手段比把计划作为资源配置的主要手段具有更高的效率。所以,按照生产力标准,必须抛弃传统的计划经济,走市场经济的发展道路。

第三,社会主义市场经济是与社会主义基本制度结合在一起的。市场经济作为资源配置的一种方式是不具有制度属性的,但它与社会主义结合形成的经济体制必须体现社会主义基本制度的特征。把发展市场经济与坚持社会主义的基本制度有机结合起来,是建设有中国特色社会主义经济的主要内容,也是社会主义市场经济与资本主义市场经济相区别的根本之点。因此,在建立社会主义市场经济体制的过程中,必须始终坚持公有制经济和按劳分配的主体地位,坚持国家对宏观经济的调控。只有在坚持社会主义基本制度的前提下走发展市场经济的道路,才是社会主义市场经济。社会主义市场经济就其内涵来说,是社会主义基本制度与市场经济的内在统一。社会主义市场经济理论,是中国共产党对马克思主义经济学的又一次理论创新。

三 破除了社会主义经济是单一公有制经济的传统观念,实现了社会主义与多种经济成分统一的重大理论突破

把建设中国特色社会主义的伟大事业全面推向21世纪,实现经济发展和社会全面进步,经济体制改革必须在所有制问题上有新的突破。中共十五大对社会主义所有制理论的新发展,为我国经济体制改革的新突破提供了理论支点,又一次丰富和发展了马克思主义经济理论。

第一,非公有制经济从社会主义基本经济制度外进入到制度内,社会主义初级阶段的基本经济制度具有了新的含义。社会主义经济建设实践证明,从社会主义性质和我国初级阶段的基本国情出发,对我国社会主义初级阶段基本经济制度的认识,必须以以下三点为依据:(1)我国是社会主义国家,社会主义的性质决定了我们必须坚持公有制的主体地位,这一条在任何时候都不能动摇,动摇了就会改变社会主义经济制度的性质;(2)我国处在社会主义初级阶段,需要发展多种所有制经济,多种所有制经济的发展,是社会主义初级阶段的内在要求;(3)一切符合"三个有利于"的所有制形式都可以而且应该用来为社会主义服务,在社会主

义初级阶段，发展一切符合"三个有利于"的所有制形式，也就符合社会主义本质的要求。以上三点为依据，中共十五大把公有制为主体多种所有制经济共同发展作为我国社会主义初级阶段的一项基本经济制度，这是从制度层次上对社会主义经济做出的新概括。

第二，公有制可以通过多样化的形式来实现。公有制的性质与公有制的实现形式是两个不同的问题，但过去我们对这两个问题并没有进行深入研究，因而也就没有把它作为实践中所要解决的问题。这是导致公有制经济实现形式单一化的重要原因。公有制是由社会成员共同占有生产资料的一种所有制形式，它的性质体现在所有权的归属上。坚持公有制性质，根本的是坚持国家和集体对生产资料的所有权。而公有制在实现中又要通过具体的形式来实现，即采取怎样的经营方式和组织形式的问题。这是两个不同层次的问题，不应该把它们直接挂钩。也就是说坚持公有制的性质，并不排斥在实践中努力寻找能够促进生产力发展的公有制多种实现形式。

中共十五大在肯定了我国必须坚持公有制为主体的前提下，明确指出，公有制实现形式可以而且应当多样化，一切反映社会化生产规律的经营方式和组织形式都可以大胆利用。这就把公有制实现形式多样化的问题提到了深化经济体制改革的重要位置。如何根据社会化生产规律的要求采取多样化的经营方式和资产组织形式，使国有经济在更大的范围里获得更广阔的发展空间就成为国有企业改革的重点。股份制、股份合作制等都可以作为公有制经济的实现形式，只要控股权掌握在国家和集体手中，就能够有效地实现公有制经济的性质。公有制实现形式多样化理论的提出，为搞好公有制经济，特别是国有经济创造了良好的条件，提出了新的思路。

第三，对公有制经济的主体地位作出了新的界定。保证公有制经济在国民经济中占主体地位是我们在改革中必须坚持的一个基本原则。但是，长期以来我们对公有制经济主体地位的认识只是局限于量的优势，总认为公有制经济只要在量上占优势，也就能够确立公有制的主体地位。随着改革的深化和多种所有制结构的形成，这种看法明显的不能反映客观实际的发展。实践证明，一种经济成分是否能够在经济中确立起主体地位，不仅要看其是否具有量的优势，更重要的是要看它对国民经济的控制力。中国共产党根据马克思主义的基本原理，结合中国改革和发展的实际，提出了认识公有制经济地位的新标准。公有制的主体地位不仅体现在公有资产在社会总资产中占有量的优势，而且更要注重其质的提高，可保证国有经济控制国民经济命脉，对经济发展起主导作用。国有经济的主导作用主要体现在控制力上，即对关系国民经济命脉的重要行业和关键领域，国有经济必须占支配地位。对公有制经济主体地位这一新的界定，使我们对公有制和国有经济的改革有了一个新的明确的指导思想。

中国共产党对公有制经济主体地位的这一新认识，使我们从观念上突破了只是局限于从公有制经济在数量上是否占优势来界定社会主义经济性质的旧框框，为我们从战略上调整国有经济布局奠定了理论基础，国有经济的改革和发展也由此进入了一个新阶段。中国共产党在领导我国社会主义经济建设的伟大实践中，把马克思主义基本原理与中国的具体实际结合起来，实现了社会主义经济理论的三次伟大理论创新，极大地推动了建设中国特色社会主义发展的历史进程，从而也极大地丰富和发展了马克思主义经济理论。

第二十二章　中国特色社会主义民族、宗教政策

民族和宗教问题，是当代世界任何国家都面临的问题。中国共产党历来重视民族工作和宗教工作。以毛泽东为核心的中共中央第一代领导集体和以邓小平为核心的第二代领导集体，围绕民族、宗教与社会主义的关系，在理论与实践上进行探索，取得了丰硕成果。以江泽民为核心的中共中央第三代领导集体，立足于现实的发展，更是强调民族和宗教问题是党和国家需要进一步研究和抓紧解决的重大问题之一。并要求从关系我国社会主义现代化建设全局的高度，充分认识新形势下民族和宗教问题的重要性，抓紧做好党的民族工作和宗教工作。

第一节　民族、宗教问题是事关社会稳定的大问题

1992年1月，江泽民在中央民族工作会议上的讲话中指出："国家统一、民族团结，则政通人和、百业兴旺；国家分裂、民族纷争，则丧权辱国、人民遭殃。"[①] 1993年11月7日，江泽民在全国统战工作会议上又强调："民族、宗教无小事。全党都要充分认识民族问题的长期性、复杂性和重要性。"[②] 当代，国际局势日趋复杂、国内发展全面提速，在这种形势下，民族、宗教问题的重要性日益突出，它是一个事关社会稳定的大问题。

---

① 《新时期统一战线文献选编》，中共中央党校出版社1997年版，第386页。
② 同上书，第611页。

一　我国民族和宗教问题的国情特点

我国是一个统一的多民族的社会主义国家，也是一个有着多种宗教的国家，民族和宗教问题的国情十分复杂。多民族与多宗教等因素的结合、交织，是这种复杂性的一个显著特征。

在民族方面，我国有56个民族。其中汉族人口就有11亿多，55个少数民族人口的总和才有1.1亿左右，汉族和少数民族之间的人口比例悬殊。少数民族人口虽少，但分布地区却占全国面积的64%，而且大多聚集在陆地和边疆地区，所占的边境线长达2.1万公里，涉及123个边境县，有约30个少数民族与国外的相同民族毗邻而居。少数民族地区地大物博，其特有的资源优势蕴藏着巨大的发展潜力，在我国的经济发展中占有举足轻重的地位。少数民族地区是国家的边防屏障和对外交流的窗口。但是由于种种原因，目前少数民族地区的经济社会发展还比较落后，各民族经济文化发展很不平衡。这个问题必须尽快加以解决，才能巩固民族团结，使民族地区尤其是边疆地区长治久安。

从宗教方面说，我国不仅有从国外传入的佛教、基督教、伊斯兰教等世界性宗教，而且在我国本土上产生和发展起来的道教，还残存着不少民间宗教以及许多少数民族的具有原始宗教色彩的传统宗教信仰。它们具有长期性、群众性、民族性、国际性、复杂性等特点，至今还对我国各民族社会生活的许多方面产生着深刻影响。现在，我国信仰各种宗教的群众有1亿多人，宗教活动场所有8.5万余处，宗教教职人员约30万人，宗教团体3000多个。1亿多宗教信徒，分布在全国大小城镇和广大乡村，从事农、牧、工、商、医务、文教、科研等各行各业。

我国民族、宗教问题的一个国情特点，即是民族问题与宗教问题交织在一起。在55个少数民族的1.1亿人口中，大部分人都有自己的宗教信仰。回族和维吾尔族等10个民族几乎全民信仰伊斯兰教，藏、蒙、裕固等10余个民族基本上都信仰藏传佛教，傣、布朗等6个民族基本上都信仰巴利语系佛教，其他的民族大都有本民族固有的宗教信仰，或信仰佛教、道教，有的还接受了天主教和基督教。在他们中间，宗教信仰往往与民族的历史、传统、文化习俗密不可分，并沉积为特定的文化心理结构和生活方式，宗教信仰及其教规在维系其群体内聚力和社会秩序上有着直接作用。总之，少数民族群众信仰宗教的程度普遍较深，在信仰伊斯兰教和藏传佛教的民族中，宗教意识更为强烈，因此，民族问题往往就是宗教问题，宗教问题也往往就是民族问题，二者交织在一起，直接影响到少数民族对党和政府的信任程度。所以，在民族地区，宗教问题成为民族、统战工作的一个重心；又由于多数少数民族居住区地处边陲，做好宗教工作，对于巩固边疆、保卫国防，有着重要意义。正如江泽民所说："少数民族问题往往与宗教问题联系在一起，而宗教问题、民族问题又联系着边疆问题、边防问题。"①

我国的少数民族人口有 1 亿多，全国信教的群众也有 1 亿多，这两个 1 亿的状况如何，必然关系到国家的全局。

二 世界范围民族、宗教问题的影响

民族、宗教问题，一直是世界范围内非常活跃、敏感的问题。20 世纪 80—90 年代，世界范围的民族宗教问题出现了许多新情况，有些已对我国产生了不同程度的影响。

东欧剧变、苏联解体的教训之一，就是没有解决好民族和宗教问题。苏联解体为 15 个独立国家，前南斯拉夫分裂为 5 个独立国家，捷克斯洛伐克一分为二，其中就有民族、宗教因素在起一定的作用。东欧剧变引发了一股新民族主义浪潮。这股浪潮在席卷东欧之后，则向西欧、北美和世界各地蔓延和扩展，进一步加剧了世界各地早已存在的民族矛盾和民族纷争，频频引发流血冲突和局部战争。前南斯拉夫分裂后，导致了长达几年的波黑战争；波黑战火尚未熄灭，科索沃烽烟又起，以美国为首的北约集团利用科索沃问题干涉南斯拉夫内政，对之狂轰滥炸，企图进一步肢解南斯拉夫，以逐步推进其称霸世界的战略。俄罗斯内部的民族分裂主义运动继续发展，特别是车臣问题至今尚未解决。在非洲，1993 年发生的卢旺达和布隆迪的部族大仇杀震惊了世界。在亚洲，印度和巴基斯坦围绕克什米尔的冲突，几十年来未曾间断。西方世界也并不安宁。加拿大的魁北克省的民族分离主义运动，在 1995 年的全民公决中，仅以极其微弱的差距未能获得成功。英国的北爱尔兰问题，西班牙的巴斯克分离运动，西欧的

---

① 《宗教工作通讯》，1993 年第 4 期。

种族排外倾向，美国的黑人问题等，都说明世界正在受到民族问题的困扰。

世界民族问题和宗教问题也往往交织在一起，如波黑冲突交织着天主教、东正教、伊斯兰教之间的冲突；泛伊斯兰主义、伊斯兰原教旨主义也深深影响着西亚、北非、中东、中亚乃至更大范围的民族问题；两伊战争交织着伊斯兰教什叶派和逊尼派之间的矛盾；阿以冲突交织着犹太教和伊斯兰教的矛盾；印度民族问题交织着印度教和佛教的斗争；英国的北爱尔兰问题、加拿大的魁北克问题，都与天主教和基督新教的矛盾斗争分不开；西欧的种族排外倾向也渗透着天主教、基督新教和伊斯兰教的冲突，等等。由于宗教问题与民族问题相联系，使得世界局势及其斗争显得扑朔迷离。

上述情况说明，世界哪一个国家的民族、宗教问题处理不好，都会危及国家的统一和命运。

尤其值得警惕的是，东欧剧变、苏联解体以后，西方敌对势力进一步得出结论，社会主义的多民族国家特别是中国也必将解体。对中国实行"西化"和"分化"早已是西方敌对势力的战略目标。他们甚至勾画出了中国如何解体的方案，极力支持我国境外的民族分裂势力破坏国家统一的罪恶活动。正如江泽民所指出的："为了维护我国的统一，我们必须同少数分裂主义分子进行坚决的斗争。在中国近代史上，民族分裂活动从来都是外国侵略势力策动的，民族分裂主义分子从来都是外国侵略势力割取我国边疆领土的内应力量。他们既背叛了祖国，也出卖了自己的民族，是国家和民族的罪人。我们要依靠各族人民群众，坚决反对和揭露'台独'分子妄图把台湾从我国分裂出去的罪恶活动；警惕和反对国际上某些政治势力支持逃亡国外的分裂主义分子，利用'泛伊斯兰主义'、'泛突厥主义'或打着其他旗号，在我国某些地区煽动分裂的图谋。"[①]

三 民族、宗教工作在党和国家全局工作中的地位

新中国成立以来的50多年间，中国共产党结合我国实际，在民族、

[①]《江泽民论有中国特色社会主义（专题摘编）》，中央文献出版社2002年版，第376~377页。

宗教工作中积累了许多经验，形成了具有长期指导意义的政策和方针，由此推动了社会主义建设的稳定和发展。改革开放以来，我国的民族、宗教工作更是取得了很大成就，加强了民族团结，维护了社会稳定，为我国的社会主义现代化建设创造了良好的社会环境。

但是，形势是变化的。随着客观环境的变动，民族、宗教工作也必然呈现出许多新特点。因此，结合新的形势，做好民族、宗教工作，在党和国家的全局工作中占有极其重要的地位。

在民族方面，在确立社会主义市场经济体制的过程中，各民族的根本利益是一致的，各民族有着根本的利益目标，即推动社会主义现代化建设，全面建设小康社会。但在具体利益特别是经济利益上，仍然会发生矛盾和纠纷；在风俗习惯和语言文字方面，改革开放加快了各民族相互交往的进程，但在这一过程中，由于民族的差异性，由于各民族的一些成员相互了解和尊重不够，也容易产生误会、摩擦和纠纷；在一些民族中，由于民族感情和宗教感情的相互交织，如果宗教问题处理不慎，也会影响民族关系；由于种种原因，有些人有时还会作出伤害民族感情、损害民族团结的事情，甚至违法犯罪。尤其是国际敌对势力公开支持我国的民族分裂主义分子，加紧对我国进行政治渗透、破坏和颠覆活动。利用宗教问题，特别是挑拨民族关系作为遏制、搞乱中国的突破口，是国际敌对势力对我国进行"西化"和"分化"的重要手段。面对新情况、新问题，我们只有按照党的民族政策，做好民族工作，才能保持民族团结和社会的稳定。否则，就会破坏社会的进步，损害中国特色社会主义建设事业。

在宗教方面，改革开放以来，我国的宗教发展很快，社会影响日益扩大，已成为社会瞩目的现象。在宗教的发展中，如果对矛盾处理不及时，可能形成社会问题。尤其是对外开放不断扩大的情况下，国外敌对势力加紧利用宗教对我国进行渗透，扶植对抗政府的地下势力，建立非法组织，力图控制我国某些宗教组织的领导权。极少数民族分裂主义分子利用宗教进行破坏安定团结和祖国统一的罪恶活动。另外，邪教、迷信活动和伪科学真巫术的混乱现象也严重干扰着合法宗教的正常发展。这就要求，在宗教问题上我们决不能掉以轻心。

第二节　民族问题与民族政策

毛泽东早就指出：国家的统一，人民的团结，国内各民族的团结，这是我们的事业必定要胜利的基本保证。在新形势下，我们必须结合国际、国内社会客观发展的特点，进一步做好民族工作，巩固和发展社会稳定、民族和睦的局面，为我国社会主义现代化建设和改革开放事业提供强有力的保证。

一　增强民族团结，正确处理民族关系

中国自古以来就是统一的多民族国家。这种统一的局面是由各民族共同创造的，不仅人口众多的汉民族在国家统一的历史业绩中作出了重大贡献，其他少数民族也同样作出了贡献。中国历史上尽管长期存在民族压迫制度，但汉族和其他少数民族的关系从来不是一种宗主国与殖民地的关系。在长期的斗争中，各民族凝结成了不可分离的血肉关系，为我国各民族在统一的国家内实行平等团结创造了条件；近代的反帝反封建斗争，又为我国各民族在统一的国家内互相合作奠定了基础。我国各民族这种只能合、不能分，汉族离不开少数民族、少数民族也离不开汉族的密切关系，是历史发展的客观规律，也是各族人民共同的根本利益之所在。

国家的统一，人民的团结，国内各民族的团结，是我国革命和建设事业胜利的基本保证，也是中共中央第一、第二、第三代领导集体共同关注、高度重视的问题。在新的历史时期，中国共产党面对国际、国内的新形势，从边防的巩固、国家的统一、社会的稳定、改革开放的要求、民族自治制度的巩固和发展出发，始终重视我国国内的民族关系问题。

江泽民在中共十五大报告中强调指出，要进一步"巩固和发展平等、团结、互助的社会主义民族关系，促进各民族共同团结繁荣进步"。① 这既是各民族人民的心愿，也是坚持和完善民族区域自治制度的必然要求。各民族不分大小一律平等，是马克思主义民族观念的基本原则，也是我国社会主义民族关系的基础。在我国，各民族不论人口多少，地域大小，社

---

① 《中国共产党第十五次全国代表大会文件汇编》，人民出版社1997年版，第33页。

会发展程度高低，都对祖国历史和现代化作出了宝贵贡献，都是我们民族大家庭中的平等成员，在政治、经济、文化和社会生活的各个领域中享有平等的权利和承担着相同的义务。随着宪法和民族区域自治法的贯彻实施，民族区域自治制度的完善，我国社会主义民族关系中的民族平等原则，在政治上、法律上进一步实现。但是，逐步消除历史上遗留下来的各民族之间发展的差异，达到民族间事实上平等，最终实现各民族共同进步和繁荣，还需要加快少数民族地区的经济和社会发展。为解决我国各民族关系现实存在的问题，中共中央第三代领导集体强调，在经济上要着重解决好三个方面的矛盾，即：东西部差距扩大与民族自治地方要求加快发展的矛盾；现代化建设中各民族的利益、民族自治地方利益与国家利益间的矛盾；各族人民要求物质文化生活水平提高与相当一部分少数民族群众的温饱问题尚待解决之间的矛盾。为了更好地解决这些矛盾，中共中央第三代领导集体提出了西部大开发的重大决策。我国 55 个少数民族绝大部分聚居在西部地区，大开发的战略决策付诸实施，必定有力促进少数民族经济、政治、文化的发展，为在平等、团结、互助的基础上使社会主义各民族的共同进步开拓宽广前景。

民族团结必须以民族平等为前提和基础，没有民族平等就不能实现民族的团结和互助原则。中共中央第三代领导集体在强调民族平等的同时，十分重视民族团结问题。江泽民在 1999 年 9 月召开的中央民族工作会议暨国务院第三次全国民族团结进步表彰大会上指出："加强民族团结，维护祖国统一和社会稳定，这是全国各族人民的共同愿望和根本利益所在。要努力发扬各族人民同呼吸、共命运，心连心的光荣传统，这是我们解脱各种困难和风险，推动建设有中国特色社会主义事业不断前进的必需保证。"[①] 为了维护民族团结，必须及时和妥善处理民族关系中出现的矛盾和问题，实事求是地加以解决。我国民族关系方面目前存在的主要矛盾，是少数民族人民日益增长的物质、文化需要与落后的社会生产力之间的矛盾，如何正确认识和解决这一矛盾，是中国共产党所思考的重心所在。我国现阶段民族关系中发生的问题，一般都属于根本利益一致基础上的人民内部矛盾，应当通过民主协商、贯彻民族政策和进行民族政策的再教育，

---

① 《人民日报》1999 年 9 月 30 日。

妥善解决。为此，需要高度重视容易诱发影响民族关系事件的热点问题和敏感问题，采取有效措施加以疏导、说服、教育，及时化解矛盾，不断消除民族关系的不稳定因素。

为了巩固和发展我国社会主义民族关系，中共中央第三代领导集体强调在各族干部和人民群众中，广泛、深入、持久地开展马克思主义民族观和我国民族政策的教育。江泽民指出："我们伟大的中华民族，是由50多个民族构成的。在我们祖国的大家庭里，各个民族的关系是平等、团结、互助的社会主义新型民族关系，汉族离不开少数民族，少数民族离不开汉族，少数民族之间也相互离不开。"① 这三个"离不开，"更加准确、全面地反映了我国民族关系从历史到现实的主流。他进一步指出，我国是一个多民族国家，进行民族观和民族政策教育不但只针对民族自治地方，还应包括占我国人口绝大多数的汉民族。这种教育要成为整个国家思想政治工作的重要组成部分，而且要避免形式主义，要根据新情况，采取行之有效的方式，真正做到深入人心。"只有这样才能克服各种错误思想，达到各民族思想上的高度一致，实现真诚团结。"②

在几十年的实践中，中国共产党形成了一系列基本的民族观点和政策，包括：民族的产生、发展和消亡是一个漫长的历史过程，民族问题将长期存在；社会主义阶段是各民族共同繁荣兴旺的时期，各民族间的共同因素在不断增多，但民族特点、民族差异将继续存在；民族问题是社会总问题的一部分，民族问题只有在解决整个社会问题的过程中才能逐步解决，我国现阶段的民族问题只有在建设社会主义的共同事业中才能逐步解决；各民族不分人口多少、历史长短、发展程度高低，都对祖国的文明做出了贡献，都应该一律平等，应该加强各民族人民的大团结，维护祖国的统一；大力发展社会生产力是社会主义时期民族工作的根本任务，各民族要互相帮助，实现共同进步和繁荣；民族区域自治是中国共产党人对马克思主义民族理论的重大贡献，是解决我国民族问题的基本制度；努力造就一支宏大的德才兼备的少数民族干部队伍，是做好民族工作和解决问题的

---

① 《江泽民论有中国特色社会主义（专题摘编）》，中央文献出版社2002年版，第354页。
② 李德洙主编：《中央第三代领导与少数民族》，中央民族大学出版社1999年版，第229页。

关键；民族问题和宗教问题在一些地方往往交织在一起，在处理民族问题时，还要注意全面地正确地贯彻落实党的宗教政策。当然，"我们还要根据新的情况和经验，对这些基本观点和政策，继续加以充实和发展"。① 只有通过民族政策教育，使不同民族的干部群众在上述观点上达到共识，社会主义民族关系才能在平等、团结、互助的基础上健康发展。

在我国，处理民族关系，还要顾及一个特殊情况，即汉族人口占绝大多数，而少数民族所占比例较少。"为了加强各民族大团结，既要反对大民族主义，也要反对地方民族主义。"② 处理这方面的问题必须慎重，严格区分两类不同性质的矛盾，贯彻正确处理人民内部矛盾的原则，是什么问题就解决什么问题。对于民族间发生的纠纷，要冷静分析，耐心疏导，及时加以排解。对于个别不听劝阻、蓄意制造事端、触犯法律的，不论出身于哪个民族，都要依法处理。涉及民族关系问题，各民族的干部和共产党员，要严格按照法律和政策办事，发挥模范带头作用，促进民族团结。

二 坚持和完善民族区域自治制度

民族区域自治是中国共产党处理我国国内民族问题的基本政策，也是我国的一项基本政治制度。实行这种制度是我国历史发展的正确选择。长期实践证明，它对维护国家的统一，保障各少数民族人民参与管理国家事务和自主管理民族内部事务的权利，促进民族间的平等、团结、互助，发展少数民族地区的政治、经济、文化，起到了巨大的作用。中共中央第一代、第二代领导集体，为建立和推进这一制度，做出了巨大的贡献。以江泽民为核心的中共中央第三代领导集体，以马列主义、毛泽东思想、邓小平理论为指导，在推进中国特色社会主义事业的进程中，始终把坚持和完善民族区域自治制度作为处理我国国内民族问题的首要任务予以高度重视，并根据形势的发展变化，提出了一系列切实可行的方针政策，并精心组织实施，使民族区域自治制度在新的历史条件下进一步完善和发展。

中共十一届三中全会之后，我国进入了社会主义建设新时期。以邓小

---

① 《江泽民论有中国特色社会主义（专题摘编）》，中央文献出版社2002年版，第356~357页。

② 同上书，第356页。

平为核心的中国共产党第二代中央领导集体在民族工作方面，从指导思想上的拨乱反正入手，恢复了民族区域自治作为解决国内民族问题的基本政策和基本制度的地位，并把巩固和发展民族区域自治制度，作为国家政治制度建设的一项长期的重要任务。1980年8月，邓小平针对当时体制中存在的弊端和问题，在中共中央政治局扩大会议上发表了著名的《党和国家领导制度的改革》重要讲话。他针对过去实行民族区域自治过程中存在的问题，强调要通过修改宪法，健全法制，"使各少数民族聚居的地方真正实行民族区域自治"，[①] 并把它列为党和国家领导制度的一项重大改革。1981年中共十一届六中全会通过的《关于建国以来党的若干历史问题的决议》，明确肯定"必须坚决实行民族区域自治"。1982年颁布的新宪法，不仅恢复了1954年宪法关于民族区域自治的一些重要原则和内容，而且还根据新时期新形势发展的要求，相应地增添了新的规定。在邓小平一系列重要思想的指导和推动下，1984年颁布了《中华人民共和国民族区域自治法》，标志着我国的民族区域自治走上了制度化、法律化的轨道。1987年，邓小平在讲到我国社会主义政治制度的优势时，明确肯定"解决民族问题"，"中国采取的不是民族共和国联邦的制度，而是民族区域自治的制度，我们认为这个制度比较好，适合中国的国情"。[②] 这一期间，过去在"左"的指导思想影响下出现的问题基本上得到纠正，民族自治地方的建设得到了全面的恢复和发展。1979年到1988年底，陆续新建了53个民族自治地方，使民族自治地方的总数达到了140个，实行自治的少数民族人口，占全国少数民族人口总数的76%。民族自治地方自治机关的建设有了长足的进步，自治权利的行使得到了进一步保障。实践证明，邓小平关于民族区域自治的论述，作为邓小平民族理论的重要组成部分，是在继承和发展马列主义、毛泽东思想的民族理论的基础上，充分吸收中国共产党处理民族问题的经验，并结合国内外形势的发展变化而作出的科学论断，对于党和国家在新的历史时期处理民族问题，具有重要的指导作用。

以江泽民为核心的中共中央第三代领导集体在邓小平理论的指导下，

---

① 《邓小平文选》第2卷，人民出版社1994年版，第39页。
② 《邓小平文选》第3卷，人民出版社1993年版，第257页。

结合民族自治地方的实际，对如何进一步实施民族区域自治提出了一系列指示和要求，制定了相应的方针政策，有力地推动民族区域自治制度不断发展和臻于完善。这些要求和方针政策，集中体现了江泽民等对坚持和完善民族区域自治制度做出的新贡献。

对于民族区域自治制度，江泽民立足于当代实践，给予了充分肯定。他指出："我们全面推行了民族区域自治制度。这种制度把国家的集中统一与少数民族聚居地区的区域自治有机结合起来，把政治因素与经济因素有机结合起来，是完全适合我国国情的解决民族问题的基本制度，是党和各族人民的一个伟大创举。"①

自治权是实施民族区域自治制度的核心，没有自治权的充分行使就不可能有真正的民族区域自治。江泽民强调，要从加强中国特色社会主义政治建设，坚持、完善民族区域自治制度的高度出发，充分尊重和保障民族自治地区的自治权，并把它的行使纳入到法治的轨道。

1984年颁布实施的《中华人民共和国民族区域自治法》，是体现国家宪法原则和保障民族自治地方自治权充分行使的基本法律，它对自治权的范围和内容作出明确的规定，涉及政治、经济、财政、文化和教育等各个方面。这些规定为正确处理中央与民族自治地方的关系、集中统一与民族自治的关系，提供了重要准则，在实践中对保障民族自治地方的自治权起到显著的作用。但是，由于《民族区域自治法》产生于计划经济时期，多数自治权都明确规定要在"国家计划指导下"执行，或"依照国家规定"来实行，其结果使得民族自治地方的自治权难以落实，特别是经济方面的自治权更难以落实。自治权的行使是一项涉及面比较广、关系比较复杂的综合性工程，需要得到各方面的尊重和支持。但在现实中，上级国家机关的一些部门性、行业性的相关规定，往往对民族自治地方的自治权缺乏尊重，甚至相当漠视，导致民族自治地方依法享有的自治权在很多方面难以落实。加之，自治法中有关自治权的一些规定比较原则，缺乏具有操作性的实施细则，也给自治权的行使带来诸多困难。针对这种情况，江泽民在1992年1月召开的中央民族工作会议上指出："中央有关部门和各级政府要制定实施自治法的规定或措施。涉及少数民族和民族地区的政

---

① 《江泽民论有中国特色社会主义（专题摘编）》，中央文献出版社2002年版，第360页。

策、法规，要体现自治法的精神，有助于自治法的实施。要抓紧制定自治条例和单行条例。"强调不得以内部文件或规定阻碍民族自治地方行使自治权，"要形成比较完备的社会主义民族法规体系和监督机制"。① 以保障自治权的全面实施。在中共中央第三代领导集体的决策下，民族自治地方自治立法的情况有了新的进展，多数省、区都出台了实施自治法的具体规定和措施，各民族自治地方制定的自治条例和单行条例也日益增多，对涉及自治权原来存在的问题和在新形势下出现的新情况、新问题，在充分调查研究的基础上，作出了新的规定，有利于为自治权的行使提供法制保障，并在实施中取得了明显的效果。

江泽民指出，要把推进机构改革及坚持和完善民族区域自治制度，作为政治体制改革的主要任务。这为民族自治地方行使自治权指明了方向。按照中央的统一部署，民族自治地方也多次进行了机构改革，每次改革都不同程度地解决了一些问题。民族自治地方虽有其自身的特殊性，应予以必要的照顾，但作为一级政权机构，也应该按照中央统一部署进行改革，这样才能提高自治机关行使自治权的效能。政治体制改革的根本目标和任务还在于权力结构的调整和合理配置，在完善民族区域自治制度过程中，需要正确处理中央和民族自治地方的关系，使两者的权益分配合理化，这是民族自治权行使的重要环节。这就要求，对属于中央的权力，民族自治地方必须坚决维护，不得以任何理由和方式削弱中央的领导；对属于民族自治地方的自治权限，中央应采取有力措施予以保障，从政治体制的运作上来调动中央和民族自治地方的两个积极性，在维护国家统一的前提下保证民族地方自治权的充分、切实行使。

我国实行的民族区域自治制度，"既有利于人民群众当家作主，又有利于维护国家统一。"② 这是民族区域自治制度实施的实质和目的。自治不是"独立"。对此，对一些民族分裂主义要保持高度警惕。

三　加快民族地区的经济发展和社会进步

江泽民认为："少数民族和民族地区的经济社会发展，直接关系到我

---

① 李德洙主编：《中央第三代领导与少数民族》，中央民族大学出版社1999年版，第223页。

② 《江泽民论有中国特色社会主义（专题摘编）》，中央文献出版社2002年版，第361页。

国整个现代化建设目标的顺利实现。民族地区的现代化同全国其他地区的现代化,少数民族的振兴同整个中华民族的振兴,是密不可分、互相促进的。推动各民族发展进步和共同繁荣不仅是个经济问题,而且是个政治问题。"①

(一) 加快少数民族地区的经济发展

民族自治地方经济和社会发展是民族区域自治制度得以巩固、发展的坚实基础。邓小平指出:"观察少数民族地区主要是看那个地区能不能发展起来",要"有利于当地民族经济的发展"。② 还认为:"实行民族区域自治,不把经济搞好,那个自治就是空的","一系列的经济问题不解决,就会出乱子。"③

以江泽民为核心的中共中央第三代领导集体,遵循邓小平的科学论断,高度重视大力发展民族自治地区社会生产力,加速经济和社会进步的问题。江泽民认为:"现阶段,我国的民族问题,比较集中地表现在少数民族和民族地区迫切要求加快经济文化的发展。""在新的历史时期,搞好民族工作,增强民族团结的核心问题,就是要积极创造条件,加快发展少数民族和民族地区的经济文化等各项事业,促进各民族的共同繁荣。这既是少数民族和民族地区人民群众的迫切要求,也是我们社会主义民族政策的根本原则。"④ "加快少数民族地区经济发展和社会进步,对于增强民族团结,促进全国的现代化建设,具有极为重要的意义。民族地区存在的矛盾和问题,归根到底要靠发展经济来解决。所以,我们处理民族地区的各种问题,都必须牢牢掌握经济建设这个中心。"⑤

对于加快少数民族地区的经济发展,中国共产党不仅表现在一般重视上,对于加快发展的措施,也提出了创新性的理解。少数民族地区的发展,要靠中央的支持。"为了加快少数民族地区的经济和社会发展,党中央国务院已采取了一些措施。我们要通过政策调节,加强国家对民族地区的扶持和帮助。国家在少数民族地区建设的各个项目,都必须与当地少数

---

① 《江泽民论有中国特色社会主义(专题摘编)》,中央文献出版社2002年版,第362页。
② 《邓小平文选》第3卷,人民出版社1993年版,第247页。
③ 《邓小平文选》第1卷,人民出版社1994年版,第167页。
④ 《江泽民论有中国特色社会主义(专题摘编)》,中央文献出版社2002年版,第363页。
⑤ 同上书,第364页。

民族的发展、繁荣结合起来。"① 在改革开放时期，党和政府从政策倾斜和人力、物力、财力等方面采取切实有效的举措，加大了民族地区经济发展的力度，取得了显著成效。同时，民族地区的经济发展要与全国的发展加以协调，注意不同地区的合作。"经济发达地区要加强对口支援，积极有效地帮助少数民族地区发展经济和文化。"② "我国经济的发展，离不开东部地区，也离不开中西部地区包括民族地区的经济振兴。西部民族地区的多种丰富资源和某些产业，在我国经济发展中占有举足轻重的地位，蕴藏着巨大的发展潜力。"③。

在我国改革开放和市场经济的条件下，少数民族地区的发展，也要靠改革和市场的办法来进行。改革开放是实现各民族共同繁荣的必由之路。"今后凡是与少数民族地区密切相关的重大改革，必须重视各个地方和民族的特殊情况，注意听取当地的意见，先试点后推行。"④ 同时，"民族地区的发展，要努力适应社会主义市场经济和对外开放的新的历史条件，坚持按客观规律办事，坚持从本地区的实际出发，充分发挥地区优势"。⑤ 民族地区要加强同沿海地区的经济联系，加快对外开放的步伐，充分利用各种有利条件，结交新伙伴，开拓新市场。民族区域自治制度作为我国社会政治上层建筑的一个重要组成部分，它的发展有赖于社会经济的发展，如果少数民族地区经济和社会的发展长期滞后，少数民族地区同汉族地区，特别是同东部发达地区之间的差距会越来越大，这不仅不利于全国经济、社会的协调发展，不利于少数民族地区人民生活的改善和社会的稳定，更重要的，会直接制约民族区域自治制度的坚持和完善，影响政权的巩固和社会主义政治制度优势的发挥。由此可见，对于中国共产党关于加快民族自治地方经济和社会发展的基本思路和重大决策，不能简单地看成是单纯的经济问题，而应充分认识它所具有的高度政治战略意义。

---

① 《江泽民论有中国特色社会主义（专题摘编）》，中央文献出版社2002年版，第364页。
② 同上书，第364～365页。
③ 同上书，第363页。
④ 同上。
⑤ 同上书，第365页。

（二）推进民族地区的文化发展

中国共产党非常重视帮助少数民族经济文化事业的发展，并将其作为自己的一项重要任务。毛泽东曾指出："我们要诚心诚意地帮助少数民族发展经济建设和文化建设。"① 实现各民族的共同发展、共同繁荣，物质文明和精神文明都要有一个大的发展。以江泽民为核心的中共中央第三代领导集体，对弘扬民族文化，推进少数民族地区精神文明建设高度重视。加强教育和科技事业的发展，是民族自治地方精神文明建设中面临的一项紧迫任务。民族自治地方教育和科技落后的现实，是制约民族经济文化发展的重大因素。江泽民指出，进一步深化民族教育的改革，发展完善民族教育体系，"应在教育结构、专业设置、教学内容、学制、办学形式等方面，逐步走出一条适合少数民族地区实际的路子，"使普通教育与职业教育、成人教育协调发展，相得益彰，"为民族地区培养更多的经济、技术、管理各方面的专业人才"。②

江泽民还认为，在民族地区，要尽快形成学科学、用科学的风气，建立和健全农村牧区的科技推广体系，加强实用科技的普及、培训和示范推广。要善于明辨是非，认真区分宗教信仰与封建迷信的界限，反对各种打着"科学"旗号的迷信活动。在信教群众比较多的民族地区，重视和加强宗教管理工作，努力引导各族群众的宗教信仰与社会主义相适应。

（三）大力培养少数民族干部

重视培养少数民族干部，是我国解决国内民族问题的成功经验，也是坚持和完善民族区域自治制度的关键。毛泽东、邓小平都十分重视对少数民族干部的培养和使用。在新的历史时期，江泽民更是高度重视培养少数民族干部工作，并采取有力措施，加强民族干部队伍建设。他认为："少数民族干部与本民族有着广泛而密切的联系，是我们党做好民族工作的骨干力量。"③ 少数民族干部来自本民族人民群众之中，理解当地民族心理，能有效地处理民族意识、民族生活方式、宗教信仰等同本民族地区的发展之间的关系。因此，少数民族干部是民族地区改革开放和现代化建设的中

---

① 《毛泽东文集》第 7 卷，人民出版社 1999 年版，第 34 页。
② 李德洙主编：《中央第三代领导与少数民族》，中央民族大学出版社 1999 年版，第 233 页。
③ 《江泽民论有中国特色社会主义（专题摘编）》，中央文献出版社 2002 年版，第 360 页。

坚力量。少数民族地区经济和社会发展，要依靠民族干部带领各族人民群众来实现。少数民族干部是党和国家联系广大少数民族群众的坚强纽带，同时也是依法行使自治权利、体现民族平等、保障少数民族合法权益的代表，是加强民族团结、维护祖国统一、社会稳定的关键环节。因此，"民族干部的状况又是衡量一个民族发展水平的重要标志"。①

中共中央第三代领导集体，从跨世纪的高度和民族自治地方改革开放、现代化建设的需要出发，强调培养少数民族干部要加大力度，并要注重民族干部队伍数量和质量结构建设。江泽民指出："为适应社会主义现代化建设和改革开放的需要，各级党委要以更大的力量，进一步加强对少数民族干部，特别是中高级干部和各种科技管理人才的培养。既要在数量上有计划地扩大，更要在提高素质、改善结构上下功夫；既要注意选拔一批能在九十年代起骨干作用的干部，更要注意选任一批跨世纪的优秀中青年干部。这是一项事关大局的重要工作，应作出规划，分步实施，作出更显著的成绩"。② 目前，我国少数民族干部队伍不断发展壮大，形成了包括党务、政务、经济、科技、文化、教育、卫生等方面人才的相当规模的队伍，为少数民族地区的发展作出了重要贡献。

第三节　宗教问题与宗教政策

宗教工作是党和国家工作中的重要组成部分，在党和国家事业发展的大局中有着重要的地位。做好宗教工作，关系到中国共产党同人民群众的血肉联系，关系到推进两个文明建设，关系到加强民族团结、保持社会稳定、维护国家安全和祖国统一，关系到我国的对外关系。我们必须从保证党和国家长治久安，促进改革发展稳定大局的政治高度观察和处理宗教问题，充分认识做好宗教工作的重要性，增强责任感和紧迫感。在新时期如何做好宗教工作，江泽民结合新的形势和要求，提出：在宗教问题上我也想强调三句话：一是全面、正确地贯彻执行党的宗教政策，二是依法加强

---

① 《江泽民论有中国特色社会主义（专题摘编）》，中央文献出版社2002年版，第360~361页。

② 《江泽民论有中国特色社会主义（专题摘编）》中央文献出版社2002年版，第361页。

对宗教事务的管理,三是积极引导宗教与社会主义社会相适应。①

一 全面正确地贯彻执行党的宗教政策

江泽民指出:"马克思主义的宗教观认为,宗教的发生、发展和消亡有一个过程,想用行政的办法或强制的手段消灭宗教是不可能的。"因此,处理宗教问题,就要结合宗教活动的规律,结合宗教在我国存在、活动的特点,制定切实可行的宗教政策。在社会主义 50 年的发展中,尤其是在改革开放的历史新时期,我国制定、实行一系列宗教政策,事实充分说明,中国共产党的宗教政策是正确的,在其指导下,我国的宗教工作所取得的成就是显著的。

(一)中国宗教问题的特点

江泽民认为:"宗教问题具有长期性、复杂性、群众性、民族性、国际性等特点。"② 这五大特点,来自于中国共产党人对中国宗教情况的实事求是的观察,以及运用马克思主义宗教观对中国的宗教问题所得出的科学的、理论的认识,要全面、正确地贯彻执行党的宗教政策,必须首先了解中国宗教问题的特点。

所谓宗教存在的长期性,是指宗教有其产生、发展和消亡的过程,在社会主义社会中将长期存在。之所以有着长期性特点,因为,"在我国,随着剥削制度和剥削阶级的消灭,宗教存在的阶级根源已经基本消失。但是,旧社会遗留下来的旧思想、旧习惯不可能在短期内彻底消除。"③ 我国宗教问题的长期性,在很大程度上还取决于解决贫困问题的长期性。所谓群众性,是指在我国有 1 亿多人信仰宗教。正确对待宗教问题也是正确对待群众问题。1 亿多的宗教信徒,是我们为数众多的基本群众,他们的宗教信仰和宗教感情,我们应予尊重;他们的宗教生活需要,我们应予满足。所谓宗教的民族性,即宗教问题与民族问题联系在一起。宗教问题与民族问题往往是相互交错、相互渗透,有时甚至难分难解。因此,我们处理宗教问题时,要着眼于民族的根本利益,着眼于民族的长远发展和进

---

① 《江泽民论有中国特色社会主义(专题摘编)》中央文献出版社 2002 年版,第 368 页。
② 《江泽民论有中国特色社会主义(专题摘编)》,中央文献出版社 2002 年版,第 370 页。
③ 同上书,第 367 页。

步。所谓宗教的复杂性，是指宗教本身是一个复杂的体系，在我国，存在着不同的宗教，这种宗教的差异性本身即是复杂性的表现之一。同时，由于宗教本身的特点，由于宗教问题与政治问题相联系的复杂表现，因此，我国的宗教存在与发展，也是一个复杂化的现象。所谓宗教的国际化，是指宗教本身是一个国际化现象。我国的许多宗教，与他国的宗教有着许多历史性联系。在当代开放条件下，既存在国际敌对势力要利用宗教作为对我国进行"西化"、"分化"的突破口问题，也有国际宗教势力力图"重返中国大陆"的问题。因此，我们要结合宗教的国际性特点，从世界总体发展的高度来观察、处理宗教问题。

（二）中国共产党关于宗教问题的基本政策

加强党的领导是做好宗教工作的根本保证。而党的领导，主要是靠政策的引导来进行。中共中央《关于我国社会主义时期宗教问题的基本观点和基本政策》的制定，系统地阐述了处理我国社会主义时期宗教问题的理论观点和方针政策，成为指导新时期宗教工作的纲领性文件。以江泽民为核心的中共中央第三代领导集体，对宗教工作十分重视，根据建设中国特色社会主义实践和理论，在宗教问题上形成了一系列重大决策。这些基本政策主要包括：

1. "尊重和保护宗教信仰自由，是我们党和国家的一项基本政策。它包括保护人们信仰宗教的自由和不信仰宗教的自由两个方面。"[①] 宗教信仰自由是宪法赋予公民的一项权利。作为一项基本政策，宗教信仰自由是一直要贯彻执行到将来宗教自然消亡的时候为止的政策。由于这一政策包括"两个方面"，因此，任何国家机关、社会团体和个人不得强制公民信仰宗教或者不信仰宗教，不得歧视信仰宗教的公民和不信仰宗教的公民。信教和不信教的群众之间，应彼此尊重，相互团结。"共产党员在工作中要执行宗教信仰自由政策，但党员信仰宗教是党的纪律所不允许的。"[②]

2. "宗教活动必须在法律和政策范围内进行，并坚持独立自主、自办教会的原则。国家依法对宗教事务进行管理，保护正常的宗教活动，取缔和打击利用宗教进行违法犯罪活动。""宗教活动必须在宪法、法律范

---

① 《江泽民论有中国特色社会主义（专题摘编）》，中央文献出版社 2002 年版，第 368 页。
② 同上书，第 369 页。

围内进行。政府依照法律、法规和政策对宗教事务进行管理和监督,这同宗教信仰自由政策不但不矛盾,而且正是为了更好地贯彻这一政策,保护正常的宗教活动和宗教界的合法权益。"① 同时,我国宗教奉行的是独立自主、自办教会的原则,反对外国势力干预我国宗教事务、支配我国宗教团体。在平等友好的基础上开展宗教方面的对外友好交往,抵制境外敌对势力利用宗教进行渗透。

3. 争取团结和教育宗教界人士,鼓励他们爱国爱教,团结进步。政治上团结合作,信仰上互相尊重,是我们处理同宗教人士之间关系的原则。爱国主义和建设中国特色社会主义,既是我们同宗教界在政治上实现团结合作的基础,也是在信仰上互相理解、互相尊重的基础。"要鼓励和支持宗教界继续发扬爱国、爱教、团结进步、服务社会的优良传统,在积极与社会主义相适应方面不断迈出新的步伐。"② 同时,要支持和帮助爱国宗教团体,培养和教育年轻一代的爱国宗教职业人员,培养一支热爱祖国、接受党的领导、坚持走社会主义道路、维护祖国统一和民族团结并能联系宗教群众的宗教教职人员队伍。

4. 我国宗教方面的矛盾主要是人民内部矛盾,但在一定条件和一定情况下也可能出现对抗性的问题。"在社会主义条件下,信教和不信教以及信仰不同宗教的群众,他们在这种信仰上的差异是比较次要的差异,他们在政治上、经济上的根本利益是相同的。"③ 因此,我国宗教方面的矛盾主要是人民内部矛盾。但由于宗教方面的复杂性、国际性等特点,在一定条件和一定情况下,也有可能出现对抗性矛盾。处理这类问题必须坚持维护人民利益、维护法律尊严、维护民族团结、维护祖国统一的原则。

我国的宗教政策,是一个科学的体系。它还包括多方面的内容,如:积极引导宗教与社会主义相适应的问题;向人民群众特别是广大青少年进行无神论教育的问题;用马克思主义的立场、观点、方法对宗教进行科学研究的问题;帮助爱国宗教团体解决自养问题;国家实行政教分离、宗教与教育相分离的原则;等等。

---

① 《江泽民论有中国特色社会主义(专题摘编)》,中央文献出版社2002年版,第369页。
② 同上书,第376页。
③ 同上书,第374页。

全面贯彻执行党的宗教政策，是我们解决、处理宗教问题的前提。因此，党的各级干部，要对党的政策有一个全面而熟悉的理解，并在宗教工作中，始终以这些原则为指导，这样，才能在社会主义条件下促进宗教工作的健康发展。

二　依法加强对宗教事务的管理

加强党和政府对宗教工作的领导，是新条件、新形势所提出来的迫切要求。各有关部门要分工负责，密切配合。中国共产党对宗教工作的领导，主要是政治领导，掌握政治方向和重大方针政策。各级党委和政府要把宗教工作列入议事日程，定期分析宗教工作形势，认真核查宗教政策贯彻落实情况，及时解决存在的问题。

江泽民认为，依法管理宗教事务，这是我们实行依法治国方略的必然要求。进行依法管理，就是要切实保障宗教信仰自由，保证正常宗教活动的有序进行，保护宗教团体的合法利益。我国实行政教分离的原，任何宗教都没有超越宪法和法律的特权，都不能干预国家行政、司法和教育等国家职能的实施。宗教方面涉及国家利益和社会公共利益的事项和活动，必须纳入依法管理的范围。不能以宗教信仰自由和政教分离为借口，放弃和摆脱国家对宗教事务的管理。绝不允许恢复已被废除的宗教封建特权和宗教压迫剥削制度。绝不允许利用宗教反对党的领导和社会主义制度，破坏国家统一和国内各民族之间的团结。绝不允许利用宗教损害国家和社会的利益，妨碍其他公民的合法权利。依法管理宗教事务的要旨，是保护合法，制止非法，抵御渗透，打击犯罪。

江泽民认为："政府有关部门依法对宗教事务进行管理，这项工作必须加强，而绝不能削弱，更不能放弃管理。"依法对宗教事务进行管理和宗教信仰自由政策，不是相互矛盾的，"这是一个问题的两个方面，不能把它们对立起来。不要一讲贯彻宗教信仰自由政策，就对宗教活动采取不负责任、放任自流的态度，甚至对利用宗教进行的违法活动也视而不见；也不要一讲加强对宗教事务的管理，就又不分是正常宗教活动还是非法活动，一概加以限制"。①

---

① 《江泽民论有中国特色社会主义（专题摘编）》，中央文献出版社2002年版，第369页。

依法对宗教事务进行管理，是指政府对有关于宗教的法律、法规和政策的贯彻实施进行行政管理和监督，目的是为了使宗教活动纳入法律、法规和政策的范围。由于对宗教事务的管理，要依照法律、法规和政策进行，就有必要提高各级干部特别是领导干部依法行政、依法管理的水平和能力。

现代社会的一个基本特征是依法对社会生活的各个方面进行管理，这是管理方法，也是国家拥有的权力，对宗教事务也不例外。依法对宗教事务进行管理，是党和政府在宗教工作上的一个重要指导思想。这是加强社会主义民主和法制建设的需要，是做好新时期宗教工作的需要，也是保障各民族公民宗教信仰自由的需要。

三　积极引导宗教与社会主义社会相适应

在社会主义条件下，中国共产党作为执政党，如何领导国家处理好宗教问题，做好宗教工作，是关系到能否充分调动广大信教群众和宗教界人士的社会主义积极性的大问题，是关系到社会稳定的大问题。新中国成立以来，党对宗教的工作经历了一段曲折的道路，有过失误。主要表现在"文革"前夕及"文革"期间，视宗教为社会主义的异己力量，对解决宗教问题也是急于求成，曾利用国家政权的力量，采取行政命令的手段力图尽快消灭宗教，严重伤害了广大信教群众和爱国宗教界人士的社会主义积极性。实践证明，这种做法适得其反。它违背了宗教自身发展的客观规律，违背了马克思主义宗教观，也违背了中国共产党正确的宗教信仰自由的政策。在改革开放的历史新时期，中国共产党在总结国内外处理社会主义时期宗教问题经验教训的基础上，终于找到了解决社会主义时期宗教问题的正确途径，就是积极引导宗教与社会主义社会相适应。

宗教与社会主义社会相适应，有着深刻的依据。江泽民指出："积极引导宗教与社会主义相适应，这是我们党从社会主义初级阶段这一基本国情出发，总结新中国成立以来宗教工作的成功经验作出的科学论断，是我国宗教在历史过程中的正确方向。综观我国和世界的宗教历史，可以发现一个共同的规律，就是宗教都要适应其所处的社会和时代才能存在和延续……我国是社会主义国家，我国宗教是在社会主义条件下存在和活动的，必须与社会主义社会相适应。这既是社会主义社会对我国宗教的客观要求，也是我国各宗教自身存在的客观要求。"① 宗教与社会主义社会相适应，是社会历史发展的事实，社会主义社会发展要求宗教与其相适应。这种"相适应"还有理论上的依据。从理论上分析，宗教在庞大而复杂的人类社会结构中基本上属于思想上层建筑的范围。宗教虽然采取了超人间的神秘形式而更远离经济基础，但归根到底要依赖和适应于一定社会的经济制度和政治制度。我国是社会主义国家，中国宗教是在社会主义条件下而存在和活动的，因此，宗教与社会主义社会相适应，是必然的。"宗教是一种历史现象，在社会主义社会中将长期存在，如果宗教与社会主义社会不相适应，就会发生冲突。"② 从现实看，广大宗教信徒是拥护社会主义制度的，同全国人民在根本利益上是一致的，这是宗教能够与社会主义社会相适应的政治基础。

要全面把握"宗教与社会主义社会相适应"的含义。积极引导宗教与社会主义社会相适应，不是要求宗教界人士和信教群众放弃宗教信仰，而是要求他们热爱祖国，拥护社会主义制度，拥护共产党的领导，遵守国家的法律、法规和方针政策；要求他们从事的宗教活动要服从和服务于国家的最高利益和民族的整体利益；支持他们努力对宗教教义作出符合社会进步要求的阐释；支持他们与各族人民一道反对一切利用宗教进行危害社会主义祖国和人民利益的非法活动，为民族团结、社会发展和祖国统一多做贡献。"要鼓励和支持宗教界继续发扬爱国尊教、团结进步、服务社会的优良传统，在积极与社会主义社会相适应方面不断迈出新的步伐。"③ 对于宗教与社会主义社会相适应，江泽民在2000年12月4日的全国统战工作会议上，又进行具体的阐发："我们倡导的我国宗教应与社会主义社会相适应，包括两方面的含义：一是宗教界人士和信教群众要遵守国家的法律、法规和方针政策；二是宗教界人士要努力挖掘和发扬宗教中的积极因素，为祖国统一、民族团结和社会发展多作贡献。"④ 我国过去进行的宗教制度改革，在天主教、基督教方面革掉帝国主义的操纵和控制，实行独立自主自办教会，在佛教和伊斯兰教方面革掉封建剥削和压迫制度，是

---

① 《江泽民论有中国特色社会主义（专题摘编）》，中央文献出版社2002年版，第375页。
② 同上书，第370页。
③ 《江泽民论有中国特色社会主义（专题摘编）》，中央文献出版社2002年版，第376页。
④ 同上书，第371页。

完全必要和正确的，使我国宗教界迈出了与社会主义社会相适应的重要一步。"宗教界应当在这个基础上，适应社会主义现代化建设的新形势新任务，继续前进，而不能倒退。"[1]

在宗教与社会主义社会相适应中，必须做好"引导"的工作。实现宗教与社会主义社会的相适应，有赖于党和政府的积极引导。除了引导宗教方面要有益于社会外，还要引导宗教界巩固宗教制度民主改革的成果，以适应社会主义社会的新形势。要依靠宗教界的有识之士和爱国宗教团体，通过他们的自觉行动，在宗教内部慎重、稳妥地进行更深层次的改革。具体到宗教工作方面，要紧紧抓住讲政策、讲管理两个方面。讲政策，就是要全面正确地贯彻执行宗教信仰自由的政策；讲管理，就是依法加强对宗教事务的管理。两者分别从政策高度和法制高度关注"相适应"的问题，其实质完全一致，都是在处理宗教问题上要保护合法制止非法，打击违法。目的都是为了促进宗教与社会主义社会相适应。"应该相信，我们共产党人有办法、有能力，引导爱国宗教团体和广大宗教信徒把爱教与爱国结合起来，把宗教活动纳入宪法和法律的范围，做到同社会主义社会相适应。"[2]

总之，全面正确地贯彻执行党的宗教政策，依法加强对宗教事务的管理，积极引导宗教与社会主义社会相适应，简而言之，即是讲政策、讲管理、讲适应，这是马克思主义宗教观与中国宗教情况的实际相结合的结晶，是做好新时期的宗教工作必须遵循的指导方针。

---

[1] 《江泽民论有中国特色社会主义（专题摘编）》，中央文献出版社2002年版，第370页。
[2] 《江泽民论有中国特色社会主义（专题摘编）》，中央文献出版社2002年版，第370页。

第二十三章 中国特色社会主义的对外政策

正确认识和把握社会主义建设的外部条件，坚持独立自主的和平外交政策，为我国的改革开放和现代化建设争取一个有利的国际环境，是建设中国特色社会主义理论的重要组成部分。中国共产党和国家对外关系的理论和政策，是以马克思列宁主义、毛泽东思想、邓小平理论和"三个代表"重要思想为指导，以时代背景和国际形势的发展为依据，以中国人民的根本利益和世界人民的共同愿望为出发点，在不断总结经验的基础上发展完善起来的，并在外交实践中继续丰富和发展着。我国外交工作的总目标是，有利于形成良好的国际环境，有利于国内的改革开放和现代化建设。

第一节 国内外形势的变化与我国对外政策的调整

一个国家的对外政策必须依据世界形势的基本走向以及世界格局的演变趋势而适时进行调整。中共十一届三中全会以来，我国进入了一个新的历史时期，国际形势发生了巨大变化，我国的对外政策进行了重大的战略调整。

一 国际形势的新变化

我国的外交政策，是根据形势的新变化、新特点而进行考虑与调整，因而具有与时俱进的特点。20世纪70年代末80年代初，国际形势发生了一系列新变化。面对新的世界和我国发展的具体要求，以邓小平为主要代表的中国共产党人，运筹帷幄，从战略的高度调整了我国的对外政策。

20世纪下半叶，盼望和平、促进和平、维护和平已成为世界各国人民的共同愿望和奋斗目标。由于霸权主义仍然存在并且在某种程度上还在继续发展，局部战争和地区冲突不断，世界性战争的可能性还不能完全排除。但是，就世界范围来看，总的趋势是和平力量的增长超过战争力量的增长。七八十年代，从苏美争霸的两极格局来看，苏联由于国内矛盾，已经采取了退守政策，原来那种进取性的外交态势有所收敛；美国尽管仍处于世界发展中的超强地位，且外交政策有着明显的霸权主义色彩，但出于发展自身的需要以及面临世界和平趋势的压力，也不敢悍然发动世界大战。从世界发展的主流趋向来看，经过两次世界大战洗礼的世界各国人民，都越来越清醒地认识到维护世界和平的重要性。战争无论对哪个国家、哪个民族都意味着一场灾难。在世界各民族人民中，各种各样的和平运动蓬勃发展，极大地促进了维护世界和平力量的发展。第三世界发展中国家是维护世界和平的中坚力量，随着发展中国家力量的增强，必将进一步推动和平力量的增长。中国成为反对霸权主义、维护世界和平的主要力量。同时，随着"冷战"的结束和经济全球化的日益深入发展，各国之间相互依赖和相互依存关系得到加强，世界向多极化发展。所有这些，都有利于制止战争，维护世界和平。

谋求发展，走向国家富强和人民富裕，也是世界各国和各国人民的共同愿望。人们希望和平的目的就是想在和平的环境中求得更快的发展。发展问题关系到全人类的文明进程，关系到世界各国各地区的繁荣和进步。世界各国各地区都高度重视发展问题。发展问题并不是只有发展中国家才予以关注，发达国家也同样需要发展。特别是在世界经济相互合作、相互依赖不断加深的情况下，发达国家的再发展，离不开发展中国家的发展；发展中国家的发展，同样也离不开发达国家的再发展。只有在平等、互利和合作中，在全球性的共同发展中，才能有各自的繁荣和发展。在发展的大趋势中，世界经济和科学技术显现出新的发展特点。在经济方面，由于科学技术迅猛发展的强有力推动，在以世界市场为纽带的经济全球化趋势下，一方面，商品、资金、技术等经济发展的要素在全球范围内迅速流动和优化配置，从而形成更大规模的社会化大生产，推动世界经济向高水平发展；另一方面，这种发展要素在全球范围内的流动，又是在市场竞争中完成的。因而，经济发展的市场化、竞争化趋向日益明朗。在科技方面，20世纪70年代以后，科学技术得到迅猛发展，在人类的生产和生活中发挥着十分重要的作用。19世纪以前，科学技术在生产力增长中虽然也起作用，但远远赶不上增加劳动力、设备、资金所起的作用。到20世纪初，发达国家的工业生产增长也只有5%到20%来自科技进步。第二次世界大战结束以后，科技进步在经济增长中的贡献率提高很快。在20世纪70年代以后，发达国家的经济增长科技进步的贡献率已达60%到80%。正是概括这一情况，邓小平在20世纪80年代才提出了科学技术是第一生产力的论断。

对于国际形势的上述新变化，邓小平从战略全局上加以把握，并用高度概括的语言指出："现在世界上真正大的问题，带全球性的战略问题，一个是和平问题，一个是经济问题或者说发展问题。"① 国际形势的新变化，是导致我国外交政策进行重大调整的客观条件之一。

二 国内形势的新转折

社会主义在中国确立之后，通过几十年的发展，取得了辉煌成就。但是，由于对社会主义认识不清醒，再加上"左"倾思想的泛滥，中国社会主义发展经历了相当曲折的过程。在一定时期，把"阶级斗争"作为社会主义时期的主要矛盾，干扰了社会主义社会解放发展生产力的大局。由于在建设中脱离了中国经济文化落后这一基本国情，盲目求急求快的心理，使人们把理想当作现实，把教条当作法宝，经济体制与政治体制方面，充满了僵化色彩，最终导致社会主义的优越性没有充分发挥。在世界经济结构调整和经济全面发展的大背景下，使社会主义显得被动。在国际形势判断方面，由于没有看到和平与发展的趋势，对世界局势的紧张因素判断失误与反应过火，因此过多强调了"革命"与"战争"，使我国的外交政策在某些方面发生了扭曲。

中共十一届三中全会之后，我国实现了以"阶级斗争为纲"向以经济建设为中心的战略转移。通过解放思想，拨乱反正，人们的思想发生了翻天覆地的变化，中国的社会实践沿着正确的方向推进。中国人民在中国

---

① 《邓小平文选》第3卷，人民出版社1993年版，第105页。

共产党的领导下,一心一意奔向现代化的征程。中国的改革开放拉开了历史帷幕,中国特色社会主义建设实践走向了大规模探索之路。中国社会主义发展真正迎来了和平发展的历史机遇和辉煌时期。中国国内形势的变化,决定了我国对外政策在思维和实践上发生了变化。这使我们跨向新的立足点,从"战争"转向和平;从"革命"转向发展。解放和发展生产力、集中力量发展经济是我们的根本任务,这就要求有一个和平的国际环境。邓小平指出:"我们搞的是有中国特色社会主义,是不断发展社会生产力的社会主义,是主张和平的社会主义。只有不断发展社会生产力,国家才能一步步富强起来,人民生活才能一步步改善。只有争取到和平的环境,才能比较顺利地发展。"① 邓小平结合中国的实践,指出了和平环境相对于我们来说,就是一个极大的机遇。他认为:"中国太穷,要发展自己,只有在和平的环境里才有可能。"② 并认为:"我们的对外政策,就本国来说,是要寻求一个和平的环境来实现四个现代化。这不是假话,是真话。这不仅是符合中国人民的利益,也是符合世界人民利益的一件大事。"③ 邓小平根据世界发展的总体形势,提炼出"和平与发展"这一世界性、世纪性主题。他说:"根据对世界大势的这些分析,以及对我们周围环境的分析,我们改变了原来认为战争的危险很迫近的看法。"④ 邓小平对国际形势的重要判断,成为我们转移工作重点、制定"三步走"发展战略的基本依据之一。"一九七八年我们制定一心一意搞建设的方针,就是建立在这样一个判断上的。"⑤ 我国的外交政策调整,也是建立在这样一个判断上。事实证明,邓小平关于世界和平发展趋势的判断,对中国实现战略转移的决策以及据此对我国外交政策的调整是完全正确的。

三 我国外交政策的新调整

中国共产党领导的社会主义现代化事业,是在复杂多变的国际环境中进行的。只有善于从全局和战略的高度,认识当今国际局势变化对我国的

---

① 《邓小平文选》第3卷,人民出版社1993年版,第328页。
② 同上书,第82页。
③ 《邓小平文选》第2卷,人民出版社1994年版,第241页。
④ 同上书,第3卷,人民出版社1993年版,第127页。
⑤ 同上书,第233页。

影响，审时度势，科学地制定外交政策，才能为我国现代化建设创造一个良好的外部条件，更好地维护我国的安全和利益。中共中央第二代、第三代领导集体，正是在这一基点上确定我国外交政策的。相对于以往，我国外交政策的调整方向主要包括以下方面：

首先，积极争取对我国现代化建设有利的国际环境。古今中外的历史表明，一个国家和民族要求得到发展繁荣，必须有一个和平的环境。人类历史上有不少灿烂辉煌的古代文明，因为战争和动乱而被毁灭。中国自鸦片战争以后直到新中国成立前，不断受到帝国主义列强的侵略，战争不断，动乱频繁，给中华民族造成了巨大的灾难，阻碍了中国经济社会的发展，使中国的实力大大落后于世界先进国家。中华人民共和国的成立，开辟了中国历史的新纪元，标志着中国人民从此站起来了。建国初，我们粉碎了帝国主义列强要把刚刚诞生的新中国扼杀于摇篮的企图，维护了世界和平与国内安宁，为大规模的社会主义建设创造了条件。20世纪60年代以后，由于国际形势发生了复杂变化，使我们一度认为世界大战不可避免，这在一定程度上影响了集中力量进行经济建设，并在外交政策上出现了失误。中共十一届三中全会之后，党和国家的工作中心完全转移到社会主义现代化建设上来，作出实行改革开放的伟大决策。在这种形势下，我国外交政策必须为我国的现代化建设服务。邓小平认为："中国对外政策的目标是争取世界和平。在争取和平的前提下，一心一意搞现代化建设，发展自己的国家，建设具有中国特色的社会主义。"[1] 以江泽民为代表的中国共产党人，继承并发展了邓小平的外交思想。江泽民指出："我们常说我们外交工作的根本目标是，进一步巩固和发展有利于我们的和平国际环境，特别是和平的周边环境，为我国的改革开放和经济建设服务，为祖国的统一大业服务。其实归根到底就是一句话，外交工作要坚定不移地维护我们国家和民族的最高利益。"[2] 我们的外交政策只有确立这一目标，才能去争取和营造一个和平的国际环境，才能保证我们集中力量进行改革开放和现代化建设。

其次，把国家的利益和事情本身的是非曲直作为处理国家关系和国际

---

[1] 《邓小平文选》第3卷，人民出版社1993年版，第57页。
[2] 《江泽民论有中国特色社会主义（专题摘编）》，中央文献出版社2002年版，第529页。

事务的根本出发点。中国的外交政策必须考虑国家利益，并以此作为处理外交关系的根本出发点。1989年2月，邓小平会见美国总统布什时明确地说，中国从自身的根本利益出发来制定国内外政策，作出战略决策的。我们不打什么牌，不搞权宜之计。1989年10月，在会见尼克松时，邓小平指出："考虑国与国之间的关系主要应该从国家自身的战略利益出发。着眼于自身长远的战略利益，同时也尊重对方的利益，而不去计较历史的恩怨，不去计较社会制度和意识形态的差别，并且国家不分大小强弱都相互尊重，平等对待。这样，什么问题都可以妥善解决。用这样的思想来处理国家关系，没有战略勇气是不行的。"① 这表明，邓小平已经超越了社会制度和意识形态界限，从中国人民和世界人民的根本利益和事情本身的是非曲直出发，来决定自己的政策。这是在总结了新中国成立以来对外政策方面的经验教训，根据形势的变化，对中国的国家利益有了更深刻的认识后，外交政策指导思想上的升华。

再次，确定了"有所为，有所不为"的外交新思维。江泽民曾结合邓小平的外交思想，论述了中国外交有所为和有所不为的外交思维。他说："我们要贯彻邓小平同志的韬光养晦的方针，决不当头，这一点是毫无疑问的。但他紧接着说要有所作为。中国不能无所作为。中国不是'无足轻重'，而是'有足轻重'。我们已经有一定的经济实力和巨大的市场潜力，又是联合国安理会常任理事国。中国作为世界上最大的发展中国家，对国际事务可以发挥一些重要的影响和作用，我们有广大发展中国家的支持，我们能够并且有条件做到有所作为。但是我这里说的有所作为，是指必须做而又可能做的事就要尽力去做，而不是无所不为。我们不能超越我们的现实可能去办事情。"② "韬光养晦，决不当头"即是外交上的有所不为。所谓有所不为，是指决不办不符合世界人民与中国利益的事情；决不办超越我们现实可能的事情；对外国的内部事务，决不横加干涉；在国际舞台上，决不称霸。"社会主义中国应该用实践向世界表明，中国反对霸权主义、强权政治，永不称霸。中国是维护世界和平的坚定力量。"③

---

① 《邓小平文选》第3卷，人民出版社1993年版，第330页。
② 《江泽民论有中国特色社会主义（专题摘编）》，中央文献出版社2002年版，第529～530页。
③ 《邓小平文选》第3卷，人民出版社1993年版，第383页。

但是,"有所为"是中国外交思维和实践中的主要内容。中国要为维护世界和平、反对霸权主义做出自己的贡献。"中国的对外对策,主要是两句话。一句话是反对霸权主义,维护世界和平,另一句话是中国永远属于第三世界。"① 江泽民也指出:"我们一贯奉行独立自主的和平外交政策,始终致力于维护世界和平与稳定,促进各国的共同发展。"② "我们将一如既往地为维护地区与世界和平作出不懈的努力。"③ 正是按照这一思维,我们在外交实践上,为世界和平与发展作出了新的贡献,我国的国际声望日益提高,在国际社会充分显示出大国的风范。

第二节 中国特色社会主义外交政策的内容

以邓小平为代表的中共中央第二代领导集体和以江泽民为代表的中共中央第三代领导集体,提出了处理对外关系的一系列重要原则,赋予了社会主义中国的外交理论和外交政策以崭新的内容。

一 独立自主是我国外交的基本立场

独立自主是毛泽东思想的一个重要原则,是中国共产党领导革命和建设的一个根本方针,也是中国共产党创建社会主义新型外交政策的基本立场。中国遭受帝国主义侵略和压迫长达一百多年,从清王朝到国民党政府的外交都是屈辱外交,中华民族受尽了丧权辱国之苦。历史证明,没有独立自主就没有一切。中华民族的根本利益决定了新中国必须实行独立自主的外交政策。毛泽东、周恩来等老一辈无产阶级革命家,一贯强调中国的真正独立和国际上的平等地位,坚决反对帝国主义的侵略,反对任何国家以任何形式对我国的干涉,把中华民族的独立自主作为新中国外交的基本立场。

新时期,以邓小平为代表的中国共产党人继承和发展了毛泽东独立自主的原则。(1)始终把国家的主权与安全放在第一位。和平与发展已成

---

① 《邓小平文选》第3卷,人民出版社1993年版,第56页。
② 《江泽民论有中国特色社会主义(专题摘编)》,中央文献出版社2002年版,第530页。
③ 同上书,第531页。

为当今时代的主题,但冷战思维依然存在,和平与发展两大问题一个也没有得到根本解决,霸权主义和强权政治依然是威胁世界和平与稳定的主要根源。中国周边地区,也还存在着一些不利于和平的因素。历史上遗留下来的我国与部分邻国的领土、领海和某些岛屿归属问题上的分歧尚未完全消除。祖国的统一大业尚未最终实现。邓小平指出:"国家的主权、国家的安全要始终放在第一位,对这一点我们比过去更清楚了。"① "我们自己要保持警惕,放松不得。要维护我们独立自主、不信邪、不怕鬼的形象。我们绝不能示弱。"② 中国无论在什么时候和什么情况下,都要坚决地维护自己的国家主权和领土完整,都不会拿国家的主权做交易。为了维护自己的主权和领土完整及国家利益,中国永远不会接受任何违反国际关系准则的行为,也不会在任何压力下屈服。(2)决不允许别国干涉中国内政。在邓小平的外交思想中,爱国主义与社会主义、维护国家主权与坚持社会主义制度始终是有机的统一关系。他指出:"国家关系应该遵守一个原则,就是不要干涉别国的内政。中华人民共和国决不会容许任何国家来干涉自己的内政。"③ 任何国家都没有干涉他国内部事务,把自己的社会制度和价值观念强加于人的特权。中国实行社会主义制度是历史的选择,是中国人民的选择,决不会因外国的干涉而加以改变,也决不允许任何外国势力干涉我们的选择。中国人民和中国政府维护自己独立主权和社会主义制度的立场坚决不动摇。邓小平说:"中国本来是个穷国,为什么有中美苏'大三角'的说法?就是因为中国是独立自主的国家。"④ 他在十二大上庄严宣告:"独立自主,自力更生,无论过去、现在和将来,都是我们的立足点。中国人民珍惜同其他国家和人民的友谊和合作,更加珍惜自己经过长期奋斗而得来的独立自主权利。任何外国不要指望中国做他们的附庸,不要指望中国会吞下损害我国利益的苦果。"⑤ (3)中国不与任何国家和国家集团结盟,不参加任何政治军事集团。对于一切国际事务,我们都要从中国人民和世界人民的根本利益出发,根据事情本身的是非曲直,

---

① 《邓小平文选》第3卷,人民出版社1993年版,第348页。
② 同上书,第319~320页。
③ 同上书,第332页。
④ 《邓小平文选》第3卷,人民出版社1993年版,第311页。
⑤ 同上书,第3页。

决定自己的立场和政策,不屈从于任何外来压力,不同任何大国或国家集团结盟,不搞军事集团,不参加军备竞赛,不进行军事扩张,不搞政治游戏,不打别人的牌。不与任何国家或国家集团结盟将成为中国长期的外交政策,它符合国家的根本利益。只有坚定地奉行这一政策,才能不受制于人,才能有效地阻止任何国家和国家集团干涉中国的内政、侵害中国的独立和主权,才能同谁都来往,同谁都交朋友,从而在国际关系中发挥积极而独特的作用。

以江泽民为核心的中共第三代领导集体始终不渝地奉行独立自主的外交政策。江泽民指出:维护我国的独立和主权,促进世界的和平与发展,是中国外交政策的基本目标。在涉及民族利益和国家主权的问题上,我们决不屈服于任何外来压力。中国是维护世界和平的坚定力量。中国不同任何国家或国家集团结盟,不参加任何军事集团。中国永远不称霸,永远不搞扩张,同时反对任何形式的霸权主义、强权政治和侵略扩张行为。中国反对军备竞赛,主张根据公正、合理、全面、均衡的原则,实行有效的裁军和军控。在处理国际事务中,我国严格遵守联合国宪章和公认的国际关系准则,坚持实事求是和伸张正义的原则立场。① 我国在对外交往中一贯奉行独立自主原则,坚决维护国家的独立、主权和领土完整,旗帜鲜明地反对任何形式的外来侵略、干涉和威胁。一切从中国人民和世界人民的根本利益出发,按照是否有利于维护世界和平、发展各国友好关系、促进世界经济繁荣的标准,独立自主地做出判断,决定自己的立场和政策。我们既反对闭关自守、盲目排外,也反对奴颜婢膝、随人俯仰。我们既讲"人权",更讲"国权";既讲"人格",更讲"国格"。独立自主的权利,是我国的根本权利,是国内建设和对外交往的基础,也是我国一切对外政策的核心。在涉及事关国家根本权利的问题上,我们没有拿原则做交易。同样,我们也尊重别国的独立自主权利,支持任何国家民族反对干涉控制、反对侵略和维护国家独立主权的正义斗争。

二 坚持和平共处五项原则,是我国对外关系的基本准则

互相尊重主权和领土完整、互不侵犯、互不干涉内政、平等互利、和

---

① 参见《江泽民论有中国特色社会主义(专题摘编)》,中央文献出版社 2002 年版,第 528 页。

平共处五项原则,是我国在20世纪50年代针对长期以来国际关系中以大欺小、以强凌弱的现象提出的。中共十一届三中全会以来,作为处理国与国之间关系准则的和平共处五项原则,其内容在实践中不断得到丰富和发展。在两极格局终结后,我国提出处理国家之间的关系不以意识形态和社会制度划线。世界的客观现实是,国与国之间关系的亲疏、好坏,关键不在于社会制度和意识形态是否相同,而在于是否都遵守国际法则与和平共处五项原则。超越社会制度、意识形态异同发展相互关系,体现了尊重各国主权独立和不干涉内政这一最基本的国际准则。在国际交往中,我们不把自己的社会制度和意识形态强加于他国。同时,我国还主张遵循和平共处五项原则解决国际争端和地区冲突,消除热点和爆发点,并为此作出了积极的贡献。

和平共处五项原则,现在已为世界上绝大多数国家所接受。不但在我国同一百多个国家签署的条约、公报、声明等双边关系中得到确认,而且在许多重要的国际会议上和一系列国际文献中得到确认并不断被引用或重申,成为当代公认的国际关系基本准则。正如邓小平多次阐明的:"处理国与国之间的关系,和平共处五项原则是最好的方式。其他方式,如'大家庭'方式,'集团政治'方式,'势力范围'方式,都会带来矛盾,激化国际局势。总结国际关系的实践,最具有强大生命力的就是和平共处五项原则。"①

以江泽民为核心的中共第三代领导集体,进一步丰富和发展和平共处五项原则,全面阐明了这一原则的时代特征和基本要求:(1)应坚持互相尊重主权和领土完整、互不侵犯、互不干涉内政的原则。遵守这些原则,是和平共处的应有之义和必要前提。(2)应坚持用和平方式处理国际争端的原则。国家之间的争端,地区之内的冲突,应该通过和平谈判、平等协商逐步求得公正合理的解决,而不应凭借自己的军事优势动辄使用武力或以武力相威胁。要彻底摒弃冷战思维和由此而产生的各种强权行为。(3)应坚持世界各国主权平等的原则。国家不分大小、贫富、强弱,都是国际社会平等的一员,都有平等地参与世界事务的权利。任何国家或国家集团都没有凌驾于国际社会之上的特权。要充分尊重和发挥联合国在维护世界

---

① 《邓小平文选》第3卷,人民出版社1993年版,第96页。

和平与稳定方面的积极作用。（4）应坚持尊重各国国情、求同存异的原则。每个国家都有权根据本国的国情，独立自主地选择自己的社会制度、发展道路和生活方式。各国历史背景、文化传统、社会制度和价值观念上存在的差异，应该得到尊重，而不应成为发展国家关系的障碍，更不应成为干涉别国内政的借口。（5）应坚持互利合作、共同发展的原则。发达国家和发展中国家应该相互合作，平等互利，共同发展。要改革不合理的国际经济旧秩序，使之有利于维护世界各国特别是广大发展中国家的利益。任何国家都不得利用自己经济、技术和金融方面的优势，去损害别国的经济安全和发展。①

和平共处五项原则是互为前提、相互联系、相辅相成、缺一不可的有机整体，实现了前四项原则，就能达到和平共处。中国政府真诚地希望在和平共处五项原则的基础上，同世界各国建立和发展友好合作关系，并通过各种方式，不断地同违背这些原则的行为进行斗争。至今，我国在和平共处五项原则基础上同近200个国家建立了外交关系，同200多个国家和地区建立了经贸、科技、文化关系。

三 按照四项原则同外国政党发展友好关系，是我国处理对外党际关系的基本准则

政党，是当今世界普遍存在的一种社会政治现象，是各国国家政权和政治生活的主导力量，也是国际社会中一种非国家的行为主体。发展对外关系，包括发展党与党之间的关系。100多年来，各国共产党、工人党在如何处理党际关系问题上走过了曲折的道路，中国共产党自身也有过许多经验教训。在马克思恩格斯领导革命的时代，先后建立过共产主义者同盟、第一国际、第二国际。在理论和实践中，他们一方面强调无产阶级解放事业的国际性，号召"全世界无产者联合起来"；另一方面，又十分尊重各国无产阶级的自主权。第一国际允许各支部在不违背协会总方向的情况下自由制定他们的理论纲领，第二国际坚持"自由联合"、"自愿联系"的原则，反对干涉他党内部事务。十月革命胜利后建立了世界性共产

---

① 参见《江泽民论有中国特色社会主义（专题摘编）》，中央文献出版社2002年版，第542~543页。

党——共产国际。列宁在世时还比较注意倾听各国党的意见,列宁逝世以后,共产国际成了发号施令的总机关,对各国党进行粗暴干涉,损害了国际共运。第二次世界大战后,各国共产党独立自主倾向增强,逐步打破了国际领导中心和大党控制局面。

中共十一届三中全会以后,邓小平在总结历史经验的基础上明确提出:"各国的事情,一定要尊重各国的党、各国的人民,由他们自己去寻找道路,去探索,去解决问题,不能由别的党充当老子党,去发号施令。"① 根据邓小平的这些思想原则,中共十二大报告指出:"我们党坚持在马克思主义的基础上,按照独立自主、完全平等、互相尊重、互不干涉内部事务的原则,发展同各国共产党和其他工人阶级政党的关系。"② 后来,中国共产党又把这四项原则扩大运用于同各种类型外国党的关系上,主张党际关系不以社会制度和意识形态的异同为条件。

独立自主是正确处理党际关系最根本的原则。对于马克思主义政党来说,坚持独立自主,就是要独立自主地向本国和本国人民负责,独立自主地根据马克思主义和本国国情选择自己国家走向社会主义的道路。各国政党都有权独立自主地决定自己的主张和施政纲领,独立自主地处理党内的一切事务,独立自主地判断党际关系中的是非曲直。

各国党应当完全平等。党不论人数多少、大小强弱、历史长短、执政与否,都应该一律平等。世界社会主义运动不需要也不应该有什么"老子党",各个党之间也没有什么上级和下级、领导和被领导之分。

各国党要互相尊重。要承认任何党都有自己的权利和尊严,都有自己的优点和缺点、长处和短处、成就和失误,因此,各党应彼此尊重,平等相待,无论大党小党、老党新党、执政党与非执政党,都应该互相学习,取长补短。一个党的路线、方针、政策如何,是该党自己的事,别的党应理解和尊重,不应该说三道四。

互不干涉内部事务。一个党的路线、方针、政策、组织、人事问题,是这个党的内部事务。任何党的内部事务,都应该由它自己处理、解决,而不能由外国党来包办代替。

---

① 《邓小平文选》第 2 卷,人民出版社 1994 年版,第 319 页。
② 胡耀邦:《全面开创社会主义现代化建设的新局面》,人民出版社 1982 年版,第 43 页。

中国共产党确定处理党际关系的四项原则，不仅适用于中国共产党与其他共产党之间，也适用于中国共产党与社会党、民主党以及民族主义政党的关系。在这一方针指导下，中国共产党恢复和发展了与其他共产党在"文化大革命"期间中断的关系，又与世界上其他爱好和平、促进社会进步的政党建立了关系。各友好政党相互交流执政及处理国家事务的经验，是我国对外政策的重要内容，有助于国家之间关系的发展。

四　反对霸权主义和强权政治，维护世界和平，促进人类共同进步，是我国外交政策的根本目标

霸权主义和强权政治，是指大国、强国依仗其经济、军事实力，欺负、压迫和支配小国、弱国，妄图在世界上或某一地区称王称霸，甚至把本国的政治制度、意识形态强加于别国。霸权主义和强权政治是国际局势紧张和动荡的根源，是对世界和平与国际安全的严重威胁。苏联解体之后，作为唯一超级大国的美国欲独霸世界。美国打出了"领导全球"的旗帜，妄图把自己的价值观念和社会制度强加于人，实现主宰世界的目的。中国一贯反对霸权主义和强权政治，不管谁搞，也不管是全球性的还是地区性的，中国都旗帜鲜明地予以坚决反对。我们主张，世界各国不论大小、富贫、强弱，都是独立自主、主权平等的国家，都是国际社会平等的成员，都有权参与协商解决国际事务，不能由一个或几个大国垄断；任何国家都不应谋求霸权或推行强权政治，不得以大欺小，以强凌弱，以富压贫；各国有权根据本国情况选择自己的社会制度、意识形态和发展道路，任何国家不得干涉别国内政，不能把自己的社会制度、价值观念和发展模式强加于别国。我们反对霸权主义和强权政治的目的在于维护世界和平，促进人类进步事业，所以在反对霸权主义的同时，不反对同它们在一切别的领域合作和发展友好关系，如果他们做了有利于和平的事，我们就赞扬，做了有利于第三世界发展的经济技术合作等方面的事，我们就支持。

中国是维护世界和平的坚定力量，中国人民致力于建设自己的国家，致力于提高人民的物质文化生活，不会对外谋求自己的势力范围。中国的发展和强大，制约战争的和平力量将会大大增强，不会对任何国家和地区构成威胁。正如中共十二大报告所指出的："我们没有在任何外国留驻一

兵一卒，没有侵占任何外国一寸领土，没有侵犯过任何外国的主权，没有以不平等关系强加于任何外国。在任何情况下，我们永远不称霸。"① 新中国成立以来，中国反对霸权主义、强权政治，永远不称霸的坚定立场，中国在维护世界和平与人类正义事业的斗争中，不畏强权，不怕压力，不怕孤立，不信邪的民族气节，赢得了全世界人民的赞扬。

进入21世纪，国际形势进一步发展变化。世界要和平，人民要合作，国家要发展，社会要进步，这是时代发展的潮流。江泽民指出：我们要顺应世界潮流，高举和平的旗帜，高举发展的旗帜，在国际上树立维护和平和致力共同发展的形象。在庆祝建党八十周年大会上的讲话中，江泽民把维护世界和平、促进共同发展作为中国对外政策的宗旨，庄严宣告："在新的世纪里，中国共产党和中国政府愿同全世界一切爱好和平、渴望发展、向往进步的国家和人民携起手来，争取实现一个长时期的国际和平环境，共同推进历史的车轮向着光明的目标前进"。②

五 支持被压迫民族和被压迫人民的正义斗争，加强同第三世界国家的团结与合作，是我国外交政策的基本立足点

第二次世界大战后，亚洲、非洲、拉丁美洲民族解放运动风起云涌，许多国家先后获得独立，成为维护世界和平和促进人类进步事业的重要力量，极大地改变了世界政治力量的对比，这是人类历史具有划时代意义的一大进步。第三世界的崛起，在世界上出现了新的国际关系。由于第三世界国家的合作，改变了联合国仅是被某些大国操纵的一架表决机器的情况，使帝国主义、殖民主义、霸权主义、扩张主义在联合国受到正义的谴责。现在，在世界上，在联合国里，任何重大的国际问题，没有第三世界国家的参加与合作，都难以得到解决。中国同第三世界大多数国家具有相似的苦难经历，面临着相同的发展自己国家的艰巨任务。中国属于第三世界，坚决支持被压迫民族和被压迫人民的正义斗争，加强同第三世界国家的团结与合作，是中国外交政策的基本立足点。

---

① 胡耀邦：《全面开创社会主义现代化建设的新局面》，人民出版社1982年版，第38页。
② 江泽民：《在庆祝中国共产党成立八十周年大会上的讲话》，人民出版社2001年版，第47页。

我们在处理同第三世界国家的关系过程中，除了遵循对外关系的一般原则外，还突出了下列具体原则：一是支持原则。我们任何时候都把维护第三世界国家的合法权益作为自己的国际主义义务，坚决支持它们维护民族独立和发展民族经济的斗争，坚决支持它们确保自己国家主权和领土完整的斗争。二是合作原则。第三世界国家间的合作，即"南南合作"，有助于冲破现存的不平等的国际经济关系，有助于建立国际经济新秩序，我们一贯积极参加和尽力忠于这种合作，在开展贸易往来和经济技术合作的过程中，严格按照"平等互利、讲求实效、形式多样、共同发展"的原则，作出了自己的贡献。三是尊重原则。我们在处理国家之间关系上一贯严格遵循和平共处五项原则，不干涉任何国家的内政。我们尊重第三世界各国根据本国国情确定内外政策，无论是进行互利合作还是提供力所能及的援助，我们都严格尊重对方的主权，不附带任何条件或要求任何特权。四是团结原则。积极促进第三世界国家之间的团结，是我们一贯的方针。对于一些第三世界国家之间，由于种种原因导致的矛盾和纷争，甚至武装冲突，我国的态度是：不介入，反对任何外来干涉，促进团结。我们认为，第三世界尽管由于历史状况、社会制度、地位处境、发展程度不尽相同，在执行对内对外政策方面有所差异，但是，第三世界国家之间没有根本的利害冲突，他们之间的分歧和争执，应当本着公平合理的精神来解决。社会主义中国光明磊落的态度，使越来越多的第三世界国家和人民，把中国当作最可靠的朋友。

第三节 中国特色社会主义外交政策的成效

20世纪80年代以来，由于适时地调整了对外政策，我国的外交工作开创了新的大好局面。

一 同周边国家友好合作关系取得了显著的进展

加强与周边国家的睦邻友好合作，是中国外交政策的重要方面。中国希望看到一个繁荣、稳定、蓬勃发展的周边国家。20世纪80年代以来，我们经过努力，与周边一些国家或者建立恢复了外交关系，或者实现了关系正常化，或者将传统的友谊与合作推进到一个新的阶段。

（一）与朝鲜半岛的关系得到进一步发展。1992年8月，中国和韩国建立了外交关系，从此，中国和朝鲜半岛的关系揭开了新的一页。一方面，中国和朝鲜的传统友谊不断加强和发展，一直保持着频繁的政治、军事领域的来往以及经济、科技、文化和其他方面的交流。另一方面，中韩关系自建交以来获得快速发展，两国领导人的历次会谈中强调"中韩关系的发展应着眼于朝鲜半岛的和平与稳定，着眼于亚洲地区的发展与繁荣，着眼于21世纪"。中国与朝鲜和韩国均保持友好关系不仅有利于朝鲜半岛的和平与稳定，而且也是保障我国改革开放和现代化有一个稳定和平的周边环境的重要因素。

（二）与东盟国家的友好合作关系得到深入发展。20世纪90年代是中国与东盟关系获得实质性快速发展的时期。1990年8月，中国和印尼复交，1990年10月，中国和新加坡正式建交，1991年9月又与文莱建交。1991年11月越共中央总书记杜梅和部长会议主席武文杰率领越南高级代表团访华，两国领导人举行了高级会晤，宣布中越关系正常化。中国和老挝的关系随着中越关系的改善而改善，也得到了恢复和加强。中国与柬埔寨的关系在柬埔寨政府成立后有了新的发展。中国与东盟国家发展友好关系的原则是：在政治上不断加强合作与协调，求同存异，坚持国家不分大小一律平等和不称霸的原则，发展同东南亚各国的友好关系，积极参与地区事务，共同为促进世界和平和维护亚太地区的稳定而努力。在经济上，进一步加强同东南亚的长期合作关系，使之向更深的层次、更广的领域发展。

（三）我国与巴基斯坦、孟加拉国、尼泊尔、斯里兰卡等南亚国家的传统睦邻友好关系得到了巩固和加强。我国同印度的关系获得重大改善，中印关系进入新的发展时期。塔利班政权垮台后，为促进阿富汗战后的和平与稳定、经济的恢复，我国致力于与阿富汗国家关系发展，不仅提供了人道主义的援助，而且积极发展双边贸易往来。我国和蒙古国实现了关系正常化后，友好合作关系进一步加强。我国不仅与俄罗斯关系正常化，而且与苏联各共和国建立了友好关系。一个相对稳定的周边环境已经形成。我国同周边国家的关系，可以说现在是新中国成立以来比较好的时期。

二　同发展中国家的团结与合作不断加强

中国是发展中国家，中国的外交是全方位的，我们既重视同发达国家的关系，也重视发展同发展中国家的关系。加强同发展中国家的团结与合作是我国对外政策的基本立足点。20世纪80年代以来，我们与世界上绝大多数发展中国家加强团结，共同致力于建立公正合理的国际政治经济新秩序，推动了国际关系的民主化，促进了国际政治、金融和贸易体制的改革；通过全面推进南南合作，提高了发展中国家的整体实力和国际地位。

（一）同非洲发展中国家的关系取得了程度不同的改善与发展。中国同非洲国家在联合国和其他国际场合，长期以来保持着荣辱与共、相互支持的合作传统，为维护世界和平、争取发展中国家的合法权益作出了积极贡献。我国通过加强南南合作，推动南北对话，与非洲大多数国家在经济、文化、科技等领域，不断扩大和发展关系。特别是面向21世纪，进一步发展了中非长期稳定、平等互利的新型伙伴关系。通过各种交往，尤其是高层领导之间的直接接触，加深相互了解和信任，进一步挖掘双方经贸合作的潜力，拓展新的合作方式和领域，逐步形成互利互惠、共同发展的中非经贸关系新格局。

（二）同拉美一些发展中国家友好合作关系得到不同程度的发展。这些年来，中国同拉美一些发展中国家政治关系进一步密切，通过高层领导人之间的直接接触和对话，利用中拉之间建立的政治磋商机制，加强了中国同以里约集团为代表的拉美地区组织的对话与合作。在涉及联合国作用和改革、国际安全、建立国际新秩序、推动世界多极化、实现国际关系民主化和捍卫发展中国家合法权益等问题上，广泛开展对话，协调立场，彼此借重，相互支持。在联合国、亚太经合组织、七十七国集团以及东亚——拉美论坛等国际组织或场合中，努力寻求了共识，扩大了合作。中拉经贸合作得到长足发展，2000年中拉贸易达到了创纪录的126亿美元。并且，通过开拓合作的新途径、新方式，充分发挥了各自优势，互助互补，相互促进，赋予了南南合作新的活力。

总之，中国作为发展中国家的一员，致力于发展与发展中国家的关系。近些年来，高层互访增多，合作领域拓宽，合作方式多样，合作成果显著，通过加强同发展中国家的团结与合作，扩大了我国在国际环境中的外交活动余地,提高了我国的国际地位。

三 开展大国外交,发展了大国间长期稳定的友好合作关系

20世纪80年代初,在和平与发展成为时代主题的国际条件下,在对外开放这个基本国策的推动下,我国重视大国外交,积极开展大国外交,发展了大国间长期稳定的友好合作关系,并在一些重大国际问题上达成了一定程度的谅解与协调。

(一)中美"建设性战略伙伴关系"。20世纪80年代末以来,中美关系仍然处于一种"摇摆不定"、"一波三折"的不正常状态。中国政府认为,这种不正常的状态长期下去,对中美双方都没有好处。建立并保持中美两国正常稳定的关系,不仅符合两国人民的根本利益,也有利于亚太地区乃至世界的稳定与发展。随着中国经济在90年代强劲增长,中国的综合国力和国际地位不断提高,美国朝野上下的有识之士认识到必须对中国的重要性重新进行定位,对华政策必须走向务实,并作了战略性重大调整。中国国家主席江泽民"登高望远",从世界大局和21世纪战略角度,提出了中美关系的"双十六字方针",即"增加信任,减少麻烦,发展合作,不搞对抗"和"增进了解,扩大共识,发展合作,共创未来",为新世纪的新型中美关系构筑了基本框架。1997年10月26日至11月3日,中国国家主席江泽民对美国进行国事访问,这次访问的最大成果是中美双方达成共同致力于发展面向21世纪的"建设性战略伙伴关系",这意味着中美新型双边关系的开始。"9.11"事件后,两国领导人通过电话、直接会面等交流形式,在反对国际恐怖主义这一战略性问题上,基本获得了共识。走向21世纪的中美关系将出现较长时期的相对稳定和正常的局面,加强合作、减少摩擦有望成为中美关系的主导方面。

(二)中俄"战略协作伙伴关系"。冷战结束以来,中国政府十分重视发展同俄罗斯的睦邻友好关系,把发展对俄关系放在十分重要的位置。两国领导人频繁互访,两国关系不断提升。1994年,双方提出建立"面向21世纪的建设性伙伴关系",到1997年,又进一步确立为把中俄关系建设成为"面向21世纪的战略协作伙伴关系"。中俄两国就双边关系的现状和前景进行了详细讨论并达成广泛的共识。双方认为,中俄友好合作关系,是亚洲大陆和太平洋地区安全、稳定和经济繁荣的重要组成部分。

中俄关系的发展可谓方向明确、基础牢固、前景广阔。进入新世纪之后，双方在反恐等重大国际问题上，互相沟通，加强合作。

（三）中日"长期睦邻友好关系"。日本是中国一衣带水的邻邦，也是世界经济强国之一。维护和加强中日间长期、稳定的睦邻友好关系是我国的一项基本外交政策。冷战结束后，中日关系进入历史性转折时期，面临重新定位，中国为发展新时期中日关系采取了积极对策。中日关系逐步走出了1996年因新的日美安保条约导致的中日关系的摩擦时期，中日关系下滑势头受到遏制。1997年两国首脑实现了互访，并就新时期进一步加强对话，扩大合作达成共识。双方认为，中日关系正处在新老交替时期，两国间建立多层次、多渠道的对话关系，对于消除彼此间的隔阂，增加相互信任至关重要。面向21世纪，中国对发展中日关系充满信心，中日关系有着广阔的发展前景。

（四）中国和西欧诸国"开创全面合作新局面"。中国非常重视与西欧的关系，不断加强与西欧国家的合作，积极发展同西欧经济、技术、贸易交流，以促进发展，促进和平。1997年，中国同西欧国家的关系呈现了全新的局面：西欧国家领导人陆续到中国访问，中国领导人也访问了一些西欧国家。这表明中国和西欧国家领导在积极寻求自身利益的基础上要求进一步合作的愿望，也标志着东西方不同社会制度的国家正谋求和平共处的方式和更加稳定的多极化秩序。具体表现在：一是中法面向21世纪的全面伙伴关系。1997年5月，法国总统希拉克访问中国，双方签署联合声明，向全世界表明中法两国建立面向21世纪的全面伙伴关系。二是中英、中葡关系辞旧迎新。随着香港、澳门顺利回归中国，特别是按照"一国两制"的方针分别同英国、葡萄牙两国政府就香港、澳门回归祖国达成了协议，中英、中葡关系揭开了新的篇章。英、葡两国政府在发展对华关系上表现了良好的愿望，中国与这两国之间建设和发展新型关系已是大势所趋。三是中德关系稳定发展。在与西方发达国家的关系中，中德关系的发展是最稳定的，一直保持着良好的发展势头。在政治、经贸领域，两国之间的关系仍有很大的发展潜力。

当然，20世纪80年代以来，中国与西方国家的关系在一定的时期也受到极大的挫折。1989年北京政治风波之后，因西方对中国实行"制裁"，使关系一度受到严重损害。但是我国本着坚持原则、利用矛盾、广交朋友、多做工作、打破制裁的方针,通过有理、有利、有节的斗争,与西方国家的关系逐步恢复和发展,特别是经贸关系有较快的发展。

总之,中共十一届三中全会以来,我国的对外政策适应形势的需要,通过调整获得了重大的发展。对外关系在曲折中取得了巨大成就,我国的国际威望进一步提高,国际影响越来越大,国际地位日益提高。

第二十四章　中国特色社会主义与"苏联模式"

20世纪，是社会主义制度在世界出现，为世界发展增添"亮点"的世纪；是社会主义运动风起云涌并跌宕起伏的世纪；是社会主义在曲折性道路上苦苦探索的世纪。第一个社会主义国家苏联，首次在20世纪跃出，但今天却不复存在。而在20世纪中叶诞生的中国社会主义，在今天则日新月异，以其辉煌的成就及其发展的迅猛势头，展示着社会主义制度的优越性与生命力，并与时俱进地展开着新的"历史"。中国的社会主义，与"苏联模式"曾发生过关系，而中国特色社会主义则是跳出"苏联模式"后形成的理论与实践创新。

第一节　"苏联社会主义模式"的演变及其与中国社会主义的历史渊源

如何认识苏联模式社会主义及其有关问题，是理论和实践上的一个重大课题。运用马克思主义的立场和方法，对苏联模式社会主义的历史沿革、发展及消解进行研究，对苏联模式与中国社会主义的历史渊源进行探索，从中不仅可以发现社会主义发展的曲折性与复杂性，而且对于坚定中国特色社会主义共同理想，推进中国的改革开放和现代化建设的伟大事业，有着深远而重大的意义。

一　苏联社会主义模式的确立、变形与消失

1917年十月革命胜利，世界上第一次诞生了社会主义国家。这一制度的出现，验证了马克思主义理论的科学性和生命力，在世界具有强烈的

震撼意义。作为第一个社会主义国家的缔造者和社会主义制度的创始人，列宁对社会主义建设的内在规律作出了全方位的成功探索。他虽然没有"一下子就制定出新社会的组织形式"，①但他从俄国历史的、现实的实际出发，对什么是社会主义、怎样建设社会主义进行了苦苦探索。其中所形成的一系列创新性成果，对社会主义在整个20世纪的发展具有重大的指导意义。

列宁逝世后，斯大林执政不久，便结束了新经济政策。随即开始了集体农庄运动和社会主义改造运动。1936年12月5日，苏维埃第八次非常代表大会通过新宪法，宣布苏联已基本实现了社会主义。其特点是：实行生产资料公有制；计划经济占统治地位；各尽所能，按劳分配；消灭了剥削制度和剥削阶级；无产阶级专政依然存在，其对内镇压的职能逐步消失；没有几个政党存在的基础，只有共产党一党存在；等等。

苏联社会主义模式，在斯大林时代得以确立。总的看来，尽管这一时期苏联模式还处于初级阶段，却在与资本主义的竞赛中，赢得了第一回合的胜利。另一方面，特殊条件下确立的高度集中的政治经济体制，也为苏联后来的社会主义建设埋下了隐患。

斯大林所确立的社会主义模式，存在着控制太死、集中过度、排斥价值规律和市场调节作用、忽视社会主义民主机制建设等诸多弊端。斯大林逝世后，赫鲁晓夫看到了深深打着斯大林烙印的苏联模式社会主义存在的弊端需要改革，但没有找到根本的症结所在。不论是赫鲁晓夫的"工业建筑业改组"，还是后来勃列日涅夫提出的"新经济体制"，基本都是围绕中央与地方、国家与企业的权力分配以及改进计划和"物质刺激"兜圈子，改革主要涉及管理机构的上层，局限于用一些指标代替另一些指标，并没有触动经济关系的深处，恪守的依然是传统的产品经济观念，理论上依旧受斯大林时期有关社会主义制度下生产关系会"自动适应"生产力发展的观点的影响，不承认这两者之间会发生矛盾，特别是对抗性的矛盾。对于市场经济、价值规律更是讳莫如深。赫鲁晓夫等人一方面全面否定斯大林；另一方面又把深深打着斯大林时代烙印的、以高度集中的政治经济体制、单一计划经济为核心的苏联模式社会主义的具体体制，看作

---

① 《列宁选集》第3卷，人民出版社1995年版，第545页。

是社会主义的基本制度，完全加以肯定，不敢越雷池半步。赫鲁晓夫不仅看不到苏联社会主义潜伏的危机，甚至对其产生了盲目乐观情绪。他认为，苏联已进入"全面展开共产主义社会建设阶段"，将在20世纪80年代"基本上建成共产主义"。这些不切实际的判断，不仅使赫鲁晓夫在制定具体政策时作茧自缚，更重要的是，苏联模式社会主义中的具体体制在堂而皇之的理由下被进一步固定下来，使苏联社会主义丧失了生机和活力。

20世纪60年代勃列日涅夫执政。勃列日涅夫没有利用相对缓和的国际局势大力发展本国经济，适当调整国民经济比例，提高人民生活水平，却依然教条主义地对待社会主义，依然因袭优先发展军事工业的思路。对外采取"进攻性战略"，加紧与美国的军备竞赛。由于僵化地对待斯大林创立的社会主义模式，贻误了改革和发展的时机，最终使苏联社会主义积重难返，陷入困境。20世纪60年代，苏联在追赶美国方面趋于缓慢，1970—1985年，苏联经济发展几乎陷于停顿状态，苏联社会主义在与资本主义的较量中，已经处于劣势。广大人民群众的不满情绪越来越强烈，渴望改变现状的呼声越来越高，苏联社会主义走入了沼泽地。

1985年戈尔巴乔夫执政后，一方面严厉批评苏联长期经济停滞的状况；另一方面宣布要进行彻底的全面的经济改革。但他低估了改革的复杂性和艰巨性。在苏联经济体制运转失灵、结构严重失调的条件下，加速发展不过是个幻想。在苏联经济每况愈下的困难形势下，戈尔巴乔夫没有检讨改革计划的不切实际和改革目标的选择失当，而是把多年来苏联模式社会主义体制僵化造成的错误归咎于社会主义的基本制度，归咎于改革的"阻力太大"。于是提出要粉碎斯大林主义的意识形态及其有关的一切东西，"过去的"一切都应当炸毁，从过去那种专制集中的社会模式向人道的、民主的，以服务于人为方向的社会过渡。结果使"人道的、民主的社会主义"取代了马克思主义。戈尔巴乔夫所谓的"改革"，不是社会主义制度的自我发展和自我完善，而是对社会主义基本制度的彻底背叛和否定，正是在这样一种机会主义思想和路线政策的指导下，苏共和苏联社会主义走向了灾难的深渊，苏共丧失了执政地位被解散，社会主义苏联全面解体。

二 对苏联社会主义模式的评价

苏联社会主义模式在苏联从产生、发展到扭曲以至走向消亡，这是历史的悲剧。正像鲁迅先生所指出的，悲剧是把有价值的东西毁灭给人看的。我们应当以马克思主义历史唯物主义为指导，以苏联模式社会主义的发展事实为基础，从它的产生、发展、消亡的历程中挖掘出其应有的"价值"。

苏联社会主义模式曾在历史发展过程中发挥了影响。苏联社会主义模式，有对科学社会主义的基本原理和本质特征坚持发展的一面，如消灭了剥削制度和剥削阶级，实现了生产资料公有制，坚持无产阶级专政，生产资料公有制采取了全民所有制和集体所有制两种形式，人民群众当家作主采取苏维埃政权形式，在一国建设社会主义的条件下建立无产阶级常备军，等等，都凝结着苏共对马克思主义的理解，凝结着苏共对社会主义问题的探索结晶。从历史发展过程来看，这一模式也曾发挥了巨大的影响。如保证了苏联在20世纪30年代高速发展重工业，奠定了社会主义的物质基础，保证了苏联卫国战争的胜利，并在战后经济恢复时期，发挥了社会主义的优势。因此，评价苏联模式社会主义，必须采取历史唯物主义的态度，把它放到当时的历史条件下去分析。对苏联社会主义模式全盘否定，这是反历史主义的，更不是马克思主义者应有的态度。

苏联社会主义模式存有严重的不足和弊端，苏联社会主义模式存在对科学社会主义的教条式搬用，甚至扭曲、背离的一面。斯大林与苏共，在某一时期由于在思想上不能与时俱进，不能把马克思列宁主义与当时的实际相结合，因而在对社会主义的理解上出现了失误。如在经济还不发达的条件下，急于消灭商品经济和小生产，急于过渡到社会主义产品经济和计划经济，把全民所有制规定为国家所有制，把计划经济规定为国家指令性计划，在自然经济、半自然经济大量存在的条件下，急于用行政手段实现农业集体化，以及政治上的个人集权、领导职务终身制，文化上的专制主义、教条主义，对外关系上的大党主义、大国沙文主义，都对社会主义造成了严重的消极影响。尤其是在斯大林时代已经定型的高度集权的政治体制和高度集中的经济体制，销蚀了社会主义生产关系对生产力状况的反应能力和应对灵敏性，使其在长期发展中丧失了改革的机遇，社会主义制度的优越性发挥不力，最终把苏联社会主义推向灾难。邓小平在20世纪80年代反思苏联的发展过程与中国社会主义建设的关系时，曾语重心长地指出：我们"原来政治体制都是从苏联模式来的。看来这个模式在苏联也不是很成功的"。①

如果说，上述弊端还只是苏联社会主义模式的"内在缺陷"，这一缺陷带来的后果，只是对苏联社会主义事业带来损害，苏联社会主义模式还存在"体制外"弊端，这一弊端带来的影响，是损害了国际社会主义事业的发展。在国际共产主义运动中，长期以来形成一种僵化的模式和观念。由于苏联是第一个社会主义国家，由于苏联党在20世纪30—50年代的国际共产主义运动中具有举足轻重的地位，因此，苏联社会主义模式被凝固化、神圣化，认为坚持它就是坚持机会主义，违背它就是违背社会主义。二战后诞生的一批社会主义国家，无不照搬了苏联模式。这虽然与苏联推广自己的模式有关，也与当时其他社会主义国家的领导者对社会主义理解不清有关，由此，社会主义国家无不感染上苏联模式的缺陷和弊端。尤其是，当一个社会主义国家在探索中稍一"出格"，就遭到苏联的攻击和制裁，这就使苏联模式形成了不可侵犯的"神圣"地位。这一现象，使世界社会主义发展面临很大困难与曲折，其消极影响具有"国际化"特点。

苏联模式的弊端，并非社会主义制度本身所造成的，苏联社会主义模式的弊端，并非社会主义基本制度本身所固有，而是其具体实现形式即具体的政治、经济体制运行中不合理的因素所造成的。社会主义制度确立以后，只是为生产力的发展提供了最基本的前提，而只有在建立了合理的、科学的政治经济体制运行机制，把各种资源有效配置利用起来后，社会主义制度的优越性才能充分发挥出来。苏联社会主义建设实践中的失误和困难，都是在具体体制运行机制这一层次上发生的，决非是因为选择了社会主义道路，而是因为没有及时找到改革的出路。结果严重地阻碍了生产力的发展。人民因此产生不满情绪。国内敌对势力以此煽动对社会主义的仇恨，使资本主义的和平演变更加有机可乘。可以说，苏联社会主义的消失，决不是社会主义制度的失败，不是马克思列宁主义的失败，而是苏联

---

① 《邓小平文选》第3卷，人民出版社1993年版，第178页。

共产党在推进社会主义建设中，没有激发社会主义的活力，在某种条件下背离马克思主义的结果。因此，消除苏联社会主义模式影响的合理方法，决不是放弃社会主义道路，而是通过改革，促使社会主义制度自我完善和自我发展。这一方法和道路，是富于创造精神的中国共产党，通过艰苦努力而选择出来的。

三 苏联模式对中国社会主义的影响

社会主义制度在中国确立之后，从当时的条件来看，一是我们没有现成的经验，二是由于苏联当时的重要影响，以及社会主义确立在苏联取得了重大成就，因此，我们基本上"学习"苏联。在制度建设的某些方面以及建设道路上借鉴苏联的一些经验，这无可厚非。但是，社会主义发展是建立在马克思主义与本国实际结合基础之上的，全靠马克思的书本，全靠苏联的经验，即使是成功的经验，也难以在中国产生出推进社会主义的实质性效果。这是国际共产主义以及20世纪社会主义发展过程所反复证明的真理。可惜，由于当时我们对此有所忽视，对中国经济、文化落后的条件以及特有的国情认识不足，我们基本上照搬了苏联模式，建立起高度集中统一的计划经济体制模式以及高度集权的政治体制模式。

苏联社会主义模式对中国社会主义的消极影响，主要表现在：第一，对社会主义的认识，笼罩上一层教条主义色彩。科学社会主义是在分析人类社会发展规律的基础上形成的科学理论。但是，其中一系列原理和观点的现实实现，必须与具体的历史条件相结合，这一点，也是马克思恩格斯所一再强调的。但由于苏共一直存在的对马克思主义理解的教条化，不可能不使我们受到影响，因此，在一个相当长的时期我们照搬了马克思的某些个别结论，脱离历史条件，试图使马克思的某些设想在经济文化落后的中国一下子"现实化"，结果导致社会主义的失误。第二，体制的僵滞化。在经济体制与政治体制上，由于模仿苏联过多，许多已在苏联体现出来的缺陷与弊端，也就不可避免的在中国社会主义建设中反映出来。在经济体制上，由于高度集中统一，在生产关系上"一大二公"，结果在某些方面抑制了社会主义经济制度的活力，抑制了地方和群众的积极性。尤其是，把社会主义经济理解为单纯的计划经济，对于市场经济在理论上基本采取排斥的态度，使社会主义经济在发展中曲折反复。在政治体制上，由于高度集权,这就使体制内部预留了个人崇拜活动的空间。集权体制与个人崇拜相互作用,导致中国社会主义在发展过程中出现了一次次不应有的政治运动甚至政治"内乱",使社会主义建设遭遇到一系列困境。第三,在我国社会主义发展阶段的认识上,出现了过急过快的拔高现象。苏联社会主义推进过程中,无论是斯大林,还是赫鲁晓夫、勃列日涅夫等人,都曾提出过"过渡到共产主义"、"建成发达社会主义"的口号,这一影响波及中国,使社会主义理论与实践推进中,提出了几年"超英赶美",几年几十年"建成共产主义"的不切实际的设想。甚至社会主义发展的速度与目标,也脱离了中国国情,生产关系的制度安排脱离了生产力的现实状况,导致社会主义发展的复杂化与曲折化。

在我国社会主义建设的第一个五年计划的后期,苏联经验及照搬苏联模式的缺陷已经暴露出来,加上苏共二十大揭露了苏联社会主义社会的阴暗面和苏联社会主义模式的弊病,促使中国共产党人对有关社会主义建设的问题进行重新思考。毛泽东对此有所察觉,曾经提出对苏联的教训要引以为戒,也力图探索出一条中国自己的社会主义发展道路。从1955年11月到1956年4月,毛泽东先后对农业问题和工业问题进行调查研究,找了许多中央和省里分管工作的同志了解工农业生产和经济工作。在听取汇报时,毛泽东多次指出,对苏联的经验要作分析,要打破迷信。在调查研究的基础上,毛泽东提出了处理好十大关系也就是十种矛盾的原则。《论十大关系》已经提出了经济体制改革的问题。毛泽东关于两类矛盾的学说及对社会主义矛盾问题的分析,从理论上为社会主义改革提供了科学依据。同时,毛泽东还提出了"走中国工业化"道路的问题,这里包含着中国社会主义必须走自己道路的思想。他提出对苏联的先进经验必须认真学习,但是不能采取教条主义的态度,认为不管我国的情况,适用的或不适用的一概照抄照搬,是不合适的。但是,毛泽东对苏联模式的上述认识以及对中国社会主义要走自己道路的理解,在实践中并没有很好地贯彻下去。这是因为,一方面,1956年前后的探索,从总体上并没有突破传统体制模式,许多改革思想,基本上还是以完善原有的产品经济体制、计划经济体制为目的的。没有看到,这种模式本身就包含着严重的弊端。另一方面,由于受到国际国内重大事件的冲击和干扰,对形势作出错误的估计,重提"以阶级斗争为纲",抛弃了中共八大所确定的政治路线,直至发动了根本错误的"文化大革命",使探索中国社会主义建设道路的任务遭受到严重挫折。甚至,苏联模式的弊端在我国社会主义发展过程中得到进一步的深度强化和发展。

对苏联社会主义模式形成真正的认识,并走出这一模式影响而探索出一条真正具有中国特色的社会主义道路,是在以邓小平为核心的中共中央第二代领导集体的领导下完成的。

第二节 两种发展道路的不同结局

中国社会主义在长期的发展过程中,由于受到苏联社会主义模式的深刻影响,致使这一制度的优越性没有得以充分发挥,并在一定程度上使社会主义面临发展的困境。中国共产党十一届三中全会之后,邓小平率领全党开始对中国特色社会主义道路进行新的探索,使中国社会主义跳出苏联模式的怪圈,从而把社会主义推向了新的阶段和新的境界。当20世纪80年代末90年代初,一大批社会主义国家纷纷改旗易帜时,中国特色社会主义却"风景这边独好",在纷繁复杂的形势中挺身而立。两种发展道路所带来的不同结局,验证了中国特色社会主义理论与实践的生命力和巨大优越性。

一 中国特色社会主义道路的形成及开拓

1978年中共十一届三中全会的召开,是中国社会主义进程中一个具有转折意义的事件。中共十一届三中全会的召开,对于社会主义的转向具有历史性意义。可以说,这次大会,是在新的历史条件下,对"什么是社会主义以及怎样建设社会主义"探索的开始,随之,一场轰轰烈烈的改革开放浪潮在全国展开。中国共产党和中国人民围绕"中国特色社会主义"这一主题,从理论和实践两个方面进行了全新探索。

中国的改革之所以形成,是与中国共产党对以往社会主义发展中的失误的认识分不开的;而以往中国社会主义失误,则是与苏联社会主义模式的消极影响联系在一起的。邓小平对苏联模式的影响进行了深刻的反思。他认为:"原来的政治体制都是从苏联模式来的。看来这个模式在苏联也不是很成功的。即使在苏联百分之百的成功,但是它能够符合中国的实际情况吗?"① 这一反思的结论是非常深刻的。中国的社会主义,只能靠中国共产党人立足于中国实际进行自己的探索,对于别国的经验,当然要学习,但这一学习也是一个结合本国实际的创新过程。把中国社会主义发展的命运寄托在对别国模式的照搬上,社会主义就不可能赢得自身的发展,更不能赢得自己的未来。那么,社会主义建设的道路怎样开拓?邓小平以无产阶级革命家的胆略和马克思主义者的创新勇气提出:"在革命成功后,各国必须根据自己的条件建设社会主义。固定的模式是没有的,也不可能有。"② 在中共十二大开幕词中他明确地提出了"建设有中国特色的社会主义",这是社会主义观念上的一个带动全局的重大突破。

自1978年之后的20多年时间内,中国共产党人围绕"什么是社会主义,以及怎样建设社会主义"这一基本课题,在探索中形成了许多重大成果。理论上的重大成果就是形成了中国当代的马克思主义——邓小平理论。邓小平理论是同中国改革开放和社会主义现代化建设伟大实践紧密相连并被当代中国共产党和中国人民所掌握的科学理论。在实践上,中国已经开创出一条具有中国特色的社会主义道路,这条道路是中国共产党人立足于世界与中国的互动,立足于中国的国情,凭借自己的智慧和创新而实现的实践成果。20多年的发展,中国社会经济、政治文化取得了全面进步,综合国力大大增强,社会生产力得以解放和发展,人民生活水平得到改善,社会主义制度的优越性得到充分发挥。

二 中国特色社会主义对苏联社会主义模式的辩证否定

20世纪的世界社会主义的发展是曲折而复杂的,留给人们的印象是多重的;其发展是立体的、而不是平面的;其矛盾及其矛盾间的关系是多线条而非单线条的。因此,评价20世纪社会主义的总体发展图景,评价其各种复杂的矛盾关系,决不能采取简单的形而上学的思维,而必须以辩证的态度加以把握才能理清其间的脉络。认识中国特色社会主义与苏联社会主义模式的关系,就应采取这样的方法。

中国特色社会主义是在摆脱苏联"模式"的影响中探索发展的结果。

---

① 《邓小平文选》第3卷,人民出版社1993年版,第178页。
② 同上书,第292页。

但是，中国特色社会主义并没有从根本上抛弃、否定体现在苏联模式中的合理内容。坚持社会主义制度，是符合中国国情的历史选择，也是建设中国特色社会主义的理论与制度基石。在中国共产党制定的基本路线中，坚持社会主义仍然是一个重要的基本点，是改革开放的根本保证。我国的改革本身即是社会主义制度的自我发展和自我完善。苏联后期，也曾提出摆脱苏联社会主义模式的问题；但苏共抛弃以往模式，是把否定社会主义制度、否定马克思主义等蕴含其中的。因此，其结局只能是导致社会主义的土崩瓦解。这一点，深刻反映出对苏联社会主义模式的认识立场、认识态度不同，会导出两种不同的改革路线，进而引申出执政党和社会主义制度的两种不同命运和结局。

在某种意义上，中国特色社会主义理论和道路是中国共产党人自觉摆脱苏联模式影响的产物。从中国特色社会主义的角度认识苏联社会主义模式，有两点必须牢记：一是苏联模式本身存有严重弊端；二是对苏联模式的照搬本身违背了社会主义发展的客观要求。以往照搬苏联模式对中国社会主义造成的后果，是使人们忽视了对社会主义发展的创新性探索，形成了一种教条式思维，从而延误了中国社会主义的发展。因此，中国特色社会主义对苏联模式的摆脱，首先是在思维方式上，其次是在社会主义建设道路的理解上，产生了巨大的冲击意义。如中国特色社会主义是在解放思想的前提下，根据中国建设实践探索出的适合本国国情的社会主义建设道路。无论对待马克思主义，还是对待社会主义，我们都抛弃了苏联模式中所充斥的教条主义的思维方式。我们提出的以社会主义市场经济体制为目标的经济改革任务，打破了社会主义不能发展市场经济的"禁区"，彻底变革了苏联模式中具体体制的弊端。在政治上，我们抛弃了苏联模式高度集权、僵滞等弊端，逐步走上了决策民主化、科学化的轨道，健全了共产党领导的多党合作和政治协商制度，等等。

中国改革，不像苏联的改革。苏联的改革由于在对传统社会主义模式的认识过程中，采取了全盘否定的态度，最终抛弃了社会主义制度。中国改革，是在坚持社会主义制度的基础上，摆脱苏联模式对中国社会主义的消极影响，因而中国特色社会主义得到历史性推进和发展。

三 两种改革的不同结局及其启示意义

20世纪末期世界形势的变化具有鲜明的对比性。既有苏东国家雪崩式的剧变,并由此使这些国家的社会主义制度纷纷垮台,使这些国家陷入旷日持久的深刻危机而无力自拔;更有在东方的中国特色社会主义独辟蹊径,使社会主义大放异彩,使人们备受鼓舞并深深体会到社会主义完全可以通过自我完善而焕发勃勃生机。

同是社会主义国家,同是面对已丧失活力的传统的社会主义模式,为什么能形成两种截然不同的结局?其中的奥秘在哪里呢?关键在于针对旧的社会主义模式,在改革的路线上选择不同。对待苏联社会主义模式,究竟是立足于现实进行评价还是在思维的误区中进行盲目的批判?究竟是从社会主义发展的需要来摆脱苏联社会主义模式,还是出于一种"摆脱历史纠缠"的激情而否定它?这是完全两种不同的立场。戈尔巴乔夫的思维基点,即是苏联社会主义的历史是"黑暗"的,苏联社会主义传统必须否定。因此,以求"异"为目标,以"反传统"为快事,提出了"人道的、民主的社会主义"这种背叛了马克思主义、背叛了社会主义的理论,结果在理论与实践上出现了重大失误和曲折,最终断送了社会主义。

中国社会主义的发展,也要摆脱苏联模式的影响。但这种摆脱,是中国共产党立足于中国社会主义建设的实际和需要,而在理论和实践上积极、自觉地改革和完善,其意图和目的是发展、振兴社会主义。作为指导中国改革的邓小平理论,既是马克思主义在当代的新发展,又是在对"什么是社会主义、怎样建设社会主义"的探索中形成的活生生的中国化的马克思主义。邓小平理论和中国社会主义实践的相互作用、相互结合,是引起中国社会面貌改变的深刻原因。可以说,不同的指导思想,对苏联模式的不同的认识立场和认识态度,导致对社会主义的截然不同的理解,并最终引发不同的结局。

20世纪80年代末90年代初,在苏联、东欧社会主义相继遭到重大曲折之后,西方一些政治家、思想家总认为这可能会产生连锁反应,并希望中国社会主义的垮台。在他们的视野内,世界上社会主义存在的是同样的弊端,引发的是同样的社会矛盾。社会主义在苏东发展中所产生的问题和导致的后果,必然也会在中国发生。但是他们忘记了,从20世纪末开始，邓小平率领中国共产党人已经探索出了中国特色社会主义道路，已经摆脱了苏联社会主义模式对中国社会主义的消极影响。当80年代苏东社会主义在发展中面临困难和窘境时，中国特色社会主义已经围绕解决中国的社会发展而走出了"另一条"道路，开辟了建设和发展的新天地。苏东社会主义的问题已经不是中国特色社会主义的问题，苏东社会主义所激化出的社会矛盾，也已经不是中国的社会矛盾，因此，苏东社会主义垮台之后，这根导火索不仅没有波及中国、中国社会主义发展，反而是万马奔腾、一日千里。中国的发展，归功于中国特色社会主义的理论和实践。这一理论和实践，在世界社会主义处于低潮时，巩固了社会主义、拯救了社会主义、激活了社会主义。

那么，两种改革带来两种不同的结局，其历史启示意义是什么呢？

中国有句名言：三十年河东，三十年河西。20世纪50年代，中国为了发展自己，曾以苏联为楷模进行学习，而在当代，这一学习的"楷模"却跌入了历史的深渊。今天的中国人完全有理由为自己国家的改革开放和社会主义现代化建设事业而感到自豪。中国经济的强劲增长，已成为整个世界经济发展的亮点和强大的动力之一。中国已成为最有活力、最有潜力的发展热土。世界为之惊叹，认为中国的经济改革与发展是20世纪最大的经济奇迹。

改革之前的中国是世界上最贫穷的国家之一，苏联改革前则已经实现了较高水平的工业化，综合国力仅次于美国而位居世界次席。而今天，中国经济成为世界最具活力的地区之一，政治稳定，文化繁荣，人民生活水平大幅度提高。原苏联地区今天则在经济上困难重重，社会问题成堆。这种不同的结局启示人们：首先，社会主义是人类历史上迄今最具优势和活力的社会制度。国际共运史一百多年的探索，中国特色社会主义发展的现实，无不从理论与实践上证明了这一真理。当然，社会主义推进中也会出现问题，但是，发展中呈现矛盾是人类社会发展的常态，决不能因为发展中存在问题而否定这一制度本身。其次，社会主义在人类历史进程中，是发展到现今阶段的崭新社会制度，但这一制度必须坚持与时俱进，自觉在各方面的领域进行改革和创新。社会主义制度在人类历史长河中具有崭新意义，对于改革、创新有着更高的要求。因此，社会主义在推进过程中，必须紧紧跟踪时代的变化、跟踪世界发展大势的变化，结合自己的国情，不断进行改革。用"以不变应万变"的心态，死抱着理论和经验教条不变，就会遏制社会主义制度的生命力。中国特色社会主义是在马克思主义与中国实际的结合中，求新求变的结果。再次，社会主义的改革与调整，其方法、方向的选择至关重要。社会的发展，改革是必需的、必然的，但改革后的结局则具有多种可能性。因此，作为执政党的共产党人，在改革的方向、方法的选择上，必须坚持原则性与创新性的统一，坚持理论创新与实践创新的统一，坚持解放思想与实事求是、与时俱进的统一，这样才能以自己的智慧与眼光，在复杂的国内外形势中，敏锐地把握社会主义发展的立足点，在多种可能性中选择自身的未来。对此，中国特色社会主义的实践，提供了一个最有证明力的成功范例。

第三节 社会主义发展道路探索的新飞跃

中国特色社会主义经过 20 多年的健康发展，胜利地跨过 20 世纪。20 几年来，中国特色社会主义飞速发展的实践，加深了中国共产党对什么是社会主义、怎样建设社会主义以及建设什么样的党、怎样建设党的认识，积累了十分宝贵的经验，取得了巨大的历史性成就。21 世纪已经到来，中国共产党已为中国特色社会主义描绘出了一幅光彩绚丽的蓝图，社会主义在历史的展开中继续奋进。

一 中国特色社会主义发展的基本经验和成就

——坚持以邓小平理论、"三个代表"重要思想为指导，不断推进理论创新。中国共产党是非常重视理论指导和建设的党。在中共十一届三中全会和十二大、十三大、特别是十四大的基础上，中共十五大把邓小平理论确立为党的指导思想。这是中国共产党经过 20 年改革开放和社会主义现代化建设的成功实践作出的历史性决策。作出这个决策，表明了全党把邓小平理论开创的建设中国特色社会主义事业全面推向新世纪的决心和信念，反映了全国人民的共识和心愿。实践证明，作为毛泽东思想继承和发展的邓小平理论，是指导中国人民在改革开放中胜利实现社会主义现代化的正确理论，是当代中国的马克思主义，是马克思主义在中国发展的新阶段。在中国特色社会主义实践中，以江泽民为核心的中共中央第三代领导集体，在科学判断党的历史方位的基础上提出"三个代表"重要思想。"三个代表"重要思想是对马克思列宁主义、毛泽东思想和邓小平理论的继承和发展，反映了当代世界和中国的发展变化对党和国家工作的新要求，是加强和改进党的建设、推进我国社会主义自我完善和发展的强大理论武器，是全党集体智慧的结晶，是党必须长期坚持的指导思想。邓小平理论和"三个代表"重要思想是马克思主义发展史上矗立起的两大思想丰碑，是中国特色社会主义继续推进的理论武器，是中国共产党的思想旗帜。无论遇到什么困难和风险，都必须坚持用马克思列宁主义、毛泽东思想、邓小平理论和"三个代表"重要思想武装全党、教育人民，不断解放思想、实事求是，与时俱进、开拓创新，尊重群众的首创精神。通过实践来检验和发展党的理论和路线方针政策。高举邓小平理论旗帜，全面贯彻"三个代表"重要思想，是中国特色社会主义在21世纪推向前进的根本。在这一思想的指导下，中国特色社会主义在已经取得重大成就和经验的基础上，将会在政治、经济、文化方面带来更大更深刻的变化。

——坚持以经济建设为中心，用发展的办法解决前进中的问题。发展是硬道理，抓住一切机遇加快发展，既是20多年来中国特色社会主义发展的事实，也是20多年实践的成功经验。20多年的改革开放，中国在经济建设中所取得的成就有目共睹，举世公认。经济发展速度在世界上名列前茅，综合国力大大加强，人民生活水平大幅度提高。在经济发展的基础上，通过科技兴国和可持续发展两大战略的实施，实现了速度和结构、质量、效益的统一，经济发展和人口、资源、环境的协调。在经济发展的基础上，促进了社会的全面进步，保证了人民共享发展成果。

改革开放是强国之路。20多年来，中国从实际出发，坚定不移地推进各方面的改革，并在改革中坚持了整体推进，重点突破，循序渐进，注重制度建设和创新的原则。社会主义市场经济体制得以确立，并在实践中不断完善和发展。坚持"引进来"和"走出去"相结合的方针，积极参与国际经济技术合作和竞争，大大提高了对外开放水平。

——坚持物质文明和精神文明一起抓。四项基本原则是立国之本。坚持中国共产党的领导，巩固和完善人民民主专政的国体和人民代表大会制度的政体，坚持和完善共产党领导的多党合作和政治协商制度以及民族区域自治制度，是中国特色社会主义发展的制度性保证。20多年来，通过推进政治体制改革，发展了社会主义民主，健全了社会主义法制，在依法治国和建设社会主义法治国家中，保证了人民行使当家作主的权利。社会主义精神文明是中国特色社会主义的重要特征，在历史新时期，中国共产党立足中国国情，继承民族文化优秀传统，吸收外国文化有益成果，在社会主义精神文明建设中，不断提高全民族的思想道德素质和科学文化素质，为现代化建设提供了强大的精神动力和智力支持。

——坚持团结一切可以团结的力量，增强了中华民族的凝聚力。20多年来，中国共产党人高举爱国主义、社会主义的旗帜，加强全国各民族的团结，巩固和发展最广泛的爱国统一战线，加强同民主党派和无党派人士的团结，使民族工作、宗教工作和侨务工作取得了重大成就。最广泛最充分地调动一切积极因素，不断为中华民族伟大复兴增添力量。

——坚持独立自主的和平外交政策，维护世界和平，促进共同发展。中国特色社会主义发展的20多年，也是中国对外政策取得重大胜利的一个时期。面对国际风云的动荡和变幻，中国共产党始终把国家的主权和安全放在第一位，在和平共处五项原则的基础上，同各国发展友好合作关系，反对霸权主义和强权政治，推动了公正合理的国际政治经济新秩序的建立。按照冷静观察、沉着应付的方针和相互尊重、求同存异的精神处理国际事务，尊重世界的多样性，促进了国际关系的民主化，为世界的和平与发展作出了中国应有的贡献。

——坚持加强和改善党的领导，全面推进党的建设新的伟大工程。治国必先治党，治党务必从严。20多年来，结合新的历史条件，中国共产党以改革的精神加强和改进自身建设，不断提高党的领导水平和执政水平，坚持不懈地开展反腐败斗争，提高拒腐防变和抵御风险的能力。在邓小平理论和"三个代表"思想的指引下，党的先进性和战斗力大大提高，党同人民群众的血肉联系得以加强，保持了党的先进性、纯洁性和团结统一。

实践证明，中国特色社会主义建设道路，是中国共产党在新的形势下所作出的正确选择。20多年的发展，中国特色社会主义在理论和实践方面取得了新飞跃，并为21世纪中国小康社会的全面建设以及现代化建设目标的实现，奠定了坚实的思想和物质基础。

二 面向未来的中国特色社会主义

当人类社会跨入21世纪的时候,我国进入全面建设小康社会,加快推进社会主义现代化的新的发展阶段。国际局势正在发生深刻变化,世界多极化和经济全球化的趋势在曲折中发展,科技进步日新月异,综合国力竞争日趋激烈。形势逼人,不进则退。在中国特色社会主义道路上实现中华民族的伟大复兴,这是历史和时代赋予中国共产党的庄严使命。

经过全党和全国各族人民的共同努力,在20世纪末,中国特色社会主义胜利实现了现代化建设"三步走"战略的第一步、第二步目标,人民生活水平总体达到小康。这是社会主义制度的伟大胜利,是中华民族发展史上一个新的里程碑。综观全局,21世纪头20年,对我国来说是一个必须紧紧抓住并且可以大有作为的重要战略机遇期。21世纪头20年,我国将集中力量,全面建设惠及十几亿人口的更高水平的小康社会,这是实现现代化建设第三步战略目标必经的承上启下的发展阶段,也是完善社会主义市场经济体制和扩大对外开放的关键阶段。经过这个阶段的建设,再继续奋斗几十年,到21世纪中叶基本实现现代化,把我国建成富强民主文明的社会主义国家。这一目标的提出,对凝聚人心,鼓舞斗志,加快推进我国的现代化建设,具有十分重要的意义。

全面建设小康社会的目标,有着综合性的要求,体现着中国特色社会主义全面、协调发展的特点。这一目标包括:第一,在优化结构和提高效益的基础上,国内生产总值到2020年比2000年翻两番,综合国力和国际竞争力明显增强。基本实现工业化,建成完善的社会主义市场经济体制和更具活力、更加开放的经济体系。城镇人口的比重较大幅度的提高,工农差别、城乡差别和地区差别扩大的趋势逐步扭转。社会保障体系比较健全,社会就业比较充分,家庭财产普遍增加,人民过上更加富足的生活。第二,社会主义民主更加完善,社会主义法制更加完备,依法治国基本方略得到全面落实,人民的政治、经济、文化权益得到切实尊重和保障。基层民主更加健全,社会秩序良好,人民安居乐业。第三,全民族的思想道德素质、科学文化素质和健康素质明显提高,形成比较完善的现代化国民教育体系、科技和文化创新体系、全民健身和医疗卫生体系。人民享有接受良好教育的机会,基本普及高中阶段教育,消除文盲。形成全民学习、终身学习的学习型社会，促进人的全面发展。第四，可持续性发展能力不断增强，生态环境得到改善，资源利用效率显著提高，促进人与自然的和谐，推动整个社会走上生产发展、生活富裕、生态良好的文明发展道路。

全面建设小康社会的目标，是中国特色社会主义经济、政治、文化全面发展的目标，是与加快推进现代化相统一的目标，符合我国国情和现代化建设的实际，符合人民的意愿，意义十分重大。为完成党在新世纪新阶段的这个奋斗目标，发展要有新思路，改革要有新突破，开放要有新局面，各项工作要有新举措。各地各部门都要从实际出发，争取切实有效的措施，努力实现这个目标。有条件的地方可以发展得更快一些，在全面建设小康社会的基础上，率先实现现代化。可以肯定，实现了全面建设小康社会的目标，我们的祖国必将更加繁荣富强，人民的生活必将更加幸福美好，中国特色社会主义必将进一步显示巨大的优越性。

对于建设小康社会，中国共产党不仅提出辉煌目标，更提出实现目标的措施保证。全面建设小康社会，最根本的是坚持以经济建设为中心，不断解放和发展生产力。根据世界经济科技发展新形势和我国经济发展新阶段的要求，21世纪头20年经济建设和改革的主要任务是，完善社会主义市场经济体制，推动经济结构战略性调整，基本实现工业化，大力推进信息化，加快建设现代化，保持国民经济持续快速发展，不断提高人民生活水平。前10年要全面完成"十五"计划和2010年奋斗目标，使经济总量、综合国力和人民生活水平再上一个大台阶，为后10年的更大发展打下基础。在政治建设上，发展社会主义民主政治，建设社会主义政治文明。在坚持四项基本原则的前提下，继续积极稳妥地推进政治体制改革，扩大社会主义民主，健全社会主义法制，建设社会主义法治国家，巩固和发展民主团结、生动活泼、安定和谐的政治局面。政治体制改革是社会主义政治体制的自我完善和发展。推进政治体制改革要有利于增强党和国家的活力，发挥社会主义制度的特点和优势，充分调动人民群众的积极性创造性，维护国家统一，民族团结和社会稳定，促进经济发展和社会全面进步。要坚持从我国国情出发，总结自己的实践经验，同时借鉴人类政治文明的有益成果，绝不照搬西方政治制度模式。要着重加强制度建设，实现社会主义民主政治的制度化、规范化和程序化。全面建设小康社会，必须大力发展社会主义文化，建设社会主义精神文明。当今社会，文化与经济和政治相互交融，在综合国力竞争中的地位和作用越来越突出。文化的力量，深深熔铸在民族的生命力、创造力和凝聚力之中。深刻认识文化建设的战略意义，推动社会主义文化的发展繁荣，意义十分重要。

21世纪，我国建设的目标及路线措施已经确定。中国特色社会主义在21世纪将有一个更大的发展。但也要看到，由于国际形势日趋复杂，国内改革已将面临许多深层次问题和新的矛盾，我们面临的任务十分艰巨。要顺利实现我们的任务，要继续推进中国特色社会主义，就必须在理论和实践上勇于创新。创新，是思想路线的根本要求，也是中国特色社会主义发展的根本要求。江泽民认为："创新是一个民族进步的灵魂，是一个国家兴旺发达的不竭动力，也是一个政党永葆生机的源泉。"[①] 世界在变化，我国改革开放和现代化建设在前进，人民群众的伟大实践在发展，迫切要求中国共产党以马克思主义的理论勇气，总结实践的新经验，借鉴当代人类文明的有关成果，在理论上不断扩展新视野，作出新概括。只有这样，党的思想理论才能引导和鼓舞全党和全国人民把中国特色社会主义事业不断推向前进。实践基础上的理论创新是社会发展和变革的向导。通过理论创新推动制度创新、科技创新、文化创新以及其他各方面的创新，不断在实践中探索前进，永不自满、永不懈怠，这是我们要长期坚持的治党治国之道。

21世纪，中国特色社会主义前进过程中的主题词即是"改革"与"创新"。中国共产党不仅围绕中国特色社会主义事业的发展提出了创新性思路，而且对于如何创新提出了具体要求。首先，发展要有新思路。总结新中国建立以来特别是新时期以来的实践经验，从改革开放和经济发展新阶段的客观实际出发，经济发展新思维的核心，就是经济结构的战略性调整，必须注重依靠科技进步和加强管理，提高经济增长质量和效益，注重资源合理开发利用和环境生态保护，实现可持续性发展，注重地区、城乡协调发展，推动社会生活全面进步。以推动经济结构战略性调整为核心的新思路，是实现新世纪新阶段经济发展目标和任务的保证。中国特色社会主义事业的发展是全面的发展。发展社会主义民主政治，最根本的是要

[①] 江泽民：《在庆祝中国共产党成立八十周年大会上的讲话》，载《人民日报》2001年7月2日。

把坚持党的领导、人民当家作主和依法治国有机统一起来，并在社会主义民主政治建设的各个方面，提出带有时代特色的发展目标和任务。在社会主义文化建设上，要紧紧把握先进文化的前进方向，从思想道德建设和科技文化事业建设等不同方面进行创新，不断增强中国特色社会主义文化的吸引力和感召力。其次，改革要有新突破。以完善社会主义市场经济体制为目标，继续推进市场取向改革，不断消除束缚生产力的体制性障碍，在深化国有企业改革、健全市场体系、完善宏观调控、理顺分配关系和健全社会保障体系等方面取得新的重大发展。只有如此，才能发挥改革对经济发展的巨大推动作用，促进经济持续健康发展。在政治上，要加强社会主义法制建设，改革和完善党的领导方式和执政方式，改革和完善决策机制，深化行政管理体制改革，加强对权力的制约和监督，以促进政治文明建设的发展。在文化体制改革方面，要大力发展教育和科学事业，发展文化事业和文化产业，继续深化文化体制改革，为繁荣社会主义文化创造良好的社会环境。二十几年的中国特色社会主义发展，得益于改革；中国特色社会主义在21世纪的推进，仍然依赖于改革。第三，开放要有新局面。开放要有新局面，就是要适应经济全球化趋势发展和我国加入世贸组织的新形势，在更大范围、更广领域和更高层次上参与国际经济技术合作和竞争，拓宽经济发展空间，提高对外开放水平。第四，各项工作要有新举措。新中国成立以来，特别是改革开放以来，我们的多方面工作都积累了较为丰富的经验，有许多行之有效的办法、措施，这些内容今后必须坚持并不断加以完善。但是我们总归是在新的世纪、新的环境、新的条件、新的任务和目标中推进中国特色社会主义事业，因此，我们必须进一步解放思想、与时俱进，不断研究新情况，采取新的举措去解决新问题，不断推进中国特色社会主义事业向前开拓。

中国特色社会主义道路，在20多年的行进中已经证明了自身的优越性和生命力。尽管在其发展中也曾面临各种挑战，但它在实践中所创造的辉煌业绩，是任何人也难以否定的。中国特色社会主义，是在当代条件下，社会主义发展的一个崭新形式，是符合中国国情的历史性选择，是中国共产党和中国人民对社会主义理论和实践认识中的最新贡献。

中国特色社会主义在21世纪的发展，目标和任务已经确定。也要看到，21世纪形势的发展仍有许多不可预测的因素。国际上，全球化推进过程中，有许多规律性的问题有待我们探索；政治多极化的发展，也面临许多困难需要我们去克服；文化的多元化发展中，也会对中国特色社会主义提出挑战。再加上国际社会一些死抱"冷战"思维不放的人，对中国仍抱有戒心甚至敌对心理，中国未来的发展不会风平浪静。国内，随着改革的纵深发展，一些新的问题、新的矛盾也会出现。但是困难与矛盾只会促进中国共产党推进建设中国特色社会主义的信心，决不能阻止中国特色社会主义前进的步伐。我们对中国特色社会主义的前途抱有必胜的信念。

下 篇

社会主义模式多样化时期的世界社会主义运动

第二十五章　苏联、东欧的社会主义改革

任何一种形态的社会制度建立后，不可能从一开始就完美无缺、以后也一成不变，而是必然有一个由低级到高级、由不完善到完善的变化、发展过程。促进和推动这一变化、发展的动力，根源于该社会的基本矛盾；实现和完成这种变化、发展的途径和方法就是改革。所谓改革，就是指在不改变原有社会基本制度的前提下，对不适应生产力发展的生产关系和上层建筑领域的具体体制所进行的调整、改良、变革和完善。恩格斯指出："我认为，所谓'社会主义社会'不是一种一成不变的东西，而应当和任何其他社会制度一样，把它看成是经常变化和改革的社会。"① 社会主义社会是在不断改革中前进的社会。社会主义国家的改革，是在社会主义制度确立后，为巩固和完善社会主义所进行的具有历史意义的探索与实践。改革是社会主义社会发展的强大动力。半个多世纪的社会主义改革史表明，改革作为社会主义制度自我完善、自我发展的必由之路，关系到社会主义事业的兴衰成败。因此，无论是从哪个角度，无论是站在何种立场上，研究20世纪社会主义发展的基本经验教训，都不能不研究社会主义改革。因为一个无可否认的事实是：社会主义为20世纪的历史发展打上了深深的烙印，社会主义在上半世纪的实践，是同苏联的社会主义模式联系在一起的；而社会主义在下半世纪的实践，是同社会主义制度在多国建立以后，先是照抄照搬20世纪30年代形成的苏联模式，而后开始改革苏联模式密切相关的。自20世纪中后期开始，绝大多数社会主义国家都先后对自己在苏联模式基础上形成的政策、体制、制度进行了规模或大或小、程度或深或浅的调整、修补、改良和改革，到80年代汇成了一股世

---

① 《马克思恩格斯全集》第37卷，人民出版社1971年版，第443页。

界性的潮流，其间，社会主义国家的改革历程曲折、复杂，并最后构成了世纪之交世界社会主义两幅完全不同的画面：80年代末90年代初，苏联、东欧诸国社会主义政权崩溃，社会制度出现了方向上的根本逆转；中国特色社会主义则逐步进入了新的发展阶段，开创了欣欣向荣的新局面。

第一节 苏联、东欧社会主义改革的起因

20世纪70年代中期开始，东欧、苏联等社会主义国家相继掀起了新一轮改革热潮。这一改革热潮的兴起，有着历史和现实的多重性原因。

一 对传统僵化政治经济体制反思的结果

苏联是世界上第一个取得社会主义革命胜利的国家，也是最早进入社会主义社会的国家。它从十月革命开始到20世纪30年代逐渐形成了一种高度集权的体制。

从根本上来说，不发达国家是难以一蹴而就建成理想的社会主义的，必须通过不断改革来探索实现社会主义之路。在苏俄国内战争结束前夕，列宁认识到"战时共产主义"不能适应和平恢复和发展经济的任务，决定改行新经济政策。虽然实行"新经济政策并不改变工人国家的性质，然而却根本改变了社会主义建设的方法和形式"。[①] 当时，这无疑是一次重大的调整和改革。可惜的是，列宁的这些思想后来没有得到贯彻和发展，甚至在相当长的时期内被遗忘了。1949年新中国成立之后相当长一段时间里是忌言新经济政策的，谈到新经济政策时，则强调它是为了一跃而后退，并不认为它是落后国家建设社会主义的正确道路。1985年8月，在总结国内外社会主义建设的经验教训时，邓小平在一次谈话中指出："社会主义究竟是个什么样子，苏联搞了很多年，也并没有完全搞清楚。可能列宁的思路比较好，搞了个新经济政策，但是后来苏联的模式僵化了。"[②] 这段话言简意赅，对新经济政策持有清醒的认识和较高评价，对于我们总结20世纪苏联社会主义建设的经验教训具有重要的指导意义。

---

① 《列宁选集》第4卷，人民出版社1995年版，第582页。
② 《邓小平文选》第3卷，人民出版社1993年版，第139页。

斯大林时期，苏联逐渐建立起一种高度集权的政治经济体制。这种体制在经济领域的特点是：在所有制结构上，实行纯粹的社会主义公有制即全民所有制和集体所有制，不允许非公有制经济的存在；在经济运行机制上，实行单一的指令性计划经济，依靠行政指令方式进行管理，不要经济杠杆，排斥市场调节；在管理体制上，实行所有权与经营权的统一，国家直接管理企业。与这种高度集中的计划经济体制相适应的是高度集权的政治体制，其特点是：在苏维埃议行合一的体制下，行政权实际上高于立法权；党政职责不分，以党代政，而且随着形势的发展，党的权力又越来越多地集中到中央委员会的几个常设机构中，实际上形成了个人集权制。苏联这种高度集权的体制，适应了当时苏联处于资本主义包围和临战状态的国际环境，以及国内经济落后、经济结构简单和以增强国防能力为经济发展首要目标的状况，因而它的形成具有其历史的合理性。但在后来的发展中，这种体制对经济社会发展的制约作用日益体现出来。

东欧人民民主国家尽管走上社会主义道路的具体过程不完全一样，但有一点是共同的，即民主革命完成后，最初的政治经济体制都是仿效苏联模式建立起来的。这是因为，苏联体制在当时仍显示着生命力，而东欧各国自己又缺乏实践经验，向苏联学习是必然的。解放初期，东欧一些国家的共产党领导人曾提出，根据战后的历史条件和东欧的具体情况，东欧可以而且应该走一条有别于苏联的独特的社会主义道路。譬如，哥穆尔卡提出波兰要走自己的发展道路，卡达尔等也主张建设社会主义要结合本国特点；捷克斯洛伐克共产党领导人哥特瓦尔德提出，必须寻找自己的道路、自己的方法、自己的政策，苏联道路并不是唯一可行的道路。但是，东西方"冷战"的形势和苏联的压力使东欧国家没有能够选择符合本国国情的社会主义发展道路。

由于东欧诸国人民民主政权的建立普遍得到苏联不同程度的帮助，甚至有几个国家如波兰、捷克斯洛伐克、匈牙利、民主德国等，实际上是依靠苏联红军的力量获得解放的，所以，苏联处处以"救世主"、"老大哥"自居，要求东欧各国依样行事，否则就扣上"修正主义"、"民族主义"、"背叛社会主义道路"的大帽子，施加各种形式的压力。

不容忽视的是，斯大林时期，苏联在社会主义革命和建设取得重大成就的同时，由于某些理论上的错误，妨碍了人们对社会主义社会发展进程中进行改革的客观必然性和必要性的认识。20世纪70年代后，东欧社会主义国家继续对传统社会主义观念和体制进行反思，认为传统社会主义观念和体制的错误主要有：

其一，否认社会主义社会的长期性。苏联在20世纪30年代中期刚刚建立起社会主义社会的基础时就宣布已经"建成社会主义"，面临的任务是逐步向共产主义过渡。这种把社会主义社会看作是短暂的阶段，急于向共产主义过渡的理论，实际上否认了社会主义社会建立后有一个由低级到高级、由不完善到完善的历史发展进程，从而也就否定了通过改革逐步发展、完善社会主义制度的必要性。

其二，否认社会主义社会中生产力和生产关系、经济基础和上层建筑之间存在着矛盾。苏联理论界长期认为，苏联在"建成社会主义"之后，生产关系完全适应生产力发展的性质，两者之间没有矛盾。似乎社会主义的生产关系一经建立就自然能够保证生产力的不断发展。在这种理论的束缚下，谈论改革不仅是多余的，而且很可能被看作是对社会主义的亵渎。

其三，否认社会主义模式的多样性。由于各种原因，苏联在特定历史条件下建立起来的、高度集权的社会主义体制和模式长期被看作是对社会主义各国普遍适用的体制和模式，不仿效、不照抄照搬就是"离经叛道"。在相当长的一段时间内，这种单一模式的理论和实践严重地抑制了社会主义各国根据本国国情、从实际出发进行创造性的建设活动和革新活动，严重地阻滞了社会主义国家生产力的解放和发展，严重地限制了社会主义国家优越性的展示和发挥。

苏联模式在苏联尚且暴露出严重弊端，别的国家原封套用，肯定是不利的。尽管东欧诸国在社会主义革命的起点和导致革命的历史条件方面，同苏联有若干相似之处，但是，差别的方面则更多。东欧各国带普遍性的问题是初期没重视从本国实际出发，急于照搬苏联经验，加上学过来的苏联模式本身存在的问题后来日益显露，严重阻碍了经济发展，使改革的必要性显得越来越迫切。自20世纪70年代起，东欧社会主义国家的改革形成了一轮高潮。

二 改革也是社会主义与资本主义两种制度竞争的要求

20世纪，社会主义制度的出现，打破了资本主义制度一统天下的格局，开始了两种社会制度共处的历史。社会主义制度是人类历史上一种崭新的社会制度，它与以生产资料私有制为基础、资产阶级占统治地位的资本主义制度有着本质的区别。它们之间的矛盾属于对抗性质，斗争是不可避免的。事实上，两种制度之间的斗争从来就没有停止过。但是，在不同的历史条件下，两种社会制度之间进行斗争的方式又是有所变化的。在苏联一国建设社会主义时期，武装进攻是资本主义国家的主要对策，侵略与反侵略是两种制度间的主要斗争形式。在社会主义制度从一国发展到多国之后，孤立、封锁、遏制逐渐成为资本主义国家的主要选择，因而遏制与反遏制就成为这一时期两种制度间对抗的主要形式。同时，社会主义与资本主义又在经济、政治、科技和军事等各个领域进行竞争。从竞争的态势看，资本主义国家在经济、科技领域拥有优势，处于领先地位。第二次世界大战后，西方发达资本主义国家先于社会主义国家掀起了新科技革命浪潮。新科技革命推动了西方国家产业结构的调整，促进了生产力的发展和社会生活的变化。西方资本主义国家还不失时机地对其自身的生产关系及上层建筑进行了调整，在一定程度上缓和了资本主义的生产关系同生产力、上层建筑同经济基础之间的矛盾，使之适应了新科技革命所导致的社会化生产力的发展要求。这一切，使资本主义经济出现了惊人的大发展，其速度和规模在人类历史上都是空前的。而社会主义国家与西方发达资本主义国家原来就存在的差距不仅未能缩小，反而进一步拉大，这也更显露出旧有的、僵化的社会主义体制不适应新科技革命全方位发展需要的弊端。因此，社会主义国家要想在同资本主义国家进行的全方位竞争中，尤其是在经济、科技领域的竞争中，缩小差距，并逐渐超过它们，就必须加快经济科技发展，全面改革旧体制。改革是社会主义赢得同资本主义竞争优势的需要，也是世界社会主义振兴的希望。

经过一些周折，一些社会主义国家在建设和改革的实践中，对改革必要性的认识逐步深化，改革的浪潮由一国逐步扩展到多国，改革的内容逐步由某一局部扩展到政治、经济和意识形态领域中不适应社会生产力发展的所有部分。这是传统的社会主义体制内在矛盾运动的必然结果，是社会主义国家进一步发展的客观需要。

总之，苏联东欧诸国的社会主义改革，不仅有各种社会形态共有的一般原因，而且还有其针对原有苏联模式社会主义模式弊端、社会主义理论差错的特殊原因；不仅有过度集权的体制阻碍经济、政治、文化发展的内部原因，而且还有资本主义世界改革而取得新科技革命和经济发展显著成就的外部原因。

三 历史上改革尝试的延续

历史上，东欧、苏联社会主义在发展的过程中，曾进行过数度改革，这些改革，由于这些国家的共产党认识上的差距，或是由于苏联的外在压力，大都中途夭折。但这些改革所形成的影响并不会一下子消失。20世纪70年代中期之后兴起的新一轮改革，仍有着历史改革的影子，是历史改革尝试的延续。

苏联、东欧社会主义改革的第一次浪潮，出现在20世纪40—60年代，这是社会主义改革进行艰难尝试的时期。

社会主义改革运动的最初萌芽是20世纪40年代中后期首先在东欧一些国家的个别共产党人中间产生的，他们强调本国的特点，反对照搬苏联建设社会主义的经验，主张走社会主义的民族道路。当时，在波兰、捷克斯洛伐克、保加利亚、匈牙利等人民民主国家，都曾不同程度地表现出这种意向。而在实践中将这种意向转化为建立真正的与苏联不同的政治经济体制模式尝试的，则是南斯拉夫。南共认为，体制改革就是要使广大劳动群众发挥主人翁的作用，"并使他们越来越多地参加对每个企业、事业机构等的直接管理"。① 1949年12月，南斯拉夫开始建立工人委员会、实行工人自治的试点，从而开始实行以自治为中心内容的社会主义改革。南斯拉夫的改革促进了经济的迅速发展，从1953年到1963年的10年间，国民收入增长1倍，工业生产年均增长率为13.8%。但是，南斯拉夫的改革还是停留在浅表的层次上，并没有从根本上突破旧体制的束缚，但其意义在于，它第一次向斯大林模式提出了挑战；第一次向世人表明：社会主义并不是只有一种固定的模式，应当探索和创立一种适合本国国情的模式。南斯拉夫的改革尝试，是社会主义国家改革的先河，它揭开了社会主义改革史的序幕，并对东欧其他国家的改革产生了深刻的影响。

1953年，斯大林逝世。斯大林之后的领导人试图对苏联的原有体制

---

① 丹尼森·拉西诺：《南斯拉夫的实验》，上海译文出版社1980年版，第73页。

进行改革的尝试。1953—1956年期间，苏联做出的重大政策调整和体制改革主要有：（1）精简机构，下放权力，调动地方和企业的生产积极性；（2）调整农业政策，实行刺激农业生产发展的措施；（3）批判个人崇拜，平反冤假错案；（4）加强国内法制建设，改组国家保卫机关，改革党政领导体制，改善党内民主生活；（5）调整对外政策，积极开展外交活动，为解决国内问题而谋求和平的国际环境。从1957年开始，苏联重点对工业和建筑业管理体制进行全面改组。苏共二十二大还提出了以扩大企业权限、加强经济刺激、充分利用商品货币关系和各种经济杠杆以及加强经济核算为中心的比较完整的改革思路。总的来说，赫鲁晓夫对苏联传统模式所推行的改革尝试，开始打破和改变苏联长期以来坚持和奉行的某些僵死的、教条主义的严重脱离实际的基本理论和政策，使苏联有可能从20世纪50年代中期开始触动高度集权的经济体制模式，对旧的工农业管理体制进行改革，并为60年代以后的全面经济体制改革作了思想和理论上的准备。然而，赫鲁晓夫时期的改革是不成功的，无论是理论还是政策，都颇显粗糙和盲目，留下的后遗症也很大。

从20世纪50年代中期起，继南斯拉夫之后，东欧一些国家开始了改革的准备和尝试。由于波兹南事件、匈牙利事件等一系列突发事件，形势极为紧迫，波兰、匈牙利等国把改革提上了议事日程。1956年，波兰在以哥穆尔卡为首的统一工人党领导下，制定了改革经济和政治体制的方针，开始了扩大企业自主权和政治民主化的进程。匈牙利以卡达尔为首的社会主义工人党于1956年12月组织200名经济学家着手研究和拟定经济改革方案。波、匈等国改革的主要内容有：减少中央指令性计划指标，扩大企业自主权，重视运用经济杠杆管理经济，精简国家机构，加强党和国家政治生活民主化，等等。民主德国、捷克斯洛伐克、保加利亚等国也进行了不同程度的改革。1956年6月，捷共提出了改善管理体制的倡议，根据管理工作要灵活、减少管理层次、分权的要求，制定了关于计划和财政管理的新体制，并于1958年开始改革。民主德国、保加利亚对高度集权的管理体制也进行了改组，加强地区管理权限，把对经济日常管理的重心移到地方。

20世纪50年代初至60年代初，苏联、东欧各社会主义国家的改革尝试主要集中在经济体制方面，除南斯拉夫最早突破苏联传统模式，基本上形成了以工人自治为中心的经济政治管理体制的独特模式外，其他各国大致可以分为两类。一类是以波、匈为代表，在基本保持原体制的前提下，开始提出计划和市场的结合问题，在改革过去过分集中的管理体制的过程中，比较注意扩大企业自主权、使工人参与企业管理；一类是以苏联和民主德国为代表的其他东欧各国，主要是在坚持原有体制基础上的调整和完善，在集权与分权上较侧重于中央与地方的平衡，市场机制在社会主义经济中的作用没有解决。在政治方面，多数国家在健全社会主义民主与法制方面取得了一些进展，但在政治体制上对如何解决个人崇拜、个人集权问题没有实质性的进展。

总之，在20世纪50年代中后期的苏联、东欧国家，由于人们对社会主义发展规律及传统体制的症结的认识的局限性，再加上这次改革的方式方法和策略不够稳妥，改革多属管理权限的调整，并没有触动中央集权管理体制的基础，企业仍受一系列指令性计划的约束，而且，随着1958年苏联发动的批判南斯拉夫"现代修正主义"运动的开展，使一些国家的改革尝试难以为继，酝酿中的新的改革计划也未能出台。有的国家，如捷克斯洛伐克，又彻底否定了50年代后期的改革，恢复了原来的经济管理体制。到60年代初期，苏联、东欧大多数国家的改革尝试都不同程度地遭到了挫折，或被彻底否定，或被迫中止，或最终失败，或被迫处于缓慢渐进的状态，或不得不转而进行大幅度的调整、收缩。但是，50年代至60年代初苏联、东欧国家社会主义改革的艰难尝试，从南斯拉夫批判和否定苏联传统体制、走上独特的建设社会主义自治道路，到改革在多国范围内初步展开，形成了社会主义改革的第一次浪潮。这一时期的改革虽然是一种尝试，但它毕竟揭开了社会主义改革的历史性序幕，并为60年代中后期各社会主义国家的改革，重新走向高潮作了理论和实践的准备。

第二次改革浪潮形成于20世纪60年代初至70年代中期，这是社会主义改革有了一定发展的时期。

经过十几年的努力，到20世纪60年代初期，几乎所有的社会主义国家都完成了社会主义改造，全面确立了社会主义的经济制度，各国的社会主义经济都获得较大发展。50年代初到60年代初，各国经济的年增长率一直保持在8%以上，比资本主义国家要高得多。究其原因，固然是多方面的，但集中全国的人力、财力和物力则是主要原因之一。在一定时期内，一个国家的人力、财力和物力是有限的，仅靠外延性扩大再生产难以长期保持发展的高速度；当人力、财力和物力不能继续大量增加时，国民经济的增长势必下降。苏联东欧各国的情况也是如此。自60年代中期起，各国经济增长的势头明显减弱，经济增长率呈下降趋势，这就在客观上要求社会主义建设必须由粗放型向集约型转化。但是，苏联传统体制已严重不适应生产力发展的要求，经济增长速度减缓，人民生活水平提高不快甚至下降，传统体制的弊端进一步暴露。这种情况促使人们寻求新的改革途径。

1962年9月，苏联《真理报》发表了经济学家利别尔曼。《计划·利润·奖金》一文，开展了以盈利率作为评价企业经营活动主要指标、改善经营动力的讨论，并按照这种意见进行了试点。这不仅为苏联1965年开始的第二次改革作了准备，而且对东欧国家的改革也起了促进作用。同时，这一时期苏联同美国和南斯拉夫关系的调整，又为东欧各国的改革提供了较为宽松的外部环境。这样，从60年代中期到70年代中期，社会主义国家掀起了改革的第二次浪潮。这次改革运动是在民主德国和南斯拉夫首先兴起的，但是，以匈牙利改革的成效最为显著，匈牙利形成了计划与市场相结合的经济体制模式。

这一时期，南斯拉夫的改革迈进了一个新的阶段，即从工人自治阶段发展到社会自治阶段。1963年，联邦议会颁布了南斯拉夫解放后的第二部宪法《南斯拉夫社会主义联邦共和国宪法》，即《自治宪章》，规定，南斯拉夫将在自治的基础上继续改革经济和社会政治结构，国家机关也实行自治原则，进一步扩大各共和国的权限。在经济体制改革方面，从1965年起开始实行新经济措施。这是1950年以来在经济领域中实行的最全面的一次改革。通过这次改革，企业的权限进一步扩大，把国家掌握的扩大再生产的投资基金交给企业掌握。企业只向国家交纳供社会行政运转的税款，不再上缴投资基金税。这次改革还宣布实行市场经济，企业是独立的商品生产者，企业与企业之间是市场关系。国家主要通过税收、价格、信贷、外汇、外贸等经济政策以及其他经济法规进行调节。

1963年1月，民主德国统一社会党六大提出了根本改变国民经济计划体制的设想。同年7月，民主德国政府通过了《国民经济计划与管理的新经济体制准则》，强调科学技术的决定性作用和专家对经济的领导，经济管理机关要充分利用经济规律，要用经济的方式和方法管理经济，大力推行一套完整的经济杠杆体系。该《准则》还宣布从1964年1月1日起在全国范围内逐步推行国民经济计划与管理的新体制。1967年4月，民主德国统一社会党七大把新经济体制改称社会主义经济体制。通过这次改革，党和政府试图克服原有经济体制的缺点，建立一个适应工业高度发展水平的计划和经济管理体制。总的来讲，20世纪60年代的改革还是比较顺利的，促进了经济的发展。同60年代前半期相比，1966—1970年国民收入的年平均增长率从3.4%提高到5.2%，工业生产的年平均增长率从6%提高到6.6%，工业劳动生产率从年平均增长5.9%提高到6.1%。

  1962年9月，匈牙利社会主义工人党第八次党代会再次把改革提上议事日程。1964年9月，匈党中央成立了经济体制改革委员会；同年12月，通过了《关于改革经济管理体制的决议》。1966年5月，匈党中央扩大会议正式提出实行经济改革的建议，通过了《关于经济体制改革的指导原则》。为了顺利地进行改革，党中央通过经济体制改革委员会做了比较细致的准备工作；认真考察东欧其他国家和苏联的经验教训，结合本国的实际情况提出在匈牙利进行改革的方向、原则、总的和具体的设想；努力统一全党的认识，尽可能减少改革的阻力；大量培训干部，举办企业中上层领导人的各种培训班，等等。经过反复酝酿、精心筹划、谨慎决策，匈牙利于1968年1月1日全面实施新经济体制的改革。这次改革的基本原则是：集权和分权相结合，计划和市场相结合，经济办法和行政办法相结合。这"三个结合"也同时构成了匈牙利新经济模式的主要特点。到20世纪70年代中期，基本上形成了匈牙利独特的社会主义模式，建立了集中计划管理和市场经济机制有机结合的新体制。在改革经济体制的过程中，匈牙利也逐步进行了富有成效的政治体制改革。1962年匈党第八次代表大会正式宣布执行联盟政策，主张通过爱国人民阵线这一组织形式来协调各种社会力量，以实现完全建成社会主义社会的任务。匈党强调，联盟政策是党的国内政策的关键，是对"一党制"管理的有机补充。匈党重视改善党的领导，加强党的自身建设，强调党的干部要做到"三个注意"，即注意实事求是、注意调查研究、注意联系群众。同时，匈党还注重法制建设，先后制定了财政、国民经济计划、统计、外贸、邮电、水利、铁路、森林、土地、卫生、国营企业、农业、合作社、议会、刑事、法院等一系列法规，基本做到了有法可依、有章可循。通过改革，匈牙利的社会主义建设取得了巨大成就，劳动生产率显著提高，国民经济蓬勃发展，人民生活明显提高。当时的世界舆论曾把它看成是一盏象征社会主义振兴的信号灯。匈牙利这个昔日300万乞丐之国，到20世纪70年代中期已成为人民生活安定的中等发达国家。匈牙利改革模式，对80年代其他社会主义国家的改革产生了很大影响。

保加利亚自第二个五年计划（1953—1957年）后，经济增长速度明显减缓。党和政府在中央集权和地方分权方面曾采取过一些措施，但没有明显的实效。1963年，政府颁布了改组国民经济计划工作和领导体制的决议并进行试点。1965年12月，正式通过了《国民经济计划和领导工作新体制》的基本条例，决定在各部门分批实行。新体制的最基本的特点是仍按部门原则实行集中管理。在推行新体制10多年里，经济速度减慢、效率低下、浪费严重等弊端并没有得到解决。

波兰在1960—1970年进行了第二次改革，进一步削减了中央计划中的指令性指标，加强了以联合公司为经济核算单位的自主权。这一阶段的改革只涉及经济体制的局部，其整体仍然是国家集中统一领导下的指令性计划经济体制。到20世纪60年代末，波兰经济出现困难。70年代中期，西方世界通货膨胀，波兰出口停滞，国内部分商品短缺，农业减产，波兰经济陷入困境，罢工事件时有发生，社会开始出现动荡。

20世纪60年代初，罗马尼亚原来按苏联模式建立起来的体制已经逐渐不能适应社会经济、政治进一步发展的要求。1963年，罗共九大开始提出改革的思想和要求。1967年12月召开的罗共全国代表会议，研讨了经济体制中存在的弊端，颁布了《改进国民经济管理和计划的法令》，决定对经济管理体制进行改革，从而揭开了罗共第一次改革的序幕，并成为除阿尔巴尼亚外东欧国家全部卷入改革浪潮的一个标志。

1962年捷克斯洛伐克共产党十二大否定了20世纪50年代的第一次改革，从而又恢复到原来的经济管理体制。60年代初期，捷的经济开始恶化。1959—1968年间，工业连续9年未完成计划，农业发展水平低于战前，市场供应不足，从而引起群众不满，相当一部分党政干部也感到忧虑，于是一场得到全国人民支持的改革运动逐步形成。1963年，经济改革委员会主席、科学院经济研究所所长奥塔·锡克在党报上发表了专门论述经济管理体制改革的长文，轰动了全国。1965年1月，捷共中央公布了《关于改进国民经济计划管理工作的主要指示》，但实质性的改革并未进行。为了加速改革的进程，1966年4、5月间，捷共中央又通过和公布了关于经济改革的第二个文件，即《关于加速实施新管理体制的原则》。1968年1月，杜布切克出任捷共中央第一书记之后，加快了改革的步伐。同年4月，捷共发布了实行经济政治体制改革的《行动纲领》，提出了建立适合捷条件的社会主义发展的新模式的目标以及在社会各领域进行改革的建议，对外强调独立自主，对内强调政治民主，建立充满活力的有调节的社会主义市场经济。由于担心捷的改革会导致它脱离"社会主义大家庭"，苏联与部分华约成员国一起，于1968年8月对捷突然采取军事行动，使被称为"布拉格之春"的改革运动夭折。从1969年起，捷又重新回到集中的计划经济体制上去。1969年4月胡萨克担任捷共中央第一书记之后，虽然采取过一些措施，以图恢复和发展经济，但没有成效。进入70年代后，由于各种原因，捷的经济情况日趋恶化，生产停滞不前，国民收入持续下降。

1965年苏共中央通过了《关于改进工业管理、完善计划工作和加强工业生产的经济刺激》的决议，勃列日涅夫在总结赫鲁晓夫改革的基础上，开始了以计划工作和经济刺激为主体的"新经济体制"的改革。这次改革试图扩大企业的经营自主权，改革单纯用行政手段管理企业的方法，把集中的计划管理同利用商品货币关系结合起来，注意发挥利润、工资、奖金、价格等经济杠杆在完成国家计划、改进企业经营管理中的作用。然而，这些方面的改革措施在实践中并未真正得到贯彻执行，因而实际效果并不明显。在政治方面，勃列日涅夫也作了局部调整，加强了党、苏维埃和政府的工作，诸如实行党政分开，重申党内民主集中制和集体领导原则，健全社会主义法制，完善苏维埃制度等，但是，这些方面的决定和措施在实践中同样大多流于形式。在对外政策方面，勃列日涅夫把苏联历来存在的大党主义、大国主义的倾向发展成为以"有限主权论"、"国际专政论"、"社会主义大家庭论"等观点为核心的勃列日涅夫主义，在国际事务中推行霸权主义，极大地损害了社会主义的声誉。总的来说，苏20世纪60年代中后期的改革是在保留传统的高度集中的政治经济体制框架内进行的，到70年代中后期随着经济改革的中止，国民经济增长速度便逐渐下降，陷入停滞状态，严重影响了人民生活水平的提高。

与前一个时期相比，苏东各社会主义国家在20世纪60年代初到70年代中期的改革中，都进行了比较充分的理论准备、措施试验和步骤安排，改革相对来说是平稳有序的，改革的成效是比较明显的。但是，这一时期的改革还仅仅是不同程度地触及了体制问题，远没有摆脱传统体制的束缚，更没有从根本上突破传统体制的基本框架。特别是随着改革的深入，传统思想理论的束缚以及各种现实条件的制约越来越严重，当初期改革开发出的能源消耗之后，新的能源得不到有效补充，再加上70年代后期改革的外部条件趋于恶化，大多数国家的改革遇到了困难。1968年捷克斯洛伐克的"布拉格之春"将这次改革运动推向了高潮。苏联出兵镇压，"布拉格之春"改革遭到夭折，这一事件成为苏联东欧国家的改革由高潮转入缓慢发展的转折点。之后，东欧多数国家的改革在较长时间内处于缓慢或停滞阶段，苏联则出现改革在某些方面的逆转情况，并将主要精力用于同美国抗衡和争夺世界霸权。同时，新一轮的改革也在孕育之中。

第二节 苏联、东欧社会主义改革的进程

20世纪70年代中期之后的改革，仍是从东欧国家首先开始的。虽然各国改革的内容和做法不尽相同，但都有一个共同点，即改革都从本国实际出发，在总结以往经验教训的基础上，着重改革阻碍经济发展的各种机制，抓住一些关键问题先进行改革，然后再扩大改革的范围并向纵深发展。

在南斯拉夫，针对20世纪60年代后期经济、政治方面出现的问题，1974年5月南共联盟十大提出了进一步完善自治制度的新措施，在经济制度方面提出了联合劳动的原则。1976年11月，联邦议会通过《联合劳动法》，确立了以联合劳动为基础的经济体制。与此相适应，在政治制度方面，则实行代表团制，由劳动者和公民在基层组织中选出代表团，再由代表团推选代表参加各级议会活动。代表团制是社会主义自治原则在政治上的体现。由此，南斯拉夫在经济、社会、政治诸领域实现了自治一体化。以自治为主要特点的南斯拉夫社会主义模式的建立，第一次打破了苏联传统模式的框框，为世界社会主义事业闯出了一条新路。但是，南斯拉

夫社会主义自治道路并不平坦，70年代后逐渐产生了一些问题，主要是中央权力太小，不能在宏观方面保证国民经济协调发展；民族主义和地方主义日益突出，各加盟共和国都以自己为中心、各自为政，以致在80年代进一步发展为"多中心国家主义"；政治上过多强调民主而集中不够，致使地方势力和地方集权主义进一步滋长，甚至南共联盟也出现了联邦化的倾向。1980年铁托逝世后，南斯拉夫和南共联盟失去了坚强的领导权威。铁托在世时，以他个人的智慧和威望，能够缓解和处理业已出现的各种复杂的民族问题和其他社会问题。他去世后，造成了巨大的空白，原来潜伏着的许多问题和矛盾全部暴露出来。进入80年代以后，南斯拉夫的自治社会主义更是面临严峻的考验和挑战。为此，南又进行了进一步的调整与改革，在经济上，实行以稳定经济为目标的经济调整；在政治上，对政治体制进行批判性的分析，提出要对自治政治体制运行的实践进行根本性变革，强调进一步加强南共联盟的引导作用，尤其是南共联盟中央委员会的领导作用，严格规定实行民主集中制原则，彻底克服南共联盟联邦化的倾向。尽管南斯拉夫领导层出了不少努力，试图解决南斯拉夫所面临的问题，但都未能奏效，并最终导致社会主义自治制度的失败、民族的分裂和国家的解体。

匈牙利在经过了20世纪70年代中期短暂的停滞之后，于80年代初又进行了新一轮改革。从1980年开始，匈牙利开始实施包括价格、收入、税收、工资、企业基金、农业、外贸等在内的新的调节制度，以期形成现代化的生产结构。其中心内容是从财政上重新调整国家、企业和个人三者之间的分配比例；在组织制度方面，改革行政管理制度，扩大地方的自主权，改组僵化的企业组织，解散垄断机构，建立中小企业，鼓励和发展"第二经济"。80年代中期以后，匈牙利进一步扩大企业自主权，改革企业领导方式，并于1986年开始实施企业《破产法》。1987年7月，匈又制定了包括税收、价格改革的《经济书——社会振兴计划》。在深化经济改革的同时，匈牙利还开始寻找适合于经济改革的政治结构模式的尝试，在追求民主化原则的指导下，改革选举制度，加强地方议会自主权，精简机构，改革干部制度，改善党在经济政治改革中的领导作用，改变国家管理经济的职能等等，并实行广泛的社会参与。

民主德国从1978年起开始改变工业和建筑业管理组织形式，把科研、生产和销售（包括外贸）紧密结合在一起的联合企业作为改革的重点。1979 年 11 月，政府颁布联合企业法，扩大联合企业的自主权，到 1981 年年底全国已实现联合企业化。民主德国实行的这种托拉斯式的管理体制，从实际效果来看，有利于解决集中管理与分散经营的矛盾，有利于实现科研与生产相结合、生产与销售相结合，有利于专业化和集约化的实现。但是，它在管理中仍然以行政方法为主，因而不能充分发挥经济规律和经济杠杆的作用，不能利用市场调节的功能。

保加利亚在反复实践和总结经验的基础上，自 1978 年开始全面地推行新经济体制，例如，把所有权与经营权分开，扩大企业自主权，实行自负盈亏等。1981 年底，在汇总 4 年经验的基础上拟定并颁布了统一的管理法规——《经济机制章程》，并要求从 1982 年 1 月 1 日起在全国实行。从 1985 年起，改革向着生产组织形式、生产者权利、价格政策及报酬制度等几个主要方面深入发展。1987 年又决定在全国工农业经济组织中全面实行自治，实行新经济机制，在继续保持集中领导的前提下，发扬经济管理民主，赋予企业较以前更多的权利；在保持计划经济的前提下，重视市场机制的作用；强调运用经济手段，限制使用行政手段。所有这些，促进了保加利亚经济的发展，但是幅度不大。集中的计划经济体制所存在的问题和弊端，虽然有所缓解，但并没有得到解决或消除。

捷克斯洛伐克从 1978 年起，开始在 12 个大型经济单位（包括 150 个企业组织、50 万工作人员）进行效率和质量管理方面的综合试验。1980 年 1 月，捷政府批准《关于 1980 年以后完善国民经济计划管理体制的整套措施》，对国民经济管理体制进一步加以改革。1986 年，捷共又提出了改革的新方案，对整个社会经济、政治和文化生活进行了全面改革，在经济改革中既强调要提高中央管理的效能，又强调要扩大经济单位的自主权，在企业中建立自治组织。总的来看，捷克斯洛伐克的第一次改革具有探索性，但只是在具体做法上作了一些变动，没有涉及集中计划管理体制的基本原则。第二次改革步子较大，突破了集中计划管理体制，但由于苏联的干预而被扼杀。第三次改革是对集中计划管理体制的进一步改进，但实际效果并不大。战后 40 多年来，捷克斯洛伐克的经济虽有较大幅度的增长，但横向比较，其增长速度是不快的。二战前，捷克斯洛伐克在世界各工业国中排名是第 16 位，20 世纪 80 年代末捷克斯洛伐克的排位则在

30名以后，这鲜明地反映了体制的弊端。

1978年3月，罗马尼亚党中央全会通过了《罗共中央关于完善财政领导工作和计划工作的决议》，并以此为基础，于1980年形成了新的财政机制。1981—1982年进行价格体制改革，1983年起实行工资制度的改革。罗马尼亚的改革，着眼点在于发挥集中管理体制的长处而克服其弊端，重点是调动企业和地方的积极性。但是，罗马尼亚经济发展中的重大问题，如几十年一直全力发展重工业的问题，农、轻、重结构不合理和高度集权等问题，在改革中都未触及。20世纪80年代中期后，罗马尼亚经济情况不断恶化，特别严重的是罗党政领导人齐奥塞斯库独断专行日趋严重，社会主义民主和法制不断遭到破坏，党、政民主生活完全流于形式，国内普遍存在着对齐奥塞斯库的不满，民族矛盾也日趋尖锐。

在波兰，由于经济发展战略上的失误，导致到20世纪70年代末国民经济的濒临崩溃。1980年，波兰发生大规模罢工浪潮。是年9月，波兰统一工人党八届八中全会提出了革新和协商的路线，确定通过对话达成社会谅解、改革领导管理体制的方针。1981年7月，提出了题为《经济改革方针》的改革方案。1982年1月，正式开始经济政治体制改革，称之为第一阶段的改革。在经济方面，废弃指令——统配体制，实行中央计划与运用市场机制相结合的原则，企业实行"三自"（自主、自治、自负盈亏），增加对农业的投资，调整政策。在政治方面，围绕扩大社会主义民主和加强法制，实行党政分开，发展社会自治，开展社会对话和协商，建立群众性监督机构等。但是，由于局势不稳，困难太多，改革难以进行，经济状况难见好转。波兰政府决定从1987年起实施第二阶段的改革，但仍无明显效果。这时，团结工会在西方反共势力的支持下，于1988年4—5月和8—9月先后掀起了全国性的罢工。1989年2月，波兰政府代表同包括被禁止了7年的团结工会代表和各界人士共同商讨解决波兰问题的方案。在商讨中，波党作出了较大的让步：同意团结工会合法化，同意由议会和参议院组成国民大会来选举总统等。这导致波兰的局势进一步复杂化和恶化。

阿尔巴尼亚是一个较为特殊的社会主义国家，是东欧唯一没有进行过任何改革的国家。阿尔巴尼亚从1944年到1990年一直是劳动党执政。由于实行高度集中的中央计划体制，从20世纪60年代起，特别是到70年代后期和80年代前中期，阿尔巴尼亚当局推行一条僵化、极"左"的路线，把国家变成了一个自我封闭、唯我独尊的碉堡。在思想上，大搞个人崇拜，把社会主义建设取得的一切成果都归功于个人；排斥和打击持不同意见的人，甚至绝对禁止宗教活动。在经济上，实行计划经济体制，片面强调自力更生，在宪法中明文规定"三不准"，即不准外国在阿尔巴尼亚建立经济和金融机构，不准与"资本主义和修正主义"国家建立合资企业，不准向外国贷款，反对对原来的经济体制进行任何的改革。终身制的党的第一书记恩维尔·霍查始终坚持认为，斯大林建立的苏联体制的模式是社会主义的唯一模式，因而把别的国家进行的改革一律视为搞"修正主义"或"复辟倒退"，并加以批判和指责。阿党领导人混淆了独立自主、自力更生与闭关锁国、自我孤立的界限，认为只有在经济上自给自足才能保持独立与主权，对外开放和与帝国主义国家贸易往来将丧失国家的经济独立、难以维持意识形态的纯洁性，而且可能在经济和军事上受外国控制。因此，阿规定进出口要保持绝对平衡，不允许有外贸赤字和任何外债，不参加任何合资经营，严格控制与外国人员的往来。这种极"左"的对内对外政策，严重阻碍了阿尔巴尼亚社会、经济、政治和文化的发展。直到1985年霍查去世后，新的领导人才表现出了灵活性。1986年阿劳动党九大首次提出改进经济政治体制的任务，开始了改革的进程。但是，就是在1986年上半年，全国1000多家企业中有200多家出现纯收入亏损，有的部门和企业的支出超过了生产增长速度，造成失衡现象。1987年，阿尔巴尼亚的经济综合指标以及主要工业农业产品的计划完成情况呈下降趋势。对阿尔巴尼亚经济举足轻重的石油部门，有1/3左右的钻井队因技术故障而被迫停产。农副产品包括小麦、玉米、燕麦、向日葵、奶、肉和蛋等产量都未完成计划任务，阿尔巴尼亚经济困境到了积重难返的地步。

1964年10月14日，苏共中央召开全会，决定解除赫鲁晓夫苏共中央第一书记和部长会议主席的职务，同时推举勃列日涅夫为苏共中央第一书记。从此，苏联开始了历时18年的勃列日涅夫时期。这18年，大体上可以以20世纪70年代中期为界划分为前期和后期两段。在前期，由于在政治上克服了赫鲁晓夫时期在改革中出现的一些错误和矛盾，国内政局比较稳定；在经济体制方面进行了某些调整和改革，使苏联的经济有了较大的发展。正是在1965—1975年的10年间，苏联的经济实力翻了一番。但是，到了勃列日涅夫后期，政治上僵化、保守的趋势日益严重，经济体制的改革已经停止，甚至出现逆转，同时，这一时期苏联同美国在世界范围内的争霸与对抗，也制约了改革的深入发展。因此，勃列日涅夫的改革是局部的，并且是虎头蛇尾的，依然保持着高度集中的经济政治体制。1982年11月，勃列日涅夫的去世为苏联提供了改革的契机。但是继任的安德罗波夫和契尔年科在两年多的时间里又先后去世。1985年3月，54岁的戈尔巴乔夫担任了苏共中央总书记。这时的苏联，由于传统体制的局限性和几次改革的不成功，问题成堆，矛盾丛生，积重难返。1981—1985年间，国民收入年均增长率为3.2%，其中1982年仅增长2%，为战后最低点。农业从1979年起已连续6年歉收。苏联同美国在经济、科技领域的差距进一步拉大。面对国际范围内的激烈竞争，苏联已到了不进行根本改革就不能发展的历史关头。戈尔巴乔夫一掌权，就在经济、政治、文化等领域实行了全面改革，形成了一股强劲的改革之势。然而，由于传统模式根深蒂固，再加上苏联领导人在改革战略策略的总体把握上忽"左"忽右，戈尔巴乔夫在经济体制改革尚未取得明显成效的情况下，匆忙进行脱离苏联国情、背离社会主义方向的政治体制改革，不仅未能推动阻力重重的经济改革，反而加剧了社会的全面危机。苏共最终丧失了对整个社会的驾驭和控制能力，社会政治经济生活逐步陷入无序状态。苏联于1991年年底在戈尔巴乔夫"人道的、民主的社会主义"的安眠曲中寿终正寝。

总之，如果说在20世纪80年代中前期，苏联东欧社会主义改革运动以其波澜壮阔的景象和气势而引人注目的话，那么，在80年代的后期则是以各国在改革中迅速丧失社会主义制度而让人始料未及。80年代前期看好的改革态势并没有坚持下去。到80年代末，苏联、东欧国家的改革出现了前所未有的困难和混乱局面。改革的成效递减，经济运行状况不理想，社会矛盾和深层次问题日益暴露出来。党内对问题的认识不同而出现严重分歧，改革者在危机面前慌乱无措，群众的不满情绪越来越严重。在内忧外患的情境中，1989年末到1991年末，苏联东欧的局势发生了多米诺骨牌式的急剧变化，第三次改革浪潮也宣告结束。

第三节 苏联、东欧社会主义改革的特点与复杂性

苏联东欧社会主义国家的改革,从20世纪40年代末50年代初到80年代末90年代初,经历了40余年的时间,其间,有过艰难的尝试,有过摇摆不定的曲折,有过改革变向的逆行,既取得过举世瞩目的成就,更遭到过前所未有的挫折。苏联东欧的社会主义改革在不同的时期呈现出不同的特点,极具复杂性。在梳理苏联东欧国家社会主义改革来龙去脉的基础上,探究苏联东欧社会主义改革的特点,有助于我们进一步把握社会主义建设和改革的内在规律性,把社会主义事业不断地向前推进。

在20世纪40年代末到60年代初的第一次改革浪潮中,苏联东欧各国社会主义改革的艰难尝试,主要集中在经济体制方面,并呈现出几个突出的特点:

第一,由于受苏联理论的教条主义束缚,人们对初始建立的社会主义体制的弊病缺乏认识。随着时间的推移,这种传统体制造成了许多严重后果甚至社会动乱,人们开始思索解决问题的出路和办法。南斯拉夫的改革,是对社会主义阵营内部强制推行传统模式压力的一种反抗;斯大林执政时期积累的问题迫使赫鲁晓夫作出了政策调整。而"6·17"事件、波兹南事件、匈牙利事件等社会事变,从一定意义上说,直接推动民主德国、波兰、匈牙利等国走上了改革的道路。但是,这一时期的改革是为消除苏联传统体制所形成的问题和弊端而被迫开始的。苏东各国还没有把改革与社会主义的发展、社会主义的前途命运联系起来,还没有把改革看作是社会主义基本矛盾运动的必然结果。

第二,社会主义各国改革,其出发点是为了解决他们所面临的各种危机形势,而不是自觉地剖析和改革传统社会主义模式,因而这一时期的改革具有直接的针对性。在政治上,主要是消除个人崇拜的后果,改革和健全党的领导体制;恢复和加强社会主义民主与法制,消除社会关系中的紧张状态;初步进行改革的尝试,以图消除中央集权的弊病。在经济上,主要是下放管理权限,由条条领导变为块块领导,在改变过分集中的管理体制过程中,开始注意扩大企业自主权及工人参与企业管理;调整经济发展

战略，把与人民生活密切相关的消费品生产提到重要地位，调整农业政策及农业管理体制。总之，这种改革是局部的、不深入的，除了走自己道路的南斯拉夫外，其他国家都没有找出问题的体制根源，更未能根除体制的弊端。也就是说，没有涉及苏联社会主义模式的主要弊病这个改革的根本问题。

第三，苏东各国这一时期的改革具有明显的尝试性。各国对于改革大都没有进行系统的理论研究，也没有制定出比较完整的改革方案，改革的策略和步骤不够慎重、稳妥、连贯，未能充分考虑和处理改革所触及的各种利益关系，致使改革未能循序渐进地推行下去。

第四，在这一时期的改革中，各国独立自主的要求有所发展和增强。20世纪50年代中期，苏联政策的调整为东欧各国提供了独立自主探索社会主义发展道路的契机，但是，除了南斯拉夫、波兰等少数国家外，大多数国家还没有认识到社会主义建设道路的多样性。即使它们所进行的改革，其动因和进程也受到苏联改革的影响，其改革措施也与苏联所进行的改革有类似之处。

20世纪60年代中期至70年代中期苏联东欧各社会主义国家先后开始的改革，具有以下特点：

第一，与20世纪50年代的改革不同，这一时期的改革不是单纯为了应付紧急的社会危机而采取的调整措施，而是在对社会主义原有体制的某些弊端有了一定认识的情况下，较自觉进行的一种探索，各国改革都进行了一定的准备，包括思想理论上的探讨、改革方案的酝酿、由点到面的试行、总体方案的制定、改革步骤的安排，等等。

第二，在这一时期的改革中，传统模式过分集中的计划管理形式和过分排斥商品货币关系的弊端受到了批评。传统体制不注重企业和生产者个人的积极性，因而效率不高，改革的目标就是要通过变革经济管理的手段和方法而提高经济效益。各国都逐步明确地认识到这一点。在改革中，普遍扩大了企业经营自主权，改变了工业组织结构；扩大了商品生产和市场机制的作用范围，发挥了利润、奖金等物质刺激手段的作用。这些改革措施的推行，对于社会主义经济的发展产生了较好的效果。

第三，在20世纪60年代的改革中，虽然大多数国家尚未使用政治体制改革的概念，但各国都不同程度地进行了政治体制改革的实践。其中，捷克斯洛伐克和南斯拉夫在政治体制方面的改革最为引人注目，涉及党的领导体制问题、领导作用问题、党内政治生活民主化问题，涉及国家体制问题、政企关系问题、文化与外交问题等各个方面，至少在理论上达到了以往其他国家历次社会主义改革所未达到的深度。

第四，在这一时期的改革中，各国独立自主的精神进一步增强，力求摆脱苏联传统模式，探索具有本国特色的建设社会主义的模式。南斯拉夫继续按照自己的实践经验和理论思路，不断把改革推向前进。罗马尼亚强调独立自主地建设罗马尼亚的社会主义。捷克斯洛伐克明确提出要建设一种十分民主的、适合捷克斯洛伐克条件的社会主义新模式。这一切，不可避免地与苏联的霸权主义发生了尖锐冲突，苏联则采取了干预乃至武装干涉的粗暴做法，从而对社会主义改革造成严重危害，使改革在曲折中前进，并呈现出由高到低的下降趋势。

20世纪70年代末到80年代末的改革是社会主义改革取得重大进展的10年，也是孕育社会主义模式转换的10年。改革不仅在深度与广度上达到了前所未有的程度，而且在改革中模式多样化趋势加强，各种新模式初具特色，但同时也蕴藏着改革迷失社会主义方向的危险。

第一，改革具有更大的普遍性，并达到了空前的规模。苏联东欧各社会主义国家无一例外地都进行了改革。

第二，改革理论有重大突破。在20世纪80年代的改革中，大多数国家勇于探索、创新，在一些重大的社会主义理论问题上有了较为统一的认识。(1)必须对社会主义进行再认识，承认实践中的社会主义和马克思主义创始人所设想的社会主义有所不同。社会主义有模式，模式是一个静态的概念，但更是动态的概念，社会主义是一种发展中的制度，因此，各国不可能固守一成不变的模式。(2)提出了社会主义模式的多样化，认为社会主义的目标是一致的，但模式应当是多样性的；社会主义有模式，但没有统一的模式，各国必须结合本国特点确定自己的发展道路；别国的模式可以借鉴，但不能照抄照搬，更不能强制推行。(3)对本国的社会主义社会的成熟程度或所达到的发展阶段进行再认识，越来越多的人认识到通向社会主义道路的艰巨性、复杂性和长期性，力求摆脱教条主义公式化概念的束缚。(4)对社会主义条件下生产力与生产关系矛盾的理论有了新的认识，认识到社会主义的生产关系不会自动地、机械地适应生产力的发展，要发展社会生产力,提高人民生活,就要不断完善社会主义生产关系,改革经营管理体制和上层建筑。(5)认识到社会主义公有制有多种表现形式,必须在以公有制为主体的前提下发展多层次的所有制结构和经营方式。(6)认识到商品货币关系不是外在的,而是社会主义的内在属性,社会主义经济仍然是商品经济;在社会主义经济运行机制上,引进商品货币关系和市场机制,大多数国家都在寻求计划与市场结合的最佳模式。(7)承认社会主义还存在国家、集体、个人以及不同集团之间的利益的差别和矛盾,国家应通过合理的政策和恰当的手段经常性地调节不同利益主体之间的矛盾。各国都强调要认真贯彻按劳分配,适当扩大差别,克服平均主义。(8)认识到必须使经济改革与政治改革和其他社会改革相结合、相配套。改革理论的突破反过来又进一步强化了改革的实践。

第三,经济改革与政治改革、社会改革相结合,配套进行。社会主义改革不仅是一场经济改革,而且是一场广泛的社会改革。过去,许多国家在当时的客观形势要求下进行经济改革,但政治改革、意识形态和习惯势力没有触动,一旦遇到困难和挫折,经济改革就要停滞和倒退。在20世纪80年代的改革中,有些国家一开始就对政治体制进行了改革;有些国家虽然没有正式提出政治体制改革问题,但实际上它们的政治体制也逐渐发生了一些变化。通过改革,在一定程度上改变了旧的、高度中央集权的政治体制,改进了党和国家的领导,促进了政治生活的民主化,给社会主义政治体制注入了活力。

第四,在改革中,社会主义国家之间的关系有了改善,各国的独立自主意识进一步加强。由于社会主义国家都在进行改革,彼此间有许多共性的经验和问题,因此,各国间加强了联系和交流。这一时期,苏联也调整了自己的政策,承认社会主义可以有多种模式、任何国家都有权选择自己的改革道路。因此,社会主义改革模式应当各具本国特色。各社会主义国家第一次获得这种共识。

第五,改革处于新旧体制转换的关键时期。这一时期的改革态势,不是表现为停滞、完善,而是表现为不断向纵深发展,并酝酿着新的突破。新旧体制的模式转换已经具备条件,但转换过程中存在着许多摩擦和矛盾,因此,改革的难度也在不断加大,社会主义改革在探索与曲折中前进,同时甚至还蕴藏着迷失社会主义方向的危险。

总之，苏联东欧社会主义国家的改革历经40余年的风风雨雨，一方面，改革的范围由一国逐步发展到多国，改革的要求由被动逐步变为比较主动，改革的内容由个别或局部问题逐步扩展到涉及政治、经济、意识形态和外交等诸方面的问题，对改革的认识也由比较肤浅而逐步深化；另一方面，改革也经历了曲折与反复，发生了许多重大失误，遭受了许多挫折。

第二十六章　苏联、东欧剧变及其教训

俄国十月革命胜利后，诞生了世界上第一个社会主义国家。在此后70余年的风雨行程中，外国武装干涉、经济封锁甚至世界大战都未能把它摧垮，它由一个经济文化比较落后的国家发展成为举世瞩目的经济、科技、军事强国，曾在国际舞台上叱咤风云数十年。在第二次世界大战之后的40余年里，东欧各国则与苏联连成一片，形成了强大的社会主义阵营。但是，在20世纪80年代末90年代初短短两年多的时间里，苏联东欧各国相继发生震撼人心的剧变，纷纷"告别过去"，社会主义在苏东遭到重大挫折。对此，有的人欢欣鼓舞，弹冠相庆；有的人痛心疾首，扼腕喟叹。但是，人们对于苏联东欧"其亡也忽焉"大都感到始料不及，甚至把它视为20世纪的"历史之谜"。迄今，10余年过去了，剧变的尘埃早已落定。随着时间的推移，较之苏东剧变之初，人们可以更为冷静地审视、思考苏东剧变的来龙去脉，更为缜密地总结苏东剧变的原因、教训，努力寻求苏东剧变的历史启迪。

第一节　苏联、东欧剧变的过程及特点

从时间的序列来看，东欧剧变在前，苏联演变和解体在后。但是，如果把苏东剧变视为一场政治地震的话，那么，东欧虽是震中，震源却在苏联。苏联东欧剧变是由戈尔巴乔夫的"新思维"引爆的。戈尔巴乔夫对东欧国家"改革"的支持和赞许态度，与西方国家的反共势力一起对东欧的剧变起了催化作用。而东欧国家的剧变又反过来影响了苏联政局的发展，最后加速了苏联的解体和演变。

一 苏东剧变的过程

1989年被国际舆论称为"东欧年"。这一年，东欧几个社会主义国家的政局相继发生了空前剧烈的、带有根本性的变化，其程度之深、速度之快、波及面之广完全超出了人们的预料，所以被称之为"剧变"。

东欧国家剧变的大致过程和情况如下：

波兰的剧变始于团结工会的东山再起。在经济停滞、国家处于困境的形势下，团结工会组织多次全国总罢工，逼迫执政党妥协让步。1989年春天召开的波兰各党派参加的圆桌会议，决定于6月举行议会大选，结果团结工会在选举中大获全胜。同年9月，新组建的波兰政府成为东欧社会主义国家中第一个由非共产党人领导、共产党人占少数的政府。随着波兰统一工人党社会地位的急剧下降，党内思想混乱加剧。1990年1月27日，该党在华沙召开"十一大"（即该党最后一次代表大会），通过了波兰统一工人党停止活动的决定。多数代表决定把党改建成社会民主党，少数人组建了社会民主联盟，波兰统一工人党的消失，标志着波兰剧变的完成。

波兰的剧变是东欧剧变的序幕和裂口，它对东欧其他国家的剧变产生了巨大的影响。

民主德国的剧变是由大批居民出走所造成的社会政治动荡开始的。在这一局势面前，党内领导的大换班严重削弱了党的战斗性，而决定推倒柏林墙和开放两德边界，则最终使民德局势失去控制。内外因素的相互作用，使德国统一社会党改名为民主社会主义党。在1990年3月的大选中，德国联盟大获全胜，德国民主社会主义党仅得票16.33%，从而沦为在野党。由此，两德统一的进程提速。对于德国人民而言，如果说20世纪60年代初柏林墙的修建，犹如在德意志民族情感的河流中关上了一道闸门的话，那么，80年代末柏林墙的被推倒，则犹如铲除了阻碍德意志民族情感再度融合的大山。1990年9月19日和20日，民主德国人民议院和联邦德国议院分别通过了《统一条约》。10月3日，民主德国正式加入联邦德国，两个德国奇迹般地迅速实现统一。民主德国的演变最终以并入联邦德国而告结束。

匈牙利的剧变始于党内。由于执政的社会主义工人党内部发生严重分歧，接受民主社会主义思潮的激进改革派占据了优势，决定实行多党制。1989年年初，党内分歧公开化，在激进改革派的攻势下，党的总书记格罗斯公开表示，匈党不仅支持、接受多党制，而且还全力以赴提倡多党制。这就迈开了自毁长城的第一步。在这一决定后，其他各种组织迅速活跃壮大起来。在1989年6—9月各党派和组织参加的长达3个月的圆桌会议上，执政党被迫同意在《宪法》草案中不再写入工人党的领导作用和国家的社会主义性质等内容。同年10月7日，匈社会主义工人党召开十四大，决定将党改建为社会党，原来的党分裂成几个党。10月18日，匈牙利国会通过《宪法》修正案，修改了国名，并取消了原《宪法》中有关社会主义和马列主义政党领导作用的条文，这标志着匈牙利最终党变质、国变色。

捷克斯洛伐克的剧变始于为"布拉格之春"平反而由反对派掀起的政治风潮。政府对示威游行曾采取镇压和逮捕的办法，但是并没有奏效。持续的危机使党内分歧激化，党内的改革派向元老派发难，迫使捷共领导班子全部辞职。新的领导与反对派进行对话，步步退让，同意取消有关党的领导作用和以马列主义原则为指导的条文。随后，执政党在选举中失利，失去了政权，接着又通过了民主社会主义纲领，改变了党的性质。1990年《宪法》确定删除国名中的"社会主义"字样，改为捷克斯洛伐克联邦共和国。1993年1月1日，又分裂为捷克共和国、斯洛伐克共和国两个独立的国家。

保加利亚的局势本来比较稳定，反对派的力量也不大。但是，1989年5月，境内土耳其族人外逃成为突出的问题。大批土族人的出走，激化了保加利亚社会各种潜在的矛盾，民族危机演化成为政治危机，局势陷入动荡之中。执政33年的日夫科夫被迫接受"政治多元化"并宣布辞职，使反对派得寸进尺。在1990年初召开的第十四次特别大会上，保共通过了《保加利亚民主社会主义宣言》和新党章，后来又决定改党名为保加利亚社会党，保共性质彻底变化。保共在改名并改变性质之后，在社会上的力量和影响仍占优势，但其领导人在反对派的攻势面前步步退让，把就要到手的政权又拱手让给了反对派，从而沦为在野党。

罗马尼亚的局势具有突发性。1989年12月16日，蒂米什瓦拉市发生游行示威事件。22日夜11时35分，扬·伊利埃斯库宣布由39人组成的临时政府"罗马尼亚救国阵线委员会"成立,并接管政权。12月25日,罗共总书记齐奥塞斯库及其夫人被枪决,长达25年之久的齐奥塞斯库时代遂告结束。

南斯拉夫是一个多民族的联邦国家,其剧变是由民族共和国的分离所引发的,而国家的分裂又始于南共联盟的分裂。因此,南的剧变经历了南共联盟的解体和南联邦国家的分裂两个阶段。最终,原来的南斯拉夫社会主义联邦共和国彻底解体,分裂为5个独立的国家,即波斯尼亚和黑塞哥维纳共和国、克罗地亚共和国、马其顿共和国、南斯拉夫联盟共和国、斯洛文尼亚共和国。从此,民族团结、国家统一的南斯拉夫四分五裂,战火纷飞,硝烟弥漫,生灵涂炭。

阿尔巴尼亚劳动党一开始顶住压力,提出了"三不让步"和"四不原则"。所谓"三不让步"就是:不应在任何领域向资产阶级思想让步,不应向宗教势力让步,不应向错误表现让步。所谓"四不原则"就是:永不允许削弱人民政权和无产阶级专政,决不同反人民势力分权;永不削弱、更不放弃党的领导,决不搞"多元化";永不允许损害国家的自由、独立与主权。但是,1990年7月大批公民外逃事件爆发后,内外压力加大,阿当局开始妥协退让,同意实行多党制。在1991年3月举行的首次多党议会选举中,阿劳动党虽然取得了优势,但在反对党——民主党的要求下,阿议会不久就通过决议,取消国名中的"社会主义"和"人民"两个定语。随后,劳动党召开的"十大"又决定对党进行彻底改造,将党改建为社会党。这一切,标志着阿尔巴尼亚党和国家的性质均已改变。在1992年3月提前举行的新一届人民议会选举中,民主党获胜成为执政党。阿劳动党虽然改名、改变性质,但也未能保住政权。至此,阿剧变过程结束。

东欧多数国家剧变后,苏联也于1991年年底解体。戈尔巴乔夫于1985年3月上台后推行加速发展战略和经济体制改革,社会政治局势还是比较稳定的。1988年6月,苏共第十九次全国代表会议决定转向政治体制改革,特别是确定推行"人道的、民主的社会主义"纲领目标之后,苏联从政治、经济到社会,从执政党、联盟共和国到机关、企业和基层组织,全面陷入了混乱和危机。1991年的"8.19"事件后,苏联形势急转直下,开始了党和国家全面崩溃瓦解的激变过程。同年8月22日,叶利钦宣布苏军中的共产党组织非法；次日又签发命令，停止俄罗斯共产党的活动。8月24日，戈尔巴乔夫宣布辞去苏共中央总书记职务，苏共中央自行解散。12月21日，"独立国家联合体"宣布成立。12月25日，在沉沉的夜幕中，戈尔巴乔夫被迫辞去苏联总统的职务，作为苏联象征的镰刀锤头国旗伴着瑟瑟的寒风，从克里姆林宫上空黯然降落。至此，苏联剧变和解体的过程最终完成。"苏维埃社会主义共和国联盟"这一伟大国家的名称，成为了一个特定的历史概念；苏联作为一个国家已经不复存在，在历经70余年的风风雨雨之后从世界历史和世界政治地图上消失了。

二 苏东剧变的特点

苏联东欧剧变的事态发展过程，反映和表露出如下一些特点：

1. 苏联东欧国家的共产党放弃原则立场，倾向西方，极力推崇实行西方式的多党制和议会民主制。历史的悲剧实际上从这里就开始上演了。

固然，苏联东欧国家共产党是在经济极其困难的形势下决定采取这一行动的，其动机也许可以理解，但结果却是他们所始料不及的，执政党地位丧失了，社会主义制度在国内不存在了。之所以导致这种结局，仅从主观上说，根本问题在于苏联东欧国家共产党领导层的思想认识错误。他们不懂得：权力分配问题实质上是国家内部各种政治力量的较量；西方国家的多党制和议会民主制从未危及到资产阶级掌握的国家权力；在社会主义国家内部盲目模仿西方政治统治的表现模式，只会使自己的执政党地位丧失，使社会主义制度毁灭。

2. 剧变的群众性比较突出，苏联东欧国家的人民群众用示威游行的街头政治迫使共产党交出权力。

之所以如此，是因为长期以来，苏联东欧国家的共产党，一是没有始终如一地把社会主义建设搞好，人民群众没有切身感受到社会主义较之资本主义的优越性，或者说，现实中社会主义的优越性比人们预期的还有着不小的距离；二是没有把党组织建设好，党组织逐步失去先进性质，党和国家领导人失去了人民群众的信任和拥护。于是，群众走上街头游行和示威，表示他们对党和政府工作能力的失望和不满。这类大规模的群众骚动不易控制，又不同程度地被某些人诱导用来实现自己的目的。当然，广大人民群众的激愤情绪里所潜藏着的逆反思想也不能被忽视。

3. 各国国内的反对派迅速组合，以夺权为目标，煽风点火，进行反共宣传，迷惑群众。这是苏联东欧剧变的又一突出特点。

鉴于各国国内经济形势恶化，政治局势更加动荡，人们把眼光盯着执政党，追究他们领导国家失误和错误的责任。反对派利用这种形势，进行反共煽动，迅速提出实行多党制、确立三权分立的西方议会民主制的要求，并以主要反对派为主导，形成新的力量组合，与执政的共产党相抗衡。而苏联东欧国家共产党和政府领导人对于反对派及其力量组合的危险性始终认识不够，以致让反对派从"政治多元化"、"多党制"方面打开缺口，直到反对派夺取全国政权。

4. 苏联东欧各国剧变相互影响、彼此推动，造成这些国家共产党相继下台的多米诺骨牌式的连锁反应。

东欧国家所处的特殊的地理位置，决定其历来是东方和西方必争之地的国际角色。二战结束前后，东欧国家得到苏联红军不同程度的帮助，摆脱了西方帝国主义国家的控制，走上了社会主义道路。经过40余年的发展，苏联与东欧国家之间在经济、政治、意识形态和外交等领域存在着千丝万缕的联系，东欧各国之间的关系更是剪不断、理还乱。可以说，苏联东欧国家存在的经济体制、政治体制、政策等方面的问题，很多都是共同的。一旦某一国出事，必然引起其他国家的呼应，进而造成此伏彼起、相互影响之势。

5. 苏联东欧剧变还有一只国外的手，就是国际反共势力的插手。

在苏联东欧剧变的过程中，西方国家各种反共势力的反应及其举措，都对苏联东欧剧变起到了推波助澜的恶劣作用。他们先以波兰、匈牙利为突破口，进而指向民主德国、捷克斯洛伐克、保加利亚、罗马尼亚等国。其中，最突出的方法是以经济援助为诱饵，以自由、民主、人权为手段，积极介入苏联东欧国家的内部事务，推动、支持各国反对派夺取政权。

第二节 苏联、东欧剧变的多重性原因、深刻教训与历史启示

苏联东欧剧变引起了世界各国的广泛关注。10余年来，国内外发表了大量论著，对于苏联东欧剧变原因、教训进行了分析、研究、探讨，当

然，不同的人从不同的阶级立场、不同的审视角度、不同的利害关系出发，得出的结论是不尽相同的，可谓众说纷纭，见仁见智。

一　苏东剧变的原因

在苏东剧变10余年之后的今天，站在21世纪之初所能达到的高度，我们认为，苏东剧变的原因还应放在时代的背景之下和历史发展的长过程之中来研究。苏东剧变的深层根源还"应该从每个经历了动荡的国家的总的社会状况和生活条件中寻找"。①

据此分析，苏东剧变的原因主要有：

经济建设没有搞好。苏东经济建设没有搞好，这并不是说其经济绝对没有搞好、始终没有搞好。苏东各社会主义国家曾经在经济建设上取得过令人瞩目的成绩，显示了社会主义的优越性。但是，由于长期受高度集中的计划体制的束缚，它们多次失去改革的良机，或没有一以贯之地进行改革。因此，从20世纪70年代开始，苏东国家的经济出现停滞，落在了西方发达国家的后面。进入80年代以后，苏东国家的经济更是每况愈下，经济增长率之低、通货膨胀率之高、外债负担之重、人民生活水平下降之快都达到了空前的程度，与西方的差距也进一步拉大。经济问题引发了日益严重的社会和政治问题，人们对共产党和社会主义逐渐失去了信心。

社会主义民主和法制建设没有搞好。在长期而频繁的政治斗争中，苏东各国严重混淆了两类不同性质的矛盾，制造了大批冤假错案，受迫害和被株连者数目惊人。这不仅成为反对派和西方资产阶级多年来攻击共产党和社会主义的口实，而且导致在共产党被赶下台的关键时刻，大多数群众没有起来保护共产党，而是采取了冷眼旁观甚至跟着反对派走的态度。

共产党的自身建设没有搞好。这主要表现在，苏东各国共产党不善于正确坚持马克思主义，没有把马克思主义与本国实际和时代特征相结合，或者思想僵化，搞教条主义，或者否定马克思主义的指导思想地位和作用。长期以来，没有建立起保持高度团结统一的中央集体领导核心，平时对建设和改革领导不力，到了动荡的关键时刻则出现分裂，有的甚至在党内率先建立反对派；党风严重不正，官僚主义盛行，以权谋私的腐败现象

---

① 《马克思恩格斯选集》第1卷，人民出版社1995年版，第483页。

滋长，如此等等。由于党的建设没有搞好，党组织逐渐失去了先进性，脱离实际，脱离群众，失去了广大干部和群众的信任与拥护，从而导致了共产党政权的自我毁灭。从某种意义上讲，正是苏东各国党群关系的首先解体，才导致了苏东"亡党"、"亡国"、"亡制度"的悲剧。

民族问题没有处理好。民族问题是苏东剧变的扭结。苏联是一个多民族国家，各种复杂的民族矛盾由来已久。长期以来，苏联实际上是由俄罗斯民族控制国家大权，其他民族和各加盟共和国在政治、经济、文化等各个领域的自主权没有得到根本的和很好的保障，从而导致了地方民族主义对立情绪的滋长和蔓延。俄罗斯民族和其他民族各有怨言和不满。这些潜在的民族矛盾日益尖锐化，终于发展到无法控制的程度。在苏联演变的过程中，大俄罗斯主义与地方民族分离主义相互作用，大大加速了苏联走向瓦解的进程。在南斯拉夫、捷克斯洛伐克等东欧其他多民族国家也程度不同地存在类似的情况。

意识形态领域的问题没有解决好。这主要表现为两个极端：一是长期以来对马克思主义采取一种教条主义的态度，固守对社会主义和资本主义的一系列僵化甚至是扭曲的认识，严重禁锢了人们的思想；二是在改革中实行所谓的"新思维"，用所谓的"人道的、民主的社会主义"取代马克思主义作为共产党的指导思想，造成了人们思想上的混乱，并引发了国内全面的政治危机、经济危机、民族危机和社会危机，使局势日益恶化以致不可收拾。

推行霸权主义对外战略所带来的恶果。苏联长期推行大国主义、大党主义、霸权主义的对外战略。其结果，一是向东欧各国强制推行苏联模式，使东欧各国的社会主义成了苏联模式的翻版，严重脱离本国国情，阻碍社会发展，人民心生不满，从而导致东欧各国执政党的社会基础脆弱，一旦苏联外交转向，放松控制，东欧便立刻倒向西方；二是为了争夺世界霸权，扩军备战，消耗了大量的国力，加深了国内的经济危机；三是为了争夺势力范围，到处插手地区冲突，甚至公然干涉别国的内政，派兵入侵别国的领土，严重败坏了社会主义的声誉。

对社会主义改革的领导、决策出现失误，乃至偏离正确方向。苏东社会主义国家的共产党的初衷是要通过改革来完善和发展社会主义。但是，在改革过程中，尤其是改革遇到挫折时，没有正确地总结经验教训，兴利除弊，而是使改革普遍踏上了一条从纠正阶级斗争扩大化走向否定阶级和阶级斗争、从改革高度集权的政治体制走向推行政治多元化和多党制、从实行党政分开走向取消党的领导作用、从改革高度集中的经济体制走向实行以私有化为基础的市场经济、从力图摆脱传统的苏联模式的控制走向完全投向西方的怀抱、从批判历史上的错误走向完全否定社会主义制度等有违改革初衷的错误道路。

西方的"和平演变"是苏东剧变的外因。自从社会主义国家诞生以来，西方资产阶级为扼杀和消灭社会主义国家，曾使用过政治孤立、经济封锁、军事包围、策反颠覆、武装干涉甚至发动侵略战争等种种手段。当这些手段都没有能够消灭社会主义时，西方资产阶级又转而使用和平演变战略。20世纪80年代以来，西方资本主义国家依恃其经济和科技优势，在社会主义国家的改革遇到困难之际，加紧渗透。它们一方面以经济援助为诱饵，力促苏东进行符合西方利益的改革；另一方面，在政治上大力扶持、在经济上大力援助各国反对派，甚至还直接进入东欧为反对派出谋划策，帮助其竞选，进而夺取政权。

对于东欧各国来说，演变的外因还有苏联的影响。戈尔巴乔夫提出"新思维"后，要求并积极促进东欧各国进行符合其"新思维"的"改革"，甚至直接插手东欧的内部事务，民主德国、捷克斯洛伐克、保加利亚、罗马尼亚事变都有苏联的背景。苏联的所作所为，对东欧的剧变起到了西方所起不到的作用。

与苏东剧变的原因相对应，苏东剧变的教训也涉及从国际到国内、从理论到实践、从经济到政治、从宏观到微观、从基本原则到具体政策等各个领域和各个层次。

二 苏东剧变的深刻教训

恩格斯曾告诫社会主义者，必须从亲身经验中学习，从本身所犯错误的后果中学习，无论从哪方面学习都不如从自己所犯错误的后果中学习来得快。邓小平在1992年南方谈话中也曾高屋建瓴地指出：一些国家出现严重挫折，社会主义好像被削弱了，但人民经受锻炼，从中吸取教训，将促使社会主义向着更加健康的方向发展。历史的教训会转化为现实的财富。中国共产党人就应该学会做这种转化工作，化挫折为动力，化教训为良师。

胡锦涛指出，20世纪80年代以来，包括苏东在内的世界上一些国家和地区执政几十年的老党、大党，先后失去了政权，有的甚至走向衰亡，引起国际社会的广泛关注。分析这些执政党兴衰成败的教训，有几点启示是重要的：

第一，执政党要巩固自己的执政地位，必须坚持改革创新，随着时代的步伐不断前进。要目光远大、开拓进取，绝不能因循守旧、故步自封。只有顺应历史潮流，坚持在继承的基础上不断进行实践创新和理论创新，党才能始终保持生机和活力，才能增强吸引力和凝聚力，才能在国家生活和社会生活中保持主导地位。

第二，执政党的路线、方针、政策和行动纲领必须顺应民心，反映广大人民的愿望和要求，要执政兴国、执政为民。任何执政党的根基都在于人民群众的支持。人心向背是决定一个政党、一个政权兴亡的根本性因素。只有始终致力于解放和发展社会生产力，不断增强综合国力和国际竞争力，促进社会的全面、协调、持续发展，努力提高人民群众的生活水平，执政党才能为群众所拥护，国家才能长治久安。

第三，执政党必须注重自身建设，善于根据形势的发展变化不断认识自己、加强自己、提高自己，经受住长期执政和社会变革的考验。一个政党或团体，在它夺取政权的时候，因为万众一心，不怕任何艰难困苦，于是，"其兴也渤焉"；一旦政权在握，便高居于民众之上，随着时间的推移，它所面临的就不仅仅是拒腐防变的问题，还有提高领导水平、执政水平，提高抵御各种风险的能力等重大课题，这些问题回答、解决不好，于是，就会是"其亡也忽焉"。一个党要在国家的政治生活中长久地发挥核心领导作用，必须加强自身建设，从实际出发改进领导方式、组织方式、活动方式和工作方式，不断提高领导水平和执政水平。特别要加强党的团结和统一，做到为政清廉，坚决反对和惩治党内各种腐败现象。

第四，社会主义国家的执政党还必须旗帜鲜明地坚持马克思主义的思想理论基础，坚持民主集中制，建设一个团结、坚强、稳定的领导集体，建设一个组织严密、纪律严明并具有强大号召力、凝聚力和战斗力的组织体系，建设一支同人民群众保持密切联系的高素质的干部队伍。

胡锦涛的上述认识和论断是极有远见和极其深刻的，既凝聚着中国共产党人对于 20 世纪 80 年代末 90 年代初出现的国际共产主义运动史上从未有过的大灾难的深刻反思，也包括对于 20 世纪 90 年代以来世界上一些执政几十年的执政党下台或衰亡等历史教训的高度警觉，必将推动和指导我们对苏东剧变的原因、教训作出进一步的研究。

10 余年来，人们从不同的角度对于苏东剧变的原因提出了各种看法，侧重点各不相同，但实际上并不互相排斥。在苏东剧变的研究上，我们既要坚持多重性原因的"合力论"，又要坚持"重点论"，也就是说，强调全面不是不要重点，强调诸因素综合作用不是不要区分主次。在对苏东剧变共同起作用的诸多原因中，其作用的主次、影响的大小无疑是不同的。那么，到底哪种因素是更带有根本性的、决定性的因素？或者说导致苏东剧变的主要原因究竟是什么？使诸多因素形成"合力"的"黏合剂"又是什么？这既是研究中的难点之所在，也是在研究中争论比较大的问题。曾参与策划瓦解别国的秘密战略的美国中央情报局前雇员彼得·施魏策尔在《里根政府是怎样搞垮苏联的》一书中写道，"苏联从世界地图上被抹掉"，"导致苏联解体的最主要因素到底是哪些呢？是国家意识形态的破产吗？是由于共产主义违反人性而命中注定要失败吗？是苏联经济的钙化与生锈最终使其不堪重负而发生内部爆炸，如同一个不结实的屋顶因不堪积雪的重压而轰然倒塌一样吗？历史学家们可能对这一问题争论几十年，甚至几个世纪。"[①]

苏东剧变的最主要原因之所以成为研究中的难点，是因为苏东剧变并不是由单一的原因所导致的，而在诸多的因素中，并不是所有的因素都起着同样的作用，如何从复杂的因素链条中确定出主要原因和次要原因，尤其是从中找出那些更为重要的因素，由于观察、思考问题的视野、立场、价值观的差异，的确容易出现各执一词的情况。而只有找出最为重要的原因，才能总结出真正应该吸取的教训，才能真正避免重蹈前车之覆辙。与对苏东剧变的最主要原因的分析存在分歧相对应，对苏东剧变教训的分析同样存在争议。对于苏东剧变的原因，尤其是最为主要的原因的研究肯定还会继续下去，争论也还会继续下去，即使对苏东剧变的各种具体原因也还会有不同的总结和概括。随着时间的推移和档案的陆续披露，对苏东剧

---

① 彼得·施魏策尔：《里根政府是怎样搞垮苏联的》，新华出版社 2001 年版，第 1 页。

变的研究肯定会越来越接近历史的真实。对于苏东剧变的教训的总结则更复杂，不同的时期、不同的人们会从不同的侧面吸取对自己有益或有用的东西。

第三节 苏联、东欧剧变的评价

苏东剧变、苏联解体，是20世纪所发生的一件影响异常巨大的事件。苏东剧变10余年后的今天，我们有可能从世界历史、世界政治格局、世界社会主义共产主义运动、原苏东地区的社会发展几个层面来探讨苏东剧变的性质和影响。

一 历史进程中的独特现象

按照马克思主义关于社会历史发展进步的基本原理，人类社会历史的发展是由低级到高级、螺旋式上升的。不同的社会经济形态代表着不同的社会发展阶段，按照普通的、正常的顺序，原始（社会）公社——奴隶社会——封建社会——资本主义社会——社会主义社会，是人类社会历史发展到今天的图景。社会主义社会的出现是人类社会历史的伟大进步。

苏东剧变则是一场引起社会制度性质改变的剧变，是人类社会历史发展进程中的一次大的逆转。剧变使苏联东欧传统社会主义的成果丧失殆尽。它使历史的时针退回到了1917年十月社会主义革命之前，退回到了第二次世界大战的末期和战后初期。

苏联东欧剧变后，邓小平曾指出："社会主义经历一个长过程发展后必然代替资本主义，这是社会历史发展不可逆转的总趋势。"[1] 但是，"道路是曲折的。资本主义代替封建主义的几百年间，发生过多少次王朝复辟？所以，从一定意义上说，某种暂时复辟也是难以完全避免的规律性现象"。[2] 他多次引用世界史中的一些实际例子来论证这个论断，他说："有长期封建历史的资本主义国家如英、法、德、日、意的发展，也都有过重大的曲折和反复（英、法出现过反革命复辟，德、日、意出现过法西斯

---

[1] 《邓小平文选》第3卷，人民出版社1993年版，第382~383页。

[2] 同上书，第383页。

统治)。"① 邓小平的这一论断,为我们认识苏东剧变、苏联解体提供了马克思主义的方法论的依据。既然一种私有制代替另一种私有制的社会制度的更替尚且出现过多次复辟与反复辟的较量,那么,在以公有制为基础的社会主义制度代替以私有制为基础的资本主义制度的过程中,出现像苏东剧变、苏联解体这样资本主义暂时复辟的事情,就不足为奇了、不足为怪了。苏东剧变典型地体现了社会主义代替资本主义的道路的曲折性。但是,社会主义代替资本主义仍然是社会历史发展不可逆转的总趋势。当然,这一"代替"是有条件的,其条件就是"社会主义经历一个长过程发展后"。邓小平的这个观点,既表明了他作为一个马克思主义者的坚定的社会主义信念,又显示了他作为一个无产阶级战略家的实事求是的科学态度。

二 世界格局变化中的重要因素

苏东剧变后,过去世界各国以亲美或亲苏来确定自己国际角色的"简明化"的国际关系格局变得复杂起来。在冷战掩盖下的种种问题日益凸显,诸如东西矛盾加剧、南北差距拉大、地区热点发生转移并增多、民族冲突和宗教冲突升级等等,世界格局中的不确定性因素和未知因素增加了。

国内外许多学者和论著大都倾向于认为,苏东剧变、苏联解体,东西方冷战结束,战后维持了40余年的两极格局不复存在,世界进入了多极化格局的新的历史时期。事实上,世界多极化趋势在冷战时期就已经出现了,苏东剧变、苏联解体之后,这一趋势仍在继续发展。邓小平早在20世纪80年代就揭示了世界多极化产生的原由和实质。1990年3月,他又明确指出:"苏美垄断一切的情况正在变化。世界格局将来是三极也好,四极也好,五极也好,苏联总还是多极中的一个,不管它怎么削弱,甚至有几个加盟共和国退出去。所谓多极,中国算一极。中国不要贬低自己,怎么样也算一极。"② 苏东剧变、苏联解体后,美苏两个超级大国,只剩下了一个。苏联的主要继承者——俄罗斯,从当年美苏"两超"中的

---

① 《邓小平文选》第2卷,人民出版社1994年版,第167页。
② 《邓小平文选》第3卷,人民出版社1993年版,第353页。

"一超"坠落为"一超多强"为基本框架的世界多极化格局的"一强"。苏联解体并没有导致多极化趋势的停顿甚至中止，但是它导致世界格局发生了结构性的变化。由于苏联解体，美国意欲建立由它主宰的"单极世界"，独家支配世界，但到头来这恐怕也只能是它的一厢情愿。基辛格说，"单极的世界"是冷战结束后观察家们"创造"出来的，"美国实质上并没有比冷战时更能单方面独断全部问题。美国比十年前更占优势，可是够讽刺的是，权力也更加分散。美国能够运用来改造世界其他地区的力量，实际上也减弱了"。[1] 布热津斯基也预言："美国成不了全球警察，也当不成全球银行家，甚至连全球道德家也做不成。"[2] 中、俄、欧盟以及亚洲和拉丁美洲许多国家都强调要推动多极化，就是要抵制美国霸权主义的单极世界论。

目前的现实是，既不能否认美国的优势地位和特殊作用，又不能因为仅存"一超"而漠视多极化。美国是多极世界中最重要的一员，但它在世界事务中的作用也应该尽可能朝着良性方向发展，否则必然是"失道寡助"。多极化反映了新旧格局转换的过渡时期的特征。多极化趋势是一种不以人们的意志为转移的客观现象，苏东剧变后国际形势的发展并未改变这种趋势。

三 社会主义运动的严重挫折

世界社会主义运动将在比较长的时间里处于低潮成为不争的事实，人们对社会主义的前途和命运异常担忧，甚至可以听到类似社会主义大失败、社会主义万劫不复的论调。但是，社会主义运动的低潮并不就是死潮，它的困境并不就是绝境。

苏东剧变在给社会主义带来新的挑战的同时，也提供了新的机遇，社会主义在新的历史条件下以创新的姿态继续前进。历史上没有任何一种社会制度比社会主义的生存和发展更为艰难的。20 世纪 80 年代末 90 年代初的剧变，使苏联东欧一整块社会主义阵地丧失殆尽，的确令人痛惜。但

---

[1] 亨利·基辛格：《大外交》，海南出版社 1997 年版，第 750 页。
[2] 兹比格涅夫·布热津斯基：《大失控与大混乱》，中国社会科学出版社 1995 年版，第 163 页。

是，正如邓小平所指出的，从一定意义上说，某些暂时复辟也是难以完全避免的规律性现象。一些国家出现严重曲折，社会主义好像被削弱了，但人民经受锻炼，从中吸取教训，将促使社会主义向着更加健康的方向发展。因此，不要惊慌失措，不要以为马克思主义就消失了，没有了，失败了。哪有这回事！同时，世界上的敌对势力消化苏东剧变带来的一系列困难和矛盾，也还需要一定的时间。所以，存留下来的社会主义国家可以抓住这一时机，加快发展。的确，中国、越南、古巴、朝鲜、老挝等社会主义国家，通过吸取苏东剧变的教训，总结各自社会主义历程中的得失成败，与时俱进，致力于改革和革新，继续沿着社会主义道路前进，不仅站稳了脚跟，而且不同程度地取得了举世瞩目的新进展和新成就。

资本主义世界和广大发展中国家的共产党人，也在坚持不懈地根据本国国情和时代特征，继续推进社会主义运动的进程。原苏联东欧地区的共产党人在遭受挫折之后，也在探索适合本国国情的社会发展道路。西方社会民主党人起初对苏联东欧剧变持幸灾乐祸的态度，认为可以从共产党人的失败中分享"政治红利"，然而，它很快就开始分尝共产党这个老对手失败所结出的苦果。这是因为，在西方资产阶级眼里，共产主义制度的失败应该连带引起民主社会主义的失败，以便使它永无挑战的威胁。面对这种情况，社会民主党也进行了反思。在谈到社会主义社会时，马克思曾指出：我们这里所说的是这样的共产主义社会，它不是在它自身基础上已经发展了的，恰恰相反，是刚刚从资本主义社会中产生出来的，因此它在各方面，在经济、道德和精神方面都还带有它脱胎出来的那个旧社会的痕迹。在经过了数十年的社会主义建设和改革的实践以及苏东剧变之后，我们可以更准确地理解马克思主义关于社会主义同资本主义之间继承和衔接关系的真谛，也可以更好地理解"什么是社会主义，怎样建设社会主义"这个困扰了几代社会主义革命家和建设者的大问题。从这个意义上说，苏东剧变所抛弃的并不是一般意义上的社会主义或者说社会主义本身，而是"纯而又纯"的、僵化的苏联模式的社会主义。只有在模式创新、百态纷呈的形势下，才能构成富有生机和活力的真正的世界社会主义运动。

四 苏东剧变后的走向

苏东地区原有的 9 个社会主义国家，在苏东剧变后变成了 27 个至少在价值取向上已不是社会主义的国家,从而导致了世界地图尤其是世界政治地图的改变。这些国家被称之为所谓的"转型"国家。在经济上,它们从以公有制为基础的计划经济体制向以私有制为基础的市场经济体制转变,其措施基本相同,主要包括:全面推行国有企业私有化,提高企业经营效率;放开物价,形成依靠市场调节的价格体系;实行紧缩货币政策,抑制通货膨胀;削减财政补贴,减少财政赤字;取消对外贸易限制,实行货币自由兑换,等等。转轨的方式虽有激进和渐进之别,但是,在转轨的过程中,所有国家的经济都出现了严重衰退,先后走过了混乱——滑坡——谷底——回升的历程。在政治上,它们从原来的共产党一党制向多党制的以三权分立原则为基础的西方式议会民主政治体制过渡。从整体上来看,各国的经济转型与政治转型进程存在一致性。大多数国家的政治转型在其初期是以疾风暴雨的形式展开的。多党制、三权分立、议会民主、民族分离等一时间主导社会思潮,社会政治领域冲突异常激烈。各国在相当长的一段时间里政局不稳,爆发了程度不一的社会政治"地震"。目前,这些国家向资本主义民主制的转变已基本完成,政治多元化原则、三权分立原则已通过宪法和法律得到贯彻,新型政治体制的框架已初步确立。当然,按照宪法规定实施真正的民主体制还将有一个过程。同时,由剧变所引发的诸多社会问题也日益令人担忧。社会两极分化,贫富悬殊加剧;贪污腐败比比皆是,社会犯罪成为头号难题;人们的政治热情趋于冷淡,政府的政治威信具有极大的不稳定性,等等。如果这些问题长期得不到有效解决,则会直接危及社会的安全与稳定,制约各国政治的发展。在未来的新的国际政治格局中,冷战的结束极大地改变了这一地区的战略地位和地缘政治的特征。各国在对外关系上都进行了重大调整,普遍奉行国家利益和民族利益至上的原则,在政策取向上变得更为多元而务实。

总之,10余年过去了,原苏东地区最剧烈动荡的阶段已经结束,大多数国家的政治、经济制度的框架已初具规模,但转型过程还没有最后终结,影响这一地区经济、政治走向的不确定因素仍然很多。对于这一地区的各个国家来说,21世纪的第一个10年,将是极为关键的时期。

第二十七章　越南、老挝建设社会主义的新探索

越南、老挝等国共产党都度过了因苏联东欧剧变所造成的最困难时期，并在不同程度上进行了改革和开放。总的说来，世界各地执政的共产党都已经认识到照搬苏联发展模式的危害，而且在什么是社会主义、如何建设社会主义问题上作了新的、可贵的探索。而发展经济，加强执政党的建设，处理好发展与稳定的关系则成为各党工作的中心。

第一节　越南建设社会主义的新探索

越南位于印支半岛的东部，总面积 32.96 万平方公里，人口 7 600 万。10 世纪开始建立封建国家。19 世纪中叶法国入侵，1984 年沦为法国保护国。1945 年，越南共产党领导八月革命成功。同年 9 月 2 日，越南民主共和国宣告成立；9 月 27 日，法国殖民者卷土重来，越南共产党又领导人民进行了 9 年的抗法战争。1954 年抗法战争胜利后，按照关于恢复印度支那和平的《日内瓦协定》，越南被分为南北两方，北方获得解放，美国取代法国在南方扶植西贡傀儡政权。越共领导越南人民开展抗美救国战争，迫使美国于 1973 年 1 月在巴黎签订《关于在越南结束战争、恢复和平的协定》，美国撤离南方。1975 年 4 月，越南南方获得解放。1976 年 7 月越南实现国家统一，改国名为越南社会主义共和国。越南共产党的前身是 1930 年 2 月 3 日建立的"越南共产党"，同年 10 月改名为印度支那共产党。1951 年 2 月召开的印度支那共产党第二次全国代表大会改名为越南劳动党。1976 年 12 月召开的越南劳动党第四次全国代表大会又更名为越南共产党。目前，越南共产党约有党员 253 万人，全国基层

党组织约有 4 万个。

一 越南革新开放的阶段性

越南的革新开放政策，是在深刻认识本国国情、纠正过急过左错误的基础上确立的。全国统一后，越南立即在全国进行社会主义改造和建设，而且几乎是照抄照搬苏联模式以及中国的经验。正是由于思想认识上超越阶段和脱离本国实际，以及当时对外政策上的失误，使经济建设迟迟不能成为党和政府的中心工作，人民也不能休养生息，国家陷入了困难和危机。

越南的改革起步较晚。自 1979 年 9 月以来，越南在经济领域采取了一系列新的举措，逐步改革传统的经济管理体制。越南对社会主义的新探索和整个改革进程大致分为两个阶段：

第一阶段（1979—1986 年）是越南改革的试行阶段。越南采取的主要措施有推行农业生产承包责任制，扩大企业自主权，开放农贸市场，放宽对私人经济的限制等等。这一阶段的改革缺乏完整的理论指导和长远规划，各项具体改革措施不配套，没有从根本上改变国家集中统包统管的经济体制，因此，改革所发挥作用的范围和效果有很大的局限性。与此同时，越南于 1978 年年底大规模出兵侵占柬埔寨，耗费大量人力、物力、财力，并导致国外经济援助基本中断，这就进一步加剧了越南的经济困难，也妨碍了改革的进展。越南的各种社会矛盾日益暴露和激化。20 世纪 80 年代中期，世界各国掀起了调整和改革的热潮，越南周边的亚洲"四小龙"、东盟诸国以及中国的经济建设突飞猛进，都给予越南革新以激励和启迪。

第二阶段（1986 年至今）是越南改革全面展开和逐步深化的阶段。1986 年 12 月，越共召开六大，这次具有重要历史意义的大会认真分析和反省了过去的错误和面临的严峻形势，提出了革新开放和逐步实现现代化的路线。大会采取了"正视事实、正确地评价事实、说明事实的态度"，[①]认真总结了越南经济建设的经验教训，并指出"这次大会应当成为党在

---

① 阮文灵：《越南共产党第六次代表大会的开幕词》，越南《人民报》1986 年 12 月 16 日。

思维、作风、组织和干部工作中改革的标志"。① 在理论上,越共把短时期内在越南建成社会主义修改为当前越南仍处于向社会主义过渡的初级阶段,并突出了从国家集中计划管理体制向国家宏观调控、微观自主经营的市场经济模式转变的改革战略。越共在经济领域确立了三个奋斗目标:一是进行经济结构调整,重新安排投资方向,加快农业发展,集中力量发展日用消费品工业,大力推进出口生产。二是调整生产关系,发展多种经济成分。三是实行全国统一的社会经济政策,取消包给制,转到讲究经济效益的核算体制上来;取消地区性障碍,形成全国统一的社会主义流通市场。此后,一系列加快向市场经济过渡的措施相继出台。但是,越共六大关于革新开放的路线和措施到1988年才真正落实,1989年才开始全面展开。20世纪80年代后期,越共党内也仍有人主张仿效苏共戈尔巴乔夫的改革模式,走东欧社会民主化的道路。苏联东欧剧变给越南带来很大冲击和影响,但是越共顶住了内外压力。在1989年3月的越共六届六中全会上,越共提出了有原则的改革思想,即在越南革新进程中必须遵循和坚持"五项基本原则":坚持社会主义目标和理想,坚持马克思列宁主义和胡志明思想,坚持无产阶级专政和党的领导,实行有集中的社会主义民主,将爱国主义与无产阶级国际主义相结合、民族力量与时代力量相结合。1990年8月越共六届七中全会,明确反对多党制、多元化和极端民主化。

越南过去同苏联有着密切的关系,所以苏联的演变对越南的冲击是大的。在社会主义生死存亡的紧要关头,越南没有步苏联的后尘。1991年6月,越共七大进一步批评了政治多元化的倾向,坚持并完善了革新路线。鉴于苏联东欧剧变的原因和教训,大会认为,要用历史的观点评价苏联社会主义,不能片面地批评或全盘否定;苏联模式社会主义的崩溃并不表明科学社会主义的失败;苏联模式的缺点和错误不是社会主义本身所固有的,而是对社会主义的教条观念所造成的。这次大会把"沿着社会主义道路继续把改革推向前进"确定为大会的"政治定向",既遏制了反社会主义势力要求共产党放弃党的领导和社会主义道路,又坚持了革新开放。1991年11月,越南同中国的关系实现了正常化,其高层领导不断到中国访问,几乎所有的省部级官员都到过中国考察、学习。越南还相继改善了

---

① 长征:《越南共产党第六次代表大会政治报告》,越南《共产主义》,1987年第1期。

同西方国家的关系，以吸引外资，扩大对外贸易。

1992年，越南颁布新宪法，明确规定坚持共产党对国家政权和全社会的领导地位。越南革新开放的具体做法，用俄罗斯塔斯社河内分社一位资深记者的说法，概括起来就是8个字"北上取经，西方化缘"。也就是说做法学习中国，资本依靠西方。

为了总结越南革新开放的实践经验，越共1995年召开了七届九中全会，提出了社会主义建设的六点设想，即：在革新开放的过程中，必须坚持民族独立和社会主义目标；正确处理经济改革与政治改革的关系；坚持以经济建设为中心，建设遵循社会主义方向、由国家管理、按市场机制运作的多种成分的商品经济体制；加强民族团结，发扬自主自强精神；努力争取世界人民对越南正义事业的同情和支持，实行独立自主、全面开放的多样化、多方位的外交政策；坚持马列主义和胡志明思想，坚持党的领导。这些思想的提出，进一步表明越共已经摆脱了对社会主义的僵化理解，开始走适合本国特点的社会主义道路。1996年6月28日—7月1日，越共召开八大，大会全面回顾、总结了越南10年革新事业，再次肯定了越共革新开放路线的正确性，提出将进一步革新开放，并敦促要采取更有力的行动抑制腐败、拜金主义和不平等现象，应该提高警惕，保卫党和社会主义政权，防止并粉碎一切和平演变、反叛和颠覆的企图。越共八大强调"改革而不改色，融入而不融化"，并确定了越南跨世纪战略目标，明确宣布到1996年越南已摆脱经济、社会危机，过渡时期初级阶段提出的为工业化准备前提的任务已基本完成。越南开始进入一个大力推进国家工业化、现代化的新时期；规定了到2000年和2020年的具体发展目标，即：到2000年和2020年人均国内生产总值分别比1990年翻一番和增长8—10倍，争取到2020年把越南建成一个民富国强、社会公平、文明的工业化国家，逐步迈向社会主义。

2001年4月19日—22日，越南共产党召开九大，这是越南在进入新世纪后召开的承前启后、继往开来的党的代表大会。大会通过了题为《发挥全民族的力量，继续革新，加快工业化和现代化，建设和保卫越南社会主义祖国》的政治报告以及《2001—2010年经济发展战略》、《2001—2005年经济社会发展的方向、任务和计划》等重要文件，确定了21世纪初期越南国家发展的基本方向和大政方针。这次大会系统阐述了胡志明思想,指出:"我们党和人民决心沿着以马克思列宁主义和胡志明思想为基础的社会主义道路建设越南","胡志明思想是关于越南革命基本问题的一套全面、深刻的理论和政治观点体系;是在我国具体条件下创造性运用和发展马克思列宁主义,继承和发扬优良民族传统价值观以及吸收人类文化精华的产物。""胡志明思想包括关于民族解放、阶级解放和人类解放的思想;关于民族独立与社会主义紧密联系、民族力量与时代力量相结合的思想,关于人民力量与民族大团结的综合力量的思想;关于人民当家作主和建设真正属于人民、人民做主和为了人民的国家的思想;关于全民国防和建设人民武装力量的思想;关于经济和文化发展以及不断改善人民物质和精神生活的思想;关于革命道德、勤奋、节俭、诚恳、正直、为公和无私的思想;关于培养未来革命接班人的思想;关于建设廉洁和强大的党以及把党的干部和党员锻炼成为既是领导者又是真正忠于人民的公仆的思想,等等。""胡志明思想一直照亮着我国人民走向斗争胜利的道路;它是我们党和国家的伟大精神遗产。"① 大会还确定"社会主义定向的市场经济"为越南经济体制的发展模式,并明确把"民主"作为越南社会主义的理想目标之一,选举 61 岁且为少数民族的农德孟为越共中央总书记。大会还提出,到 2010 年要使越南摆脱不发达的状况,显著提高人民的物质生活与精神生活水平,为 2020 年基本成为一个现代化的工业国家奠定基础。大会计划到 2010 年越南国内生产总值至少要比 2000 年翻一番,2001 年至 2005 年的国内生产总值年均增长幅度要达到 7.5%,2005 年国内生产总值要比 1995 年翻一番。虽然越南目前还有不少困难和问题,有些甚至还很严重,但由于越南共产党采取了正确的路线、方针和政策,越南的社会主义革新事业不断推进,总体形势比"冷战"结束之前要好得多。越共中央政治局委员、越共中央理论委员会主席阮德平教授认为:从 1986 年开始的革新 10 年以后,"越南已摆脱社会经济动荡并从1996 年起跨进了新的发展阶段,就是推动工业化、现代化以实现民富国强、社会公平、民主、文明目标的阶段"。② 越南老资格的理论家陈仲新

---

① 转引自许宝友:《越共九大政治报告的特点》,《国外理论动态》2001 年第 7 期。
② 参见李慎明主编:《社会主义:理论与实践》,中国社会科学出版社 2001 年版,第 168页。

为纪念越共成立 65 周年，在《人民报》上撰文，高度概括了越共领导革新事业的十大特点。他指出，这十大特点就是：分析形势的态度是"正视事实，正确分析事实，讲清楚事实"；党牢牢掌握马克思列宁主义理论以指导实践活动，特别重视对实践的总结；革新首先要更新思维，有了正确的理解才能有正确的行动；更新思维首先要更新经济思维；革新要牢牢掌握社会主义方向，防止出现偏离方向的危机；等等。

二　越南对社会主义建设的新探索及其改革的主要任务

（一）农业管理体制的改革

1976 年越南全国统一后，在北方，由于长期走苏联式的集体化道路，维持僵化的农业体制，北方农业合作化运动陷入了死胡同；在南方，则是"强制"、"粗暴"地按照北方农业生产规模推行集体化，存在着急于求成、管理不善和分配上的平均主义，造成集体农民的劳动生产率和收入均低于个体农民的后果。在 1976—1980 年间，农民生产积极性不高，越南全国农业生产下降，农民与整个社会之间的矛盾日益尖锐，农业生产陷入了危机。

20 世纪 70 年代末，北方的一些合作社自发实行包产到户，并取得良好效果。1979 年 9 月召开的越共四届六中全会决定实行新经济政策，提高粮食收购价格，扩大农民的自留地，鼓励农民发展家庭副业，开放自由市场等。1981 年 1 月，越共中央做出"100 号指示"，正式推行农业承包责任制。但是，生产承包制并没有把土地等农业生产的基本生产资料交给农民承包，仍由合作社决定经营的方向和产品的分配方式，农民还没有获得自主进行生产经营的权利，再加上合作社逐步提高承包定额，从而挫伤了农民的生产积极性。这种承包制所产生的效应是短暂的，所能挖掘的潜力是有限的。1986 年越共召开六大，决定一方面增加对农业的投资，提高对农副产品的收购价格；另一方面采取相应措施，进一步完善农业承包制。1987 年 4 月召开的越共六届二中全会，制定了更灵活、更宽松的新政策。1988 年 4 月召开的越共中央政治局会议做出改进农业生产承包责任制的"第 10 号决议"，又在所有制、管理机制和分配方式三个方面实现了质的变化。此后，农民的积极性得到进一步发挥。1989 年 3 月，越共召开六届六中全会，决定加大农业改革力度，改革农产品流通和价格政策。1993年越南颁布《土地法》，规定农民拥有使用耕地权的期限，一年生作物的土地为20年，多年生作物的土地为50年。该法还允许农民拥有土地使用权、出租权、继承权、转让权和作为向银行贷款的抵押权。同年6月，越共七届五中全会做出了《关于继续改革和发展农村经济、社会的决议》，决议指出："三农"（农村、农业和农民）始终是越南革命所有各个时期的战略问题，意义重大。1994年1月，越共七届七中全国代表会议，强调要改革合作社经济，发挥社员户经济的主导作用；在资源、互利和民主管理的原则下，国家帮助、扶持、引导各种合作经济形式的发展，把集体力量与社员户力量结合起来；在农、林、渔业中改革合作社，并发展各种合作经济形式。通过上述一系列改革，越南的农业生产得到较大发展。1996年6月，越共八大把七大关于5种经济成分中排在第二位的"集体经济"的提法改为"合作经济"，并主张按照自愿、平等、互利、民主管理的原则，由低到高、从合作组到合作社发展多种多样的合作经济。八大还提出从1996年到2000年实现农业和农村的工业化、现代化的主要发展方向是：全面发展农、林、渔业，形成各个集中产区，种植、养殖结构合理，提供量多、质优的商品，保证社会的粮食安全，满足工业和国内市场的需求；农、林、渔业的全面发展要与农、林、水产品加工业相结合，实现水利化、电气化、机械化和生物化等等。1997年12月，越共八届四中全会提出，要按照工业化、现代化和合作化、民主化的方向发展农业和农村，并采取一系列措施进一步深化农业改革，主要措施有：加快经济结构的转变过程，并与重新部署农村劳动力紧密结合；解决农产品销售市场问题；在农业和农村中大力发展各种合作经济形式，革新国营单位的运作机制。目前，越南的农业改革还在深入进行。

（二）工业管理体制的改革

1976年越南全国统一后，提出大力促进工业化的主张，并强调优先发展重工业。但是，在1976—1980年的5年期间，不仅重工业没有发展起来，而且5年间工业年均增长速度仅为0.6%，几乎踏步不前，整个五年计划没有完成。在此情况下，越南开始探索着进行改革。

1979年9月越共四届六中全会通过了关于发展日用品和地方工业的方向、任务的决议。1981年越南部长会议颁布了《关于发挥国营企业生产经营自主权和财政自主权》的第25号决议和《关于国营企业贯彻承包、计件工资和奖金制》的决定。1984年7月，越共五届六中全会决定进一步扩大企业自主权，缩小指令性计划范围。实行这些措施后，越南的工业生产有所发展。但是，总的来看，越南在这一阶段所采取的措施，旨在完善、维持和补充指令性计划，不是要废除旧的机制，因此，不仅使新措施、新政策作用有限，而且还使官僚集中、统包统管的机制也日益不起作用。

为克服上述状况，1986年越共六大确立了全面革新的路线。越共六大决议通过了一系列经济政策，并决定废除官僚集中、统包统管的机制，实行社会主义定向的多种成分的商品经济。其后10年间，越南共产党和政府又陆续做出了一些重要决定，关于企业改革的主要内容是：第一，对国营企业进行重新安排，保证国营企业生产经营有效益，并掌握关键的领域和部门，在国民经济中要占到主导地位；第二，采取必要措施，正确处理好所有权与使用权、国家与企业、经理厂长与党组织和群众组织等之间的关系；第三，对部分中小企业逐步实行股份合作化试点，成立股份企业、股份公司；第四，大力发展由国营企业与外国企业实行多种合作形式的国家资本主义。这一阶段，越南国营企业改革有较大的发展，国营企业逐步适应市场机制，大型国营企业的实力和国营企业在国民经济中的主导地位不断得到加强，从而为进一步深化企业改革奠定了基础。

1996年6月，越共八大提出越南已进入一个大力推进国家工业化、现代化的新时期，强调国有经济要发挥好主导作用，并与合作社经济一起成为国民经济的基础，同时确定了到2000年和到2020年国营企业改革的目标。八大提出，要从根本上改革国营企业的组织形式和管理机制，提高其经济效益；要发展国营企业之间及国有经济与国内外其他各种成分经济的合资、合作形式；要加强国家的宏观管理效力，并保证所有企业和个人（不区分经济成分）在法律面前权利和义务的平等。越共八大还围绕上述目标制定了具体的方针、政策。越共八大后，越南政府采取了一系列措施进一步深化企业改革，颁布了关于国营企业重组、重建和破产的决议和关于将部分国营企业转变为股份公司的决议等等。

目前，越南国营企业面临的主要困难和问题是，缺少现代化的基础设施，技术设备落后，管理水平低，企业经济效益差，产品质量低、缺乏竞争力，国营企业在国民经济中尚未真正起到主导作用等等。此外，国营企业实行股份化也并非一帆风顺，遇到许多困难。越南国营企业改革还有很长的路要走。

(三) 对外经济关系改革

1976年全国统一后直至1986年底，越南与苏联东欧国家关系十分密切。在政治上，越共五大把苏联作为越南的最强大、最可靠的盟友，称越南同苏联的团结和全面合作始终是越南党和国家对外政策的基石。在经济上，越共六大进一步提出越南把同社会主义共同体，首先是同苏联的紧密联系作为越南对外经济战略的基石。越南对外经济关系主要是与各社会主义国家保持密切的贸易关系，与其他国家的贸易关系进展只占对外经济关系的很少部分。特别是1978年底出兵柬埔寨后，越南在外交上十分孤立，世界上许多国家纷纷中止对越南的经济援助，并对越南实行经济制裁。越南基本上断绝了与西方的经贸关系。

为摆脱在国际社会中的孤立局面，为革新事业创造一个宽松的国际环境，争取更多的西方国家的援助、技术和市场，1986年12月越共六大在调整国内政策的同时，开始调整其对外政策，主张奉行多元化的对外政策。1987年越南国会通过了新的《外国人在越南投资法》。1988年初，越南国会决定修改宪法，接着以从柬埔寨撤军为契机，改善对外关系，并于1991年11月与中国实现关系正常化。苏东剧变后，越南主张同一切国家和经济组织实现经济关系多样化。1991年越共七大和1992年新宪法明确规定，越奉行和平、友好的对外政策，在相互尊重独立、主权和领土完整以及互不干涉内政、平等互利的基础上，与世界上所有国家扩大交流与合作。1995年，越南加入东盟，与美国实现关系正常化。1996年越共八大进一步确定，越继续坚持独立、自主、国际关系多样化和全方位的外交路线，强调把政治外交和经济外交紧密结合起来，提高对外活动的效果。随着2001年11月越南国会批准与美国签署的《双边贸易协定》，越南对美国的出口迅猛增长。在21世纪初的两年里，约50亿美元的外国投资流入越南。2002年，越南的经济增长率达到7%，仅次于中国，位居亚洲前列。

(四) 所有制结构的改革

1986年越共六大在所有制问题上有重大突破，明确肯定越南存在社会主义经济成分和其他经济成分，前者包括国营经济和集体经济，以及与之密切相连的家庭经济；后者包括个体经济、私人资本主义经济、多种形式的国家资本主义经济，以及山区部分农民自给自足的自然经济。为了改变国营经济效益差的状况，越南从1992年6月开始在一些国营企业试行股份制。通过实行股份制，可以吸收大量社会闲散资金（包括外资）来发展国营企业，同时，职工可以购置本企业的股票，从而使他们的切身利益与企业经营效益的关系更加密切。在调整所有制结构方面，私人企业有了很大的发展。1990年，越南国会通过了《私人企业法》，明确规定：国家承认私营企业的长期存在和发展，承认它们同国营企业在法律面前具有平等地位，私人企业在法律范围内的一切经营活动享有自主权，私人企业主有权出租或出卖自己的企业或者与其他企业合并。在21世纪初的两年里，共成立了4.5万家新的私人企业。

（五）政治体制改革和精神文化建设

越共六大后，经过5年的探索、实践和总结，到1991年6月七大，越共政治改革的思路更加明确。越共七大政治报告对政治改革的目标、必要性、重要性、要求、方针以及改革的实质等都作了详尽的阐述。七大后，越共采取了许多重大措施，逐步加大政治改革的力度。1996年6月越共八大把10年政治改革的经验教训归纳为3条：其一，从总体而言，越共革新事业是从更新路线和对内对外政策的政治思维开始的。没有这一个更新，就没有其他一切的革新。其二，在改革政治系统的组织和活动机制方面，步子要慎重、稳妥，要从解决最紧迫和已经成熟的问题开始，并要求认识到这是十分必要但又特别复杂、敏感的事。其三，政治系统的改革，其主要目标是为了更好地实现社会主义民主，充分发扬人民当家作主的权利，但是越南不接受多元化、多党制。越共八大分析了越南所面临的机遇和挑战，认为越共七届七中全国代表会议（1994年1月）指出的"四个危机"（经济发展滞后、和平演变、偏离社会主义方向以及官僚、腐败和道德品质下降）至今仍是重大的挑战，这些危机互有联系、相互作用，都是危险的，不能对任何一个危机掉以轻心。1998年7月，越共召开八届五中全会，专门讨论了关于建设和发展先进的、具有浓郁民族本色的越南文化的问题。全会在肯定取得重大成就的同时，强调指出在文化精神生活中的消极现象越来越严重，为数不少的干部、党员和人民群众，包括一些有职有权的人在道德和生活方式方面堕落衰退，特别是一些有职有权的党员、干部贪污腐败,制约了经济的发展,削弱了人民对党的信任,危及党和国家的前途和命运。为此,越共决定要深入持久地开展爱国主义教育和爱国主义竞赛活动,制定有关文化的法律和各项政策,增加文化投资,并决定在党、政机关开展思想、道德和生活方式方面的组织生活以及批评与自我批评运动。2001年4月,越共中央总书记黎可漂在越南共产党九大的政治报告中,宣布设立中央书记处,取消政治局常委;总书记的任期不能超过两届;书记处的任务是领导党的日常工作。同时规定,60岁以上的人不得第一次当选为中央委员,65岁以上的人不得第二次当选为中央委员,70岁以上的中央领导人都要退下来。这就从实际上废除了领导干部的终身制。完善选举制度,推进社会、政治生活民主化,越共九大政治报告把越南社会主义的理想目标概括为"民富国强,社会公平,民主文明",进一步突出了社会主义民主的重要性。

革新开放使越南社会主义焕然一新。在经济方面,单一所有制结构被打破,以公有制为主体、多种经济成分并存和发展的多元所有制结构得以建立;国家对经济的管理从原来的直接行政干预逐步过渡到主要依靠经济杠杆进行间接控制;大多数企业实现了自主经营、自负盈亏;农民获得了对土地和生产的更大支配权;人民生活水平有了明显的改善和提高。从20世纪90年代初开始,越南经济发展速度逐年提高。1991年国内生产总值的增长率为6%,1992年为8.6%,1993年为8.1%,1994年为8.8%,1995年为9.5%,1996年为9.34%,1997年为9%;1997年之后受东南亚金融危机的影响,越南GDP增长速度呈下降趋势,1998年为6%,1999年为4.8%,2000年回升到6.7%,2001年则达到6.8%。在政治方面逐步健全了法制,倡导依法治国,在保持稳定的前提下,加大了党的建设和反腐败斗争的力度,稳步推进政治体制革新和社会主义民主建设。在外交方面,逐步摆脱了孤立、被动的局面,日益融入国际社会,走上了国际化发展的轨道。

当然,从现实情况来看,越南也存在一些影响经济和社会长远发展的棘手问题,诸如,经济发展不平衡,贫富分化比较严重;经济改革出现一些难题,工业基础薄弱和资金短缺问题突出,其中最突出的是交通、通信和电力问题;人口增长过快与农村落后问题愈益成为越南的"瓶颈"问题;腐败问题严重,并被视为越南的"国难",社会丑恶现象沉渣泛起,等等。同时，越南还面临着经济全球化的挑战。尽管全球化是历史发展的客观趋势，融入全球化会给越南创造不少的发展机遇，所以越南主张推行"革新与融入"路线，但对于越南这样的发展中国家来说，全球化又会带来不可避免的挑战与问题。

第二节 老挝建设社会主义的新探索

老挝人民民主共和国位于印度支那半岛北部，北部与我国的云南省交界，东部与越南为邻，南部毗邻柬埔寨，西部和西北部分别与泰国、缅甸相接，面积23.68万平方千米，人口484.2万（1997年）。老挝建国始于公元749年，近代长期遭受外国殖民主义统治。1893—1940年沦为法国的"保护国"。1940—1945年又被日本占领。1945年8月，老挝人民举行武装起义，10月12日宣布老挝独立，成立了以佩差拉亲王为首相的老挝独立政府。但是，1946年3月再度被法国占领，老挝独立政府解体。老挝人民革命党源于1930年建立的印度支那共产党，当时的老挝革命者加入印支共。1951年2月，印支共二大决定印支三国（越南、老挝、柬埔寨）分别建党，遂将印支共改名为越南劳动党，并由越南劳动党派人协助老、柬建党。1955年3月22日，老挝人民党宣告成立。1972年二大时改称为老挝人民革命党。老挝人民革命党自成立之日起就长期处于秘密状态，其路线、方针、政策均通过公开的统一战线组织——"老挝爱国战线"贯彻执行。1975年9月，该党公开，同年12月2日取得全国政权，成为执政党，老挝人民民主共和国诞生。至此，老挝已完成了民族民主革命，开创了走向独立、自由和社会主义的新纪元。现有党员8.4万人。

一 老挝社会主义的实践进程

老挝人民革命党于1975年夺取全国政权成为执政党之后，对社会主义的认识和实践有一个发展变化的过程，大体上经历了三个阶段：1975—1979年，是社会主义改造时期；1979—1986年，是初步总结经验教训、政策调整、酝酿改革阶段；1986年以来，是重新认识国情、推行革新开放、开创革新开放新局面的时期。

1975年老挝人民民主共和国宣布成立后，执政的人民革命党认为，老挝已经完成了民族民主革命,进入了社会主义建设的新阶段。老挝党把苏联视做社会主义建设的楷模,把加强同苏联东欧国家的友好关系与全面合作作为其对外政策的柱石,依靠社会主义国家的援助搞建设。老挝把发展生产、医治战争创伤、恢复国民经济的希望寄托在开展"三大革命"(即生产关系革命、科学技术革命、思想文化革命)运动上,以彻底改造和消灭资产阶级,解决社会主义与资本主义两条道路谁胜谁负的问题。在这一思想的指导下,老挝脱离本国实际,照抄外国的做法,着重变革生产关系,大抓社会主义改造,急于实现国有化,执行了一系列过"左"的政策,阻碍了生产的发展,使经济陷入了困境。

在困难和挫折面前,老挝党重新认识本国国情。1979年11月老挝党二届七中全会对经济工作的失误进行了反思,随后陆续采取了一系列调整和放宽政策的措施。老挝党认识到,在走向社会主义的整个过渡时期,老挝存在着五种经济成分,即国营经济、集体经济、公私合营经济、个体经济和资本主义经济;建国初期的主要缺点是急于铲除非社会主义经济,在条件尚不具备的情况下,搞工业国有化、农业合作化,加上分配上的平均主义,阻碍了生产的发展;工作的失误,一是照抄外国模式,二是没有独立自主。由于老挝党适时地总结了经验教训、调整了部分经济政策,尽管这些调整并未从根本上改变高度集中的计划经济模式和观念,但仍然使老挝建国头10年(1975—1985年)的经济建设取得了一定的成就,国内政局基本稳定。

1986年11月,老挝人民革命党召开四大,纠正过去急躁冒进、急于求成的思想,明确提出了要"革新开放"的方针。随后党的历次会议进一步发展了这一思想,认为老挝还处在向社会主义过渡的初级阶段,当前的任务是巩固和完善人民民主制度,并正式提出了要实行有原则的全面革新路线。四大指出,老挝革命的最终目标是实现社会主义,但当前老挝处于向社会主义过渡的初级阶段,以后还要经过若干阶段和相当长的时期才能逐步进入社会主义。

1989年1月,老挝人民革命党召开四届七中全会,认为,老挝迄今为止仍是世界上最不发达的国家之一,因此,目前老挝尚不具备建设社会主义的物质基础,老挝仍处在建设和发展人民民主制度、为逐步进入社会主义创造必要条件的历史阶段。现阶段社会的基本矛盾是落后的生产力与发展生产以满足日益增长的社会各方面需要之间的矛盾。为此，当前老挝最迫切的任务是大力发展商品生产，逐步把老挝的自然、半自然经济转变为商品经济。老挝现阶段的所有制是以生产资料公有制为基础，多种经济成分并存。各种经济成分在国家的指导和监督下有生产和流通的自由权。20 世纪 80 年代末 90 年代初，苏联东欧剧变和苏联解体给老挝的经济、政治造成较大的冲击和压力。老挝党采取了一系列积极措施，稳住了国内局势。1989 年 10 月，老挝党召开四届八中全会，明确提出革新开放必须坚持"六项原则"，即坚持社会主义；坚持马列主义是党的思想基础；党的领导是一切胜利的决定因素；坚持在集中原则基础上发扬民主；增强人民民主专政的力量和效力；坚持真正的爱国主义和纯洁的国际主义相结合。与此同时，老挝领导人又强调"五个观点"：（1）社会主义是世界历史发展的必然趋势；（2）资本主义本质没有改变；（3）改革是客观需要；（4）坚定社会主义目标，牢牢掌握六项原则；（5）加强思想教育，提高革命品质，加强内部团结和思想统一。

1991 年 8 月，老挝最高人民议会通过了老挝人民民主共和国第一部《宪法》，规定老挝人民民主共和国是人民民主国家，老挝人民革命党是人民民主政治体系的领导核心。《宪法》将建国后长期使用的政治口号"将老挝建设成为和平、独立、民主、统一和社会主义的国家"中的"社会主义"改为"繁荣昌盛"，把国徽图案中的五角星、镰刀、铁锤改为老挝民族的象征——塔銮佛塔。

1996 年 3 月 18—20 日，老挝人民革命党在万象举行了六大。六大继续坚持五大提出的有原则的全面革新路线，确立了党的基本路线是以老挝人民革命党为领导核心，继续建设和发展人民民主制度，为逐步进入社会主义创造条件。六大制定了从 1996 年分别至 2000 年及至 2020 年的经济社会发展目标：今后五年（1996—2000 年）国民生产总值平均增长 8%—8.5%，至 2000 年人均收入达到 500 美元（1996 年为 350 美元），至 2020 年基本摆脱不发达状态，实现经济社会发展和一定程度的现代化。大会指出，在外交上，老挝今后外交活动的目标，旨在为老挝继续革新事业创造有利的环境，树立老挝在国际舞台上的良好形象，在国际事务中发挥应有的作用；广交朋友，争取各方援助。大会报告认为，总的来看，国际形势仍复杂多变，新旧矛盾交错，机遇与挑战并存。因此，老挝今后将继续奉行五大制定的和平、独立与各国友好合作的外交政策，但又作了必要的调整。2001年3月12—14日，老挝人民革命党召开七大，全国已有10多万党员。大会进一步提出了老挝今后经济与社会发展的战略目标、总任务与总的方针。

总之，老挝党从1986年革新起步开始，逐步完成了革命阶段、中心任务、外交路线的转变。

二 老挝革新开放过程中的措施和成就

在革新开放的过程中，老挝党和政府采取了一系列行之有效的政策、措施，取得了可喜的成就。（1）在农村推行家庭承包责任制。自1990年以来，老挝粮食能基本自给，稻谷的收成基本达到了世界平均水平，略有储备，且有剩余以供出口。（2）在城市进行革新。这方面的举措，一是推进国有企业改革；二是实行国家调节的市场经济；三是改变了财政管理办法，由过去工商企业上交全部利润改为照章纳税；四是经济管理体制由过去按中央、省（市）、县分级管理改为按部门垂直管理；五是政府对商业实行依法自由流通政策；六是逐步制定和完善有关经济法规。（3）积极扩大对外开放，努力发展对外贸易，积极引进外资，进出口总额逐步增加。2001年1月，老挝宣布建立第一个经济特区——沙湾塞诺经济特区，其革新开放又朝前迈出了一大步。（4）采取有力措施抵御亚洲金融危机的冲击，一是努力增加国内产品，尽量减少进口；二是狠抓农业，增加粮食产量，解决人民的温饱问题，保持社会稳定；三是在金融外汇管理方面采取措施，遏制老挝货币——基普币值不断下滑的局面；四是大力打击走私、偷税、漏税活动，整顿和加强管理各类市场；五是努力保护和吸引外资，争取国外援助。目前，老挝政府已基本克服了金融危机带来的种种困难，经济步入复苏的轨道。（5）加强政治建设，稳步推进政治体制改革，从而有力地配合了经济建设，保持了社会稳定。（6）坚持执行独立自主的和平外交政策，一方面，加强同当今社会主义国家间的友好关系；另一方面，也积极发展同东盟各国和美、日、法等西方国家的友好交流与合作关系，为国内建设和革新开放事业创造了良好的国际环境。迄今为止，老挝已同100多个国家建立外交关系。

1986年老挝人民革命党四大之后，老挝的建设和革新事业已取得了可喜的成就。1986—1990年国内生产总值年均增长4.8%，1990—1997年年均增长6.7%，此后至2001年年均增长在6%以上，总体上保持了较高的增长速度。尽管如此，老挝仍然存在一些制约经济发展的基本因素。这些问题依然是老挝尚未解决但又必须解决的问题：一是经济不发达，老挝是一个农业国，经济以农业为主，工业基础薄弱，发展缓慢；二是资金严重不足，长期以来，老挝财政一直入不敷出，连年赤字。财政赤字历年均有外国贷款或援款来弥补，因此，老挝经济极易受外部形势变化的影响；三是专业管理人才缺乏；四是长期以来，以美国和西方为背景的敌对势力变换手法对老挝进行颠覆、破坏和思想文化渗透。敌对势力的破坏活动严重影响了老挝的国际声誉以及国内和平的建设环境。面对这种局势，老挝人民革命党将保卫国家安全作为长期的战略任务，提高警惕，采取一系列防范措施，抵御西方"西化"、"分化"与和平演变的图谋，牢牢把握社会主义方向。而这项政治斗争无疑也是艰巨而长期的，它直接关系到老挝人民革命党能否持续持久执政、国家能否继续朝着社会主义方向前进的重大政治问题。

老挝也有许多有利条件，老挝党和政府是团结一致的，政局基本是稳定的，在吸取20多年实践所积累的丰富的正反两方面的经验教训的基础上，找到了一条符合本国国情的发展道路，再加上老挝有丰富的水利、矿产、森林、劳动力资源，所有这一切都为今后的发展提供了一定的基础。只要能够把握住机遇，善于利用本地区已成为国际经济合作开发的中心地带之一的地缘优势，充分挖掘自身的资源优势和发展潜力，坚持革新开放政策，老挝在克服困难中还是能够逐步实现自己的既定目标的。

第三节 越南、老挝对社会主义的新认识

越南和老挝社会主义的发展，都是在摸索中前进的。在创新性实践中，形成了许多对社会主义的新理解、新成果。

一 越南对社会主义的新认识

越南共产党在社会主义革新与建设的过程中，尤其是苏联、东欧剧变、苏联解体之后，认识到"东欧各国和苏联的社会主义制度的崩溃，

并不表明作为革命的、唯一科学的社会主义学说也在崩溃",并逐渐形成了一系列关于科学社会主义理论的新认识,这是越南共产党中央长期坚持理论探索的结果。

(一) 关于本国社会主义所处的历史阶段

越南共产党认为,越南仍将坚持社会主义的目标,但目前尚处在社会主义过渡的初级阶段。由于越南是从小生产起步跨越资本主义的发展阶段,直接走上社会主义道路的,所以过渡时期必定是长期而充满困难的。初级阶段是整个过渡时期的小过渡,其主要任务是在政治、经济、社会等方面为大规模社会主义工业化创造必要的条件。其间,"要会使用资本主义的形式和方法,通过国家资本主义的形式来使用资本主义经济,以建设社会主义","国家资本主义的形式是走向社会主义过程中适合我国条件的过渡形式"。①

(二) 关于经济体制的发展模式问题

越南已从过去高度集中、绝对计划及平均主义、包给制经济的管理模式转变为社会主义定向的、由国家管理的、按市场机制运行的、宏观计划调节的并通过国家法律监督的新管理模式,即社会主义定向的市场经济模式。社会主义国家的经济管理和调控,是正确、稳固发展社会主义定向市场经济的先决条件。发展市场经济的根本目的是发展生产力,发展经济,推动社会主义的物质和技术建设;利用市场机制,运用市场经济的各种经济形式和管理方式,刺激生产发展,推动国家工业化、现代化。

(三) 关于经济运行机制和政策问题

越南共产党认为:其一,要发展多成分的商品经济。商品生产并非与社会主义相对立,而是人类文明的成就;商品生产是客观存在的,是社会主义建设所必需的,即使是社会主义已经建成,也需要发展商品生产。其二,市场既是计划的依据,也是计划的对象。计划带有定向性,主要起决定方向的作用,它在宏观方面特别重要,而市场具有直接引导经济单位选择活动领域和组织生产经营的功能。其三,逐步取消包给制。为确保国家利益,只在一些特定部门和领域维持国家的垄断经营。要确立国有企业的

---

① 转引自肖枫主编:《社会主义向何处去——冷战后世界社会主义运动大扫描》,当代世界出版社1999年版,第424页。

自主权，国家管理与实行企业自主权相结合，国家通过法律、法规和其他工具实行有效管理。同时要区分国家资产的所有者和使用者，并确定生产资料所有者和使用者在经济领域的权利。其四，由市场机制决定商品价格、汇率和利率，国家主要是利用经济办法引导市场的供求关系。其五，土地属于全民所有，实行统一管理。国家赋予农民长期土地使用权，允许土地使用权的继承和转让。其六，积极开拓国内市场，商品在全国自由流通，同时扩大对外经济联系，主动融入国际经济。

(四) 关于所有制结构问题

越南共产党主张实行多种经济所有制，"不以私有制为主导"，并认为越南目前存在5种经济成分，即：国有经济、合作经济、国家资本主义经济、个体和小业主经济以及私人资本主义经济。国有经济在国民经济中起主导作用，并与合作经济一起逐步成为国民经济的基础。一部分国有企业实行股份制，限制垄断经营。合作社主要从事劳务生产，起互助和引导作用；采用多样性的合作经济形式的，可以是也可以不是法人实体。个体经济可以通过各种途径获得更大的发展空间，既可自愿合作，也可作为国营企业和合作社的"卫星"企业。私人资本主义经济是国民经济的一个组成部分，它能为国家建设做出贡献，允许它在法律不予禁止的部门和领域不受限制地加以发展，并像其他经济成分一样受到投资的鼓励。它可以经营进出口业务和向国外投资，可以与国家经济实行联营，为其自身发展制造声势和积蓄力量。

(五) 关于分配方式问题

越南共产党主张现阶段要实行多种形式的分配方式并存，即以按劳动结果和经济效益分配为主，并结合劳动者对生产经营的资金投入和知识的贡献进行分配。国家资源和财政分配使用要体现公平和效益原则。要承认各种形式雇佣劳动的长期存在，但强调不能使之变成统治关系，以致社会分化成为对立的两极。要合理地分配和再分配各种收入，保护劳动者的利益，鼓励合法致富，同时积极进行扶贫工作，避免各地区发展水平和各阶层人民生活水平差距过大，逐步实现公平。

(六) 关于苏联东欧剧变问题

越南共产党的主要观点有：其一，强调要用历史的观点评价苏联社会主义，不能片面地批评或全盘否定；其二，认为苏联社会主义模式的崩溃并不表明科学社会主义的失败;其三,认为苏联模式的缺点和错误不是社会主义本身所固有的,而是由于对社会主义的教条观念所造成的;其四,认为苏联东欧剧变有两个主要的和直接的原因:"一是苏联共产党在改组过程中犯了严重的政治路线、思想路线和组织路线错误,首先表现在最高领导层上。二是帝国主义对苏联进行了精心策划和明目张胆的干涉,从而使苏联内部发生了'和平演变'";其五,在总结苏联东欧剧变的经验教训时,越共强调指出,社会主义革命和建设的关键,是要吸收世界经验,探索符合客观规律和越南国情的社会主义道路。

二 老挝对社会主义的新认识

老挝人民革命党在革新开放中也同样形成了关于社会主义的一些新认识、新观点,主要有:

在社会发展阶段问题上,老挝人民革命党四大认为,老挝革命的最终目标是实现社会主义,但当前老挝处于向社会主义过渡的初级阶段,以后还要经过若干阶段和相当长的时间才能逐步进入社会主义。老挝仍处在建设和发展人民民主制度、为逐步进入社会主义创造必要条件的历史阶段。

关于社会基本矛盾问题,老挝党认为,老挝现阶段社会的基本矛盾是落后的生产力与发展生产以满足日益增长的社会各方面的需要之间的矛盾。为此,当前老挝最迫切的任务是大力发展商品生产,逐步把老挝的自然、半自然经济转变为商品经济。

在所有制问题方面老挝党认为,老挝现阶段的所有制是以生产资料公有制为基础,多种所有经济成分并存。经济成分包括:个体经济、私人资本主义经济、合作社经济、股份经济、全民所有制经济、国家职工和合作社社员的家庭经济、对外合作经济等等。各种经济成分在国家的指导和监督下有生产和流通的自由权。国家允许生产工具私人占有,但资源、土地属于国家所有,人民群众依法享有使用权。坚持"三多一平等"的经济结构,即:多种所有制成分、多种所有制形式和多种组织形式长期并存的方针;各种经济成分依照市场经济机制在国家管理下开展活动,平等竞争、共同发展;在发展各种经济成分积极作用的同时,今后还必须继续巩固和发展国有经济,并使之在某些部门起骨干作用。

关于国家资本主义,老挝党认为,商品经济的发展必将走向国家资本主义。这是一种在国家的指导监督下,国家利益和各种经济成分利益之间的联合。只有把商品经济建设成为国家资本主义结构,才能在人民民主制度下有组织、有计划地发展商品生产。

对革新开放的主要经验进行了总结。老挝党六大的《政治报告》总结了10年革新开放取得的"五条经验":加强全党全民团结统一和发扬独立自主、自力更生精神是革新事业成功的决定性因素;一切依靠人民、为了人民是党的一贯宗旨;维护政局稳定和社会安宁是革新的必要条件;加强党对各个领域的领导和提高国家机关的管理效能是革新沿着党的路线和目标前进的保证;本国的力量与时代的力量相结合,有原则地争取国际援助是老挝经济发展必不可少的条件。

对于苏联东欧剧变和社会主义前途问题,老挝党在思考中也形成了新认识。苏联东欧剧变、苏联解体对老挝的冲击较大,但老挝党的态度鲜明,立场坚定。其一,老挝党对苏联东欧的变化持批评态度。老挝党认为,苏联东欧剧变使几十年社会主义革命和建设的成果统统被毁掉了,同时使作为革命与和平靠山的社会主义体系不复存在,力量对比日益不利于坚持马列主义、坚持社会主义目标的国家。其二,老挝党分析了苏联东欧发生剧变的原因。老挝党认为,苏联东欧剧变的原因主要有:(1)没有坚持马列主义原则,放弃了民主集中制,搞"民主化";(2)放松了政治思想工作,造成思想混乱;(3)没有及时、有效地改变过去僵化的经济体制,经济没有搞好;(4)受国际上意识形态淡化思潮的影响,放松了警惕。其三,随着苏东剧变的影响波及老挝,老挝党认为,必须及时采取措施,统一全党思想,稳定国内局势,柏林墙事件发生不久,老挝党就明确提出要坚持"六项原则"。其四,老挝党总结反思,提高对社会主义的认识,进一步坚定对社会主义的信念。老挝党表示,无论在前进道路上还会遇到多少困难,世界局势还会发生多么严重复杂的变化,老挝党决不放弃社会主义革命目标;无论如何,老挝仍要坚持马列主义,坚持党的领导,坚持社会主义道路;社会主义国家应该团结起来对付共同的敌人。其五,老挝党还强调社会主义建设必须坚持从本国国情出发,走自己的路;必须以马克思列宁主义普遍原理作为自己的思想理论武器,同时也要吸收人类智慧的精华,并根据本国的具体条件运用各国的科学理论和经验。

第二十八章　古巴建设社会主义的理论与实践

古巴是唯一处于西半球的社会主义国家，又是与美国隔海相望的岛国，其独特的地缘环境决定了其社会主义建设历程有着比其他社会主义国家更多的艰辛。40多年来，在以菲德尔·卡斯特罗为首的古巴共产党领导下，社会主义建设取得了举世瞩目的成就，逐步探索出一条适合本国国情的社会主义发展模式。

第一节　古巴建设社会主义的过程

古巴是一个美丽的岛国，位于加勒比海西北部。全国领土总面积11万多平方公里，人口1 100万。近代以来，古巴曾长期是西班牙的殖民地，1898年美西战争后又被美国占领。虽然1902年古巴成立共和国，但实质上并没有完全主权。在此后的半个世纪里，美国通过经济渗透、政治干涉和军事侵略等手段，间接控制着古巴的政治、外交和军事，使古巴完全沦为美国的附庸。1959年，以菲德尔·卡斯特罗为首的"7.26运动"经过数年的游击战争，推翻了亲美的巴蒂斯塔政权，建立了新的革命政权。

整个20世纪50年代，古巴革命的性质还不是社会主义革命，而是资产阶级性质的民族民主革命，因为当时革命的领导者还不是共产党，而是小资产阶级；革命的旗帜不是马列主义而是爱国主义和民主主义；革命的目标是建立民主主义的人道社会，而不是确立社会主义制度。卡斯特罗1959年曾明确指出："古巴革命既不是资本主义的，也不是社会主义的，不是红色的、极权主义的，而是绿橄榄色的、人道主义的革命。"[①]

[①] 转引自肖枫：《社会主义向何处去——冷战后世界社会主义运动大扫描》，当代世界出版社1999年版，第488页。

尽管最初的革命不是社会主义革命,但革命过程中表现出的强烈反帝爱国色彩、民族主义思想和一系列行动措施还是给美国以极大的震撼。当1959年古巴实行土地革命、没收美国资本等政策后,美国的态度开始由拉拢转变为威胁,先是通过经济和外交手段对古巴进行制裁和谴责,这不仅没有使古巴屈服和倒向自己,反而使古巴采取了一系列针锋相对的措施,如反驳美国、同中国建交、禁止美国公司输入、没收在古美国企业等,于是,美国进一步强化对古敌视政策。1961年初,宣布同古巴断交。4月,美雇佣军入侵古巴,企图颠覆革命政权。从此,两国走上长达40多年的敌对之路。在美国对古巴百般施压、扼杀革命政权的危难之际,社会主义国家纷纷向古巴伸出援助之手。苏联不仅从道义上支持古巴政府采取的内外政策,而且从经济、政治、军事多方面进行实质性的援助。

社会主义国家和美国对待古巴革命的截然不同态度,使古巴反美情绪和革命积极性继续高涨,民族精神大为增强,对社会主义开始抱有好感,增强了古巴政府将革命继续进行下去的信心。这为古巴走上社会主义道路提供了充分的条件和可能。与此同时,随着斗争实践的丰富和深入研读马列原著,卡斯特罗的理论素养也在不断地提高,对马列主义的认识有了重大的发展和升华。这从主观上促使古巴领导人最终选择社会主义道路。正像卡斯特罗所说,越是面对革命和阶级斗争的现实,就越是相信马克思、恩格斯所写的全部真理,就越敬佩列宁,在感情上就越是马克思主义者。

在这些主客观因素的综合作用下,在1961年4月美国雇佣军入侵古巴前夕,卡斯特罗首次宣布古巴革命"是一场贫苦人的、由贫苦人进行的、为了贫苦人的社会主义民主革命"。[①] 粉碎敌人阴谋后,古巴又以公告形式明确革命是"社会主义革命",宪法是"社会主义宪法"。此后古巴领导人开始公开声明信仰马列主义,强调古巴的发展方向和道路只能是社会主义,并为此采取了一系列政治、经济措施。在经济上,通过国有化运动和土地改革运动,使经济基础和社会结构发生重大变化,建立起以国家所有制为主的生产资料公有制体系。在政治上,卡斯特罗领导的"7.26运动"与人民社会党(老共产党)、"3.13革命指导委员会"三个

---

① 李锦华:《苏东剧变后古巴共产党的理论、方针政策与实践》,载《马克思主义研究》,2000年第6期。

革命组织合并为"古巴统一组织",成为无产阶级政党的雏形。1963年5月,"古巴统一革命组织"改名为"社会主义革命统一党"。经过几年的努力,党的基层组织在工厂、农场和军队中普遍建立,形成网状结构,显示出党在各项工作中的核心作用。1965年古巴党又改名为古巴共产党。这标志着古巴完成由民族民主革命向社会主义革命的转变。

1961年4月古巴明确社会主义革命方向后,经过两年多的社会主义改造,到1963年底已经确立了以公有制为主体的社会主义经济制度,也揭开了古巴全面建设社会主义的序幕。从20世纪60年代初社会主义建设开始到90年代初苏东剧变,在30年的时间里,古巴根据自己对社会主义的理解、他国社会主义建设的经验及实践中出现的问题不断地调整古巴社会主义建设的发展战略。在实践中,既积累了宝贵的经验,也出现过大的失误。总体上看,古巴艰难曲折的探索历程可以分三个阶段。

一 "理想"社会主义时期(20世纪60年代)

革命胜利后,古巴颁布共和国根本法,将立法权和行政权都赋予部长会议。部长会议作为最高领导和权力机构,全面担负国家的组织管理工作,工作中根据自己对民主的理解,采用全民直接参与讨论或投票的"直接民主方式"。地方事务最初由中央政府的全权代表行使,1961年后陆续建立省、区、县级行政机构,但收效并不理想。不仅没有解决地方政权与中央代表权责不分、中央集权等问题,而且导致机构臃肿,办事效率低下等新情况。

经济上,新政权一成立,就寻求在生产资料国家所有制基础上迅速实现工业化,消灭单一的经济结构,实现多种经济共同发展。采取的措施主要有:大幅度削减甘蔗的种植面积,改种其他农作物,减少农产品的进口;向社会主义国家大举借贷,用来投资建厂,引进设备。古巴的发展战略从理论上和长远角度看是正确的,但经济结构并不是在短期内能够改变的,必须循序渐进地进行。这些措施几年实践的结果并不理想。

在严重的挫折面前,古巴调整经济发展战略,认为短期内不具备彻底改变单一经济结构的条件,必须利用资源优势,集中力量发展蔗糖工业,为以后的工业化积累资金。但是,古巴政府在纠偏的同时,又走入了另一个误区——盲目追求高指标。在1969年古巴蔗糖产量仅427万吨的情况下，提出 1970 年产量达到 1 000 万吨的目标。① 结果未能实现这一目标。

在社会主义经济体制问题上，古巴独创出"经济簿记登记制"。这种新体制既不同于当时资本主义国家的市场经济体制，也有别于社会主义国家的计划经济体制，而是一种取消财政预算、放弃统一计划、否定企业间购销关系的体制。在这种体制下，企业内部没有产量指标，没有利润核算，企业之间实行无偿调拨。实践证明这一体制并未收到预期的效果。

总之，在整个 20 世纪 60 年代，一方面，由于古巴刚开始社会主义建设，没有现成的经验，所以在前进中难免出现曲折；另一方面，党在领导建设中，充满过多的理想主义成分和色彩，过于强调主观作用，而忽视客观规律和实际情况。用卡斯特罗的话来说，"犯了唯心主义的错误"，违反了"必须遵循的客观经济规律"，"好像在向共产主义的生产和分配方式日益靠近，实际上背离建设社会主义基础的正确道路越来越远"，使得古巴经济在 60 年代并没有取得大的发展。在深刻的教训和严峻的现实面前，古巴开始寻求新的适宜的社会主义建设模式，开始强调革命者有理想的同时，也应当是"现实主义者"。②

二 苏联模式在古巴的奠定时期（20 世纪 70 年代）

进入 20 世纪 70 年代，古巴政府意识到存在问题的严重性，开始从政治、经济多领域纠正先前的失误和错误。在政治领域，针对政府过度集权、官僚主义化及党政不分等弊端，卡斯特罗提出行政权力分散化、恢复工人运动和群众组织活动、允许群众参加决策、对国家职能部门监督、党政职能划清等观点，为随后进行的政治体制改革定下基调。首先成立部长会议执行委员会，既分散了总理的权利，又加强了中央管理的协调统一。1973 年，又对司法制度进行改革，把部长会议确定为最高的、唯一的权力机关，使司法部门从属于行政部门。1974 年由上而下产生的国家权力机关——人民政权代表大会成立。其中，全国人民政权代表大会是国家的最高权力机关，拥有立法权和行政决策权，其常设机关是常务委员会。各

---

① 杨玲玲：《国外社会主义前沿和热点问题研究》，云南人民出版社 2001 年版，第 157 页。
② 菲德尔·卡斯特罗：《在古巴共产党第一、二、三次全国代表大会上的中心报告》，人民出版社 1990 年版，第 86~90 页。

级人民政权机构的成立，古巴国家政治制度化的重要表现。

在经济领域，古巴独具一格的发展模式受挫后，为了摆脱困境，开始被苏联所取得的成就吸引，恢复一度疏远的与苏联关系，学习苏联的经济发展模式成为古巴经济工作的重点。1972—1977年，卡斯特罗先后4次访问苏联。1972年古巴加入社会主义阵营的经济组织——经济互助委员会，开始接受苏联的"国际分工"，按照"社会主义大家庭"成员国一体化和专业化的原则，实行以糖、镍、热带水果和烟草等为主的专业性生产和出口。当然，在发展苏联急需经济产业，服务于苏联的同时，古巴也获得苏联大量经济援助和回报。据有关资料报道，到1980年，苏联对古巴的经济"援助"已超过200亿美元。在苏联的帮助下，古巴经济得到迅速发展。其中1971—1975年期间，社会总产值年平均增长率高达10.1%，达到革命后最高水平。

在经济体制方面，古巴在按照苏联模式制定发展计划，设立经济部门的同时，也开始实行一系列新经济政策。强调实行集中计划来发展经济，有效分配和使用资本，改进管理组织，增加物质刺激，提高劳动生产率，缩小财政不平衡。其中从1976年开始的"经济领导和计划体制"是最突出的表现。该体制认为价值规律在社会主义仍然有效，社会主义仍有商品和货币关系，承认工资、利润等经济概念，并建立相应机制；把企业作为基本核算单位，扩大其经济自主性，实现独立收支，企业之间应建立购销关系，个人所得应与其贡献成比例；主张完善国家计划体制，加强生产计划性，制定各时间段的长期性规划。这种体制实施以后，古巴恢复全国统一计划和财政预算，并设立了国家财政、统计、价格等委员会加强对经济工作的有效领导，利用价格、信贷等经济手段加强对企业的领导。在农民和工人问题上，允许工人搞第二职业，恢复个体服务业；强调运用经济手段调动农民的积极性。古巴在经济体制上的这些改革，在一定程度上改变了原来经济领域混乱的局面，促进了经济的发展，但由于过于强调计划与集中，且属于粗放经营，其实质是苏联模式在古巴的运用，不利于调动企业和个人积极性的缺陷决定了其作用的局限性。

三 局部性改革和"纠偏"时期（20世纪80年代）

虽然在20世纪70年代末人民政权的各组成部分之间关系已经合理

化，国家政权机构的运行机制和权责界限也有了明确的规定，但并非完美无缺，同时也需要根据新情况进一步完善。为此古巴一再强调政治体制改革要持续下去，使国家管理机关变得更有活力，更能摆脱官僚主义。为了加强对经济的宏观控制，80年代初，对国家政府机构进行大规模的改组，压缩中央行政管理部门和人员，增加经济部门的数量，并由副总理兼任部门领导。与此同时，古巴也开始注重加强党的建设与发展，努力发挥党在国家社会生活中的作用，使党在国家政治中的领导地位进一步加强。到80年代末，古巴共产党员人数急剧增加，党组织在思想和作风上都日益成熟。这为苏东剧变后领导人民克服困难、渡过难关提供了强有力的支持和政治保障。

经济上，实践数年的发展路线既促进了经济的持续发展，又带来一些新问题。如国家实力明显增长，但人民生活改善有限，还出现难民外逃事件。在此情况下，古巴决定全面推广"经济领导和经济体制"，同时实施一些改革和调整措施，调动下级、企业和个人的积极性，提高人民的收入和生活水平。如在对待个体经济上，比20世纪70年代有了更为宽泛的政策，允许城市人员在一些服务行业自谋职业，允许开设农民自由市场，以便有条件以议价形式出售国家收购任务完成后剩余的农副产品。在分配制度上，实行全面工资改革，制定新的工资等级，拉开各级别之间的差距，同时部分取消免费项目。这样既体现按劳分配原则，有利于调动职工的积极性，又减轻了国家的负担，为实现普遍提高工资提供了可能。在对待计划与市场的关系上，在加强国家宏观调控的同时，进一步改革经济体制，强调运用经济杠杆，按照市场和价值规律办事。在对外贸易上，努力实现对外经济关系多元化，积极寻求同西方发达国家的交往，颁布《联合投资法》，允许外国在古巴投资建厂。虽然古巴的经济体制并没有根本改变，但其增强市场作用，给企业一些自主权的做法还是收到了一定的成效。在拉美国家经济纷纷不景气，陷入停滞状态的80年代初，古巴仍保持了4%的增长率，其中工业产值平均增长8.8%。

经济改革在给发展注入活力的同时，由于配套措施不完善，也产生众多社会性问题。如贪污腐败、投机倒把、哄抬物价等不正之风愈演愈烈，群众不满情绪愈加严重，给社会带来极大的不稳定因素。针对新经济政策出现的这些问题，古巴认为这是资本主义势力的复活，正腐蚀着人民的意识和思想，提出在全国掀起一场"整顿不良倾向运动"，即"纠偏运动"。主要措施有：批评经济工作中忽视党的领导和思想工作的倾向，强调思想工作的重要性；重新加强国家对经济事务的控制，缩小企业的自主权；取消农民自由市场，恢复国家统购统销制度；禁止私人买卖住房、行医和出售手工业品；认为个体经营者本世纪末比美国雇佣军还坏，反对引进各种经济成分。

经济增长速度再次放慢。1985—1989年，古巴社会生产总值年均增长仅0.4%，人均值更是下降0.7%，经济形势再度严峻。加之随后苏东剧变的影响，古巴进入了革命后最危急的时刻。当然，"纠偏运动"也有着不可忽视的积极作用，它使社会风气和秩序明显好转。通过向人民群众灌输社会主义思想，增强了社会主义信念，为古巴此后避免步苏联和东欧之后尘，坚持社会主义方向，巩固党的领导，起着重要的作用。

虽然古巴在30年社会主义建设中历经曲折，存在一些失误，但毋庸置疑的是，其成就是巨大的，是处于第一位的。尤其联系到它与美国近在咫尺，是处在美国包围之下，深受美国政治孤立、军事威胁、经济制裁的小国，同时还要服务于所谓"社会主义大家庭"的利益，我们不能不敬佩其社会主义建设事业的成就。尽管古巴人民的总体生活水平还不够高，经济增长率也不十分突出，但与广大发展中国家，尤其是与同处拉美地区，走自由资本主义的发展中国家相比，其经济增长速度是有目共睹的，走在拉美国家的前列。据资料显示，从1970年到1985年，古巴国内生产总值以8%的平均速度递增，是当时拉美地区增长最快、最稳定的国家之一。

第二节 古巴建设社会主义的理论探索

由于古巴建设社会主义的国际环境十分险恶，因此古巴党和政府在实践中关注更多的是解决有关社会主义生存与发展的实际问题，对社会主义理论缺乏相对系统的研究，没有形成一个完整科学、古巴化的马克思主义理论体系。但在几十年的社会主义建设进程中，在历经曲折的实践中，古巴还是在不断深化对社会主义本质、对建设社会主义的认识，并提出一些与本国实际密切相连的独特观点。

一 对社会主义基本问题的认识

什么是社会主义、如何正确定位本国的社会主义阶段是任何社会主义国家执政党都必须回答的问题。只有正确认识这些问题，才能准确把握本国的基本国情，才能明确社会主义建设的方向，才会有助于解决前进中出现的问题。古巴党也概莫能外，就社会主义目标、阶段、基本特征提出了自己的看法。

1960年土地革命后，在社会主义国家纷纷援助，美国加强制裁与挑衅的国际环境下，以卡斯特罗为首的古巴革命政府，在历史发展的关键时刻，宣布革命的第一阶段——从资本主义向社会主义过渡的历史阶段——已经完成，进入一个新阶段——全面建设社会主义的阶段。[①] 最高战略目标是建设共产主义，现实目标是建设社会主义工业国。古巴对自我发展阶段的定位从总体上看是正确的，但还缺乏细致入微的分析，很大程度上是受苏联东欧的影响，没有形成真正属于自我的认识。此后，由于在发展进程上存在误区，也曾提出"向共产主义过渡时期"等概念。随着社会主义实践的丰富，20世纪70年代后，古巴对自己的发展阶段开始有了更加务实、准确的认识。尤其是苏东剧变后，古巴提出处于"和平时期的特殊时期"、"拯救社会主义阶段"等新概念。

在社会主义基本特征问题上，古共在1986年三大上给予了系统的论述。"在社会主义阶段，对生产资料的全民所有制尚未成为惟一的所有制，同它一起还存在合作所有制。还存在社会阶级，尽管其矛盾已不是对抗性的了。体力劳动和脑力劳动之间、城市和乡村之间还存在差别。劳动主要还是谋生的手段，因此，在精神奖励的同时还需要利用物质刺激。货币——商品关系仍然是需要的，虽然将具有新的内容。生产力的发展还不能完全满足人民的物质和精神需要。社会实行在这一时期能保证社会利益和个人利益最紧密结合的分配原则：各尽所能，按劳分配。"[②]

二 对建设社会主义的认识

在古巴建设社会主义是前人没有走过的路，并且又是在极其不利的地

---

① 参见休·托马斯：《卡斯特罗和古巴》第2册，上海人民出版社1975年版，第290页。
② 赵明义：《当代社会主义》，山东大学出版社2001年版，第199页。

缘环境中建设社会主义。因此，对于古巴来说，建设社会主义要比打碎旧的国家机器、夺取政权困难得多。几十年来，怎样建设具有古巴特色的社会主义，古巴人民经历了不断认识、反复探索、逐步趋于正确的曲折历程。

20世纪60年代初，由于认识上的偏差和局限，及革命胜利带来的建设积极性高涨，古巴从主观愿望出发，凭革命激情开始建设社会主义，犯了违背客观规律的"唯心主义"错误。在企业生产上，盲目地追求高产量、高指标；在经济体制上，独立探索出一条消灭计划、消灭利润的新体制；在所有制形式上，消灭私有制，追求绝对的国有化；在发展进程上，宣布缩短向共产主义跃进的时间，迅速过渡到共产主义阶段。70年代，在纠正以前错误的同时，古巴开始学习苏联模式。

20世纪80年代古巴又开始改革，寻求更加适宜的发展模式，但社会问题的产生又使古巴在认识上再次发生偏差。苏东剧变之初，古巴基本上是执行前一阶段的方针和政策，对经济改革持否定态度，少有的改革措施也是应急之策、权宜之举。因此，"誓死捍卫社会主义"的同时，却未能扭转不断恶化的局势。随后，在生死存亡的时刻，古巴在一定程度上转变并深化了对建设社会主义的认识，形成了新的观念；有了对开放和改革的要求；提出了"可以引进资本主义的东西"的思想；并认为中国、越南建设社会主义市场经济和社会主义方向的市场经济，"不是放弃社会主义思想和马列主义的信念，不是转向资本主义"。在理论上，古巴虽然仍坚持计划经济，但明确要"利用市场"，虽然坚持公有制为主体，但努力发展多种经济成分，并提出古巴社会主义建设必须从古巴的实际情况出发，可以借鉴别国经验，但不能照搬别国的模式，要建设有古巴特色的社会主义。

三 对巩固社会主义与反对霸权主义的认识

由于古巴近代社会长期遭受美国的占领与控制，革命胜利后又遭受美国的威逼，因此，古巴对社会主义的理解从一开始就和反对美国的帝国主义、霸权主义联系在一起。卡斯特罗在20世纪60年代初选择古巴的发展道路时就指出："必须要在这两者之间进行选择，是继续处于帝国主义的统治、剥削和欺凌之下，还是进行一次反对帝国主义的革命，或进行一次社会主义革命。"① 古巴革命著名领导人格瓦拉也曾指出:"革命的发展将使我们大家走向马克思主义。我可不能说它是一种清楚明确的认识,而是一种直觉,是仔细地估计了美国态度的发展……和(美国)当时……为支持巴蒂斯塔所采取的那种行动的……结果。"② 在此后社会主义发展和建设中,古巴长期遭到美国的制裁、封锁和挑衅,在美国的操纵下,又被排斥在泛美体系之外。由于地缘上离美国太近,使美国对古巴的敌视政策显得十分直接,成为古巴建设社会主义的最大外在不利因素。

这不能不使古巴在建设社会主义进程中,强调爱国主义与民族主义。卡斯特罗1975年在古共一大上指出:"古巴民族没有别的选择,人民不想也不可能停顿下来,我国的民族解放和社会解放是密切相连的。前进是历史的需要;停顿就是怯懦,就是背叛;停顿会使我们重新沦为美国的殖民地,成为剥削者的奴隶。"③ 进入20世纪90年代,在苏东剧变、美国强化对古巴敌视政策的严峻形势下,古巴更是明确地把坚持社会主义与反对帝国主义结合起来。卡斯特罗指出:"我们斗争所处的历史条件表明,如果不反对帝国主义,就不能算是革命的,也不能算是社会主义者。"④ 党的指导思想也于1991年改为"马蒂思想和马克思列宁主义"。古巴长期坚持把对社会主义理解与反对美国霸权主义联系到一起,这是根据本国国情的现实选择。

四 经济全球化与社会主义和资本主义

"冷战"结束后,世界经济全球化、一体化、区域化趋势加速发展,在此情况下,古巴不仅在实践中调整内外经济政策,以适应世界经济全球化和区域经济一体化的历史趋势,而且开始深入思考全球化问题,形成自己对经济全球化与资本主义和社会主义之间关系的认识。

卡斯特罗对全球化有着深入的研究,并从唯物辩证法的角度提出了自

---

① 菲德尔·卡斯特罗:《卡斯特罗言论集》第二册,人民出版社1963年版,第265页。
② 休·托马斯:《卡斯特罗和古巴》第2册,上海人民出版社1975年版,第355页。
③ 菲德尔·卡斯特罗:《在古巴共产党第一、二、三次全国代表大会上的中心报告》,人民出版社1990年版,第28页。
④ 肖枫:《社会主义向何处去——冷战后世界社会主义运动大扫描》,当代世界出版社1999年版,第492页。

己的观点。他认为,全球化首要表现为经济全球化,它不是某个人的异想天开,也不是某个人的创造发明,是人类社会不可避免的历史规律,是科学技术和生产力发展的必然结果,是人类文明发展的成果。但又必须看到,全球化加速发展又不是一个纯客观的历史进程,而是有主观因素的推动。今天全球化的主导者是帝国主义国家,即发达资本主义国家。它们打着新自由主义的旗帜,使全球化超越意识形态的障碍,渗透到地球的各个角落,使任何国家都无法回避,都不能不受其影响,也无力单独对付全球化。它们的目的是实现西方自由主义的一统天下,强化不平等、不公正的国际经济秩序,从而获得更大的收益。

卡斯特罗认为,由于全球化被帝国主义所操纵和支配,成为它们控制现今和未来市场而剧烈竞争的工具,其趋向不是使发展全球化,而是使贫穷全球化;不是尊重国家主权,而是侵犯国家主权;不是主张各国人民之间团结一致,而是主张在不平等的市场竞争中各寻活路。相应地,其结果是"难以忍受的",只能是加深各种不平等,加大贫富差距。用他本人的话来说就是:"人类从未有过如此惊人的科技威力和如此非凡的生产财富的能力,但世界也从未有过如此不平等和不公正。"① "全球化造成的世界经济秩序为世界人口的20%而运转,把余下的80%排挤在外,并侮辱和贬低他们。"② 面对全球化的恶果,广大的发展中国家不能坐以待毙,必须携起手来,走联合之路,共同应对经济全球化的挑战。其基本方法就是充分利用地缘条件,加强同一区域内国家的联合,以实现自己的正当权利,实现南北之间力量对比的改变。

尽管经济全球化与资本主义有着密切的联系,对处于第三世界的社会主义国家构成严峻的挑战,但毕竟科技革命是经济全球化的引擎,经济全球化又促进了科技革新的步伐。从这个角度看,经济全球化不仅是人类文明发展的结果,更是推动人类社会总体不断进步和发展的动力。因此,卡斯特罗认为,社会主义国家应融入全球化进程中,趋利避害,在发展自己的基础上,变新自由主义全球化为社会主义全球化。并就全球化的后果和

---

① 《人民日报》2000年4月27日。
② 菲德尔·卡斯特罗:《全球化与现代资本主义》,社会科学文献出版社2000年版,第114页。

社会主义的关系作了描绘。由于经济全球化是一柄双刃剑,在给发达国家带来利益的同时,并不能解决资本主义的根本矛盾,也带来诸如社会不稳定、内部贫富差距拉大等众多的问题,从而不能控制全球化。而社会主义随着力量的增强愈加成为全球化的推动者。因此,新自由主义的全球化,是不能长期维持下去的。"全球化的前途只能是共同一致的、社会主义的、共产主义的。"① 社会主义全球化不仅为整个世界带来公正、平等与福祉,也为社会主义力量的壮大开辟了广阔的空间。

第三节 古巴建设社会主义的新实践

一 坚持社会主义方向,加强和改善党的领导,稳步推进政治体制改革

苏东剧变后古巴国内反社会主义的呼声也日益高涨。在这关键时刻,古巴共产党人毫不动摇地坚持走社会主义道路,提出"拯救祖国,拯救革命,拯救社会主义","誓死捍卫社会主义,誓死捍卫马列主义"的口号。1991年,在古共四大声明中,明确指出自己的最高目标是在古巴建设社会主义,党永远坚持共产主义理想、马列主义的性质和社会唯一政党的地位。1997年,在古共五大上,卡斯特罗重申古巴革命要坚持到最后一个人,强调坚持社会主义制度,完善社会主义民主。

在斗争和探索实践中,古巴党认识到,要做到坚持社会主义方向不动摇,必须加强和改善党的领导。对此古巴一再强调要坚持共产党领导,反对多党制,决不能削弱党的权威。在1997年古共五大上指出:"应该设法在漫长的历史时期保障党的领导。在与帝国主义和资本主义的长期斗争中,更不能放弃党的领导……党的领导是关键,应该建设一个钢铁般的党。"② 换言之,没有一个统一的党,古巴革命就不可能胜利,没有党的领导和人民的团结,就无法捍卫自由、民主和社会主义的古巴,必须密切党和群众的联系。古共不仅在理论上强调党的领导的重要性,而且在实践

---

① 菲德尔·卡斯特罗:《全球化与现代资本主义》,社会科学文献出版社2000年版,第103页。

② 肖枫:《社会主义向何处去——冷战后世界社会主义运动大扫描》,当代世界出版社1999年版,第514页。

中从组织、思想、作风、选举制度等多方面采取措施加强党的建设和领导，发展社会主义民主，完善政治体制。

第一，加强党风廉政建设，坚决防止腐败毒瘤侵入党的肌体。古巴党清楚只有加强廉政建设，才能取信于民，才能更好地加强党的领导，发挥党在社会主义建设中的核心作用。为此古巴从道德教育和建立监督机制两方面入手，坚决控制腐败，惩治腐败。在道德教育中，古巴注意把道德行为规范与法律结合起来，专门制定《国家干部道德法》规范党员干部的行为。在监督机制建设中，设立中央、省、市三级申述委员会，受理党员和干部违纪行为的举报；设立全国群众举报委员会和全国审计办公室等机构，让群众直接参与监督，加大对干部的监督力度。

第二，在精简机构，提高工作效率的基础上，加强组织建设。从1990年起，古巴党开始对其自身领导机构进行改革，中央和省级机关都精减人员达50%，以充实基层经济建设力量，减少官僚主义。1991年后，又取消了中央书记处和各级候补委员，在政治局改设"工作小组"处理日常事务，以提高效率，增加高层领导干部责任。同时，大幅调整领导班子，经过四大和五大，最高领导层除卡斯特罗兄弟外，老一代领导人不再担任领导职务，把一大批在群众中有威信、具有经济管理才能和创新精神的中青年领导干部放到重要岗位。在中央领导机构减员增效的同时，古巴加强了基层组织建设，不仅党员队伍壮大，基层组织生活更加制度化、规范化，而且工会、妇联、共青团，保卫革命委员会等后备力量和进步团体也人数倍增，组织更加健全高效，可以说绝大多数古巴人民都加入到各类进步组织中。

第三，改革选举制度，充分发扬党内民主和社会主义民主。1990年古共决定，基层组织领导人采用无记名投票和差额选举的方式产生，改变过去由上级指定的做法。1991年的古共四大和1997年的古共五大也都充分体现民主的精神。代表均没有预设人选，是在广泛听取党内外群众意见的基础上，经过自下而上，层层酝酿选举产生的。文件草案早在数月前就公开供各种组织和团体讨论，鼓励人民在不违反社会主义原则的条件下自由发表意见，每次都有600万人参与讨论。大会本身也开得热烈活泼，代表们踊跃发言，敢于发表不同观点。在此基础上，古共四大决定完善人民政权代表大会制度，直接投票选举全国和省级人民政权代表大会代表。古共 1993 年初的首次选民投票取得圆满成功。

第四，加强思想政治工作，密切党群关系。由于美国始终不停地通过各种媒体进行反古宣传，古巴党和政府十分注重对广大党员干部和人民群众进行思想政治教育，提高他们的觉悟与素养，使他们理解和支持党的各项方针政策，进而实现党员和群众心连心，共同树立为古巴社会主义奋斗的决心与信心。在实践中，一方面，古巴充分利用近现代史上的英雄事迹，进行爱国主义、社会主义和集体主义教育，培养大家乐于奉献、坚强不屈的优良品质，形成强大的民族凝聚力，有力地抵制资产阶级自由化思潮；另一方面，要求党员干部深入基层，率先垂范，与人民群众同甘共苦，不搞特殊化，树立党和政府的感召力和威信。这样通过榜样的作用，实现党群关系和谐与令行禁止。如内阁部长平常与普通百姓一样凭证排队购买物品，领导干部公车只要有空位免费让人们搭乘。

第五，灵活适时地修改党章，在不改变党的性质的同时，突出民族性，增加广泛性。1991 年，古共四大通过的新党章规定古共是"马蒂思想和马克思列宁主义性质的党"，强调马蒂领导的革命是古巴革命的前身，古巴革命是马蒂未竟事业的继续。马蒂是古巴 19 世纪争取独立与自由的著名民族主义革命家，并不是共产主义者，古共把马蒂思想作为指导思想，并写在马克思主义前面，是为了突出党的民族性，以便更好地用爱国主义思想团结全民族共渡难关。同时，党员的条件之一也修改为"革命的和爱国的先锋分子"。这实际上不再把有宗教信仰作为入党的障碍，使教徒也可以入党。由于古巴信教者高达 80% 以上，因此，教徒被允许入党，有利于争取宗教界进步人士对党的事业的支持，增加党的广泛性。

二 以经济为重点，积极开展全方位外交，以打破美国封锁，改善国内外处境

古巴革命后，周边国家屈于美国的压力和意识形态因素，除墨西哥外都与古巴断绝关系。作为社会主义大家庭一员，社会主义国家成为其外交重点。然而随着苏东剧变发生，原盟友国家纷纷改变政治态度，美国也明显加大施压力度，使古巴不仅国内经济受到影响，而且在国际上陷入前所未有的孤立状态。为了改变这种状态，古巴政府对外交政策做了重大调整，积极推行以经济为中心的多元化外交。

首先，把拉美地区作为外交工作的首要区域，积极改善和发展同拉美国家的关系。根据冷战后国际关系中意识形态色彩降低、经济一体化加速发展的现实，古巴改意识形态外交为经济外交，外交重点由苏东地区转为拉美地区，支持和参与"拉美一体化"进程，为打破美国封锁，开展全方位外交寻求基本依托。10年来，古巴领导人主动出击，多次访问拉美国家，既同这些国家建立和恢复正常外交关系，又积极融入地区一体化进程。目前古巴已与大多数拉美国家建立外交关系，与所有加勒比国家恢复关系。古巴领导人多次参加伊比利亚——美洲国家首脑会议、加勒比国家联盟首脑会议、美洲国家组织首脑会议、拉美三国集团首脑会议等。为了表明古巴愿意加入拉美大家庭的决心，古巴通过多种场合一再表示支持拉美一体化，指出"拉丁美洲是古巴一体化的天然舞台"，"古巴已为拉美一体化做好准备"，[①] 并在许多问题上显示出灵活的姿态。如签署长期拒签的禁止在拉美扩散核武器的《特伐特洛尔科条约》。古巴政府的积极举措得到拉美国家普遍认可和欢迎，不仅纷纷在许多场合公开表示反对美国对古巴的制裁和孤立政策，同时不顾美国的反对积极同古巴开展贸易交往。

第二，改善与西方发达国家的关系，加强双方的经贸交流，最大限度地打破美国的孤立。西方发达国家在政治上是美国的盟友，经济上发展程度最高，如果实现与其关系的重大突破，无疑对扩大对外贸易，吸引国外资金与技术，拓宽生存空间起着关键的作用。古巴20世纪90年代外交中逐步摆脱意识形态因素的束缚，积极发展同西方发达国家的关系。1995年古巴领导人卡斯特罗对法国进行为期4天的访问，访问期间双方达成一系列经济协议与意向，标志着西方国家对古巴长期实行的"隔离政策"终结。此外，古巴还在保持与西班牙传统密切贸易关系的基础上，与英国、澳大利亚、加拿大等国签署了贸易和投资协议，对增强各国投资者的信心起着极大的推动作用。

第三，积极发展与东亚国家的关系，恢复同苏东国家的联系。针对东亚经济飞速崛起的现实，古巴越来越重视同这些国家的经贸关系，尤其是对中国和越南这两个社会主义国家的经济高速发展很感兴趣，认为这两个

---

① 周新城：《越南、古巴社会主义现状与前景》，安徽人民出版社2000年版，第52页。

国家改革开放的经验值得借鉴。为此卡斯特罗曾于1995年和2003年先后两次访问中国。尽管与苏东地区国家的关系不可能恢复到过去，但毕竟经济上有很强的互补性，古巴仍积极恢复与它们的关系，努力建成平等互利的新型伙伴关系。随着俄罗斯外交战略在20世纪90年代中期的转型，古俄关系实现正常化。目前俄罗斯已是古巴重要的贸易伙伴之一，双方成立古俄合作委员会，以推动两国间的经贸合作。此外古巴也同罗马尼亚、捷克、匈牙利等国签署一系列合作协定，这标志着古巴与原苏东国家的关系度过"再定义"时期，进入一个新的发展阶段。

第四，努力开展与美国的民间交往，以实现以经促政，以民促官。"冷战"结束后，美国在一段时期内强化了对古巴的封锁、制裁与挑衅。针对这种情况，古巴一方面做坚决的斗争，维护自身的主权与利益；另一方面又注意斗争的分寸，努力寻求解决问题的方法和策略，而不使问题扩大化、尖锐化。针对美国民众与官方立场并不一致的现实，古巴政府注意发展同美国企业界、新闻界、宗教界和旅美侨民的关系，既从内部实现对美国政府实施的敌视政策构成掣肘，又促进了古巴经济的发展。古巴政府的这一外交战略经过10年的实践证明是成功的。20世纪90年代末，美古关系就开始松动，美国放松对古巴的制裁，实现美国参议院代表团访问古巴。虽然从目前看，实现古美关系正常化还为时过早，但民间交往在防止双方关系严重倒退，逐渐加深双方的相互理解方面无疑功不可没。

此外，古巴与梵蒂冈的关系也实现重大突破。1998年教皇访问古巴，公开谴责美国对古巴的敌视政策。由于教皇在西方国家有很大影响，这为古巴打破美国封锁，争取西方国家的支持又增加了一定的筹码。总体来看，古巴外交虽然没有成功促使美国改变对古巴的敌视政策，但成效还是非常卓著的：不仅与178个国家建立外交关系，在与美国斗争中获得广泛的支持和同情，明显改善国际生存空间，而且实现对外贸易多元化和扩大化，形成经济发展与外交战略的良性互动。

三 积极稳妥地实施改革开放，促进社会主义经济的复苏与发展

进入"和平时代的特殊时期"以后，古巴原有的经济方针、政策和路线已不适应新的国际环境，同时国家所面临的严峻国内形势，也使古巴党对以前社会主义建设实践进行深刻反思，认识到原有经济体制、经济结

构及发展战略的弊端与不足，必须在"决不放弃我们的主张"前提下，"为适应目前的世界而进行必要的改革"，必须为"保卫社会主义的生存而引进资本主义的东西"，① 即必须实施改革开放政策。改革开放主要是解决国民经济严重失衡问题，促进全国经济生活的正常化。其具体目标有：改变单一经济结构，推进经济多元化，逐步消除由经互会国际分工所带来的弊端；调整国际经济贸易关系，重新开辟新的国际市场；慎重细致改造国内旧的经济体制，解决企业效益不高问题。为此，古巴在经济政策、结构、体制等方面采取了一系列的改革措施。

第一，调整经济结构，由单一经济向多种经济发展，优先发展创汇能力强，关系国计民生的行业。由于长期突出发展制糖业，使古巴经济对外依赖度极高。

古巴政府下决心充分利用本国的各种优势，发展多种经济，减少国际形势变化的冲击，增强独立自主性和抵御风险的能力。根据古巴的资源情况、实际经济问题和世界经济的发展趋势，古巴提出要在发展制糖业的同时，大力发展农副业、镍矿业、旅游业、石油等行业，提高出口创汇能力，解决人民的温饱问题。其中，旅游业、食品业和生物技术是三大优先发展项目。经过10年的努力目前已初步改变原有的严重畸形的经济结构。

需要特别指出的是，旅游业在古巴改革开放中占有十分重要的地位，是改革开放的突破口。大力发展旅游业既是古巴对内改革经济结构的表现，又是古巴对外开放的根本标志。苏东剧变以后古巴财政拮据，外汇短缺，进出口下降。在这种情况下，古巴认为充分挖掘旅游资源，大力发展旅游业不仅有利于实现创汇能力的迅速增强，使国民经济得到尽快恢复，而且架起了与国际社会接触与沟通的桥梁，有利于外界了解古巴、投资古巴。为此，古巴充分利用得天独厚的旅游资源，采取向外商提供优惠条件、将竞争机制引入旅游业等措施，推动旅游业的急速发展。从1990年到1999年，在10年的时间里外国游客增长6倍，达170万人次；出口创汇增长10倍，达20多亿美元。目前旅游业已经成为古巴的第一大创汇产业，50%的外汇收入来自旅游业。

第二，调整所有制结构，在坚持公有制为主体的基础上，发展多种经

---

① 周新城：《越南、古巴社会主义现状与前景》，安徽人民出版社2000年版，第197页。

济成分。苏东剧变后，西方舆论鼓吹新自由主义，说古巴只有实行私有制，经济才能恢复。对此古巴给予严厉驳斥，指出公有制经济是社会主义制度的经济基础，代表全国人民的利益，是实现社会公平的物资保障，也是能够充满活力的。并以提高经济效益为目标，采取措施完善社会主义国营企业。不过长期经济建设的事实及对外开放的需要，使古巴认识到绝对的公有制不等于社会主义，目前不可能实现，也不利于生产力的发展，坚持公有制为主体，允许非公有制经济的合理发展，有利于调动各方积极因素，实现国民经济的恢复与发展。为此，古巴从20世纪90年代初开始积极发展个体经济、私营经济、外资经济和合资经济。由于减少了对个体经济和私营经济的限制，允许其在170多个行业发展，使居民的就业机会大大增加、收入水平大幅提高。

在对外开放，吸引外国投资上，古巴认为外国投资是"发展的重大推动力"，是"古巴重建其百孔千疮经济的惟一选择"，应大力发展外资企业。为了吸引国外企业界来投资建厂，古巴对宪法及《合资企业法》都进行了修改，并通过相应的法律法规来保障外国投资者的利益和安全。在具体政策层面，古巴采取允许外商采用灵活的投资方式和经营方式，拓宽外商投资领域，提供众多优惠条件等措施。宽松的经济环境使古巴到20世纪90年代末已吸引外资超过22亿美元，建立合资企业达340家。这些外资企业和合资企业的建立，既推动经济结构的调整，又为许多濒临倒闭的古巴企业带来生机。

第三，经济体制上，在坚持计划经济的前提下，逐渐增加市场成分，改革经济管理和经营体制。20世纪90年代初，市场经济浪潮席卷全球，西方国家企图诱导古巴放弃计划经济，走西方式的市场道路。在这种情况下，古巴明确指出不放弃计划经济，其一贯目标是"继续捍卫社会主义制度和计划经济"。1997年在古共五大上，再次强调对经济的领导是社会主义的原则，不能把经济发展托付给盲目的市场规律，盲目的市场规律在古巴行不通，排除了放弃计划经济的可能。

不过，古巴也认识到长期的计划经济使商品价格严重背离价值，进而导致生产下降、商品短缺、通货膨胀、黑市泛滥等负面现象。因此，古巴在强调坚持计划经济的同时，认识到价值规律的重要性，逐步增大市场因素在经济中的地位与作用，在经济工作中不再实行严格的国家计划经济，而更多使用指导性计划，引入竞争机制。在国有企业改革上，开始根据企业上交国库的利税来制定各项指标，实行政企分开，给企业更大的经营自主权，实现工资与效益挂钩。同时把部分国有企业转化为不靠国家财政补贴，自负盈亏、独立经营的"国家资本私有公司"，即国有民营企业。在农村经济体制上，在不改变所有制的前提下，改革经营机制，减小国营农场的规模，建立独立自主经营的农业生产合作基层组织，实行个人收入与生产效益挂钩的奖励制度，扩大个体农民的比重，开放农村自由市场。在外贸体制上，改变国家垄断进出口贸易的做法，国家只控制少数重大进出口项目，绝大多数项目由企业自主经营，从而实现贸易商品和对象多元化，既促成全方位的对外贸易网络，又激发了企业活力。

此外，古巴还进行了财政、金融、税收和物价等配套改革，以增加国家收入，减轻国家负担，实现计划经济与利用市场的有机协调。如实施财政紧缩政策，减少对亏损企业的补贴，取消部分免费福利政策；宣布居民持有美元合法化，实现国家外汇收入的增加；建立独立的中央银行来稳定汇率，回收流动资金，抑制通货膨胀；建立统一税收制度，扩大征税面，提高税率，增加财政收入；改革劳动与工资制度，放弃担保终生就业制度，降低人浮于事、平均主义现象；大面积地提高商品价格，实现经济规模的扩张等。

古巴在苏东剧变后进行的经济改革具有以下的特点：由迫不得已的"应急性改革"转变为主动积极的改革（以1993年为界）；坚持改革的渐进性和谨慎性，即强调在稳定第一的基础上实施改革开放；重视学习和借鉴一些国家的成功经验，同时又强调探索本国的发展道路，不照搬他国模式；在突出发展经济重要性的同时，重视思想政治教育的同步进行。

经过10年来的改革开放，古巴不仅稳固了社会主义政权，而且经济取得明显进展：成功阻止经济滑坡，从1994年起经济连年增长，实现从低谷走向复苏。

第二十九章 朝鲜坚持社会主义的理论与实践

朝鲜确立社会主义制度后,在以金日成和金正日为首的劳动党领导下,半个世纪以来发扬自力更生、艰苦奋斗的精神,使社会主义建设取得了一定成就。

第一节 朝鲜社会主义发展的历史与现状

一 朝鲜社会主义发展历史的回顾

1953年朝鲜战争结束后,朝鲜人民在金日成为首的劳动党领导下,一边医治战争创伤恢复国民经济,一边着手进行社会主义改造。经过3年的时间,朝鲜经济已恢复到战前水平,到1958年,也取得社会主义改造的成功。这标志着从20世纪50年代末,朝鲜进入全面建设社会主义的历史时期。按照朝鲜制定的国民经济发展计划,其社会主义建设进程可分为以下五个阶段。

(一) 五年计划时期(1957—1960年)

这一时期的目标是全面完成生产资料的所有制改造,建立独立的民族经济,尤其是重工业体系。1958年,朝鲜完成对资本主义工商业的改造和农业合作化运动,确立了社会主义的经济制度。随后劳动党中央制订了"保证优先发展重工业,同时发展轻工业和农业"的基本方针。朝鲜劳动党提出"以跨上千里马的气势",开展"争取最大限度地增产和节约"的斗争,在全国掀起技术革命和教育人民相结合的"千里马"运动。五年计划提前一年于1960年完成。经过几年的发展,朝鲜开始从一个典型的农业国向社会主义工业国迈进。

(二) 第一个七年计划时期 (1961—1970年)

从1961年起,朝鲜开始执行第一个七年计划。这一时期的中心任务是在优先发展重工业的同时,建立较完备的工业体系;开展农业技术革命,革新农业管理体制,建立新型农业。为此,朝鲜强调在经济建设中发扬自力更生的革命精神,主要依靠自己的技术、资源、民族干部和人民力量来建立自立的民族经济;在工业和农业管理体制、领导体制等多方面进行改革尝试。如工业推行"大安工作体系",农业推行"分组管理制",设立农业的专门领导机构,推行全民所有制合作农场等。虽然由于一些原因延期,该计划延至1970年完成,但经过几年的努力,工业在工农总产值的比重已从1956年的1/3提高到2/3以上。

(三) 六年计划时期 (1971—1976年)

本时期的目标是把技术革命推向新阶段,促进国民经济的主体化、现代化和科学化,进一步强化社会主义的物质基础。为了实现该目标,朝鲜劳动党在工厂、企业、机关、农场等单位开展"争取三大革命红旗运动",即:大力推进思想革命,提高人民的政治思想;开展技术革命,进一步推动群众性技术革新运动;开展文化革命,为培养共产主义新人而奋斗。为了推动"三大革命"工作的顺利开展,党中央不断地派遣由干部、科技人员和知识分子组成的"革命工作小组"深入基层。同时,还根据当时各地的实际情况,开展多种多样的突击运动来掀起建设的新高潮。如"70天战斗"、"总突击战"等。朝鲜的六年计划按期完成。

(四) 第二个七年计划时期 (1978—1984年)

根据朝鲜此前社会主义建设的情况,劳动党中央提出在新的阶段,要进一步丰富和发展朝鲜式社会主义建设,巩固社会主义制度,全面提升经济质量,提高人民生活水平。为此朝鲜党和政府采取了一系列新的措施。在工业领导体系上,政务院不再直接领导中央工业企业,只抓总体规划、科技开发和协调部门关系等方面的工作,具体的生产管理权下放到道;各道新设经济指导委员会,在政务院和道党委领导下负责本地区的工业和基本建设。在农业工作中,明显加快合作农场由集体所有制向全民所有制转变的进程。对待外资企业上,也迈出谨慎但具有开拓性的一步。1984年,颁布《合资经营法》,以法律形式鼓励外商到朝鲜投资建厂,搞合资企业。朝鲜工业步入现代化阶段,农业基本完成技术革命,各项科学、教育、文化事业都有了长足的发展。

（五）第三个七年计划时期

该时期重点是抓好一批大型建设项目，大力发展煤炭、电力、有色金属、钢铁等主干工业，进一步完善工业管理体制和农业领导体制，彻底实现一切生产经营运动的计划性和组织化。原计划1987年开始，1993年结束，后来因为国际环境的变化，国内自然灾害等多种因素的影响，未能按期完成，使朝鲜进入一个长达6年的"苦难的行军"时期。尽管如此，在苏联解体前，还是取得了不菲的成就；通过开展"创造朝鲜式社会主义总进军速度"等运动，使国民生产总值又有新的提高；为了适应世界范围内日益增长的国际经济合作的发展和东北亚经济交流的需要，朝鲜于1991年又增强对外开放的措施，在咸镜北道的罗津—先锋地区建立一个面积达621平方千米的自由经济贸易区。贸易区内的罗津、先锋和清津被辟为自由贸易港，在遵守有关法律法规的前提下，允许任何国家的投资者在区内开办和经营各种形式的商业性企业。

二 "朝鲜式社会主义"的发展特点

在社会主义与本国实际的结合上，朝鲜依据本国国情，在借鉴苏联模式的基础上，在主体思想的指导下，开始独立探索切合本国实际的社会主义建设道路。即"朝鲜式社会主义建设"。它主要有以下几个方面的特点。

第一，为建立一个现代化的工业强国，始终把党的工作重点放在经济建设上。1958年朝鲜完成社会主义改造，剥削阶级作为阶级已经完全消灭，人民群众真正成为国家的主人。朝鲜劳动党和政府认识到，党的工作重点已经由夺取和建立无产阶级政权转移到巩固政权，必须把经济工作放在首位，只有把经济搞上去，使人民生活水平提高上去，才能够充分体现社会主义制度的优越性，才能在当时严峻的国际环境中获得立足和发展之地。因此，虽然和美韩处于完全对立关系，加强国防建设十分必要，但朝鲜并没有片面地重视国防事业而忽视经济建设，而是努力实现国防建设和经济建设统一起来，确立了一条"优先发展重工业，同时重视轻工业和农业"的发展路线。党的领导人在一系列讲话中也强调，社会主义生产关系确立以后，促进经济建设是工人阶级政党面临的重要任务。同时朝鲜非常重视保卫和安全工作，以便为经济建设创造一个和平稳定的社会环境。

第二，经济建设中强调独立自主、自力更生，建立完备的工业体系，即重视经济上的自立。朝鲜劳动党认为不建立自主的民族经济，就不可能建设独立自主的国家。自立民族经济的基本含义是发扬自力更生的革命精神，主要依靠自己的技术、资源、民族干部和人民力量来发展经济。这与朝鲜一贯坚持的"主体思想"是分不开的。金日成认为"思想上的主体，政治上的自主"是独立自主国家的重要标志，其实现程度关键在于"经济上的自立"。"经济上的自立"不仅是"政治自主"的物质基础，也是实现"政治自主"的根本目的所在，更是实现"国防自卫"的根本保障。任何政治主张和要求都不可能离开经济利益而孤立存在，一个国家的发展归根到底还是取决于社会经济的发展。因此，金日成认为，"经济自主是建设富强文明的独立国家所必需的条件。不建立自立民族经济，就不能确保国家的政治自主，不能发展生产力，不能提高人民生活水平。"当然，强调发展民族经济，并不是拒绝参与国际合作和交往，也不是盲目排外，不参与国际经济循环，完全地闭关锁国。而是重视"互通有无"，取长补短，尤其是通过与社会主义阵营国家的交往加快发展。

第三，坚持高度集中的计划经济体制，认为社会主义只能是计划经济。朝鲜两代领导人都十分强调社会主义社会计划经济的重要性。金日成在20世纪70年代就曾指出："在社会主义社会，离开了计划，经济就无法运行，社会主义经济只能有计划地发展。"80年代金日成也指出："社会主义经济是计划经济，社会主义经济只能有计划地发展，没有计划，就一步也不能前进。"进入90年代，金正日在总结社会主义建设的历史教训时，再次指出："在国家的统一领导下有计划地经营管理国民经济，是社会主义经济发展的合乎规律的要求。……如果把个别企业的独立性和眼前的经济利益放在首位，拒绝接受国家的领导和监督，那么，到头来，就会招致破坏社会主义经济制度、复活资本主义市场经济的后果。"① 朝鲜十分强调社会主义的计划要实行"一元化"与"细部化"，注意把国家的"一元化"计划与国民经济各部门、各企业的生产和经营活动的"细部化"准确地结合起来。

---

① 肖枫：《社会主义向何处去——冷战后世界社会主义运动大扫描》，当代世界出版社1999年版，第400~401页。

第四,在经营管理体制上,强调社会主义经济建设只能用"社会主义的经营管理方法",建立一套具有朝鲜特色的管理体制。早在20世纪60年代,金日成就认为社会主义经营管理体制,既不能否认商品生产和价值规律的作用,又不能过高评价商品生产和价值规律的意义,否则就会犯"左"和右的错误。80年代,金日成在《切实贯彻主体的经济管理体系和方法》中指出:"社会主义经济既不能用资本主义的方式经营管理,也不能用混合社会主义的方法和资本主义的方法的杂烩式方法经营管理。社会主义经济,只能用社会主义的方法经营管理。"在几十年的实践中,朝鲜探索出颇具特色,但又具有高度集中这一共性的工农业管理体制。如在工业方面,实行"大安工作体系"。其主要特点有:废除一长制,实行党委集体领导;建立集中统一的生产指挥体系;建立自上而下的原材料供应体系;建立全面完整的后勤供应体系等,并随实践不断改进。在农业方面,设立"郡合作农场经营委员会"专门领导,大力推行"多奖少扣"的"分组管理制"等。

第五,在所有制结构上,朝鲜认为社会主义经济是公有制经济,为此着力向更"大"和更"公"的方向迈进。金日成认为完全社会主义是一个全体人民真正平等的社会,而朝鲜还没有达到,为此必须尽快地向更"大"和更"公"过渡。只有实行广泛彻底的公有制,人民群众才能真正当家作主,实现消除各种差别和人人平等。这在农村所有制改革进程中表现得非常突出:1958年朝鲜社会主义改造后实现农业合作化和政社合一;1962年把农业合作社改为合作农场,实现集体所有制和全民所有制的结合,并选择4个郡作为向全民所有制过渡的试点单位;1964年,提出要创造出更多的条件和可能,使集体所有制转变全民所有制;1986年,金日成又指出"朝鲜已接近社会主义完全胜利的转折性界线","要在近年内把集体所有制转变为全民所有制"。到20世纪90年代初,朝鲜已经建立数个全民所有制国营农场。

第二节 朝鲜社会主义的理论探索

一 主体思想的形成

在社会主义建设中,朝鲜向来强调独立自主,突破创新,不能照搬他国模式。"主体思想"就是朝鲜勇于探索的重要成果。1955年，金日成在劳动党的宣传工作会议上首次指出，思想工作的最主要缺点是没有主体，要反对教条主义和形式主义，树立主体思想。1963年金日成再次要求思想上要彻底树立主体。即所有人都要树立为革命服务的思想，并把它与政治上自主，经济上自立结合起来。1965年金日成在印尼社会科学院演讲时首次在国际场合阐述"主体思想"。他说："树立主体，这意味着坚持这样的原则：独立地根据各国的实际情况，并且主要依靠自己的力量，解决革命和建设中的一切问题。这就是反对教条主义，并根据本国的历史条件和民族特点运用马克思列宁主义的普遍真理和国际革命运动经验的现实的创造性的立场。这是丢掉对别人的依赖心理，发扬自力更生的精神，坚持自己负责解决自己的问题的自主的立场。每个党在本国的具体环境和条件下进行革命斗争，并通过这一斗争丰富国际革命运动的经验，为进一步发展这一运动做出贡献。主体思想是符合共产主义运动的这种原则的，是直接来自这一原则的。"1967年，金日成在《政府政纲》中明确指出，朝鲜劳动党的主体思想是"共和国政府的一切政策和活动的坚定不移的指针"。在1970年的朝鲜劳动党五大上，朝鲜不仅全面详细地阐述了主体思想，而且把其写进党章，作为行动的指南，定义为"把马克思列宁主义创造性地体现于朝鲜的现实"。随后在1972年朝鲜又把主体思想写进修改后的新宪法。

进入20世纪70年代，朝鲜在阐述主体思想时，开始强调人的中心作用，强调主体思想是"以人为主的哲学"。1972年金日成指出，主体思想的基础是"人是一切的主人，人决定一切"，主体思想的要求是"一切都要以人为中心，一切都要为人服务"。1980年在朝鲜劳动党六大上朝鲜首次在重要文件中阐述人与主体思想的关系。指出"主体思想是一切都要以人为中心来考虑，一切都要为人服务的，以人为中心的世界观，是以实现劳动人民群众的自主性为目的的革命学。"[①] 1981年金日成又从哲学角度定义人与主体思想的关系。指出"主体思想是把人放在哲学观察的中心，以回答人的命运问题为使命的哲学"。1982年，金日成在回答外国记

---

① 转引自沈志远：《朝鲜式社会主义的若干理论问题》，载《国外理论动态》，1995年第11期。

者提问时，再次阐述了主体思想的内涵："主体思想要求劳动人民群众应以主人翁的态度对待革命和建设，思想上树立主体，实现政治上自主，经济上自立和国防上自卫。"①

20世纪90年代金日成去世后，朝鲜一方面继续坚定不移地高举"主体思想"；另一方面又根据新的历史条件，发展"主体思想"，提出"红旗思想"。1998年，朝鲜最高人民会议十届一次会议通过了金正日执政后的新宪法。宪法在增添的序言部分高度评价金日成为朝鲜革命和建设事业做出的贡献，表示将维护和继续发展金日成的思想业绩，将主体革命事业完成到底。并再次把"主体思想"确立为国家活动的指导思想。把本国社会主义宪法称为是"把伟大领袖金日成同志的主体的建设国家思想和建设国家业绩法律化的金日成宪法"。"红旗思想"是金正日在1995年开始提出的。他说自己所主张的红旗思想是"在任何环境下，依靠自己的力量把革命进行到底的自力更生精神"。1997年，朝鲜劳动党报《劳动新闻》对"红旗思想"的实质作了阐述。指出"红旗思想"的本质是"对领导者的绝对崇拜，是要同领导者一生生死与共的对领袖的绝对拥护精神"。从总体上看，"红旗思想"和"主体思想"是一脉相承的。

二 主体思想的基本内涵

根据朝鲜两代领导人对"主体思想"的反复论述，可以发现，"主体思想"包含四方面的基本内容。即"思想上的主体、政治上的自主、经济上的自立、国防上的自卫"。这几方面密切联系、相辅相成、不可分割，构成一个完整的体系，共同规定着朝鲜"主体社会主义"建设的原则、路线和基本方针。其中思想上的主体是先决条件，是一切工作的出发点和立足点；政治自主既是思想主体的重要表现，也是独立自主国家的重要标志，更是实现经济自立不可或缺的前提；经济自立既是实现国防自卫的物质基础，也是实现政治自主的根本目的手段；国防自卫则是实现政治自主和经济自立的军事保证。

（一）思想上的主体

即强调人是社会的主人，人决定一切，人的思想在革命斗争中起决定

---

① 转引自肖枫：《社会主义向何处去——冷战后世界社会主义运动大扫描》，当代世界出版社1999年版，第387页。

作用，要用自身的力量实现人类（包括自己）的解放和社会的发展进步。这就要求朝鲜人民在革命和建设事业中采取主人翁的态度，树立主体的观点和立场，用自己的头脑思考和解决前进中的问题。在实践中要借鉴他国经验但又不生搬硬套地全盘接受，而是运用马列主义普遍原理，把其与本国的历史条件、现实状态、民族特点等相结合，进行社会主义建设。一切工作都要从本国和本党的根本利益这一"主体"和大局出发。

（二）政治上的自主

即一个国家、民族要做自己命运的主人，不屈服于外来的压力，拥有完全独立自主的主权，根据本国国情独立地决定国内外政策。作为一个历史上遭受日本殖民统治30多年才独立的国家和一个由于外来因素而分裂为两部分的民族，朝鲜十分看重和珍惜政治上的独立，坚决反对别国的干涉和指手画脚，以真正实现党和政府对内的最高领导权和管辖权、对外的平等权和独立权。金日成一再强调，坚定地保障政治上的自主性是坚持自主立场的最重要表现。

（三）经济上的自立

即主要依靠本国的人力、物力和财力，建立和发展民族经济，建立比较完备的工业体系，不在经济上受制于人，使朝鲜真正成为高度自立的现代化国家。用金日成的话说："建设自主自立的经济，这意味着我们在建设一个完全能够自食其力的国家，也就是一个自给自足的国家。"朝鲜认为，若没有经济上的自立性，就不能满足人民日益增长的物质需要，也不能从物质上保障他们作为国家和社会主人的立场，更谈不上政治上自主的真正实现。因此，朝鲜社会主义建设尤其强调自力更生，以我为主，以经济自立来保证政治自主。其工业化进程中采取的优先发展重工业的路线，寻求的自我服务和自我循环的目标都鲜明地体现着经济自立的色彩。

（四）国防上的自卫

即要依靠本国的力量保卫国家的安全与领土完整，不寄托在别国身上，同时又要实现有能力保护国家。国防自卫是朝鲜主体思想的重要表现，这也是朝鲜近现代史上遭受帝国主义国家占领和欺侮而得出的深刻教训。朝鲜认为，独立自主的国防路线是自主国家必不可缺的要求。为此要求广大群众做到"全军干部化，全军现代化，全民武装化，全国军事化"。数十年来，在和韩国、美国及日本对立，互视为敌人的基本生存状态下，朝鲜一直在发展战略上坚持军事、经济并进路线，大量发展军民复合型产业，军费支出在财政支出中一直占据较高的比重就是寻求国防自卫的重要表现。

三 对社会主义的认识

在"主体思想"的指导下，在建设"朝鲜式社会主义"的进程中，朝鲜逐渐形成一套对社会主义的认识和理解。

（一）"主体思想"与马克思主义的关系

朝鲜劳动党对两者关系的认识有一个转变的过程。在20世纪70年代中期以前，朝鲜认为主体思想是和马克思主义一脉相承的科学理论体系，是根据具体国情和时代特点发展的马克思主义，是有效地进行革命和建设的最正确的马克思主义指导思想。劳动党的唯一的思想的精髓是马克思列宁主义的主体思想。主体思想是符合马克思列宁主义根本原理的，是作为国际共产主义运动的新的发展阶段及其必然要求的反映而产生的。在1970年劳动党五大通过的新党章中，明确把"主体思想"定义为"把马克思主义列宁主义创造性地体现于朝鲜的现实"。

20世纪70年代后，朝鲜更加突出"主体思想"对马克思主义的突破和与马克思主义的不同。金正日指出，主体思想以唯物主义和辩证法为前提，在阐明世界本原问题的基础上，又崭新地把人在世界上的地位和作用问题作为哲学的根本问题提了出来。这种以人为中心来阐明对待世界的观点和立场的世界观是前所未有的，进一步完善了唯物辩证法。1976年金正日又认为，金日成主义是同马克思列宁主义有区别的独创的革命思想，无论从内容还是从组成来看，金日成主义是不能在马克思列宁主义框架内解释的独创的思想，形成金日成主义的精髓的主体思想，是人类思想史上新发现的思想，其哲学原理是不能在唯物辩证法的框架内解释的。到90年代，金正日又进一步指出了唯物史观为基础的先进的社会主义学说（即马克思主义——笔者注）的"历史局限性"："没有把社会历史运动看做是由于它的主体即人民群众主动的努力和作用发生和发展的主体运动，而把它看做一个主要是由于物质经济上的因素而变化和发展的自然史的过程。"即"只把物质经济的因素看做是革命斗争的根本条件，未能指出加强革命的主体，增强其作用是革命的根本途径"。并且指出，这些局限性在社会主义制度建成以后的社会主义建设中表现得更明显，难免使经济建设停滞不前。因此，认为主体哲学与马克思哲学有"根本区别"，主体思想开辟了人类历史的新时代——主体时代。

（二）对社会主义及其前途的判断

朝鲜劳动党始终认为社会主义是历史的进步，是科学真理。主体思想阐明的是社会主义、共产主义事业。正是主体思想在新的历史条件下阐明了社会主义理论，使社会主义提高到新的科学基础之上。关于社会主义发展的高级阶段共产主义，金日成指出："它不仅存在工人和农民的差别，也还存在脑力劳动和体力劳动的差别，社会的所有成员都各尽所能，按需分配，是一个高度发达的社会。"① 要建设完全的共产主义，虽然需要很长的时间，但并不是遥不可及的事情。如何更快地建设共产主义，关键在于正确进行斗争，占领社会主义共产主义的思想堡垒和物质堡垒，首先是思想堡垒。这样全体人民群众同心协力，做好工作，就能很快地建设共产主义社会，一个国家或部分地区实现共产主义是可能的。

（三）朝鲜社会主义的发展阶段

朝鲜劳动党把社会主义划分为"不完全的社会主义"和"完全的社会主义"两个阶段。不完全社会主义是社会主义制度建立，社会主义建设还没有完成的阶段；完全社会主义是实现共产主义低级阶段的社会。工人阶级掌握政权，进行了社会主义革命，确立了社会主义制度，并不是社会主义完全胜利。"社会主义的完全胜利，要到工人阶级和农民阶级的差别被消灭，中产阶级特别是农民群众积极拥护我们的时候才能实现。"目前朝鲜还处在"不完全社会主义"阶段，但在 20 世纪 80 年代中期已经"接近了社会主义完全胜利的转折性界线"。② 换言之，要完全改变社会主义社会的过渡性质，过渡到社会主义的高级阶段，就必须经过一个巩固和发展完全胜利的社会主义社会，完成共产主义建设的历史阶段。因此，朝鲜社会主义建设的目标就是奠定与完全胜利的社会主义社会相适应的牢固物质技术基础，争取社会主义的完全胜利，早日迈进完全社会主义阶段。

---

① 肖枫：《社会主义向何处去——冷战后世界社会主义运动大扫描》，当代世界出版社 1999 年版，第 391 页。

② 肖枫：《社会主义向何处去——冷战后世界社会主义运动大扫描》，当代世界出版社 1999 年版，第 392~393 页。

(四) 朝鲜社会主义建设的目标

朝鲜劳动党关于社会主义建设目标的阐述重点有一个转变过程。在苏东剧变前,强调具体的物质目标,如发展生产力改善人民生活水平等。1961年,金日成在劳动党的四大上指出,建设社会主义的目的归根到底是保证人民过上富裕而文明的生活。1965年,又指出社会主义意味着完全消灭剥削和民族不平等,并要求经济和科学技术的全面发展。20世纪90年代后,在新的历史条件下,朝鲜突出强调社会主义建设的精神内涵,即强调集体主义至上,人们要摆脱各种束缚,实现完全自由。金正日反复强调,"社会主义是人民群众做了主人的社会,是靠统一和团结起来的人民群众的创造力得以发展的社会";"是以集体主义为基础的社会";"社会主义事业是实现人民群众的自主性,并依靠人民群众的斗争向前发展和得到完成的自主的革命事业。"①

(五) 如何建设社会主义

在建设社会主义的实践中,朝鲜劳动党尤其强调两方面:一是加强党的建设;二是做好思想政治工作。朝鲜劳动党认为,党的领导是社会主义事业的生命线,是加强社会主义事业的主体及其作用的决定性保证,是按照正确的斗争战略和策略推动社会主义事业前进的根本条件。党领导革命和建设的关键是正确解决政权问题,只有这样才能使人民群众成为国家和社会真正的主人,才能依靠人民群众无穷无尽的力量有效地解决革命和建设中的一切问题。朝鲜劳动党认为,社会主义建设不仅是经济建设,还包括思想建设,不用共产主义思想武装人们的头脑,就不可能建成共产主义。金钱是资本主义社会的生命,思想是社会主义社会的生命。只有在思想上统一团结,才能取得社会主义的完全胜利,社会主义的优越性就是指思想上的优越。社会主义的威力就是指思想上的威力。思想革命是社会主义建设的生命线,必须把思想建设提高到与经济建设并列的高度,并走在前面。思想革命的重点是"革命的领袖观、组织观、群众观武装人们,把全体人民团结到党和领袖的周围,使之成为一个共命运的社会政治生命体",其核心是坚持主体性与民族性。

---

① 肖枫:《社会主义向何处去——冷战后世界社会主义运动大扫描》,当代世界出版社1999年版,第394~395页。

第三十章　20世纪70年代后发达资本主义国家共产党对社会主义的新探索

发达资本主义国家是世界社会主义运动的发源地，这些国家的共产党历来都是推动国际社会主义运动的重要力量。因此，研究当代发达资本主义国家共产党的历史与现状、理论与实践，对于正确地把握社会主义运动的发展规律，了解世界社会主义运动的全局及其发展前景，具有十分重要的意义。

第一节　发达资本主义国家共产党的现状

发达资本主义国家的共产党是世界社会主义运动的一支不可忽视的力量。苏东剧变以后，发达国家的共产党遭受到巨大的思想和组织冲击，有的党被冲垮了，有的党更名易帜，但绝大多数国家的共产党应该说是经受住了考验，继续坚持共产党的名称，坚持社会主义、共产主义的奋斗目标，同时根据新的历史条件，进行反思、革新。目前，各国共产党的力量正在恢复，有些还有所发展。

一　历史回顾

发达资本主义国家的共产党主要是指北美、欧洲、东亚和大洋洲等共十几个国家的共产主义政党。发达国家共产党一般成立较早，而且成立时间很集中。从1917年到1924年，几乎每个发达国家都建立了共产党。发达国家共产党绝大多数建立之初正是第一次世界大战刚刚结束，国家残破，经济困顿，人民生活苦不堪言，帝国主义的腐朽性和破坏性暴露无遗的时候。这时党提出要通过俄国"十月革命"的道路走向社会主义，消灭资本主义统治和战争，建立无产阶级的民主专政政权，深受广大人民群众的拥护和欢迎，党的纲领和政策日益深入人心。因此，共产党发展很快，党的影响日益扩大。

"二战"期间，发达资本主义国家的共产党始终站在反法西斯斗争的前列，不少党还组织领导了游击队，既壮大了力量，又扩大了影响。特别在那些被法西斯侵占的国家，本国资产阶级政府或者成为法西斯的傀儡，或者流亡国外，国内的主要抵抗力量几乎无一例外由共产党领导。只是在个别国家，如日共，在本国法西斯政府的血腥屠杀下，党的力量损失很大。

"二战"以后，发达国家共产党由于在"二战"期间积极参加抵抗法西斯的斗争，在人民中赢得较好声誉，力量出现了空前大发展的局面，在国家政治生活中发挥了重要作用。法共、意共、芬共、丹共、奥共、希共、葡共等先后参加联合政府，并在政府中任要职。如意共最高峰时党员人数达225万，参加过7届政府，曾为西欧最大的共产党。法共人数最多时党员达80多万，得票率最高达28.6%，一度成为法国第一大党，并先后参加过5届政府。但这一势头只持续了两三年的时间，1947年美国发动"冷战"，在国际上掀起反共浪潮，各国共产党的发展迅速受挫。

20世纪五六十年代发达国家的共产党经历了战后初期短暂的大发展之后，力量迅速下降，各党力量下降程度不同，但总体上的下降趋势十分明显。意共党员人数下降较少，比高峰时期下降25%，保持在150万人的水平，法共党员人数停滞在30万的水平，比高峰时期下降60%，荷共党员人数下降至1万，只有高峰时期的1/5。本来力量不大的美、加、澳的共产党在这一时期都进一步缩小。只有日共党员人数超过了1949年的高峰，20世纪60年代维持在30万人的水平。

二 苏东剧变对发达资本主义国家共产党的冲击

进入20世纪70年代以后，直到80年代中期，随着资本主义经济高速增长的"黄金时代"的结束，发达国家的共运又重新高涨。法共、意共、希共、西共、葡共、日共力量发展较快。尤其是意共，党员在80年代中前期保持在160万以上，1976年众议院选举得票率为35.1%，占227席；直到1987年在全国大选中仍得票1024万张，占全部选票的26.6%；

1990年党员人数仍有142万。

进入20世纪80年代后，发达国家共产党的力量有所下降，但速度不太猛烈。到苏东剧变时，突然来了个大挫折，许多党发生了党员退党、改变共产党名称和性质的严重情况。从总体上看，当代发达国家共产党在这些国家政治生活中的地位下降，政治影响力受到严重削弱，而且党内成分复杂，思想混乱，派别林立。苏东剧变给发达国家共产党带来的冲击具体表现在以下几个方面：

首先，共产党的力量大大削弱。在苏东剧变造成的强大压力下，有的共产党宣布改名，放弃共产党的名称并改变为社会民主党或重建为其他政党，脱离了共运队伍。如意共、英共等。其中影响最大的是意共。该党于20世纪90年代初发生分裂，多数派把共产党改名为左翼民主党，加入了社会党国际。意共是西欧共运的主力，其党员人数和选票分别约占西欧共产党党员总数的一半和选票总数的2/3，它的离去无疑使西欧共运蒙受重大挫折。英共改名为民主左翼党。圣马力诺共产党改名为民主进步党，放弃了共产党的原则。有的共产党发生分裂，力量遭到严重削弱，如丹共。有的党宣布解散，不复存在，如荷共、澳共、芬共。此外，各国共产党都不同程度地发生退党现象，党员人数大幅度下降，如法共、希共、葡共、日共、美共。

其次，造成党内思想混乱，组织分裂。苏东剧变在发达国家共产党内造成了极大的思想混乱。不少党员提出党是否有必要继续存在下去、苏东剧变是否意味着共产主义的失败等问题。有人还提出解散共产党、改变党的性质，把共产党变成"左翼论坛"、"左翼运动"。党内思想上的混乱导致了组织上的涣散、分化。意共改名以后，原党内少数派联合原意共一部分党员共约15万人退党，另建"重建共产党"。法共党内出现"革新派"、"重建派"和"再造派"。奥共党内也出现了"教条主义派"、"革新派"和"取消派"。葡共党内出现了批评党的领导的"革新派"。西共前副总书记库列尔拉走数百名党员加入了西工社党。西劳动者党决定集体加入西工社党。

再次，发达国家共产党生存和发展的环境进一步恶化。苏东剧变以后，资本主义和各种反共势力、甚至社会民主党欣喜若狂，认为资本主义、社会民主主义胜利了，共产主义、马克思主义死亡了。它们在各种场合，通过新闻媒体大造反共舆论，提出共产党没有存在的必要了，应该"解散共产党"，"取消共产党"，宣扬共产党是"历史的罪人"，恨不得一夜之间把共产党从地球上全部消灭掉，把社会主义、共产主义概念从人们的头脑中彻底抹掉。西方掀起的这股反共浪潮确有"黑云压城城欲摧之势"，对发达国家的共产党造成了巨大的压力，它们从整体上面临着严峻的生存危机。

三 困境中的希望

尽管苏东剧变使发达国家共产党经历了沉重的打击，其力量和影响急剧下降，但绝大多数党顶住压力和冲击，继续坚持共产党的名称，坚持社会主义、共产主义奋斗目标，并且纷纷结合本国实际，积极探索变革发展的新道路。经过10多年的艰苦努力，发达资本主义国家共产党的力量得以恢复和发展。

（一）党的基本力量保存了下来

发达资本主义国家的共产党党员人数有100多万，仍是一支不可忽视的政治力量。目前，西欧地区有21个共产党，近百万党员，选民800多万，议员20多名，其中比较有影响的党是法共、意大利重建共、希共、葡共等。法共现有15万党员，为法国第四大政党。葡共党员人数达13万。意大利重建共、希共、西共分别有9万、5万和3万党员，其中希共为国内第三大党，西共为国内第四大党。在北欧，1993年11月，丹共宣告成立；1995年3月和11月，芬共和瑞典共相继成立；挪共顶住压力，坚持至今。在北美，美共和加共仍在继续开展活动，在大洋洲，澳大利亚社会主义党于1996年10月6日宣布改名为澳大利亚共产党，使澳大利亚自1989年年底共产党停止活动后，又有了新的澳共。这些党在极为困难的条件下，顶住国内外的压力，经受住了考验，坚持共产党的名称和共产主义信念，揭露和抨击资本主义制度，坚持不懈地维护人民群众的利益，促进社会进步。它们使党的骨干力量得以保存，制止了党员人数大滑坡的势头，有的党员队伍发展还很快，如日共，1997年有党员38万，比苏东剧变后增加了1万多人。

（二）党在国家政治生活中的地位上升

近几年来，主要发达国家共产党在全国大选、地方选举和欧洲议会选举中仍然赢得了一定数量选民的支持,在本国一些地方单独或联合执政,还有两个共产党在本国联合政府中参政。法共在1997年6月举行的立法选举中得票率为9.9%,在国民议会577个席位中获36席,并参加了社会党政府,在政府中有3名成员。意大利重建共在1996年4月的议会选举中得票率为8.6%,在众议院630个席位中获35席。如无法共和意大利重建共的支持,法国社会党和意大利左民党均不可能维持其执政的地位。葡共在全国范围内为在野党,但在首都里斯本与葡社会党联合执政。希共在1996年全国大选和1998年地方选举中,选票均有增加,得票率均超过上届选举,跃居国内第三大党。在1999年6月的欧洲议会选举中,希共得票率已跃升为8.7%,与苏东剧变前相差无几。西共在1993年6月全国大选中议席增至18个,以西共为主体的左翼已成为西国内第三大政治力量。西共在欧洲议会选举中有26席,成立了单独的议会党团。日共恢复和发展较快,从1994年7月到1997年9月,在全国和地方议会选举中当选的议员明显增加,众参两院议员人数由26名增至46名,各级地方议员由3927名增至4053名,超过了自民党,基层组织遍布全国各地,在国家政治生活中,影响和作用日增,成为全国第四大党和左翼中坚。

(三) 传统的马克思主义政党正在转变为现代的马克思主义政党

发达资本主义国家共产党的恢复和发展,并不是简单地表现在党员数量的增减上,更重要的是这些国家的党吸取了历史的经验和教训,为适应生存环境的变化,正在进行自我变革。确切地说,目前发达资本主义国家的共产党正处在自我革新的过程之中。例如,法共提出了"新共产主义"理论,要建设"现代化的共产党";美国共产党对社会主义进行了全面的反思,论证了社会主义的基本特征,提出了建设"群众性的共产党"的方针,日本共产党总结了历史的经验和教训,对日本走向社会主义的道路进行了新规划;西共提出"与左翼一起,建设未来",用民主的方式实现社会主义的路线等。所有这些都说明了发达资本主义国家共产党正在发生重大的变化。这些变化可大致概括为六个方面:(1) 正从过去在一定程度上依从苏共的理论和政策,逐步转变为独立自主地制定党的理论和政策;(2) 从过去很大程度上教条式地对待马克思主义,逐步转变为比较自觉地创造性地运用马克思主义;(3) 从过去单纯将从事体力劳动的中下层雇佣劳动者作为自己主要阶级基础的党逐步转变为将从事体力劳动和从事脑力劳动的两类雇佣劳动者都作为自己的主要的阶级基础，巩固和发展了党的阶级基础；（4）从过去采取了不少"左"的斗争策略，转变为在策略上比较关注与中间阶层及其左翼政党之间的团结与联合，扩大了党的群众基础；（5）从权力高度集中的党内体制，逐步转变为实行高度民主的党内体制；（6）从用传统方式工作，逐步转变为用现代方式工作。

发达国家共产党现状呈现好转势头，具有多方面的原因。这些党大都有着悠久的共产主义传统，党内有一批坚定的共产主义者，不会因为国际共运陷于低潮就放弃旗帜，放弃斗争；发达国家共产党在理论上进行反思创新，在实践上不断调整政策，其纲领和政策更加符合发达国家的政治和生活现实，维护了劳动人民的切身利益，群众威信进一步提高，并广泛团结了左翼力量，在与国内保守势力的竞争中占据了重要地位；资本主义社会固有的矛盾没有解决，反而日益加深，共产党的纲领和政策在人民群众中仍有一定的吸引力和号召力；中国等社会主义国家现代化建设与改革开放事业所取得的伟大成就，进一步证明了社会主义制度的优越性，对发达国家共产党起着鼓舞和推动作用，坚定了它们对社会主义的信念。

四　发达资本主义国家共产党面临的挑战

苏东剧变使发达国家共产党遭受沉重打击，损失巨大，当前虽然基本度过了苏东剧变后最困难的时期，多数党保留了党员队伍和选民队伍，稳住了阵脚，在各自国内政坛上继续发挥作用，并千方百计寻求新的发展。但它们所面临的挑战依然十分严峻，其处境依然十分困难，困难主要来自发达资本主义国家的巨大压力和阶级力量对比的悬殊。他们实现社会主义的任务是艰巨而漫长的。

（一）科技革命和经济全球化的挑战

随着新科技革命的迅速兴起，资本主义国家的经济、社会、阶级结构和生产方式发生了巨大变化。产业结构随着经济的发展而变化，第一产业在经济中的比重大大下降，第三产业迅速增长；传统产业衰退，高科技含量的产业兴起。经济结构的变化又引起了社会阶级结构的变化，第一产业的就业人口减少，第三产业的就业人口迅速增加，从事脑力劳动的人口增加，从事体力劳动的人口减少。白领工人增加，蓝领工人减少。据统计，在发达资本主义国家，蓝领工人在工人总数当中所占的比重逐年下降，甚至占不到20%；而白领工人约占工人总数的70%，他们已成为这些国家当代工人的主体力量。据有人估计，进入21世纪，在资本主义最发达的美国，白领工人将占到98%，蓝领工人只占2%。而发达国家的共产党主要力量根植于传统工业领域，这一工业领域的衰落使共产党的传统地盘逐渐萎缩，阶级基础大大缩小。

资本主义的全球化是"资产阶级的世界性联合"，是垄断资本主义生产关系的又一次调整，它用政治和经济手段解决资本主义国家的矛盾和冲突，为促进生产要素的自由流动和优化组合，加速生产力的发展提供了较好的条件。从长远看，资本主义经济政治的一体化将会为社会主义取代资本主义创造更为直接的客观物质条件。但在发达国家实现社会主义客观形势和主观条件尚不具备的情况下，在发达国家的共产党尚未形成统一的力量对付联合起来的资产阶级的情况下，经济全球化将会大大加强垄断资本势力，使发达国家共产党反对资本主义的斗争更加困难。

(二) 资产阶级新政策和改良主义政党的挑战

自20世纪80年代以来，随着科技革命的迅猛发展，当代资本主义进入了一个新的发展时期。发达国家的阶级结构和社会结构发生了深刻变化，产业工人明显减少，中间阶层日益扩大。要适应当代资本主义的新变化，维护自身的统治，资产阶级不能不对资本主义制度进行改革调整，改进议会民主，加强政权结构的法制化、政治化和政治生活的民主化，通过较为完善的社会福利制度和劳动保障制度，使劳动人民的工资收入和物质生活水平有了一定提高。较完备的资产阶级民主制度、较完善的劳工立法，使工人阶级的一些利益和要求能在资本主义制度内得到表达和维护。近20年来，发达国家经济有很大发展，大多数群众的整体生存条件和生活条件有所改善，阶级矛盾相对缓和，显示出资本主义仍有较强的自我调节能力和发展能力。

资产阶级政策的新变化促进了改良主义的巩固和发展。在发达国家，现在普遍是工党、社会党、社会民主党等改良主义政党上台执政，是它们而不是共产党构成左翼的主体。如在欧盟的15个成员国中曾有13个建立过以工党、社会党、社会民主党人为首的左翼政府。因为在发达国家，白领工人已成为工人阶级的主体，他们在文化程度、劳动条件、工资收入、社会地位等方面都高于传统工人，其中少数中级管理人员在所从事的工作领域内，拥有资本或国家赋予的部分经营权、管理权，这种状况使他们的思想和要求也发生了很大变化。他们既反对剥削压迫，主张社会公正，但他们又普遍求稳怕变，希望和平、安定地生活，害怕激进变革使自己丧失既得利益。因此，他们在政治上更倾向于工党、社会党、社会民主党的改良主义主张。这无疑对发达资本主义国家共产党的生存与发展形成了挑战。

（三）发达国家共产党自身发展状况的挑战

发达国家共产党虽然稳住了阵脚，但在发达国家中，目前只有日共和少数几个西欧共产党有一定实力，在国家政治生活中有一定影响。而北欧、北美、大洋洲和另一些西欧国家共产党则遭到严重削弱，有的刚刚重组或创建，在社会上处于边缘状态，作用有限；有的内部战斗力受到影响。很多共产党放弃了列宁主义，放弃了民主集中制，其组织变得更加松散，和其他中、左翼政党的理论界限也更模糊。共产党提出的新政治主张还有待实践进一步检验，选民是否接受还很难定论。发达国家共产党党员数量也太少，力量太小，必然削弱政策的感召力。在新形势下发达国家共产党如何加强自身建设，还需要长期的努力探索。尽管发达国家共产党面临许多困难和挑战，但它们依然是世界社会主义的一支不可忽视的力量。

由于发达国家中受剥削的劳动阶层继续存在，因此可以预见，作为维护工人阶级等劳动者利益代表的共产党今后仍有一定的生存空间，但受主客观条件限制，其发展道路将是复杂曲折的。如何通过不断探索、变革，真正寻找到能为民众所接受和符合本国国情的发展道路，保持自己队伍的稳定，扩大社会和阶级基础，争取更广泛的支持，将是发达国家共产党今后所面临的考验。

第二节 苏东剧变对发达国家共产党社会主义观念的影响

苏东剧变使社会主义理论陷入危机。发达国家共产党的力量大大削弱，社会主义思想受到党内外的重大压力和冲击。从总体上看，虽然发达国家共产党在20世纪70年代曾提出欧洲共产主义，80年代对戈尔巴乔夫的新思维很困惑，但一直是跟随苏共的，主张走十月革命的道路，力图建立苏联模式的社会主义。苏东剧变后，这一趋向已经消失，所有共产党一致否定苏联模式，积极探索新的发展道路。但是在关于社会主义的前景以及如何实现社会主义的问题上，各国共产党的观点各异，强调重点也不同。葡共、希共、德共等，积极调整其方针政策，但坚持马列的传统观点多一些。法共、西共、意重建共等，积极进行探索，其方针政策的调整力度较大，提出了一些与马列主义传统原则不尽相同的观点。

一　法国共产党及其"新共产主义"

法国共产党是西欧发达国家具有一定影响和群众基础的主要共产党之一。苏东剧变后，顶住压力，在坚持不改变共产党的名称和为共产主义而奋斗的目标的同时，强调要实行"共产主义变革"，建设一个"现代的、开放的、富有活力和民主的新型共产党"，并提出了"新共产主义理论"，以取代原来的"法国色彩的社会主义"。

（一）法国共产党对社会主义道路的新探索

法国共产党是当代法国的参政大党，也是欧洲少数几个坚持共产党称号和共产主义目标的共产党中的第一大党。法共成立于1920年12月29日。战后初期，法共一度成为法国第一大党，党员达80多万。从20世纪50年代末开始探索法国式的社会主义道路。1956年法共十四大提出，不通过起义和内战建立人民政权的可能性业已增大。1968年12月，法共中央发表《尚比涅宣言》，明确提出通过议会道路实现向社会主义的和平过渡。20世纪70年代中期，法共开始实行党的革新，提出走"法国色彩的社会主义"，即"民主的、多元化的、自治管理的社会主义"道路。苏东剧变后，法共受到严重冲击，但仍坚持共产党的名称和社会主义奋斗目标，并继续党的革新，先后于1990年12月、1994年1月和1996年12月召开了党的二十七大、二十八大和二十九大。在二十七大上，马歇继续坚持了70年代中期开始的从单纯提出政治主张到注重解决法国现实社会生活矛盾的革新与转变。1994年二十八大放弃了民主集中制，代之以"民主"的运转原则。1996年底，二十九大放弃"法国色彩的社会主义"的提法，代之以"新共产主义"，主张实行共产主义变革，确定了21世纪"共产主义新规划"。这集中反映了在苏东剧变后，为适应新的国际形势和国内斗争需要，寻找一条符合法国国情的社会主义道路而进行的新探索。主要表现为：在斯大林主义和苏联模式的问题上，从过去长期肯定苏共社会主义经验转变为从总体上否定苏联社会主义经验，否定苏联模式；在走社会主义的道路问题上，从过去长期坚持的"法国色彩的社会主义"转变为"新共产主义"；在党的组织原则问题上，从过去长期执行"民主集中制"转变为实行"民主的运转原则"；在党的联盟政策问题上，从过去长期主张的左翼联盟转变为在公民干预的基础上实行左翼进步力量联盟。

苏东剧变后，法国国内形势发生了新的变化，右翼戴高乐党总统希拉克1995年上台执政；左右翼力量不断变动，社会党在1997年国民议会选举中获胜，若斯潘政府上台，左右翼共处。政局的变化对法共摆脱困境，既是挑战，也是机遇。法共正是在这种新的历史条件下调整联盟政策，提出并实行左翼进步力量新联盟。法共二十八大提出要在人民干预权和左翼多元化的双重条件下进行"新的政治建设"，即"将所有的进步左翼力量都联合在议会和政府的多数派里，同人民一道，实行由人民选举的变革政策"。1994年4月，罗贝尔·于倡议在公民之间，在公民和左翼政党之间建立"进步联合协议"积极开展反右翼斗争，发展人民运动和公民干预，建立一个新的多数派和一个真正实行改革的政府。法共在1994年9月全会上，总结了左翼联盟的历史经验教训，强调应以不同的方式，即以"尊重分歧、观点明确和有透明度"的方式，建立左翼进步力量新联盟。法共二十九大提出要在公民干预的基础上实行左翼进步力量联盟，强调这种联合是一切左翼进步力量和生态学派进行的、尊重多元化和拒绝任何领导权的联合。还提出在同右翼政策决裂的条件下，法共参加以社会党为主的左翼联合政府的方针，强调法共参与有利的国家事务、参加政府使政府决策最终符合人民利益和国家利益的使命。1997年4月，法共同社会党签署《共同声明》，在反对右翼和极右翼、实行改革、创造就业机会、缩短工时、停止私有化等方面同社会党达成了广泛的共识，从而为左翼获得国民议会选举胜利和法共参加左翼联合政府奠定了政治基础。

（二）法国共产党的"新共产主义"理论

法共"新共产主义"理论是法共全国书记罗贝尔·于提出的旨在创新马克思主义，实现法共组织现代化，用"以公平、民主、利益分享、联合为特征"的社会制度代替资本主义制度的理论和体系，是法共新的指导思想，这个理论侧重研究发达资本主义国家的共产党如何坚持马克思主义、如何担负起取代资本主义、实现人类解放的历史责任，法共如何在法国政治体制内成为广大劳动者的服务工具等问题。其主要内容如下：

1. 坚持共产主义的奋斗目标。法共指出，共产主义是一种在资本主义的逻辑中解放出来并实行人类发展逻辑的、资本主义之后的社会，它的奋斗目标是要建立一个"男女自由、联合和平等的社会"，是"使人类进行合作，分担费用，共享资源、知识、信息和权力的社会"，一个"没有失业，没有压迫，没有就业不稳定，没有不公正，没有暴力和没有武器的社会与世界"。这种社会"发展和尊重个人的能力"，注重公民干预。指出21世纪是"个人的时代"，新共产主义"将个人的作用、个人的参与和民主置于首位"。法共要"通过法国人民的运动和民主的力量，沿着新型革命的道路即一种人道的、公民的和互助的现代革命的道路前进"。

2. 深入分析共产主义运动处于低潮的原因。认为苏联模式是共产主义理想的一种蜕变，从20世纪50年代末60年代初，苏联不能对世界出现的诸如信息革命等问题提供适当的答案，苏共社会主义的主要弊端在于严重缺乏真正的政治讨论、广泛的民主和自行管理，"把资本家阶级和工人阶级之间的斗争看做是社会发展的决定性因素"。"长期以来，工运和共运怀疑'公民'的概念"，并且"把公民性概念固有的那些'权利'和'自由'拱手送给统治阶级"，"低估法兰西革命传统所做的政治贡献，以致人们在思想上把反对资本主义剥削的斗争同争取公民性和人权的斗争割裂开来"，"在许多方面却违背了从1789年法国资产阶级大革命继承下来的关于公民性、政治与共和的独特观念"，因而遭到了失败，使所有的共产党都面临危机，因为现实否定了他们过去的参照模式。

3. 反对一切为金钱的资本主义逻辑。强调在资本主义社会里，"资本家阶级的力量和破坏力从来也没有像现在这样强大过"，"那些以不同的方式和在不同程度上深受剥削和异化之害的不仅包括工人阶级，而且包括占工薪阶层人数90%的绝大多数劳动者。管理无序、生活不稳定、被社会排斥等问题破坏了整个社会的发展与平衡。法国和欧洲统治力量的计划使法兰西民族本身及其主权、特性和共和国价值处于危险之中"。因此，"选择一条与现行资本主义逻辑不同的道路，不是要求优先考虑某个阶级的利益，而是围绕这一选择目标，把一切身受资本主义逻辑之害的多种多样的人们,联合起来"。

4. 以"超越资本主义"的新公式取代"消灭资本主义"的旧公式。"超越资本主义"是共产主义的目标,是一种"崭新的革命观念"。"超越"既不是"放弃向另一种社会绘声绘色过渡的目标",也不是1789年资产阶级大革命或1917年十月革命那种模式,"将现有的社会打个落花流水","通过颁布法令突然'消灭'资本主义"。"超越"是一种"社会变革进程的观念",主张在斗争中,依靠发展现有社会的成果、需求和潜力来否定乃至取消剥削、异化和资本主义统治。要创造"每个人充分发展的人类发展的条件",这本身就是实现共产主义。变革式的超越要求善于同国家干涉主义、生产本位主义、社会主义过渡时期等观念彻底决裂,摈弃社会主义过渡阶段论,认为将"过渡"设想一种在某种"科学"的指导下,由一个作为社会变革的基本杠杆的国家所付诸实行的阶段并不符合"自然的内在规律和过程",事实上历史的进步、后退或过渡都是今天任何科学不能事先制定的,历史是一种与"科学"所设想的不同的方式运动的。认为人类的运动和文明的运动所采取的方式"不是先打破一切,然后再建设新的东西,而是一边建设新世界,一边消灭旧世界"。

5. "超越马克思"和"回到马克思"。这与法共用"科学社会主义"代之"马克思列宁主义"有联系,后者是"斯大林僵化理论的产物",而超越马克思同广义的科学社会主义思路一致,取代资本主义应当正确评价资本主义的自我更新、自我调整和自我发展的能力,要通过合乎时代潮流和法国国情的政策去调整它,用新的社会制度去超越它,同时也应克服马克思的局限性,要在方法论上"回到马克思",用马克思的辩证方法和阶层分析学说研究法国问题,避免重复在阶级结构、阶级力量的对比和阶级对抗的形式已发生变化以后,仍然认为无产阶级要用暴力革命夺取政权并建立无产阶级专政的僵化思路,继续坚持法国色彩的社会主义从现实出发的正确方向。"回归马克思"并不是重复马克思的论点,而是继续和深化其论点,甚至超越马克思由于受时代的局限而作出的某些分析和确立的观点。

6. 主张建设新型的共产党。强调实行共产主义变革是要"将个人的作用、个人的参与和民主置于首位",把法共建设成为一个"现代的、开放的、充满活力和民主"的党,"把党为之奋斗的社会、实现此社会的道路和党的自身运转同加强个人参与能力和民主视为统一的党"。强调为了使变革更加富有生气,全国委员会和党的各级领导,不仅要加强政治实施,而且还要改进领导方法,成为民众的服务工具。"这些政治实施将扩大共产党人对民主的要求,必须让每一个党员对党的决策心明眼亮,而且自始至终地参与决策的全过程。只有通过讨论,才能使法共建立起正常的运作机制,党的决定才能对普通党员具有巨大的号召力。""我们不能把党员的思考和行动割裂开来,只有这样,我们才能不断创新,迅速作出反应,预见我国社会和当今世界可能出现的问题。我们不害怕党内辩论,恰恰相反,辩论是效率的保证。"罗贝尔·于得出结论:"我们已在共产党人的多元化方面取得了很大进步。我们越来越觉得,多元化是一宗财富,是取得实效的前提,是提出问题和解决问题,从而不断进步的保证……领导就是决策,就是为推动这种多元化做出贡献。"

7. 在公民干预的基础上"建立左翼进步力量新的变革联盟","把一切左翼进步力量联合在议会多数派和政府之中,以便同人民一道实行由人民决定的变革政策"。法共强调,建立左翼进步力量的新联盟,"这不是过去那种将我们引入死胡同和失败的联盟,不需要一个'第三国际'式的共产党领导,而是一种没有领导权,富有多样化的新的政治建设联盟"。法共参加以社会党为主的左翼联合政府,"不以完全实行法共的建设为参政条件,但(左翼联合政府)必须同右翼政策彻底决裂,实行左翼政策"。要"积极调整那些把公民和共和国联系在一起的权利和价值观","充分发挥代议制民主的作用,并使代议制民主从直接民主中吸取营养",法共"担负着参与领导国家事务,参加政府的使命",要"竭尽全力,争取立法选举后(左翼执政)的形势能满足变革的需要"。

8. 用旨在获得各国人民共同发展的合作的全球化取代现有的金融和唯利是图的全球化。经济全球化概念"包含着当代的一些客观要求,尽管这些要求同信息技术一道促进文明的重大进步,但它们却被资本家力量用来实行统治和增加金融利润,因而成为无数困难和衰退的根源"。现在是摆脱极端自由主义政策的时候了。法共反对私有化,主张建设有效的国有经济,实行由公有经济占主导地位的混合经济。强调对税收等方面实行重大变革,反对解雇、关厂和迁厂,支持政府建立"就业和培训保障制度"、实行不减薪的35小时工作周、创造150万个就业机会等多项措施。

提出对月薪在1.5万法郎者增加税收,对领取最低社会补助者增加1500法郎。对政府的移民政策提出对外籍人重新实行出生地权和避难权的基本原则的建议,以实现其在平等基础上与法国人相融洽。法共继续主张奉行和平与裁军,特别是消灭核武器,建立新型的国际关系,争取一个和平、合作和发展的世界新秩序,用政治、经济和道德的方法来解决世界安全问题,促进和平与各国人民之间的信任;主张北约非军事化,建立欧洲集体安全体系,捍卫欧洲各国在就业和社会保障方面的社会成果;反对单一货币,主张实行货币合作,对资本流动要征收共同税等。

9. 努力澄清与社会民主主义的区别。罗贝尔·于指出,共产党人在反对资本主义金融过度发展、追逐金钱、社会不平等等问题上,与社会党人有着共同的看法。因此,共产党和社会党有可能联合行动,反对极端自由主义的选择及其灾难性后果。但在斗争的目标和方法问题上,两党存在着严重的分歧。社会党的目标是通过"温和的社会自由主义来替代极端自由主义","整治"或"限制"资本主义,而"超越资本主义"是"否定"资本主义的统治。"问题的关键在于搞清楚资本主义是不是人类不可逾越的界限,或者说是不是为了取得新的进步必须消除的障碍;搞清楚是必须纠正资本主义的过激行为,还是完全否定它的统治地位。""若斯潘选择了第一种做法,法共选择了第二种。"社会党并没有带来它所许诺的社会变革,法共则要开创不同于社会党的新的革命道路。

10. 制定"共产主义新规划"。法共的当务之急是制定一个反对极端自由主义的替代计划,进行社会结构的改变,赋予法兰西以另一种未来。要从当代实际问题出发,根据共产主义目标和法国人民的愿望,并通过公民辩论来制定,使之成为法国人民的变革计划。它应包括十大社会变革工程:"实现社会充分就业";"改变劳动";"从许诺到履行诺言",要确定工薪劳动者的地位,由工薪劳动者参与企业管理和民主决策;"促进公共利益",国家和企业要将经济效益、社会公正和公民平等结合起来;"做生活的主人",要反对社会分裂,实现社会公正以满足个人要求,确保个人的自由发展;"争取一个更加互助的社会",要确保社会保障,开展青年互助、妇女互助、城市互助、外国移民互助等;"争取参与民主",要革新政治,改革国家机构,确保公民权利与自由;"树立欧洲雄心",制定"经济增长公约",赋予欧洲建设以进步的和民主的方向;"建设一个绿色的地球",要加强生态保护,实行能源政策多样化,争取世界持续发展;"21世纪共产党人的组织",改革法共组织结构,"以新的方式更好地成为法共和继续作为共产党",承担起社会变革的重大职责。这是关键,是其他各方面的重要保证。

总之,新共产主义理论比较全面地阐述了法共对资本主义、对原苏联模式、对自身历史和对共产主义未来的新观点。标志着法国共产党的转变,"共产主义新规划"成为法共"面向未来"的行动纲领。

二 西班牙共产党的新思考

西班牙共产党成立于1920年4月15日,是西欧共产主义运动中具有重要社会影响的共产党组织,现为西班牙第三大政治力量,有党员4万余人。在苏东剧变后欧洲社会主义运动的低潮中,西共始终坚持共产党的称号,坚持马克思主义的指导思想,为在西班牙实现社会主义而奋斗,并根据新的条件在理论和政策上进行新的探索。2002年3月召开的西共六大对党的纲领和政策作出了新的调整。现阶段西共的理论观点和政策主张主要包括以下几个方面。

(一)坚持共产主义的发展方向

西共的未来目标是"建设一个消灭剥削的社会主义社会,建设没有阶级、没有国家的共产主义社会"。西共认为只有这样的社会才能解决当代世界存在的各种不公正现象,结束各种形式的压迫和剥削,从而实现公正、自由和互助的人类大同。为实现这一目标,西共强调必须组织动员社会大多数成员进行社会变革。西共认为社会主义和共产主义是通过大多数人的真正革命、自觉自愿行动的结果。西共十六大进一步指出,在发展工人运动、进行社会主义改造的过程中,仍然必须坚持马克思主义的思想指导,以马克思主义为科学基础的"共产主义不仅可以实现,而且可能是从资本主义生产模式创造的文明框架中实现"。但同时也必须看到,共产主义拥有自己的历史财富和多元文化传统,党应该随着形势的发展不断补充新的内容,共产主义的纲领应当落实到具体的阶级斗争之中。

(二)建立民主的社会主义

西共认为,苏东社会主义政权的特点在经济上表现为一种国家占据主导作用的生产资料国有制。这是一种特殊的生产方式,既非资本主义的,也非社会主义的或共产主义的生产方式。实际上，更多的是体现为一种脱胎于前资本主义社会形态的生产方式。在这种生产方式中，国家不仅没收以前存在的工业生产资料，而且还直接将工业化进程掌握在自己手中，进行着类似其他国家在资本原始积累时的工作。从历史角度看，这种生产方式起过进步作用，它确实通过非资本主义道路实现了高速工业化，实现了高度的社会保障。把这些制度错误地称为社会主义制度扭曲了这些社会制度的含义。

在政治上，苏东社会主义的弊端表现为中央集权化的政治模式，这种模式完全窒息了集体和个人的积极性、能动性。社会主义不应该是集权化发展的结果，而应该是"民主化彻底发展的结果"，"民主是直接的生产力，在社会主义建设的进程中尤其如此"。社会主义是民主的社会，社会主义的民主不仅应该扩展到生产决策和分配方式之中，而且应该保障建立参与和监督权力的机制，尤其在决策上要确保真正的民主化，从而避免内部专断和计划失误，推动社会财富持续不断地得以创造。

（三）确定对资本主义的替代方案

西共强调未来的社会主义发展前景，认为"当代资本主义必将失败，因为它不能给所有的人创造有尊严的生活；作为经济和社会选择，资本主义已经陷入深刻的危机之中"，西共决心为建立一个替代资本主义的社会主义社会而奋斗。关于实现社会主义的道路，西共主张，社会主义要通过对西班牙的政治、经济、社会和文化进行长期的民主改革，在民主和自由中建立起来。但它同时也认为，建设社会主义仅仅取得政治权力远远不够，还必须实现对全社会的绝对领导权。

在夺取资本主义政权后应该如何建设社会主义的问题上，西共提出了社会主义的替代方案，即"建立一个超越雇佣劳动和政治思想束缚的高级社会，使每一个人都能享有充分的自由"的社会主义社会。西共认为，这种替代社会主义要在决策、管理等方面体现社会多数成员的意见，要发挥公有制在经济领域中的"决定性"作用，但同时也要尊重作为"计划"补充和纠正的个体所有制形式的作用，"市场必须严格服从政治决策和民主"。

（四）提出政治行动的主要任务

西共认为其当前进行政治斗争的重要目标，是建立一个以社会主义为前景,具有自由、平等和互助精神的欧洲联盟。为此西共必须推动欧洲经济政治一体化进程,保证欧洲各国人民各种不同文化的发展,反对由国家组成的欧洲,推进由地区和人民组成的欧洲;加强环境保护,把它作为争取社会主义而斗争的组成部分;提高妇女的社会地位,妇女要参与社会、政治、经济等各个领域的工作;减少劳动时间,实现充分就业,使劳动者获得更多权利;必须反对任何欧洲中心主义,声援世界所有进步左翼和政治力量的斗争,反对一切形式的新殖民主义和种族歧视。

西共十六大对全球化和新自由主义展开了猛烈抨击,着重强调了反对资本主义全球化的重要性,把通过"民主与和平"的方式进行反对全球化和新自由主义的斗争,作为西共未来的主要任务。西共认为,全球化带有"帝国主义的特征和意识形态色彩",是"资本主义质的飞跃",是"当代资本主义的扩张方式"。以新自由主义为理论基础的全球化,旨在获取最大利润,使财富高度集中,从而造成了南北贫富差距、战争冲突扩大以及世界秩序的紊乱。西共必须尽可能团结一切左翼和进步力量共同进行斗争。西共应组织领导反全球化的游行示威活动,并通过社会论坛等多种形式提出替代新自由主义的方案。但同时西共也指出,反对全球化和反对新自由主义的斗争必须避免采用暴力手段,而只能通过"民主与和平"的方式进行。

三 日本共产党的探索与调整

苏东剧变后,受国内外反共思潮的冲击,日共党员人数一度从近 50 万人下降到约 36 万人。近年来党员人数已经回升到近 40 万人,党的基层支部发展到 2.6 万个。与此同时,党在国内政治生活中的地位日益上升,已成为日本政坛一支不可忽视的左翼力量。现在,日共已逐步完成了在新形势下的理论和政策调整,并开始了新的探索。在不放弃社会主义、共产主义的大方向和科学社会主义理论基础的前提下,根据苏东各国社会主义失败的经验教训和本国的具体国情,日共采取了更加符合日本国情的方针和政策。1997 年 6 月,日共二十一大提出,"争取在 21 世纪早期建立民主联合政府",重点放在"资本主义范围内的改革",而不是立即"把日本推向社会主义"。在 2000 年的二十二大上,日共对社会主义形成了三个基本主张,并把在日本民众中传播社会主义和共产主义思想作为最终目标。

日共主张"不能容忍像苏联一样,打着社会主义幌子,对人民进行政治、经济和社会压迫"。日共认为,"苏联及东欧各国统治体制的崩溃,不是社会主义的失败,而是背离它的霸权主义和官僚主义、专制主义的破产。"日共在1990年十九大、1994年二十大文件中均阐述了对苏东剧变的看法。认为东欧的事态,表现了统治阶层同人民群众之间的矛盾,矛盾的焦点是苏联把斯大林式的政治、经济体制用大国主义和霸权主义的手段强加给东欧,而该国统治阶层又接受了这种强加,这就脱离了科学社会主义所要求的人民的愿望和群众的民族及社会要求。事态的本质表现了苏联政治、经济模式和大国主义统治和霸权主义强权的破产。苏共始终没有对外搞大国主义和霸权主义、对内搞官僚主义和专制主义的"政治、经济体制"进行反省,而在这种脱离科学社会主义的体制维持不下去的情况下,走上了一条极端的、完全抛弃社会主义世界观和期望资本主义的道路,采取了自我否定、自掘坟墓、自我毁灭的"变节者"的态度。苏共和苏联的解体,是那些违背科学社会主义和逆历史而动者必然的、合乎规律的结局。"在这些国家,革命的出发点是以社会主义为目标,由于领导层的失误,结果是还没有到达作为社会主义形态的社会主义就解体了。""作为历史的苏联霸权主义祸害的解体,为世界革命运动的健全发展提供了新的可能性。"

日共主张"在政治、经济、文化和社会各个领域,继承和发展资本主义时代一切有价值的文明成果"。日共《自由和民主主义宣言》强调,日本的社会主义必须吸收资本主义一切"有价值的文明成果",包括议会制、普选制、多党制等民主政治体制以及基本的人权和包括市场经济在内的经济体制。日共主张"作为跨越资本主义新社会的特征是,超越利润第一主义,根除人剥削人的社会"。根据这种改革,如果大企业尽到与其社会作用相称的社会责任,就可能提高国民生活。但这不能解决由资本主义固有的利润第一主义产生的矛盾,如剥削、失业、贫富差距、恐慌、资源浪费和环境破坏等。要解决这些矛盾,就必须推翻利润第一主义,进入以促进国民利益为社会经济活动直接目的的社会制度——社会主义社会,这是历史的客观要求。日共在党纲中表达了这样一个洞察未来的信念:"真正平等和自由的社会将会实现"。

日共对日本走向社会主义道路的新规划。日共强调，把政策和斗争的重点放在"资本主义框架内的民主改革"方面，坚持日本走和平发展道路，维护国民的切身利益。日共二十一大重申了革命的阶段性理论，认为日本社会的进步需要通过和平和民主的方法，分阶段地、一步一步地向既定目标接近，在今后很长的时间内仍属民主革命阶段，而且每一步怎样走，走到何种程度，都要由多数国民通过选举来作出选择。日共认为，虽然日本政治已进入"共产党与自民党对决"的时代，但目前这种对决只是表现在政策上，就力量对比而言还相差甚远。在现阶段日共的政权目标只能是通过集结包括保守层无党派在内的革新、民主力量，争取在21世纪早期建立"民主联合政府"；在现阶段日本向何处去的问题，日共只能以"国民作主人"为政治信条，争取在资本主义框架内进行民主改革，而不能立即把日本推向社会主义。

第三节　发达资本主义国家共产党对社会主义的新理解

长期以来，发达国家多数共产党与苏共关系密切，其方针政策受苏共的影响颇深，有些党甚至被视为"苏共代言人"，对他们来说，苏东剧变最严重的后果是，共产党和社会主义的形象遭到严重损害。各国党要摆脱困境，恢复和发展力量，就不能不调整方针和政策，提出有关社会主义的新主张，显示它们所主张的社会主义与苏联模式毫无共同之处，从而更好地争取群众。

苏东剧变后，发达国家共产党一致否定苏联模式，普遍认为，苏东剧变只是一种阻碍生产力发展、违背社会主义原则的实践模式的失败，是世界社会主义运动遭受的重大挫折，但这并不意味着社会主义和共产主义理想的失败。他们大多继续坚持共产党的名称，继续坚持社会主义、共产主义的奋斗目标，坚持社会主义是实现自由平等、人类解放、消灭剥削和压迫之路，社会主义取代资本主义是历史的必然规律。但是在对社会主义、共产主义的认识和理解上，与以前相比，有很大的不同。

一 社会主义与民主问题

各国党普遍强调要为共产主义目标继续奋斗,但特别强调民主的重要性,认为民主同社会主义的历史命运是休戚相关的。他们一方面从这个角度总结苏联剧变的教训,认为苏联社会主义失败的一个重要的原因是没有充分实行民主;另一方面强调加强党的民主建设在民主与集中的关系上突出民主。表示坚决摈弃苏联模式的社会主义,认为这一模式破坏了社会主义的本质,排除和放弃了共产主义的理想,扼杀了民主与自由,成为共产主义的悲剧。许多党认为,社会主义是民主的深化,是民主的最高形式,社会主义要实现最深刻、最完全、最有参与权的民主。民主、自由、人权、平等是社会主义和共产主义的根本因素。法共表示,它以共产主义为目标,建立一个人人自由平等、团结互助、尊重个人能力和个人发展的社会,这就是"法国式的社会主义"。它认为,苏东"现实社会主义"失败了,无须再提建立社会主义,应实现共产主义运动的革新,提出朝共产主义目标前进更为科学。法共强调,共产主义是一种通过尊重个人并让个人充分发挥才能的社会;是一种通过尊重差别来实现的平等;是民主在各方面占首要地位的社会;是"每个人的自由发展是一切人自由发展的条件"的社会。

西共认为,社会主义要在政治、经济、社会和文化关系中实现充分民主,要不断地扩大和深化民主,不断地扩大和深化社会对政治活动和经济活动的监督。主张将生态主义和共产主义融为一体,实现所谓"生态共产主义"。建立一个没有暴力和保护自然并能代代相传的理想社会。

葡共表示,它以社会主义和共产主义为最高奋斗目标。建立一个以人道主义为指导的、没有对抗阶级的新社会,从而使人人享有民主、自由和平等。

希共表示,它的最终目标是推翻资本主义,以社会主义和共产主义为最高奋斗目标。

意大利重建共产党更多的把民主、自由、平等、人道主义等与社会主义本质联系在一起。

美共认为,民主是社会主义的一个核心问题,要引导美国人民走社会主义道路,社会主义的内容与形式必须是民主的。如果不是这样,美国人民将停止社会主义的选择。并且指出，社会主义创造了发挥民主的最好的条件，但是加深和扩展民主的过程绝不是自发的。

日共十分强调对现存社会制度进行民主改造，把社会主义斗争同争取民主的斗争紧密结合起来。

发达国家的共产党之所以如此重视民主的问题，固然与这些国家有深厚的民主传统有关，但民主更是他们社会实践的需要。在发达资本主义条件下，不论是争取群众支持他们的正义斗争，还是加强党的建设，扩大自己的队伍，都离不开民主。他们把民主视为社会主义重要特征是完全正确的。正如邓小平所说，没有民主就没有社会主义。欧洲一些共产党所强调的民主和人道主义等人文因素，是马克思主义和社会主义题中应有之义。问题是要对这些思想作出科学阐释。"所谓过去社会主义形象不好"，并不是马克思主义学说中不包括民主和人道主义等因素，而是人们在理论上有所忽视，在实践上实行民主不够充分，从而对社会主义产生了不良影响。

二 关于党的性质、指导思想、党的作用和党的组织原则等党建问题

苏东剧变后，发达国家共产党在党内外对党建问题进行了热烈的讨论，在党的性质、指导思想、党的作用和党的组织原则等问题上有了新的认识。

（一）关于党的性质

只有希共仍强调它是工人阶级先锋队这一传统提法，多数党宣称，今天的共产党已不仅仅是工人阶级的政党，还必须维护其他阶层、特别是工薪阶层的利益。必须从维护社会广大人民群众的利益出发。包括法共在内的一些共产党推行变革路线，更加提出参政意识，认为工人阶级已不再是唯一的革命力量，代表各阶层群众利益的社会运动正在发挥着越来越大的影响。葡共称，它是所有劳动者与工人阶级的先锋队。希共表示，它是工人运动和社会各阶层的组成部分。意重建共认为，它是一个新的群众性政党。

法共于2001年5月召开了全国理事会会议通过了《法共新党章草案》，提出法共"向一切社会运动力量和一切公民力量开放"。法共称，它无条件地向一切希望加强人类社会关系的人开放，加入法共无须放弃自己的哲学观点和宗教信仰。法共必须成为一个"新型的共产党"，一个

"现代的、开放的、充满活力的、民主的共产党",以适应法国社会的新需要。

英共旗帜鲜明地重申,英共是一个建立在马克思列宁主义基础上的、以实现和建立社会主义为奋斗目标的政党;它是为社会主义革命而组建的,它在未来英国社会主义革命性变革中起领导作用;它是一个民主政党,不仅注重充分发挥每一位党员的主动性和创造性,而且注重发展和保持其内部各部分之间包括不同部门的工人之间、妇女与男人之间、白人与黑人之间、青年与老年之间的密切关系;它主张英共在遵循自由、平等和相互尊重的基础上与世界上所有为和平、进步和民族解放而斗争的政党和运动建立友好关系,并认为这对在英国实现和建立社会主义至关重要。

为壮大党的力量取得人民的理解,日共在2000年11月召开的二十大上,把党的性质由"工人阶级的先锋政党"改为"工人阶级的政党"和"国民政党"。日共2001年修改的新党章第二条规定:"日本共产党是工人阶级的党,同时也是日本国民的党。为了民主主义、独立、和平、提高国民生活和日本进步的未来而努力,对所有的人开放。"新党章还规定,日本共产党"立足于创立以来的'国民是主人翁'的信条,为实现国民切身利益和促进社会进步而斗争,在日本社会中自觉发挥不屈的先进作用,履行自己的职责"。这表明,日本共产党已从工人阶级政党向国民政党转变。

(二) 关于党的指导思想

除葡共、希共、英共等少数党声明继续以马克思主义为理论基础外,多数党强调尊重本国的进步思想,从实际出发,丰富、深化和发展马克思主义。西共主张,以"革命的马克思主义为理论基础",同时认为必须根据新情况革新和发展马克思主义。法共和意重建共等则强调"回归马克思",主张批判地吸收马克思理论的精华,摈弃对马克思主义的种种歪曲,恢复马克思理论之本,比较看中马克思的早期学说,特别是人文主义思想。法共表示,"回归马克思"并不是重复马克思的论点,而是继续和深化其论点,甚至超越马克思由于受时代的局限而作出的某些分析和确立的观点。认为,人类解放的思想必然具有多元化的特点,所以法共努力从人类进步的思想和法国人民的革命传统中吸取营养,特别是民主、自由、博爱和人道主义。日共则坚持以科学社会主义理论为指导思想,并反对把这一理论当作一成不变的教条，强调从本国实际出发坚持和发展这一理论。

（三）关于党的组织原则

除了葡共、希共、英共、美共、澳共表示民主集中制仍是其根本的组织原则外，其他党则强调民主、自由和多样化。法共不再坚持"民主集中制"的提法，而是主张促进党内生活的民主化和多样化。它认为，党内应有充分的思想和言论自由，坚持公开和坦率的原则，个人对现实的看法是集体的财富；民主化是使党生机勃勃的关键，是调动每个党员的积极性和创造性的关键；集体领导的首要任务是表达党员的意志，使之变成政治力量，而保持集体领导的活力应以集体原则为基础，把个人的努力置于集体行动当中。西共认为，党内生活的原则是民主、自由、互助和公正，实现所有人的平等和尊严，消除各种形式的歧视。但对重大问题的决策时，发达国家共产党仍继续实行少数服从多数、下级服从上级、全党服从中央的原则。

（四）关于党的作用

多数党认为，今天应变革有关党的作用的传统观念，不宜自称是"领导党"，党必须适应新形势的挑战，要同所有希望改造现存社会的组织和个人对话，在增强人民的自由参与能力和在文明进步中起推动作用。法共提倡公民参与。西共为吸引更广泛的社会力量，淡化党的作用，与其他左翼组织和力量组建"联合左翼"，提出党只向联合左翼提出政策建议，由联合左翼来决策，党通过它来贯彻自己的政治主张。

三　关于社会主义发展道路问题

近年来发达国家的共产党对社会主义实现方式的看法发生了根本性改变，只有希共等极少数党仍主张通过社会革命夺取政权并建立无产阶级专政，其他党普遍表示要摈弃苏联模式，强调社会主义要有民族特色，不同程度地主张在现有资本主义社会的框架内，通过日常斗争，以和平和民主的方式，通过发展民主的道路来变革、改造现行的资本主义社会，"超越"资本主义，进而实现社会主义、共产主义。

葡共认为，21世纪在葡萄牙实现社会主义的道路就是为深化民主而斗争的道路，今天葡共必须全力执行建设"先进民主"即政治民主、经济民主、社会民主和文化民主的斗争纲领，这将为实现社会主义的目标创造有利条件。它强调通往社会主义的进程不仅取决于推动其发展的各种力量的意愿和行动,而且还取决于其他因素,特别是要看反对这一进程的力量如何行动和采取何种抵抗形式。

法共、西共和意重建共等主张变革和改造现有社会。西共表示,它不主张通过民主机制夺取政权而后再进行变革,而是主张从现在起就团结社会的大多数,对政权机构和社会进行变革,争取通过政治和社会运动实现对现有社会的取代,以和平的方式组织起一个新社会。法共认为,"超越资本主义"意味着超越它的一切,特别是超越它对社会和人的一切统治形式。超越既不是"适应",也不是"消灭",而是一个对社会的改造过程。在这一过程中,通过公民参与即人民的斗争和选票,逐步夺取政治、经济、文化等各方面的权力。它强调,法共的道路不同于社会民主党所主张的那种仅限于"调节"和"限制"资本主义的某些方面的道路,是通过人民运动和民主力量在新型革命道路上推进我们时代的一场革命。是一种人道的、公民的、互助的革命。

日共也强调,要在今后相当长的时期内,进行"资本主义框架内的民主改革",走"和平和民主的道路",把议会斗争和群众斗争结合起来,争取在21世纪尽早建立联合政府,进而"在发达资本主义取得的政治、经济、文化、社会等全部成果的基础上,通过议会多数,在日本建设民主富裕的社会主义"。分阶段地一步一步地向既定目标前进。

在20世纪的最后20年,西方发达国家的共产党纷纷提出通过和平方式实现社会主义的问题,而且将参加议会选举作为自己的重要活动之一。这是实践向当代马克思主义者提出的一个新课题。

应当看到,当代历史条件和政治格局都发生了很大变化。一方面,资本主义经过几十年的发展,力量得到很大增强,给世界社会主义运动造成很大压力;另一方面,按照事物发展的逻辑,它也为社会主义的实现准备了更为充分的条件,特别是由于经济全球化的发展,当代资本主义的内外矛盾都在不断地深化。应当说,在这种情况下,通过和平方式实现社会主义的可能性增加了。现在,有的党已经通过议会选举组成了自己的政府。但是,还应清醒地看到,即使通过议会选举上台,如何用社会主义原则去改造现存社会制度,或者说实现社会主义,仍然是一个需要进一步探索和解决的问题。

第三十一章　20世纪70年代后发展中国家共产党对社会主义的新探索

在广大发展中国家，各国社会主义思潮和流派，可谓五花八门，各式各样。按其理论主张和思想倾向，大体上可以划分为三派：自称科学社会主义派、民主社会主义派和民族社会主义派。在每个大派中又可以分为许多小派。我们在本章中所要探讨的主要是发展中国家共产党的科学社会主义理论与实践。

第一节　发展中国家各国共产党的发展状况

当今世界，在50多个发展中国家中有共产党组织，有的国家有两个或多个共产党组织。这些共产党组织成立的时间可以分为两个时期。一是十月革命后到第二次世界大战前后成立的，如亚洲的印度共产党、印度尼西亚共产党、缅甸共产党、马来西亚共产党、菲律宾共产党、泰国共产党等，拉丁美洲的阿根廷共产党、巴西共产党、智利共产党等。二是在中苏两党大论战公开化以后，从老党分化出来的或新成立的，如亚洲的印度共产党（马克思主义）、拉丁美洲的委内瑞拉争取社会主义运动、秘鲁共产党（红旗）、哥伦比亚共产党（马列）。

较早成立的共产党组织，深受苏联共产党的影响，一直跟随苏共走。在苏共二十大以前，这些党绝大多数放弃了武装斗争，主张通过议会道路和平进入社会主义。这些主张走和平道路、议会斗争的党，大多数争得了合法地位，有的在议会选举中还取得一定席位，尼泊尔共产党甚至还一度成为执政党。但是他们对国内政治生活没有重大影响，往往被孤立于重大的政治事件之外，只是忙于跟在大改良主义政党的后边跑，提不出有别于改良主义政党的方针、路线和口号来,争取不到广大群众的支持。

也有一些早期成立的共产党并没有放弃武装斗争,如东南亚的一些共产党。缅甸共产党成立于1939年,1948年便转入地下,开展武装斗争。1964年9月举行中央全会,制定了"赢得战争,夺取政权"的路线,嗣后在一些地区开展游击战争。缅共前主席德钦丹东和德钦辛先后于1968年和1975年血洒战场。1975年5月,缅共选出了以德钦巴登顶为主席的新领导班子,坚持进行斗争。这类政党由于缺乏群众基础,斗争效果不大。

20世纪60年代以后新成立的共产党组织中,以印度共产党(马克思主义)和委内瑞拉争取社会主义运动影响最大。这两党都主张通过议会斗争的方式,和平取得国家政权。由于这两党能够从各自的国情出发,制定比较符合本国实际的方针政策,因而取得了较大成效。比如,印共(马)党员人数为70万,在国内3个邦同左翼联合执政,在人民院中有30多个议席。在20世纪60年代后新成立的这一类共产党中,也有许多党主张武装斗争,但由于缺乏群众基础,没有什么影响力。

一 影响发展中国家共产党发展的主客观因素

总的来说,发展中国家共产党的力量较弱,人数不多,在大多数国家的政治生活中起的作用不大。相对而言,亚洲和拉丁美洲各国共产党的力量较强些,非洲许多国家还没有共产党,即使有的国家有共产党,力量也很小,南非共产党则是其中的佼佼者。造成这种状况的原因是相当复杂的,下面从主客观两个方面简要分析一下。

就客观因素而言,主要表现在三个方面。第一,在亚非拉各国民族独立斗争过程中,民族主义政党高举民族主义旗帜,在反帝、反殖、反封建、反霸权斗争中,发挥了重要作用,具有一定的历史进步性和群众基础,因而具有较强的生命力。同时,亚非拉各国执政党在一定的历史条件下,所奉行的某些具有时代特点的改良政策,同样有助于巩固和增强它们的执政地位。例如,相当一部分民族独立国家的执政党宣称要实行社会主义,提出要贯彻社会公正、机会均等的原则,还提出消灭贫穷的口号,并在实践中大力发展公有经济,实行有限的土地改革,提高人民的物质文化生活水平,加强同社会主义国家的联系等等。第二,亚非拉各个民族独立国家执政党的组织大多比无产阶级政党成立得早，或者几乎同时成立，它们的政治斗争经验和组织状况也比无产阶级政党强。如印度的国大党成立于1885年，比印度共产党早48年；突尼斯的资产阶级政党——社会主义宪政党成立于1934年，而突共1943年才成立。此外，有些国家还有一些较有威望的资产阶级领袖人物，如印度的甘地、尼赫鲁、印尼的苏加诺、埃及的纳赛尔等。第三，长期受迫害，难以抬头。亚非拉许多国家的共产党自成立以来，一直遭到殖民当局或本国资产阶级政府的残酷镇压和迫害，很难开展活动。如亚洲的印尼共产党，在1965年"9.30"事件后遭受苏哈托政府极其残酷的镇压，党的领导核心和各级组织均被摧毁，被捕人数达80多万。印尼共从此一蹶不振，斗争环境极其艰难。

再从主观方面看，主要有两个原因。一是党内发生分裂，彼此削弱力量。20世纪60年代，随着国际共产主义运动大论战的展开，亚非拉许多国家共产党在组织上发生分裂。有的一分为二，一分为三，甚至一分为四，出现彼此对立的共产党组织，从而严重削弱了共产党力量。比如，印度共产党在1964年分裂为两大派：印度共产党和印度共产党（马克思主义），1969年一部分党员又从印度共（马）中分裂出来，成立了印度共（马克思列宁主义），1981年印度共一部分人又另组全印共产党。这样，原印度共产党最后便裂变为四——印度共产党、印度共产党（马克思主义）、印度共产党（马克思列宁主义）和全印共。共产党内部的分裂，极大地削弱了党的力量。二是战略决策失误，未能适应新变的要求。由于这些国家的共产党在复杂的国际环境中，缺乏正确的路线和决策，在同原殖民者和其他资产阶级党派的斗争中，犯了"左"的或右的战略性错误，以致丧失了多年斗争的成果，极大地削弱了自身力量，进而使革命形势从高潮走向低潮。20世纪六七十年代以后，许多亚非拉国家资产阶级的改良主义政策发挥了积极作用，人民生活水平也有很大提高。而许多国家的共产党却看不到这些新变化，没能根据变化了的条件及时作出战略、策略调整，而是固守传统，致使力量萎缩，影响减弱，处境艰难。

二 发展中国家共产党社会主义理论与实践特色

发展中国家共产党的理论与实践同社会主义国家、发达资本主义国家的共产党有许多共同的地方，如都强调党的无产阶级性质，代表广大人民群众的根本利益；强调马克思主义的指导或启示作用；强调统一战线在革命和建设中的重要地位；强调以社会主义制度代替旧的剥削制度等等。但是由于发展中国家共产党所处的环境和发展经历不同于发达资本主义国家及社会主义国家的共产党，这就决定了他们的社会主义理论与实践具有自身的特色。概括起来，主要体现在以下几个方面：

（一）发展中国家共产党面临的任务是进行民族民主革命

广大发展中国家历史上大多是帝国主义的殖民地和半殖民地，经济落后，没有进行过彻底的资产阶级民主革命，封建主义在许多国家根深蒂固，有些国家还存在着军事专制和种族主义的统治。因此，从整体上说，广大发展中国家还处于民族民主革命阶段。共产党的首要任务不是要进行社会主义革命，而是要为反对帝国主义、封建主义、官僚资本主义和推翻专制独裁统治的民族民主革命而斗争。实践已经证明，超越革命的发展阶段，提出一些不合实际的任务和口号，只能使共产党脱离群众，使革命面临危机。

（二）夺取政权的道路呈现出多样性

在这个问题上，发展中国家的共产党表现出多种形式。既有长期坚持进行武装斗争，主张暴力革命夺取政权的，又有以议会为阵地，希望通过合法斗争达到执政目的的，也有主张把两种斗争形式结合起来的。这种状况并不令人感到奇怪，原因在于各发展中国家的共产党所处的具体环境不同，斗争条件各异，同时还与各国党的理论水平及实际斗争经验密切相关。

（三）各发展中国家的共产党对社会主义的理解都呈现出民族特色

多数发展中国家的共产党认为，社会主义并没有一个统一的模式，社会主义建设要从本国的实际出发，不能照抄照搬外国经验。有的共产党相信阶级斗争必然导致无产阶级专政，社会主义要通过对生产资料私有制的社会主义改造建立起占主导地位的国有经济；也有的共产党主张建立民主的、多元的、人民自治的社会主义。反对建立无产阶级专政和实行生产资料的国有化。各国党之所以会对社会主义作出不同的理解，主要有两种原因：一是受本国的政治、经济状况和历史传统的影响，如那些存在一定程度的资产阶级民主制的国家，共产党能够进行合法议会斗争的国家，共产党从争取选民等因素考虑，一般都不赞成建立无产阶级专政和一党制，而是主张社会主义社会容许生产资料私有制在一定范围内存在。而在那些实行封建专制统治、阶级斗争异常尖锐复杂、官僚买办资本控制国民经济命脉的国家，共产党则一般主张建立无产阶级专政，镇压剥削阶级的反抗；通过没收官僚资本，建立起社会主义的国有经济。二是受国际共产主义运动影响。二战后，一系列社会主义国家建立起来，但一开始都照搬了苏联模式。随着这种模式的社会主义的弊端日益暴露，各国从20世纪50年代开始，陆续都进行了政治经济体制改革，并取得了一定的成效。这种情况无疑对发展中国家的共产党会产生重大的影响，认为社会主义不可能只有一种模式，马克思主义与各国的具体实际相结合，必然产生异彩纷呈的多种社会主义模式。

第二节　发展中国家共产党对社会主义的理论和实践探索

一　印度共产党（马克思主义）的理论与实践

在发展中国家，印度是共产主义运动发展较早的国家之一。经过几十年的发展，印共（马）已成为印度最大的共产党组织，拥有党员70多万，在国内有较大影响。从1967年3月开始，印共（马）领导的左翼阵线多次在西孟加拉邦、喀拉拉邦、特里普邦执政。特别是在西孟加拉邦，印共（马）从1977年开始便在这里连续执政，至今已有20多年。

20世纪80年代末和90年代初的东欧剧变、苏共解散和苏联解体，使印共（马）也受到冲击，产生了消极影响，有些党员的思想一度混乱。为了统一全党的思想，印共（马）中央委员会及时采取措施，抵制各种混乱思想的蔓延，以减轻和消除其恶劣影响。早在1990年1月，印共（马）政治局在《关于东欧局势的声明》中就指出，东欧国家局势的变化是"世界社会主义的一次倒退"。东欧国家的领导"对社会主义原则的歪曲和背离，而不能正确吸取教训在社会主义框架内实行必要的改革，给反社会主义势力以可乘之机，使他们得以利用人民的不满，披着改革社会主义的外衣，喊着'社会主义民主'的口号，企图在这些国家复辟资本主义"。1990年5月，印共（马）召开的中央全会，一方面对苏共提交二十八大的纲领草案进行了详细评论，批驳"人道的、民主的社会主义"的理论，指责戈尔巴乔夫的新思维大大低估了帝国主义的危险性，同时以马列主义的基本原则为思想武器，分析东欧剧变的原因。印共（马）认为，东欧局势之所以发生严重的变化，主要原因在于：其一，东欧国家的党歪曲和背叛了马列主义和社会主义原则，尤其是在管理社会主义国家、保证社会主义民主方面犯了许多错误，歪曲了无产阶级专政和民主集中制，把无产阶级专政变成党内少数领导人的专政，官僚主义严重，使大部分人民疏远了党和社会主义国家；其二，在经济建设方面，改革没能搞好，国家经济落后的局面没得到根本的改变；其三，在党的建设方面，没有注意从意识形态上用马列主义武装全党，也没有在人民群众中间培养社会主义者所必须的思想觉悟；其四，戈尔巴乔夫提倡的"公开性"及其改革，使世界社会主义事业遭遇巨大挫折，损害了社会主义事业。这次全会还重申，印共（马）坚持马列主义和社会主义信念，马列主义仍然是发展和完善社会主义的力量源泉。

1991年苏联的"8.19"事件后，印共（马）立即发表声明，谴责苏联国内的右翼势力掀起反共浪潮。同年12月26日，苏联正式解体。面对反共势力对马列主义和共产主义发起的猛烈攻击，印共（马）迅速而坚决地给予回击。它发表声明，指出世界上第一个社会主义国家的垮台是历史性的倒退，是戈尔巴乔夫的错误造成的。1992年1月，印共（马）召开第十四次代表大会，以进一步统一思想。1993年5月，由印共（马）倡议，在印度的加尔各答举行了有21个党的代表参加的"当代世界形势和马克思主义的有效性"的国际研讨会。印共（马）总书记苏吉特为会议总结出如下结论：第一，马克思主义是一门具有创造性的科学，至今仍保持着初创时的有效性，仍然是我们行动的指南；第二，社会主义遇到的挫折和曲折，是由于歪曲和背离了马克思主义，不能以此否定马克思主义或社会主义的目标；第三，社会主义仍然是所有共产党和工人党的奋斗目标；第四，建筑在人剥削人基础上的资本主义不能提供解决当今社会弊病的灵丹妙药；第五，帝国主义仍然是人类的主要敌人，我们必须团结一切力量与帝国主义作斗争，反击帝国主义对社会主义的进攻；第六，捍卫马克思主义的共产党和工人党，决心领导工人阶级和其他劳苦大众实现社会主义。以上六点结论可以看作是印共（马）对苏联东欧剧变后世界形势的分析和表明该党坚持社会主义和共产主义的立场。印共（马）最近一次代表大会（十七大）于 2002 年 3 月 19—24 日在印度南部城市海德拉巴举行。在这次大会上，印共（马）分析了冷战结束以来的国际国内局势，全面阐述了自己的战略、策略。在国际形势方面，印共（马）认为世界正面临着霸权主义的威胁，同时也面临着严重的全球经济衰退。在国内方面，印共（马）对人民党政策持强烈的批评态度。印共（马）认为，人民党的统治给印度带来一系列不良后果。其一，自由化经济政策给国家和人民生活造成严重后果。由于过度引进新的经济政策，印度 20 世纪 90 年代的平均增长率没有超过 80 年代的水平，工业增长减缓，制造业部门在过去几年里也持续衰退。其二，错误的民族政策导致民族分裂势力抬头。其三，印度的对外政策服务于美国的全球化政策。印共（马）认为，印度人民党已经完全抛弃了不结盟的政策，在其执政的 3 年多时间里，为追求获得美国对其核力量地位的承认，一直追随美国，成为美国全球化政策的工具。其四，人民党正执行一系列反民主的政策。印共（马）认为，人民党政府利用美国发动的"反对恐怖主义的全球战争"，在国内实施了各种反民主的措施。在加强国内安全的名义下，中央警察机构和更多的镇压性法律出台。法院出台了一系列限制游行示威权利的规定，印共（马）指出，宪法赋予公民的集会和抗议的权利必须得到维护。

印共（马）提出，在未来的一段时期，党的关键任务是打败印度人民党领导的政府，为世俗民主价值而奋斗。印共（马）表示，这一任务必须完成，从而为左派民族阵线的进步铺平道路；印共（马）必须在这一斗争中充当领导角色，团结左派，联合所有爱国民主群众，必须为发展左派民主路线而进行斗争，以使国家走上新的发展道路。

二　尼泊尔共产党（联合马列）的社会主义理论与实践

1994 年 11 月 24 日，尼泊尔历史上第二次大选揭晓。尼泊尔共产党（联合马列）获得多数。根据尼泊尔宪法，由该党组阁，党的主席阿迪卡里出任首相。在国际共运处于低潮的形势下，在世界共产主义运动中影响甚微的尼泊尔共产党居然能够通过和平方式、民主途径在一个信奉宗教的王国执掌政权，显得颇为引人注目。

尼共（联合马列）宣称自己代表尼无产阶级，保护工人、农民、妇女、青年、学生、知识分子、民族资本家、商人及所有劳动阶层和爱国民主力量的利益。党以马列主义为指导，现阶段是实现新民主主义，即争取国家自由、富裕和进步，结束封建主义，目标是建立社会主义和共产主义，对外政策以和平共处五项原则和不结盟为基础，强调民族主义。为纠正过去"左"的错误路线，党决定改变以往以武装斗争夺取政权，建立"新的人民民主"的主张，转而采取以议会斗争为主，争取通过和平途径实现"多党人民民主"的新方针。

1991年5月，尼泊尔进行了与第一次议会大选时隔32年的第二次大选。在这次选举中，尼共（联合马列）得到的议席仅次于大会党，成为最大的反对党。随后，又于1993年8月和1994年2月两次发起对大会党政府的不信任案，以迫使首相柯伊拉腊下台，虽然没有成功，但却沉重地打击了当权派。尼共（联合马列）总结经验教训，把重点工作转向争取下届大选取胜方面，整顿队伍，加强组织纪律性，积极进行宣传鼓动工作，唤起群众觉悟。

1994年11月15日，尼泊尔提前举行议会大选。在下院全部205个议席中，尼共（联合马列）获88席，大会党获83席，亲王室的民族民主党获20席。虽然三大政党都没有单独获得组阁所必须的103席，但尼共（联合马列）已是议会中的第一大党。根据宪法，在其他获得较多议席政党的支持下，可组成少数派联合政府。为此，尼共（联合马列）和大会党为争得组阁权积极开展活动。大会党同民族民主党谈判，企图再次执政，但由于双方在一些重大问题上意见相左，大会党宣布组阁的努力失败。于是，国王比兰德拉于1994年11月29日召见尼共（联合马列）主席阿迪卡里和总书记内帕尔，表示同意由议会第一大党尼共（联合马列）组阁，并任命阿迪卡里为新政府首相。

尼泊尔共产党（联合马列）通过议会选举上台执政，不仅在尼泊尔历史上是第一次，而且在亚洲也是第一次。

在世界社会主义共产主义运动处于低潮的情况下，尼共（联合马列）能通过选举上台执政，主要有以下几个原因。第一，尼共（联合马列）吸取了1991年第二次大选中不团结的教训，加强了各派之间的联合。第二，尼共（联合马列）提出的新民主主义纲领，基本符合尼泊尔人民和尼泊尔国家的利益。1993年1月27日—2月2日，尼泊尔共产党（联合马列）召开第五次代表大会。会议通过了党纲、政治报告、组织方针等8

个文件。在政治路线问题上,经过争论,通过了班达里提出的多党人民民主主义的草案。其主要内容是:反对教条主义,也反对取消主义;主张多党制,不搞一党制;公平分配土地;实现工业化,鼓励外国投资;实现农业现代化;承认宪法(即承认君主立宪);建立人民福利国家等。另外还通过了13个决议:如物价上涨问题、水利资源问题、工商业问题、不丹难民问题、联合国问题等。这些文件和决议,基本符合尼泊尔的国情,也基本上针对了尼泊尔面临的主要问题。第三,政策务实灵活。其一,在对待君主立宪政体问题上,尼共(联合马列)看到尼泊尔传统上是一个实行君主制的国家,1990年才推翻君主制,实行君主立宪的多党议会民主制,这本身就是社会的一大进步。尼泊尔是一个落后的农业国,王室当前仍是稳定尼泊尔局势的一支重要力量,它在许多群众,特别是在农民中的影响力仍比较大。在这样一个国家,得到国王的支持和认可,对维护社会稳定,推进民主改革是有利的。因而尼共(联合马列)主张在尊重国王和实行君主立宪的前提下,奉行多党并存的民主制度。其二,在对待统一战线问题上,1991年1月17日尼共(联合马列)成立时就宣布,尼共代表无产阶级,但同时保护工人、农民、妇女、青年、学生、知识分子、民族资本家、商人及所有劳动阶层和爱国民主力量的利益。其二,注意调整与大会党之间的关系。1991年大选后,大会党单独执政,尼共(联合马列)并不是一味与执政党持对立态度。在党的五大上,党主席阿迪卡里强调,在国家民族利益高于一切的前提下,愿同大会党政府合作。此举获得大会党的好感。大会党最高领袖辛格在尼共五大致贺词时说:"大会党同尼共联合在一起推翻了评议会制度,争得了人民民主,现在仍需两党进一步合作维护已获得的民主,否则今天获得的民主就有得而复失的危险。"大会党另一重要领导人,前首相柯伊拉腊在1994年11月大选中受挫,宣布辞职时也说:"我希望所有政党避免相互冲突和争吵,和平地前进,共同走上民主之路。"这一切都有利于政府交接和社会稳定。

尽管尼共(联合马列)执政以后,在改善劳动人民处境、维护国家主权、发展国民经济等方面进行了不懈的努力,但由于力量对比的变化,尼共(联合马列)执政仅9个月就被迫下台。

尼共(联合马列)下台后,并没有气馁。他们在注意总结下台教训的同时,深入农村做细致的工作,调整政策,争取群众,终于在1997年初的大选中再次取得胜利，与民族民主党和亲善党联合组成政府，重新执政。但不久，民族民主党内部出现分裂。在野党大会党乘机加以利用，这届政府只维持了7个月就被解散。

此后不久，尼共（联合马列）也发生了分裂。1998年1月，尼共（联合马列）召开党的第六次代表大会，总书记内帕尔同政治局常委（曾任副总书记）高达姆，在尼共（联合马列）建国建党的纲领路线上发生公开的争执。此后，这种观点的分歧又导致组织上的分裂。在1999年5月大选前夕，高达姆从议会里拉出尼共（联合马列）的40多个议员，成立了尼共马列组织，从而影响了尼泊尔共产党的党内团结及其在社会上的形象。与此同时，在党内外颇具影响的党主席阿迪卡里又因病突然去世。这些变故无疑对尼共（联合马列）产生了不小的影响，致使这次大选尼共（联合马列）得选票比1994年降低了12%。

三　南非共产党社会主义的理论与实践

南非共产党是目前非洲大陆最有影响的社会主义政党，是南非重要的参政党。它经历了非法与合法、秘密与公开的艰难政治历程。南非共在国内外积极开展反对种族主义政权的斗争。进入20世纪80年代，随着南非人民反对种族主义斗争的高涨，南非共在国内的活动有了新的发展。它同南非非洲人国民大会、南非印度人大会等民族民主组织建立了密切的关系，并对它们有较大的影响。

1990年2月，由于南非共产党、非国大和南非人民的坚决斗争，以及南非国内外形势的变化，南非政府解除了对南非共产党和非国大的禁令。南非共产党在被禁40年之后，终于走出了非法状态而取得了合法地位，南非共产党的领导人陆续返回国内，该党的斗争进入了一个新的阶段。

南非共产党是在苏联东欧形势发生剧变时实现合法化的。由于该党过去与苏联共产党和东欧各国共产党的关系比较密切，苏东的演变，对南非共产党的冲击很大。在这种形势下，他们必须对一系列有关党的前途和命运的问题作出正确的回答。

1990年1月，南非共中央总书记斯洛沃经党的领导层授权发表了《社会主义失败了吗?》一文。斯洛沃在文章中指出，东欧剧变并非社会主义的失败，而是被歪曲了的社会主义的失败。东欧国家在实行社会主义制度后虽然取得了显著的成就，但并未能实行真正的民主制度，而是采取了"斯大林主义的"一党专制制度，在经济上无视市场规律，以简单的行政命令管理经济活动；人民的自由和民主权利未能得到应有的尊重。东欧的剧变证明了这一点，即：在专制环境下不可能维持和发展社会主义。文章认为，同资本主义世界相比，社会主义国家的经济停滞、技术管理落后，但不能把这些归罪于社会主义生产关系不好，而是因为社会主义生产关系受到了歪曲。因此，南非共产党仍然"对社会主义前途坚信不移"，仍然把马克思主义的基本原理和对历史进程的判断作为"强有力的武器"，因为资本主义没能解决人类的种种需要。

1991年苏联"8.19"事件对南非共产党也产生了很大的冲击。事件发生之后，南非共立即表明自己的态度，指出这一事件固然给南非共产党的活动造成不少困难，但南非共产党相信社会主义并没有过时，苏联东欧的变化不表明社会主义已经失败，南非共产党仍然坚持信仰社会主义。

为了使广大党员在复杂的形势面前明确党的任务和前进方向，南非共产党于1991年12月上旬在约翰内斯堡召开了第八次代表大会，这是该党合法化以来的首次代表大会。大会对国内外的重大问题提出了自己的看法，通过了新的党纲和党章，选举了新的领导机构，并对解决南非问题的方针政策作出了决定。南非共八大通过的新党纲阐述了对国际形势和国际政治力量对比变化的看法，认为第二次世界大战形成的以美苏两国为中心的两大势力集团的对抗已几乎不复存在，以美国为首的帝国主义变得更加"强大"、"狂妄"和"咄咄逼人"，苏联东欧的失败是"社会主义被扭曲的失败"，失败的主观原因是这些国家严重违反社会主义公正原则，官僚主义、行政命令和党政不分现象严重，执政党同国家、民选代表、工会和其他社会组织的关系"模糊不清"。南非共党纲认为，尽管苏联东欧社会主义的失败对第三世界国家产生了极为不利的影响，但社会主义国家毕竟在国内曾"取得积极成就"，在世界上曾支持过各国争取解放、和平、民主和进步的事业，并阻止过"帝国主义的侵略"。南非共党纲认为，"推动人类进步的真正力量仍在于从资本主义向社会主义的过渡"；"资本主义虽然渡过了本世纪的重重结构危机"，恢复了一定的"活力"，但它已遭到"巨大的失败"，许多社会问题得不到解决，资本主义社会的工人阶级和广泛的社会政治运动将继续为争取社会平等与和平而斗争。

南非共党纲指出，在从民族民主革命到社会主义的过渡阶段中，党面临四项任务：其一，加强工人阶级先锋政党；其二，促进群众民主组织在工人阶级领导下参与国家政治和经济体制管理；其三，使国家机器同上述群众组织保持"直接和经常的联系"；其四，大大加强经济中社会控制和民主计划的成分。在社会主义时期，多党民主、司法独立、人权以及言论、结社、信仰和新闻自由等自由应得到保障。应加大对经济和社会的控制，使各层次的生产者和消费者都能参加经济的民主管理。实行国家所有制同市政、集体、合作社、小型非剥削的家庭所有制等多种所有制形式并存的政策，个人有权拥有非剥削的私有财产。

为了保证最深入、最广泛和不可逆转的国内民主，南非共代表大会强调，南非人民仍要在非国大的领导下继续进行大规模的反对种族隔离制度的群众斗争。非国大从1912年成立起，就一直为争取种族平等而进行着不屈不挠的斗争。南非共产党把非国大看成是民族民主革命的领导力量，在反对种族隔离制度、争取种族平等的斗争中，南非共产党既作为一个独立的组织，又作为非国大领导下的革命联盟的一部分发挥作用，与非国大密切合作。在长期的斗争中，南非共产党对非国大产生了重要的影响。在思想上，使非国大接受了建立多种族社会、实现国有化等主张，使非国大从民族主义转向非种族主义；在组织上，非国大的成员中有许多是共产党员，还有不少共产党员参与了非国大的领导工作，非国大的军事组织"民族之矛"实际上是由南非共产党和非国大共同创建的，其中大部分成员是共产党员。

1994年4月27—29日，南非举行了这个国家有史以来的第一次多种族大选。南非共产党以非国大候选人的身份参加竞选，在非国大提出竞选议会席位的全部200名候选人中，有34人是南非共产党党员，还有许多以前是共产党员或共产党谋士的人。南非共主席乔·斯洛沃位列名单第四位。南非共产党有50多名共产党员当选为国民议会议员，其中3人被任命为内阁部长。此后，南非共产党的影响迅速扩大到内阁、议会、工会及新闻、司法和学术界。西方媒体载文说，自大选以后，南非的国内政治议程多半是南非共产党设计制定的。

1999年8月，也就是非国大第二次赢得南非多种族大选胜利仅仅两个月，南非共产党在美国共产党刊物《政治事务》第78卷第8—9期上发表了题为《民族民主革命和我们的社会主义观》的文章，表达了南非共对什么是社会主义以及如何建设社会主义的最新认识。

南非共认为，社会主义是资本主义社会（和其他建立在阶级压迫和阶级剥削基础上的社会制度）和无阶级的共产主义社会之间的一种过渡性社会制度。这一过渡将是一个长期的过程，必将伴随着矛盾、停滞甚至倒退。历史从来就不是和平的演进过程，也不会保证什么后果。社会主义要求工人阶级的领导，并具有四个基本特征：民主、平等、自由和经济部分的自由化，四者相辅相成。对南非共产党和南非工会来说，社会主义不仅仅是一种观点和梦想，他们正时时处处地为构建社会主义而努力！这包括如下几个方面：推进、深化和保卫民族民主革命，建设人民的权力；击退市场，使人类基本需求非商品化，因为医疗保健、教育、住房、环境、文化、信息等人类的基本需求都不应当是商品；社会关键部门的非商品化并不意味着一举废除市场，而是要消除市场的负面影响。市场仍然是分配的重要调节者。但市场并不是某种"中性"的存在；而且并没有什么"自由市场"。总之，建设社会主义的斗争已与争取工人阶级和人民大众的权力的斗争紧密相连。无论是民族解放事业还是社会主义事业，都不是可以成功后送到人民手里的，它们是人民大众和工人阶级解放自己的进程。

当前和今后一个时期，南非共产党也面临着一些急需解决的问题，其中最主要的是与非国大的关系问题。在以往的斗争中，种族问题占主要地位，共同的斗争目标使南非共产党与非国大紧密地团结在一起，南非共产党加盟非国大，在非国大中起着重要的作用。但随着反对种族隔离制度斗争的胜利和南非民族团结政府的建立，南非共产党的工作重心发生了变化，从反对种族隔离制度转向捍卫工人阶级和广大劳动群众的利益，最终目标是建设社会主义和共产主义，这与非国大的奋斗目标有着显著的不同。有迹象表明，非国大正在逐步拉开与南非共产党的距离，而共产党内部，与在非国大的关系问题上，也有种种不同看法。因此，在新世纪，如何处理好与非国大的关系，对南非共产党而言将是一个重大的考验。

四 智利共产党社会主义的理论和实践

1912年6月4日智利社会主义工人党成立，1922年1月正式改名为智利共产党。在20世纪30年代，智利共产党曾进行了通过和平道路取得政权的尝试，但没有成功。在过去相当长的一个历史时期，智利共产党与苏联关系密切，后来从苏东剧变中吸取教训，使党的力量有所增强。该党长期与苏共保持一致立场，对戈尔巴乔夫提出的"新思维"表示赞成，并支持其"改革"。但在苏"8.19"事件后，立即改变了态度，转变了立场。尤其是当戈尔巴乔夫宣布"解散苏联共产党"并导致苏联解体后，立即对戈尔巴乔夫的思想及其改革进行了全面批判，表示不再把苏共"当教科书"。1992年4月，智共召开了第二次全国代表大会，重申坚持马克思主义立场。1994年8月召开了十六大，对苏联解体的原因进行分析，并总结了经验教训。智共十六大认为，苏联解体的原因是：苏共领导"脱离人民"起了"致命的作用"，长期脱离群众，特权腐败横行，在政策的构建上不以群众的利益为着眼点，最终被人民群众所抛弃；苏联长期把"党和国家混为一体"，造成了经济停滞，由于以党代政，扼杀了经济、社会的活力，损害了人民群众的积极性，因而使经济长期面临着困难并最终走向崩溃；苏联"极其有限的政治民主和严重的官僚主义"、苏共领导的分裂、"没有意识到应进行科技革命"、"看不到社会主义所取得的成就"以及帝国主义的破坏等多种因素，造成了苏联的崩溃。

在对社会主义的认识和理解上，智利共产党认为，必须坚持以马克思主义为指导思想。智利共产党1992年的第二次全国代表大会指出："马克思列宁主义是不断发展、变革的，基本思想依然有效，仍然是智利共产党的行动指南。"在1994年8月召开的智利共产党第十六次全国代表大会上，报告要求智利共产党人重新"读一读马克思、列宁的著作是很有必要的，它将有助于建设一条通向参与性的社会主义道路"。对于社会主义，智共认为社会主义没有"统一模式"，必须摒弃教条主义和依赖思想，从本国实际出发，探索本国社会主义发展的道路。同时，智共调整斗争方式，转向合法斗争。20世纪90年代以来，智共停止了武装斗争，走上议会斗争的道路。

智利共产党1990年成为合法党，现有党员5万人。在1993年全国大选中，得票率为 4.5%。1996 年大选中，得票率上升为 5.92%，并在全国 341 个市政府中获得两个市长职位。

第三节　苏东剧变冲击下的发展中国家共产党及其政策调整

20 世纪 80 年代末 90 年代初的苏东剧变，给社会主义事业和国际共产主义运动带来严重的消极影响。但对大多数发展中国家的共产党来说，尽管苏东剧变给它们带来了巨大的冲击，但也促使他们反思自己过去的错误，根据国情独立自主地制定方针政策，以适应"冷战"后的新形势。近几年来的发展表明，发展中国家共产党仍然活跃在本国本地区的政治舞台上，依然具有一定的实力和影响。

一　苏东剧变冲击下的发展中国家共产党的三种类型

第一种类型是少数共产党丧失了社会主义信念，改变名称、性质或修改路线。巴西的共产党是很典型的一个。巴西的共产党成立于 1922 年，原名叫巴西共产党，1961 年改为现名。1991 年 5 月 30 日—6 月 2 日，该党在里约热内卢召开九大，党内"民主革新派"在会上占了上风。大会决议提出共产党内不应再坚持民主集中制原则，强调民主是根本性问题，共产党人不一定是马克思主义者，决议还提出要取消无产阶级专政。九大以后，巴西的共产党继续沿着民主社会主义方向演变下去。1991 年 8 月苏联解散之后，巴西的共产党在 1992 年 1 月 25 日召开十大。大会决定放弃马列主义和社会主义，从党的旗帜上取消镰刀斧头标志，并决定解散巴西的共产党，成立"民主左派党"，不久又更名为"社会主义人民党"，以民主社会主义为目标。巴勒斯坦共产党于 1991 年 10 月召开二大，通过了新党纲、党章，作出了关于把党名改为"巴勒斯坦人民党"的决议。新党纲、党章宣布不再把马克思主义作为党的指导思想，取消了民主集中制为党的组织原则，并宣布人民党不再是工人阶级政党，而是全民性的左派政党。突尼斯共产党于 1993 年 4 月召开十大，正式宣布改名为"革新运动"。大会通过的《政治和组织文件》规定，"革新运动"是一个民族主义左翼政党，在其内部保持多元化的思想源流。该党表示，突共虽然放弃了共产主义，但不放弃社会主义信念，也不放弃包括马克思主义在内的各种进步思想。阿尔及利亚社会主义先锋党于1993年1月举行代表大会，决定改变党的名称和宗旨，宣布自我解散，同时以"挑战运动"名义继续开展活动。1998年4月30日正式宣布成立"社会民主运动"，其奋斗目标是在阿建立现代、民主共和与人道的社会。这些性质和名称都改变的共产党，有一个共同的特点，那就是把苏联和东欧的变化等同于社会主义的失败，因此，它们改变了奋斗目标。

第二种类型是经过激烈的党内斗争，保住组织和基本力量。历史上，塞浦路斯劳动人民进步党与苏共关系紧密，后者在党的活动经费和干部培养方面给予前者大力的支持。1989年东欧剧变，塞党内部开始滋生民主社会主义思潮。1990年7月，塞党政治局委员凡蒂斯等发起组织"民主社会主义革新运动"，要求效法东欧，否定过去，遭到以总书记赫里斯多菲亚斯为代表的党内革命派的反对，双方斗争激烈。1990年10月，塞党召开第十七次代表大会，否定凡蒂斯等"革新派"的路线，维护了党的团结和统一。由于该党及时解决了党内思想混乱和组织混乱问题，党的力量不仅没有削弱，反而有所上升。1991年5月大选得票率上升，议会席位增多，成为议会第二大党。伊朗人民党一度也准备改变党的名称和接受"民主和人道的社会主义"，党内斗争结果，革新派未占上风。1992年2月，该党召开三大，大会批判了"民主和人道的民主社会主义"，表示"虽然苏联变了，但我们对社会主义的信仰不变"。1991年8月，玻利维亚共产党以中央书记萨拉斯为首的一些领导人鼓吹社会民主主义，并拉出该党近一半党员，成立"民主社会主义抉择党"。但以总书记马科斯·萨莫拉为首的"革新与改革派"，表示坚持马列主义和共产主义。哥斯达黎加人民先锋党在苏东剧变后也发生严重分裂。党中央分裂为"民主社会主义派"、"正统派"和"取消派"。1991年9月，以奥斯卡·马德里加尔为首的"取消派"力量最强，该派退党后，带走了大约40%的中央委员以上的领导人。以温贝尔托·巴尔加斯·卡沃尔内为首的"正统派"于1991年10月召开党的十七大，制定了新的纲领，并选出了新的中央领导委员会，目前已实现了党员队伍的稳定。这些历经分裂痛苦的共产党，力量受到不同程度的削弱。

第三种类型是多数发展中国家的共产党，虽遭受苏联东欧剧变的严重冲击，但仍坚持社会主义方向，及时总结经验，迎接新的斗争。前面介绍的印度共产党（马克思主义）、尼泊尔共产党（联合马列）、南非共产党都是属于这种情况。比较典型的还有智利共产党。

在西亚、北非，以色列共产党、叙利亚共产党、摩洛哥进步与社会主义党也都属于这种情况。

从以上情况的分析，我们看到，面对苏东剧变的冲击，绝大多数发展中国家共产党都没有宣布改变党的名称，也没有改变党的性质，放弃走社会主义道路。这主要是因为，发展中国家共产党从总体上来说，受民主社会主义思潮影响不是很深，党内的"革新派"力量不很强大。这与他们的环境和斗争条件有重要的关系。几十年来，他们大多在艰苦的环境中接受各种锻炼；资本主义不发达，资产阶级民主不充分甚至十分缺乏的客观条件，使它们较少受民主社会主义思潮的影响，认为只有坚持科学社会主义的道路，坚持反对资本主义制度的斗争，深入进行民主和社会主义革命，才能改变国家和民族的命运，才能改变人民受压迫受奴役的状况，从而才能保持党自身的发展。以上正是苏东剧变对发展中国家共产党的冲击要比对发达国家共产党的冲击小得多的原因。

二 冷战后发展中国家共产党的政策调整与发展前途

发展中国家共产党尽管受苏联剧变的冲击较小，但在世界社会主义运动处于低潮的大环境下，也面临着严峻的挑战。为走出低谷，继续前进，各国共产党都在总结经验教训的基础上，根据国际形势和本国情况的发展变化，对自己的纲领和政策都进行了程度不同的调整，提出了一些新的主张和看法。

继续坚持以马克思主义为指导思想，但各党所强调的原则各有侧重。多数拉丁美洲共产党表示遵循马克思主义、列宁主义基本原理。哥伦比亚共产党在1991年8月举行的党的第十六次全国代表大会上，重申党的指导思想是马克思列宁主义。智利共产党在1992年4月的第二次全国代表大会上指出："马克思列宁主义是不断发展、变革的，基本思想依然有效，仍然是智利共产党的行动指南。"秘鲁共产党（团结）1991年10月召开的十大决定："尽管苏东变色，但秘共决不改党名，更不放弃马克思列宁主义。"此外，阿根廷共产党、厄瓜多尔共产党、巴拿马人民党、玻利维亚共产党、秘鲁共产党（红色祖国）、玻利维亚共产党（马列）、危地马拉劳动党均在自己的党的文件中表明要坚持马克思主义、坚持社会主义。在南亚，印度共产党 1995 年 4 月十五大通过的党章坚持"马列主义对于指引通向新的社会主义制度的道路是必不可少的"。1992 年 1 月印共（马）召开十四大，总书记苏吉特指出："代表大会上没有一个代表提出要放弃马列主义。"在西亚、非洲，塞浦路斯劳动人民进步党、以色列共产党、摩洛哥进步与社会主义党、叙利亚共产党—费萨尔派也都重申以马列主义为指导。与此同时，有些党，除强调遵循马列主义外，还强调重视本国本民族的优秀思想文化。如秘鲁共产党（团结）1996 年 11 月底在党的十一大上明确做出决议，规定"党的指导思想"是"以马列主义、国内和国际革命的社会主义者的思想贡献，特别是马里亚特吉的思想贡献为基础的科学社会主义理论"。

强调社会主义没有"统一模式"、"固定模式"，必须摒弃教条主义和依赖思想，从本国实际出发，探索本国社会主义发展的道路。印度共产党十五大指出，党的历史发展中一个应吸取的教训是社会主义没有模式，不能把马列主义当作已经得到终极真理的教条，而要作为研究印度现实和发动一切可能的社会力量实行革命变革的工具。印共提出把马列主义与印度的具体条件相结合，以便找到一条印度"模式"的社会主义发展道路。尼共（联合马列）表示，"我们不必一定按马克思、列宁或者毛泽东的片言只语办事"，"马列主义能否在尼泊尔实现取决于同本国的实际相结合"。在西亚、非洲，以色列共产党 1996 年二十三大决议指出，"发展社会主义是一个长期、复杂和艰难的历程，不能照搬这样或那样的模式。以共将继续汲取别国社会主义实践的经验教训，从而确定以色列未来社会主义发展模式。"拉美国家的共产党认为，过去它们制定政策照抄外国模式，脱离实际，没有真正反映广大社会阶层群众的长远利益，致使党的力量发展较慢或停滞不前。对此，许多党都做了自我批评。1990 年 3 月，阿根廷、哥斯达黎加、洪都拉斯、萨尔瓦多和多米尼加 5 个共产党发表《致拉美和加勒比地区革命和进步力量的公开信》，对过去照搬苏联经验和模式作了自我批评，强调要采取"明确的独立立场"。1991 年 11 月拉美和加勒比地区 22 个共产党和工人党开会，号召各国共产党"保持清醒头脑，寻求独立的发展道路"。1992 年 3 月和 1993 年 2 月，拉美 20 多个共产党先后两次在厄瓜多尔首都基多召开建党经验讨论会，强调更新社会主义革命的思想，以适应本地区社会主义事业的特点，不能再照抄别人的经验。秘鲁共产党（团结）1995 年 11 月举行的十一大强调："搞社会主义，必须从自己的现实出发，以真正的马克思主义的思想来分析秘鲁的现实，建设真正秘鲁式的、可行的社会主义。"

克服宗派主义，调整与其他政党的关系，扩大统战范围。在南亚，苏东剧变后，除孟加拉国共产党分裂外，印度和尼泊尔原来分裂的各派继续发展了联合行动的关系。印共重申争取同印共（马）实现在马克思列宁主义原则基础上的重新统一。印共（马）肯定两党召开的代表大会在有关国家紧迫问题和策略的认识上达成了共识。两党近年来开展了大规模的联合行动。尼共（联合马列）对尼大会党和其他民族民主政党采取灵活政策，在反对评议会制度、争取多党制方面与大会党进行了友好的合作，与民族民主党还组成联合政府。在西亚，叙共—费萨尔派调整了对执政的复兴党的政策，改变了过去只在对外政策上同复兴党合作的态度，强调在国内问题上也要加强同它的合作，决定支持政府加强国营企业、实行经济改革政策、引进侨资和外资的政策。在拉美，1990 年 6 月，由巴西劳工党牵头成立的"圣保罗论坛"这样的中左性质跨国的松散组织中，拉美各国共产党积极参加其每年举行的年会，并积极利用该合法讲坛，陈述自己对本国、本大陆乃至对世界革命的看法。1992 年基多会议指出，"党外的革命者可能比党内的还要多，应建立包括在一定时期有共同点的人士和力量的统一战线"。乌拉圭共产党、阿根廷共产党等都是本国"广泛阵线"的积极参加者，甚至是主导力量。在玻利维亚"左派团结阵线"、萨尔瓦多的"法拉本多·马蒂民族解放阵线"、秘鲁"左派联盟"、哥伦比亚"爱国联盟"等统一战线性质的重要阵线中，都有本国共产党或共产党组织的成员。

调整斗争方式，普遍转向合法斗争。南亚各国共产党认为，当前处于和平时期，实现社会主义的斗争主要采取和平方式。印共（马）仍然坚持通过推翻大资产阶级领导的资产阶级——地主政权的人民民主革命来实现社会主义。当前在全国范围内，力求采取和平手段，建立左翼民主力量的替代政权。尼共（联合马列）的纲领指出，当前尼泊尔处在和平斗争时期，阶级矛盾和阶级斗争还没有达到要采取暴力形式的程度。但要克服在和平斗争时忽视暴力、谈论暴力时反对和平斗争的思想。拉美地区曾是武装斗争（游击斗争）的主要战场之一，但到20世纪80年代，尤其是90年代以来，除哥伦比亚、墨西哥等国的极少数组织之外，绝大多数国家的共产党和左派组织均已停止了武装斗争，先后走向合法斗争和议会斗争道路。巴西共产党目前不仅在全国议会中拥有10名众议员位置，而且在众多的州市议会中都有自己的位置。拉美其他部分国家的共产党也或多或少地在议会有自己的议员。但合法斗争并不是斗争的唯一选择。如哥伦比亚共产党十六大（1991年8月）提出，在进行公开合法的群众运动的同时，不放弃武装斗争。哥斯达黎加人民先锋党十七大（1991年10月）提出，哥现阶段具有通过和平道路进行革命的可能性，党的任务是为保持和发展和平革命的条件而斗争，同时也要做好应变的准备。

党的纲领做了某些调整。印度共产党党内在十五大召开前有人提出要把党的性质改为"劳动人民"的政党，并主张删去"党的组织原则是民主集中制"的规定。代表大会通过的修改后的党章序言仍然规定"印共是印度工人阶级的政党"，但删去了"印共是工人阶级的先锋队和最高阶级组织形式"的提法，同时加上"印共是工人、农民、普通劳动人民、知识界和其他信仰社会主义和共产主义事业的人们的自愿者组织"。黎巴嫩共产党六大（1992年1月）在新党纲中指出，该党首先是为本国事业而斗争的党；其次才是为自由和民主，为社会主义和社会公正，为阿拉伯主义和阿拉伯统一，为建立和平、自由平等的世界而斗争的党。秘鲁共产党（团结）冷战后在党纲中把"工人阶级政党"改称为"劳动者政党"，将实现"无产阶级专政"改为"人民民主"。之所以要进行这些改变，该党总书记拉弗指出，原因是"劳动者当然包括工人阶级，但范围更广"。他在谈到把"无产阶级专政"更改为"人民民主"时说："我们在重申为争取社会主义而斗争的立场的同时，也要为争取真正的民主而斗争，这就是劳动者的民主。我们将这种民主称之为人民民主。争取社会主义的斗争不仅仅是无产阶级，而且也是社会其他阶层的历史要求。在当前，民主对劳动者来说具有更高的价值，范围也更广。"他还说："作为马克思主义者，我们应该认识新的现实。这一改变并不意味着劳动者放弃了捍卫社会主义国家的权利。"

苏联和东欧的剧变，对国际共运是个沉重的打击，同时也促使各国共产党人更加清醒，进行深入的思考和检讨。在过去相当长的一个历史时期，社会主义只遵循一个模式，效仿一个样板，把马列主义教条化，苏东的剧变证明了这种做法是行不通的。只有把马克思列宁主义与各国的具体实践相结合，在实践中丰富和发展马列主义，社会主义才会显示出勃勃生机，才会得到更大的发展。

主要参考文献

1. 《马克思恩格斯全集》，人民出版社版。
2. 《马克思恩格斯选集》（第1—4卷），人民出版社1995年版。
3. 《列宁选集》（第1—4卷），人民出版社1995年版。
4. 《毛泽东选集》（第1—4卷），人民出版社1991年版。
5. 《邓小平文选》（第1—3卷），人民出版社版。
6. 《江泽民论有中国特色社会主义（专题摘编）》，中央文献出版社2002年版。
7. 江泽民：《论"三个代表"》，中央文献出版社2001年版。
8. 郑必坚等：《邓小平理论基本问题》，中共中央党校出版社2001年版。
9. 《列宁全集》，人民出版社第2版。
10. 宋士昌等：《理论旗帜》，济南出版社1997年版。
11. 宋士昌：《从邓小平到江泽民》，山东人民出版社2002年版。
12. 冯硕余：《邓小平理论科学体系》，中国社会科学出版社1998年版。
13. 郭丹等：《社会主义民主政治的新发展》，四川人民出版社2001年版。
14. 蔡丽华等：《推进民主政治建设》，济南出版社2001年版。
15. 刘义等：《邓小平理论与中国的发展》，红旗出版社1994年版。
16. 林辉基等：《邓小平理论的跨世纪发展》，山东人民出版社2001年版。
17. 郑必坚等：《中国面向21世纪的若干战略问题》，中共中央党校出版社2000年版。

18. 许征帆等：《社会主义本质论》，山东人民出版社1999年版。

19. 萧超然、晓韦：《当代中国政党制度论纲》，黑龙江人民出版社2002年版。

20. 中共中央宣传部理论局：《党在社会主义建设新时期的主要历史经验》，学习出版社2000年版。

21. 江泽民：《在庆祝中国共产党成立八十周年大会上的讲话》，人民出版社2001年版。

22. 宋士昌主编：《建设有中国特色社会主义理论》，中共中央党校出版社1995年版。

23. 《中国共产党第十六次全国人民代表大会文件汇编》，人民出版社2002年版。

24. 商志晓：《邓小平：在马克思主义发展中》，中共中央党校出版社2001年版。

25. 冷溶：《邓小平理论与当代中国基本问题》，法律出版社2000年版。

26. 林建公、林庭芳、金钊：《读懂邓小平》，四川人民出版社2001年版。

27. 赵智奎：《邓小平理论的基本范畴》，河南人民出版社2001年版。

28. 侯远长：《邓小平理论的风格》，河南人民出版社2001年版。

29. 陆学艺、龚维斌、陈光金：《邓小平理论与当代中国社会阶层结构变迁》，经济管理出版社2002年版。

30. 卫炜、刘客：《邓小平理论发展史》，上海人民出版社2002年版。

31. 黄志英编：《中国法治之路》，北京大学出版社2000年版。

32. 《毛泽东著作选读》，人民出版社1986年版。

33. 《毛泽东文集》第7卷，中央文献出版社2002年版。

34. 李德洙主编：《中央第三代领导与少数民族》，中央民族大学出版社1999年版。

35. 《中国共产党第十五次全国人民代表大会文件汇编》，人民出版社1997年版。

36. 《新时期统一战线文献选编》，中共中央党校出版社1997年版。

37. 《中国共产党第十四次全国人民代表大会文件汇编》，人民出版社 1992 年版。

38．《江泽民同志理论论述大事纪要》上、下卷，中共中央党校出版社 1998 年版。

39．《十三大以来重要文献选编》中，人民出版社 1991 年版。

40．江泽民：《在庆祝中国共产党成立七十周年大会上的讲话》，人民出版社 1991 年版。

41．理查德·N. 哈斯：《"规制主义"：冷战后的美国全球战略》，新华出版社 1999 年版。

42．《建国以来毛泽东文稿》第四册，中央文献出版社 1990 年版。

43．《三中全会以来重要文献选编》，人民出版社 1982 年版。

44．《毛泽东、邓小平、江泽民论党的建设》，中央文献出版社、中共中央党校出版社 1998 年版。

45．《邓小平思想年谱》（1975—1997），中央文献出版社 1998 年版。

46．安东尼·吉登斯：《第三条道路——社会民主主义的复兴》，北京大学出版社 2000 年版。

47．俞可平主编：《全球化时代的"社会主义"》，中央编译出版社 1998 年版。

48．李铁映主编：《中国人文社会科学前沿报告（1999）》，社会科学文献出版社 2000 年版。

49．里斯本小组：《竞争的极限——经济全球化与人类的未来》，中央编译出版社 2000 年版。

50．冯江源：《当代科学交流与国际关系》，中国科学技术出版社 1990 年版。

51．赵锡玮编著：《苏联经济的调整与改革》，四川大学出版社 1988 年版。

52．段治文、张继昌主编：《科学社会主义理论与实践》，上海人民出版社 2001 年版。

53．霍布斯鲍姆：《极端的时代》，江苏人民出版社 1998 年版。

54．肖枫：《两个主义一百年》，当代世界出版社 2000 年版。

55．林建华、董泉增：《当代西欧社会民主党论纲》，中国工人出版社 1995 年版。

56. 林建华：《社会党国际论纲》，东北师范大学出版社1997年版。

57. 赵明义、赵永宪等：《科学社会主义中国化问题研究》，山东大学出版社2002年版。

58. 赵明义主编：《当代社会主义》，山东大学出版社2001年版。

59. 肖枫：《社会主义向何处去——冷战后世界社会主义运动大扫描》，当代世界出版社1999年版。

60. 张骥：《经济全球化与当代社会主义的发展》，中央编译出版社2002年版。

61. 冯秀珍：《社会主义发展史纲》，法律出版社2002年版。

62. 杨玲玲：《国外社会主义前沿和热点问题研究》，云南人民出版社2001年版。

63. 周作翰：《国际共产主义运动史》，高等教育出版社1994年版。

64. 菲德尔·卡斯特罗：《全球化与现代资本主义》，社会科学文献出版社2000年版。

65. 周新城：《越南、古巴社会主义现状与前景》，安徽人民出版社2000年版。

66. 菲德尔·卡斯特罗：《在古巴共产党第一、二、三次全国代表大会上的中心报告》，人民出版社1990年版。

67. 休·托马斯：《卡斯特罗和古巴》第2册，上海人民出版社1975年版。

68. 菲德尔·卡斯特罗：《卡斯特罗言论集》第2册，人民出版社1963年版。

69. 王坚红：《冷战后的世界共产党》，中央编译出版社1996年版。

70. 李爱华：《低潮中的奋进：苏东剧变后的世界社会主义》，载《当代世界与社会主义》2003年第1期。

后　记

作为《科学社会主义通论》第四卷的《中国特色社会主义的成功探索与社会主义模式多样化时期的世界社会主义运动》一书，主要写了20世纪70年代中期之后，中国特色社会主义的理论和实践发展以及世界社会主义运动的推进过程。这一段历史虽短，但对社会主义而言，却是千曲百转、跌宕起伏：中国特色社会主义通过全面改革，在马克思主义发展史上，矗立起邓小平理论和"三个代表"重要思想两座理论丰碑，在实践上使社会主义的生机和活力得以充分发挥；国际上，社会主义则逐步进入低潮，苏联、东欧社会主义国家在动荡中改变了社会性质，共产党的执政地位全面丧失；而发达或不发达国家的共产党，在经历了冲击、挣扎和思考之后，又在新的起点上重新恢复社会主义的生气。这一段历史确实太丰富、太生动了。但也正因为如此，增加了该书写作的难度：把这么丰富的历史，把社会主义从中国到世界的发展这样一个复杂过程，浓缩到一本书中，在资料和思想的选取、提炼方面，这对我们确实是一个严峻的考验。虽然写完了此书，但由于我们的能力与任务的要求有一定距离，肯定存有不少问题。

需要说明的是，随着理论与时俱进的发展，"三个代表"重要思想的理论体系逐步形成，尤其是中国共产党第十六次全国代表大会的召开，更对这一思想体系进行了科学表述。但本卷只能把这一体系的主要内容简短地写进有关章节，这有待于以后专门列一卷予以详述。

本卷撰写分工如下：宋士昌：导论，第十二章，第十三章；李荣海：第一章，第十一章，第二十章，第二十四章；武力：第二章，第五章，第十章；孙志军：第三章，第八章，第十八章，第二十三章；阎希伦：第四章，第十七章；魏忠海：第六章，第十六章，第二十一章；王永玲：第七章,第二十二章;谢克凌:第九章,第十五章,第十九章;张炳文:第十四章;林建华、舒新:第二十五章,第二十六章,第二十七章;李华锋:第二十八章,第二十九章;张新萍:第三十章;张有军:第三十一章。

  本卷由宋士昌负责总体设计、拟定编写提纲并与李荣海主持撰写,李荣海进行书稿初审,王晓明、徐东礼、李爱华、李述森、林辉基、韩民青协助宋士昌定稿。